단계별 예제로 배우는

LEARN IT

안드로이드 프로그래밍 with 자바

송미영 지음

실제 모바일 프로젝트 구축

길벗캠퍼스

송미영 교수

웹 기반의 관공서 위기관리 시스템, 의학용어 온라인 평가 시스템, 중도 탈락 예방 시스템 개발, 앱 기반의 전자동화 및 교육용 게임 개발, 유니티를 이용한 가상현실 콘텐츠 개발 등 다수의 실무 경험 및 자바, 웹 프로그래밍(JSP/PHP), 스프링, 안드로이드 프로그래밍, 유니티 엔진, VR/AR 프로그래밍 등의 강의 경력을 가지고 있습니다.

현재 수원여자대학교 교수로 재직하면서 컴퓨터 비전, 모바일 게임, 가상현실 등을 연구하고 있으며, 캡스톤 디자인 프로젝트나 경진대회, 공모전 등에서 학생들이 현장 실무 능력을 쌓을 수 있도록 도와주는 지도 교수로서 CATS(Computer Application Technology Study) 동아리를 운영 중입니다. 다년간의 현장 실무 개발과 교육 강의를 통해 얻은 지식을 독자에게 이해하기 쉽게 전하고자 집필에도 힘쓰고 있습니다.

저서로는 『JAVA 마스터』(한빛아카데미, 2023), 『스프링 코딩 공작소』(길벗, 2022년), 『JSP 웹 프로그래밍』(한빛아카데미, 2018)이 있습니다.

단계별 예제로 배우는
안드로이드 프로그래밍 with 자바

초판 1쇄 발행 • 2023년 6월 30일 | **지은이** • 송미영 | **발행인** • 이종원 | **발행처** • (주)도서출판 길벗 | **브랜드** • 길벗캠퍼스
출판사 등록일 • 1990년 12월 24일 | **주소** • 서울시 마포구 월드컵로 10길 56(서교동) | **대표 전화** • 02)332-0931 | **팩스** • 02)323-0586
홈페이지 • www.gilbut.co.kr | **이메일** • gilbut@gilbut.co.kr | **책임편집** • 신유진(backdoosan@gilbut.co.kr) | **디자인** • 강은경
제작 • 이준호, 손일순 | **영업마케팅 및 교재 문의** • 박성용(psy1010@gilbut.co.kr) | **영업관리** • 김명자 | **독자지원** • 윤정아, 최희창
전산편집 • 앤미디어 | **CTP 출력 및 인쇄** • 북토리 | **제본** • 신정제본 | **베타테스터** • 심예지, 이희선

길벗캠퍼스는 (주)도서출판 길벗의 IT대학교재 출판 브랜드입니다.

ISBN 979-11-407-0484-2(길벗 도서번호 060094)
정가 36,000원

독자의 1초를 아껴주는 정성 길벗출판사
(주)도서출판 길벗(www.gilbut.co.kr) • IT교육서, IT단행본, 경제경영서, 어학&실용서, 인문교양서, 자녀교육서
길벗스쿨(www.gilbutschool.co.kr) • 국어학습, 수학학습, 어린이교양, 주니어 어학학습, 학습단행본
페이스북 • www.facebook.com/gilbutzigy | **커뮤니티** • http://cafe.naver.com/gilbutit

안드로이드(Android)는 모바일 장치인 태블릿 컴퓨터와 스마트폰에서 사용되는 운영체제이자, 안드로이드 앱 개발을 위한 필수 도구를 제공하는 플랫폼입니다. 우리나라는 이동통신 인프라가 잘 구축되어 있어 다양한 연령층이 스마트폰을 이용하며, 스마트폰 산업의 발전으로 많은 사람이 앱을 통한 경제 및 취미 활동을 즐기고 있습니다. 이로 인해 안드로이드 애플리케이션에 대한 관심과 수요가 계속해서 증가하고 있으며, 안드로이드의 시장 점유율도 해마다 늘어나고 있습니다. 또한 개인적인 수익 창출을 위해 자신만의 안드로이드 애플리케이션을 개발하려는 사람들의 수도 증가하는 추세입니다.

기존에 출판된 안드로이드 프로그래밍 관련 도서들은 주로 기본 개념과 예제 수준에서 머무르고 있어서 게임과 같은 실전에 응용하여 앱을 개발하려고 할 때 어려움을 겪게 됩니다. 또는 기본 개념에 대한 설명보다는 주로 실습 예제만을 다루는 경우도 있어 초보자들은 기본 개념을 충분히 이해하지 못한 채로 예제를 따라하다가 오류가 발생하면 어디서 오류가 발생하는지 이해하기 어려워 앱 개발에 많은 어려움을 겪을 수 있습니다.

이 책은 목차를 통해 확인할 수 있듯이 최신 안드로이드 스튜디오 버전을 기반으로 안드로이드의 이론 개념을 체계적으로 학습하고, 일반 실습 예제를 통해 기본기를 익힐 수 있도록 구성되어 있습니다. 또한, 학습 내용을 어떻게 실전에 적용하고 응용할 수 있는지를 이해하기 쉽도록 간단한 예제와 응용 예제를 제공하여 실전 응용력을 함양합니다.

안드로이드 프로그래밍을 처음 배우거나 어렵게 느끼는 독자들을 위해 좀 더 쉬운 학습 방법을 제시합니다. 학습자들은 기본 개념과 사용법을 스스로 실전에 적용하는 방법을 파악한 후, 간단한 예제와 응용 예제를 통해 실전에서의 응용력을 키울 수 있습니다. 다시 말해, 안드로이드의 이론 개념부터 기본 실습 예제, 그리고 응용 실습 예제까지 순차적으로 학습하여 이 책의 모든 내용을 완료하면 모바일 기반의 안드로이드 애플리케이션 프로젝트를 직접 구축하게 됩니다.

이렇게 함으로써 이론 개념에 대한 기본기를 확실히 다지고, 이를 실무에 적용할 수 있는 능력을 키울 수 있는 장점이 있습니다. 이 책을 완벽하게 학습한 후에는 배운 내용을 실제 모바일 프로젝트를 완성함으로써 성취감을 느낄 수 있을 것입니다.

4장 | 레이아웃 다루기

5장 | 이벤트 처리하기

6장 | 인텐트로 화면 전환하기

7장 | 메뉴와 앱 바 다루기

8장 | 대화상자 만들기

9장 | 고급 위젯 익히기

10장 | 데이터 저장소 사용하기

11장 | 멀티미디어 다루기

12장 | 그래픽과 애니메이션 사용하기

13장 | 위치 기반 구글 지도 사용하기

14장 | 웹 기반 콘텐츠 다루기

책 내용을 따라할 수 있는 [도서 쇼핑몰 프로젝트] PDF 파일 및 실습 파일은 길벗 홈페이지를 통해 제공됩니다. 길벗 출판사 홈페이지(www.gilbut.co.kr) 검색란에 '안드로이드'를 검색 → 해당 도서 자료실의 '실습예제' 항목 → 실습에 필요한 예제 소스와 프로젝트 PDF 파일을 다운 받습니다.

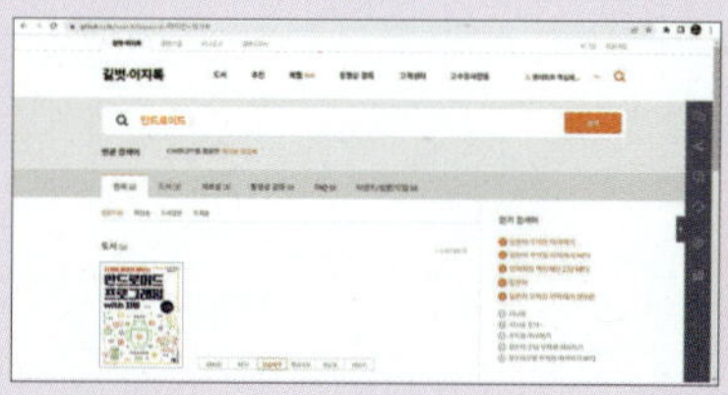

프로그래밍 경험 없이 시작하는 경우에는 2장 자바 기본 문법에 좀 더 시간을 투자해서 학습하는 것이 바람직하고, 프로그래밍 경험이 있는 경우에는 건너뛰어도 됩니다. 그리고 안드로이드의 기초 학습으로 3장 기본 위젯 다루기, 4장 레이아웃 다루기 등의 이론 → 예제 실습 → 응용 실습 순차적으로 학습하여 안드로이드 프로그래밍에 대해 이해도를 높입니다. 기본 기능, 고급 기능 순으로 학습해 응용력을 키우면 하나의 프로젝트를 완성할 수 있습니다.

<table>
<tr><th>주차별</th><th>챕터</th><th>주제</th><th>학습 난이도</th></tr>
<tr><td>1주</td><td>1장</td><td>강의 소개, 안드로이드 개요</td><td rowspan="4">기초</td></tr>
<tr><td>2주</td><td>2장</td><td>자바 기본 문법</td></tr>
<tr><td>3주</td><td>3장</td><td>기본 위젯 다루기</td></tr>
<tr><td>4주</td><td>4장</td><td>레이아웃 다루기</td></tr>
<tr><td>5주</td><td>5장</td><td>이벤트 처리하기</td><td rowspan="3">기본</td></tr>
<tr><td>6주</td><td>6장</td><td>인텐트로 화면 전환하기</td></tr>
<tr><td>7주</td><td>7장</td><td>메뉴와 액션 바 다루기</td></tr>
<tr><td>8주</td><td colspan="3">중간고사</td></tr>
<tr><td>9주</td><td>8장</td><td>대화상자 만들기</td><td>기본</td></tr>
<tr><td>10주</td><td>9장</td><td>고급 위젯 다루기</td><td rowspan="5">고급</td></tr>
<tr><td>11주</td><td>10장</td><td>데이터 저장소 사용하기</td></tr>
<tr><td>12주</td><td>11장</td><td>멀티미디어 다루기</td></tr>
<tr><td>13주</td><td>12장</td><td>그래픽과 애니메이션 사용하기</td></tr>
<tr><td>14주</td><td>13~14장</td><td>위치 기반 구글 지도 사용하기
웹 서버 연동하기</td></tr>
<tr><td>15주</td><td colspan="3">기말고사</td></tr>
</table>

1 장

안드로이드 개요

학 습 목 표

- 안드로이드에 대한 개념과 주요 특징을 이해한다.
- 안드로이드 애플리케이션을 구성하는 기본 요소를 이해한다.
- 안드로이드 프로그래밍에 필요한 개발 환경을 구축한다.
- 안드로이드 프로젝트를 생성하고 실행하는 방법을 익힌다.
- 안드로이드 애플리케이션의 프로젝트 구조를 이해한다.

1.1 안드로이드 이해하기

안드로이드의 개념과 주요 특징을 살펴보고 안드로이드 애플리케이션의 기본 구성 요소에 대해 알아보겠습니다.

안드로이드란

안드로이드(Android)는 모바일 장치(스마트폰, 태블릿 컴퓨터 등)에서 사용되는 운영체제와 앱 개발을 위한 플랫폼입니다. 안드로이드는 iOS와 함께 스마트폰 운영체제의 주요 플랫폼으로 인기를 얻고 있으며, 구글 플레이를 통해 다양한 앱과 콘텐츠를 제공하고 있습니다.

안드로이드 애플리케이션 개발을 위한 도구는 소프트웨어 개발 키트(SDK, Software Development Kit)로 제공됩니다. SDK에는 개발에 필요한 도구와 안드로이드 API가 포함되어 있습니다. SDK 버전은 안드로이드 운영체제 버전과 일치합니다. 안드로이드의 초기 버전은 2007년에 첫 베타 버전이 출시되었고, 2008년 9월에는 첫 상용 버전인 안드로이드 1.0이 출시되었습니다. 이전에는 안드로이드 버전명이 알파벳 순서의 디저트 이름으로 지어졌습니다. 예를 들어, 안드로이드 9.0까지는 A에서 P까지 알파벳 순서대로 디저트의 이름을 따왔습니다. 그러나 이후 버전부터는 디저트 이름을 사용하는 것이 혼돈을 일으킬 수 있기 때문에 버전 10.0부터는 숫자로만 버전명을 표기하게 되었습니다.

그림 1-1 안드로이드 운영체제 버전

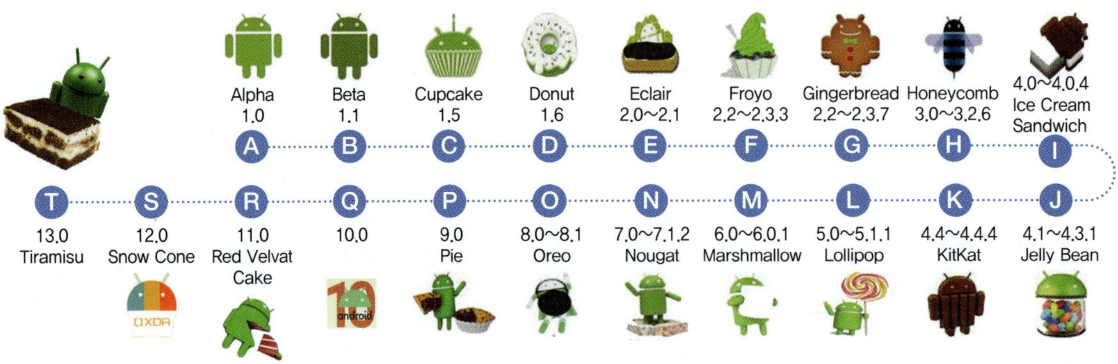

안드로이드의 특징

안드로이드의 주요 특징은 다음과 같습니다.

그림 1-2 안드로이드 특징

- **자바 언어 사용**

  안드로이드는 기본적으로 자바나 코틀린 프로그래밍 언어를 사용하여 애플리케이션을 개발하는 것이 일반적입니다. 이는 대규모의 자바 개발자 커뮤니티가 안드로이드 생태계를 지원하고 있어 자바 개발자들이 모바일 영역으로 쉽게 확장할 수 있는 좋은 수단이 되었습니다.

- **리눅스 기반의 오픈 소스**

  안드로이드는 오픈 소스이며, 리눅스 기반 운영체제입니다. 이는 소스 코드가 공개되어 개발자들이 자유롭게 접근하고 수정할 수 있음을 의미합니다. 안드로이드의 오픈 소스 성격은 다양한 제조사가 안드로이드를 탑재한 기기를 개발할 수 있도록 허용하며, 이는 다양한 모바일 기기의 다양성과 선택의 폭을 제공합니다.

- **높은 시장 점유율**

  안드로이드는 콘텐츠 유통과 서비스 제공에 있어서 매우 편리한 환경을 제공합니다. 개발자들은 구글 플레이(Google Play)와 같은 오픈 마켓을 통해 개발한 애플리케이션을 사용자에게 쉽게 배포할 수 있습니다. 구글 플레이는 수많은 안드로이드 애플리케이션을 호스팅하고, 사용자들은 이를 통해 다양한 앱을 선택할 수 있습니다.

- **유연한 통합 환경**

  안드로이드는 플랫폼에 기본으로 내장된 애플리케이션과 개발자가 만든 애플리케이션이 동일한 환경에서 동작합니다. 이는 개발자들이 다른 애플리케이션에서 제공하는 기능을 쉽게 선택하여 활용할 수 있음을 의미합니다. 안드로이드 플랫폼은 표준화된 API를 제공하며, 개발자들은 이 API를 통해 다양한 기능을 손쉽게 활용할 수 있습니다.

- **개발 시간과 비용 절감**

  안드로이드는 애플리케이션 개발에 필요한 다양한 라이브러리들을 자체적으로 제공합니다. 이러한 라이브러리들은 애플리케이션 개발을 더 효율적이고 편리하게 만들어줍니다. 라이브러리에서부터 2D 그래픽이나 오디오, 비디오 포맷을 지원하는 멀티미디어 라이브러리까지 제공하므로 개발하는 데 드는 시간과 비용을 줄일 수 있습니다.

- **풍부한 개발 환경 제공**

  안드로이드는 에뮬레이터, 디버깅 도구, 메모리 및 성능 프로파일링, 안드로이드 통합 개발 환경(IDE, Integrated Development Environment) 등 애플리케이션 개발을 위한 풍부한 개발 환경을 제공합니다.

안드로이드의 구조

안드로이드는 리눅스 커널, 라이브러리, 안드로이드 런타임, 애플리케이션 프레임워크, 애플리케이션의 다섯 가지 계층으로 구성됩니다.

그림 1-3 안드로이드의 구조

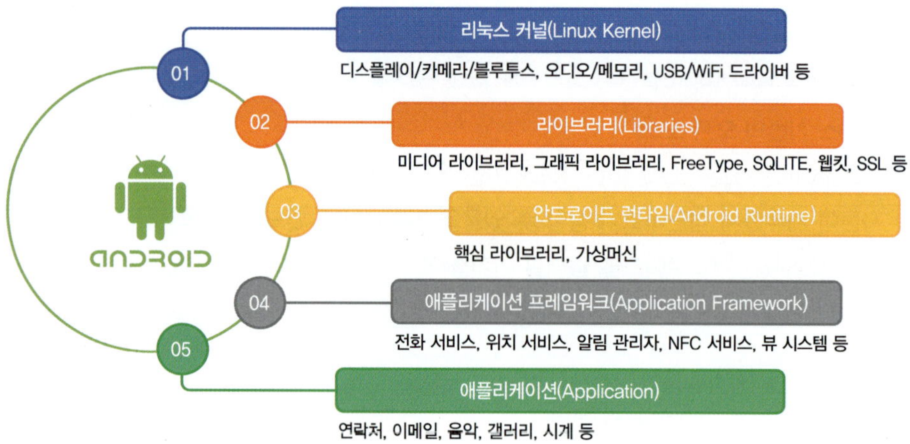

- **리눅스 커널**

  리눅스 커널(Linux Kernel)은 안드로이드 구조의 최하위 계층으로, 가장 중요한 계층이자 핵심입니다. 모든 장치 드라이버와 메모리, 전원을 관리하고, 하드웨어와 나머지 상위 계층 사이에 추상화 계층을 제공합니다. 즉, 하드웨어와 소프트웨어를 연결하는 역할을 합니다.

- **라이브러리**

  안드로이드 애플리케이션 개발에 사용하는 주요 라이브러리는 라이브러리(Libraries)는 애플리케이션 개발을 지원하는 C/C++ 라이브러리와 자바 기반 라이브러리가 포함되어 있습니다.

  안드로이드 애플리케이션 개발에 사용하는 주요 라이브러리는 다음과 같습니다.

  · 오디오 및 비디오 형식의 재생 및 기록을 위한 미디어 라이브러리
  · 디스플레이 관리를 제공하는 Surface 관리자 라이브러리
  · 2D 및 3D 그래픽을 위한 SGL 및 OpenGL 그래픽 라이브러리

- 데이터베이스 지원용 SQLite 라이브러리
- 글꼴 지원용 FreeType 라이브러리
- 웹 브라우저 지원을 위한 웹킷(WebKit)과 인터넷 보안을 위한 SSL 라이브러리

- **안드로이드 런타임**

안드로이드 런타임(Android Runtime)은 안드로이드 애플리케이션의 핵심 요소 중 하나로, 코어 라이브러리와 DVM 등의 구성 요소를 포함하고 있습니다. 이는 개발자가 작성한 코드가 해석되어 운영체제가 이해할 수 있는 형태로 변환되는 역할을 합니다.

TIP DVM(Dalvik Virtual Machine)은 안드로이드 애플리케이션을 실행하기 위한 특화된 가상 머신입니다. 모바일 기기는 데스크톱 환경에 비해 배터리 수명, 컴퓨팅 파워, 메모리 등이 제한적인 특성을 가지고 있기 때문에 DVM은 이러한 모바일 기기 환경에 맞게 최적화되어 설계되었습니다.

- **애플리케이션 프레임워크**

애플리케이션 프레임워크(Application Framework)는 안드로이드 애플리케이션 개발에 사용되는 핵심적인 부분입니다. 이 프레임워크는 개발자에게 API(Application Programming Interface)를 제공하여 코드 작성을 도와줍니다. 또한, 애플리케이션 프레임워크에는 사용자 인터페이스(UI, User Interface)와 애플리케이션 리소스를 관리하며, 애플리케이션 개발에 유용한 서비스들이 포함되어 있습니다.

- **애플리케이션**

애플리케이션(Applications)은 안드로이드의 최상위 계층에 위치하며, 사용자가 직접 상호작용하는 부분입니다. 이 계층에는 안드로이드 기본 제공 애플리케이션(연락처, 이메일, 음악, 갤러리, 시계 등)과 다운로드한 애플리케이션이 설치되어 있으며, 각각의 애플리케이션은 자체적인 기능을 수행합니다.

애플리케이션 계층에 설치된 애플리케이션들은 안드로이드 애플리케이션 프레임워크에서 제공되는 API와 서비스를 활용하여 안드로이드 런타임 계층에서 실행됩니다.

안드로이드 애플리케이션의 구성 요소

안드로이드 애플리케이션은 액티비티, 서비스, 브로드캐스트 리시버, 콘텐츠 프로바이더 등의 컴포넌트(Component)로 구성되어 있습니다. 각 컴포넌트는 애플리케이션의 동작을 정의하고 특정한 역할을 수행합니다.

그림 1-4 안드로이드 애플리케이션 구성 요소

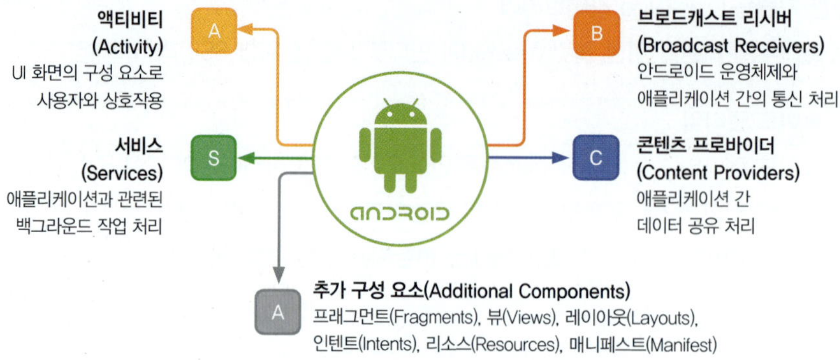

- **액티비티**

  액티비티(Activity)는 사용자에게 표시되는 컴포넌트로, 시각 요소인 뷰(View)를 포함한 단일 화면을 나타냅니다. 각 액티비티는 잠금 해제 화면, 전화 걸기 등과 같이 한 가지 작업을 수행하며 사용자와 상호 작용합니다. 새로운 액티비티가 시작되면 이전 액티비티는 중지되지만 데이터는 유지됩니다. 애플리케이션은 여러 액티비티로 구성되며, 예를 들어 이메일 앱에는 이메일 목록을 표시하는 액티비티와 이메일 작성, 읽기 등의 다른 액티비티가 존재할 수 있습니다.

- **서비스**

  서비스(Service)는 백그라운드에서 작업을 실행하는 컴포넌트입니다. 예를 들어, 음악 플레이어 앱에서 음악을 재생하는 동안에도 다른 앱을 사용할 수 있으며, 음악은 계속해서 백그라운드에서 재생됩니다. 서비스는 사용자와의 상호 작용 없이 백그라운드에서 작업을 수행하지만, 사용자 호출에 의해 서비스가 시작됩니다. 서비스는 시각적인 UI가 필요하지 않습니다. 예를 들어, 음악 플레이어 애플리케이션에서 음악이 재생되는 동안 사용자는 다른 애플리케이션을 열고 음악이 백그라운드에서 계속 재생됩니다.

- **브로드캐스트 리시버**

  브로드캐스트 리시버(Broadcast Receiver)는 시스템의 브로드캐스트 메시지에 응답하는 컴포넌트입니다. 예를 들어, 배터리 부족 경고, 시간대 변경 등의 메시지에 응답합니다.

- **콘텐츠 프로바이더**

  콘텐츠 프로바이더(Content Provider)는 안드로이드에서 애플리케이션 간에 데이터를 공유하는 방법을 제공하는 컴포넌트입니다. 안드로이드는 다양한 방식으로 데이터를 관리하며, 파일 시스템, 데이터베이스, 인터넷 등을 활용하여 오디오, 비디오, 이미지, 연락처 정보와 같은 데이터를 저장하고 관리합니다. 하나의 앱 데이터를 다른 앱과 공유하고 싶을 때 콘텐츠 프로바이더를 통해 앱에 의존하는 다른 앱에 영향을 주지 않고 데이터를 수정할 수 있습니다. 예를 들어, 이메일 애플리케이션은 다른 앱에 영향을 주지 않고 콘텐츠 프로바이더를 통해 편지함의 메일을 확인하고 관리할 수 있습니다.

1.2 안드로이드 개발 환경 구축하기

안드로이드의 기본 내용으로는 특징, 구조 및 앱의 구성 요소가 포함됩니다. 이제 안드로이드 앱을 개발하기 위해 필요한 핵심 단계를 배우겠습니다. 먼저, 자바 개발 환경과 통합 개발 환경 도구를 설치해야 합니다. 안드로이드 프로그래밍에 필요한 이러한 개발 환경 도구는 다음과 같습니다. 이 도구들을 설치하여 안드로이드 개발 환경을 구축해 보겠습니다.

표 1-1 안드로이드 개발 환경 도구

요소	도구	설명
자바 개발 환경	JDK(Java Development Kit)	안드로이드는 기본적으로 자바를 필요로 하므로 자바 개발 도구인 JDK를 반드시 설치해야 합니다.
통합 개발 환경	안드로이드 스튜디오 (Android Studio)	안드로이드 앱을 개발하기 위해 코드를 작성하고, 이를 컴파일하여 오류를 검사하고 실행 결과를 확인할 수 있는 통합 개발 환경(IDE, Integrated Development Environment)으로는 안드로이드 스튜디오를 사용합니다.

자바 설치와 환경 변수 설정

실습 예제 1-1 JDK 설치하기

❶ **오라클 사이트 접속하기** : 오라클 사이트(http://www.oracle.com/kr)에 접속한 후 ❶ [리소스] 메뉴를 선택합니다. 이어서 '다운로드' 항목의 ❷ 'Java 다운로드'를 선택합니다.

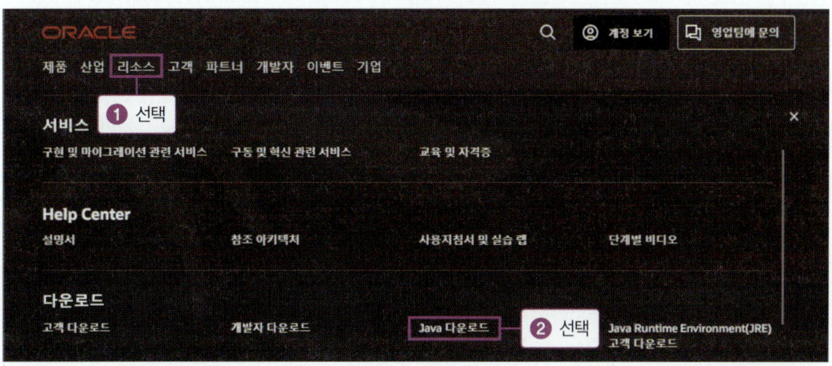

❷ **JDK 선택하기 :** ❶ 'Java archive'를 선택하고 ❷ 'Java SE 8 (8u211 and later)'을 선택합니다.

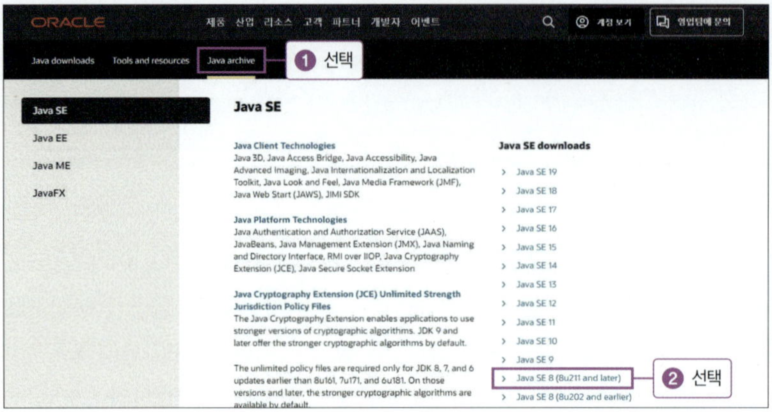

NOTE **자바 SE 8 버전을 사용하는 이유**

오라클(Oracle)이 2018년 7월부터 자바(JAVA)를 유료 구독형 라이선스로 개편하면서 JAVA SE 8(8u211 and later) 버전부터는 보안 업데이트가 이루어지지 않는 형태로 변경되어 JDK 8 버전 이상을 무료로 이용하기 위해서입니다.

또한 JAVA 최신 버전을 사용하려면 별도로 무료 JRE 8 버전을 설치해야 합니다. 이러한 번거로움을 없애기 위해 JAVA 8 버전을 설치하면 한 번에 JDK는 물론 JRE를 설치할 수 있습니다.

❸ **운영체제 버전에 맞는 설치 파일 선택 및 라이선스 동의하기 :** ❶ 64비트 윈도우용(Windows x64)인 'jdk-8u341-windows-x64.exe'를 선택하고 ❷ 라이선스 동의 메시지 창에서 체크 표시한 다음 ❸ 〈Download jdk-8u341-windows-x64.exe〉 버튼을 클릭하여 다운로드합니다.

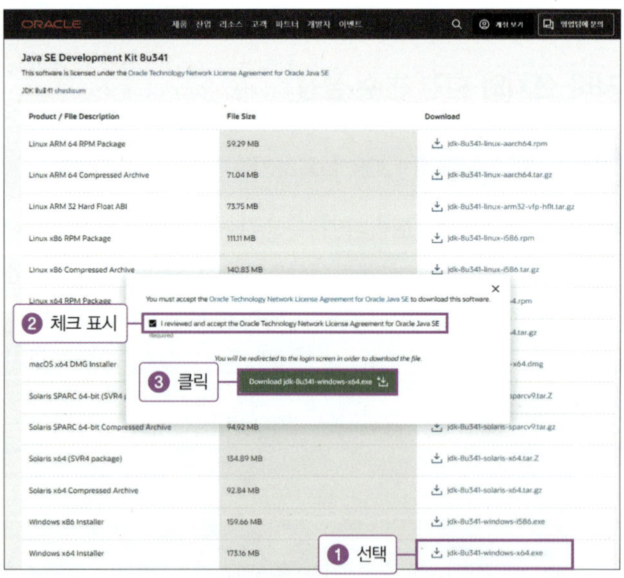

TIP 사용하는 운영체제의 비트는 윈도우 탐색기를 실행하고 '컴퓨터(또는 내 PC)' 아이콘에서 마우스 오른쪽 버튼을 클릭한 다음 [속성] 메뉴를 선택하여 확인할 수 있습니다.

❹ **자바 설치하기** : 다운로드한 설치 파일을 더블클릭하여 설치를 시작합니다. ❶~❸ 설치 단계마다 기본 설정을 그대로 두고 〈Next〉 또는 〈다음〉 버튼을 클릭합니다. 마지막 설치 화면에서 ❹ 〈Close〉 버튼을 클릭하면 설치가 완료됩니다.

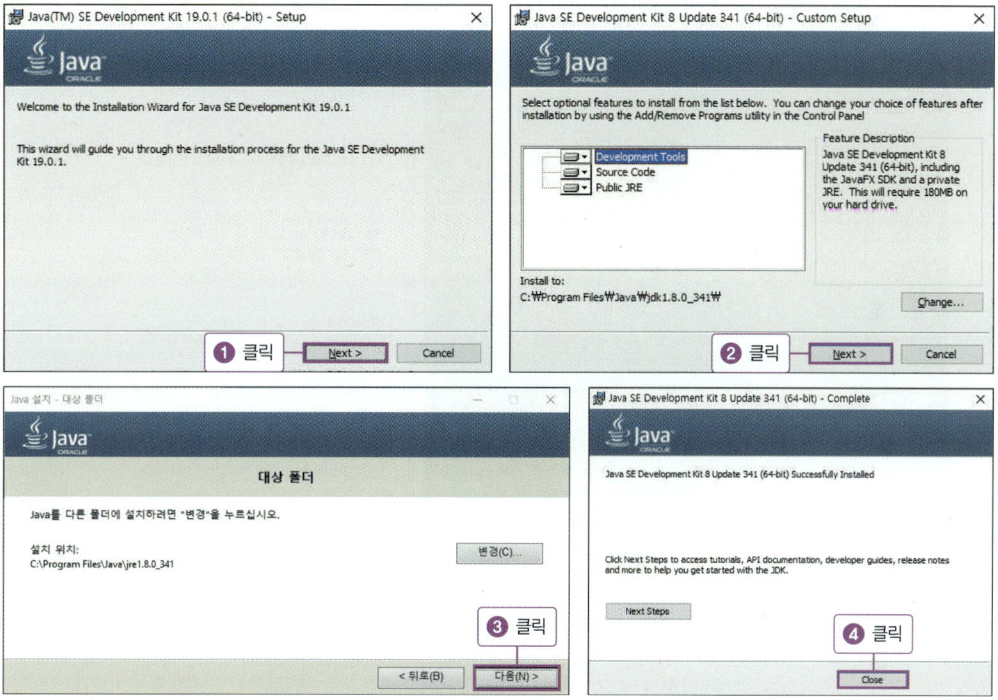

❺ **자바 설치 위치 확인하기** : 자바를 기본 설정으로 설치하면 'C:\Program Files\java' 폴더에 설치됩니다. 'Java\jdk버전번호\bin' 폴더에는 자바 컴파일러 파일인 'javac.exe'와 JVM을 구동하는 파일인 'java.exe'가 있습니다.

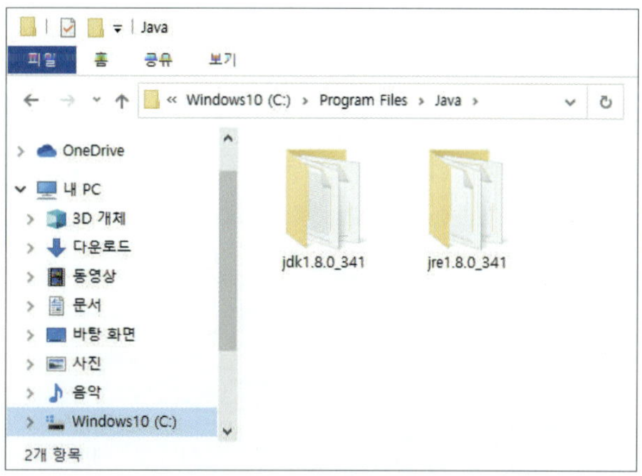

실습 예제 1-2 자바 환경 변수 설정하기

cmd 콘솔 명령 프롬프트에서 java로 컴파일하거나 다른 프로그램에서 자바 JDK를 참조하려면 윈도우 환경 변수를 설정해야 합니다.

❶ **[환경 변수] 대화상자 열기** : 윈도우 작업 표시줄의 ❶ 검색창에서 '고급 시스템 설정'을 검색한 다음 ❷ '고급 시스템 설정'을 클릭합니다. ❸ 시스템 속성 대화상자에서 〈환경 변수〉 버튼을 클릭합니다.

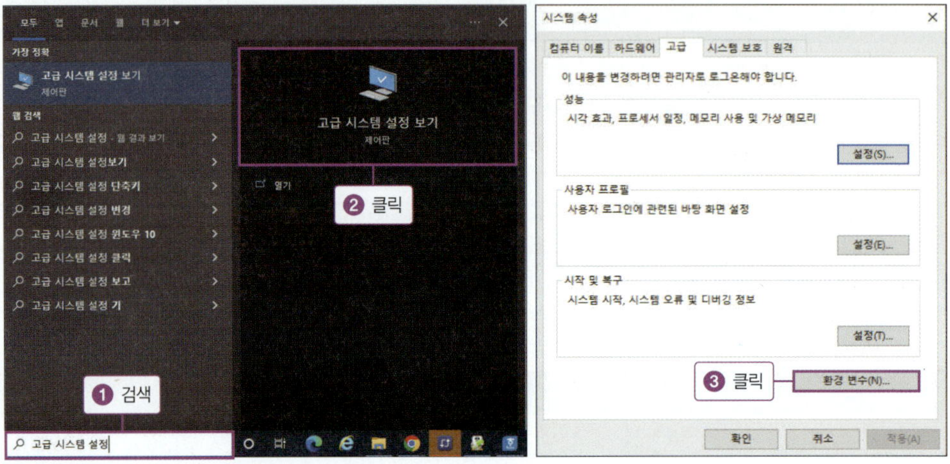

NOTE **[환경 변수] 대화상자 열기**

윈도우 탐색기의 ❶ '내 PC'에서 마우스 오른쪽 버튼을 클릭한 다음 ❷ [속성] 메뉴를 선택합니다. ❸ [시스템] 창에서 '고급 시스템 설정' 항목을 선택합니다. ❹ [시스템 속성] 대화상자의 〔고급〕 탭에서 〈환경 변수〉 버튼을 클릭합니다.

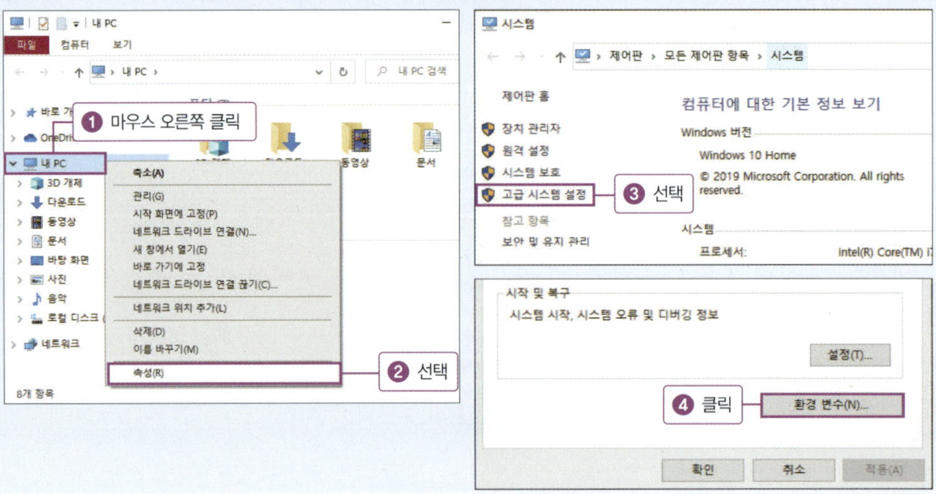

❷ **자바 환경 변수 설정하기 :** 환경 변수에는 사용자 변수와 시스템 변수가 있는데, 사용자 변수는 현재 로그인한 사용자에게만 적용되는 반면, 시스템 변수는 모든 사용자에게 적용되는 환경 변수입니다.

❶ [환경 변수] 대화상자에서 〈새로 만들기〉 버튼을 클릭합니다. ❷ [새 시스템 변수] 대화상자에서 JAVA_HOME 환경 변수 값에 JDK가 설치된 디렉터리 'C:\Program Files\Java\jdk1.8.0_341'을 지정한 다음 ❸ 〈확인〉 버튼을 클릭합니다. ❹ 다시 [환경 변수] 대화상자의 'Path' 변수를 선택하고 ❺ 〈편집〉 버튼을 클릭합니다. ❻ [환경 변수 편집] 대화상자가 표시되면 〈새로 만들기〉 버튼을 클릭하고 ❼ JDK가 설치된 위치를 지정한 환경 변수 %JAVA_HOME%\bin을 추가한 다음 ❽~❾ 〈확인〉 버튼을 클릭하여 등록합니다.

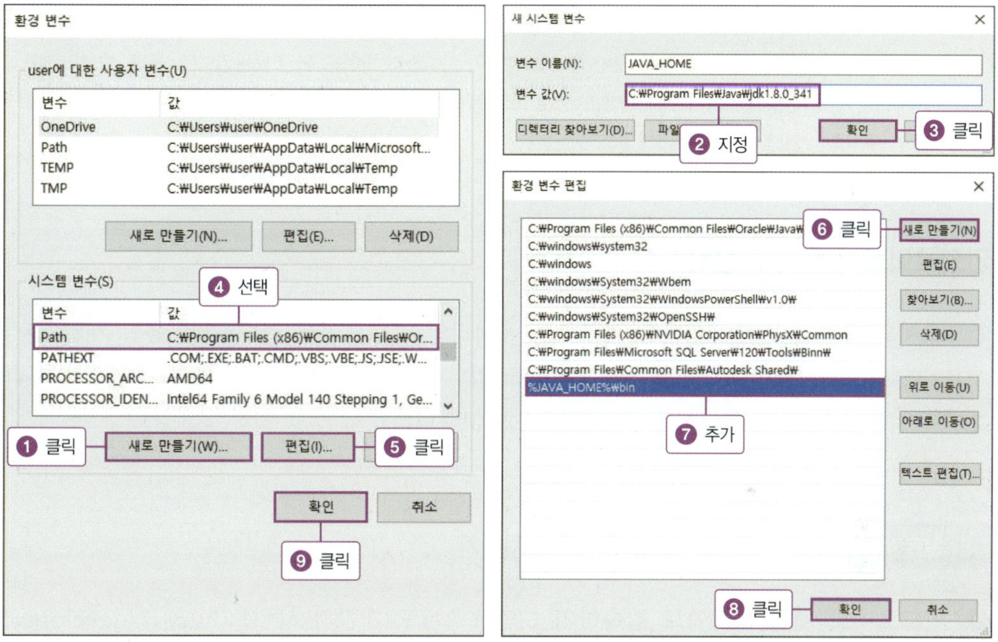

위와 같이 Path를 지정하면 C:\Program Files\Java\jdk1.8.0_341\bin에 있는 javac 컴파일러를 사용할 수 있습니다. 이렇게 Path를 지정하면 콘솔 화면에서 자주 사용하는 명령어를 편리하게 사용할 수 있습니다.

❸ **설정한 환경 변수 확인하기 :** 윈도우의 〈시작〉 버튼을 클릭한 다음 'cmd'를 입력하여 [명령 프롬프트] 창을 엽니다.
'java -version'을 입력하여 설치된 JDK의 버전이 나오면 정상적으로 설치된 것입니다.

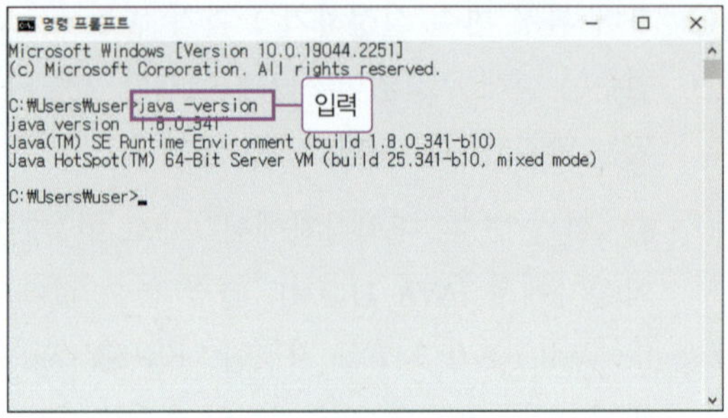

> **NOTE 자바 환경 변수를 설정하는 이유**
> 일반적으로 자바를 설치하면, 컴퓨터의 어떤 경로에서든 자바 애플리케이션에 쉽게 접근할 수 있도록 환경 변수를 설정합니다. 이를 위해서는 몇 가지 이유가 있습니다. 첫째, 소스 코드를 만들고 작업할 때마다 전체 경로를 일일이 입력하지 않아도 되기 때문입니다. 둘째, 애플리케이션을 실행하기 위해 클래스나 jar 파일 등을 참조할 때 유용합니다. 셋째, 버전별로 파일 관리를 쉽게 할 수 있습니다.

안드로이드 스튜디오 설치

안드로이드 스튜디오는 구글에서 제공하는 공식적인 안드로이드 앱 개발용 통합 개발 환경(IDE, Integrated Development Environment)입니다. 안드로이드 스튜디오를 설치하면 자바 코딩을 위한 별도의 개발 환경을 설치할 필요가 없습니다.

실습 예제 1-3 안드로이드 스튜디오 설치하기

❶ **안드로이드 개발자 사이트 접속하기 :** 안드로이드 개발자 사이트(https://developer.android.com)에 접속하고 [Android 스튜디오] 메뉴를 선택합니다.

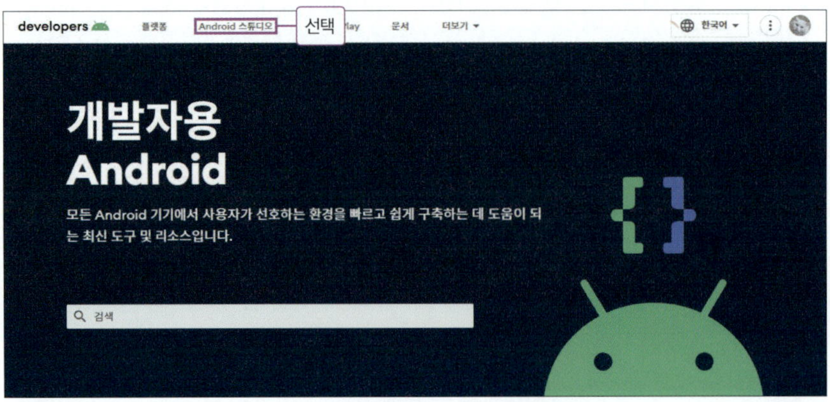

❷ **안드로이드 스튜디오 설치 파일 선택하기 :** 〈Download Android Studio〉 버튼을 클릭합니다.

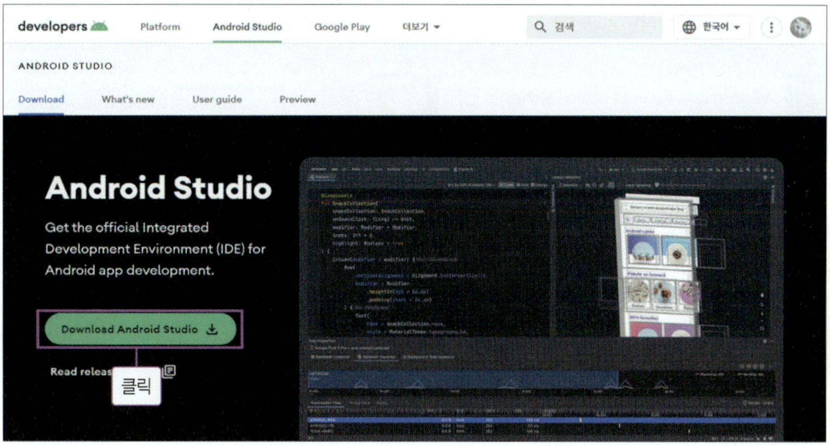

❸ **사용 약관 동의 및 설치 파일 다운로드하기 :** 안드로이드 스튜디오 사용 약관이 나타나면 ❶ 동의에 체크 표시한 후 ❷ 〈Download Android Studio〉 버튼을 클릭합니다.

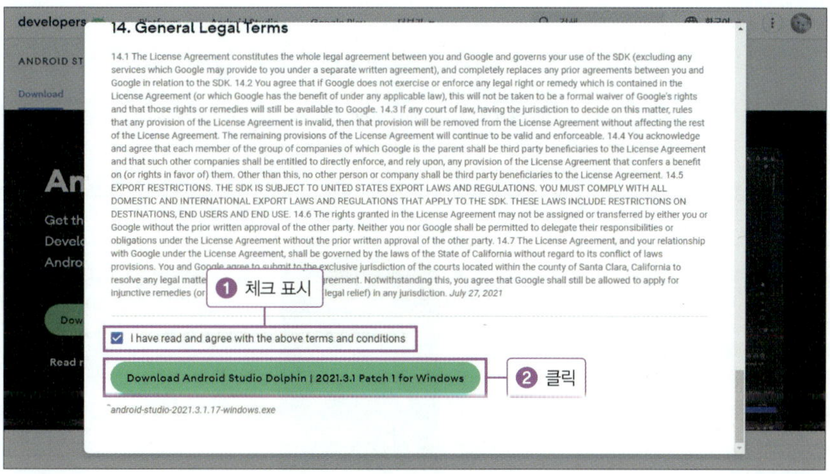

❹ **안드로이드 설치 완료하기** : 다운로드한 설치 파일을 더블클릭하여 설치를 시작합니다. ❶~❸, ❺ 단계마다 기본 설정을 그대로 두고 〈Next〉 버튼을 클릭합니다. ❹ 〈Install〉 버튼을 클릭한 다음 ❻ 마지막 화면에서 〈Finish〉 버튼을 클릭하면 설치가 완료됩니다.

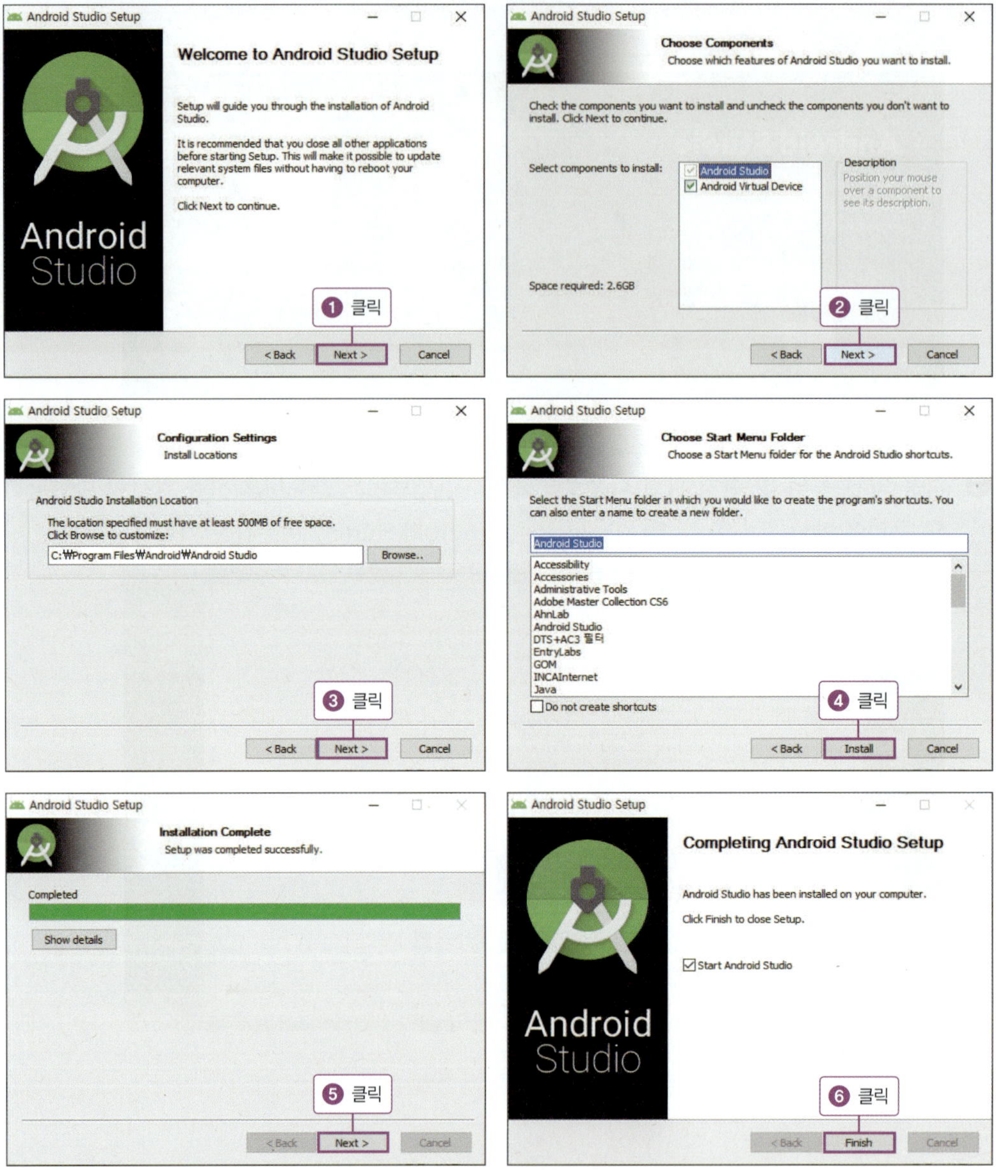

실습 예제 1-4 안드로이드 스튜디오 환경 설정하기

❶ **안드로이드 설정 읽어오고 개발 환경 설정 마법사 실행하기 :** 설치 방식을 고르는 기본값인 개발 환경 설정을 위한 설정 마법사가 실행되면 〈Next〉 버튼을 클릭합니다.

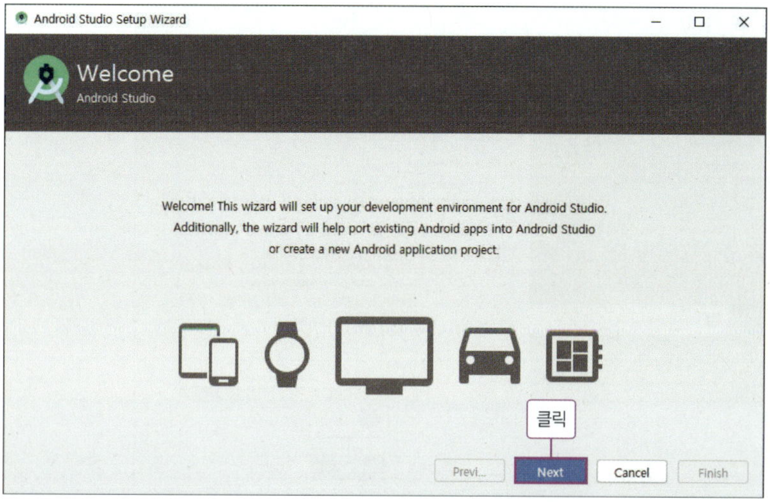

NOTE 안드로이드 스튜디오를 실행했을 때 기존 설정을 가져올지 묻는 대화상자가 표시될 수 있습니다. 해당 컴퓨터에 안드로이드 스튜디오를 설치한 적이 있으면 표시되며, 이때 'Do not import settings'를 선택한 후 〈OK〉 버튼을 클릭합니다.

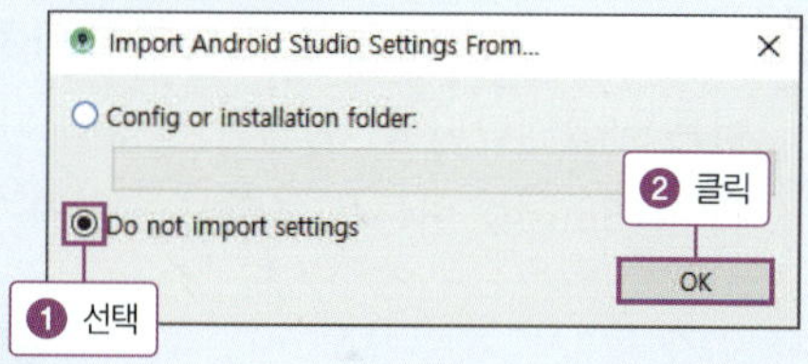

❷ **개발 환경 설정 방식 결정하기 :** ❶ 'Standard'를 선택하고 ❷ 〈Next〉 버튼을 클릭합니다.

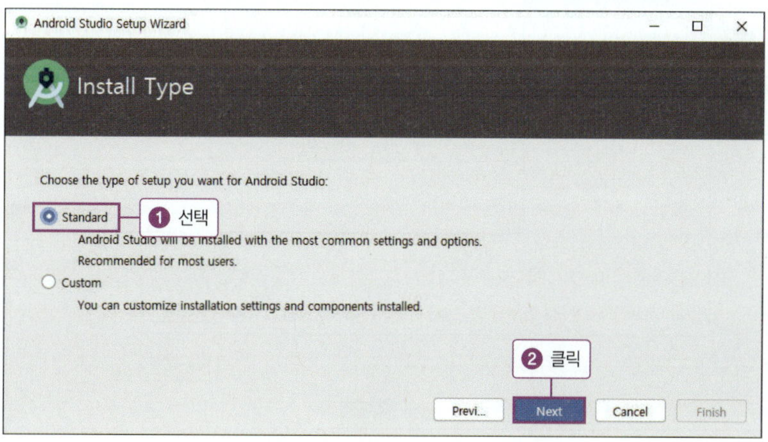

❸ **UI 테마 설정하기 :** ❶ Darcula(어두운 계열)와 Light(밝은 계열) 테마 중에서 선택합니다. 여기서는 'Light'를 선택했습니다. ❷ 〈Next〉 버튼을 클릭합니다.

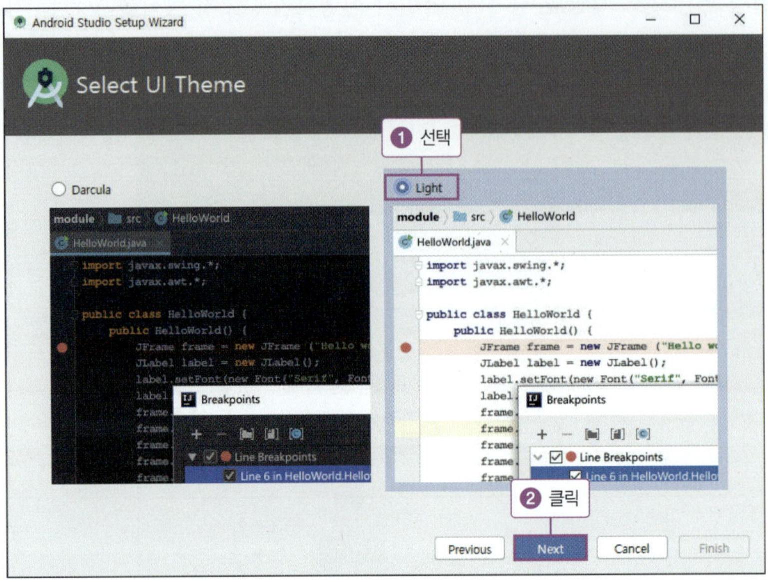

❹ **선택 사항 확인 및 구성 요소 설치 마치기 :** ❶~❷ 선택한 내용들을 확인한 다음 〈Finish〉 버튼을 클릭합니다. 선택한 설정에 따라 구성 요소 다운로드를 진행하고 ❸ 마지막 화면에서 〈Finish〉 버튼을 클릭하면 설치가 완료됩니다.

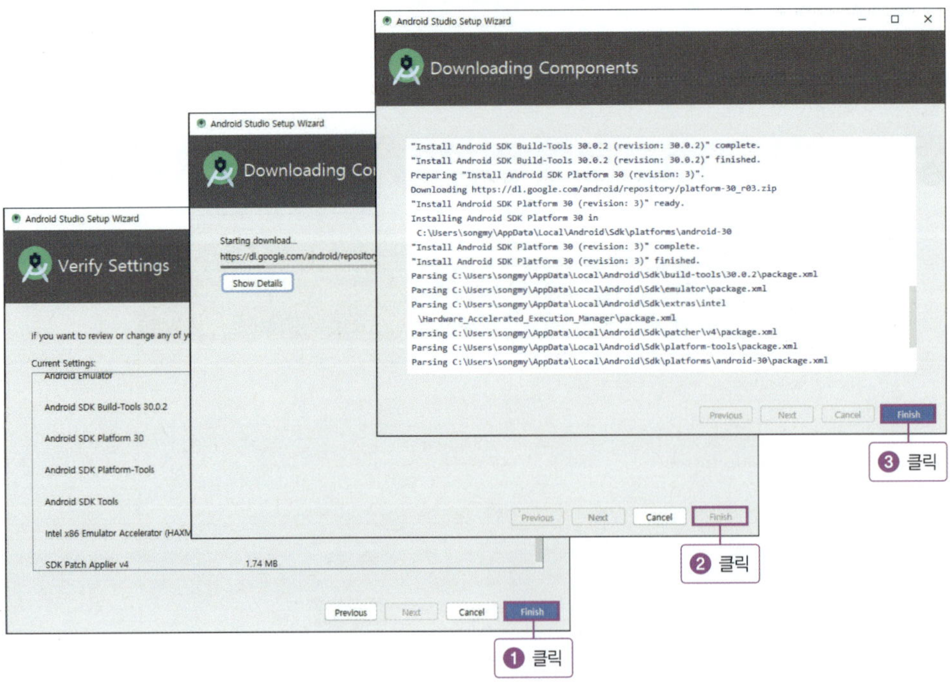

ANDROID

1.3 안드로이드 프로젝트 시작하기

안드로이드 앱을 개발하기 위한 기본 환경 구축이 제대로 되었는지 안드로이드 프로젝트를 생성하고 실행하는 방법을 익혀봅시다.

안드로이드 프로젝트 생성

앱을 개발할 때 가장 기본이 되는 안드로이드 프로젝트를 만들어 봅시다.

> NOTE **프로젝트**
> 안드로이드 스튜디오에서는 애플리케이션을 개발하기 위해 먼저 프로젝트를 생성합니다. 이 프로젝트는 안드로이드 앱의 구성 요소를 모두 포함하는 단위이며, 각각의 프로젝트는 하나의 안드로이드 앱으로 구성됩니다.

실습 예제 1-5 프로젝트 만들기

❶ **안드로이드 스튜디오 프로젝트 생성하기** : 시작 화면에서 ❶ 'Projects' 항목을 선택하고 ❷ 'New Project'를 선택합니다. 안드로이드 스튜디오가 열려 있다면 [File]-[New]-[New Project] 메뉴를 선택해도 됩니다.

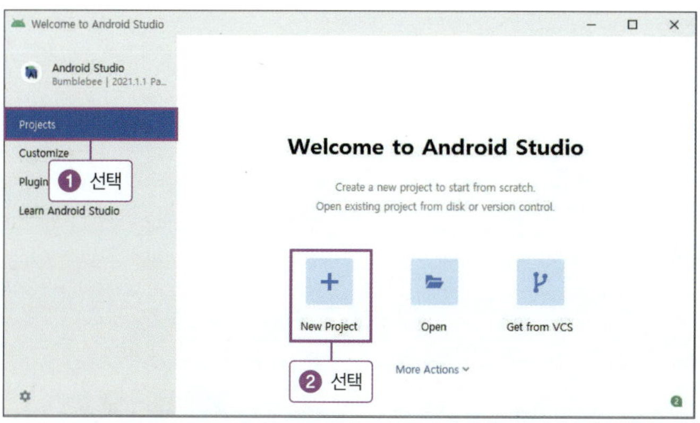

❷ **프로젝트 선택하기** : 사용하고 싶은 프로젝트를 선택할 수 있습니다. 여기서는 ❶ 'Empty Activity'를 선택하고 ❷ 〈Next〉 버튼을 클릭합니다. 'Empty Activity'를 선택하면 최소한의 구성 요소만 포함된 레이아웃 파일과 코드 파일이 생성됩니다.

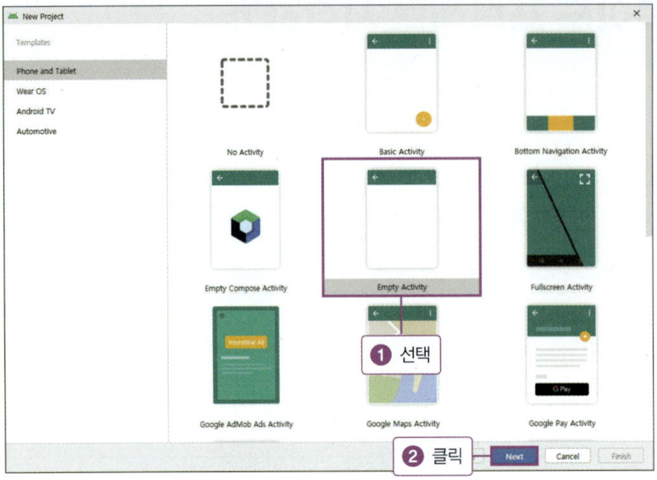

❸ **프로젝트 설정 구성하기** : [New Project] 대화상자에서 ❶ Name(프로젝트 이름)에 'HelloWorld'를 입력하고 ❷ Package name(패키지 이름)에 'com.androidbook.helloworld'를 입력합니다. ❸ Save location(프로젝트 저장 위치)을 지정합니다. ❹ Language(사용할 언어)는 'Java'로 선택하고 ❺ Minimum SDK(앱을 실행할 최소 SDK)는 'API 21(Lollipop)'을 선택합니다. ❻ 〈Finish〉 버튼을 클릭합니다. 여기서 SDK 레벨을 낮게 설정하면 앱에서 사용할 수 있는 최신 안드로이드 API는 줄어들지만 앱을 실행할 수 있는 안드로이드 기기가 많아집니다.

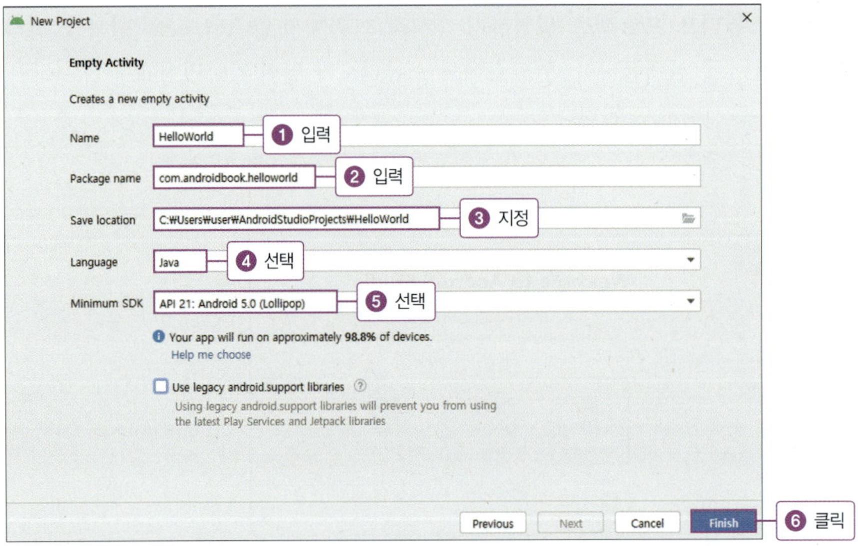

❹ **프로젝트 생성 결과 확인하기 :** 프로젝트가 성공적으로 생성되면 왼쪽 프로젝트 탐색기에 'Android'가 표시되고, 내비게이션 바에 'activity_main.xml' 파일과 'MainActivity.java' 파일이 표시되는 것을 확인할 수 있습니다.

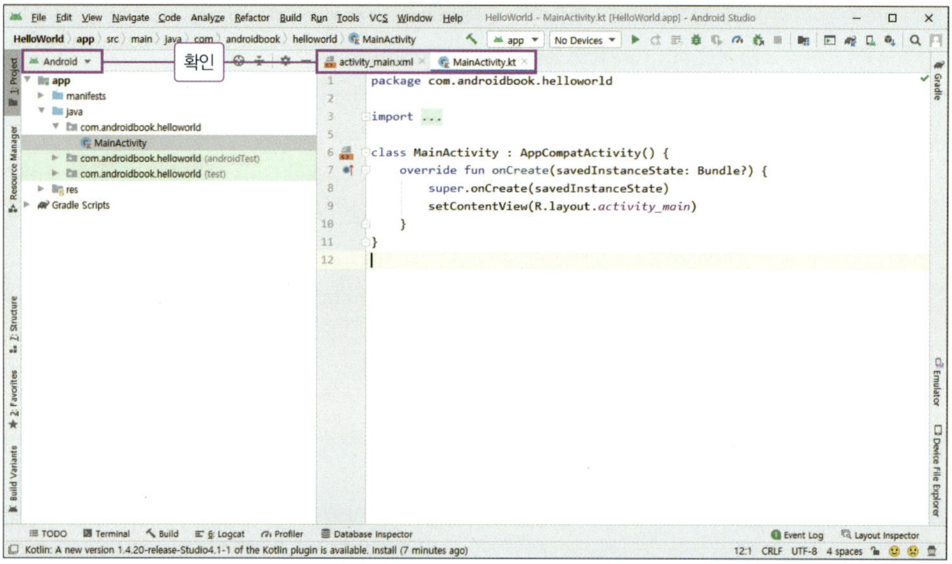

NOTE 안드로이드 스튜디오 화면 살펴보기

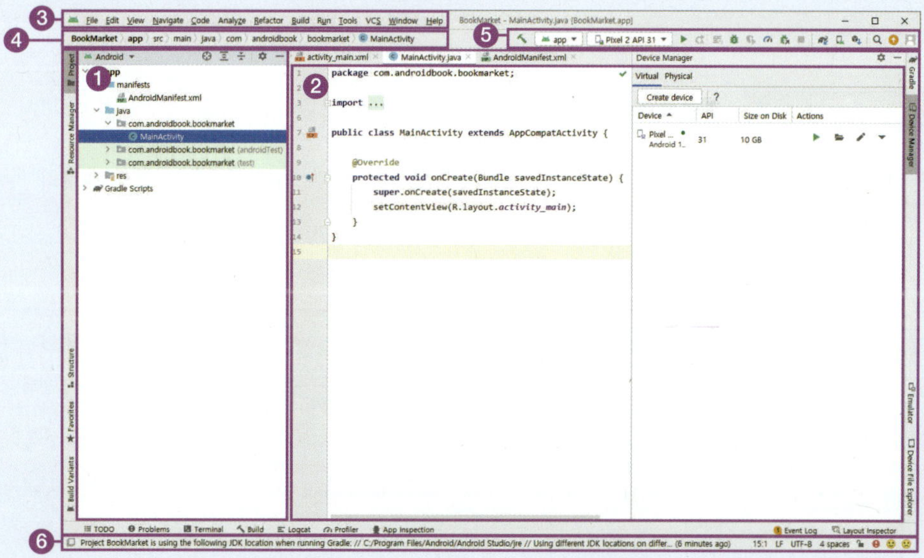

❶ **프로젝트 탐색기** : 윈도우(Windows) 탐색기와 비슷하며, 프로젝트를 위해 생성된 모든 파일과 폴더를 보여줍니다.

❷ **편집기** : Java 코드 파일을 편집합니다. 편집 중인 파일 유형에 따라 편집기 창이 바뀝니다. UI 디자인도 보고 편집할 수 있습니다.

❸ **메뉴 바** : 메뉴 바를 통해 안드로이드 스튜디오의 모든 기능에 접근할 수 있습니다.

❹ **내비게이션 바** : 파일 경로와 마찬가지로 현재 편집기에 있는 파일 프로젝트의 위치를 정확하게 표시합니다.

❺ **도구 바** : 게임 배포 및 디버깅과 같은 작업에 유용한 다양한 옵션을 제공합니다. 또한, 각 아이콘에 대한 통찰력을 얻을 수 있도록 아이콘 위로 마우스 커서를 가져가면 팝업 팁이 나타납니다.

❻ **중요 도구 창** : 탭을 클릭하면 팝업 및 팝업이 가능한 여러 탭이 있습니다.

안드로이드 프로젝트 실행

프로젝트 생성이 완료되었으므로, 생성된 프로젝트를 실행하여 제대로 생성되었는지 확인해 보겠습니다. 이를 위해서는 안드로이드 스튜디오의 [Device Manager] 창에서 생성한 에뮬레이터를 이용할 수 있습니다. 에뮬레이터는 안드로이드 기기에서 발생할 수 있는 이벤트를 시뮬레이션할 수 있는 가상 장치로, 각종 테스트나 디버깅에 유용하게 사용됩니다.

실습 예제 1-6 에뮬레이터 생성하기

❶ **애뮬레이터 생성하기** : ❶ HelloWorld 프로젝트의 도구 바에서 [아이콘]를 클릭하거나 [Tool]–[Device Manager] 메뉴를 선택합니다. [Device Manager] 창이 열리면 ❷ 〈Create device〉 버튼을 클릭합니다.

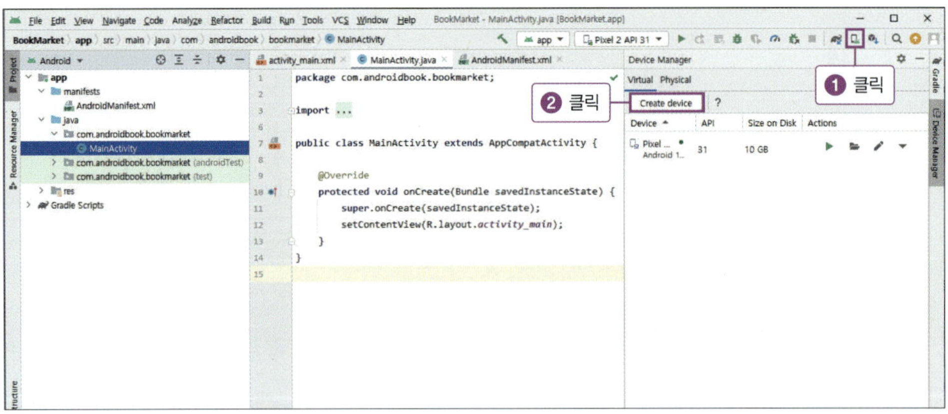

❷ **하드웨어 장치 선택하기 :** 기기 종류(TV, Phone, Ware OS 등)별로 미리 만들어진 하드웨어 프로필이 표시됩니다. 이 중에서 ❶ Category(카테고리)는 'Phone', ❷ Name(기기 이름)은 'Pixel 2'를 선택하고 ❸ 〈Next〉 버튼을 클릭합니다.

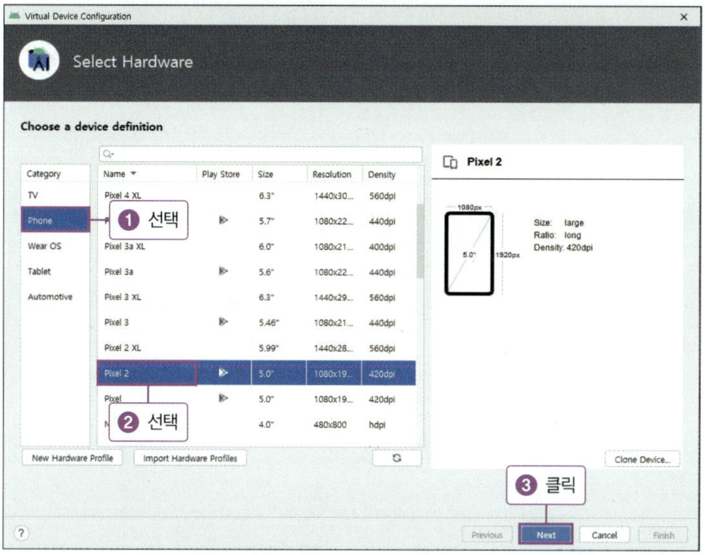

❸ **시스템 이미지 선택하기 :** AVD에서 실행될 안드로이드 시스템 이미지 즉, 안드로이드의 버전 S(10.0, API Level 31)에서 〈Download〉 버튼을 클릭합니다. ❶ 시스템 이미지 설치 과정이 완료되면 〈Finish〉 버튼을 클릭하고(이미지 용량이 꽤 크기 때문에 네트워크 상황에 따라 몇 분가량 소요) ❷ 'S(10.0, API Level 31)' 항목을 선택한 다음 ❸ 〈Next〉 버튼을 클릭합니다.

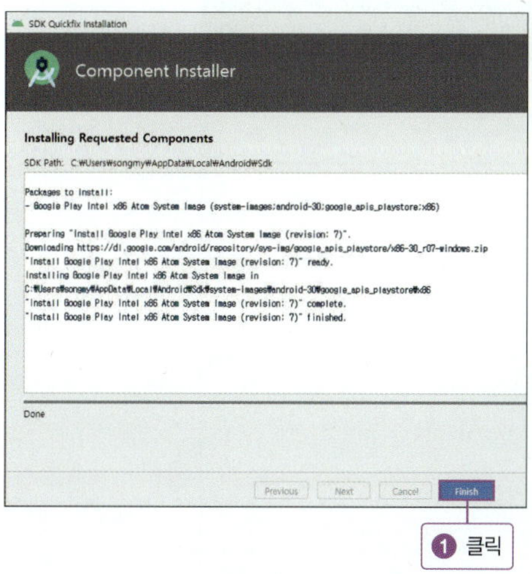

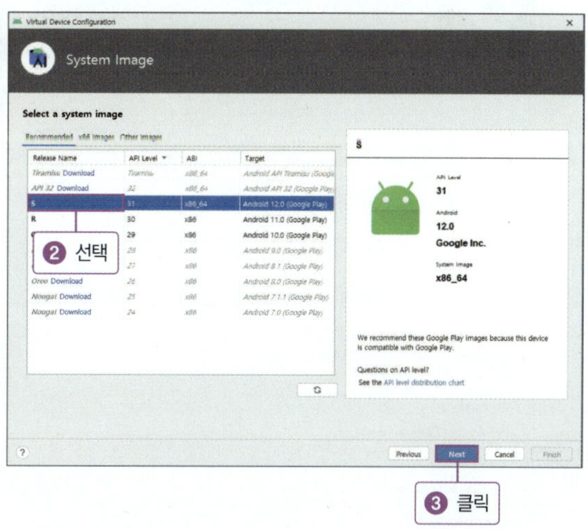

❹ **설치할 시스템 이미지 선택하기 :** 다시 시스템 이미지 선택 화면이 나타나면 ❶ 종전에 설치한 'S' 버전을 선택한 다음 ❷ 〈Next〉 버튼을 클릭합니다.

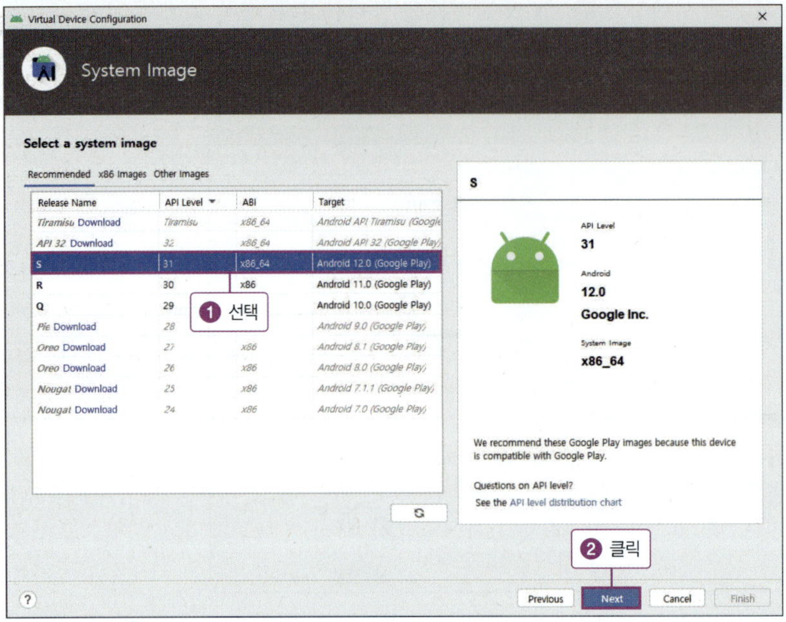

❺ **AVD 설정 확인하기 :** ❶ 설정한 하드웨어 프로필 및 안드로이드 시스템 버전을 확인하고 ❷ 〈Finish〉 버튼을 클릭합니다. 〈Show Advanced Settings〉 버튼을 클릭하면 추가적인 상세 항목을 확인 및 설정할 수 있습니다.

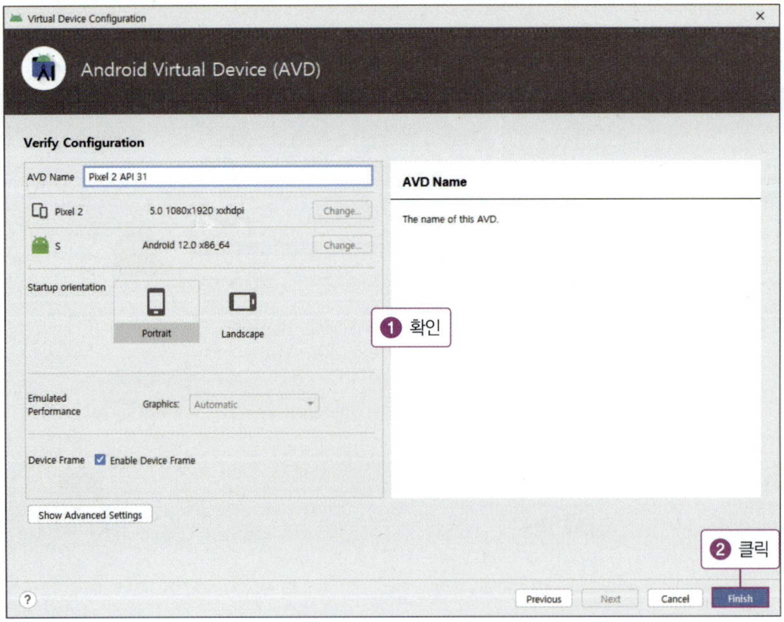

❻ **AVD 생성 확인하기** : Device Manager 창에 추가한 'Pixel 2 API 31'이 표시되는지 확인합니다.

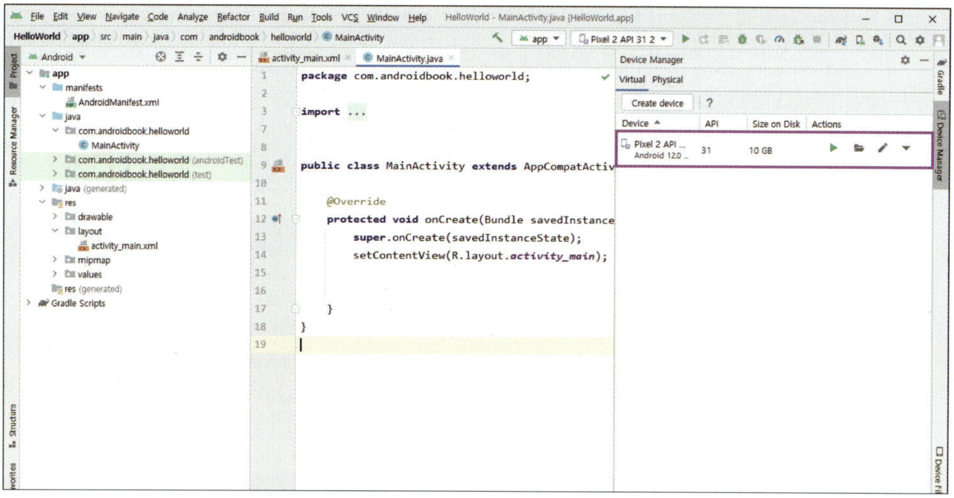

실습 예제 1-7 프로젝트 실행하기

❶ **에뮬레이터 실행하기** : [Device Manager] 창에서 'Actions' 항목의 '실행' 아이콘(▶)을 클릭하면 지정한 위치에 에뮬레이터가 열립니다. 또는 도구 바에서 'Pixel 2 API 31'을 선택하고 '실행' 아이콘(▶)을 클릭해도 됩니다.

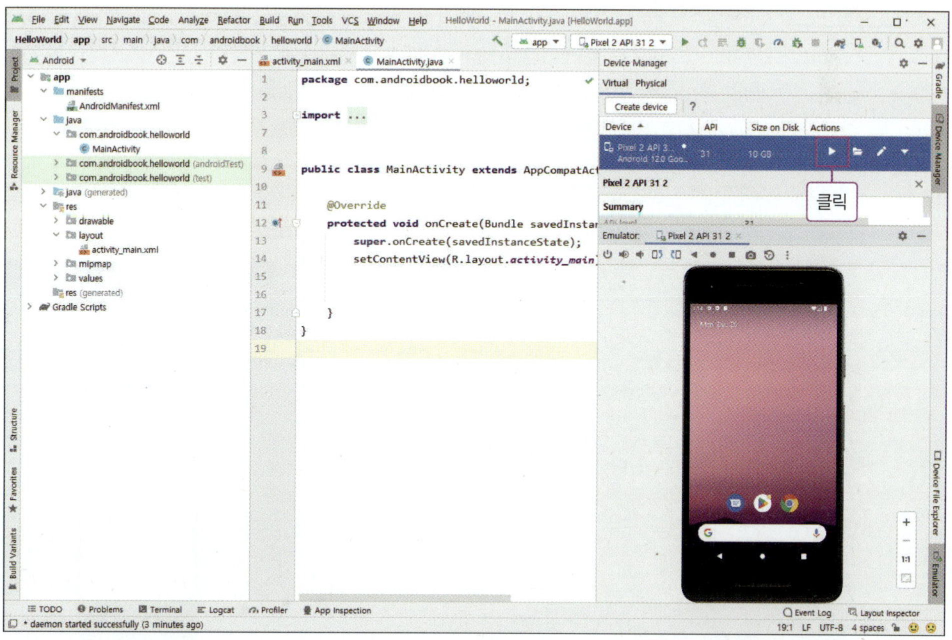

❷ **프로젝트 실행 결과 확인하기** : 안드로이드 에뮬레이터가 실행됩니다. 안드로이드 시스템이 로딩되다가 화면에 'Hello World!'가 표시됩니다. 다음 화면이 보이면 프로젝트가 정상적으로 실행된 것입니다. 에뮬레이터 옆 도구 바에서 회전하는 스마트폰 모양을 클릭할 때마다 화면이 가로와 세로로 바뀝니다.

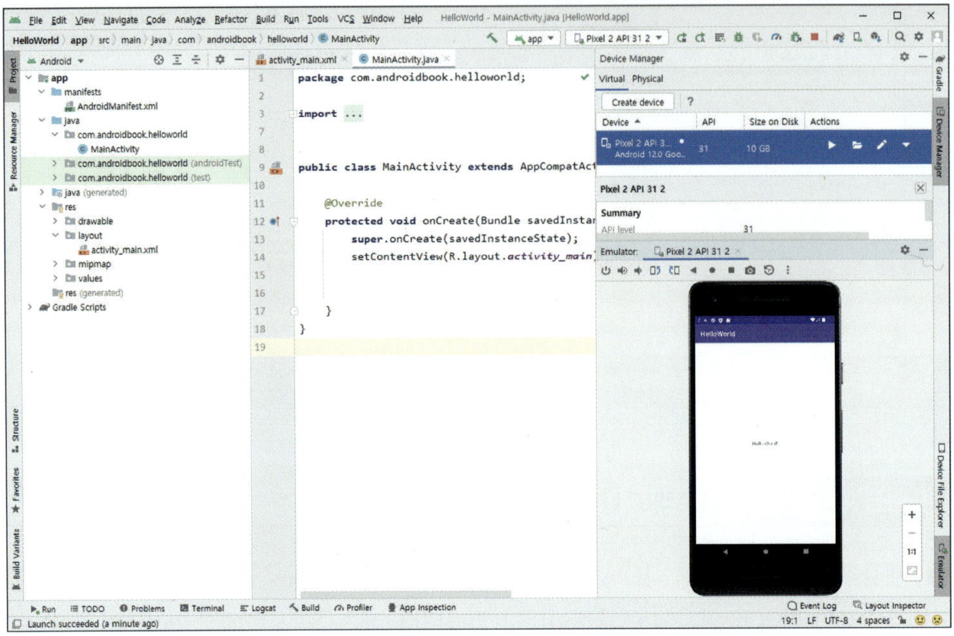

NOTE

에뮬레이터 모드 변경

에뮬레이터의 보기 형태는 변경 가능합니다. Emulator 도구 이름에서 마우스 오른쪽 버튼을 클릭한 후 [View Mode] 메뉴를 선택하여 원하는 보기 형식을 선택할 수 있습니다. [Float]이나 [Window]를 선택하면 에뮬레이터가 별도의 창에 열립니다.

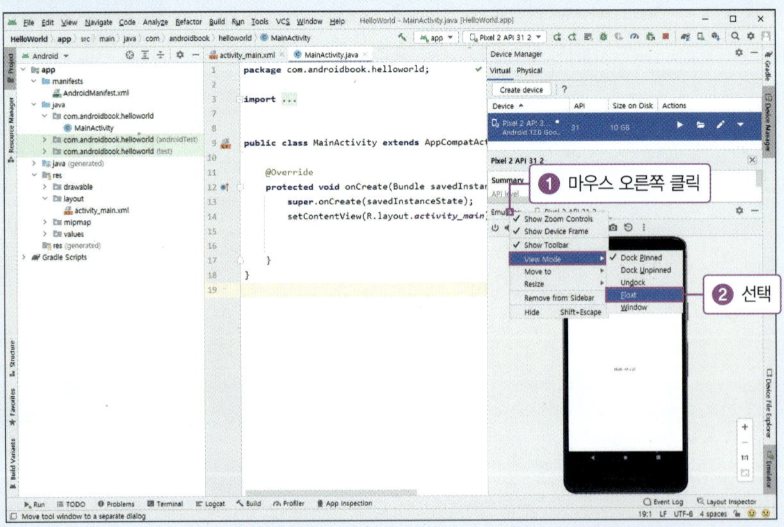

1.4 안드로이드 프로젝트 구조 살펴보기

ANDROID

안드로이드 애플리케이션은 자바 소스 코드, 문자열 리소스, 이미지, 안드로이드 정의 파일, APK 파일 등 다양한 구성 요소로 구성됩니다. 따라서 안드로이드 애플리케이션의 프로젝트 구조를 살펴보면 다양한 폴더와 파일이 존재합니다. 안드로이드 애플리케이션의 프로젝트 구조에 대해 살펴보겠습니다.

그림 1-5 안드로이드 프로젝트 구성

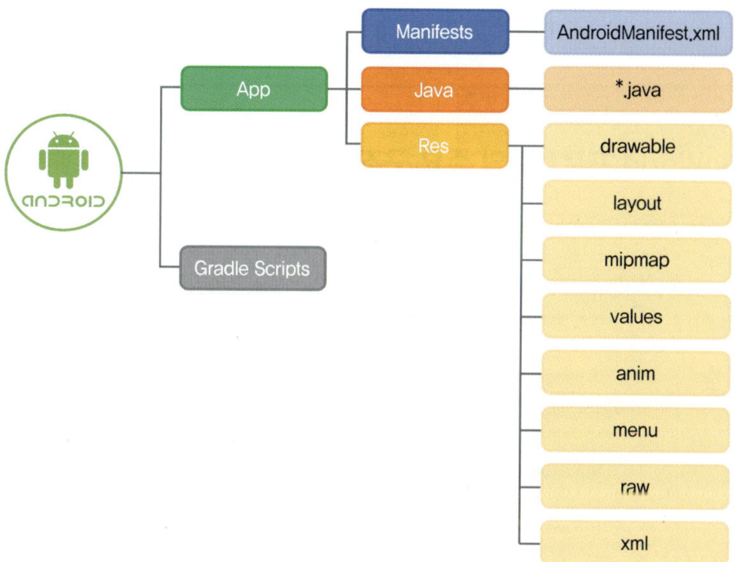

표 1-2 안드로이드 프로젝트 폴더 구성

폴더명	설명
manifests	안드로이드 정의 파일 AndroidManifest.xml이 있습니다. 이 파일에는 최소 안드로이드 버전, 인터넷 액세스 권한, 전화 권한 등 안드로이드 장치 기능에 대한 액세스 권한과 같은 안드로이드 애플리케이션 정보가 포함되어 있습니다.
java	소스 코드를 나타내며, 자바 소스 파일을 포함합니다. 기본으로 MainActivity.java 소스 파일이 포함되어 있습니다.

폴더명	설명	
res	리소스 파일을 나타내며 그림, XML 파일 등과 같은 리소스 파일을 저장할 수 있습니다. 기본으로 Drawable, Layout 및 Values와 같은 폴더가 포함되어 있습니다.	
	drawable 폴더	다양한 그래픽 파일을 저장하는 데 사용됩니다.
	layout 폴더	텍스트 상자, 버튼 등과 같은 다양한 안드로이드 객체가 화면에서 구성되는 방식을 정의하는 XML 레이아웃 파일을 배치하는 데 사용됩니다.
	values 폴더	제목, 레이블 등과 같은 다양한 문자열 값을 저장하는 XML 파일에 사용됩니다.
	anim 폴더	애니메이션 객체로 컴파일된 XML 파일에 사용됩니다.
	menu 폴더	애플리케이션 메뉴에서 XML 파일을 정의하는 데 사용됩니다.
	raw 폴더	MP3 또는 Ogg 파일 등과 같은 미디어 파일을 저장하는 데 사용됩니다.
	xml 폴더	애플리케이션 구성 요소를 구성하는 데 사용됩니다.
Gradle Scripts	애플리케이션 빌드에 사용하는 Gradle 툴을 편리하게 사용할 수 있도록 도와주는 스크립트 컨테이너입니다. Gradle Wrapper는 적절한 Gradle 바이너리를 자동으로 다운로드해주므로, 별도로 Gradle을 설치하지 않아도 빌드를 진행할 수 있도록 도와줍니다.	

생성한 HelloWorld 프로젝트의 주요 구조

그림 1-6 생성된 HelloWorld 프로젝트 구성

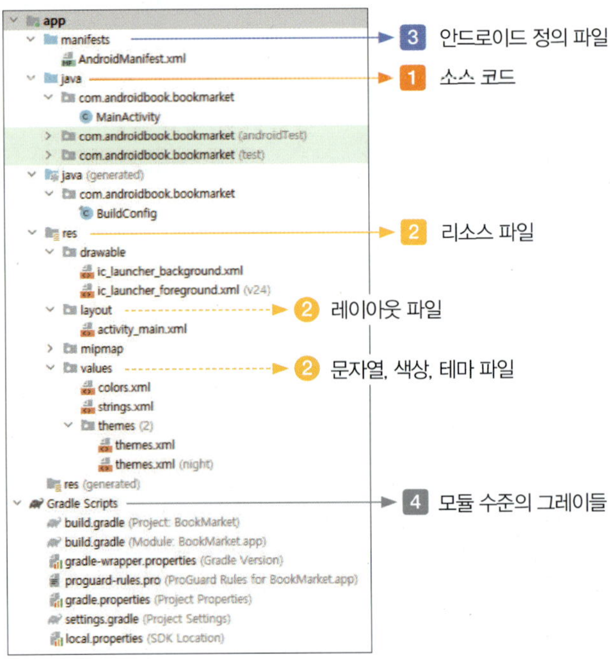

● 소스 코드 – MainActivity.java

MainActivity.java 파일은 주요 액티비티의 자바 소스 코드를 포함하고 있습니다. 이 파일은 Dalvik 실행 파일로 변환되어 애플리케이션을 실행하는 데 사용됩니다. HelloWorld 애플리케이션의 기본 코드는 다음과 같습니다.

```
package com.androidbook.helloworld;

import androidx.appcompat.app.AppCompatActivity;

import android.os.Bundle;

public class MainActivity extends AppCompatActivity {     ❶

    @Override
    protected void onCreate(Bundle savedInstanceState) {   ❷
        super.onCreate(savedInstanceState);
        setContentView(R.layout.activity_main);            ❸
    }
}
```

❶ **MainActivity** : 모든 프로젝트에 필수인 기본 자바 소스 파일입니다. AndroidManifest.xml에 다음과 같이 MainActivity가 등록되어 있어 애플리케이션이 실행될 때 가장 먼저 실행될 수 있습니다.

```
<activity android:name=".MainActivity">
    <intent-filter>
        <action android:name="android.intent.action.MAIN" />

        <category android:name="android.intent.category.LAUNCHER" />
    </intent-filter>
</activity>
```

❷ **onCreate(...)** : AppCompactActivity 클래스가 처음 생성될 때 호출되는 메서드입니다.

❸ **setContentView(R.layout.activity_main)** : 레이아웃 리소스에 대한 정보를 제공합니다. 여기서 레이아웃 리소스는 activity_main.xml 파일에 정의되어 있습니다. R.layout.activity_main은 res\layout 폴더에 있는 activity_main.xml 파일을 참조합니다.

● 리소스

안드로이드에서 리소스는 이미지, 텍스트, 화면 구성 등 화면을 구성하는 요소들을 의미합니다.

레이아웃 파일 – layout\activity_main.xml

res\layout 폴더의 activity_main.xml 파일은 안드로이드 앱의 레이아웃을 정의하는 리소스 파일입니다. 이 파일에는 UI 구성 요소들이 배치되며, 화면에 표시될 위치와 크기, 스타일, 색상 등을 지정합니다. 따라서 이 파일을 수정하여 앱의 화면을 디자인하고, UI 요소들의 동작을 구현할 수 있습니다.

```xml
<?xml version="1.0" encoding="utf-8"?>
<androidx.constraintlayout.widget.ConstraintLayout
    xmlns:android="http://schemas.android.com/apk/res/android"
    xmlns:app="http://schemas.android.com/apk/res-auto"
    xmlns:tools="http://schemas.android.com/tools"
    android:layout_width="match_parent"
    android:layout_height="match_parent"
    tools:context=".MainActivity">

    <TextView
        android:layout_width="wrap_content"
        android:layout_height="wrap_content"
        android:text="Hello World!"
        app:layout_constraintBottom_toBottomOf="parent"
        app:layout_constraintLeft_toLeftOf="parent"
        app:layout_constraintRight_toRightOf="parent"
        app:layout_constraintTop_toTopOf="parent" />

</androidx.constraintlayout.widget.ConstraintLayout>
```

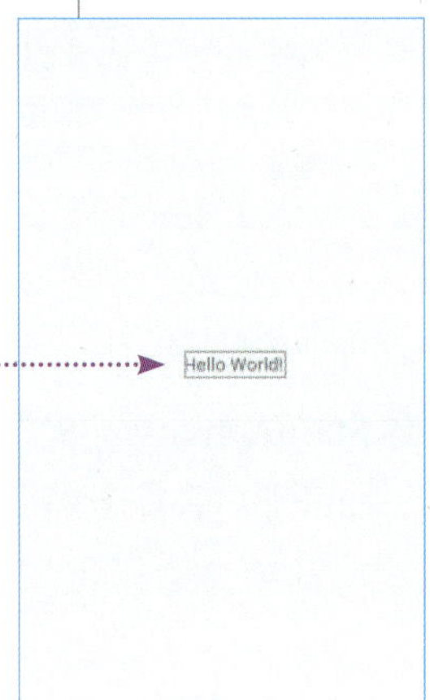

❶ <ConstraintLayout>...</ConstraintLayout> **요소** : 전체 레이아웃을 나타냅니다. 레이아웃의 모든 구성 요소는 반드시 너비(layout_width)와 높이(layout_height)를 가져야 합니다. 너비와 높이는 match_parent와 warp_content 속성을 사용해 화면에 표시합니다. 레이아웃과 속성에 관해서는 《4장 – 레이아웃 다루기》에서 자세히 배웁니다.

❷ <TextView>...</TextView> **요소** : UI의 기본 구성 요소 중 하나인 위젯을 나타냅니다. 여기서는 텍스트 뷰로 화면에 출력할 문자열인 'Hello World!'를 지정하고 있습니다. 위젯은 《3장 – 기본 위젯 다루기》에서 살펴봅니다.

NOTE 안드로이드 스튜디오에서 레이아웃 파일을 다양한 UI로 보기

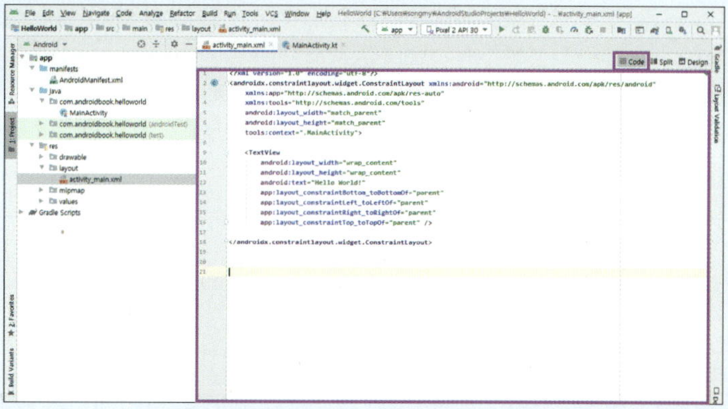

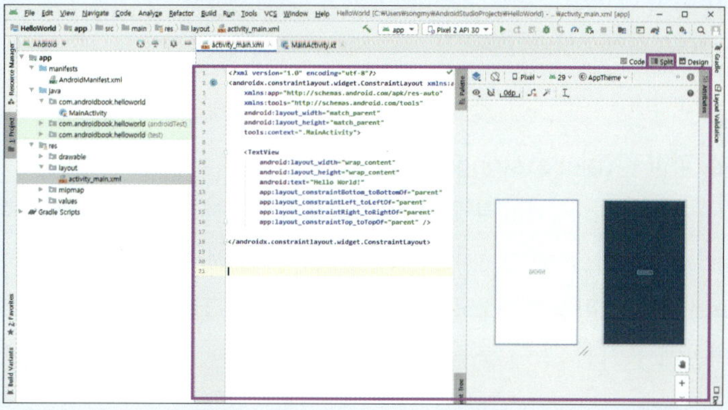

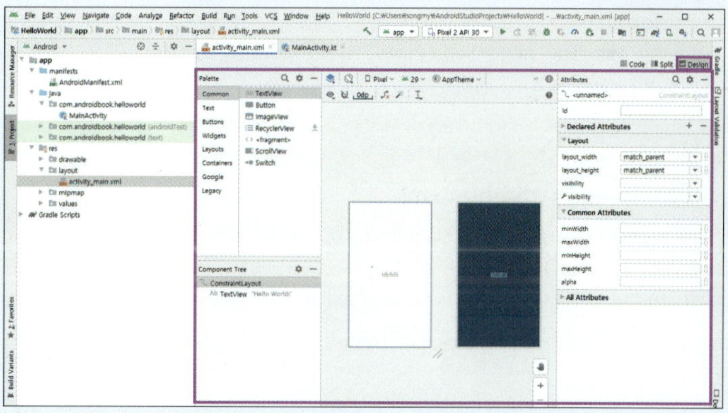

색상 리소스 파일 – values\colors.xml

res\values 폴더의 colors.xml 파일은 앱에서 사용하는 색상 리소스를 정의합니다. 예를 들어, UI 구성 요소의 배경 색상, 텍스트 색상 등을 지정할 수 있습니다. HelloWorld 프로젝트의 색상 리소스 파일은 다음과 같습니다.

```xml
<?xml version="1.0" encoding="utf-8"?>
<resources>
    <color name="purple_200">#FFBB86FC</color>
    <color name="purple_500">#FF6200EE</color>
    <color name="purple_700">#FF3700B3</color>
    <color name="teal_200">#FF03DAC5</color>
    <color name="teal_700">#FF018786</color>
    <color name="black">#FF000000</color>
    <color name="white">#FFFFFFFF</color>
</resources>
```

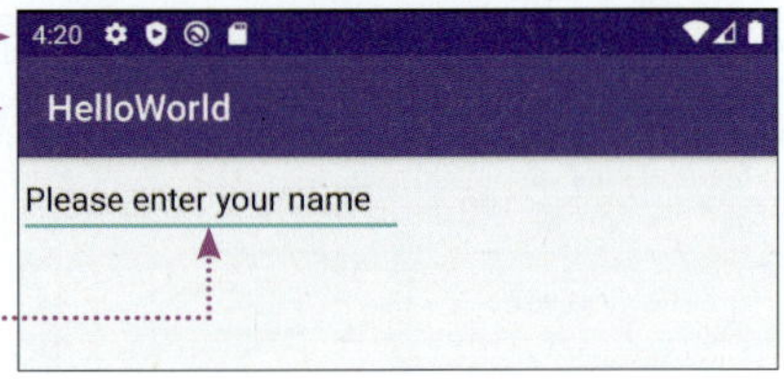

❶ name="purple_500" : 앱에 사용하는 메인 색상을 나타냅니다.

❷ name="purple_700" : 앱의 상태 바에 사용하는 색상을 나타냅니다. 일반적으로 메인 색상보다 어두운 값을 사용합니다.

❸ name="teal_200" : 앱에서 편집할 수 있는 모든 위젯에 사용하는 색상입니다.

문자열 리소스 파일 – values\strings.xml

res\values 폴더의 strings.xml 파일은 애플리케이션에서 사용하는 모든 텍스트를 정의합니다. 예를 들어, 위젯(버튼, 텍스트 뷰 등)에서 사용되는 문자열을 저장합니다. HelloWorld 프로젝트의 strings.xml 파일에는 name 속성으로 지정된 'HelloWorld'가 포함되어 있으며, 이는 런처 아이콘에 표시될 앱 이름을 나타냅니다.

```xml
<resources>
    <string name="app_name">HelloWorld</string>
</resources>
```

테마 리소스 파일 – themes\themes.xml

res\values\themes 폴더의 themes.xml 파일은 애플리케이션에서 사용하는 여러 테마와 스타일 정보를 정의합니다. 예를 들어 앱 바, 상태 바, UI 컨트롤 등의 색상과 디자인을 지정 가능합니다. HelloWorld 프로젝트 애플리케이션 기본 스타일 리소스 파일은 다음과 같습니다.

```xml
<resources xmlns:tools="http://schemas.android.com/tools">
    <!-- Base application theme. -->
    <style name="Theme.HelloWorld" parent="Theme.MaterialComponents.DayNight.DarkActionBar">
        <!-- Primary brand color. -->
        <item name="colorPrimary">@color/purple_500</item>
        <item name="colorPrimaryVariant">@color/purple_700</item>
        <item name="colorOnPrimary">@color/white</item>
        <!-- Secondary brand color. -->
```

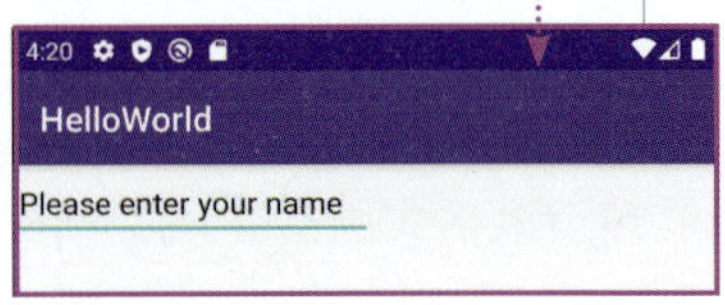

```
        <item name="colorSecondary">@color/teal_200</item>
        <item name="colorSecondaryVariant">@color/teal_700</item>
        <item name="colorOnSecondary">@color/black</item>
        <!-- Status bar color. -->
        <item name="android:statusBarColor" tools:targetApi="1">?attr/colorPrimaryVariant</item>
        <!-- Customize your theme here. -->
    </style>
</resources>
```

❶ **name 속성** : 앱에서 참조할 스타일 이름으로 기본값은 'Theme.HelloWorld'입니다.

❷ **parent 속성** : 현재 스타일이 상속받아야 하는 속성의 상위 스타일을 정의합니다. 'Theme.MaterialComponents.DayNight.DarkActionBar'는 흰색 글자를 갖는 액션 바를 의미합니다. @color는 res\values\color.xml 파일에 있는 <color> 요소의 name 속성값을 참조한다는 표시입니다.

TIP 스타일 리소스 파일에 관한 자세한 내용은 《7장 – 메뉴와 앱 바 다루기》를 참고하세요.

● 안드로이드 정의 파일 – AndroidManifest.xml

AndroidManifest.xml 파일은 애플리케이션을 구동하는 데 필요한 설정을 관리하는 파일입니다. 안드로이드 애플리케이션의 모든 구성 요소(패키지명, 액티비티, 수신자, 서비스)나 권한 등의 정보를 정의합니다.

```
<?xml version="1.0" encoding="utf-8"?>
<manifest xmlns:android="http://schemas.android.com/apk/res/android"        ❶
    package="com.androidbook.helloworld" >

    <application                                                           ❷
        android:allowBackup="true"
        android:icon="@mipmap/ic_launcher"
        android:label="@string/app_name"
        android:roundIcon="@mipmap/ic_launcher_round"
        android:supportsRtl="true"
        android:theme="@style/Theme.Helloworld" >
        <activity                                                          ❸
            android:name=".MainActivity"
            android:exported="true" >
            <intent-filter>                                                ❹
                ❺ <action android:name="android.intent.action.MAIN" />

                ❻ <category android:name="android.intent.category.LAUNCHER" />
            </intent-filter>
        </activity>
    </application>

</manifest>
```

❶ <manifest> ... </manifest> 요소 : AndroidManifest.xml 파일의 루트 요소로, 액티비티 클래스의 패키지 이름을 설명하는 패키지 속성을 가집니다.

- **package** 속성 : 애플리케이션에서 사용하는 패키지 이름입니다. 이 패키지 이름은 애플리케이션에 대해 고유한 식별자 역할을 합니다.

❷ <application> ... </application> 요소 : 〈manifest〉 요소의 하위 요소로 애플리케이션과 관련된 구성 요소를 묶었습니다. 이 요소에 일반적으로 사용되는 속성은 아이콘, 레이블, 테마 등입니다.

- **android:allowBackup** 속성 : Backup 서비스를 앱이 지원하는지를 나타냅니다. 백업 서비스는 안드로이드폰의 [설정]-[백업 및 초기화]에서 지정할 수 있습니다. 'true'로 지정하면 Google 드라이브 계정에 업로드하여 응용 프로그램 데이터를 사용자당 25MB까지 자동 백업하고, 폰을 교체할 때 이 데이터들이 복원됩니다.
- **android:icon** 속성 : 앱이 기기에 설치되면 앱을 나타낼 아이콘입니다. @mipmap은 res\mipmap 폴더를 나타냅니다. 그 폴더 아래에 있는 ic_launcher.png 파일을 앱 아이콘으로 설정합니다.
- **android:label** 속성 : 아이콘에 표시될 앱 이름을 표시합니다. @string은 res\values 폴더를 나타냅니다. 그 폴더 아래에 있는 strings.xml 파일에 정의된 app_name을 키로 "HelloWorld" 문자열을 참조합니다.
- **android:supportsRtl** 속성 : RIGHT to LEFT 레이아웃 지원을 나타냅니다. API 레벨 17부터 지원하며 왼쪽에서 오른쪽으로 쓰는 국가를 지원합니다.
- **android:theme** 속성 : 앱의 테마를 설정합니다. AppTheme는 res\values\styles.xml 파일에 정의되어 있습니다. 테마는 앱에서 사용되는 모든 모양, 색깔들을 지정하고 있어 테마만 교체하면 앱 스타일을 바꿀 수 있습니다.

❸ <activity> ... </activity> 태그 : 〈application〉 요소의 하위 요소이며 하나의 앱은 여러 개의 액티비티를 가질 수 있습니다. 이러한 액티비티들은 모두 AndroidManifest.xml 파일에 등록되어야 합니다.

- **android:name** 속성 : 액티비티 클래스 이름을 나타내며 필수 속성입니다.
- **android:label** 속성 : 액티비티의 레이블로 사용할 문자열을 나타냅니다.

> **NOTE** 안드로이드 정의 파일 - AndroidManifest.xml에서 다양한 안드로이드 애플리케이션 구성 요소를 지정하는 데 사용할 태그 목록은 다음과 같습니다.
>
> 액티비티를 위한 〈activity〉 요소, 서비스를 위한 〈service〉 요소, 브로드캐스트 수신기를 위한 〈receiver〉 요소, 콘텐츠 공급자를 위한 〈provider〉 요소

④ <intent-filter> ... </intent-filter> 요소 : 〈activity〉 요소의 하위 요소로 액티비티, 서비스 또는 브로드캐스트 수신기가 응답할 수 있는 인텐트 유형을 설명합니다.

⑤ <action ... /> 요소 : 인텐트 필터에 대한 액션 이름은 android.intent.action.MAIN이며 이 액티비티가 애플리케이션의 진입점으로 사용됨을 나타냅니다. 인텐트 필터는 최소한 하나의 액션 요소를 가져야 합니다.

⑥ <category ... /> 요소 : 인텐트 필터에 카테고리는 android.intent.category.LAUNCHER로 이름 지어 애플리케이션이 장치의 실행기 아이콘에서 시작될 수 있음을 나타냅니다.

모듈 수준의 그레이들 – build.gradle(Module HelloWorld.app)

안드로이드 프로젝트를 생성하면 Gradle Scripts 영역에 build.gradle, settings.gradle 등의 파일이 자동으로 만들어집니다. 이 파일들을 통해 안드로이드 프로젝트의 빌드 정보, 라이브러리 등을 관리합니다. Gradle Scripts는 아래와 같이 총 7개의 파일로 구성되어 있습니다.

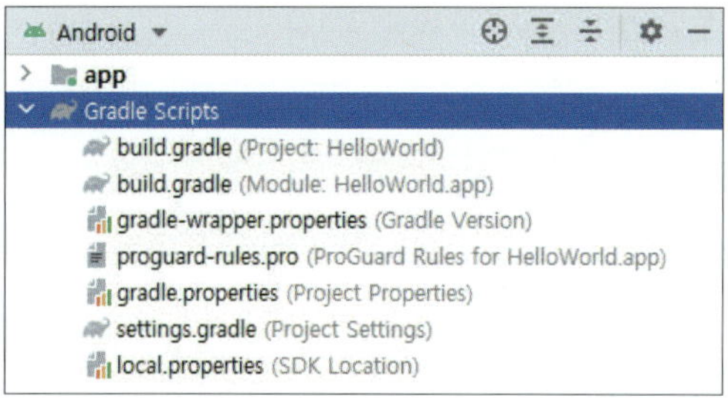

Gradle Scripts 구조 중에서 build.gradle(Module:My_pplication.app)은 모듈을 개발하고 빌드하는 아주 중요한 역할의 파일입니다.

```
plugins {
    id 'com.android.application'
}

android {
①   compileSdk 32

    defaultConfig {
②       applicationId "com.androidbook.helloworld"
③       minSdk 21
④       targetSdk 32
⑤       versionCode 1
        versionName "1.0"

        testInstrumentationRunner "androidx.test.runner. AndroidJUnitRunner"
```

```
    }

    buildTypes {
        release {
            minifyEnabled false
            proguardFiles getDefaultProguardFile('proguard-android-optimize.txt'),
            'proguard-rules.pro'
        }
    }
    compileOptions {
        sourceCompatibility JavaVersion.VERSION_1_8
        targetCompatibility JavaVersion.VERSION_1_8
    }
}

❻····dependencies {

    implementation 'androidx.appcompat: appcompat:1.4.1'
    implementation 'com.google.android.material: material:1.5.0'
    implementation 'androidx.constraint layout: constraint layout: 2.1.3'
    testImplementation 'junit:junit:4.13.2'
    androidTestImplementation 'androidx.test.ext:junit:1.1.3'
    androidTestImplementation 'androidx.test.espresso: espresso-core: 3.4.0'
}
```

❶ **compileSdk 32** : 빌드 시 사용하려는 툴의 컴파일러 버전입니다. 32는 컴파일 SDK 버전을 의미합니다.

❷ **applicationId "com.androidbook.helloworld"** : 앱의 식별자 정보를 설정합니다. 이 식별자 값으로 선언된 다른 앱이 구글 플레이 스토어에 이미 등록되어 있다면 이 식별자를 가지고 있는 다른 앱은 등록되지 않습니다. 그러므로 앱의 식별자는 세상에서 유일무이한 문자열로 주어야 합니다.

❸ **minSdk 21** : 앱이 지원하는 최소 버전을 설정합니다. 21은 API Level 숫자 값(Android 5.0 Lollipop 버전)이며 이 버전 이상부터 앱을 지원한다는 의미입니다.

❹ **targetSdk 32** : 개발 시 사용하고 있는 라이브러리 버전입니다. 32는 32 버전의 라이브러리로 개발하겠다는 의미입니다.

❺ **versionCode 1** : 앱의 버전 정보입니다. 앱을 서비스하는 도중 업데이트되면 이 정보를 변경하여 다시 구글 플레이에 등록하면 됩니다.

❻ **dependencies** : 앱을 위해 사용할 다양한 라이브러리를 등록하는 곳입니다.

PROJECT 1

[도서 쇼핑몰] 프로젝트 시작하기

안드로이드 도서 쇼핑몰 프로젝트를 만들기 위해 BookMarket 프로젝트를 생성한 후 스마트폰에서 실행하여 확인해 봅니다.

길벗 홈페이지 자료실에서 제공하는 PDF의 4쪽을 참고하세요!

- 1장 프로젝트 생성하기
- ▼ 3장 시작 화면 만들기
- ▼ 4장 도서 목록 화면 만들기
- ▼ 5장 도서 상품 이벤트 처리하기
- ▼ 6장 도서 상품 상세 정보 표시하기
- ▼ 8장 장바구니 등록 대화상자 만들기
- ▼ 9장
  - 장바구니 만들기
  - 주문 처리하기

- 11장 동영상 강좌 화면 만들기

- 10장 마이 페이지 화면 만들기
- ▼ 10장
  - 메모장 만들기
  - 메모장에서 검색어 찾기
- ▼ 11장 카메라로 프로필 설정하기
- ▼ 12장 낙서장 만들기

- 13장 고객센터 화면 만들기
- ▼ 13장 도서 마켓 위치 안내 표시하기
- ▼ 14장 고객문의 게시판 만들기

- 6장 스플래시 화면 만들기
- ▼ 12장 스플래시 화면 꾸미기

- 7장
  - 메뉴 만들기
  - 액션 바 바꾸기
  - 내비게이션 바 만들기
- ▼ 8장 로그인 대화상자 만들기
- ▼ 14장
  - 회원가입 메뉴 만들기
  - 로그인과 로그아웃 기능 만들기

프로젝트 생성하기 결과 화면

도서 쇼핑몰을 만들기 위한 BookMarket 프로젝트를 생성하고 에뮬레이터에서 실행해 봅니다.

2 장

자바 기본 문법

학 습 목 표

- 자바의 개념과 주요 특징에 대해 이해한다.
- 자바의 기본 문법을 이해한다.
- 자바의 조건문과 반복문에 대해 이해한다.
- 자바의 메서드에 대해 이해한다.
- 자바의 객체 지향 프로그래밍 개념에 대해 이해한다.
- 자바 프로그래밍에서 필요한 기타 데이터 유형에 대해 알아본다.

2.1 자바 이해하기

1995년 썬 마이크로시스템(Sun Microsystems)에서 발표된 자바(Java)는 다양한 플랫폼에서 사용 가능한 객체 지향 프로그래밍 언어입니다. 자바는 C 및 C++ 프로그램 언어와 비슷하지만, 고급 기능과 단순화된 기능을 갖춘 객체 지향 언어로 모든 플랫폼에서 독립적으로 실행되는 프로그램을 작성할 수 있습니다.

자바를 사용하는 이유

자바가 널리 사용되는 이유는 다음과 같습니다.

- **가장 널리 사용되는 프로그래밍 언어**
  오라클에 따르면 30억 개의 장치에서 자바가 실행되고 있으며, 안드로이드 앱도 자바를 사용하여 개발됩니다. 모바일 앱에 대한 수요가 증가하면서, 자바는 프로그래머로서 배울 필수 언어 중 하나입니다.
- **C/C++와 같은 다른 프로그래밍 언어와 유사한 구문과 기능**
  만약 프로그래밍 경험이 있는 경우 자바를 쉽게 배울 수 있습니다. 또한, 프로그래밍을 처음 접하는 경우에도 자바는 비교적 배우기 쉬운 언어입니다. 대부분의 프로그래머들은 C나 C++보다 자바를 배우는 것이 더 쉽다고 생각합니다.
- **독립적으로 설계된 플랫폼**
  자바 코드는 먼저 바이트 코드로 컴파일되며 자바 가상 머신(Java Virtual Machine)이 있는 모든 시스템에서 실행할 수 있습니다. 이를 통해 자바를 사용하면 코드를 한 번 작성하고 원하는 장치나 운영체제에서 실행할 수 있습니다.
- **객체 지향 프로그래밍(OOP) 언어**
  객체 지향 프로그래밍은 프로그래밍 문제를 상호 작용하는 객체로 분해하는 프로그래밍 접근 방식입니다. 따라서 프로그램 구성에서 실제 세계의 객체와 쉽게 연결할 수 있습니다.

자바의 주요 특징

자바가 만들어진 주된 이유는 컴퓨터 언어의 이식성과 보안 기능을 위한 것이었습니다. 이러한 기능 외에도 자바는 다음과 같은 프로그래밍 언어로서의 중요한 역할을 합니다.

- **단순함(Simple)**
  자바는 구문이 간결하고 이해하기 쉬워 C++이나 다른 프로그래밍 언어에서 볼 수 있는 복잡성을 제거하여 배우기 쉽게 만들었습니다.
- **객체 지향(Object Oriented)**
  자바는 모든 것을 객체로 다루며 객체 모델 기반으로 쉽게 확장할 수 있습니다.
- **강력한 기능(Robust)**
  자바는 강력한 메모리 관리 시스템을 가지고 있어 코드를 컴파일하고 실행 중에 오류를 제거하는 데 도움이 됩니다.
- **플랫폼 독립(Platform Independent)**
  자바는 플랫폼에 독립적이어서 한 번 작성하면 어디서나 실행할 수 있습니다.
- **보안(Secure)**
  자바는 컴파일 후에 바이트 코드로 변환되어 사람이 읽을 수 없으며, 신뢰할 수 없는 소스의 활동을 방지하기 위해 샌드박스 내부에서 프로그램을 실행합니다.
- **멀티 스레딩(Multi Threading)**
  자바는 여러 실행 스레드를 지원하여 동시에 많은 작업을 수행할 수 있습니다.
- **아키텍처 중립(Architectural Neutral)**
  자바는 컴파일러가 특정 컴퓨터 아키텍처와 관련 없는 바이트 코드를 생성하여 모든 시스템에서 쉽게 해석할 수 있습니다.
- **휴대성(Portable)**
  자바는 플랫폼에 독립적이므로 작성된 응용 프로그램을 다른 플랫폼으로 쉽게 이식할 수 있습니다.
- **고성능(High Performance)**
  자바는 해석된 언어이므로 C/C++과 같은 컴파일된 언어보다 느릴 수 있지만, Just-In-Time 컴파일러를 사용하여 바이트 코드를 기계 코드로 변환함으로써 고성능을 달성할 수 있습니다.
- **분산(Distributed)**
  자바는 RMI(Remote Method Invocation)를 통해 다른 프로그램의 메서드를 호출하고 출력을 얻어 분산 애플리케이션을 만드는 데 도움이 됩니다. 이를 통해 인터넷 상의 모든 시스템에서 파일에 액세스할 수 있습니다.

자바 언어의 응용 분야

자바를 사용해 다양한 종류의 애플리케이션을 개발할 수 있습니다. 독립 실행형 애플리케이션, 웹 애플리케이션, 엔터프라이즈 애플리케이션, 모바일 애플리케이션 및 빅데이터 기술을 활용하는 애플리케이션입니다. 이 중에서도 각각의 특징과 장단점을 자세히 살펴보겠습니다.

- **독립 실행형 애플리케이션**

  파일 프로세스를 추가하지 않고, 별도의 컴퓨터 프로세스에서 실행되는 응용 프로그램입니다. 일부 표준 GUI 구성 요소인 AWT(Abstract Windowing Toolkit), 스윙, 그리고 JavaFX를 사용하여 만들어진 Java GUI 응용 프로그램 또는 데스크톱 응용 프로그램으로, 이러한 구성 요소는 데스크톱에 배포되며 버튼, 메뉴, 테이블, GUI 위젯 툴킷, 3D 그래픽 등이 포함됩니다.

  예 : 미디어 플레이어, 바이러스 백신, 그림판, POS 결제 소프트웨어 등

- **웹 애플리케이션**

  클라이언트-서버 소프트웨어 응용 프로그램으로 클라이언트에서 실행됩니다. Servlet, JSP, Spring, Struts, Hibernate 등은 클라이언트-서버 애플리케이션을 개발하는 데 사용됩니다. 전자 상거래 응용 프로그램은 전자 상거래 플랫폼 뿐만 아니라 건강, 사회 보장, 교육 및 보험과 같은 여러 분야에서 응용 프로그램을 개발할 수 있습니다.

  예 : 메일, 전자 상거래 웹사이트, 은행 웹사이트 등

- **엔터프라이즈 애플리케이션**

  미들웨어 애플리케이션으로, 기업 전반에 걸쳐 소프트웨어 및 하드웨어 시스템 기술과 서비스를 사용합니다. 은행 업무 시스템과 같은 기업 영역을 위해 설계되었습니다.

  예 : 전자 상거래, 회계, 은행 정보 시스템 등

- **모바일 애플리케이션**

  자바는 스마트폰에서 실행되는 다양한 애플리케이션을 만들기 위해 ME 또는 J2ME 프레임워크를 사용합니다. 또한, 안드로이드는 자바를 기반으로한 애플리케이션 개발을 위한 플랫폼을 제공합니다.

  예 : WhatsApp, Xender 등

- **빅데이터 기술**

  하둡(Hadoop)의 MapReduce 프레임워크는 대용량 자료를 처리할 수 있는 컴퓨터 클러스터에서 분산 응용 프로그램을 실행하는 데 사용되며, 이 프레임워크는 자바로 작성되었습니다.

2.2 기본 문법 살펴보기

변수

컴퓨터 프로그램에서 처리할 데이터를 저장하는 데 사용되는 메모리 공간으로, 특정 데이터 유형(형)의 값을 저장하는 위치가 변수입니다. 변수는 이름과 타입을 가지며 해당 타입의 값을 저장합니다. 자바 프로그램에서 변수를 사용하기 전에 모두 선언해야 합니다. 변수는 다음과 같은 기본 형식으로 선언됩니다.

다음은 변수를 선언하는 구문입니다.

```
자료형   변수 이름;
 int     myVar
```

- **자료형(Data Type)** : 변수에 저장할 수 있는 데이터 유형입니다.
- **변수 이름(Variable Name)** : 메모리 주소를 대신한 메모리 주소의 이름을 지정합니다.

다음의 예는 변수 myAge 값을 숫자 20으로 초기화한 후 25로 변경합니다. 이처럼 변수의 값을 정수로 저장할 때는 int 키워드를 사용합니다.

```
public class MainActivity extends AppCompatActivity {

    @Override
    protected void onCreate(Bundle savedInstanceState) {
        super.onCreate(savedInstanceState);
        setContentView(R.layout.activity_main);
        int myAge = 20;
        myAge = 25;
        System.out.println("나의 나이는 " + myAge);
    }
}
```

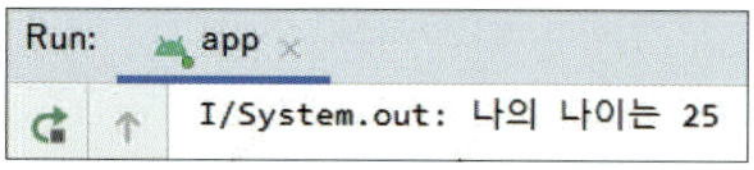

NOTE 실행 결과 확인하기

안드로이드 스튜디오를 실행한 후 화면 하단의 [Run] 탭을 선택하고 화면에서 'I/System.out:'의 출력 내용을 확인합니다.

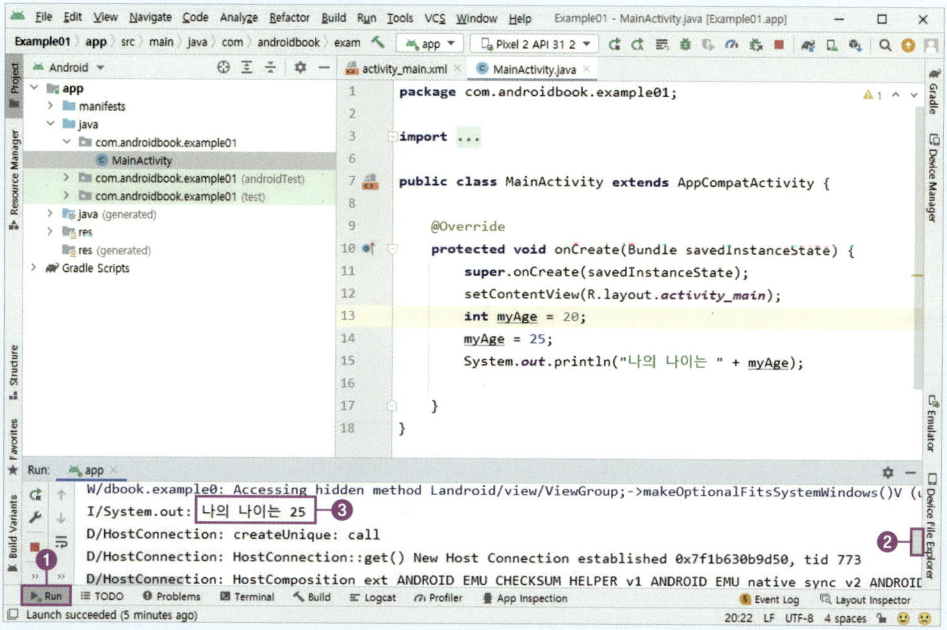

자료형

자료형(Data Type)은 프로그래밍에서 사용하는 숫자, 문자열 등의 다양한 데이터 형태를 분류하는 것으로, 프로그램의 기본이 되는 핵심적인 단위입니다.

● 정수 자료형

정수형은 소수 부분이 없고 음수 값을 허용하는 숫자로, 프로그래밍에서 자주 사용됩니다.

표 2-1 정수형의 종류

유형	기본값	저장 공간	범위
byte	0	1byte	−128~127
short	0	2byte	−32,768~32,767
int	0	4byte	−2,147,483,648~2,147,483,647
long	0L	8byte	−9,223,372,036,854,775,808~9,223,372,036,854,775,807

다음은 정수 데이터 유형의 최소값 및 최대값을 나타내는 프로그램을 작성하는 예입니다.

```
public class MainActivity extends AppCompatActivity {
    @Override
    protected void onCreate(Bundle savedInstanceState) {
        super.onCreate(savedInstanceState);
        setContentView(R.layout.activity_main);

        int myInt = 20;
        long myLong = 25L;
        System.out.println("Int :  " + myInt);
        System.out.println("Long :  " + myLong);
        int minInt = Integer.MIN_VALUE;
        int maxInt = Integer.MAX_VALUE;
        System.out.println("Int 값 범위 : " + minInt + " ~ " + maxInt);
        long minLong = Long.MIN_VALUE;
        long maxLong = Long.MAX_VALUE;
        System.out.println("Long 값 범위 : " + minLong + " ~ " + maxLong);
    }
}
```

```
Run:  app
I/System.out: Int :  20
    Long : 25
    Int 값 범위 : -2147483648 ~ 2147483647
    Long 값 범위 : -9223372036854775808 ~ 9223372036854775807
```

● 실수 자료형

실수형은 소수 부분이 존재하고 음수 값을 허용하는 숫자로, float와 double의 두 가지 유형이 있습니다.

표 2-2 실수 자료형의 종류

유형	기본값	저장 공간	범위
float	0.0f	4byte	1.4e-045~3.4e+038(대략적인 범위)
double	0.0d	8byte	4.9e-324~1.8e+308(대략적인 범위)

다음은 실수 데이터 유형의 최소값 및 최대값을 나타내는 프로그램을 작성하는 예입니다.

```
public class MainActivity extends AppCompatActivity {
    @Override
    protected void onCreate(Bundle savedInstanceState) {
        super.onCreate(savedInstanceState);
        setContentView(R.layout.activity_main);

        float myFloat = 30.2f;
        double myDouble = 35.4;
        System.out.println("Float :  " + myFloat);
        System.out.println("Double :  " + myDouble);
        float minFloat = Float.MIN_VALUE;
        float maxFloat = Float.MAX_VALUE;
        System.out.println("Float 값 범위 : " + minFloat + " ~ " + maxFloat);
        double minDouble = Double.MIN_VALUE;
        double maxDouble = Double.MAX_VALUE;
        System.out.println("Double 값 범위 : " + minDouble + " ~ " + maxDouble);
    }
}
```

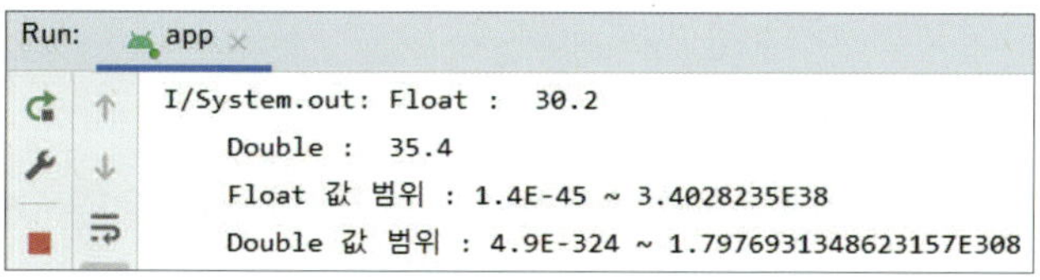

논리 자료형

논리 자료형에는 true와 false의 두 가지 가능한 값만 있습니다. 또한 if 또는 while과 같은 제어문을 제어하는 조건식에 필요한 유형입니다.

```
boolean flag = true;
boolean val = false;
```

다음은 논리 데이터 유형의 값을 true로 초기화하고 출력하는 프로그램을 작성하는 예입니다.

```
public class MainActivity extends AppCompatActivity {
    @Override
    protected void onCreate(Bundle savedInstanceState) {
        super.onCreate(savedInstanceState);
        setContentView(R.layout.activity_main);
```

```
        boolean myBoolean = true;
        System.out.println("Boolean :  " + myBoolean);

    }
}
```

```
Run:  app ×
I/System.out: Boolean :  true
```

● 문자 자료형

char 자료형은 문자와 숫자 등으로 이루어진 문자 집합의 기호를 나타내는 데 사용됩니다. 작은따옴표로 값을 묶어 표현합니다. 예를 들어, 'A'는 값이 65인 문자 상수입니다. 이는 하나의 문자를 나타내는 것이며, 문자열 "A"와는 구별됩니다.

표 2-3 문자형의 종류

유형	기본값	저장 요구 사항	범위
char	'0'	2byte	\u0000(0)~\uffff(65,535)

다음은 문자 데이터 유형의 값으로 J, a, v, a를 초기화하고 출력하는 프로그램을 작성하는 예입니다.

```
public class MainActivity extends AppCompatActivity {
    @Override
    protected void onCreate(Bundle savedInstanceState) {
        super.onCreate(savedInstanceState);
        setContentView(R.layout.activity_main);
        char  myChar1  = 'J';
        char  myChar2  = 'a';
        char  myChar3  = 'v';
        char  myChar4  = 'a';
        System.out.println("Char : " + myChar1+myChar2+myChar3+myChar4);
    }
}
```

```
Run:  app ×
I/System.out: Char : Java
```

● 문자열 데이터 유형

String 자료형은 일련의 문자열을 저장하는 데 사용되며, 큰따옴표 " "로 묶어 표현합니다. 예를 들어 "Hello"는 'H', 'e', 'l', 'l' 및 'o' 문자를 포함하는 문자열입니다. 이러한 이유로 큰따옴표로 묶인 값은 모두 문자열입니다. String 자료형은 다른 자료형과 달리 클래스에 해당하므로 첫 문자는 반드시 대문자로 작성해야 합니다.

표 2-4 문자형의 종류

유형	설명
String	큰따옴표(" ") 안에 선언되며 '\n', '\t', '\b' 등과 같은 이스케이프 문자를 포함할 수 있습니다.

다음은 문자열 데이터 유형의 값으로 JAVA와 Java를 초기화하고 출력하는 프로그램을 작성하는 예입니다.

```
public class MainActivity extends AppCompatActivity {
    @Override
    protected void onCreate(Bundle savedInstanceState) {
        super.onCreate(savedInstanceState);
        setContentView(R.layout.activity_main);

        String myString1 = "JAVA\n";
        String myString2 = "Java";
        System.out.print("String : " + myString1);
        System.out.println("String : " + myString2);
    }
}
```

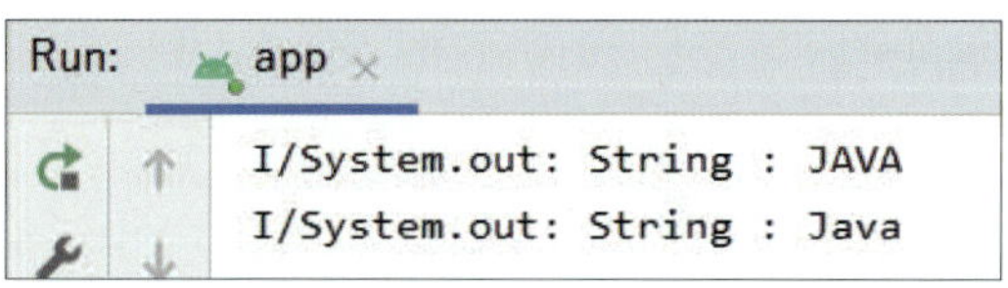

● 배열 자료형

배열(array)은 동일한 자료형의 데이터를 모아서 사용하는 데이터 구조입니다. 배열을 선언할 때는 크기를 미리 정해야 하므로 정적 데이터 구조이기도 합니다. 배열의 인덱스(index)는 0부터 시작해서 n−1까지 이어지며, n은 배열의 길이를 의미합니다.

다음은 배열 데이터 유형의 값으로, 정수 데이터 유형으로 1부터 5까지 배열에 초기화하고 배열의 세 번째 값을 출력하는 프로그램을 작성하는 예입니다.

```
package com.androidbook.example06;
import androidx.appcompat.app.AppCompatActivity;
import android.os.Bundle;
public class MainActivity extends AppCompatActivity {
    @Override
    protected void onCreate(Bundle savedInstanceState) {
        super.onCreate(savedInstanceState);
        setContentView(R.layout.activity_main);
        int[] myArr = new int[5];
        myArr[0] = 10;
        myArr[1] = 20;
        myArr[2] = 30;
        myArr[3] = 40;
        myArr[4] = 50;
        System.out.println("배열의 3번째 값 : " + myArr[2]);
        int myArray[] = new int[]{1, 2, 3, 4, 5};
        System.out.println("배열의 3번째 값 : " + myArray[2]);
    }
}
```

```
Run:    app
I/System.out: 배열의 3번째 값 : 30
I/System.out: 배열의 3번째 값 : 3
```

데이터 유형 변환

형 변환(Type Conversion)은 데이터 유형을 변환하는 것으로, 자바에서는 자동형 변환과 캐스팅형 변환이 있습니다. 자동형 변환은 작은 데이터 유형을 큰 변수에 할당할 때 더 큰 데이터 유형으로 자동 변환합니다. 캐스팅형 변환은 더 큰 데이터 유형의 값을 더 작은 데이터 유형의 변수에 할당할 때 명시적으로 데이터 유형 캐스팅을 해야 하며, 형식은 다음과 같습니다.

```
자료형 변수 이름 = (자료형) 변수 이름;
```

다음은 Int 데이터 유형에서 Long 데이터 유형으로 변환하기 위해 toLong() 메서드를 이용하는 예입니다.

```java
public class MainActivity extends AppCompatActivity {
    @Override
    protected void onCreate(Bundle savedInstanceState) {
        super.onCreate(savedInstanceState);
        setContentView(R.layout.activity_main);

        int myX = 10;
        double myY = 3.0;
        System.out.println(myX / myY);
        System.out.println(myX / (int) myY);
        System.out.println((int) (myX / myY));
    }
}
```

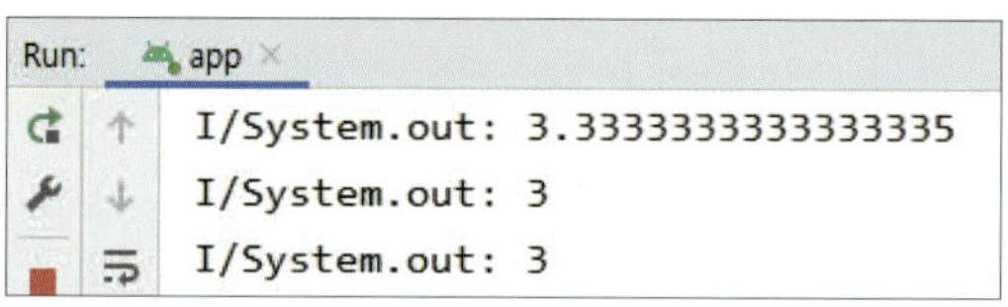

연산자

연산자는 프로그래밍에서 수학적이거나 논리적인 조작을 수행하기 위해 사용하는 기호입니다. 자바에서는 산술 연산자, 할당 연산자, 비교 연산자 등 다양한 연산자가 제공됩니다.

● 산술 연산자

산술 연산자는 수학 표현식에 사용되는 덧셈, 뺄셈 등과 같은 산술 연산을 수행하는 데 사용합니다.

표 2-5 산술 연산자의 유형

유형	설명	예
+	왼쪽 피연산자와 오른쪽 피연산자를 더합니다.	3 + 2 = 5
-	왼쪽 피연산자에서 오른쪽 피연산자를 뺍니다.	3 - 2 = 1
*	왼쪽 피연산자와 오른쪽 피연산자를 곱합니다.	3 * 2 = 6
/	왼쪽 피연산자를 오른쪽 피연산자로 나눈 몫입니다.	3 / 2 = 1.5
%	왼쪽 피연산자를 오른쪽 피연산자로 나눈 나머지입니다.	3 % 2 =1

다음은 산술 연산자를 사용해 다양한 계산을 출력합니다.

```
public class MainActivity extends AppCompatActivity {
    @Override
    protected void onCreate(Bundle savedInstanceState) {
        super.onCreate(savedInstanceState);
        setContentView(R.layout.activity_main);
        int x  = 4;
        int y  = 2;
        System.out.println("x + y = " +  (x + y));
        System.out.println("x - y = " +  (x - y));
        System.out.println("x / y = " +  (x / y));
        System.out.println("x * y = " +  (x * y));
        System.out.println("x % y = " +  (x % y));
    }
}
```

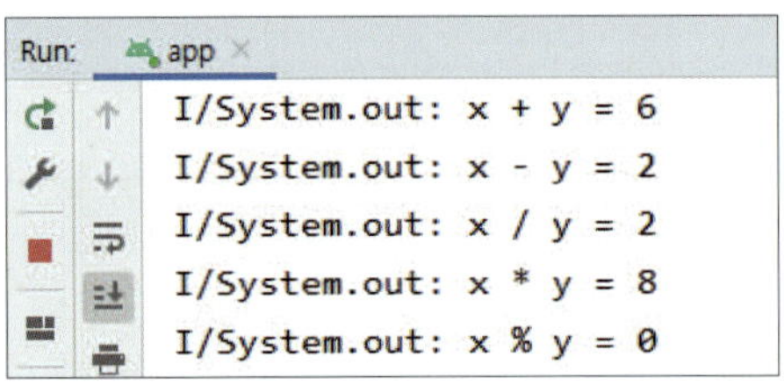

비교 연산자

비교 연산자는 두 값, 변수 또는 숫자를 비교하여 결과가 참 또는 거짓인지를 판단하는 연산자입니다. 비교 연산자는 일반적으로 if 문, while 문 등에서 조건식을 평가하기 위해 사용됩니다.

표 2-6 비교 연산자의 유형

유형	설명	예
==	왼쪽 피연산자와 오른쪽 피연산자가 같습니다.	3 == 2
!=	왼쪽 피연산자에서 오른쪽 피연산자가 같지 않습니다.	3 != 2
>	왼쪽 피연산자가 오른쪽 피연산자보다 큽니다.	3 > 2
<	왼쪽 피연산자가 오른쪽 피연산자보다 작습니다.	3 < 2
>=	왼쪽 피연산자를 오른쪽 피연산자보다 크거나 같습니다.	3 >= 2
<=	왼쪽 피연산자를 오른쪽 피연산자보다 작거나 같습니다.	3 <= 2

다음은 비교 연산자를 사용해 다양한 계산을 출력합니다.

```
public class MainActivity extends AppCompatActivity {
    @Override
    protected void onCreate(Bundle savedInstanceState) {
        super.onCreate(savedInstanceState);
        setContentView(R.layout.activity_main);
        int x  = 4;
        int y  = 2;
        System.out.println("x > y = " + (x > y));
        System.out.println("x < y = " + (x < y));
        System.out.println("x >= y = " + (x >= y));
        System.out.println("x <= y = " + (x <= y));
        System.out.println("x == y = " + (x == y));
        System.out.println("x != y = " + (x != y));
    }
}
```

```
Run:  app
I/System.out: x > y = true
I/System.out: x < y = false
I/System.out: x >= y = true
I/System.out: x <= y = false
I/System.out: x == y = false
I/System.out: x != y = true
```

할당 연산자

할당 연산자는 변수에 산술 연산 값을 할당하는 데 사용합니다. 할당 연산자의 왼쪽 피연산자는 변수이고, 오른쪽 피연산자는 값입니다. 오른쪽에 있는 값은 왼쪽에 있는 피연산자의 데이터 유형과 같아야 합니다.

표 2-7 할당 연산자의 유형

유형	설명	예
=	왼쪽 피연산자에 오른쪽 피연산자의 값을 할당합니다.	c = a + b
+=	왼쪽 피연산자에 오른쪽 피연산자의 값을 더하고 왼쪽 피연산자에 최종값을 할당합니다.	b += a b = b + a
−=	왼쪽 피연산자에서 오른쪽 피연산자의 값을 빼고 마지막 값을 왼쪽 피연산자에 할당합니다.	b −= a b = b − a

유형	설명	예
*=	오른쪽 피연산자의 값을 왼쪽 피연산자에 곱하고 최종값을 왼쪽 피연산자에 할당합니다.	b *= a b = b * a
/=	왼쪽 피연산자의 값을 오른쪽 피연산자로 나누고 몫을 왼쪽 피연산자에 할당합니다.	b /= a b = b / a
%=	왼쪽 피연산자의 값을 오른쪽 피연산자로 나누고 나머지를 왼쪽 피연산자에 할당합니다.	b %= a b = b % a

다음은 할당 연산자를 사용하여 값을 두 변수에 할당한 예입니다.

```
public class MainActivity extends AppCompatActivity {
    @Override
    protected void onCreate(Bundle savedInstanceState) {
        super.onCreate(savedInstanceState);
        setContentView(R.layout.activity_main);
        int x  = 5;
        int y  = 10;
        y += x;
        System.out.println("y += x = " + y);
        y -= x;
        System.out.println("y -= x = " + y);
        y *= x;
        System.out.println("y *= x = " + y);
        y /= x;
        System.out.println("y /= x = " + y);
        y %= x;
        System.out.println("y %= x = " + y);
    }
}
```

```
Run:   app
I/System.out: y += x = 15
I/System.out: y -= x = 10
I/System.out: y *= x = 50
I/System.out: y /= x = 10
I/System.out: y %= x = 0
```

증감 연산자

증감 연산자는 변수나 숫자 값을 증가 또는 감소시키기 위해 사용됩니다.

표 2-8 증가 및 감소 연산자의 유형

유형	설명	예
++	피연산자에 1을 증가합니다.	a++ ++a
—	피연산자에 1을 감소합니다.	a— —a

다음은 증감 연산자를 사용해 다양한 계산을 출력합니다.

```
public class MainActivity extends AppCompatActivity {
    @Override
    protected void onCreate(Bundle savedInstanceState) {
        super.onCreate(savedInstanceState);
        setContentView(R.layout.activity_main);
        int x  = 4;
        System.out.println("++x = " + (++x));
        System.out.println("—x = " + (--x));
    }
}
```

```
Run:  app
I/System.out: ++x = 5
I/System.out: --x = 4
```

논리 연산자

논리 연산자는 조건식에서 표현식이 참인지 거짓인지 확인하는 데 사용됩니다. 일반적으로 if 문이나 while 문과 같은 제어 구문에서 사용됩니다.

표 2-9 논리 연산자의 유형

유형	설명	예
&&	논리적 AND로, 두 피연산자가 모두 참이면 참을 반환합니다. 그렇지 않으면 false를 반환합니다.	a && b
||	논리적 OR로, 피연산자 중 하나 또는 둘 모두가 참이면 참을 반환합니다. 그렇지 않으면 false를 반환합니다.	a || b
!	논리적 NOT로, 조건을 뒤집을 때 사용합니다. 따라서 조건이 참이면 거짓으로 만들며, 그 반대도 마찬가지입니다.	!a

다음은 두 피연산자 a와 b의 값에 따라 논리 연산자의 실행 값을 나타냅니다.

표 2-10 논리 연산자의 실행 값

a	b	a&&b	a||b	!a
true	true	true	true	false
true	false	false	true	false
false	true	false	true	true
false	false	false	false	true

다음은 논리 연산자를 사용해 다양한 계산을 출력합니다.

```
    @Override
    protected void onCreate(Bundle savedInstanceState) {
        super.onCreate(savedInstanceState);
        setContentView(R.layout.activity_main);
        boolean x = true;
        boolean y = false;
        System.out.println("x && y = " + (x && y));
        System.out.println("x || y = " + (x || y));
        System.out.println("!y = " + (!y));
    }
}
```

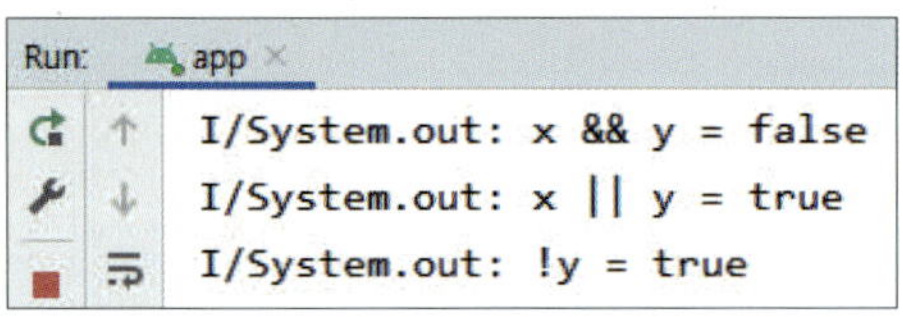

2.3 제어문 살펴보기

제어문은 프로그램에서 코드의 실행 순서를 변경할 수 있는 문장으로, 일반적으로 코드는 위에서 아래로 차례대로 처리되는 순차 구조를 가지지만, 순차적인 실행 방법만으로 효율적인 프로그래밍을 할 수 없습니다.

if 문

프로그래밍에서는 일반적으로 조건문이라는 제어문을 사용하여 프로그램의 실행 흐름을 제어합니다. 조건문은 특정 조건이 참인지 거짓인지를 확인하고, 조건이 참인 경우에는 해당 조건문 블록에 포함된 코드를 실행합니다. 이와 같은 제어문을 사용하여 프로그램의 실행 흐름을 조절함으로써 프로그램이 보다 유연하고 효율적으로 동작할 수 있도록 합니다.

if 문

if 문은 가장 기본적인 조건문으로, 특정 코드나 코드 블록의 실행 여부를 결정하는 데 사용됩니다.

```
if (조건식 ) {
    // '조건식'이 '참'이면 실행되는 코드
}
```

다음은 특정 숫자가 0보다 크면 양수를 출력하는 예입니다.

```
public class MainActivity extends AppCompatActivity {
    @Override
    protected void onCreate(Bundle savedInstanceState) {
        super.onCreate(savedInstanceState);
        setContentView(R.layout.activity_main);

        int num  = 3;
```

```
        if(num > 0){
            System.out.println("숫자 "+ num + " 은 양수입니다.");
        }
    }
}
```

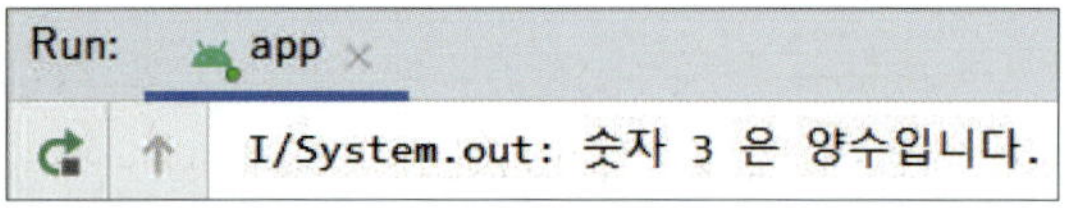

if~else 문

if~else 문은 조건식 결과에 따라 특정 코드 또는 코드 블록의 실행을 선택하는 조건문으로, if 문이 else 문과 함께 사용됩니다. if~else 문의 형식은 다음과 같습니다.

```
if ( 조건식 ) {
    // '조건식'이 '참'이면 실행되는 코드
}
else {
    // '조건식'이 '거짓'이면 실행되는 코드
}
```

다음은 특정 숫자가 짝수인지 홀수인지를 출력하는 예입니다.

```
public class MainActivity extends AppCompatActivity {
    @Override
    protected void onCreate(Bundle savedInstanceState) {
        super.onCreate(savedInstanceState);
        setContentView(R.layout.activity_main);

        int num = 10;
        if (num % 2 == 0) {
            System.out.println("숫자 "+ num + " 은 짝수입니다.");
        } else {
            System.out.println("숫자 "+ num + " 은 홀수입니다.");
        }
    }
}
```

```
Run:  app ×
I/System.out: 숫자 10 은 짝수입니다.
```

● if~else~if 문

if~else if 문은 if~else 문과 유사하지만, else 문이 서로 다른 if 문의 조건식과 쌍을 이루는 조건문입니다. else if 문의 수는 제한이 없고, else if 문 코드 블록의 마지막에 else 문의 코드 블록을 추가할 수 있습니다.

```
if ( 조건식1 ) {
    // '조건식1'이 '참'이면 실행되는 코드
} else if ( 조건식2 ) {
    // '조건식2'가 '참'이면 실행되는 코드
} else if ( 조건식n ) {
    // '조건식n'이 '참'이면 실행되는 코드
}else {
    // '조건식1...n'이 '거짓'이면 실행되는 코드
}
```

다음은 특정 숫자가 양수, 0, 음수인지를 출력하는 예입니다.

```
public class MainActivity extends AppCompatActivity {
    @Override
    protected void onCreate(Bundle savedInstanceState) {
        super.onCreate(savedInstanceState);
        setContentView(R.layout.activity_main);
        int num = -10;
        if (num > 0) {
            System.out.println("숫자 "+ num + " 은 양수입니다.");
        } else if (num == 0) {
            System.out.println("숫자 "+ num + " 은 0입니다.");
        } else{
            System.out.println("숫자 "+ num + " 은 음수입니다.");
        }
    }
}
```

```
Run:  app ×
I/System.out: 숫자 -10 은 음수입니다.
```

중첩 if 문

중첩된 if 문은 if 문 또는 else 문 코드 블록 내에 다른 if 문, if~else 문, if~else if 문 등을 포함하고 있는 조건문입니다. 외부 if 문의 조건식이 참이면 내부 if 문의 코드 블록을 실행하게 됩니다.

```
if ( 조건식1 ) {
    // '조건식1'이 '참'이면 실행되는 코드

 if( 조건식2 )
   {
    // '조건식2'가 '참'이면 실행되는 코드
   }
   else
   {
    // '조건식2'가 '거짓'이면 실행되는 코드
   }
}else {
}
```

다음은 특정 숫자가 양수, 음수인지를 판단한 후 짝수, 홀수인지를 출력하는 예입니다.

```
public class MainActivity extends AppCompatActivity {
    @Override
    protected void onCreate(Bundle savedInstanceState) {
        super.onCreate(savedInstanceState);
        setContentView(R.layout.activity_main);

        int num = -10;
        if (num > 0) {
            if (num % 2 == 0) {
                System.out.println("숫자 "+ num + " 은 양수이고 짝수입니다.");
            } else {
                System.out.println("숫자 "+ num + " 은 양수이고 홀수입니다.");
            }
        } else{
            if (num % 2 == 0) {
                System.out.println("숫자 "+ num + " 은 음수이고 짝수입니다.");
            } else {
                System.out.println( "숫자 "+ num + " 은 음수이고 홀수입니다.");
            }
        }
```

```
    }
}
```

```
Run:    app ×
I/System.out: 숫자 -10 은 음수이고 짝수입니다.
```


switch 문

switch 문은 if~else if 문과 비슷하며 여러 가지 옵션(또는 선택사항)이 있고, 각 선택사항에 대해 특정 코드 또는 코드 블록을 실행하는 조건문입니다.

```
switch( 연산식 or 변수 ) {
   case 값1:
      // 실행 코드
     break;
   case 값2:
      // 실행 코드
      break;
   case 값n:
      // 실행 코드
   default:
      // 실행 코드
}
```

다음은 특정 숫자가 어떤 요일에 해당하는지를 출력하는 예입니다.

```
public class MainActivity extends AppCompatActivity {
    @Override
    protected void onCreate(Bundle savedInstanceState) {
        super.onCreate(savedInstanceState);
        setContentView(R.layout.activity_main);
        int day = 2;
        switch (day) {
            case 1:
                System.out.println("Monday");            break;
            case 2:
                System.out.println("Tuesday");           break;
            case 3:
                System.out.println("Wednesday");         break;
```

```
            case 4:
                System.out.println("Thursday");          break;
            case 5:
                System.out.println("Friday");            break;
            case 6:
                System.out.println("Saturday");          break;
            case 7:
                System.out.println("Sunday");            break;
            default:
                System.out.println("Invalid day.");      break;
        }
    }
}
```

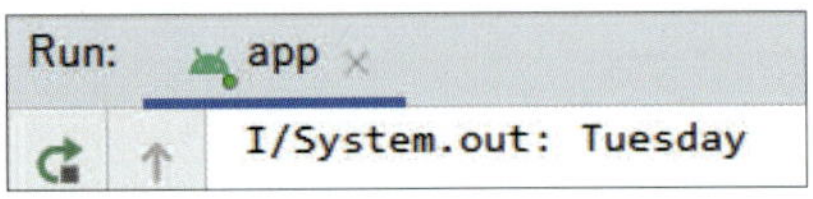

for 문

for 문은 특정 작업을 일정 횟수만큼 반복하는 반복문으로, 반복 횟수를 알고 있을 때 가장 효율적으로 사용할 수 있습니다.

```
for (초기화식 ; 조건식 ; 증감식) {
    // 반복 실행될 코드
}
```

다음은 5번 반복하여 개별 항목을 출력하는 예입니다.

```
public class MainActivity extends AppCompatActivity {
    @Override
    protected void onCreate(Bundle savedInstanceState) {
        super.onCreate(savedInstanceState);
        setContentView(R.layout.activity_main);
        for (int i = 1; i <= 5; i++) {
            System.out.println(i);
        }
}
```

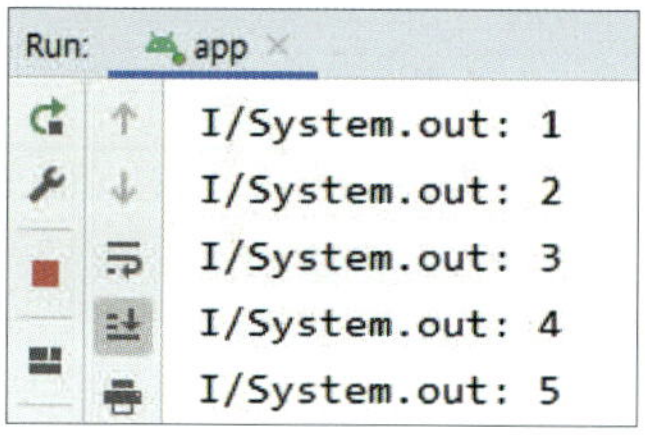

While 문

while 문은 조건식이 참인 동안 계속해서 루프를 반복하는 반복문입니다. 주로 비교 또는 논리 연산식을 조건식으로 사용합니다. 반복 횟수가 고정되어 있지 않을 때 유용하게 사용되며, 횟수가 정해진 만큼 반복해야 할 경우에는 for 문을 사용하는 것이 적합합니다.

```
while (조건식) {
    // 실행 코드
}
```

다음은 변수 i가 5보다 작을 때까지 while 문을 계속 실행하는 예입니다.

```
public class MainActivity extends AppCompatActivity {
    @Override
    protected void onCreate(Bundle savedInstanceState) {
        super.onCreate(savedInstanceState);
        setContentView(R.layout.activity_main);

        int i = 1;
        while (i <= 5) {
            System.out.println(i);
            i++;
        }
    }
}
```

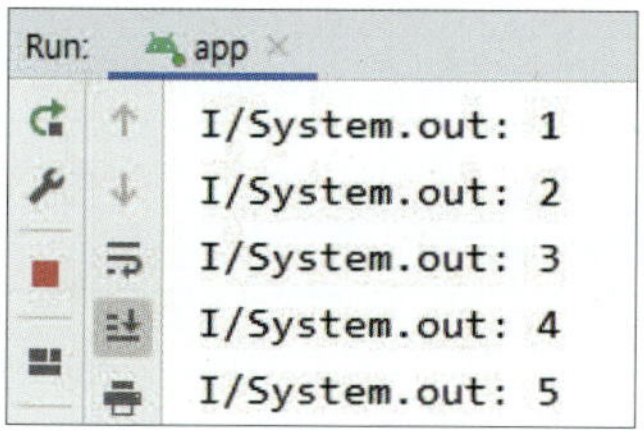

ANDROID

2.4 메서드 살펴보기

메서드(Method)는 프로그램에서 특정 작업을 수행하기 위한 코드들의 집합으로, 유사한 명령문들의 그룹으로 구성됩니다. 이러한 메서드를 사용하면 프로그램을 작은 코드 블록으로 나눌 수 있으며, 이는 코드의 가독성과 재사용성을 높이고 프로그램을 관리하기 쉽게 만듭니다.

표준 라이브러리 메서드

표준 라이브러리 메서드는 이미 자바 클래스 라이브러리에 정의되어 있는 메서드로, 사전에 정의된 메서드 또는 내장 메서드라고도 합니다. 이러한 메서드는 프로그램에서 언제든지 호출하여 사용할 수 있습니다.

표 2-11 자주 사용되는 문자열 메서드

메서드	설명
int length()	문자열 길이를 반환합니다.
boolean isEmpty()	문지열이 비어 있는지 확인합니다.
char charAt(int index)	특정 인덱스에 대한 char 값을 반환합니다.
String substring(int startIndex)	주어진 시작 인덱스에 대한 부분 문자열을 반환합니다.
String substring(int startIndex, int endIndex)	주어진 시작 인덱스와 끝 인덱스에 대한 부분 문자열을 반환합니다.
String concat(String str)	두 문자열을 결합합니다.
int indexOf(char ch)	지정된 문자의 인덱스를 반환합니다.
boolean equals(Object anotherObject)	문자열과 객체가 같은지 확인합니다.
int compareTo(Object obj)	문자열을 객체와 비교합니다.
String toLowerCase()	문자열을 소문자로 반환합니다.
String toUpperCase()	문자열을 대문자로 반환합니다.
String trim()	선행 및 후행 공백을 생략합니다.
String replace(char oldChar, char newChar)	문자열의 이전 문자를 새 문자 값으로 바꿉니다.

다음은 문자열의 내장 메서드를 사용하는 예입니다.

```
public class MainActivity extends AppCompatActivity {
    @Override
    protected void onCreate(Bundle savedInstanceState) {
        super.onCreate(savedInstanceState);
        setContentView(R.layout.activity_main);
        String s = " Java Programming ";
        System.out.println("s.length() : " + s.length());
        System.out.println("s.charAt(1) : " + s.charAt(1));
        System.out.println("s.substring(6) : " + s.substring(6));
        System.out.println("s.substring(5,13) : " + s.substring(5, 13));
        System.out.println("s.indexOf('P') : " + s.indexOf("P"));
        System.out.println("s.toLowerCase() : " + s.toLowerCase());
        System.out.println("s.toUpperCase() : " + s.toUpperCase());
    }
}
```

```
Run: app
I/System.out: s.length() : 18
I/System.out: s.charAt(1) : J
I/System.out: s.substring(6) : Programming
I/System.out: s.substring(5,13) :  Program
I/System.out: s.indexOf('P') : 6
I/System.out: s.toLowerCase() :  java programming
I/System.out: s.toUpperCase() :  JAVA PROGRAMMING
```

사용자 정의 함수

사용자 또는 프로그래머가 작성한 메서드를 사용자 정의 메서드라고 합니다. 예를 들어, 숫자를 더하는 기능을 하는 add() 메서드를 만들어 사용할 수 있습니다. 이러한 메서드는 요구 사항에 따라 추가, 보완, 수정 또는 삭제할 수 있습니다.

```
[접근 제한자] 반환 타입 메서드 이름([매개 변수 목록]) {

// 메서드 본문
}
```

다음은 두 수를 곱하는 사용자 정의 함수 mul()를 만들어 두 수를 곱한 결과를 반환하여 출력하는 예입니다.

```
public class MainActivity extends AppCompatActivity {
    @Override
    protected void onCreate(Bundle savedInstanceState) {
        super.onCreate(savedInstanceState);
        setContentView(R.layout.activity_main);

        int result = mul(3,5);
        System.out.println("사용자 정의 함수 mul()");
        System.out.println("두 수의 곱은 "+ result);
    }
    int mul(int a, int b) {
         int  number = a * b;
         return number;
     }
}
```

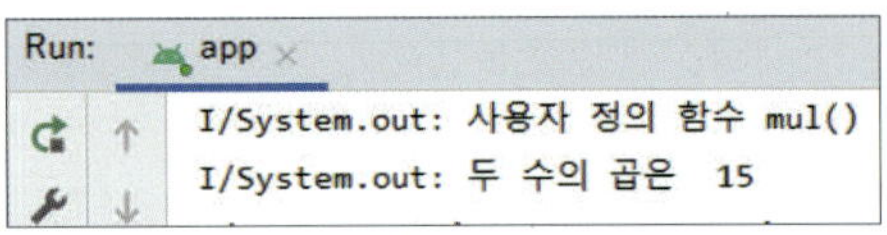

2.5 객체 지향 프로그래밍 이해하기

객체 지향 프로그래밍(Object-Oriented Programming)은 이름 그대로 프로그래밍에서 객체를 중심으로 사용하는 패러다임을 말합니다. 즉, 데이터와 해당 데이터를 처리하는 메서드를 하나의 논리적인 단위인 '객체'로 묶어서 프로그램을 구성하는 방식입니다.

클래스와 객체

객체 지향 프로그래밍은 객체들을 조립하여 만들어지는 프로그램입니다.

● 클래스

클래스(Class)는 특정 유형의 객체를 생성하기 위한 설계도 또는 템플릿입니다. 클래스는 객체가 어떻게 작동하고 무엇을 할 것인지 결정하는데, 객체의 속성(상태)과 기능(행동)을 설명하는 설계도입니다. class 키워드를 사용하며, 클래스 본문은 중괄호({ })로 묶여 변수, 메서드 등의 구성 요소를 가지고 있습니다.

```
[접근 제한자] class 클래스 이름{
 (멤버)변수
 (멤버)메서드
}
```

다음은 멤버 변수와 멤버 메서드를 가진 Member 클래스를 생성한 예입니다.

```
public class MainActivity extends AppCompatActivity {

    @Override
    protected void onCreate(Bundle savedInstanceState) {
        super.onCreate(savedInstanceState);
        setContentView(R.layout.activity_main);
    }
```

```
}
class Member {
    // 멤버 변수
    String name = "";
    int age = 0;
    char gender = 'M';

    // 멤버 메서드
    void printMemberInfo() {
        System.out.println("이름 : "+ name);
        System.out.println("나이 : "+ age);
        System.out.println("성별 : "+ gender);
    }
}
```

객체

객체(Object)는 클래스의 인스턴스로, 클래스에서 정의된 변수(속성)와 해당 변수를 조작하는 메서드로 구성되어 유용하게 사용될 수 있습니다.

객체는 클래스의 참조를 사용하여 생성할 수 있습니다.

```
클래스 이름  객체 이름  = new 클래스 이름();
```

클래스의 속성이나 멤버 함수에 접근하기 위해서는 객체를 사용하고, 이때는 점(.) 연산자를 사용합니다. 예를 들어, 앞에서 만든 Member 클래스의 멤버 변수와 메서드에 접근하려면 다음과 같이 설정합니다.

```
public class MainActivity extends AppCompatActivity {

    @Override
    protected void onCreate(Bundle savedInstanceState) {
        super.onCreate(savedInstanceState);
        setContentView(R.layout.activity_main);

        Member myObj = new Member();

        myObj.name = "홍길동";
        myObj.age = 20;
        myObj.gender = 'F';
```

```
        myObj.printMemberInfo();
    }
}
class Member {
    ...
    }
}
```

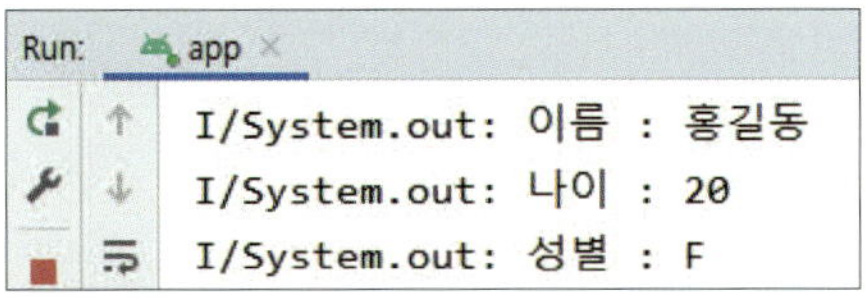

생성자

생성자는 new 연산자로 객체를 생성할 때 호출되는 특별한 유형의 메서드입니다. 객체가 생성될 때마다 자동으로 호출되며 객체를 초기화하는 데 사용됩니다. 생성자의 이름은 클래스 이름과 동일하며 반환 타입이 없습니다.

● 기본 생성자

기본 생성자(Default Constructor)는 클래스 내에 매개 변수가 없는 생성자를 말합니다. 클래스 내에 기본 생성자를 정의하지 않아도 컴파일러가 자동으로 생성해주기 때문에 생략할 수 있습니다. 기본 생성자의 형식은 다음과 같습니다.

```
클래스 이름();
```

다음은 Employee 클래스의 기본 생성자를 이용하여 객체를 생성하는 예입니다.

```
public class MainActivity extends AppCompatActivity {
    @Override
    protected void onCreate(Bundle savedInstanceState) {
        super.onCreate(savedInstanceState);
        setContentView(R.layout.activity_main);

        Employee myEmp = new Employee();
    }
}
class Employee {
```

```
    int id = 202201;
    String name = "홍길순";
    // 기본 생성자
    Employee()
    {
        System.out.println("Employee 아이디: "+ id);
        System.out.println("Employee 이름 : "+ name);
    }
}
```

```
Run:    app
I/System.out: Employee 아이디: 202201
I/System.out: Employee 이름 : 홍길순
```

• 일반 생성자

일반 생성자는 매개 변수가 있는 생성자를 의미하며, 클래스의 멤버 변수를 초기화하는 데 사용됩니다.

```
클래스 이름(매개 변수1, 매개 변수2, ...);
```

다음은 Person 클래스의 일반 생성자를 이용하여 객체를 생성하는 예입니다.

```
public class MainActivity extends AppCompatActivity {
    @Override
    protected void onCreate(Bundle savedInstanceState) {
        super.onCreate(savedInstanceState);
        setContentView(R.layout.activity_main);

        Person myPerson = new Person("홍길순", 20);
    }
}
class Person{
    String name;
    int age;
    // 기본 생성자
    Person(){
```

```
            System.out.println("기본 생성자 초기화");
        }
        // 일반 생성자
        Person ( String pname , int page ) {
            this.name = pname;
            this.age = page;
            System.out.println("Person 이름: "+ name);
            System.out.println("Person 나이 : "+ age);
        }
    }
```

```
Run:   app
I/System.out: Person 이름: 홍길순
I/System.out: Person 나이 : 20
```

상속

상속(Inheritance)은 객체 지향 프로그래밍에서 기존 클래스의 특징(멤버 메서드 및 멤버 변수)을 가져와 새로운 클래스를 만드는 기술입니다. 상속을 사용하면 클래스 간의 관계를 더 잘 이해하고 프로그램 구조를 더 조직화할 수 있어 코드 가독성과 해석 가능성을 향상시킬 수 있습니다. 따라서 상속은 자바 객체 지향 프로그래밍에서 필수적인 부분입니다.

```
class 자식 클래스 extends 부모 클래스
{
    // 멤버 요소
}
```

다음은 Teacher와 Friend라는 2개의 클래스가 Person 클래스에서 파생되는 예입니다. Person 클래스의 기본 생성자는 age 및 name이라는 두 가지 변수(속성)를 선언했으며 일반 생성자가 있습니다. 기본 클래스 Person의 일반 생성자는 파생 클래스(Teacher 및 Friend)의 객체에서 접근할 수 있습니다.

```
public class MainActivity extends AppCompatActivity {
    @Override
```

```
    protected void onCreate(Bundle savedInstanceState) {
        super.onCreate(savedInstanceState);
        setContentView(R.layout.activity_main);

        Teacher t1 = new Teacher(30, "홍길동");
        t1.TeacherInfo();

        Friend f1 = new Friend(20, "수여인");
        f1.FriendInfo();
    }
}
class Person {
    int age;
    String name;
    Person(int pram1,String pram2 ) {
        System.out.println("이름 : "+ pram2);
        System.out.println("나이 : "+ pram1);
    }
}
class Teacher extends Person {
    Teacher( int pram1,String pram2 ){
        super(pram1, pram2);
        age = pram1;
        name = pram2;
    }
    void TeacherInfo() {
        System.out.println("나의 선생님입니다");
    }
}
class Friend extends Person {
    Friend( int pram1,String pram2 ){
        super(pram1, pram2);
        age = pram1;
        name = pram2;
    }
    void FriendInfo() {
        System.out. println("나의 친구입니다");
    }
}
```

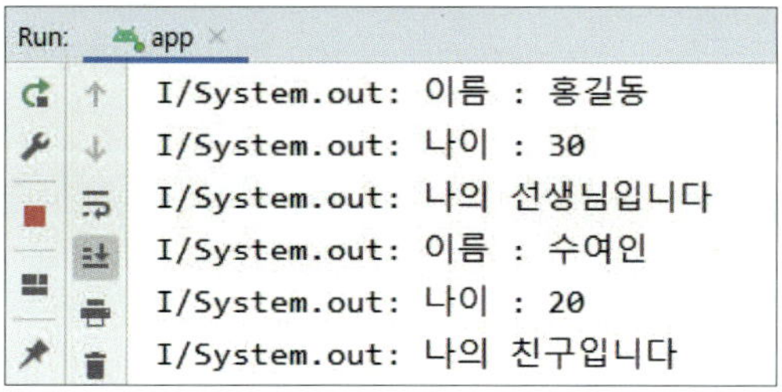

추상 클래스

추상 클래스(Abstract Class)는 인스턴스화할 수 없는 클래스로, 객체를 생성할 수 없습니다. 하지만 추상 클래스를 상속하여 하위 클래스를 만들 수 있습니다. 추상 클래스는 abstract 키워드를 사용하여 클래스 이름 앞에 선언됩니다. 추상 클래스의 멤버 변수와 메서드에 abstract 키워드를 선언하면 추상 변수와 추상 메서드가 됩니다. 자식 클래스에서 이를 멤버로 재정의하려면 override 키워드를 사용합니다.

```
abstract class 클래스 이름 {
    ...
}
```

다음은 추상 클래스와 자식 클래스에 대한 예입니다. 여기에서 Employee 클래스는 Member 추상 클래스에서 파생되었습니다. 자식 클래스 Employee에 하나의 추상 변수와 2개의 추상 메서드를 구현했습니다. 즉, 추상 클래스를 상속하는 경우 모든 추상 멤버는 자식 클래스에서 재정의해야 합니다.

```
public class MainActivity extends AppCompatActivity {
    @Override
    protected void onCreate(Bundle savedInstanceState) {
        super.onCreate(savedInstanceState);
        setContentView(R.layout.activity_main);

        Employee employee = new Employee("홍길동");

        employee.setMemberAge(20);
        age = employee.getMemberAge();
        employee.getMemberName();
        System.out.println("나이 : "+age);
    }
```

```
}
abstract class Member {
    String name;
    int age;
    Member(String pname ){
        this.name = pname;
    }
    abstract void setMemberAge(int page);
    abstract int getMemberAge();
    void getMemberName(){
        System.out.println("이름 : "+ name);
    }
}
class Employee extends Member {
        Employee(String pname){
            super(pname);
        }
        int age=0;
        void  setMemberAge(int page) {
            age = page;
      }
      int getMemberAge() {
            return age;
      }
}
```

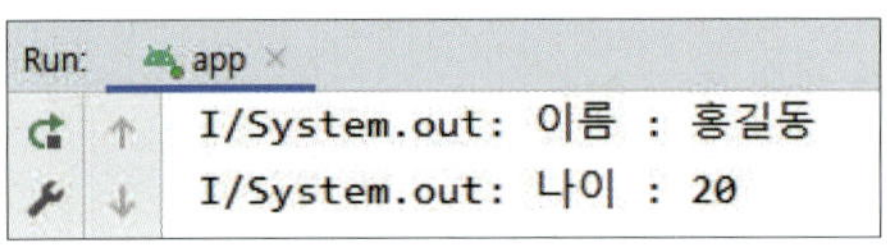

2.6 기타 데이터 유형 살펴보기

컬렉션(Collection)은 데이터를 저장하기 위한 배열과 비슷한 구조입니다. 배열을 사용하다 보면 크기가 고정되어 있어서 유연성이 떨어지지만, 컬렉션은 크기를 필요에 따라 변경할 수 있습니다. 또한, 배열은 같은 유형의 데이터만 저장할 수 있지만 컬렉션은 다양한 유형의 데이터를 저장할 수 있습니다.

List 컬렉션은 Collection 인터페이스의 자식 인터페이스로, 요소를 선형 자료구조의 형태로 저장합니다. 이는 요소를 인덱스로 관리하므로 저장 순서에 따라 인덱스가 자동으로 부여되며, 인덱스를 사용하여 요소를 검색하거나 삭제하는 기능을 제공합니다. List 컬렉션을 구현하는 대표적인 클래스로는 ArrayList, LinkedList, Vector가 있으며, 이 클래스들의 선언 형식은 아래와 같습니다.

```
자식 클래스명<E> 객체명 = new 자식 클래스명<E>();
List<E> 객체명 = new 자식 클래스명<E>();
```

다음은 ArrayList 메서드를 이용하여 요소를 삽입, 삭제, 수정, 검색, 출력 등을 처리하는 예입니다.

```
public class MainActivity extends AppCompatActivity {
    @Override
    protected void onCreate(Bundle savedInstanceState) {
        super.onCreate(savedInstanceState);
        setContentView(R.layout.activity_main);

        List<String> lists = new ArrayList();
        lists.add("월요일");
        lists.add("화요일");
        lists.add("수요일");
        lists.add("목요일");
        lists.add("금요일");
```

```
        System.out.println(lists.size());
        System.out.println(lists.get(0));
        System.out.println(lists.contains("토요일"));
        System.out.println(lists.indexOf("화요일"));
    }
}
```

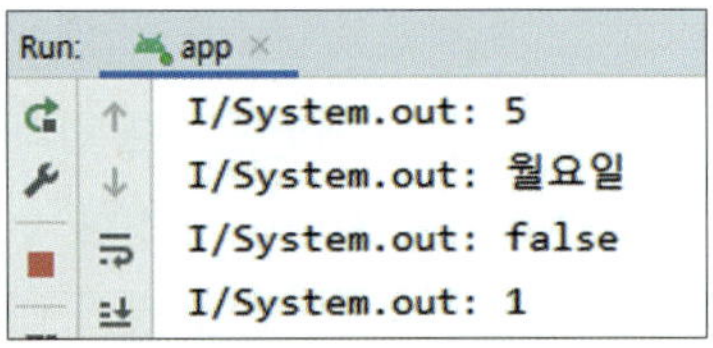

3 장

기본 위젯 다루기

학 습 목 표

- 안드로이드의 기본 위젯에 대해 이해한다.
- 안드로이드의 텍스트 뷰 속성과 사용법을 익힌다.
- 안드로이드의 버튼 속성과 사용법을 익힌다.
- 안드로이드의 에디트 텍스트 속성과 사용법을 익힌다.
- 안드로이드의 이미지 뷰 속성과 사용법을 익힌다.

3.1 위젯 살펴보기

ANDROID

안드로이드 애플리케이션은 사용자와 상호작용할 수 있는 사용자 인터페이스(UI)로 구성됩니다. 이 사용자 인터페이스는 위젯과 레이아웃으로 구성되며, 위젯을 배우는 내용은 이 장에서 다루고 레이아웃은 《4장 – 레이아웃 다루기》에서 다룰 예정입니다.

그림 3-1 위젯과 레이아웃

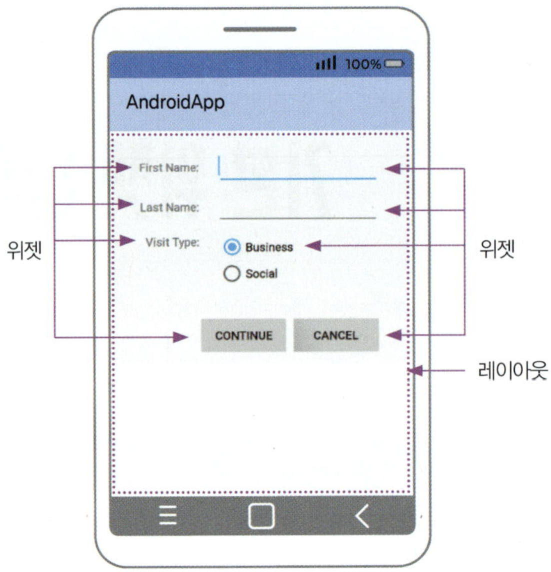

위젯이란

안드로이드 애플리케이션은 하나 이상의 액티비티가 모여 구성됩니다. 각각의 액티비티는 하나의 앱 화면을 담당하며, 이 액티비티들은 다양한 위젯으로 구성됩니다. 위젯(Widget)은 안드로이드 애플리케이션 화면을 구성하는 사용자 인터페이스 요소로, 화면에 무언가를 그리거나 이벤트를 처리하여 사용자가 애플리케이션과 상호작용할 수 있도록 합니다.

NOTE

뷰와 뷰 그룹의 관계

위젯은 사용자 인터페이스 컨트롤(Control) 또는 뷰(View)로 불리며, 일반적으로 사용자 인터페이스를 구성하는 요소의 관점에서 사용됩니다. 반면에 뷰는 코드를 이루는 클래스 관점에서 불리므로 필요에 따라 위젯과 뷰를 혼용해서 사용합니다. 뷰는 View 클래스에서 상속받아 사용됩니다.

뷰 그룹(ViewGroup)은 하위 뷰를 구성하기 위한 보이지 않는 컨테이너로, 뷰를 담고 있는 그릇이나 박스입니다. 뷰 그룹은 ViewGroup 클래스에서 상속받으며, 그 안에 뷰나 다른 뷰 그룹을 하위 요소로 가질 수 있습니다. 뷰 그룹에서 뷰나 뷰 그룹을 배치하는 것을 레이아웃(Layout)이라고 합니다.

그림 3-2 뷰와 뷰 그룹의 관계

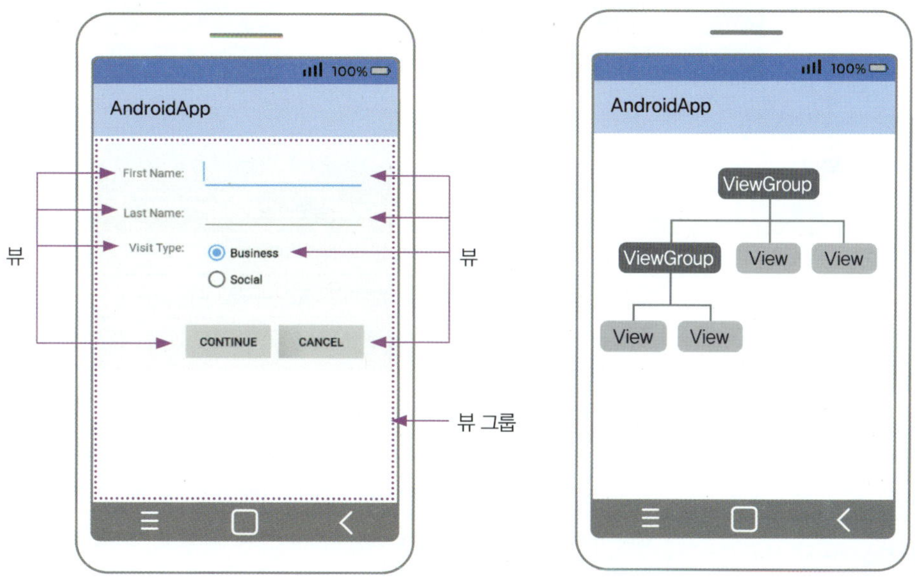

위젯의 유형

안드로이드에서는 버튼, 텍스트 뷰, 에디트 텍스트, 체크박스, 라디오 버튼, 토글 버튼, 이미지 뷰, 이미지 버튼 등 다양한 위젯을 제공합니다. 이 중에서 가장 많이 사용되는 위젯은 다음과 같습니다.

그림 3-3 위젯의 종류

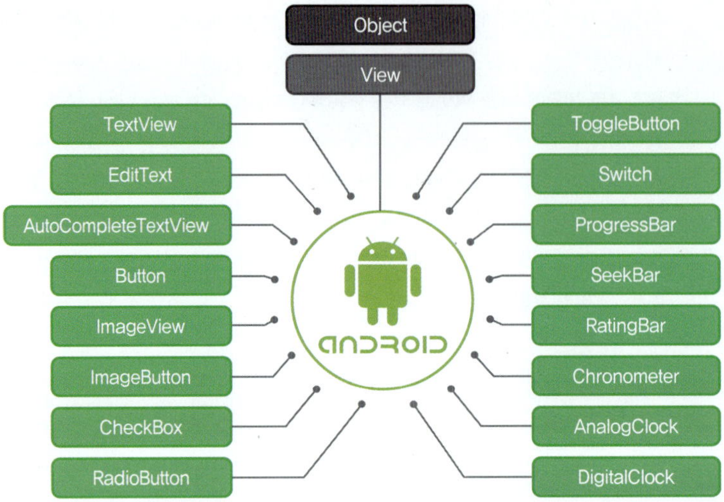

표 3-1 주요 위젯

종류	설명
텍스트 뷰(TextView)	미리 입력된 텍스트를 사용자에게 표시하는 위젯입니다.
에디트 텍스트(EditText)	화면에서 사용자가 직접 텍스트를 입력하게 하는 위젯입니다.
자동 완성 텍스트 뷰 (AutoCompleteTextView)	사용자가 텍스트를 입력할 때 자동 완성 텍스트 목록을 표시한다는 점 외에는 에디트 텍스트와 비슷한 위젯입니다.
버튼(Button)	사용자가 누르거나 클릭하면 지정한 동작을 수행하는 위젯입니다.
이미지 뷰(ImageView)	Drawable 폴더에 있는 이미지나 비트맵 이미지를 화면에 표시하는 위젯입니다.
이미지 버튼(ImageButton)	사용자가 누르거나 클릭할 수 있는 이미지가 있는 버튼을 보여줍니다.
체크박스(CheckBox)	하나 이상의 옵션이 있을 때 한 옵션에서 선택과 선택 취소를 할 수 있는 위젯입니다. 여러 옵션을 동시에 선택할 수 있습니다.
라디오 버튼(RadioButton)	체크박스와 비슷하나 오직 한 가지 옵션만 선택할 수 있습니다.
토글 버튼(ToggleButton)	두 가지 상태 중에서 하나를 선택하는 위젯으로, 선택에 따라 화면에 한 가지 상태만 보입니다. 예를 들어, ON/OFF 한 가지만 표시되는 전등 스위치와 같습니다.
스위치(Switch)	새로운 형태의 토글 버튼으로, 슬라이더를 움직여 두 가지 상태 중 하나를 선택할 수 있는 위젯입니다. 예를 들어 한쪽은 ON, 한쪽은 OFF인 전등 스위치와 같습니다.
프로그레스 바(ProgressBar)	작업 진행률을 막대 위에 시각적으로 보여주는 위젯입니다.
시크 바(SeekBar)	프로그레스 바의 확장으로 드래그할 수 있는 섬이 있습니다.
레이팅 바(RatingBar)	시크바와 프로그레스 바의 확장으로 별표로 등급을 표시합니다.
아날로그 시계(AnalogClock)	시곗바늘이 시간을 나타내는 아날로그 시계를 표시합니다.
디지털 시계(DigitalClock)	아날로그 시계와 역할은 같지만 디지털 숫자로 시간을 나타냅니다.

위젯 생성 방법

프로젝트에 위젯을 만드는 방법은 다음과 같습니다.

❶ 위젯을 배치하기 위한 레이아웃을 생성합니다.

❷ 생성한 레이아웃에 원하는 위젯을 배치합니다.

❸ 액티비티에 레이아웃을 설정합니다.

그림 3-4 위젯 생성 방법

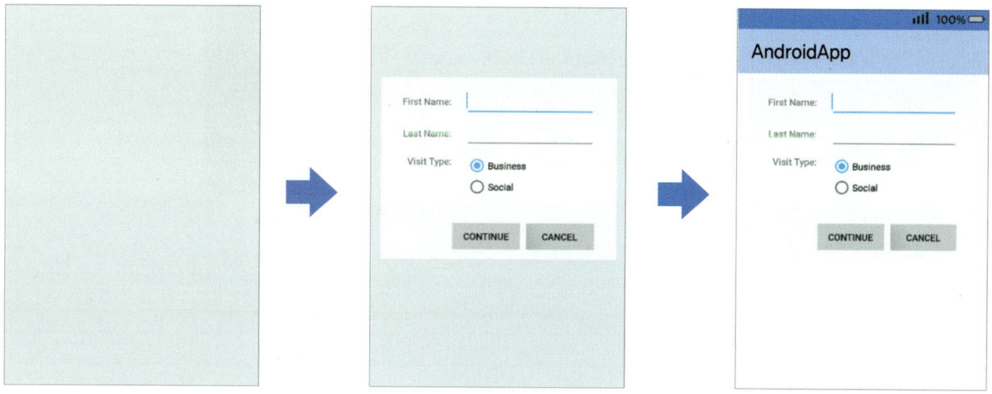

❶ 레이아웃 생성　❷ 위젯 추가　❸ 액티비티 설정

프로젝트에서 위젯을 생성하는 방식은 두 가지입니다. 레이아웃 파일에서 XML로 작성하는 선언적 접근 방식(❶ → ❷ → ❸)과 액티비티 파일에서 메서드를 호출해 사용하는 프로그래밍 접근 방식(❶ → ❸)으로, 이 중에서 선언적 접근 방식이 더 쉽고 편합니다. 각 방식을 살펴보겠습니다.

● 선언적 접근 방식

선언적 접근 방식은 XML을 사용하여 레이아웃 파일에서 직접 위젯을 구성하는 방식입니다. 앞서 1장에서 만든 HelloWorld 프로젝트를 보면 layout 폴더에 activity_main.xml이라는 레이아웃 파일이 있습니다. 이 파일을 열면 보기 모드를 '디자인(Design)'으로 선택할 수 있습니다. 그러면 편집기 창이 분할되어 왼쪽에는 UI 요소가 포함된 팔레트(Palette)가 열립니다. 팔레트에는 사용 가능한 다양한 위젯들이 나열되어 있으며, 필요한 위젯을 드래그하여 레이아웃에 추가할 수 있습니다.

그림 3-5 디자인 모드로 본 activity_main.xml 파일

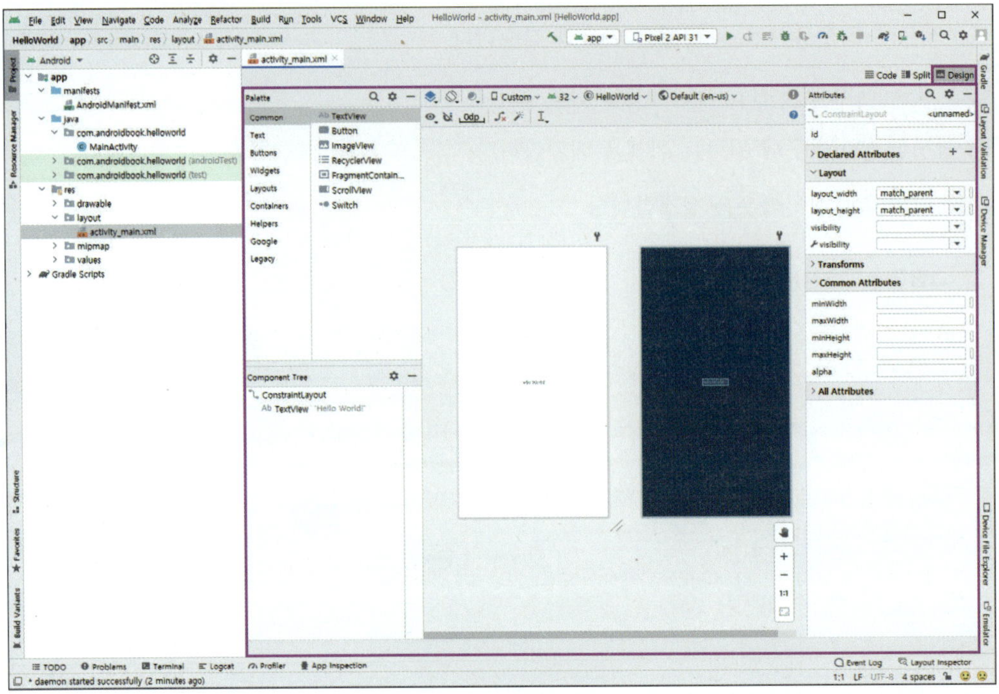

NOTE

XML 파일의 보기 모드

안드로이드 스튜디오에서는 XML 파일을 세 가지 모드로 열 수 있습니다. 디자인(Design) 모드에서는 요소를 직접 드래그하여 사용할 수 있고, 코드(Code) 모드에서는 해당 요소에 대한 코드를 직접 작성할 수 있습니다. 분할(Split) 모드는 두 가지를 모두 할 수 있는 모드입니다.

*** 모드에 따라 달라지는 XML 파일 화면**

❶ 코드(Code) 모드

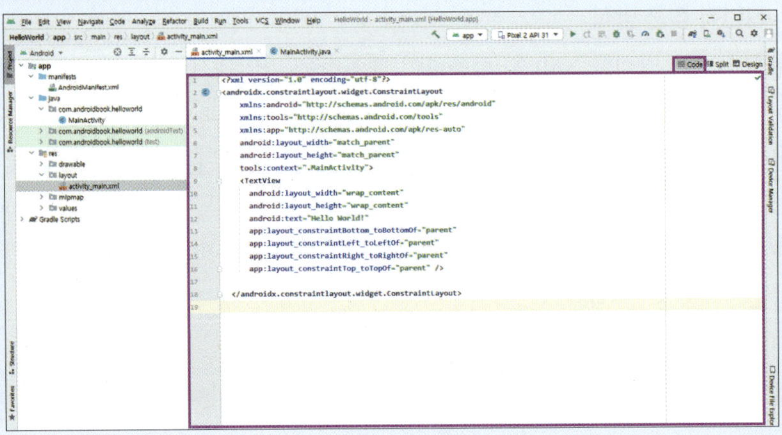

❷ 분할(Split) 모드 – 코드와 디자인 동시 보기

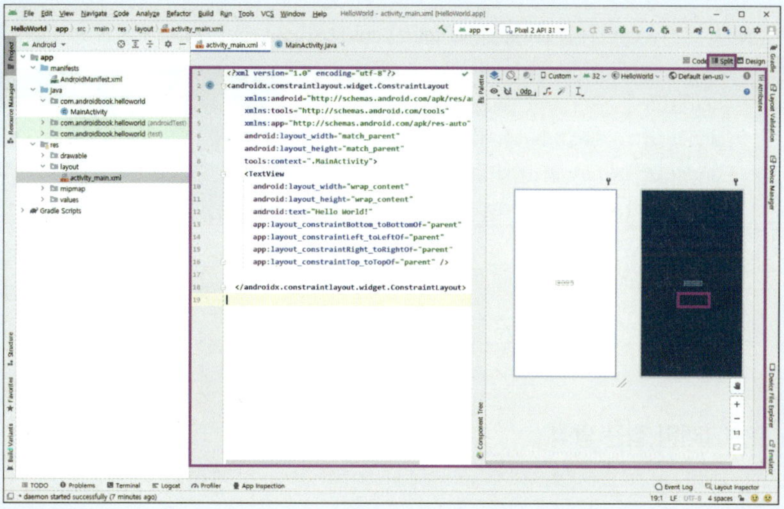

❸ 디자인(Design) 모드

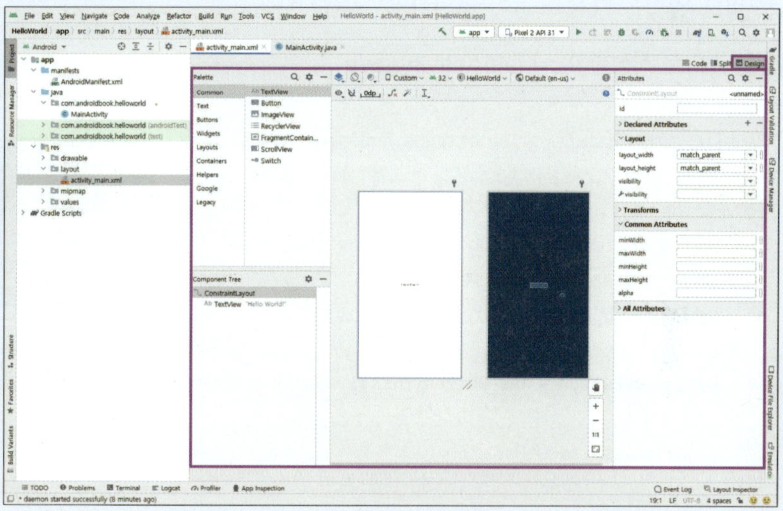

안드로이드 스튜디오에서 레이아웃 파일을 열면 왼쪽에 위젯, 텍스트, 레이아웃 등으로 분류된 팔레트(Palette)가 나타납니다. 팔레트에서 원하는 위젯을 선택하여 레이아웃 파일에 추가하거나, 해당 요소에 대한 코드를 직접 작성할 수도 있습니다. 예를 들어, 레이아웃 파일에 버튼(Button) 뷰를 다음과 같이 추가할 수 있습니다.

위젯을 XML로 선언한 예 : activity_main.xml

```
<androidx.constraintlayout.widget.ConstraintLayout
...>
    <Button
    android:id="@+id/button1"
    android:layout_width="match_parent"
    android:layout_height="wrap_content"
    android:text="버튼"
    tools:ignore="MissingConstraints" />

</androidx.constraintlayout.widget.ConstraintLayout>
```

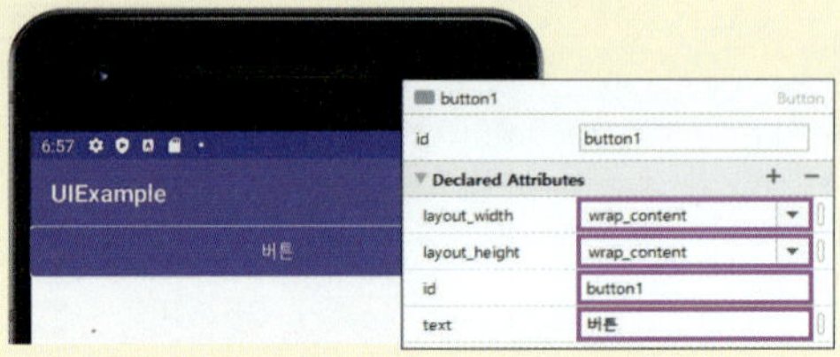

그림 3-6 버튼 뷰 속성 창과 실행 결과

● 프로그래밍 접근 방식

프로그래밍 접근 방식은 소스 파일에서 직접 위젯을 정의해 생성합니다. 예를 들어, activity_main.xml 같은 레이아웃 파일에서는 레이아웃의 크기와 ID를 정의할 수 있고, 이에 대한 코드로 버튼 위젯을 다음과 같이 정의할 수 있습니다.

위젯을 코드로 작성한 예 : MainActivity.java

```
public class MainActivity extends AppCompatActivity {

@Override
protected void onCreate(Bundle savedInstanceState) {
    super.onCreate(savedInstanceState);
    setContentView(R.layout.activity_main);

    Button myButton = new Button(this);  // 버튼 생성

    myButton.setLayoutParams(
            new LinearLayout.LayoutParams(
                    LinearLayout.LayoutParams.MATCH_PARENT,    // 버튼 크기
                    LinearLayout.LayoutParams.WRAP_CONTENT));  // 속성 설정

    myButton.setText("버튼"); // 버튼 텍스트 속성 설정
  }
}
```

myButton.setLayoutParams() 메서드는 버튼 크기를 설정하고, myButton.setText() 메서드는 버튼의 텍스트를 설정합니다.

위젯의 주요 공통 속성

id 속성

id 속성은 각 위젯을 고유하게 식별할 수 있는 이름을 설정하는 속성입니다. 이 속성은 일반적으로 레이아웃 파일에서 할당되며, 형식은 다음과 같습니다.

```
android:id ="@+id/아이디명"
```

NOTE **안드로이드 @+id, @id, @android:id의 의미**

- @+id : 새로 추가(+)하는 리소스 아이디로 다른 액티비티와 동일한 리소스 아이디를 생성해도 됩니다.
- @id : 이미 추가된 리소스 아이디를 가리킵니다.
- @android:id : 안드로이드에 예약된 리소스 아이디입니다.

이처럼 고유 아이디를 부여하는 이유는 소스 코드에서 레이아웃 파일에 정의된 위젯에 접근할 때 사용하기 위해서입니다. 소스 코드에서는 findViewById() 메서드를 이용해 아이디로 위젯을 호출하는데, 다음과 같은 형식을 사용합니다.

```
위젯 클래스 객체 변수 = (위젯 클래스) findViewById(R.id.아이디명)
```

다음은 레이아웃 파일에 아이디 이름이 button1로 설정된 버튼 위젯을 코드에서 사용하는 예입니다.

```
Button btn = (Button) findViewById(R.id.button1);
또는
Button btn;
btn = (Button) findViewByid(R.id.button1);
```

layout_width와 layout_height 속성

위젯의 크기는 너비와 높이로 표현됩니다. layout_width는 위젯의 너비, layout_height는 위젯의 높이를 나타내는 속성으로 모든 위젯에 반드시 포함되어야 하는 필수 속성입니다. 위젯을 추가하면 기본값이 자동으로 설정되며, 이 값을 원하는 값으로 수정할 수 있습니다.

```
android:layout_width="값"
android:layout_height="값"
```

두 속성에서 사용할 수 있는 값은 다음과 같습니다.

표 3-2 layout_width와 layout_height 속성값

속성값	설명
match_parent	위젯의 크기를 부모 레이아웃(상위 뷰 그룹)의 크기와 같게 설정합니다.
wrap_content	위젯의 크기를 위젯을 포함한 내용(Content)에 맞는 크기로 설정합니다.
숫자	위젯의 크기를 숫자로 직접 지정하며, 단위는 'dp'입니다.

각 속성값을 설정했을 때 화면에는 다음과 같이 표시됩니다.

그림 3-7 layout_width와 layout_height 속성값 설정 예

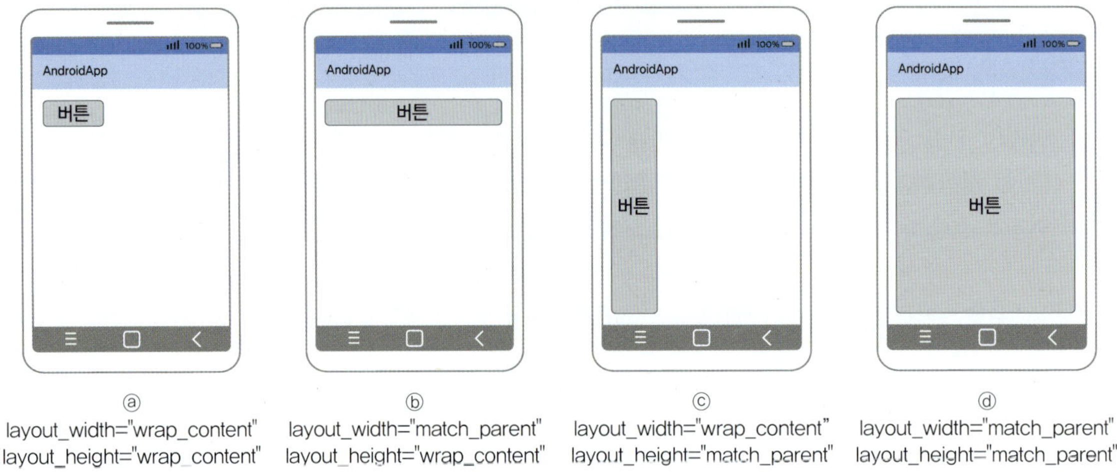

표 3-3 위젯에 사용하는 크기 단위

단위	설명
px	화면의 픽셀(pixel) 수를 나타냅니다.
dp(density-independent pixel, 밀도 독립형 픽셀)	밀도의 기준이 되는 160dpi 화면에서 1픽셀을 의미하는 단위입니다. 따라서 1dp는 160dpi 화면에서 1픽셀과 동일합니다. dp는 화면의 밀도가 다른 기기에서도 동일한 크기로 보이도록 합니다. dp 단위를 px 단위로 변환하려면 다음과 같은 계산식을 사용합니다. px = dp × (dpi / 160)
sp(scale-independent pixel, 확장 가능 픽셀)	기본으로 dp와 같은 크기이나 사용자가 지정한 글자 크기에 영향을 받아 변환됩니다. 따라서 텍스트 크기를 지정할 때는 sp를 주로 사용합니다.
in(inch)	인치를 나타냅니다.
pt(point)	1/72인치를 나타냅니다.
mm(millimeteter)	밀리미터를 나타냅니다.

● padding과 layout_margin 속성

padding(패딩) 속성은 위젯의 내용과 가장자리 사이에 간격을 나타내며, layout_margin(마진) 속성은 위젯과 그 주변 뷰(다른 위젯이나 레이아웃) 사이의 간격을 나타냅니다.

```
android:padding="값"
android:layout_margin="값"
```

두 속성은 뒤에 붙는 이름에 따라 다음과 같이 적용되는 위치가 달라집니다.

표 3-4 padding과 layout_margin의 세부 속성

속성		설명
패딩	padding	위쪽, 아래쪽, 왼쪽, 오른쪽 모두 동일하게 패딩을 설정합니다.
	paddingLeft	왼쪽에만 패딩을 설정합니다.
	paddingTop	위쪽에만 패딩을 설정합니다.
	paddingRight	오른쪽에만 패딩을 설정합니다.
	paddingBottom	아래쪽에만 패딩을 설정합니다.
마진	layout_margin	위쪽, 아래쪽, 왼쪽, 오른쪽 모두 동일하게 마진을 설정합니다.
	layout_marginLeft	왼쪽에만 마진을 설정합니다.
	layout_marginTop	위쪽에만 마진을 설정합니다.
	layout_marginRight	오른쪽에만 마진을 설정합니다.
	layout_marginBottom	아래쪽에만 마진을 설정합니다.

그림 3-8 padding과 layout_margin 속성값 설정 예

padding

ⓐ
paddingLeft ="50dp"
paddingTop ="50dp"

ⓑ
paddingTop="50dp"
paddingRight ="50dp"

ⓒ
paddingRight ="50dp"
paddingBottom="50dp"

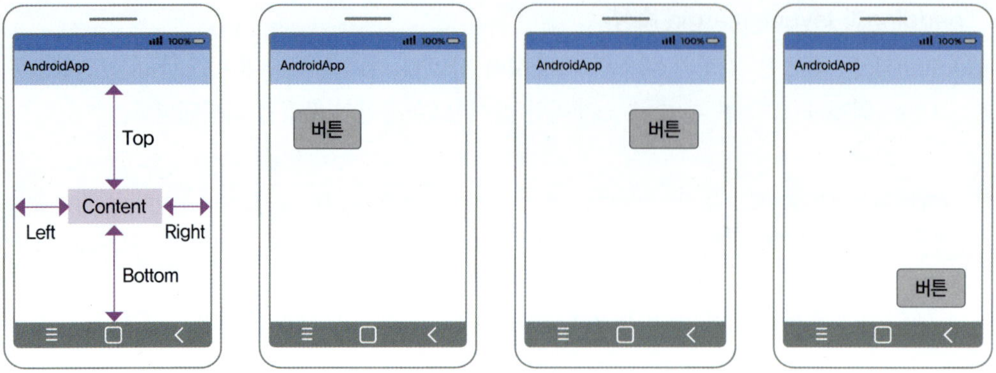

layout_margin

ⓐ
layout_marginLeft="50dp"
layout_marginTop ="50dp"

ⓑ
layout_marginTop="50dp"
layout_marginRight ="50dp"

ⓒ
layout_marginRight ="50dp"
layout_marginBottom="50dp"

gravity와 layout_gravity 속성

gravity는 위젯 내부에서 내용을 배치하는 위치를 설정하는 속성이며, layout_gravity는 위젯 자체가 배치될 위치를 설정하는 속성입니다.

```
android:gravity="값"
android:layout_gravity="값"
```

두 속성에서 사용하는 값은 다음과 같습니다.

표 3-5 gravity와 layout_gravity의 속성값

속성값	설명
top	위쪽을 기준으로 정렬합니다.
bottom	아래쪽을 기준으로 정렬합니다.
left	왼쪽을 기준으로 정렬합니다.
right	오른쪽을 기준으로 정렬합니다.
center_vertical	세로 기준으로 가운데 정렬합니다.
fill_vertical	세로 방향으로 가득 채웁니다.
center_horizontal	가로 기준으로 가운데 정렬합니다.
fill_horizontal	가로 방향으로 가득 채웁니다.
center	가로, 세로 기준으로 가운데 정렬합니다.
fill	가로, 세로 방향으로 가득 채웁니다.
clip_vertical	세로 기준으로 뷰를 넘어서는 텍스트를 자릅니다.
clip_horizontal	가로 기준으로 뷰를 넘어서는 텍스트를 자릅니다.
start	시작 위치에 정렬합니다.
end	끝 위치에 정렬합니다.

각 속성값을 설정했을 때 다음과 같이 배치됩니다.

그림 3-9 gravity와 layout_gravity 속성값 설정 예

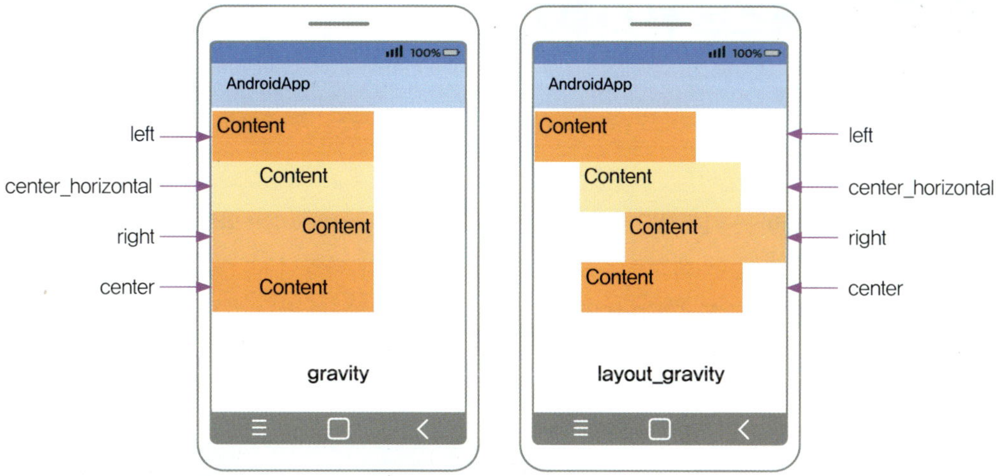

ANDROID

3.2 텍스트 뷰 다루기

안드로이드에서 제공하는 기본 위젯 중 하나인 텍스트 뷰(TextView)는 화면에 텍스트를 표시하는 데 사용됩니다. 단순한 텍스트를 표시하는 것뿐 아니라 다양한 속성을 설정하여 모양과 기능을 다양하게 변경할 수도 있습니다.

그림 3-10 텍스트 뷰의 화면 표시 예

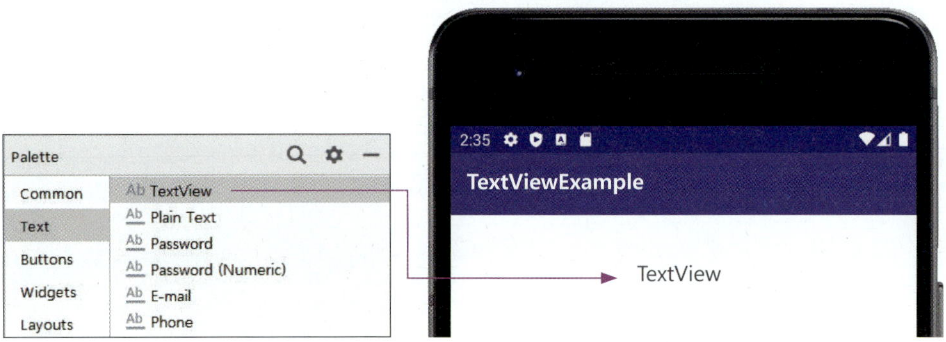

텍스트 뷰(TextView)는 안드로이드 액티비티 파일에서 TextView 클래스로 구현됩니다. TextView는 View 클래스의 하위 클래스이므로 View 클래스의 모든 속성과 기능을 사용할 수 있으며 android.widget 패키지에 포함되어 있습니다. 안드로이드에서 패키지(Package)란, 비슷한 기능을 수행하는 클래스가 모여 있는 집합을 의미합니다. 패키지에 포함된 클래스를 사용하려면 클래스를 코드로 가져와야 하는데, 이를 임포트(Import)라고 합니다. 위젯 클래스를 사용하려면 프로젝트에 'android.widget.위젯명'으로 임포트하면 됩니다. 따라서 TextView를 사용하려면 'android.widget.TextView'를 임포트해야 합니다. 코드에서 패키지를 임포트하는 방법은 실제 코드가 작성되는 부분에서 다시 설명하도록 하겠습니다.

```
java.lang.Object  ← 모든 클래스의 최상위 클래스
  └, android.view.View
      └, android.widget.TextView
```

XML 속성 설정

레이아웃 파일에서 위젯은 두 가지 방법으로 생성할 수 있습니다. XML 편집기에서 직접 코드를 작성하거나 팔레트에서 위젯을 드래그하여 추가하는 방법입니다.

XML 편집기에서 직접 코드를 작성할 때 텍스트 뷰의 기본 구성은 다음과 같습니다. 나머지 위젯들도 위젯명만 다를 뿐 기본 구성은 동일합니다.

```
<TextView
  // 속성 설정
/>
```

작성한 텍스트 뷰에 속성을 설정하면 텍스트 뷰의 모양과 기능을 설정할 수 있습니다. 위젯의 공통 속성 외에 텍스트 뷰에 적용할 수 있는 속성은 다음과 같습니다.

표 3-6 텍스트 뷰의 속성

속성	설명
id	텍스트 뷰를 식별하는 데 사용하는 고유한 아이디입니다.
gravity	텍스트 뷰의 텍스트 정렬 방법을 설정합니다.
text	텍스트 뷰에 표시할 텍스트를 지정합니다.
textColor	텍스트 색상을 설정합니다. #rgb, #argb, #rrggbb, #aarrggbb 형식의 색상 값을 사용합니다.
textSize	텍스트 크기를 설정합니다. 권장 단위는 크기가 자동으로 조정되는 픽셀일 경우 sp입니다. (예 : 15sp)
textStyle	텍스트 스타일(normal, bold, italic)을 설정합니다. 값이 둘 이상일 때 '|(파이프)' 연산자로 구분합니다.
background	텍스트 뷰의 배경에 색상이나 이미지를 지정합니다.
typeface	텍스트의 서체(normal, sans, serif, monospace)를 설정합니다. 값이 둘 이상일 때는 '|' 연산자로 구분합니다.
maxLines	텍스트 뷰의 최대 높이를 줄 단위로 설정합니다.

● id 속성

id 속성은 텍스트 뷰를 구분하기 위해 사용하는 속성입니다. 위젯을 추가하면 기본 속성들이 자동으로 표시되고 설정되지만, 직접 원하는 값으로 지정할 수도 있습니다.

```
<androidx.constraintlayout.widget.ConstraintLayout ...>
<TextView
  android:id="@+id/textView_id"
  android:layout_width="wrap_content"
  android:layout_height="wrap_content"
```

```
    android:text="Hello World!"
    app:layout_constraintBottom_toBottomOf="parent"
    app:layout_constraintLeft_toLeftOf="parent"
    app:layout_constraintRight_toRightOf="parent"
    app:layout_constraintTop_toTopOf="parent"/>
</androidx.constraintlayout.widget.ConstraintLayout>
```

이후 생략

gravity 속성

gravity 속성은 텍스트 뷰를 정렬할 때 사용합니다. 예를 들어, 텍스트 뷰를 오른쪽 정렬하려면 gravity 속성을 다음과 같이 설정합니다. 자세한 속성값은 [표 3-5 gravity와 layout_gravity의 속성값]을 참고하세요.

```
<TextView
    android:id="@+id/textView_id"
    android:layout_width="match_parent"
    android:layout_height="wrap_content"
    android:text="Hello World!"
    android:gravity="right"
    .../>
```

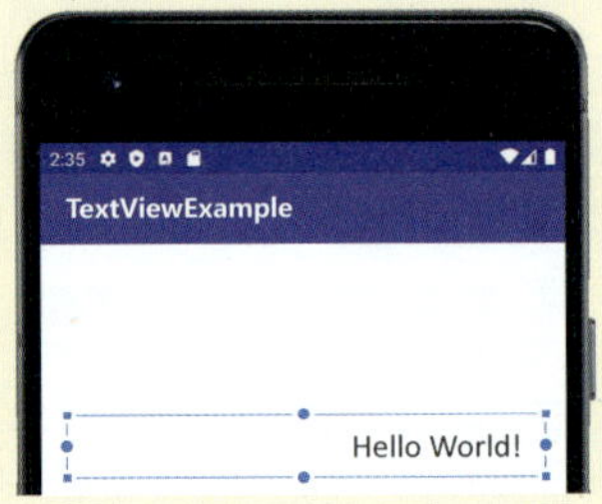

text 속성

text 속성은 텍스트 뷰에 표시할 텍스트를 지정하는 데 사용됩니다. 위젯을 추가하면 text 속성에 자동으로 값이 설정되지만, 원하는 값으로 직접 설정할 수도 있습니다. 예를 들어, 'Android App'을 텍스트 뷰에 표시하고 싶다면 다음과 같이 작성합니다.

```
<TextView
    android:id="@+id/textView_id"
    android:layout_width="wrap_content"
    android:layout_height="wrap_content"
    android:text="Android App"
    .../>
```

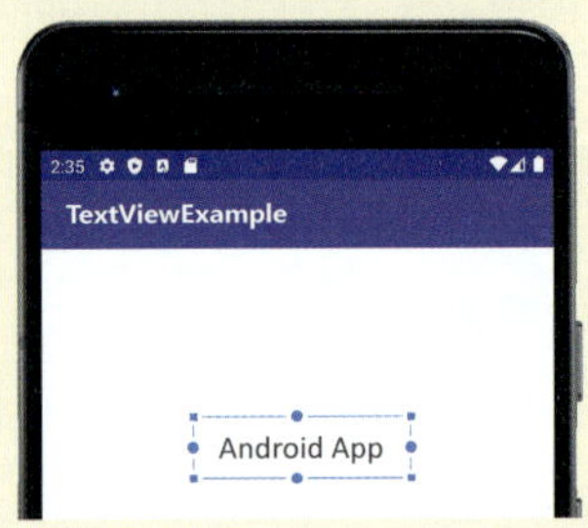

textColor 속성

textColor 속성은 텍스트 뷰에 표시되는 텍스트의 색상을 설정합니다. 색상 값은 #rgb, #aarrggbb, #rrggbb, #argb 형식으로 지정할 수 있습니다. 예를 들어, 텍스트를 빨간색으로 표시하고 싶다면 textColor 속성에 '#ff0000'을 설정합니다.

```
<TextView
  android:id="@+id/textView_id"
  android:layout_width="wrap_content"
  android:layout_height="wrap_content"
  android:text="Android App"
  android:textColor="#ff0000"
.../>
```

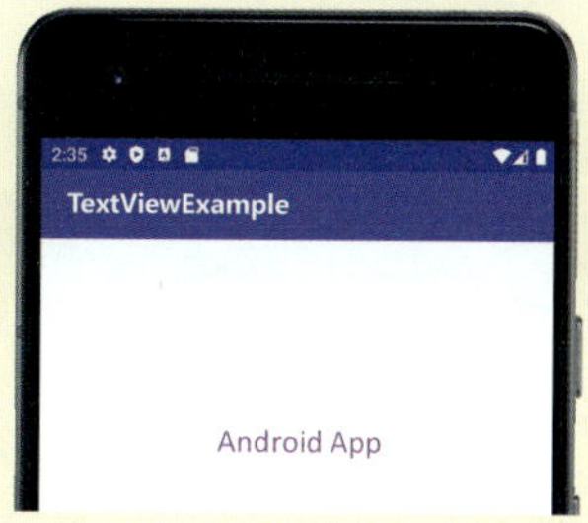

NOTE 색상 코드 형식

색상 코드 #argb, #rgb, #rrggbb, #aarrggbb는 각각 투명도(alpha), 빨간색(red), 초록색(green), 파란색(blue)을 의미합니다. 16진수 00부터 FF까지(0부터 255까지)의 값을 각 자리에 설정할 수 있습니다.

- #aarrggbb 형식 : android:textColor="#11223344"
- #rgb 형식 : android:textColor="#fff"
- #rrggbb, 형식 : android:textColor="#00ff00"

● textSize 속성

textSize 속성은 텍스트 크기를 sp 또는 dp 단위로 설정합니다. 크기 단위는 [표 3-3 위젯에 사용하는 크기 단위]를 참고하세요. 다음의 예는 텍스트 크기를 40sp로 설정하여 이전보다 글자가 커진 것을 볼 수 있습니다.

```
<TextView
    android:id="@+id/textView_id"
    android:layout_width="wrap_content"
    android:layout_height="wrap_content"
    android:text="Android App"
    android:textColor="#ff0000"
    android:textSize="40sp"
.../>
```

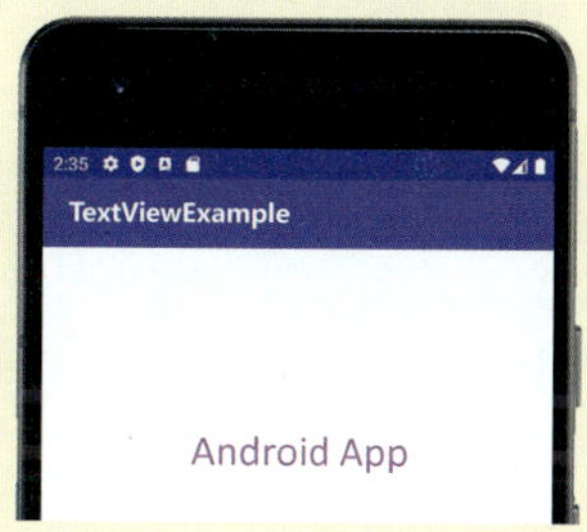

● textStyle 속성

textStyle 속성은 텍스트 뷰 스타일을 설정합니다. 사용할 수 있는 스타일에는 bold(굵게), italic(기울임), normal(보통)이 있습니다. 텍스트 뷰에 둘 이상의 스타일을 사용하는 경우 '|' 연산자를 사용합니다. 예를 들어, 텍스트를 굵게 기울이고 싶다면 다음과 같이 작성합니다.

```
<TextView
    android:id="@+id/textView_id"
    android:layout_width="wrap_content"
    android:layout_height="wrap_content"
    android:text="Android App"
    android:textColor="#ff0000"
    android:textSize="40sp"
    android:textStyle="bold|italic"
    .../>
```

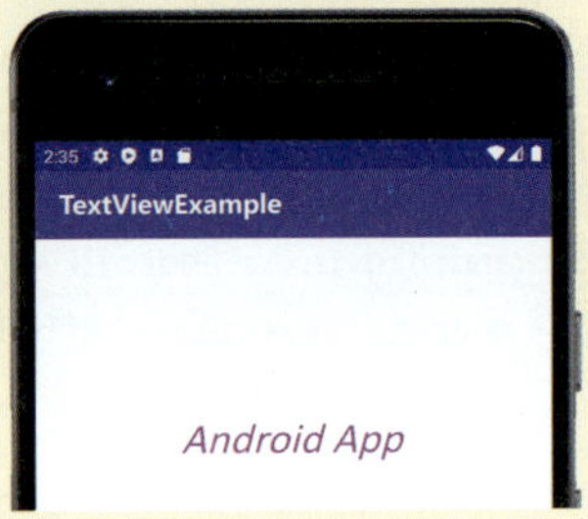

● background 속성

background 속성은 텍스트 뷰의 배경을 설정합니다. 배경에는 색상을 지정하거나 이미지를 넣을 수 있습니다. 예를 들어, 배경을 검은색으로 설정한다면 다음과 같이 작성합니다.

```
<TextView
    android:id="@+id/textView_id"
    android:layout_width="wrap_content"
    android:layout_height="wrap_content"
    android:text="Android App"
    android:textColor="#ff0000"
    android:textSize="40sp"
    android:textStyle="bold|italic"
    android:background="#000000"
    .../>
```

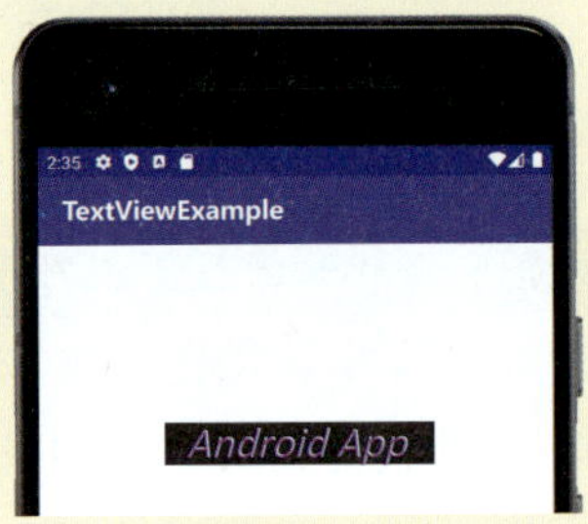

● typeface 속성

typeface 속성은 텍스트의 서체를 normal, sans, serif, monospace 중에서 하나로 설정합니다. 둘 이상의 값을 사용할 때는 '|'로 구분합니다. 다음과 같이 작성하면 글꼴을 serif로 설정합니다.

```
<TextView
    android:id="@+id/textView_id"
    android:layout_width="wrap_content"
    android:layout_height="wrap_content"
    android:text="Android App"
    android:textColor="#ff0000"
    android:textSize="40sp"
    android:textStyle="bold|italic"
    android:typeface="serif"
    .../>
```

● maxLines 속성

maxLines 속성은 텍스트 뷰에 최대 표시 줄 수를 설정합니다. 다음 예는 실제 텍스트 줄 수가 maxLines 값(2줄)보다 많으면 나머지 부분은 잘립니다.

```
<TextView
    android:id="@+id/textView_id"
    android:layout_width="wrap_content"
    android:layout_height="wrap_content"
    android:text="Android App\nAndroid App\nAndroid App"
    android:textColor="#ff0000"
    android:textSize="40sp"
    android:textStyle="bold|italic"
    android:typeface="serif"
    android:maxLines="2"
    .../>
```

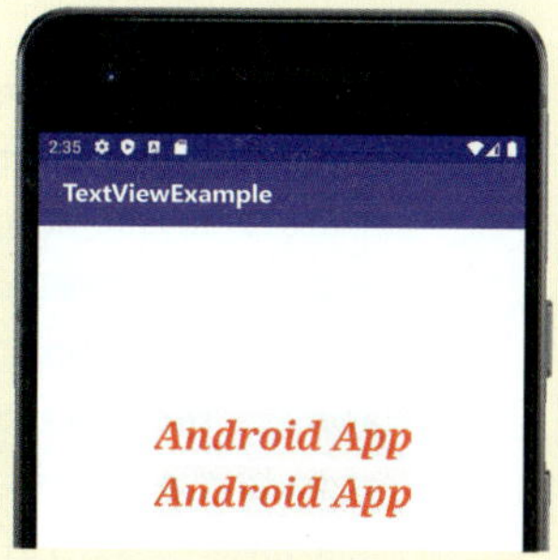

실습 예제 3-1 XML로 텍스트 뷰의 색상, 서체, 크기 변경하기

앞에서 배운 내용을 바탕으로 예제를 작성해 봅니다. 구현 방법을 살펴보기 전에 구현 내용을 보고 직접 작성해 본 후 책과 비교해 보기 바랍니다.

| 구현 내용 |

XML로 텍스트 뷰에 'Hello World' 텍스트를 표시하고 텍스트 색상(#03A9F4), 글꼴(serif), 크기(50dp)를 설정합니다.

| 구현 방법 |

❶ **프로젝트 생성하기 :** 안드로이드 스튜디오에서 [File]–[New]–[New Project] 메뉴를 선택합니다. 'Empty Activity'를 선택하고 〈Next〉 버튼을 클릭합니다.
[Configure Your Project] 창에서 Name(프로젝트 이름)에 'TextViewProject01', Package name(패키지 이름)에 'com.androidbook.textviewproject01'를 입력합니다. Save location(프로젝트 저장 위치)를 지정(기본값)합니다. Language(사용할 언어)는 'Java', Minimum SDK(앱을 실행할 최소 SDK)는 'API 21:Android 5.0(Lollipop)'을 선택하고 〈Finish〉 버튼을 클릭합니다.

❷ **레이아웃 파일 작성하기 :** activity_main.xml 파일에 다음과 같이 작성하고 저장합니다.

res\layout\activity_main.xml

```
<?xml version="1.0" encoding="utf-8"?>
<androidx.constraintlayout.widget.ConstraintLayout ...>
    <TextView
        android:id="@+id/textView"                  // id 속성
        android:layout_width="wrap_content"         // 텍스트 뷰 너비
        android:layout_height="wrap_content"        // 텍스트 뷰 높이
        android:text="Hello World!"                 // 표시할 텍스트
        android:textColor="#03A9F4"                 // 텍스트 색상
        android:textSize="50dp"                     // 텍스트 크기
        android:typeface="serif"                    // 텍스트 글꼴
        app:layout_constraintBottom_toBottomOf="parent"
        app:layout_constraintLeft_toLeftOf="parent"
        app:layout_constraintRight_toRightOf="parent"
        app:layout_constraintTop_toTopOf="parent" />
</androidx.constraintlayout.widget.ConstraintLayout>
```

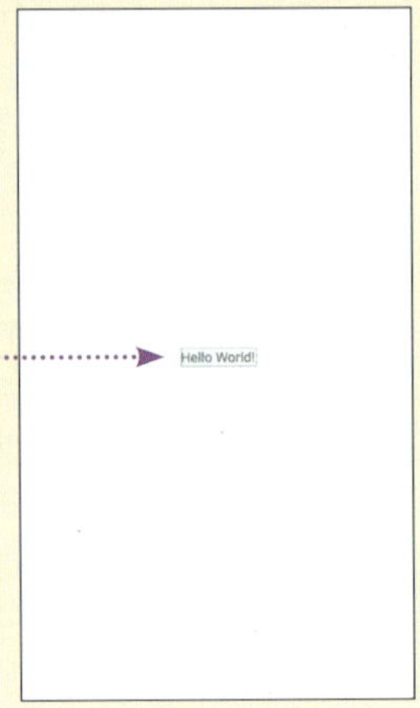

❸ **프로젝트 실행하기 :** 안드로이드 스튜디오에서 도구 바의 '실행' 아이콘(▶)을 클릭하거나 [Run]-[Run 'app'] 메뉴를 선택하여 실행 결과를 확인합니다.

메서드 속성 설정

위젯의 속성은 액티비티 파일에서 메서드를 통해 설정할 수 있습니다. 이를 위해서는 MainActivity.java 파일에서 레이아웃 파일에 있는 위젯의 아이디를 참조한 후 해당 위젯 클래스의 메서드를 호출하면 됩니다. 예를 들어, 텍스트 뷰의 속성을 메서드를 통해 설정하는 방법은 다음과 같습니다.

그림 3-11 메서드로 텍스트 뷰의 속성을 설정하는 방법

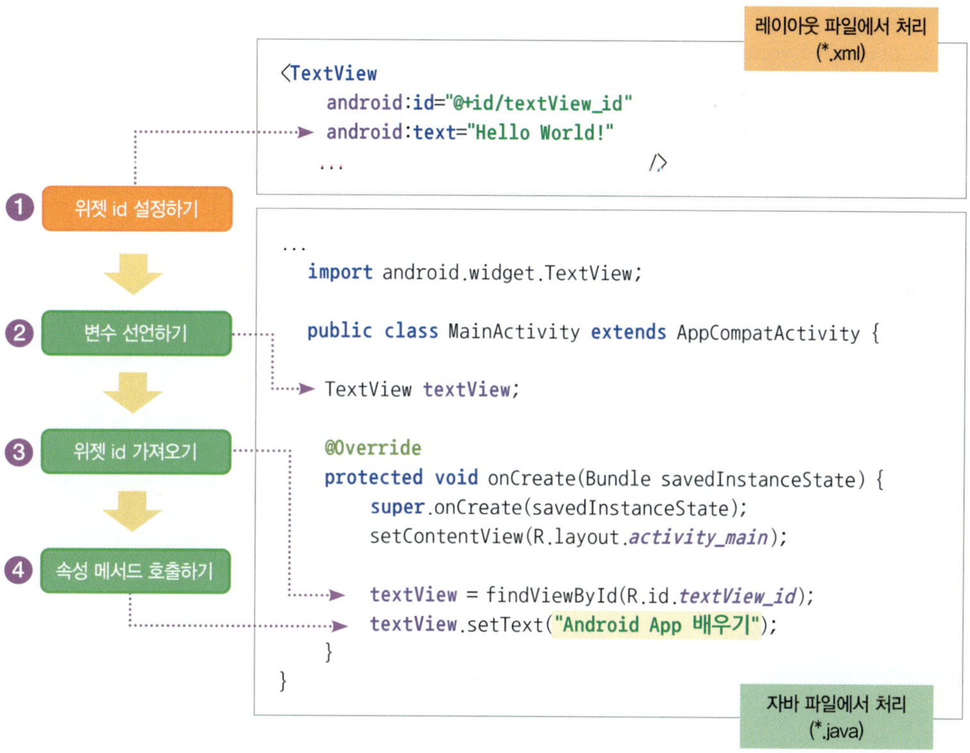

코드로 TextView를 작성하는 예

res\layout\activity_main.xml

```
<TextView
android:id="@+id/textView_id"  ❶
android:layout_width="wrap_content"
android:layout_height="wrap_content"
android:text="Android App"
app:layout_constraintBottom_toBottomOf="parent"
```

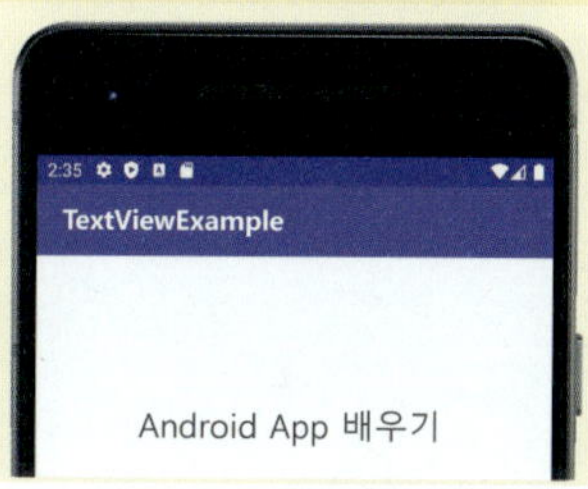

```
app:layout_constraintLeft_toLeftOf="parent"
app:layout_constraintRight_toRightOf="parent"
app:layout_constraintTop_toTopOf="parent"/>
```

java\com\androidbook\textviewproject01\MainActivity.java

```
public class MainActivity extends AppCompatActivity {
    TextView textView; ❷

    @Override
    protected void onCreate(Bundle savedInstanceState) {
        super.onCreate(savedInstanceState);
        setContentView(R.layout.activity_main);

        textView = (TextView) findViewById(R.id.textView_id); ❸
        textView.setText("Android App 배우기"); ❹
    }
}
```

텍스트 뷰에 사용하는 주요 메서드는 다음과 같습니다.

표 3-7 TextView 클래스의 주요 메서드

메서드	설명
CharSequence getText()	텍스트 뷰에 표시되는 텍스트를 가져옵니다.
final void setText(CharSequence text)	지정된 문자열을 텍스트 뷰에 표시합니다.
void setTextColor(int color)	지정된 색상을 텍스트에 적용합니다.
void setTextSize(float size)	지정된 크기를 텍스트에 적용합니다.
void setTypeface(Typeface tf)	지정된 스타일과 글꼴을 텍스트에 적용합니다.
void setPadding(int left, int top, int right, int bottom)	지정된 값으로 텍스트 뷰의 패딩을 설정합니다.

TIP TextView 속성 메서드에 관한 자세한 내용은 https://developer.android.com/reference/android/widget/TextView 사이트를 참고하세요.

실습 예제 3-2 XML로 텍스트 뷰의 색상, 서체, 크기 변경하기

앞에서 배운 내용을 바탕으로 예제를 작성해 봅니다. 구현 방법을 살펴보기 전에 구현 내용을 보고 직접 작성해 본 후 책과 비교해 보기 바랍니다.

| 구현 내용 |

[실습 예제 3-1]에서 XML로 설정한 텍스트 뷰의 속성들은 setText(), setTextColor(), setTypeface() setTextSize() 메서드를 호출해 설정합니다. 텍스트의 색상(#03A9F4), 글꼴(serif), 크기(50f)는 동일합니다.

| 구현 방법 |

❶ **프로젝트 생성하기** : 새 프로젝트를 생성합니다. 프로젝트명은 'TextViewProject02'로 작성합니다. 이때 패키지 이름이 'com.androidbook.textviewproject02'인지 확인합니다. 프로젝트 저장 위치와 언어, 최소 SDK는 기존과 동일하게 설정하고 〈Finish〉 버튼을 클릭합니다.

❷ **레이아웃 파일 작성하기** : activity_main.xml 파일에 다음과 같이 작성하고 저장합니다.

res\layout\activity_main.xml

```
<?xml version="1.0" encoding="utf-8"?>
<androidx.constraintlayout.widget.ConstraintLayout...>
<TextView
    android:id="@+id/textView"
    android:layout_width="wrap_content"
    android:layout_height="wrap_content"
    android:text="Hello World!"
    app:layout_constraintBottom_toBottomOf="parent"
    app:layout_constraintLeft_toLeftOf="parent"
    app:layout_constraintRight_toRightOf="parent"
    app:layout_constraintTop_toTopOf="parent" />
</androidx.constraintlayout.widget.ConstraintLayout>
```

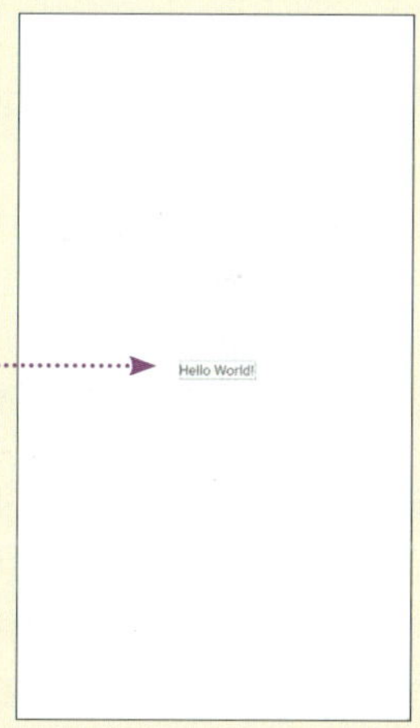

❸ **코드 파일 작성하기** : MainActivity.java 파일에 다음과 같이 작성하고 저장합니다.

java\com\androidbook\textviewproject02\MainActivity.java

```
package com.androidbook.textviewproject02;
...
```

```java
public class MainActivity extends AppCompatActivity {
    TextView textView;

    @Override
    protected void onCreate(Bundle savedInstanceState) {
        super.onCreate(savedInstanceState);
        setContentView(R.layout.activity_main);

        textView = findViewById(R.id.textView);
        textView.setText("Hello World!"); // 텍스트 Hello World! 출력 설정
        textView.setTextColor(Color.parseColor("#03A9F4")); // 글자 색상 설정
        textView.setTextSize(50f); // 글자 크기 50 설정
        textView.setTypeface(Typeface.SERIF); // SERIF 서체 설정
    }
}
```

❹ **프로젝트 실행하기** : 안드로이드 스튜디오에서 '실행' 아이콘(▶)을 클릭하여 실행 결과를 확인합니다.

NOTE **뷰 클래스의 패키지를 임포트하는 방법**

앞서 설명한 것처럼 TextView를 사용하려면 android.widget.TextView 패키지를 임포트해야 합니다. 패키지를 임포트하는 방법은 다음과 같은 두 가지입니다.

1. Alt + Enter를 눌러 임포트하기

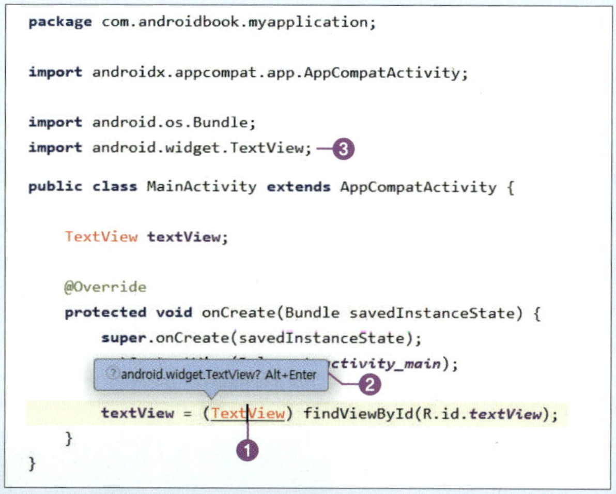

❶ TextView 글자 위에 커서를 위치시킵니다.

❷ Alt + Enter를 누릅니다.

❸ import 구문에 android.widget.TextView가 자동으로 임포트됩니다.

2. 자동 완성 기능으로 임포트하기

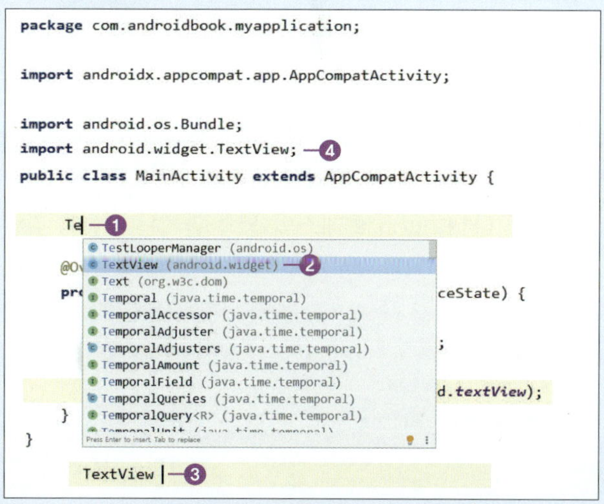

❶ TextView의 앞 몇 글자를 입력합니다.

❷ 나타나는 목록 중에서 TextView를 선택합니다.

❸ 코드에 TextView 문자열이 입력됩니다.

❹ android.widget.TextView가 자동으로 임포트됩니다.

3.3 버튼 다루기

버튼(Button)은 사용자가 클릭했을 때 어떤 동작이 발생하는 위젯으로, 텍스트나 아이콘 또는 텍스트와 아이콘으로 구성됩니다. 안드로이드에서는 버튼 외에도 토글 버튼, 라디오 버튼, 체크박스, 스위치 등 다양한 종류의 버튼을 제공합니다. 이러한 버튼들은 대부분 사용법이 비슷하므로 여기서는 대표적인 버튼인 일반 버튼(Button) 사용법에 대해 알아보겠습니다.

그림 3-12 버튼의 화면 표시 예

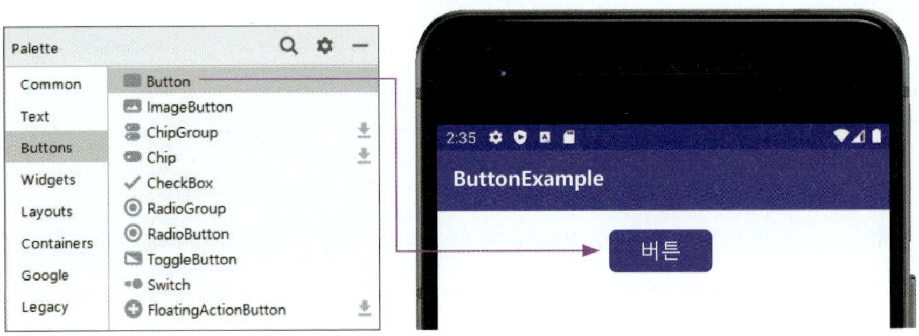

안드로이드에서 버튼을 사용하기 위해서는 액티비티 파일에서 Button 클래스를 사용해야 합니다. Button 클래스는 android.widget 패키지에 속해 있으므로 사용하려면 android.widget.Button을 임포트해야 합니다. Button 클래스의 상속 관계는 다음과 같습니다.

```
java.lang.Object
  └, android.view.View
       └, android.widget.TextView
            └, android.widget.Button
```

XML 속성 설정

레이아웃 파일에서 버튼에 설정할 수 있는 속성은 다음과 같습니다.

표 3-8 버튼 속성

속성	설명
id	버튼을 식별하는 데 사용하는 고유한 아이디입니다.
gravity	버튼의 x축, y축을 기준으로 텍스트 정렬 방법을 설정합니다.
text	버튼에 표시할 텍스트를 지정합니다.
textColor	텍스트 색상을 설정합니다.
textSize	텍스트 크기를 설정합니다.
textStyle	텍스트 스타일(normal, bold, italic)을 설정합니다.
background	버튼의 색상이나 배경 이미지를 지정합니다.
backgroundTint	버튼에 적용할 색조를 설정합니다.
backgroundTintMode	버튼의 색조에 사용되는 혼합 모드(add, multiply, screen, src_atop, scr_i n, scr_over)를 설정합니다.
drawableTop/drawableBottom/drawableRight/drawablLeft	버튼에 텍스트와 이미지를 같이 넣으면 텍스트 위/아래/오른쪽/왼쪽에 이미지를 배치합니다.
enabled	버튼의 활성화 또는 비활성화(사용 중지)를 지정합니다.
onClick	버튼을 클릭했을 때 호출되는 메서드 이름을 지정합니다.

id 속성

id 속성은 버튼을 식별하는 데 사용하는 고유한 속성으로 다음과 같이 사용합니다.

```
<androidx.constraintlayout.widget.ConstraintLayout ...>
<Button
  android:id="@+id/button_id"
  android:layout_width="wrap_content"
  android:layout_height="wrap_content"
  android:text="Button"
  app:layout_constraintBottom_toBottomOf="parent"
  app:layout_constraintLeft_toLeftOf="parent"
  app:layout_constraintRight_toRightOf="parent"
  app:layout_constraintTop_toTopOf="parent"/>
</androidx.constraintlayout.widget.ConstraintLayout>
```

위젯을 정중앙에 배치하는 ContraintLayout 속성 이후 예제 코드에서는 이 부분 생략

gravity 속성

gravity 속성은 버튼 텍스트를 정렬할 때 사용됩니다. 만약 버튼 텍스트를 수직으로 가운데(center_vertical), 수평으로 오른쪽(right)으로 정렬하려면 다음과 같이 속성을 설정할 수 있습니다. 여러 속성값을 가질 경우 파이프(|) 연산자를 사용합니다.

```
<Button
  android:id="@+id/button_id"
  android:layout_width="0dp"
  android:layout_height="wrap_content"
  android:text="Button"
  android:gravity="right|center_vertical"
.../>
```

● text 속성

버튼의 텍스트를 설정하기 위해서는 text 속성을 사용합니다. 기본적으로 버튼을 추가하면 text 속성에 값이 자동으로 설정되지만, 원하는 값으로 바꿀 수 있습니다. 예를 들어, 'Android App'이라는 텍스트를 버튼에 표시하고 싶으면 다음과 같이 작성합니다.

```
<Button
  android:id="@+id/button_id"
  android:layout_width="0dp"
  android:layout_height="wrap_content"
  android:text="Android App"
.../>
```

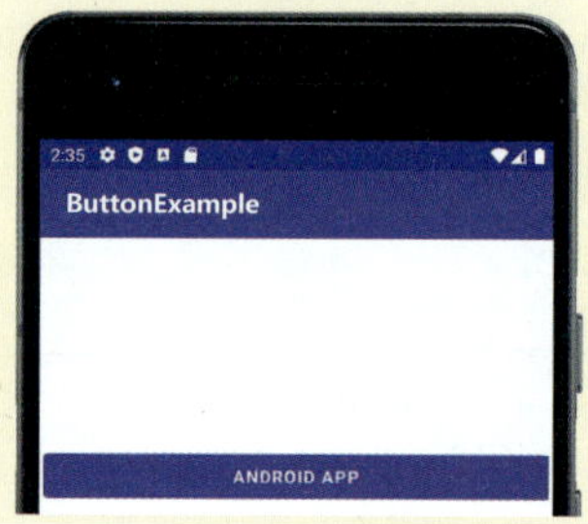

● textColor 속성

버튼 위젯에는 흰색 텍스트가 기본 설정되어 있습니다. textColor 속성을 사용하면 텍스트 색상을 변경할 수 있으며, 색상 값 형식은 TextView와 동일합니다. 아래 코드는 버튼에 표시되는 텍스트를 빨간색으로 설정하는 방법을 보여줍니다.

```
<Button
  android:id="@+id/button_id"
  android:layout_width="0dp"
  android:layout_height="wrap_content"
  android:text="Android App"
  android:textColor="#ff0000"
.../>
```

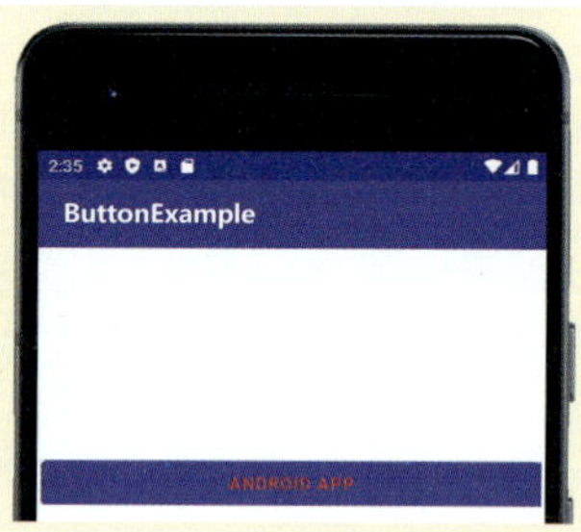

● textSize 속성

버튼의 텍스트 크기는 textSize 속성으로 조절할 수 있습니다. 텍스트 크기는 sp 또는 dp 단위로 설정하며, textSize 속성값으로 크기를 지정합니다. 예를 들어, 버튼의 텍스트 크기를 20sp로 설정하려면 다음과 같이 작성합니다.

```
<Button
  android:id="@+id/button_id"
  android:layout_width="0dp"
  android:layout_height="wrap_content"
  android:text="Android App"
  android:textColor="#ff0000"
  android:textSize="20sp"
.../>
```

textStyle 속성

textStyle 속성으로 버튼 텍스트의 스타일을 설정할 수 있습니다. 굵게(bold) 또는 기울임(italic), 보통(normal) 스타일 중에 원하는 스타일을 설정할 수 있습니다. 예를 들어, 굵게 기울인 스타일을 적용하려면 다음과 같이 작성합니다. 이때 둘 이상의 스타일을 적용하려면 파이프(|) 기호로 구분해야 합니다.

```
<Button
  android:id="@+id/button_id"
  android:layout_width="0dp"
  android:layout_height="wrap_content"
  android:text="Android App"
  android:textColor="#ff0000"
  android:textSize="20sp"
  android:textStyle="bold|italic"
.../>
```

background/backgroundTint/backgoundTintMode 속성

안드로이드 스튜디오 4.1 이전 버전에서는 버튼 위젯에 배경색이나 이미지를 설정할 때 background 속성을 사용했지만, 인드로이드 스튜디오 4.1부터는 테마 색이 적용되어 버튼 배경색이 보라색으로 고정됩니다. 버튼 배경색을 변경하려면 themes.xml 파일이나 AndroidManifest.xml에서 테마를 변경하고 background 속성을 설정해야 합니다. 그러나 간단한 배경색만 표시하고자 한다면 backgroundTint와 backgroundTintMode 속성을 background 속성과 함께 사용하여 배경색을 바꿀 수 있습니다.

backgroundTint는 버튼의 배경색을 설정하는 속성이며 backgroundTintMode는 배경색이나 이미지와 어떻게 결합할지를 결정하는 속성입니다. 배경색만 필요하면 backgroundTint 속성만 사용해도 원하는 색상을 어느 정도 표현할 수 있습니다.

표 3-9 backgroundTintMode 속성값

모드	값	설명
add	10	색조(tint)와 이미지(drawable)의 투명도(alpha) 및 색상(color)을 더합니다.
multiply	e	색조(tint)와 이미지(drawable)의 투명도(alpha) 및 색상(color)을 곱합니다.
screen	f	multiply 모드와 반대로 동작합니다.
src_atop	9	색조(tint)가 이미지입니다.
src_in	5	색조(tint)가 이미지(drawable)의 투명도(alpha)에 마스킹됩니다. 이미지(Drawable) 색상(color)은 사용되지 않습니다.
src_over	3	색조(tint)가 이미지(drawable) 위에 그려집니다.

예를 들어, 버튼의 배경색을 초록색(#00ff00), 텍스트를 검은색(#000000)으로 설정하려면 다음과 같이 작성합니다. 추가로 버튼 가장자리에서 layout_margin을 설정합니다.

```
<Button
  android:id="@+id/button_id"
  android:layout_width="0dp"
  android:layout_height="wrap_content"
  android:text="Android App"
  android:textColor="#000000"
  android:textSize="20sp"
  android:textStyle="bold|italic"
  android:layout_margin="15dp"
  android:backgroundTint="#00ff00"
.../>
```

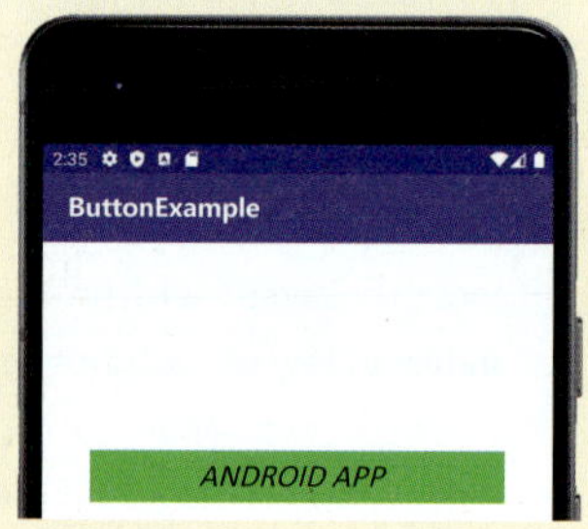

배경색 대신 배경 이미지를 넣고 싶다면 다음과 같이 작성합니다. 이때 @drawable/button_icon은 drawable 폴더에 있는 button_icon 이미지를 버튼 이미지로 사용한다는 뜻입니다. 버튼의 너비는 아이콘 크기에 맞게(wrap_content) 수정합니다.

이미지를 표시한 예

```
<Button
 android:id="@+id/button_id"
 android:layout_width="wrap_content"
 android:layout_height="wrap_content"
 android:background="@drawable/button_icon"
 app:backgroundTint="@android:color/transparent"
 app:backgroundTintMode="add"
.../>
```

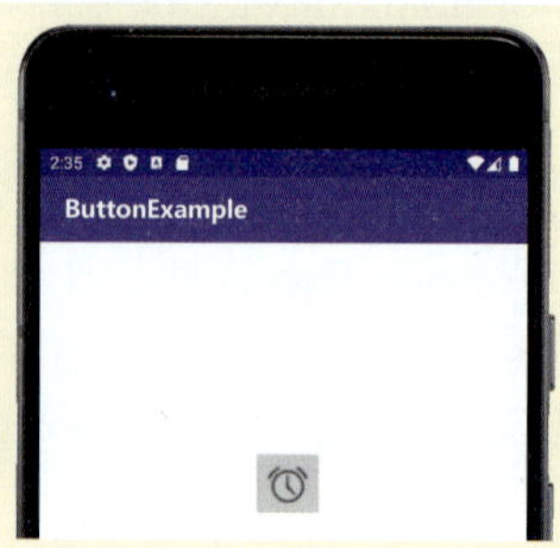

NOTE 이미지 버튼으로 버튼에 배경 이미지 표시하기

버튼에 이미지를 표시할 때 버튼 대신 이미지 버튼을 사용할 수 있습니다. 이때 background 대신 이미지 리소스를 참조할 때 사용하는 src 속성을 사용합니다.

```
<ImageButton
  android:id="@+id/button_id"
  android:layout_width="wrap_content"
  android:layout_height="wrap_content"
  android:src="@drawable/button_icon"
 ... />
```

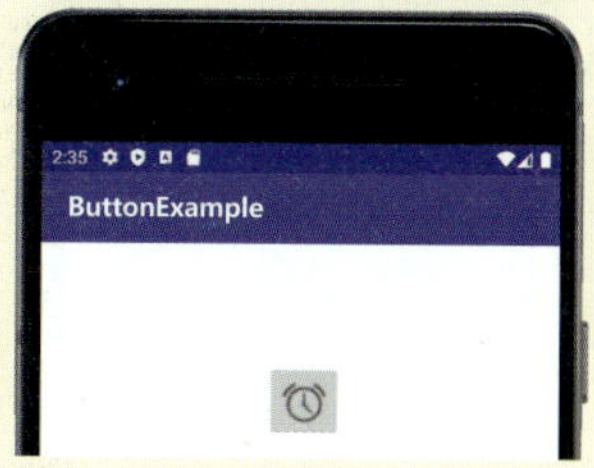

drawableTop/drawableBottom/drawableLeft/drawableRight 속성

버튼에 텍스트와 이미지를 함께 표시할 때 drawableTop, drawableBottom, drawableLeft, drawableRight 속성을 이용하여 이미지를 텍스트의 위, 아래, 왼쪽, 오른쪽에 배치할 수 있습니다. 예를 들어, 버튼 아래에 이미지를 추가하고자 하면 다음과 같이 설정합니다. 이때 반드시 drawable 폴더에 ic_launcher_foreground라는 이름의 이미지 파일이 존재해야 합니다.

```
<Button
  android:id="@+id/button_id"
  android:layout_width="0dp"
  android:layout_height="wrap_content"
  android:text="Android App"
  android:background="#00ff00"
  android:textSize="20sp"
  android:textStyle="bold|italic"
  android:padding="15dp"
  app:backgroundTint="#00ff00"
  android:drawableBottom="@drawable/ic_launcher_foreground"
.../>
```

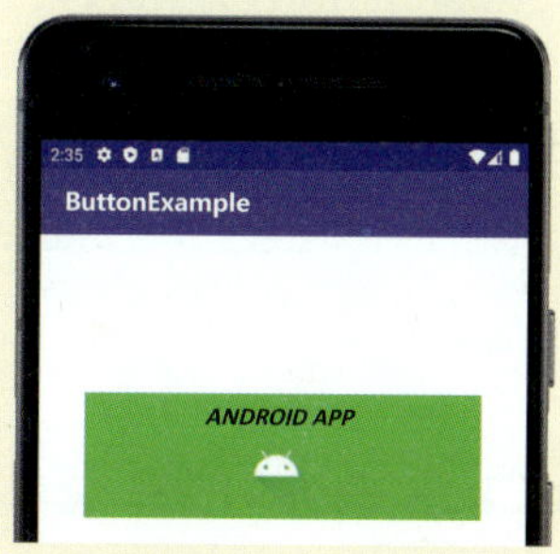

그림 3-13 drawableTop/drawableRight/drawableLeft일 때

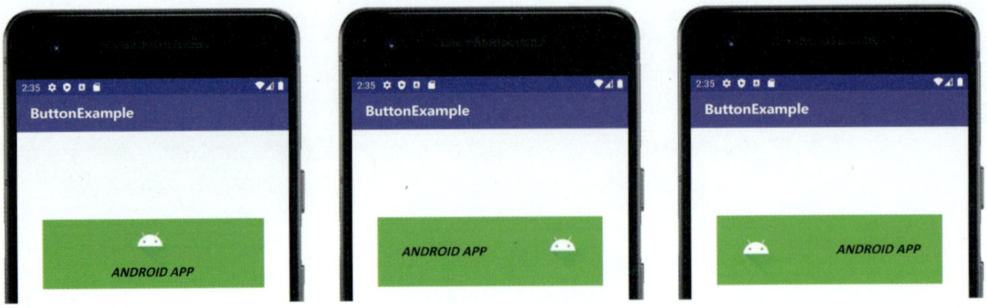

● enabled 속성

enabled는 버튼을 클릭할 수 있는 상태를 설정하는 속성입니다. 만약 사용자가 버튼을 클릭할 수 없도록 비활성화하려면 다음과 같이 enabled를 false로 설정합니다.

```
<Button
 android:id="@+id/button_id"
 android:layout_width="match_parent"
 android:layout_height="wrap_content"
 android:text="Android App"
 android:textSize="20sp"
 android:enabled="false"
.../>
```

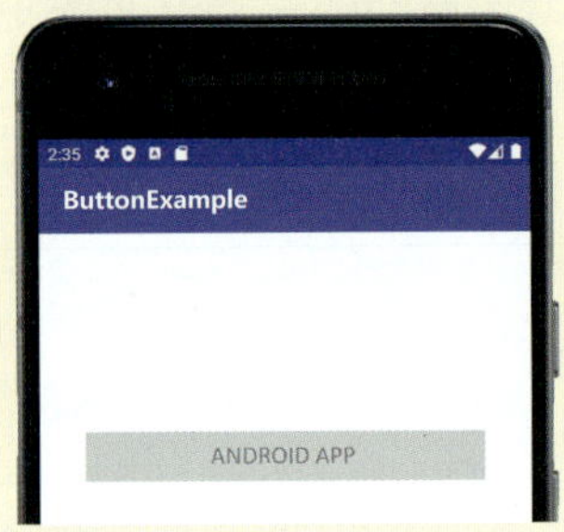

onClick 속성 이벤트 설정

버튼은 클릭이나 터치와 같은 동작을 수행할 수 있습니다. 이런 동작을 이벤트라 하고, 어떤 동작을 할지 구현하는 것을 이벤트 처리라고 합니다. 간단하고 쉬운 방법으로 이벤트를 처리하려면 onClick 속성을 이용할 수 있습니다.

> **TIP** 이벤트 처리에 관한 좀 더 자세한 내용은 《5장 – 이벤트 처리하기》를 살펴봅니다.

버튼 이벤트를 처리하려면 액티비티 파일에서 버튼 아이디를 가져와 해당 버튼에 대한 클릭 이벤트를 처리하는 메서드를 작성합니다. 레이아웃 파일에서 해당 버튼에 onClick 속성을 추가하고 값으로 해당 메서드 이름을 설정합니다. 이 방법은 다른 위젯에서 이벤트를 처리할 때에도 사용됩니다.

그림 3-14 onClick 속성으로 버튼 이벤트를 처리하는 방법

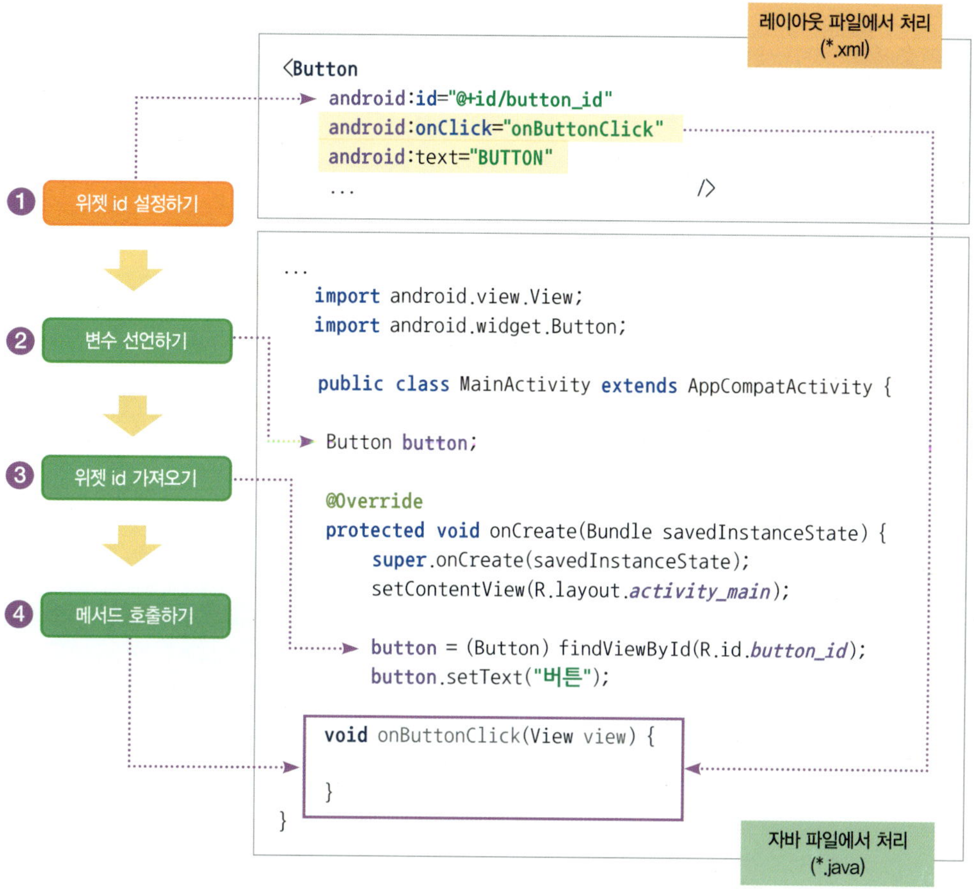

예를 들어, 버튼을 클릭했을 때 '눌렀습니다'라는 텍스트를 토스트 메시지로 나타내려면 다음과 같이 설정합니다.

① 레이아웃 파일에 버튼 아이디를 설정합니다.

② 레이아웃 파일과 자바 파일을 연동하기 위해 자바 파일에 Button 객체 변수를 선언합니다.

③ findViewById() 메서드를 이용하여 버튼 아이디를 가져와서 선언한 Button 객체 변수에 대입합니다.

④ 자바 파일에 이벤트 발생 시 호출할 메서드를 작성합니다. 해당 호출 메서드명은 레이아웃 파일에서 onClick 속성에 지정한 메서드명과 동일해야 합니다.

Button 작성 예

activity_main.xml

```
<Button
android:id="@+id/button_id" ❶
android:layout_width="wrap_content"
android:layout_height="wrap_content"
android:layout_centerInParent="true"
android:text="버튼"
android:onClick="onButtonClick" ❹
app:layout_constraintBottom_toBottomOf="parent"
app:layout_constraintLeft_toLeftOf="parent"
app:layout_constraintRight_toRightOf="parent"
app:layout_constraintTop_toTopOf="parent"/>
```

MainActiviy.java

```
...
public class MainActivity extends AppCompatActivity {
    Button button; ❷
    @Override
    protected void onCreate(Bundle savedInstanceState) {
        super.onCreate(savedInstanceState);
        setContentView(R.layout.activity_main);

        button = (Button)findViewById(R.id.button_id); ❸
        button.setText("버튼");
    }

    public void onButtonClick(View view){ ❹
        Toast.makeText(getApplicationContext(), "눌렀습니다",
                Toast.LENGTH_SHORT).show();

    }
}
```

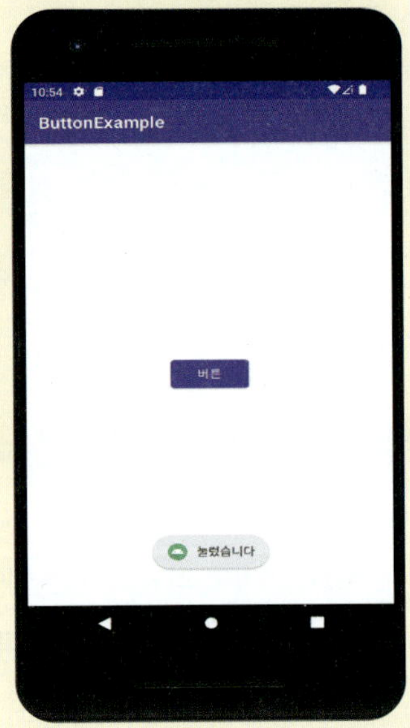

NOTE **토스트(toast)**

토스트(toast)는 사용자에게 간단한 정보를 표시하는 팝업 메시지로, 일정 시간이 지나면 자동으로 사라집니다.

```
static Toast makeText(Context context, int resId, int duration)
static Toast makeText(Context context, CharSequence text, int duration)
```

1. 역할 리소스의 텍스트나 텍스트만을 포함한 표준 토스트(사용자에게 정보를 표시하는 간단한 알림 메시지)를 만듭니다.
2. 매개 변수
   - context 토스트를 사용할 컨텍스트입니다. 보통 애플리케이션이나 액티비티가 됩니다.
   - res에 사용할 문자열 리소스의 리소스 아이디입니다.
   - text 토스트에 표시할 텍스트입니다.
   - duration 메시지를 표시하는 시간입니다. LENGTH_SHORT(짧게), LENGTH_LONG(길게)

```
void show()
```

3. 역할이 지정된 시간 동안 토스트를 보여줍니다.
   - 사용 예

```
Toast.makeText(getApplicationContext(), "틀렸습니다", Toast.LENGTH_SHORT).show();
```


실습 예제 3-3 버튼을 클릭했을 때 두 수의 합 출력하기

버튼의 onClick 속성에 이벤트 메서드를 지정하고, 코드에 버튼 클릭 이벤트 메서드를 작성하여 해당 버튼을 클릭하면 화면에 표시된 텍스트 뷰의 숫자를 가져와 두 수의 합을 토스트에 출력합니다.

| 구현 내용 |

텍스트 뷰로 화면에 두 수의 덧셈을 표시하고 버튼을 클릭하면 두 수의 합을 토스트로 출력합니다.

| 구현 방법 |

❶ 프로젝트명은 'ButtonProject', 패키지명은 'com.androidbook.buttonproject'로 새 프로젝트를 생성합니다. 나머지 설정값은 기존과 동일하게 선택합니다.

❷ activity_main.xml 파일에 다음과 같이 숫자를 표시하는 텍스트 뷰와 버튼을 추가합니다.

res\layout\activity_main.xml

```
<?xml version="1.0" encoding="utf-8"?>
<androidx.constraintlayout.widget.ConstraintLayout
  ...
   android:layout_margin="20dp">

   <TextView   // 더할 첫 번째 수를 표시하는 텍스트 뷰
       android:id="@+id/num1"
       android:layout_width="wrap_content"
       android:layout_height="wrap_content"
       android:text="200"
       android:textColor="#03A9F4"
       android:textSize="50dp"
       app:layout_constraintLeft_toLeftOf="parent"
       app:layout_constraintTop_toTopOf="parent" />

   <TextView // '+' 기호를 표시하는 텍스트 뷰
       android:id="@+id/op"
       android:layout_width="wrap_content"
       android:layout_height="wrap_content"
       android:text="+"
       android:textColor="#03A9F4"
       android:textSize="50dp"
       app:layout_constraintLeft_toLeftOf="parent"
       app:layout_constraintRight_toRightOf="parent"
       app:layout_constraintTop_toTopOf="parent" />

   <TextView // 더할 두 번째 수를 표시하는 텍스트 뷰
       android:id="@+id/num2"
       android:layout_width="wrap_content"
       android:layout_height="wrap_content"
       android:text="300"
       android:textColor="#03A9F4"
       android:textSize="50dp"
       app:layout_constraintRight_toRightOf="parent"
       app:layout_constraintTop_toTopOf="parent" />

   <Button  // 두 수의 합 결과를 출력하는 버튼
       android:id="@+id/button"
       android:layout_width="wrap_content"
       android:layout_height="wrap_content"
```

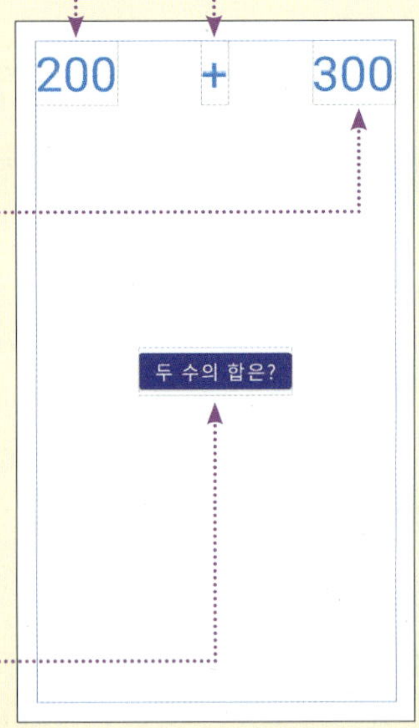

```
        android:onClick="onClickSum"
        android:text="두 수의 합은?"
        android:textSize="20dp"
        app:layout_constraintBottom_toBottomOf="parent"
        app:layout_constraintLeft_toLeftOf="parent"
        app:layout_constraintRight_toRightOf="parent"
        app:layout_constraintTop_toTopOf="parent" />
</androidx.constraintlayout.widget.ConstraintLayout>
```

❸ MainActivity.java 파일에 다음과 같이 작성하고 저장합니다.

java\com\androidbook\buttonpoject\MainActivity.java

```
package com.androidbook.buttonproject;
...
public class MainActivity extends AppCompatActivity {

    TextView tvObj1; // 텍스트 뷰에서 더할 첫 번째 수를 저장할 변수
    TextView tvObj2; // 텍스트 뷰에서 더할 두 번째 수를 저장할 변수

    @Override
    protected void onCreate(Bundle savedInstanceState) {
        super.onCreate(savedInstanceState);
        setContentView(R.layout.activity_main);

        tvObj1 = findViewById(R.id.num1);
        tvObj2 = findViewById(R.id.num2);
    }

    public void onClickSum(View view) { // 버튼 클릭 이벤트 메서드
        String value1 = tvObj1.getText().toString();
        // 텍스트 뷰에서 텍스트를 가져와 value1 변수에 저장
        String value2 = tvObj2.getText().toString();
        // 텍스트 뷰에서 텍스트를 가져와 value2 변수에 저장
        int a = Integer.parseInt(value1);
        // 문자열인 value1를 Integer.parseInt() 메서드를 이용하여 숫자로 변환
        int b = Integer.parseInt(value2);
        // 문자열인 value2를 Integer.parseInt() 메서드를 이용하여 숫자로 변환
        int sum = a + b;
        Toast.makeText(getApplicationContext(), String.valueOf(sum), Toast.LENGTH_LONG).
show();  // 두 수의 합을 토스트로 표시
    }
}
```

❹ 안드로이드 스튜디오에서 '실행' 아이콘(▶)을 클릭하여 실행 결과를 확인합니다.

3.4 에디트 텍스트 다루기

에디트 텍스트(EditText)는 주로 사용자로부터 값을 입력받을 때 사용하는 위젯으로, 앱 화면에서 직접 텍스트를 입력할 수 있습니다. 팔레트에서는 입력 유형에 따라 다양한 이름으로 선택할 수 있는데, Text 항목에서는 Plain Text부터 Number까지 에디트 텍스트에 해당합니다. 또는 Plain Text를 선택한 후에 속성에서 입력 유형을 선택할 수도 있습니다. 가장 간단한 예로는 로그인 화면에서 사용됩니다.

그림 3-15 에디트 텍스트의 화면 표시 예

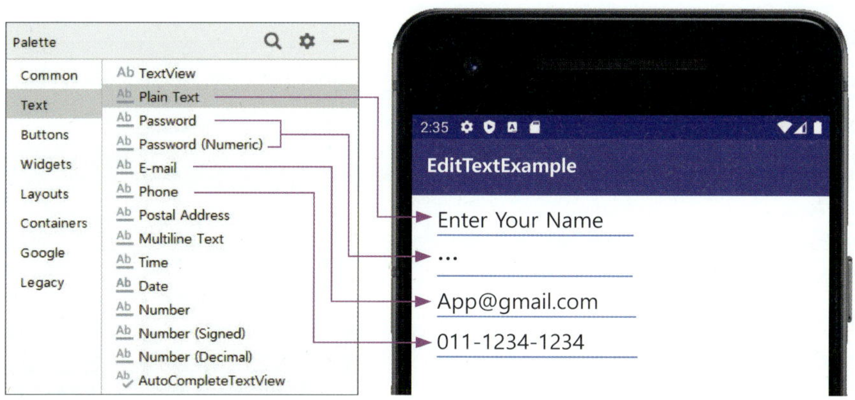

에디트 텍스트는 EditText 클래스로 구현되며, 이는 android.widget 패키지에 속해있기 때문에 android.widget.EditText를 임포트해야 합니다. 또한 EditText 클래스는 TextView의 하위 클래스이기 때문에 TextView가 가진 모든 속성을 상속합니다. EditText 클래스의 상속 관계는 다음과 같습니다.

```
java.lang.Object
  └, android.view.View
      └, android.widget.TextView
          └, android.widget.EditText
```

XML 속성 설정

레이아웃 파일에서 에디트 텍스트에 설정할 수 있는 주요 속성은 다음과 같습니다.

표 3-10 에디트 텍스트의 속성

속성	설명
id	에디트 텍스트를 식별하는 아이디입니다.
gravity	에디트 텍스트의 x축, y축을 기준으로 정렬하는 방법을 설정합니다.
hint	입력할 내용의 힌트를 보여주는 텍스트입니다.
textColor	텍스트 색상을 설정합니다.
textColorHint	힌트 색상을 설정합니다.
textSize	텍스트 크기를 설정합니다.
textStyle	텍스트 스타일을 설정합니다.
background	에디트 텍스트의 배경을 설정합니다.
inputType	입력 데이터의 유형(숫자, 전화번호, 이메일 등)을 지정합니다.

id 속성

id 속성은 에디트 텍스트를 식별하는 데 사용하는 고유 아이디로 다음과 같이 설정합니다.

```
<androidx.constraintlayout.widget.ConstraintLayout...>
<EditText
  android:id="@+id/editText_id"
  android:layout_width="0dp"
  android:layout_height="wrap_content"
  app:layout_constraintBottom_toBottomOf="parent"
  app:layout_constraintLeft_toLeftOf="parent"
  app:layout_constraintRight_toRightOf="parent"
  app:layout_constraintTop_toTopOf="parent"/>
</androidx.constraintlayout.widget.ConstraintLayout>
```

위젯을 정중앙에 배치하는 ContraintLayout 속성
이후 예제 코드에서는 이 부분 생략

gravity 속성

gravity 속성은 에디트 텍스트를 정렬하는 데 사용되며, 사용 가능한 속성값은 위의 표를 참고하면 됩니다. 예를 들어, 에디트 텍스트를 오른쪽 정렬하려면 gravity 속성을 다음과 같이 설정합니다.

```
<EditText
  android:id="@+id/editText_id"
  android:layout_width="0dp"
  android:layout_height="wrap_content"
  android:text="Enter Email"
  android:gravity="right"
...//>
```

text 속성

text 속성은 에디트 텍스트에 표시되는 실제 텍스트를 지정하는 속성입니다. 다음은 에디트 텍스트의 텍스트를 UserName으로 설정하는 예입니다. text 속성은 hint 속성과 달리 지정된 텍스트는 입력할 때 사라지지 않습니다.

```
<EditText
  android:id="@+id/editText_id"
  android:layout_width="0dp"
  android:layout_height="wrap_content"
  android:text="Username"
...//>
```

textColor 속성

textColor 속성은 에디트 텍스트의 텍스트 색상을 설정합니다. 색상 값 형식은 다른 위젯과 동일합니다. 예를 들어, textColor 속성을 다음과 같이 설정하면 텍스트를 빨간색(#ff0000)으로 표시합니다.

```
<EditText
  android:id="@+id/editText_id"
  android:layout_width="0dp"
  android:layout_height="wrap_content"
  android:text="Password"
  android:textColor="#ff0000"
...//>
```

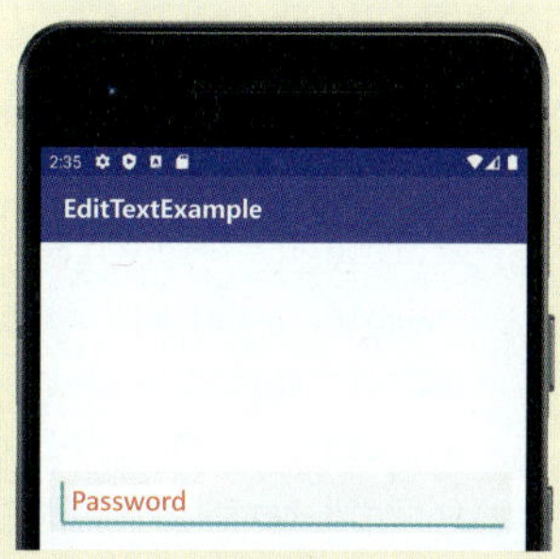

● hint 속성

hint는 사용자가 에디트 텍스트에 입력해야 할 내용을 힌트로 보여줄 때 사용하는 속성입니다. 사용자가 에디트 텍스트에 입력하기 시작하면 hint에 설정한 내용은 자동으로 지워지고 사용자가 텍스트를 입력하면 내용이 표시됩니다.

```
<EditText
  android:id="@+id/editText_id"
  android:layout_width="0dp"
  android:layout_height="wrap_content"
  android:hint="Enter Your Name Here"
.../>
```

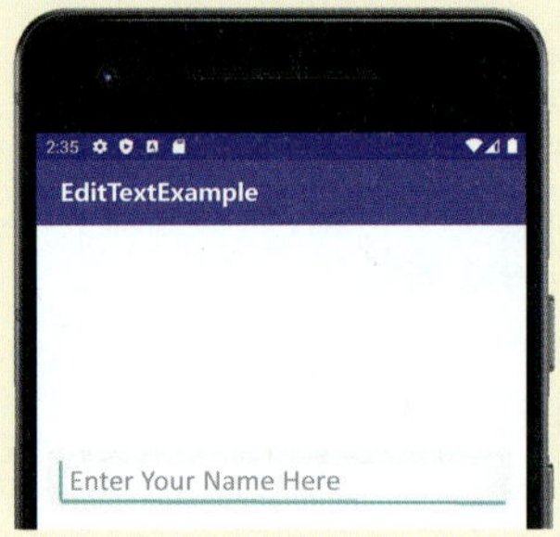

● textColorHint 속성

textColorHint 속성은 표시된 힌트의 색상을 지정할 때 사용합니다.

```
<EditText
  android:id="@+id/editText_id"
  android:layout_width="0dp"
  android:layout_height="wrap_content"
  android:hint="Enter Your Name Here"
  android:textColorHint="#00ff00"
.../>
```

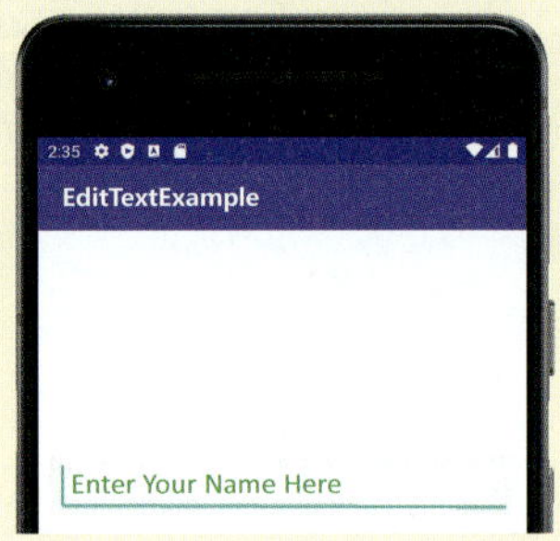

● textSize 속성

textSize 속성은 에디트 텍스트에 표시되는 텍스트 크기를 설정하는 데 사용됩니다. 크기 단위는 sp나 dp를 사용할 수 있습니다. 다음은 텍스트 크기를 25sp로 설정하는 예입니다.

```
<EditText
  android:id="@+id/editText_id"
  android:layout_width="0dp"
  android:layout_height="wrap_content"
  android:text="Android App"
  android:textSize="25sp"
.../>
```

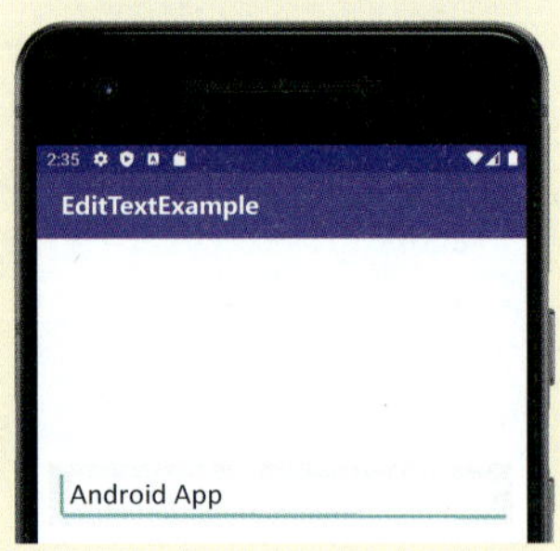

● textStyle 속성

textStyle 속성은 에디트 텍스트에 표시되는 텍스트의 굵기와 기울이기를 설정합니다. bold(굵게), italic(기울임), normal(보통) 중 하나 또는 둘 이상의 스타일을 '|'로 구분하여 사용할 수 있습니다. 다음 예는 굵은 기울임 스타일을 적용합니다.

```
<EditText
  android:id="@+id/editText_id"
  android:layout_width="0dp"
  android:layout_height="wrap_content"
  android:text="Enter Email"
  android:textSize="25sp"
  android:textStyle="bold|italic"
.../>
```

● background 속성

background 속성은 에디트 텍스트의 배경을 설정하는 데 사용됩니다. 배경에 색상 또는 이미지를 지정할 수 있으며 패딩을 추가할 수 있습니다. 다음 예는 검은색 배경에 흰색 텍스트를 15dp 패딩으로 설정합니다.

```
<EditText
  android:id="@+id/editText_id"
  android:layout_width="0dp"
  android:layout_height="wrap_content"
  android:hint="Enter Your Name Here"
  android:padding="15dp"
  android:textColorHint="#ffffff"
  android:textStyle="bold|italic"
  android:background="#000000"
.../>
```

● inputType 속성

inputType 속성은 에디트 텍스트에 입력할 데이터 형식을 지정합니다. 입력하는 데이터 형식에 따라 숫자, 한글, 영문 등의 자판이 표시됩니다. 다음 예는 값으로 phone을 설정하여 전화번호를 입력하는데 필요한 숫자 자판을 사용합니다.

```
<EditText
 android:id="@+id/editText_id"
 android:layout_width="0dp"
 android:layout_height="wrap_content"
 android:hint="Enter Your Phone Here"
 android:inputType="phone"
...>
```

inputType에 적용할 수 있는 속성값은 다음과 같습니다.

표 3-11 inputType에 적용할 수 있는 속성값

속성값	설명
time	시간 형식을 적용합니다.
date	날짜 형식을 적용합니다.
datetime	날짜와 시간 형식을 적용합니다.
number	숫자 형식을 적용합니다.
phone	전화번호 형식을 적용합니다.
text	텍스트 형식, text 속성과 조합할 수 있습니다.
none	데이터 형식을 지정하지 않으며, 에디트 텍스트를 편집할 수 없습니다.
numberSigned	부호가 있는 숫자 형식을 적용합니다.
numberDecimal	소수점이 있는 숫자 형식을 적용합니다.
numberPassword	숫자로 구성된 패스워드를 입력합니다.
textPassword	패스워드를 입력합니다.
textVisiblePassword	패스워드를 입력할 때 입력값이 보이게 설정합니다.
textUri	URI(Uniform Resource Identifier) 형식의 텍스트를 입력합니다.
textFilter	필터링(Filtering) 용도로 사용되는 텍스트입니다.
textShortMessage	단문 메시지(Short Message) 형식의 텍스트입니다.

속성값	설명
textLongMessage	장문 메시지(Long Message) 형식의 텍스트입니다.
textAutoComplete	입력 텍스트를 자동 완성합니다.
textAutoCorrect	입력 텍스트를 자동 교정합니다.
textMultiLine	여러 출력 기능을 사용(설정되지 않으면 한 줄만 사용)합니다.
textNoSuggestions	입력기에서 사전을 바탕으로 한 제안 단어를 보이지 않습니다.
textImeMultiLine	입력기에서 여러 줄을 입력할 수 있도록 합니다.
textPersonName	이름을 입력합니다.
textPhonetic	음성 발음(Phonetic Pronunciation)을 입력합니다.
textPostalAddress	우편번호 형식의 텍스트를 입력합니다.
textCapWords	모든 단어의 첫 문자만 대문자로 변환합니다.
textCapCharacters	모든 문자를 대문자로 변환(실제로는 Shift 자동 설정 형태로 동작)합니다.
textCapSentences	모든 문장의 첫 번째 문자를 대문자로 자동 변환합니다.
textEmailSubject	이메일 제목 형식의 텍스트입니다.
textWebEditText	웹 폼(Web Form)의 텍스트입니다.
textWebEmailAddress	웹 폼의 이메일입니다.
textWebPassword	웹 폼의 패스워드입니다.

메서드 속성 설정

에디트 텍스트의 속성을 코드로 설정할 수도 있습니다. 에디트 텍스트의 아이디를 참조하여 해당하는 메서드를 호출하면 원하는 동작을 수행할 수 있습니다.

표 3-12 에디트 텍스트의 주요 속성 메서드

메서드	설명
Editable getText()	에디트 텍스트에 표시되는 문자열을 가져옵니다.
final void setText(CharSequence text)	text로 지정된 문자열을 에디트 텍스트에 설정합니다.

TIP 에디트 텍스트에 관한 속성 메서드의 자세한 내용은 https://developer.android.com/reference/android/widget/EditText 사이트를 참고하세요.

그림 3-16 코드로 EditText 속성 메서드를 호출하는 과정

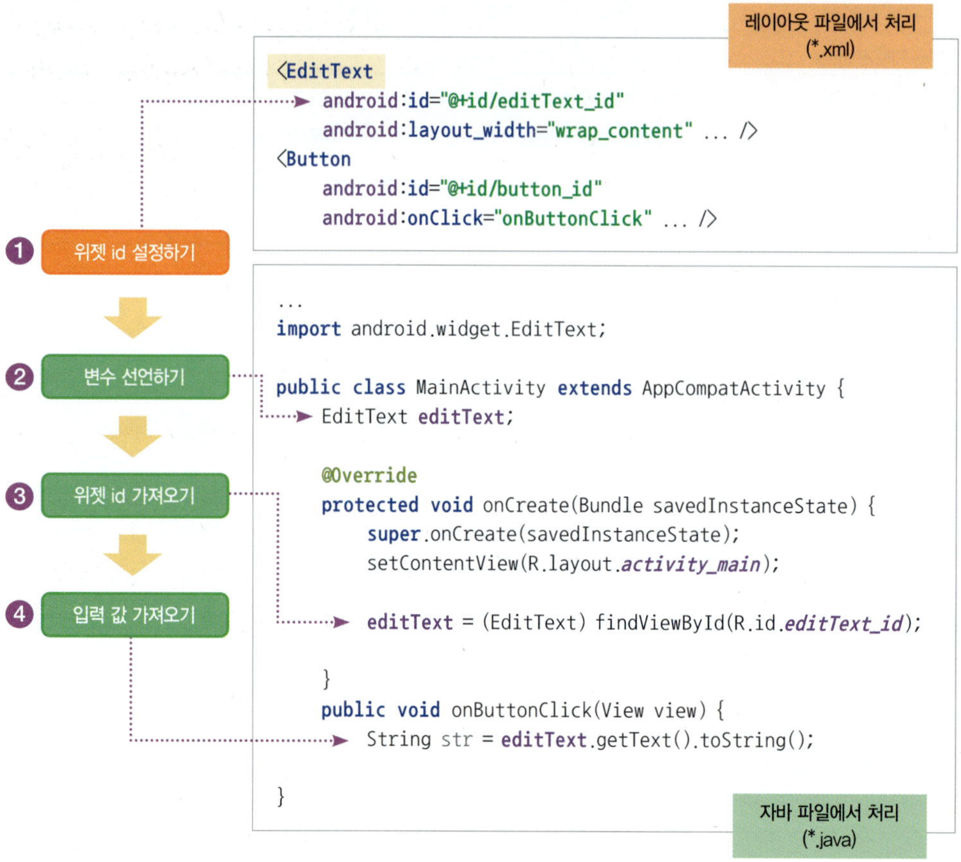

❶ 레이아웃 리소스 파일에 위젯 id를 설정합니다.

❷ 레이아웃 리소스에 설정된 위젯 id를 가져와 자바 코드에서 연동하기 위해 저장할 수 있는 객체 변수를 선언합니다.

❸ 레이아웃 리소스에 설정된 위젯 id를 가져오기 위해서 findViewbyId() 메서드를 호출해 선언된 객체 변수에 위젯을 대입합니다.

❹ 에디트 텍스트에서 입력된 값을 가져오기 위해서는 getText().toString() 메서드를 작성해야 입력된 문자열 정확하게 가져옵니다. 이는 주로 이벤트 처리 메서드 안에 작성합니다.

EditText 작성 예

activity_main.xml

```
<EditText
  android:id="@+id/editText_id" ❶
  android:layout_width="0sp"
  android:layout_height="wrap_content"
   app:layout_constraintLeft_toLeftOf="parent"
   app:layout_constraintRight_toRightOf="parent"
   app:layout_constraintTop_toTopOf="parent"/>
<Button
  android:id="@+id/button"
  android:layout_width="wrap_content"
  android:layout_height="wrap_content"
  android:onClick="onButtonClick"
  android:text="입력내용"
  android:onClick="onButtonClick"  // 버튼 클릭 이벤트 처리
...
.../>
```

MainActiviy.java

```
...
public class MainActivity extends AppCompatActivity {
    EditText editText; ❷

    @Override
    protected void onCreate(Bundle savedInstanceState) {
        super.onCreate(savedInstanceState);
        setContentView(R.layout.activity_main);

        editText = (EditText) findViewById(R.id.editText_id); ❸

    }
    public void onButtonClick(View view){  // 버튼 클릭 이벤트 처리
        String str = editText.getText().toString(); ❹
        Toast.makeText(getApplicationContext(), str, Toast.LENGTH_SHORT).show();
    }
}
```

실습 예제 3-4 에디트 텍스트에 입력된 텍스트 읽어오기

앞에서 배운 내용을 바탕으로 예제를 작성해 보겠습니다. 설명을 살펴보기 전에 구현 내용을 보고 직접 작성한 후 책과 비교해 보기 바랍니다.

| 구현 내용 |

inputType 속성을 이용하여 에디트 텍스트에 입력 형식(이름, 비밀번호, 이메일, 생일, 전화번호)을 지정합니다. 형식에 맞춰 각 에디트 텍스트에 값을 입력하고 버튼을 클릭하면 입력된 텍스트를 모두 가져와 텍스트 뷰에 출력합니다.

| 구현 방법 |

❶ 프로젝트명은 'EditTextProject', 패키지명은 'com.androidbook.edittextproject'로 새 프로젝트를 생성합니다. 나머지 값은 기존과 동일합니다.

❷ activity_main.xml 파일에 다음과 같이 5개의 에디트 텍스트를 추가하고 이름, 비밀번호, 이메일, 생일, 전화번호를 입력받게 속성을 지정합니다. 결과 보기 버튼과 에디트 텍스트에 입력한 내용을 가져와 화면에 출력할 텍스트 뷰도 추가합니다.

res\layout\activity_main.xml

```
<?xml version="1.0" encoding="utf-8"?>
<androidx.constraintlayout.widget.ConstraintLayout
    ...
    android:layout_margin="20dp">

    <EditText
        android:id="@+id/edtName"
        android:layout_width="wrap_content"
        android:layout_height="wrap_content"
        android:ems="10"
        android:hint="성명"
        android:inputType="text" // 텍스트 입력 형식
        android:selectAllOnFocus="true"
        app:layout_constraintLeft_toLeftOf="parent"
        app:layout_constraintRight_toRightOf="parent"
        app:layout_constraintTop_toTopOf="parent" />

    <EditText
        android:id="@+id/edtPasswd"
        android:layout_width="wrap_content"
        android:layout_height="wrap_content"
```

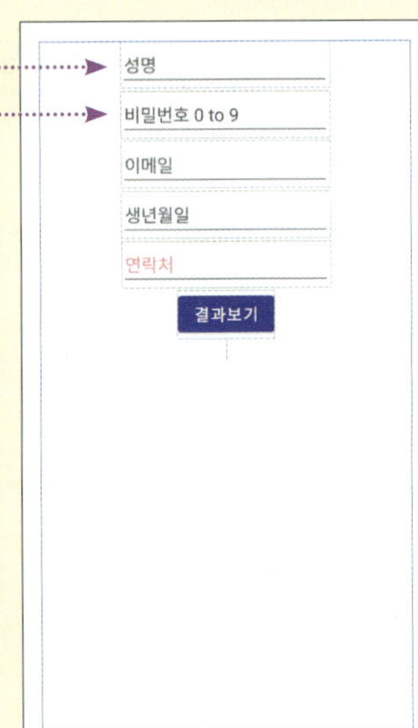

```
    android:layout_marginTop="50dp"
    android:ems="10"
    android:hint="비밀번호 0 to 9"              // 힌트 표시
    android:inputType="numberPassword"        // 숫자 입력 형식으로 보이지 않게
    app:layout_constraintLeft_toLeftOf="parent"
    app:layout_constraintRight_toRightOf="parent"
    app:layout_constraintTop_toTopOf="parent" />

<EditText
    android:id="@+id/edtEmail"
    android:layout_width="wrap_content"
    android:layout_height="wrap_content"
    android:layout_marginTop="100dp"
    android:ems="10"
    android:hint="이메일"                       // 힌트 표시
    android:inputType="textEmailAddress"  // 이메일 입력 형식
    app:layout_constraintLeft_toLeftOf="parent"
    app:layout_constraintRight_toRightOf="parent"
    app:layout_constraintTop_toTopOf="parent" />

<EditText
    android:id="@+id/edtDate"
    android:layout_width="wrap_content"
    android:layout_height="wrap_content"
    android:layout_marginTop="150dp"
    android:ems="10"
    android:hint="생년월일"                   // 힌트 표시
    android:inputType="date"                // 날짜 입력 형식
    app:layout_constraintLeft_toLeftOf="parent"
    app:layout_constraintRight_toRightOf="parent"
    app:layout_constraintTop_toTopOf="parent" />

<EditText
    android:id="@+id/edtPhone"
    android:layout_width="wrap_content"
    android:layout_height="wrap_content"
    android:layout_marginTop="200dp"
    android:ems="10"
    android:hint="연락처"                       // 힌트 표시
    android:inputType="phone"                 // 전화번호 입력 형식
    android:textColorHint="#FE8DAB"
    app:layout_constraintLeft_toLeftOf="parent"
```

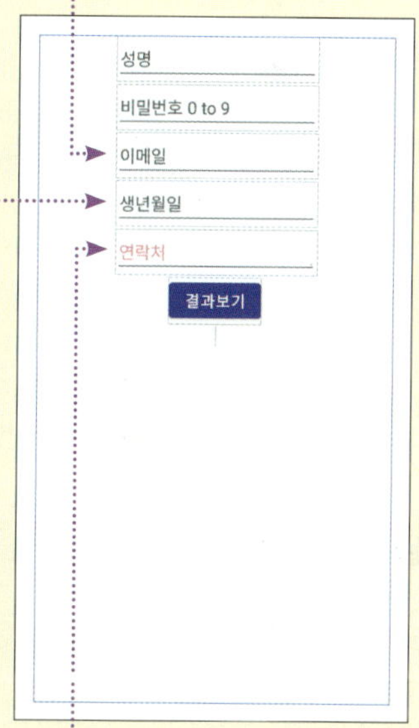

```
        app:layout_constraintRight_toRightOf="parent"
        app:layout_constraintTop_toTopOf="parent" />

    <Button
        android:id="@+id/btnSend"
        android:layout_width="wrap_content"
        android:layout_height="wrap_content"
        android:layout_marginTop="250dp"
        android:onClick="onButtonClick" // 버튼 클릭 이벤트
        android:text="결과보기"
        android:textSize="16sp"
        android:textStyle="normal|bold"
        app:layout_constraintLeft_toLeftOf="parent"
        app:layout_constraintRight_toRightOf="parent"
        app:layout_constraintTop_toTopOf="parent" />

    <TextView  // 입력된 에디트 텍스트의 텍스트 출력
        android:id="@+id/txtResult"
        android:layout_width="wrap_content"
        android:layout_height="wrap_content"
        android:layout_marginTop="300dp"
        android:textSize="15dp"
        app:layout_constraintLeft_toLeftOf="parent"
        app:layout_constraintRight_toRightOf="parent"
        app:layout_constraintTop_toTopOf="parent" />
</androidx.constraintlayout.widget.ConstraintLayout>
```

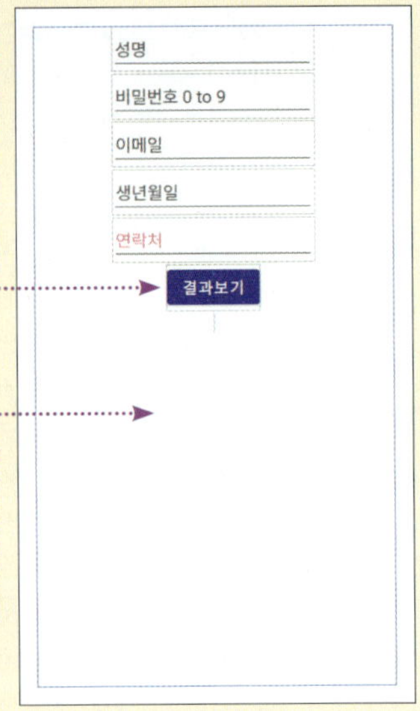

❸ MainActivity.java 파일을 다음과 같이 작성하고 저장합니다.

java\com\androidbook\edittextproject\MainActivity.java

```
package com.androidbook.edittextproject;
...
public class MainActivity extends AppCompatActivity {

    EditText nameObj;      // 성명 객체 변수
    EditText passwordObj; // 비밀번호 객체 변수
    EditText emailObj;     // 이메일 객체 변수
    EditText dateObj;      // 생년월일 객체 변수
    EditText phonenoObj;  // 연락처 객체 변수
    TextView resultObj;    // 결과 보기 객체 변수
```

```
    @Override
    protected void onCreate(Bundle savedInstanceState) {
        super.onCreate(savedInstanceState);
        setContentView(R.layout.activity_main);

        nameObj = (EditText)findViewById(R.id.edtName);
        passwordObj = (EditText)findViewById(R.id.edtPasswd);
        emailObj = (EditText)findViewById(R.id.edtEmail);
        dateObj = (EditText)findViewById(R.id.edtDate);
        phonenoObj = (EditText)findViewById(R.id.edtPhone);
        resultObj = (TextView)findViewById(R.id.txtResult);

    }

    public void onButtonClick(View view){
        if (nameObj.getText().toString().isEmpty() ||
                passwordObj.getText().toString().isEmpty() ||
                emailObj.getText().toString().isEmpty() ||
                dateObj.getText().toString().isEmpty() ||
                phonenoObj.getText().toString().isEmpty()) {
            resultObj.setText("모든 항목을 입력해 주세요");
        } else {
            resultObj.setText("성명 - " + nameObj.getText().toString() + " \n" +
                    "비밀번호 - " + passwordObj.getText().toString() + " \n" +
                    "이메일 - " + emailObj.getText().toString() + " \n" +
                    "생년월일 - " + dateObj.getText().toString() + " \n" +
                    "연락처 - " + phonenoObj.getText().toString());
        }
    }

}
```

에디트 텍스트에 입력이 비어 있는지 확인

에디트 텍스트에 입력 문자열을 가져와 출력

❹ 안드로이드 스튜디오에서 '실행' 아이콘(▶)을 클릭하여 실행 결과를 확인합니다.

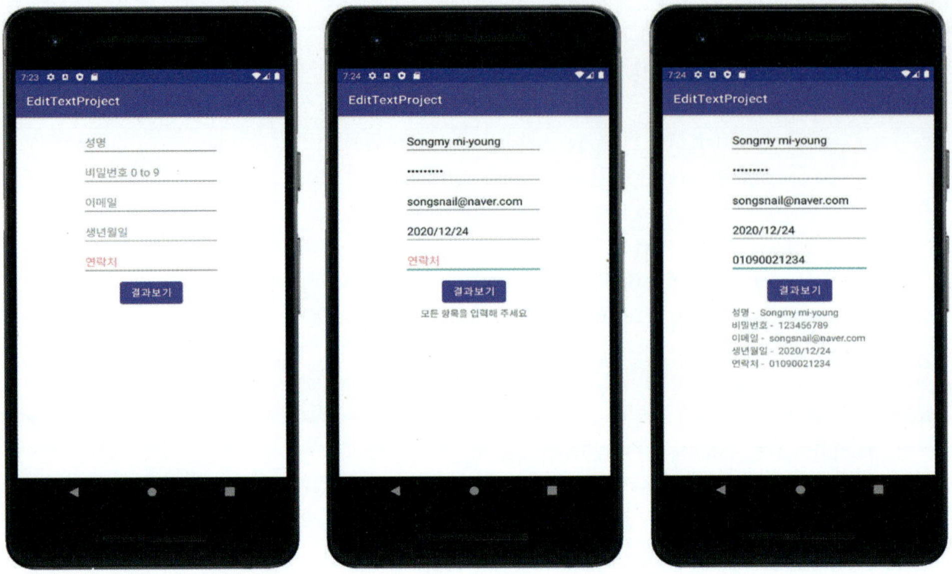

3.5 이미지 뷰 다루기

이미지 뷰(ImageView)는 화면에 이미지를 표시하는 위젯으로, 설정한 이미지를 화면에 보여주는 역할을 합니다. 보통 이미지 파일을 프로젝트의 drawable 폴더에 넣은 후 해당 이미지 파일을 ImageView에서 불러와 사용합니다. 이때 drawable 폴더에 이미지를 추가할 때는 반드시 이미지 파일명이 알파벳 소문자와 특수 기호 중 '_(언더스코어)'로 시작해야 합니다. 이미지 파일 형식으로는 JPG, PNG, GIF 등이 가능하며 PNG 형식을 권장합니다.

그림 3-17 이미지 뷰의 화면 표시 예

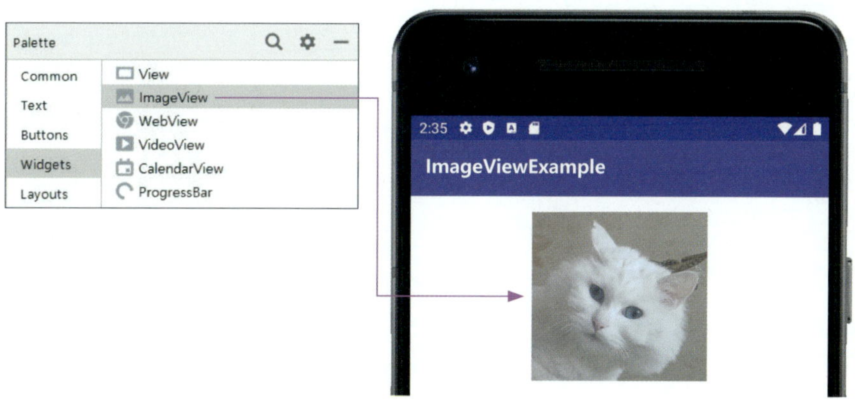

프로젝드의 res\drawable 폴더에 이미지 파일을 넣는 방법은 간단합니다.

❶ 이미지 뷰에 넣을 이미지 파일을 복사(Ctrl+C)한 후 drawable 폴더에 붙여넣기(Ctrl+V) 합니다.

❷ 파일명을 변경하는 팝업 창이 열리면 이미지 파일명을 확인합니다. 파일명의 시작 문자가 알파벳 대문자면 소문자로 바꾸고, 소문자면 그대로 둡니다.

❸ 〈OK〉 버튼을 클릭합니다.

❹ drawable 폴더에서 이미지 파일을 확인합니다.

그림 3-18 프로젝트에 이미지 파일 추가하기

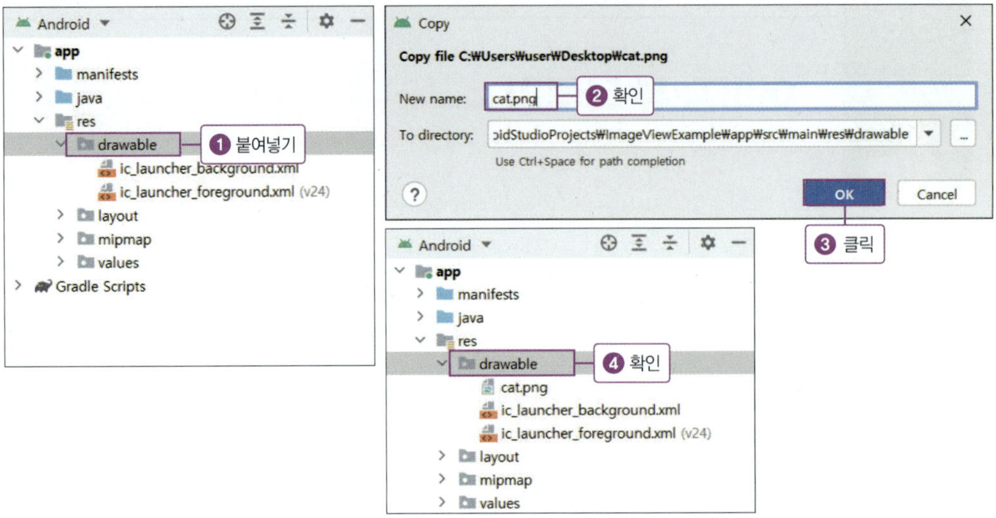

이미지 뷰는 android.widget.ImageView 패키지에 구현되어 있으므로 해당 패키지를 임포트하여 사용할 수 있습니다. ImageView 클래스는 View 클래스의 하위 클래스로, View 클래스에서 제공하는 기능과 속성을 그대로 사용할 수 있습니다.

ImageView 클래스의 상속 관계는 다음과 같습니다.

```
java.lang.Object
  └ android.view.View
      └ android.widget.ImageView
```

XML 속성 설정

이미지 뷰 속성은 레이아웃 파일에 다음과 같은 형식으로 이미지 뷰를 추가한 후 설정합니다.

형식

```
<ImageView
  // 속성
/>
```

표 3-13 이미지 뷰의 주요 속성

속성	설명
id	이미지 뷰를 식별하는 고유한 아이디입니다.
src	사용할 이미지 또는 색상을 지정합니다. @drawable/android는 res\drawable 폴더에 있는 이미지를 가리킵니다. 벡터 이미지는 srcCompat 속성으로 표현할 수 있습니다.
background	이미지 뷰의 배경에 색상이나 이미지를 설정합니다.
padding	이미지 뷰의 가장자리와 이미지 사이에 여백(공간)을 설정합니다.
scaleType	이미지 뷰 영역에 맞게 이미지의 크기, 비율, 위치를 지정합니다. 속성값으로 center, centerCrop, fitXY, fitCenter 등이 있습니다.

TIP 이미지 뷰의 속성에 관한 좀 더 자세한 내용은 https://developer.android.com/reference/android/widget/ImageView 페이지를 참고하세요.

id 속성

id는 이미지 뷰를 식별하는 데 사용하는 속성으로, 다음과 같이 설정합니다.

```
<androidx.constraintlayout.widget.ConstraintLayout...>
<ImageView
    android:id="@+id/imageView_id"
    android:layout_width="wrap_content"
    android:layout_height="wrap_content"
    app:layout_constraintLeft_toLeftOf="parent"
    app:layout_constraintRight_toRightOf="parent"
    app:layout_constraintTop_toTopOf="parent"
/>
</androidx.constraintlayout.widget.ConstraintLayout>
```

위젯을 상단 중앙에 배치하는 ContraintLayout 속성
이후 예제 코드에서는 이 부분 생략

src 속성

src 속성은 이미지 뷰에 사용할 리소스 파일이나 색상을 지정합니다. 예를 들어, drawable 폴더에 저장된 cat 이미지 파일을 이미지 뷰에 사용하고 싶다면 다음과 같이 작성할 수 있습니다.

```
<ImageView
  android:id="@+id/imageView_id"
  android:layout_width="0dp"
  android:layout_height="wrap_content"
  android:src="@drawable/cat"
.../>
```

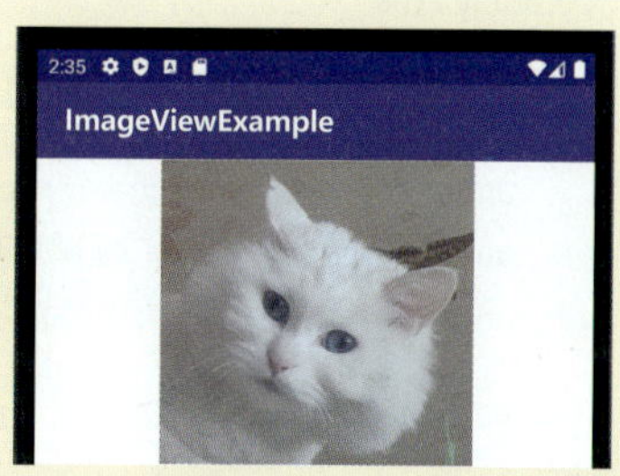

NOTE srcCompat 속성

src와 srcCompat은 이미지 뷰에 사용할 이미지를 설정하는 속성으로, 둘 다 동일한 역할을 하지만 롤리팝 이전 버전을 지원해야 하는 경우 srcCompat을 사용하는 것이 좋습니다.

• background 속성

이미지 뷰의 배경을 설정할 때는 background 속성을 사용합니다. 예를 들어, cat 이미지 파일을 이미지 뷰에 넣고 배경을 검은색으로 설정하려면 다음과 같이 작성합니다.

```
<ImageView
    android:id="@+id/imageView_id"
    android:layout_width="0dp"
    android:layout_height="wrap_content"
    android:src="@drawable/cat"
    android:background="#000000"
...//>
```

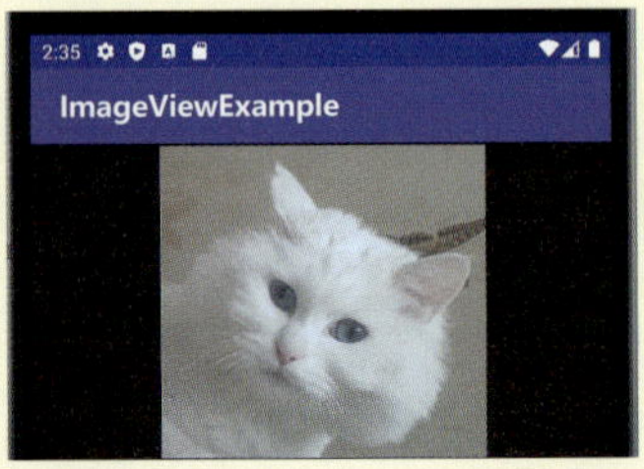

• padding 속성

padding은 이미지 뷰의 가장자리와 이미지 사이에 여백(공간)을 주는 속성이며, 사용할 수 있는 속성값은 다음과 같습니다.

표 3-14 padding에 사용할 수 있는 속성값

속성값	설명
paddingRight	이미지 뷰 오른쪽에 패딩을 설정합니다.
paddingLeft	이미지 뷰 왼쪽에 패딩을 설정합니다.
paddingTop	이미지 뷰 위쪽에 패딩을 설정합니다.
paddingBottom	이미지 뷰 아래쪽에 패딩을 설정합니다.
padding	이미지 뷰 모든 면에서 패딩을 설정합니다.

예를 들어, 이미지 뷰의 모든 면에서 30dp 패딩을 설정하려면 다음과 같이 작성합니다.

```
<ImageView
    android:id="@+id/imageView_id"
    android:layout_width="0dp"
    android:layout_height="wrap_content"
    android:background="#000000"
    android:src="@drawable/cat"
```

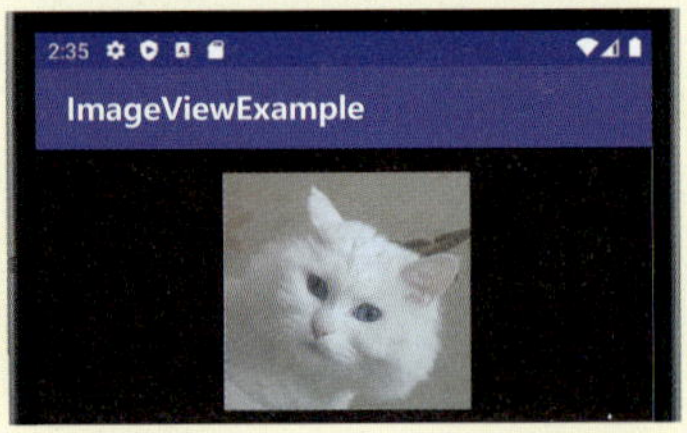

```
    android:padding="30dp"
...
/>
```

scaleType 속성

이미지 뷰에 사용된 이미지 크기나 비율, 위치를 조정할 때는 scaleType 속성을 사용합니다. scaleType에 사용할 수 있는 속성값은 다음과 같습니다.

표 3-15 scaleType 속성값

속성값	설명	예
matrix	원본 이미지의 비율이나 크기를 유지하면서 이미지 위치를 시작(왼쪽 위)에 맞춥니다. 이미지가 영역보다 크면 잘릴 수 있습니다.	
center	원본 이미지의 크기나 비율을 유지하면서 이미지 위치를 이미지 뷰의 중앙에 맞춥니다. 이미지가 영역보다 크면 잘릴 수 있습니다.	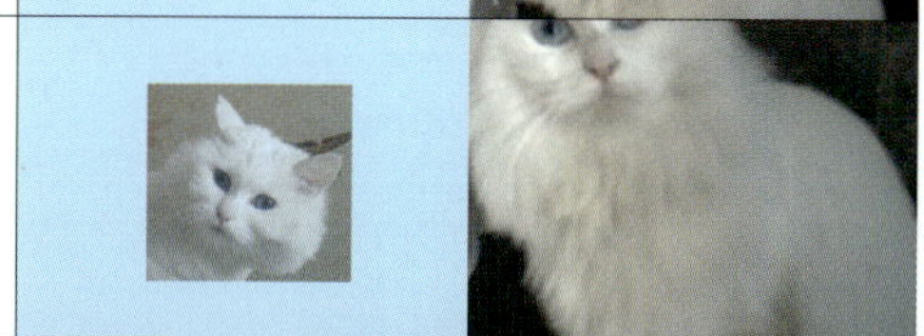
center-Crop	원본 이미지 비율을 유지하면서 이미지 위치를 이미지 뷰의 중앙에 맞춥니다. 이때 이미지 크기는 이미지 가로와 세로 중 짧은 쪽에 맞게 조정합니다. 이미지가 영역보다 크면 잘릴 수 있습니다.	
center-Inside	원본 이미지 비율을 유지하면서 이미지 위치를 이미지 뷰의 중앙에 맞춥니다. 이때 이미지 크기를 이미지 가로와 세로 중 긴 쪽에 맞게 조정합니다.	
fitCenter	원본 이미지 비율을 유지하면서 이미지 위치를 이미지 뷰의 중앙에 맞춥니다. 전체 이미지가 표시되도록 크기를 조정합니다.	
fitStart	원본 이미지 비율을 유지하면서 이미지 위치를 이미지 뷰 영역의 시작(왼쪽 위)에 맞춥니다. 전체 이미지가 표시되도록 크기를 조정합니다.	

속성값	설명	예
fitEnd	원본 이미지 비율을 유지하면서 이미지 위치를 이미지 뷰 영역의 끝(오른쪽 아래)에 맞춥니다. 전체 이미지가 표시되도록 크기를 조정합니다.	
fitXY	원본 이미지의 비율을 무시하고 이미지 뷰 영역에 맞춰 이미지 크기를 늘리거나 줄여서 채웁니다.	

다음은 이미지 뷰의 scaleType 속성을 fitXY로 설정하는 예입니다.

```
<ImageView
  android:id="@+id/imageView_id"
  android:layout_width="0dp"
  android:layout_height="wrap_content"
  android:src="@drawable/cat"
  android:scaleType="fitXY"
...>
```

메서드 속성 설정

이미지 뷰에서 설정 가능한 여러 속성 중 이미지를 가져와 출력할 수 있는 메서드는 다음과 같습니다.

표 3-16 ImageView 주요 메서드

메서드	설명
void setImageResource(int resId)	res\drawable 폴더의 이미지를 불러들여 출력합니다. resId는 res\drawable 폴더의 이미지 파일명입니다.

TIP 이미지 뷰의 속성 메서드에 관한 더 자세한 내용은 https://developer.android.com/reference/android/widget/ImageView 페이지를 참고하세요.

그림 3-19 코드에서 이미지 뷰의 이미지를 변경하는 과정

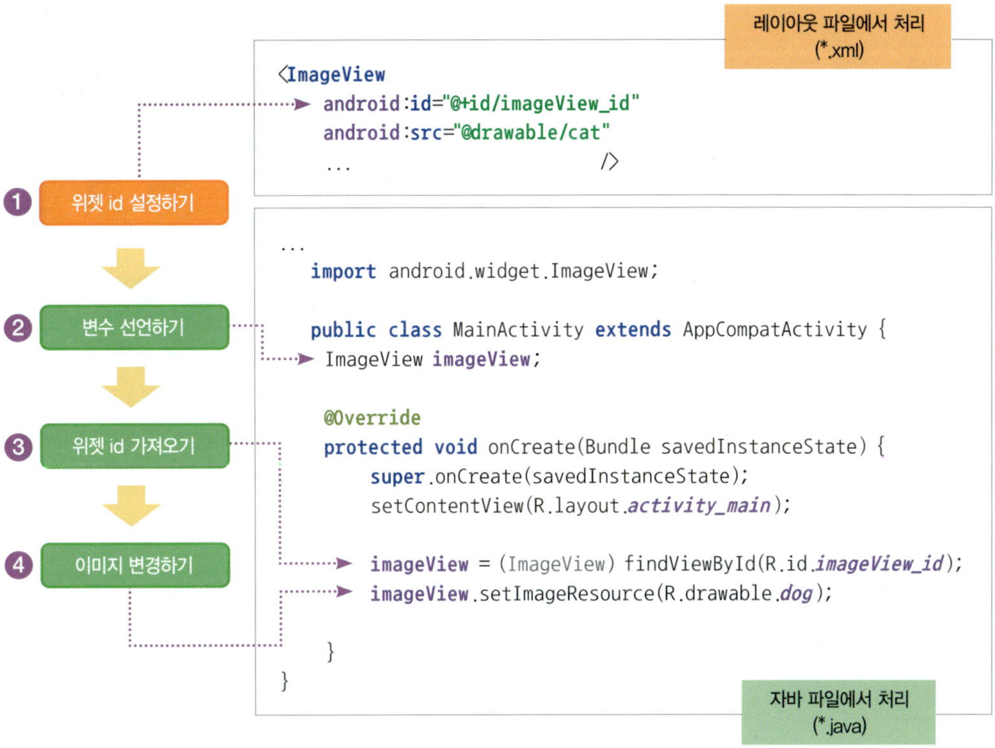

① 레이아웃 파일에 이미지 뷰의 위젯 id를 설정합니다.

② 레이아웃 파일과 소스 파일을 연동하기 위해 이미지 뷰의 위젯 id를 가져와 저장할 수 있는 ImageView 객체 변수를 선언합니다.

③ findViewById() 메서드를 호출하여 이미지 뷰의 위젯 id를 가져와 선언된 ImageView 객체 변수에 위젯을 대입합니다.

④ setImageResource() 메서드를 호출하여 이미지 뷰의 이미지를 변경합니다.

예를 들어, 이미지 뷰에 표시된 cat 이미지를 drawable 폴더에 있는 dog 이미지로 바꾸려면 다음과 같이 작성합니다.

이미지 뷰의 이미지 변경 예

activity_main.xml

```
<ImageView
  android:id="@+id/imageView_id"  ❶
  android:layout_width="wrap_content"
  android:layout_height="wrap_content"
  app:srcCompat="@drawable/cat"
  app:layout_constraintLeft_toLeftOf="parent"
  app:layout_constraintRight_toRightOf="parent"
  app:layout_constraintTop_toTopOf="parent"
/>
```

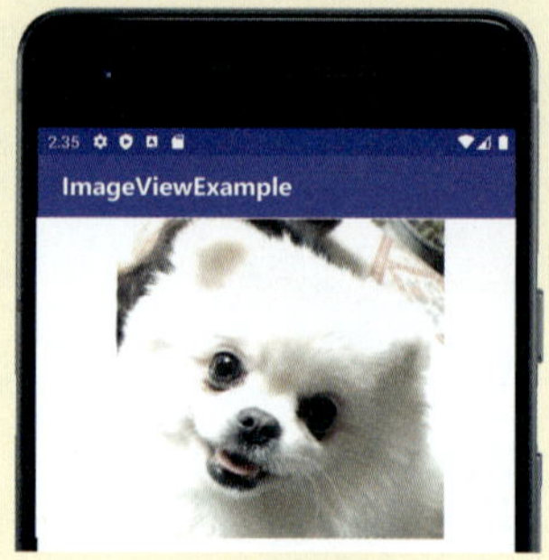

MainActivity.java

```
import android.widget.ImageView;

public class MainActivity extends AppCompatActivity {
    ImageView imageView; ❷
    @Override
    protected void onCreate(Bundle savedInstanceState) {
      super.onCreate(savedInstanceState);
      setContentView(R.layout.activity_main);

      imageView = (ImageView) findViewById(R.id.imageView_id); ❸
      imageView.setImageResource(R.drawable.dog); ❹
  }
}
```

실습 예제 3-5 화면 이미지 넘기기

앞에서 배운 내용을 바탕으로 예제를 작성해 보겠습니다. 구현 방법을 살펴보기 전에 구현 내용을 보고 직접 작성해 본 후 책과 비교해 보기 바랍니다.

| 구현 내용 |

화면의 버튼을 클릭하면 drawable 폴더의 이미지를 이미지 뷰에 차례로 보여줍니다. 마지막 이미지까지 다 보여주고 나면 첫 번째 이미지부터 다시 차례로 보여줍니다.

| 구현 방법 |

❶ 프로젝트명은 'ImageViewProject', 패키지명은 'com.androidbook.imageviewproject'로 설정해서 새 프로젝트를 생성합니다.

❷ drawable 폴더에 다음 이미지를 추가합니다. 이때 여러 이미지를 한꺼번에 복사해서 붙여 넣을 수 있습니다.

❸ activity_main.xml 파일을 다음과 같이 작성하고 저장합니다.

res\layout\activity_main.xml

```
<?xml version="1.0" encoding="utf-8"?>
<androidx.constraintlayout.widget.ConstraintLayout
    ...
    android:layout_margin="20dp">

    <TextView
        android:id="@+id/textView"
        android:layout_width="match_parent"
        android:layout_height="wrap_content"
        android:gravity="right"
        android:text="Halloween Cats"
        android:textColor="#8BC34A"
        android:textSize="20sp"
        android:textStyle="bold|italic"
        app:layout_constraintLeft_toLeftOf="parent"
        app:layout_constraintRight_toRightOf="parent"
        app:layout_constraintTop_toTopOf="parent" />

    <TextView
        android:id="@+id/txtIndex"
        android:layout_width="wrap_content"
        android:layout_height="wrap_content"
        android:layout_marginTop="50dp"
        android:text="1번 이미지"
        android:textSize="20sp"
```

```
        app:layout_constraintLeft_toLeftOf="parent"
        app:layout_constraintRight_toRightOf="parent"
        app:layout_constraintTop_toTopOf="parent" />

    <ImageView
        android:id="@+id/imageView"
        android:layout_width="wrap_content"
        android:layout_height="wrap_content"
        app:layout_constraintBottom_toBottomOf="parent"
        app:layout_constraintLeft_toLeftOf="parent"
        app:layout_constraintRight_toRightOf="parent"
        app:layout_constraintTop_toTopOf="parent"
        app:srcCompat="@drawable/cat1" />  // res\drawable 폴더의 cat1 이미지 설정

    <Button
        android:id="@+id/btnNext"
        android:layout_width="0dp"
        android:layout_height="wrap_content"
        android:background="#00BCD4"
        android:onClick="onButtonClick"   // 버튼 클릭 이벤트
        android:text="다음보기"
        android:textColor="#FFFFFF"
        android:textSize="20sp"
        android:textStyle="bold"
        app:layout_constraintBottom_toBottomOf="parent"
        app:layout_constraintLeft_toLeftOf="parent"
        app:layout_constraintRight_toRightOf="parent" />

</androidx.constraintlayout.widget.ConstraintLayout>
```

❹ MainActivity.java 파일에 다음과 같이 작성하고 저장합니다.

java\com\androidbook\imageviewproject\MainActivity.java

```
package com.androidbook.imageviewproject;
...
public class MainActivity extends AppCompatActivity {
    ImageView imgObj;
    TextView numObj;
    int imgNumber[] = {R.drawable.cat1, R.drawable.cat2, R.drawable.cat3, R.drawable.cat4,
R.drawable.cat5, R.drawable.cat6}; // res\drawable 폴더의 이미지 순서 설정
```

```
    int index = 0;
    @Override
    protected void onCreate(Bundle savedInstanceState) {
        super.onCreate(savedInstanceState);
        setContentView(R.layout.activity_main);

        imgObj = (ImageView)findViewById(R.id.imageView);
        numObj = (TextView)findViewById(R.id.txtIndex);
    }

    public void onButtonClick(View view) {
       index = index + 1;
       if (index >= imgNumber.length) index = 0;    // 마지막 이미지면 첫 번째 이미지로 순서 변경
       imgObj.setImageResource(imgNumber[index]); // 이미지 변경
       numObj.setText(Integer.toString(index+1) + "번 이미지");
       // numObj.text = (index + 1).toString() + "번 이미지", 이미지 번호 표시
    }
}
```

❺ 안드로이드 스튜디오에서 '실행' 아이콘(▶)을 클릭하여 실행 결과를 확인합니다.

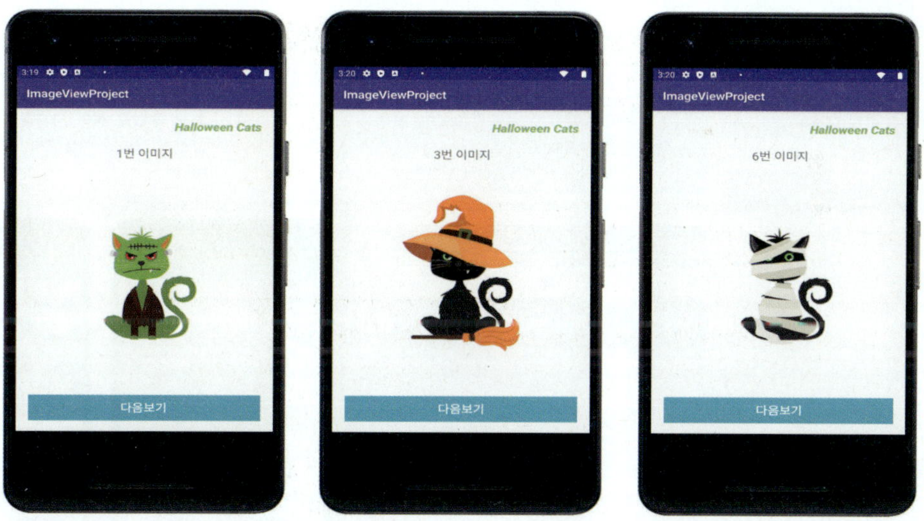

PROJECT 3

[도서 쇼핑몰] 시작 화면 만들기

앞서 배운 위젯들을 사용하여 도서 쇼핑몰 앱의 시작 화면을 만들어 봅니다.

길벗 홈페이지 자료실에서 제공하는 PDF의 9쪽을 참고하세요!

1장 프로젝트 생성하기
▼
3장 시작 화면 만들기
▼
4장 도서 목록 화면 만들기
▼
5장 도서 상품 이벤트 처리하기
▼
6장 도서 상품 상세 정보 표시하기
▼
8장 장바구니 등록 대화상자 만들기
▼
9장 • 장바구니 만들기 • 주문 처리하기

11장 동영상 강좌 화면 만들기

10장 마이 페이지 화면 만들기
▼
10장 • 메모장 만들기 • 메모장에서 검색어 찾기
▼
11장 카메라로 프로필 설정하기
▼
12장 낙서장 만들기

13장 고객센터 화면 만들기
▼
13장 도서 마켓 위치 안내 표시하기
▼
14장 고객문의 게시판 만들기

6장 스플래시 화면 만들기
▼
12장 스플래시 화면 꾸미기

7장 • 메뉴 만들기 • 액션 바 바꾸기 • 내비게이션 바 만들기
▼
8장 로그인 대화상자 만들기
▼
14장 • 회원가입 메뉴 만들기 • 로그인과 로그아웃 기능 만들기

시작 화면 만들기 결과 화면

도서 쇼핑몰 시작 화면을 만들고 버튼에 간단한 이벤트를 적용해서 메시지를 출력해 봅니다.

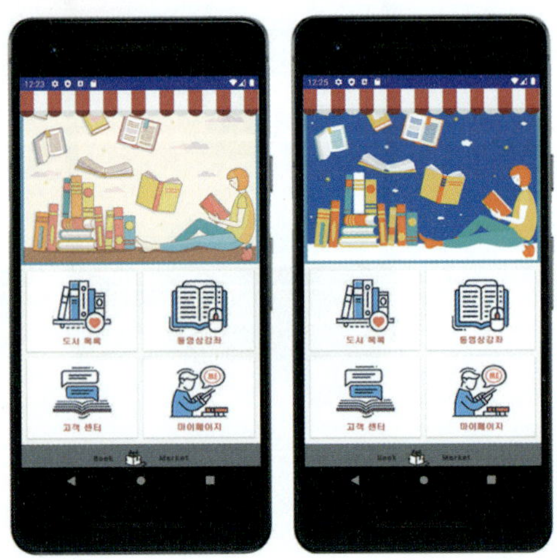

4 장

레이아웃 다루기

학습목표

- 안드로이드의 레이아웃에 대해 이해한다.
- 안드로이드 제약 레이아웃의 속성과 사용법을 익힌다.
- 안드로이드 선형 레이아웃의 속성과 사용법을 익힌다.
- 안드로이드 상대 레이아웃의 속성과 사용법을 익힌다.
- 안드로이드 테이블 레이아웃의 속성과 사용법을 익힌다.
- 안드로이드 프레임 레이아웃의 속성과 사용법을 익힌다.

4.1

ANDROID

레이아웃 살펴보기

뷰 그룹은 하위 요소로 뷰(위젯)나 다른 뷰 그룹을 가질 수 있습니다. 뷰 그룹에서 뷰나 뷰 그룹을 배치하는 것을 레이아웃(layout)이라고 합니다. 이러한 레이아웃은 위젯의 위치를 정렬하거나 연관된 위젯들을 그룹화하는 역할을 합니다. 즉, 앱 화면에 위젯을 어떻게 배치할지를 결정합니다.

또한, 레이아웃은 다음 그림과 같이 다른 유형의 자식 레이아웃을 포함할 수 있으며 자식 레이아웃에서도 위젯의 위치를 배치할 수 있습니다.

그림 4-1 뷰와 뷰 그룹과의 관계

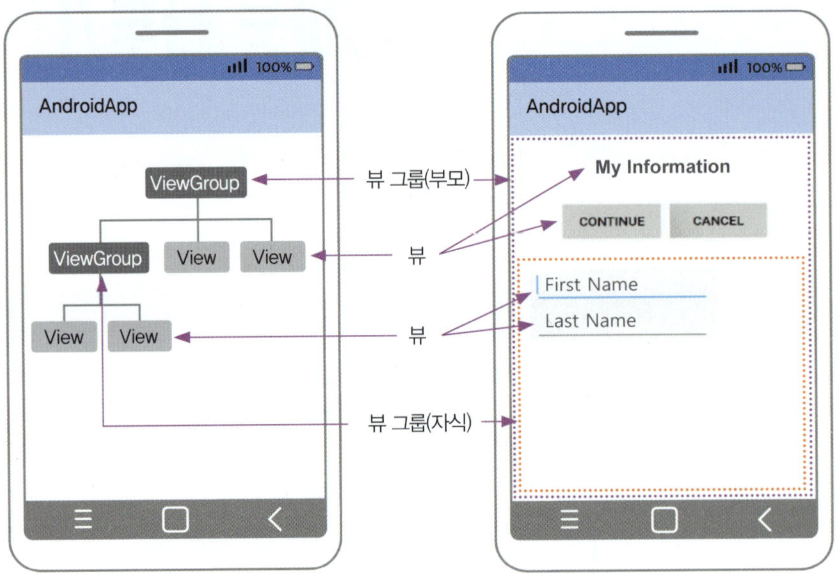

레이아웃의 종류

안드로이드는 다음과 같이 다양한 레이아웃을 제공합니다.

표 4-1 레이아웃의 종류

유형	설명
제약조건 레이아웃 (ConstraintLayout)	제약조건을 활용하여 위젯의 위치와 크기를 유연하게 조절하여 배치하는 레이아웃으로, 상대적인 위치에 따른 배치나 선형 레이아웃의 가중치 설정 등의 장점을 가지고 있습니다.
선형 레이아웃 (LinearLayout)	가로(수평) 또는 세로(수직)의 선형 방향으로 모든 위젯을 배치하는 레이아웃입니다.
프레임 레이아웃 (FrameLayout)	여러 개의 위젯을 중첩하여 배치하는 레이아웃입니다.
테이블 레이아웃 (TableLayout)	위젯을 행과 열의 테이블 형태로 배치하는 레이아웃입니다.
상대 레이아웃 (RelativeLayout)	다른 뷰나 부모 레이아웃의 상대 위치를 기반으로 위젯을 배치하는 레이아웃입니다.
그리드 레이아웃 (GridLayout)	격자무늬 형태로 위젯을 배치하며, 테이블 레이아웃의 단점을 보완한 레이아웃입니다.
절대 레이아웃 (AbsoluteLayout)	뷰의 위치를 직접 지정(절대 위치)하여 위젯을 배치하는 레이아웃으로, 현재는 사용하지 않습니다.

그림 4-2 레이아웃 유형

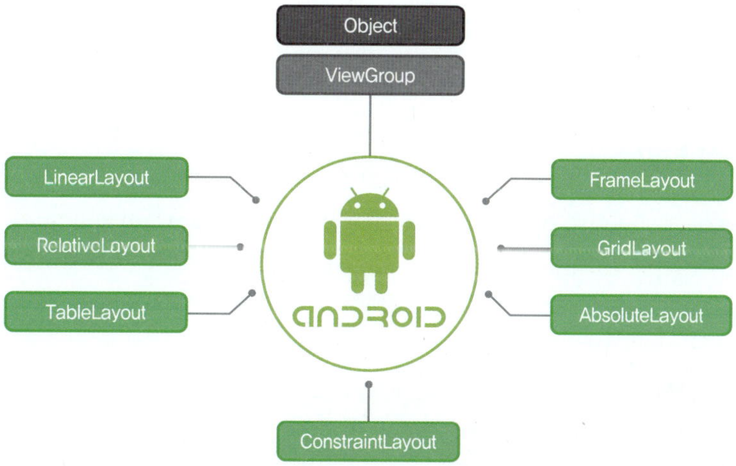

그림 4-3 레이아웃 화면 배치

기본 레이아웃인 제약 레이아웃 외에 다른 레이아웃을 사용하려면 프로젝트에 패키지 android.widget.*를 임포트해야 합니다.

레이아웃 생성 방법

안드로이드에서 레이아웃을 만드는 방법은 위젯과 마찬가지로 두 가지가 있습니다. 선언적 접근 방식으로 XML로 작성하거나, 프로그래밍 접근 방식으로 소스 코드로 작성하는 방법이 있습니다.

● 선언적 접근 방식

선언적 접근 방식은 레이아웃 파일에서 직접 레이아웃을 정의하는 방식입니다. 기존 프로젝트를 열고 프로젝트 탐색기에서 res\layout 폴더로 이동하면 이미 만들어진 activity_main.xml 레이아웃 파일이 있습니다. 이 파일을 사용하거나 새로운 레이아웃 파일을 생성할 수 있습니다. 레이아웃 파일은 res\layout 폴더에 있어야 제대로 컴파일됩니다.

새로운 레이아웃 파일을 만들어 보겠습니다. 안드로이드 스튜디오를 실행하고 《1장 – 안드로이드 개요》에서 만든 'HelloWorld' 프로젝트를 엽니다. 프로젝트 탐색기에서 res\layout 폴더를 선택한 채 마우스 오른쪽 버튼을 클릭하고 [New]–[Layout Resource File] 메뉴를 선택합니다. 리소스 파일 생성 창이 열리면 ❶ File name(파일 이름)에 새로운 파일명(여기서는 activity_new.xml, 확장자 .xml은 생략해도 됨), ❷ Root element(레이아웃 종류)에 레이아웃 이름을 입력(기본값 ConstraintLayout 사용)합니다. ❸ 나머지는 기본값을 그대로 두고 ❹ 〈OK〉 버튼을 클릭합니다.

그림 4-4 리소스 파일 생성 창

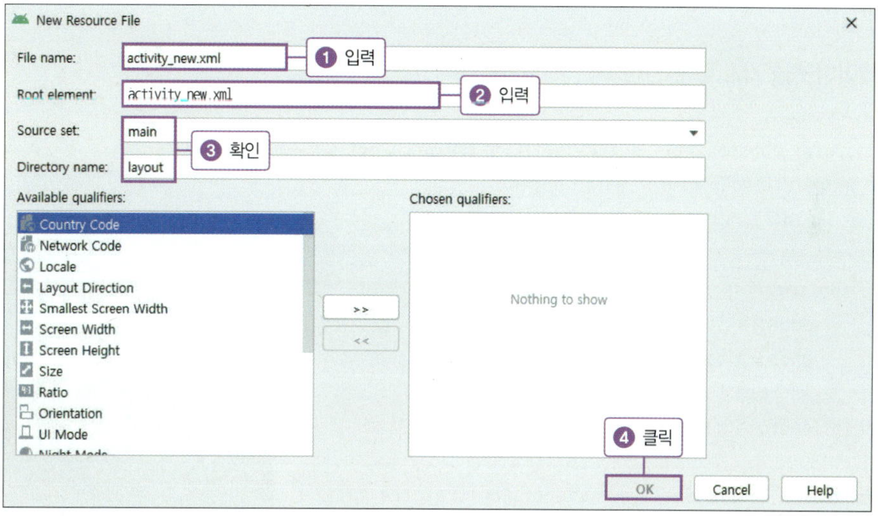

사용할 수 있는 레이아웃 종류는 팔레트에서 확인할 수 있습니다.

그림 4-5 레이아웃 종류

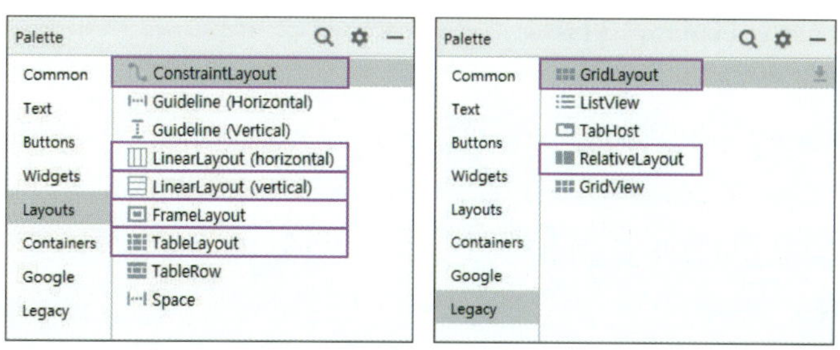

새로운 레이아웃 파일이 열리고 다음과 같은 XML 코드가 보입니다. 레이아웃 이름 사이에 위젯이나 자식 레이아웃을 추가할 수 있습니다.

```
<?xml version="1.0" encoding="utf-8"?>
<androidx.constraintlayout.widget.ConstraintLayout → 레이아웃 이름 시작 표기
  xmlns:android="http://schemas.android.com/apk/res/android"
   android:layout_width="match_parent"
   android:layout_height="match_parent">

                                    → 이 부분에 위젯 또는 자식 레이아웃 추가

</androidx.constaintlayout.widget.ConstraintLayout> → 레이아웃 이름 끝 표기
```

예를 들어, 버튼을 추가하고 싶다면 다음과 같이 작성합니다.

제약 레이아웃을 XML로 선언한 예

```
<androidx.constraintlayout.widget.ConstraintLayout ...
   android:layout_width="match_parent"
   android:layout_height="match_parent">

    <Button
        android:id="@+id/button1"
        android:layout_width="match_parent"
        android:layout_height="wrap_content"
        android:text="버튼" .../>

</androidx.constraintlayout.widget.ConstraintLayout >
```

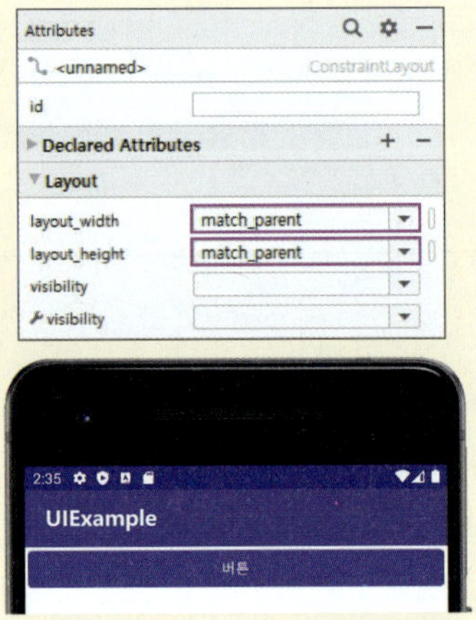

activity_main.xml 레이아웃 파일을 완성하면 소스 파일의 onCreate() 메서드에서 setContentView() 메서드를 사용하여 레이아웃 파일을 불러오고 레이아웃과 동작을 연결합니다. setContentView() 메서드는 다음과 같은 형식을 갖습니다.

```
setContentView(R.layout.레이아웃 파일 이름)
```

실제 코드로 작성하면 다음과 같습니다. 여기서 레이아웃 파일 이름은 확장자 없이 activity_main만 넣습니다.

레이아웃 파일을 불러오는 예

```java
protected void onCreate(Bundle savedInstanceState) {
    super.onCreate(savedInstanceState);
    setContentView(R.layout.activity_main); // 레이아웃 파일 불러오기
}
```


● 프로그래밍 접근 방식

프로그래밍 접근은 소스 파일에서 직접 레이아웃을 정의하는 방식입니다. 예를 들어, 액티비티에서 버튼을 추가할 때 제약 레이아웃으로 다음과 같이 코드를 작성합니다.

```java
public class MainActivity extends AppCompatActivity {
  protected void onCreate(Bundle savedInstanceState) {
      super.onCreate(savedInstanceState);
      // setContentView(R.layout.activity_main);

      Button  myButton = new Button(this);

      myButton.setLayoutParams(
            new ConstraintLayout.LayoutParams(
                ConstraintLayout.LayoutParams.MATCH_PARENT,
                ConstraintLayout.LayoutParams.WRAP_CONTENT));

      myButton.setText("버튼");

      ConstraintLayout myLayout = new ConstraintLayout(this); // 제약 레이아웃 생성
      myLayout.addView(myButton); // 제약 레이아웃에 버튼 담기 설정
      setContentView(myLayout); // 제약 레이아웃을 액티비티에 설정
  }
}
```

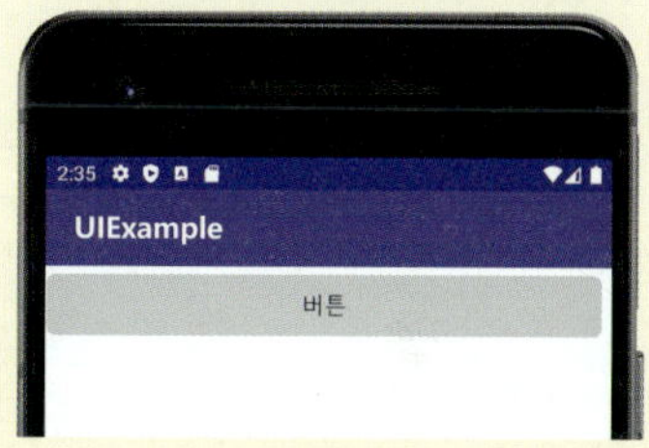

레이아웃의 주요 공통 속성

레이아웃은 공통으로 적용되는 속성과 각각의 레이아웃에서만 사용되는 전용 속성을 가지고 있습니다. 전용 속성은 각 레이아웃을 배울 때 다루고, 먼저 공통 속성에 대해 알아보겠습니다.

● id 속성

id 속성을 사용하여 레이아웃을 고유하게 식별할 수 있습니다. 이 속성의 형식은 다음과 같습니다.

```
<레이아웃 이름 xmlns:android="http://schemas.android.com/apk/res/android"
   android:id="@+id/아이디">

      // 위젯 배치

</레이아웃 이름>
```

layout_width와 layout_height 속성

레이아웃의 크기를 설정하는 속성은 layout_width와 layout_height입니다. layout_width는 레이아웃의 너비, layout_height는 레이아웃의 높이를 설정합니다. 이는 레이아웃을 생성할 때 반드시 설정해야 하는 필수 속성입니다.

```
<레이아웃 이름
   android:layout_width="match_parent"
   android:layout_height="match_parent" ...>

      // 위젯 배치

</레이아웃 이름>
```

두 속성에 사용하는 속성값은 다음과 같습니다.

표 4-2 layout_width와 layout_height의 속성값

속성값	설명
match_parent	레이아웃의 크기를 부모 레이아웃(상위 뷰 그룹)의 크기와 같게 설정합니다.
wrap_content	레이아웃의 크기를 포함한 내용(content)에 맞는 크기로 설정합니다.
숫자	레이아웃의 크기를 숫자로 직접 지정합니다. 단위는 dp입니다.

그림 4-6 layout_width와 layout_height 설정 예

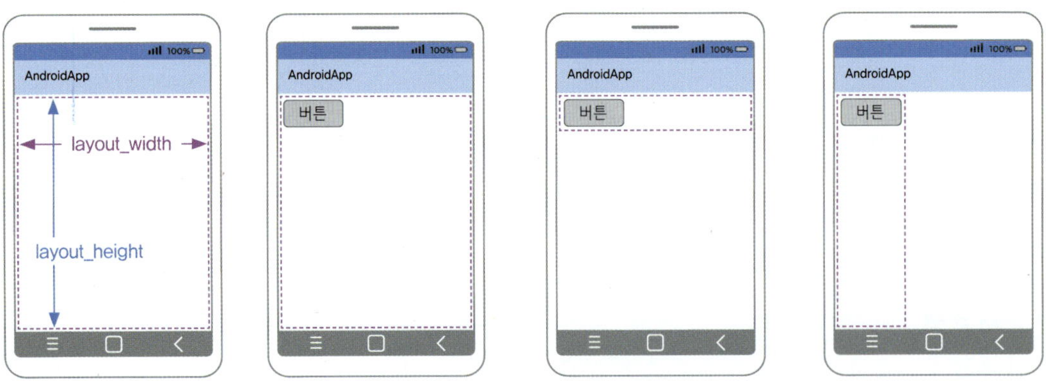

ⓐ layout_width="match_parent" layout_height="match_parent"

ⓑ layout_width="match_parent" layout_height="wrap_content"

ⓒ layout_width="wrap_content" layout_height="match_parent"

layout_margin 속성

layout_margin 속성은 레이아웃과 주위 구성 요소 간의 여백(마진)을 설정합니다.

```
<레이아웃 이름
   android:layout_width="match_parent"
   android:layout_height="match_parent"
   android:layout_margin="10dp"> // 사방에 여백 10dp씩 주기

      // 위젯 배치

</레이아웃 이름>
```

그림 4-7 layout_margin 설정 예

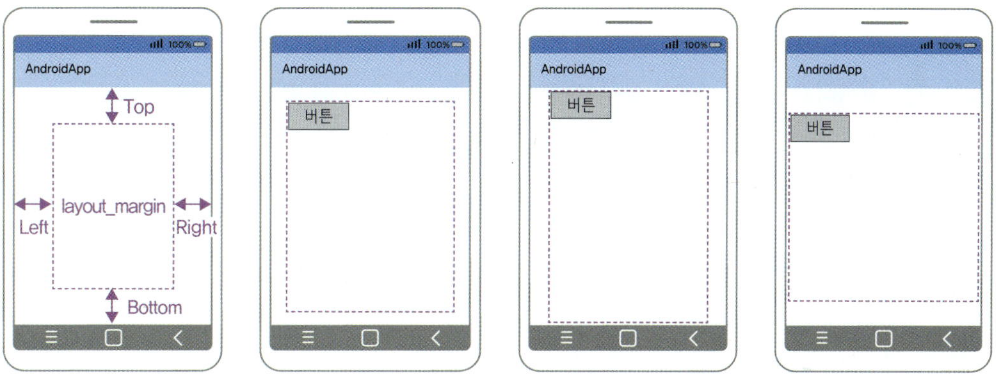

ⓐ layout_margin="20dp"

ⓑ layout_marginLeft="20dp" layout_marginRight ="20dp"

ⓒ layout_marginTop ="20dp" layout_marginBottom="20dp"

padding 속성

padding은 레이아웃이나 위젯의 내부 여백을 설정하는 속성으로, 레이아웃 안에서 레이아웃과 위젯 사이에 공간을 얼마나 줄지를 나타냅니다.

```
<레이아웃 이름
   android:layout_width="match_parent"
   android:layout_height="match_parent"
   android:padding="10dp"> // 사방에 여분 10dp씩 주기

      // 위젯 배치

</레이아웃 이름>
```

그림 4-8 padding 설정 예

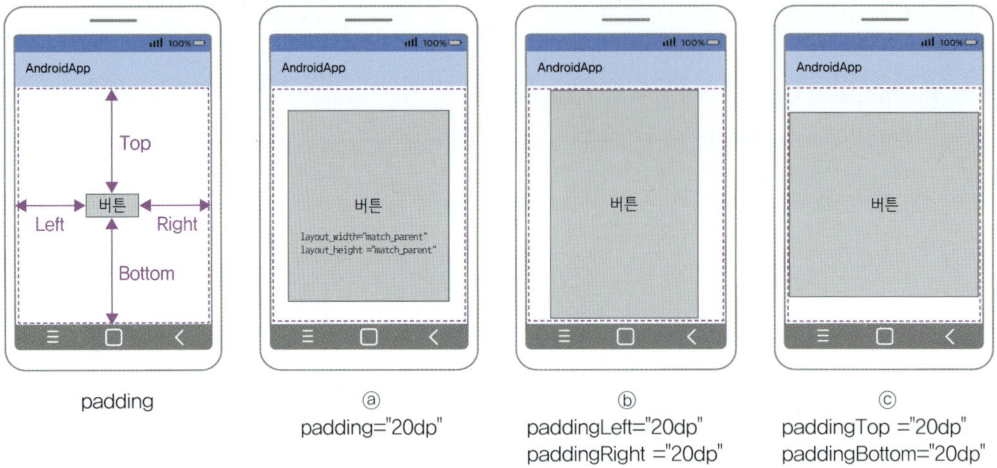

● gravity와 layout_gravity 속성

gravity는 레이아웃 내부의 모든 위젯의 배치 기준을 설정하는 속성이며, layout_gravity는 레이아웃 자체를 어디를 기준으로 배치할지 설정하는 속성입니다.

```
<레이아웃 이름
   android:layout_width="match_parent"
   android:layout_height="match_parent"
   android:gravity ="center">

      // 위젯 배치

</레이아웃 이름>
```

그림 4-9 gravity와 layout_gravity 설정 예

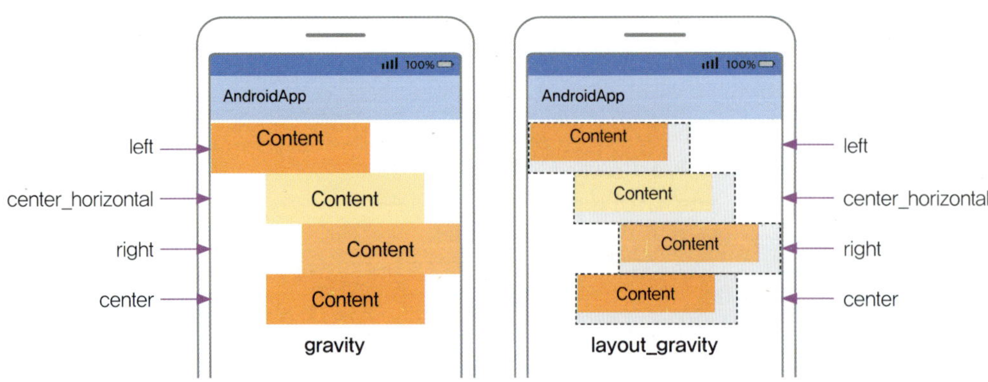

4.2 제약 레이아웃 사용하기

앞서 레이아웃의 개념, 종류, 공통 속성에 대해 살펴보았습니다. 안드로이드에서는 여러 레이아웃을 제공하며, 이 중에서 가장 많이 사용되는 레이아웃의 속성과 사용 방법을 자세히 살펴보겠습니다.

제약 레이아웃이란

제약 레이아웃(ConstraintLayout)은 위젯의 위치와 크기를 제약조건(Constraint)을 통해 설정하는 레이아웃입니다. 이때 제약조건은 연결선과 앵커 포인트를 이용하여 위젯이 레이아웃 또는 다른 위젯과 연결되는 방식을 나타냅니다.

제약 레이아웃은 복잡한 레이아웃을 간단한 코드로 만들 수 있게 해주며, 기존의 선형 레이아웃이나 상대 레이아웃에서 발생하는 위젯 중첩 문제와 레이아웃 파일의 성능 저하 문제를 해결할 수 있습니다. 이러한 제약 레이아웃은 안드로이드 API 레벨 9(Gingerbread)에서 추가되었습니다.

제약 레이아웃은 다음과 같은 장점이 있습니다.

1. 아주 적은 코드로 애니메이션을 수행할 수 있습니다.
2. 안드로이드 스튜디오의 디자인 편집기에서 간단히게 드래그하여 전체 레이아웃을 구축할 수 있습니다.
3. 한 줄의 코드로 여러 개의 위젯에 발생하는 작업을 제어할 수 있습니다.
4. 다른 레이아웃은 중첩된 위젯 구조 때문에 성능 저하가 발생하지만 제약 레이아웃은 자체 제약조건을 사용하여 위젯 사이의 관계를 다루므로 성능이 향상됩니다.

> NOTE **애니메이션**
> 앱의 UI가 시간에 따라 색상, 위치, 크기 등이 변화하는 것으로, 레이아웃을 전환할 때 효과를 주거나 위젯에 특수 효과가 필요할 때 사용합니다.
> 애니메이션에 대한 자세한 내용은 《12장 – 그래픽과 애니메이션 사용하기》를 참고하세요.

그림 4-10 제약 레이아웃 설정

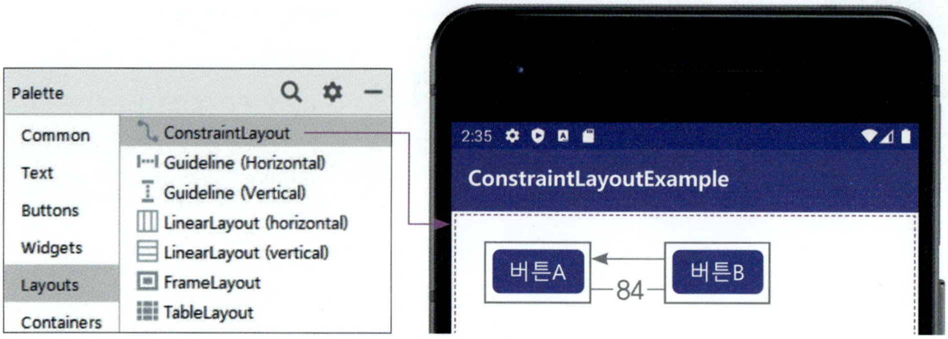

ConstraintLayout 클래스는 ViewGroup 하위 클래스이며, 해당 클래스는 androidx.constraintlayout.widget.ConstraintLayout 패키지에 포함되어 있습니다. 따라서 ConstraintLayout을 사용하려면 해당 패키지를 임포트해야 합니다.

```
java.lang.Object
  └, android.view.View
      └, android.view.ViewGroup
          └, androidx.constraintlayout.widget.ConstraintLayout
```

NOTE **제약 레이아웃(ConstraintLayout)의 특징**

- 선형 레이아웃이나 상대 레이아웃에서 발생하는 중첩된 레이아웃 문제를 극복하고, 더 이상 중첩된 레이아웃이 없는 플랫 뷰 계층 구조를 제공합니다.
- 제약 레이아웃을 사용하면 안드로이드 애플리케이션 성능이 향상되며, 뷰가 UI에 상대적으로 배치되는 RelativeLayout과 유사합니다.

편집기 기능

다른 레이아웃과는 달리 안드로이드 스튜디오에서는 제약 레이아웃에서 몇 가지 특별한 기능을 제공합니다.

● 핸들

핸들(Handle)은 레이아웃 안에 있는 위젯을 클릭했을 때 위젯 테두리에 나타나는 사각형 기준점인 앵커 포인터(Anchor Point)로, 이를 클릭하고 드래그하여 위젯의 크기를 조절하거나 주변의 다른 위젯과 연결할 수 있습니다.

그림 4-11 핸들

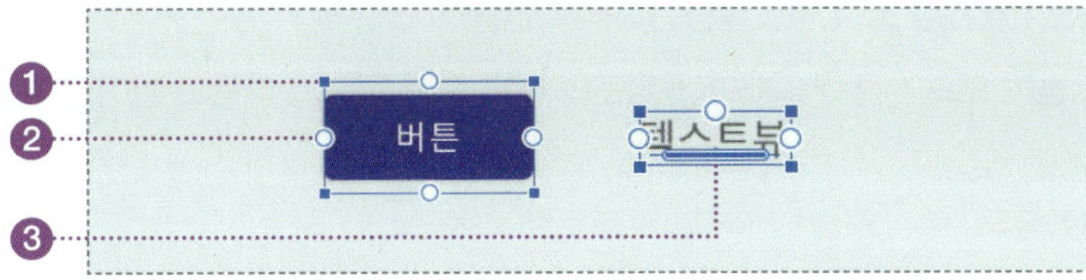

❶ **크기 조절 핸들(Resize Handle) :** 각 모서리에 있는 사각형 핸들로 위젯의 크기를 조정하는 데 사용합니다. 이때 제약조건은 그대로 유지됩니다.

❷ **측면 핸들(Side Handle) :** 각 면의 중앙에 있는 원형 핸들로 위젯의 위쪽, 아래쪽, 왼쪽, 오른쪽에 제약조건을 설정합니다. 제약조건 핸들이라고도 합니다.

❸ **기준선(Baseline) :** 위젯에 텍스트가 있을 때 다른 위젯의 텍스트와 위치를 맞추는 기준으로 사용합니다.

비주얼 편집기

제약 레이아웃은 다른 레이아웃과 달리, 비주얼 편집기가 내장되어 있어 위젯의 제약조건을 쉽게 편집할 수 있습니다.

비주얼 편집기는 레이아웃 파일(*.xml)을 열어 디자인 모드로 전환하면 오른쪽 도구 영역에 속성(Attributes) 도구가 위치합니다. 위젯을 선택한 상태에서 속성 도구를 클릭하면 속성 창이 열리고 Layout 속성에 비주얼 편집기가 나타납니다.

그림 4-12 비주얼 편집기

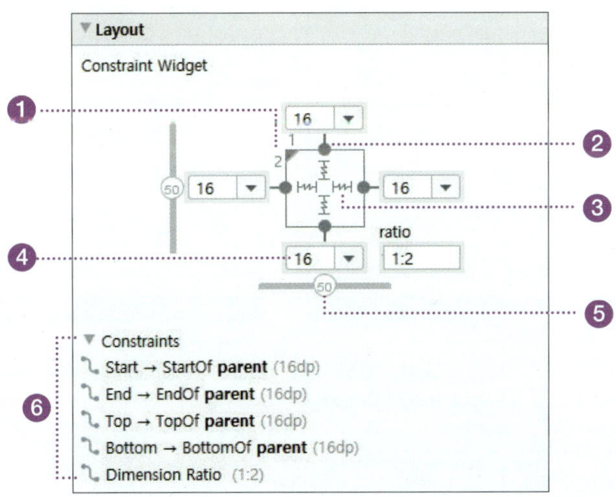

레이아웃 다루기

❶ **크기 비율 :** 가로와 세로 크기를 비율로 조정합니다.

❷ **제약조건 :** 삭제를 클릭하면 설정된 제약조건을 삭제합니다.

❸ **너비와 높이 모드 :** 클릭할 때마다 위젯의 너비 또는 높이가 다음과 같이 변경됩니다.

표 4-3 너비와 높이 모드

모드	설명
├──┤ (고정)	위젯의 크기를 특정 크기로 조정합니다.
>>> (콘텐츠 래핑)	위젯의 크기를 내용에 맞게(wrap_content) 조정합니다.
├WW┤ (제약조건과 일치)	위젯의 크기를 최대 크기로 조정합니다.

❹ **여백 :** 위젯의 마진을 조정합니다.

❺ **제약조건 편향 :** 위젯이 수직축과 수평축 기준으로 한쪽으로 치우친 정도를 조정합니다.

❻ **제약조건 목록 :** 위젯에 설정된 모든 제약조건을 표시합니다.

그림 4-13 비주얼 편집기를 이용한 제약조건 설정

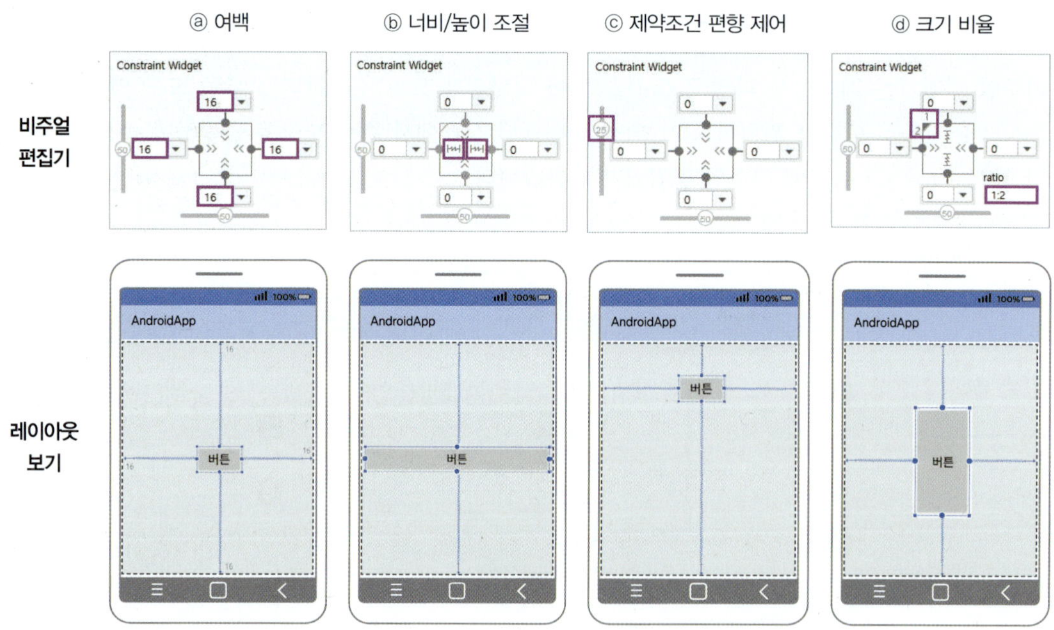

	ⓐ 여백	ⓑ 너비/높이 조절	ⓒ 제약조건 편향 제어	ⓓ 크기 비율
XML 코드 보기	layout_marginLeft="16dp" layout_marginTop="16dp" layout_marginEnd="16dp" layout_marginRight="16dp" layout_marginBottom="16dp"	layout_width="0dp" layout_height="wrap_content"	layout_constraintVertical_bias="0.25"	layout_constraintDimensionRatio="1:2" layout_width="wrap_content" layout_height="0dp"

● 제약 레이아웃의 디자인 도구

제약 레이아웃으로 만든 레이아웃 파일을 열어 디자인 모드를 선택하면 도구 바 아래에 제약조건을 설정할 수 있는 디자인 도구들이 표시됩니다. 각 도구의 역할은 다음과 같습니다.

그림 4-14 디자인 도구

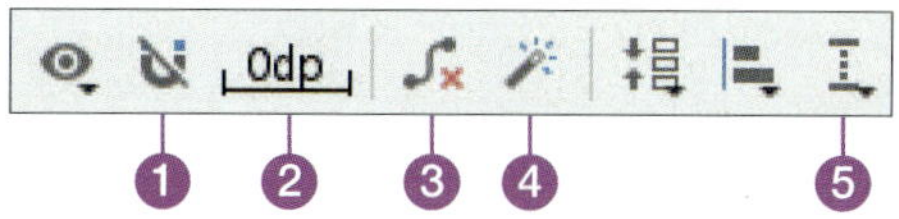

❶ **자동 연결(Autoconnection)** : 사용/미사용을 선택할 수 있습니다. 사용으로 하면 위젯을 배치할 때 다른 위젯과 자동으로 제약조건을 생성합니다. 일반적으로 미사용으로 둡니다.

❷ **기본 여백(Default Margin)** : 위젯 간의 기본 여백을 설정합니다.

❸ **전체 제약조건 해제(Clear All Constraint)** : 설정된 모든 제약조건을 해제합니다.

❹ **제약조건 추론(Infer Constraint)** : 현재 위치를 기준으로 자동으로 제약조건을 생성합니다.

❺ **안내선(Guideline)** : 수평 또는 수직으로 안내선을 만들어 안내선을 기준으로 위젯을 정렬합니다.

제약 레이아웃의 속성 설정

제약 레이아웃에서는 사용 목적과 방법에 따라 다음과 같은 유형의 제약조건을 지정할 수 있습니다. 대부분의 제약조건은 layout_constraint*으로 표기되며, *에는 구체적인 제약조건이 명시됩니다.

표 4-4 제약 레이아웃의 속성 유형

유형	설명
상대 위치(Relative Positioning)	위젯 간 상대적인 위치로 지정합니다.
중앙 위치(Centering Positioning)	레이아웃의 가운데 위치로 지정합니다.
원형 위치(Circular Positioning)	기준 위젯을 중심으로 각도와 거리(반지름) 위치로 지정합니다.
편향(Bias)	위젯을 한쪽으로 치우치도록 위치를 지정합니다.
비율(Ratio)	위젯의 크기를 너비와 높이의 비율로 지정합니다.
체인(Chains)	수평 또는 수직 방향으로 나열된 위젯의 스타일로 지정합니다.

● 상대 위치

상대 위치(Relative Positioning)는 제약 레이아웃에서 가장 중요한 유형 중 하나입니다. 이는 대상 위젯이 다른 위젯을 기준으로 상대적인 위치로 설정하는 제약조건입니다. 상대 위치는 수직축과 수평축을 기준으로 작동하며, 수평축을 사용하면 위젯을 다른 위젯의 오른쪽, 왼쪽, 시작, 끝에 위치시킬 수 있습니다. 수직축을 사용하면 위젯을 아래쪽, 위쪽, 또는 텍스트 기준선에 위치시킬 수 있습니다. 상대 위치와 관련된 속성은 다음과 같습니다.

표 4-5 상대 위치의 속성

속성	설명
layout_constraintLeft_toLeftOf	대상 위젯의 왼쪽 면을 기준 위젯의 왼쪽 면에 맞춰 배치합니다.
layout_constraintLeft_toRightOf	대상 위젯의 왼쪽 면을 기준 위젯의 오른쪽 면에 맞춰 배치합니다.
layout_constraintRight_toLeftOf	대상 위젯의 오른쪽 면을 기준 위젯의 왼쪽 면에 맞춰 배치합니다.
layout_constraintRight_toRightOf	대상 위젯의 오른쪽 면을 기준 위젯의 오른쪽 면에 맞춰 배치합니다.
layout_constraintTop_toTopOf	대상 위젯의 위쪽 면을 기준 위젯의 위쪽 면에 맞춰 배치합니다.
layout_constraintTop_toBottomOf	대상 위젯의 위쪽 면을 기준 위젯의 아래쪽 면에 맞춰 배치합니다.
layout_constraintBottom_toTopOf	대상 위젯의 아래쪽 면을 기준 위젯의 위쪽 면에 맞춰 배치합니다.
layout_constraintBottom_toBottomOf	대상 위젯의 아래쪽 면을 기준 위젯의 아래쪽 면에 맞춰 배치합니다.
layout_constraintBaseline_toBaselineOf	대상 위젯의 텍스트 기준선을 기준 위젯의 텍스트 기준선에 맞춰 배치합니다.
layout_constraintStart_toEndOf	대상 위젯의 시작을 기준 위젯의 끝 면에 맞춰 배치합니다.
layout_constraintStart_toStartOf	위젯의 시작을 다른 위젯의 시작 면에 맞춰 배치합니다.
layout_constraintEnd_toStartOf	위젯의 끝을 다른 위젯의 시작 면에 맞춰 배치합니다.
layout_constraintEnd_toEndOf	위젯의 끝을 다른 위젯의 끝 면에 맞춰 배치합니다.

그림 4-15 상대 위치의 속성 설정 예

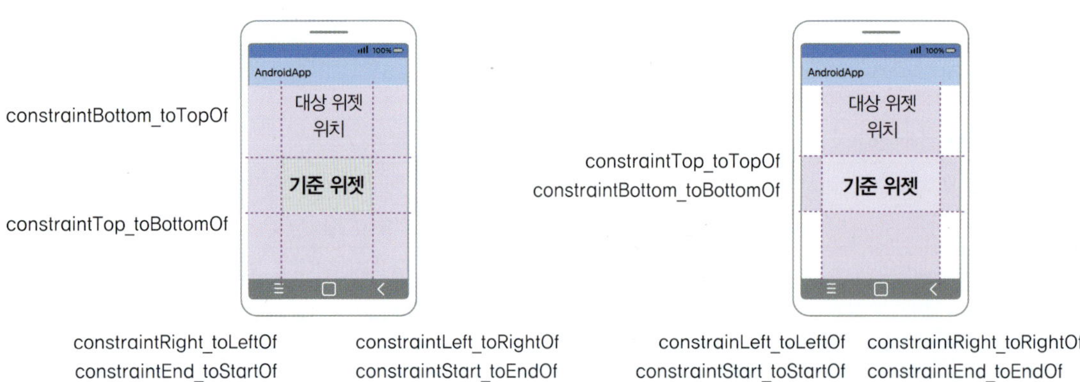

예를 들어, 버튼 A와 버튼 B가 있을 때 버튼 A(기준)의 오른쪽 면에 버튼 B(대상)를 배치하려면 버튼 B에 app:layout_constraintLeft_toRightOf 속성을 설정합니다. 이렇게 설정된 app:layout_constraintLeft_toRightOf ="@id/버튼A의ID"는 두 버튼이 동일한 위치를 공유합니다. 버튼 A의 오른쪽 면과 버튼 B의 왼쪽 면 사이에 제약조건이 생성됩니다.

```
<androidx.constraintlayout.widget.ConstraintLayout
    xmlns:android="http://schemas.android.com/apk/res/android"
    xmlns:app="http://schemas.android.com/apk/res-auto"...>

    <Button
        android:id="@+id/button1"
        android:layout_width="wrap_content"
        android:layout_height="wrap_content"
        android:layout_marginLeft="20dp"
        android:text="버튼A"
        app:layout_constraintStart_toStartOf="parent"
        app:layout_constraintTop_toTopOf="parent" />

    <Button
        android:id="@+id/button2"
        android:layout_width="wrap_content"
        android:layout_height="wrap_content"
        android:layout_marginLeft="50dp"
        android:text="버튼B"
        app:layout_constraintLeft_toRightOf="@id/button1"
        app:layout_constraintTop_toTopOf="parent" />

</androidx.constraintlayout.widget.ConstraintLayout>
```

이후 예제 코드에서는 이 부분 생략

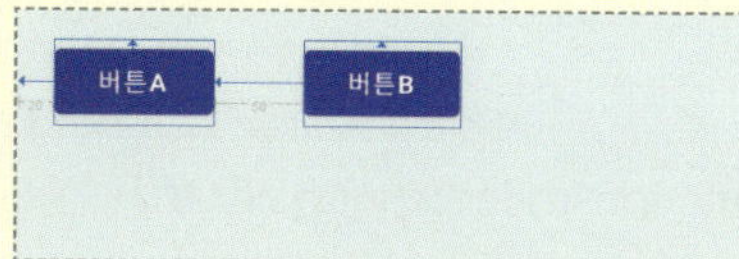

중앙 위치

제약 레이아웃에서는 중앙 위치(Centering Positioning)를 직접 제공하지 않습니다. 그러므로 대상 위젯을 수평 또는 수직 방향 중앙에 배치하려면 양쪽 측면에 동일한 제약조건을 적용해야 합니다. 중앙 위치를 설정하는 데 사용되는 속성은 다음과 같습니다.

표 4-6 중앙 위치의 속성

속성	설명
layout_constraintLeft_toLeftOf	대상 위젯의 왼쪽 면을 기준 위젯의 왼쪽 면에 맞춰 배치합니다.
layout_constraintRight_toRightOf	대상 위젯의 오른쪽 면을 기준 위젯의 오른쪽 면에 맞춰 배치합니다.
layout_constraintTop_toTopOf	대상 위젯의 위쪽 면을 기준 위젯의 위쪽 면에 맞춰 배치합니다.
layout_constraintBottom_toBottomOf	대상 위젯의 아래쪽 면을 기준 위젯의 아래쪽 면에 맞춰 배치합니다.
layout_constraintStart_toStartOf	위젯의 시작 면을 다른 위젯의 시작 면에 맞춰 배치합니다.
layout_constraintEnd_toEndOf	위젯의 끝 면을 다른 위젯의 끝 면에 맞춰 배치합니다.

예를 들어, 버튼 A를 부모 레이아웃 안에 수평 방향으로 중앙에 배치하려면 다음과 같이 layout_constraintLeft_toLeftOf(또는 layout_constraintStart_toStartOf)와 layout_constraint Right_toRightOf(또는 layout_constraintEnd_toEndOf) 속성을 양쪽 측면에 적용해야 합니다. 수직 방향으로 중앙 위치를 설정하려면 layout_constraintTop_toTopOf과 layout_ constraintBottom_toBottomOf 속성을 사용합니다.

```
<androidx.constraintlayout.widget.ConstraintLayout ...>

    <Button
        android:id="@+id/button1"
        android:layout_width="wrap_content"
        android:layout_height="wrap_content"
        android:text="버튼"
        app:layout_constraintTop_toTopOf="parent"
        app:layout_constraintEnd_toEndOf="parent"
        app:layout_constraintStart_toStartOf="parent" />

</androidx.constraintlayout.widget.ConstraintLayout>
```

● 원형 위치

제약 레이아웃에서 원형 위치(Circular Positioning)는 기준 위젯에서 원의 중심 좌표와 반지름, 대상 위젯이 위치할 각도를 설정하여 배치하는 방법입니다. 이를 통해서 기준 위젯을 중심으로 대상 위젯을 원형으로 배치할 수 있습니다. 원형 위치에 해당하는 속성은 다음과 같습니다.

표 4-7 원형 위치의 속성

속성	설명
layout_constraintCircle	대상 위젯 뷰 id를 지정합니다.
layout_constraintCircleRadius	기준 위젯 뷰와 대상 위젯 뷰 중심 사이의 거리를 말합니다.
layout_constraintCircleAngle	원 둘레에서 대상 뷰가 위젯이 배치될 각도, 기본으로 0~360° 사이의 정수값을 사용합니다.

예를 들어, 버튼 B는 버튼 A를 기준으로 각도 45°, 거리 100에 위치하게 하고, 버튼 C는 각도 135°, 거리 100에 위치하도록 하려면 다음과 같이 설정합니다.

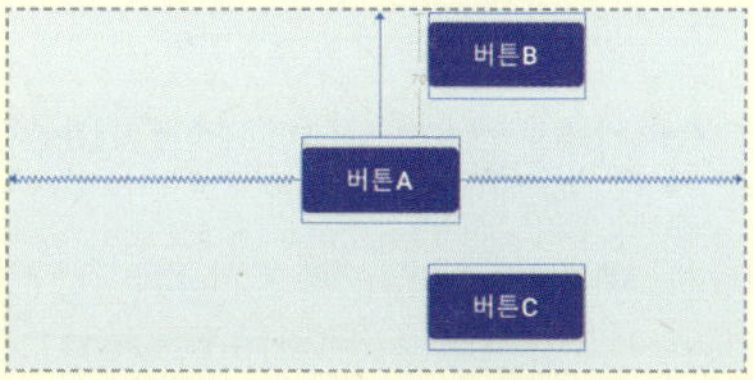


```
<androidx.constraintlayout.widget.ConstraintLayout ...>

    <Button
        android:id="@+id/button1"
        android:layout_width="wrap_content"
        android:layout_height="wrap_content"
        android:layout_marginTop="70dp"
        android:text="버튼A"
        app:layout_constraintEnd_toEndOf="parent"
        app:layout_constraintStart_toStartOf="parent"
        app:layout_constraintTop_toTopOf="parent" />

    <Button
        android:id="@+id/button2"
        android:layout_width="wrap_content"
        android:layout_height="wrap_content"
        android:text="버튼B"
        app:layout_constraintCircle="@+id/button1"
        app:layout_constraintCircleAngle="45"
        app:layout_constraintCircleRadius="100dp" />

    <Button
        android:id="@+id/button3"
        android:layout_width="wrap_content"
        android:layout_height="wrap_content"
        android:text="버튼C"
        app:layout_constraintCircle="@+id/button1"
        app:layout_constraintCircleAngle="135"
        app:layout_constraintCircleRadius="100dp" />

</androidx.constraintlayout.widget.ConstraintLayout>
```

편향

위젯의 위치를 한쪽으로 치우치게 하는 것을 편향(Bias)이라고 합니다. 제약조건에서 편향을 설정할 수 있는 속성은 다음과 같습니다.

표 4-8 편향의 속성

속성	설명
layout_constraintHorizontal_bias	수평 방향(left/right 또는 start/end)에서 한쪽으로 치우치도록 위치를 설정합니다.
layout_constraintVertical_bias	수직 방향(top/bottom)에서 한쪽으로 치우치도록 위치를 설정합니다.

예를 들어, 수평 방향으로 중앙에 위치하는 버튼을 왼쪽으로 30% 치우치게 만들려면 다음과 같이 layout_constraintHorizontal_bias 속성에 0.3을 설정합니다.

```
<androidx.constraintlayout.widget.ConstraintLayout ...>

    <Button
        android:id="@+id/button1"
        android:layout_width="wrap_content"
        android:layout_height="wrap_content"
        android:text="버튼"
        app:layout_constraintEnd_toEndOf="parent"
        app:layout_constraintStart_toStartOf="parent"
        app:layout_constraintHorizontal_bias="0.3" />

</androidx.constraintlayout.widget.ConstraintLayout>
```

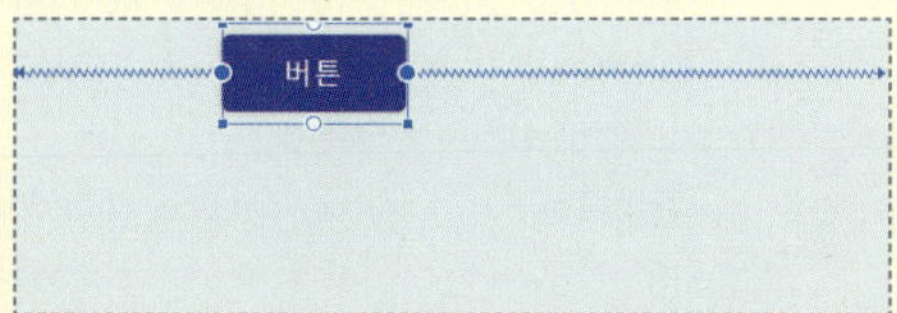

비율

위젯의 크기를 비율로 설정하는 제약조건인 비율(Ratio)은 너비와 높이의 비율을 지정합니다. 이를 적용하기 위해서는 너비와 높이 중 적어도 하나는 0dp로 설정해야 합니다. 또한, 한 면의 크기를 기준으로 다른 면의 크기를 제한하려면 비율과 함께 W(너비) 또는 H(높이)를 콤마(,)로 구분하여 추가합니다. 비율을 지정할 수 있는 속성은 다음과 같습니다.

표 4-9 비율의 속성

속성	설명
layout_constraintDimensionRatio	너비와 높이의 크기를 비율로 지정합니다.

예를 들어, 버튼의 너비와 높이 비율을 1:2로 하려면 layout_constraintDimensionRatio 속성을 'H, 1:2'로 설정합니다.

```
<androidx.constraintlayout.widget.ConstraintLayout ...>

    <Button
        android:id="@+id/button1"
        android:layout_width="wrap_content"
        android:layout_height="0dp"
        android:text="버튼"
        app:layout_constraintDimensionRatio="H,1:2"
        app:layout_constraintEnd_toEndOf="parent"
        app:layout_constraintStart_toStartOf="parent"
        .../>

</androidx.constraintlayout.widget.ConstraintLayout>
```

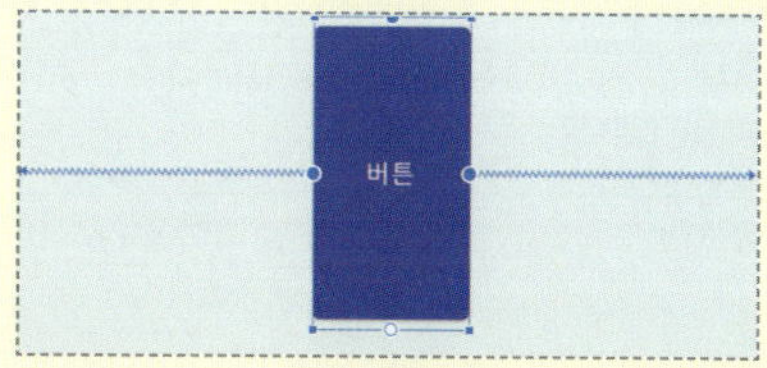

● **체인**

체인(Chain)은 제약조건을 사용하여 수평 또는 수직으로 2개 이상의 위젯을 연결하고 간격을 제어하는 기능입니다. 최소 2개의 위젯이 서로 연결되어야 하며, 각각의 연결은 양방향으로 이루어져야 합니다.

그림 4-16 체인

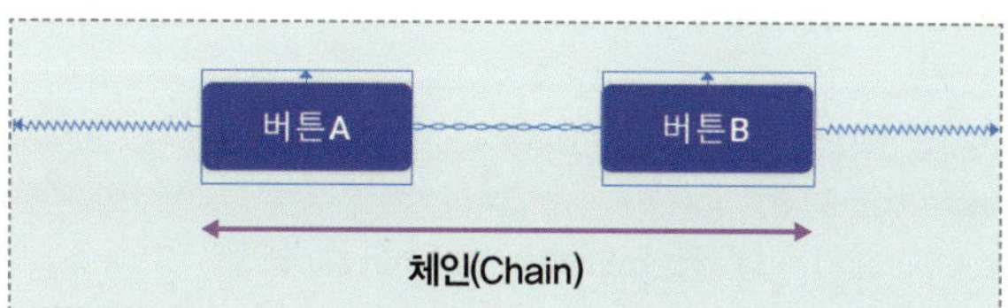

체인에 속하는 속성은 다음과 같은 두 가지입니다.

표 4-10 체인의 속성

속성	설명
layout_constraintHorizontal_chainStyle	모든 위젯을 수평축으로 체인을 연결해 지정된 스타일을 적용합니다.
layout_constraintVertical_chainStyle	모든 위젯을 수직축으로 체인을 연결해 지정된 스타일을 적용합니다.

체인에 적용할 수 있는 스타일은 다음과 같습니다.

표 4-11 체인 스타일

스타일	설명
spread	기본 스타일로, 사용할 수 있는 공간에서 위젯을 균등한 간격으로 배치합니다.
spread inside	첫 번째 위젯과 마지막 위젯을 사용할 수 있는 공간의 양 끝에 고정한 다음 위젯을 균등한 간격으로 배치합니다.
packed	모든 위젯을 사이에 간격 없이 묶은 후 사용할 수 있는 공간의 중앙에 배치합니다.

다음의 예는 layout_constraintEnd_toStartOf, layout_constraintStart_toEndOf 제약조건으로 두 버튼이 서로 연결되어 체인이 생성되었습니다.

```
<androidx.constraintlayout.widget.ConstraintLayout ...>
    <Button
        android:id="@+id/button1"
        android:layout_width="wrap_content"
        android:layout_height="wrap_content"
        android:text="버튼A"
        app:layout_constraintEnd_toStartOf="@+id/button2"
        app:layout_constraintStart_toStartOf="parent"
        app:layout_constraintTop_toTopOf="parent" />

    <Button
        android:id="@+id/button2"
        android:layout_width="wrap_content"
        android:layout_height="wrap_content"
        android:text="버튼B"
        app:layout_constraintStart_toEndOf="@id/button1"
        app:layout_constraintEnd_toEndOf="parent"
        app:layout_constraintTop_toTopOf="parent" />

</androidx.constraintlayout.widget.ConstraintLayout>
```

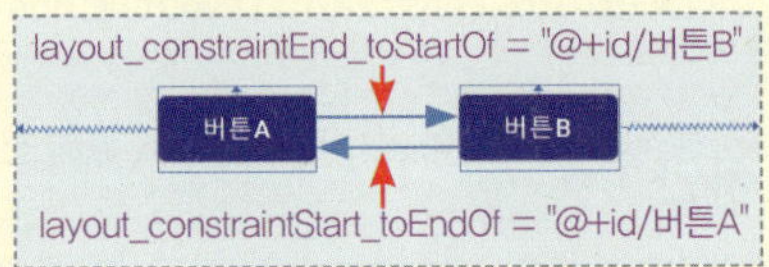

체인(Chain)으로 연결된 위젯들 중 체인 스타일을 지정하고자 할 때는 체인의 첫 번째 위젯인 헤드(head)에 해당하는 위젯의 속성만 설정하면 됩니다. 가로 체인의 경우 가장 왼쪽에 있는 위젯이 헤드이며, 세로 체인의 경우 가장 위쪽에 있는 위젯이 헤드입니다.

```
<androidx.constraintlayout.widget.ConstraintLayout ...>

    <Button
        android:id="@+id/button1"
        android:text="버튼A"
        app:layout_constraintEnd_toStartOf="@+id/button2"
        app:layout_constraintHorizontal_chainStyle="spread" />

    <Button
        android:id="@+id/button2"
        android:text="버튼B"
        app:layout_constraintStart_toEndOf="@id/button1" />

</androidx.constraintlayout.widget.ConstraintLayout>
```

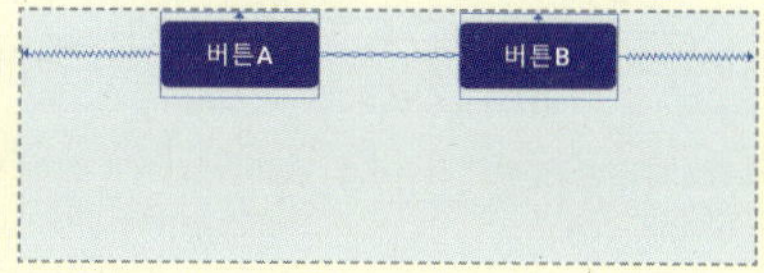

그림 4-17 다른 체인 스타일 적용 예

실습 예제 4-1 제약 레이아웃을 적용한 로그인 화면 만들기

제약 레이아웃을 적용하여 아이디와 비밀번호를 입력하는 로그인 화면을 만들고 〈로그인〉 버튼을 클릭하면 입력된 로그인 정보를 토스트로 출력합니다.

| 구현 내용 |

아이디와 비밀번호를 입력하고 〈로그인〉 버튼을 클릭하면 입력된 아이디와 비번을 토스트로 출력합니다.

| 구현 방법 |

❶ 프로젝트명은 'ConstraintLayoutProject', 패키지명은 'om.androidbook.constraintlayoutproject'로 새 프로젝트를 생성합니다. 나머지 설정값은 기존과 동일하게 선택합니다.

❷ activity_main.xml 파일에 다음과 같이 아이디와 비밀번호를 입력받는 에디트 텍스트와 〈로그인〉 버튼을 추가합니다.

res\layout\activity_main.xml

```
<?xml version="1.0" encoding="utf-8"?>
<androidx.constraintlayout.widget.ConstraintLayout  ...>

    <ImageView // 사용자 이미지를 표시하는 이미지 뷰
        android:id="@+id/imageView"
        android:layout_width="150dp"
        android:layout_height="150dp"
        android:layout_marginLeft="16dp"
        android:layout_marginTop="96dp"
        android:layout_marginRight="16dp"
        android:src="@drawable/user"
        app:layout_constraintLeft_toLeftOf="parent"
        app:layout_constraintRight_toRightOf="parent"
        app:layout_constraintTop_toTopOf="parent" />

    <TextView  // 'ID:' 글자를 표시하는 텍스트 뷰
        android:id="@+id/textView01"
        android:layout_width="wrap_content"
        android:layout_height="wrap_content"
        android:layout_marginLeft="40dp"
        android:layout_marginTop="320dp"
        android:hint="ID : "
        android:padding="12dp"
        android:textSize="18sp"
        app:layout_constraintStart_toStartOf="parent"
        app:layout_constraintTop_toTopOf="parent" />

    <EditText // 아이디 힌트를 표시하고 아이디를 입력받을 에디트 텍스트
        android:id="@+id/editText01"
        android:layout_width="wrap_content"
        android:layout_height="wrap_content"
        android:layout_marginLeft="20dp"
        android:layout_marginTop="320dp"
        android:layout_marginRight="16dp"
        android:background="#ffffff"
        android:ems="12"
        android:hint="아이디"
        android:inputType="textPersonName"
```

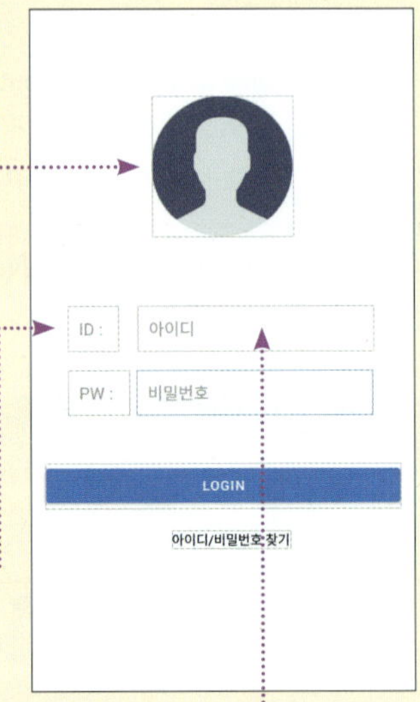

```
        android:padding="12dp"
        android:textSize="18sp"
        app:layout_constraintLeft_toLeftOf="parent"
        app:layout_constraintRight_toRightOf="parent"
        app:layout_constraintStart_toEndOf="@+id/textView01"
        app:layout_constraintTop_toTopOf="parent" />

    <TextView // 'PW:' 글자를 표시하는 텍스트 뷰
        android:id="@+id/textView02"
        android:layout_width="wrap_content"
        android:layout_height="wrap_content"
        android:layout_marginLeft="40dp"
        android:layout_marginTop="388dp"
        android:hint="PW : "
        android:padding="12dp"
        android:textSize="18sp"
        app:layout_constraintStart_toStartOf="parent"
        app:layout_constraintTop_toTopOf="parent" />

    <EditText // 비밀번호 힌트를 표시하고 비밀번호를 입력받을 에디트 텍스트
        android:id="@+id/editText02"
        android:layout_width="wrap_content"
        android:layout_height="wrap_content"
        android:layout_marginLeft="8dp"
        android:layout_marginTop="388dp"
        android:layout_marginRight="16dp"
        android:background="#ffffff"
        android:ems="12"
        android:hint="비밀번호"
        android:inputType="textPassword"
        android:padding="12dp"
        app:layout_constraintLeft_toLeftOf="parent"
        app:layout_constraintRight_toRightOf="parent"
        app:layout_constraintStart_toEndOf="@+id/textView02"
        app:layout_constraintTop_toTopOf="parent" />

    <Button // <Login> 버튼을 표시하는 버튼
        android:id="@+id/button"
        android:layout_width="0dp"
        android:layout_height="wrap_content"
        android:layout_marginLeft="16dp"
        android:layout_marginTop="488dp"
```

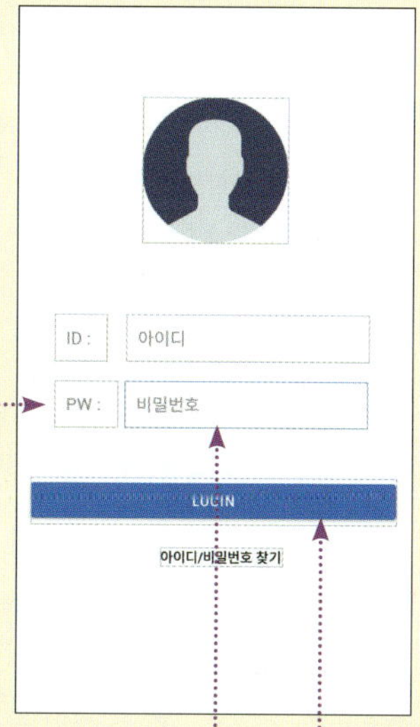

```
        android:layout_marginRight="16dp"
        android:backgroundTint="#2196f3"
        android:onClick="onButtonClick"
        android:paddingLeft="30dp"
        android:paddingRight="30dp"
        android:text="Login"
        android:textColor="#ffffff"
        app:layout_constraintLeft_toLeftOf="parent"
        app:layout_constraintRight_toRightOf="parent"
        app:layout_constraintTop_toTopOf="parent" />

    <TextView // '아이디/비밀번호 찾기' 표시
        android:id="@+id/textView"
        android:layout_width="wrap_content"
        android:layout_height="wrap_content"
        android:layout_marginLeft="16dp"
        android:layout_marginTop="560dp"
        android:text="아이디/비밀번호 찾기"
        android:textColor="#000000"
        app:layout_constraintLeft_toLeftOf="parent"
        app:layout_constraintRight_toRightOf="parent"
        app:layout_constraintTop_toTopOf="parent" />

</androidx.constraintlayout.widget.ConstraintLayout>
```

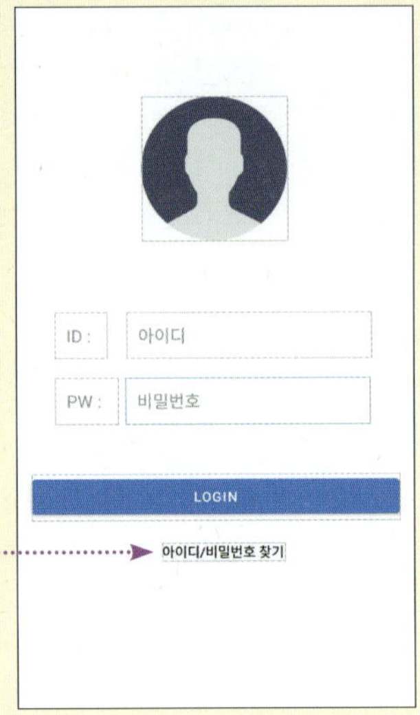

❸ MainActivity.java 파일에 다음과 같이 작성하고 저장합니다.

java\com\androidbook\constraintlayoutproject\MainActivity.java

```
package com.androidbook.constraintlayoutproject;
...
public class MainActivity extends AppCompatActivity {
    EditText editObj1; // 에디트 텍스트에서 입력한 아이디를 저장할 변수
    EditText editObj2; // 에디트 텍스트에서 입력한 비밀번호를 저장할 변수

    @Override
    protected void onCreate(Bundle savedInstanceState) {
        super.onCreate(savedInstanceState);
        setContentView(R.layout.activity_main);

        editObj1 = (EditText) findViewById(R.id.editText01);
        editObj2 = (EditText) findViewById(R.id.editText02);
    }
```

```
    public void  onButtonClick(View view) {
        String value1 = editObj1.getText().toString();
        // 에디트 텍스트에 입력된 아이디를 가져와 value1 변수에 저장
        String value2 = editObj2.getText().toString();
        // 에디트 텍스트에 입력된 비밀번호 텍스트를 가져와 value2 변수에 저장
        Toast.makeText(getApplicationContext(), "아이디 : " + value1 + "\n비밀번호 : " +
value2 , Toast.LENGTH_LONG).show();
    }
}
```

❹ 안드로이드 스튜디오에서 '실행' 아이콘(▶)을 클릭하여 실행 결과를 확인합니다. ID에는 'admin', PW에는 '1234'를 입력하고 〈LOGIN〉 버튼을 클릭하면 토스트 메시지로 입력한 값이 나타납니다.

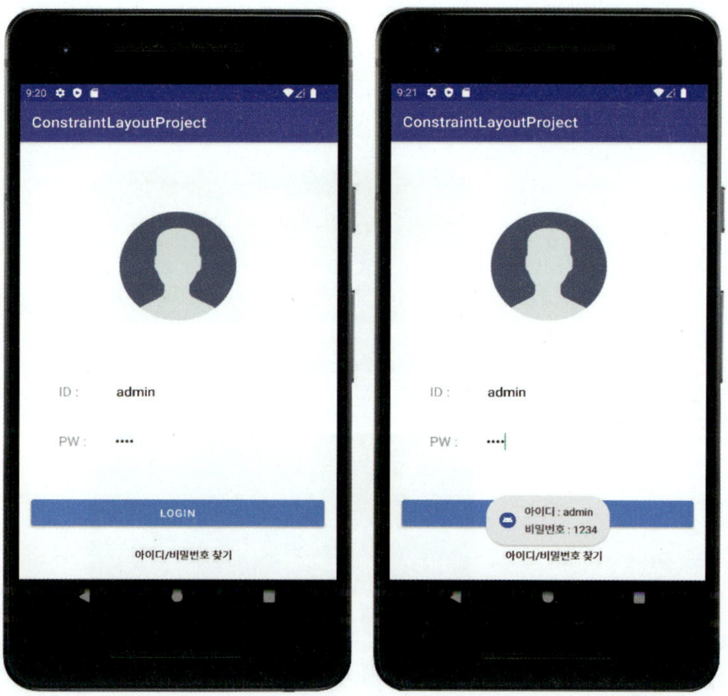

4.3

ANDROID

선형 레이아웃 사용하기

선형 레이아웃이란

선형 레이아웃(LinearLayout)은 위젯 또는 레이아웃을 세로 또는 가로 방향으로 중첩시켜 배치하는 레이아웃입니다. 레이아웃 방향은 orientation 속성으로 지정할 수 있으며, 지정하지 않으면 기본값인 수직(Vertical)으로 배치됩니다. 선형 레이아웃은 내부에 다른 레이아웃을 중첩해서 배치할 수도 있고, 위젯을 추가할 수도 있습니다.

그림 4-18 선형 레이아웃 설정

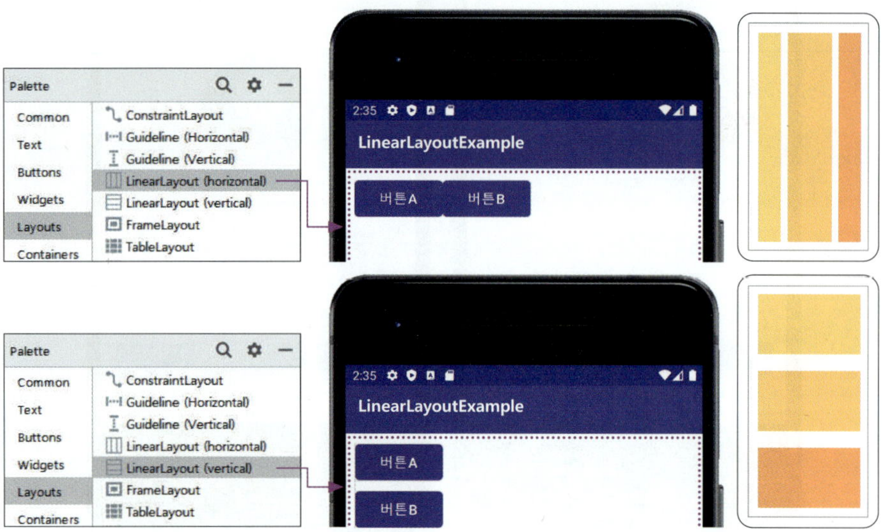

선형 레이아웃을 나타내는 LinearLayout 클래스는 ViewGroup의 하위 클래스로, 선형 레이아웃을 나타내며, android.widget.LinearLayout 패키지에 포함되어 있습니다.

```
java.lang.Object
  └→ android.view.View
       └→ android.view.ViewGroup
            └→ android.widget.LinearLayout
```

선형 레이아웃의 속성 설정

선형 레이아웃에서 사용하는 주요 속성은 다음과 같습니다.

표 4-12 선형 레이아웃의 속성

속성	설명
orientation	위젯의 배치 방향(수평 또는 수직)을 지정합니다.
baselineAligned	위젯의 내용 기준선으로 정렬합니다.
layout_weight	위젯이 차지할 영역의 공간 가중치를 설정합니다.
gravity	위젯들을 x축, y축으로 정렬하는 방법을 설정합니다.
weightSum	레이아웃의 최대 가중치 값을 설정합니다.

● orientation 속성

orientation은 위젯 또는 레이아웃을 가로 또는 세로 방향으로 설정하는 속성으로, 선형 레이아웃에서 기본 방향은 수직입니다. 이 속성의 값은 다음과 같이 두 가지가 있습니다.

표 4-13 orientation 속성값

속성값	설명
horizontal	레이아웃 내 모든 위젯을 수평 방향으로 배치합니다.
vertical	레이아웃 내 모든 위젯을 수직 방향으로 배치합니다.

예를 들어, 위젯들을 수평으로 배치하려면 다음과 같이 orientation 속성값에 horizontal을 설정합니다.

```
<LinearLayout
    xmlns:android="http://schemas.android.com/apk/res/android"
    xmlns:app="http://schemas.android.com/apk/res-auto"
    xmlns:tools="http://schemas.android.com/tools"
    android:layout_width="match_parent"
    android:layout_height="match_parent"
    android:orientation="horizontal"
    tools:context=".MainActivity">

    <Button
        android:id="@+id/button1"
        android:layout_width="wrap_content"
        android:layout_height="wrap_content"
        android:text="버튼A" />
```

이후 예제 코드에서는 이 부분 생략

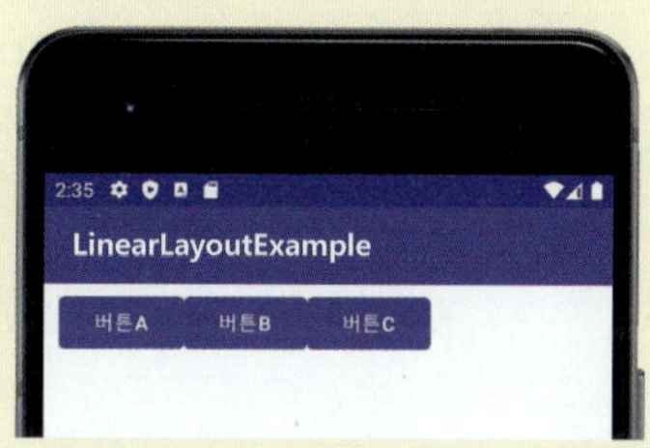

```
    <Button
        android:id="@+id/button2"
        android:layout_width="wrap_content"
        android:layout_height="wrap_content"
        android:text="버튼B" />

    <Button
        android:id="@+id/button3"
        android:layout_width="wrap_content"
        android:layout_height="wrap_content"
        android:text="버튼C" />

</LinearLayout>
```

그림 4-19 orientation 속성값 설정 예

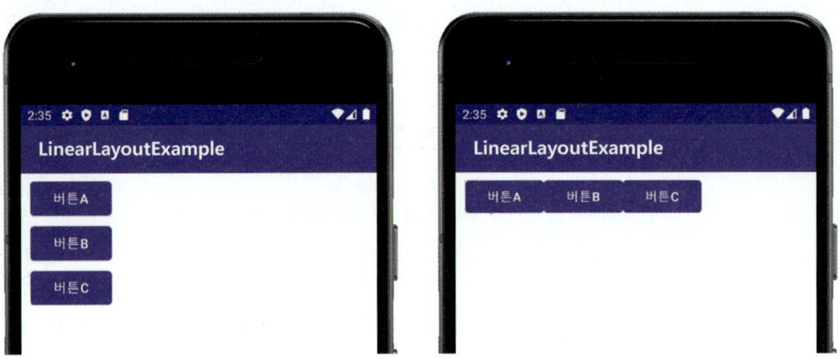

ⓐ vertical ⓑ horizontal

baselineAligned 속성

baselineAligned는 내용의 기준선(baseline)에 따라 크기가 다른 위젯을 정렬하는 레이아웃 속성입니다. 예를 들어, 크기가 다른 3개의 버튼이 있을 때 버튼의 텍스트를 기준선에 맞춰 정렬하려면 baselineAligned 속성을 다음과 같이 설정합니다.

```
<LinearLayout
    ...
    android:baselineAligned="true">

    <Button
        android:id="@+id/button1"
        android:layout_width="wrap_content"
```

```
        android:layout_height="50dp"
        android:text="버튼A" />

    <Button
        android:id="@+id/button2"
        android:layout_width="wrap_content"
        android:layout_height="70dp"
        android:text="버튼B" />

    <Button
        android:id="@+id/button3"
        android:layout_width="wrap_content"
        android:layout_height="90dp"
        android:text="버튼C" />
</LinearLayout>
```

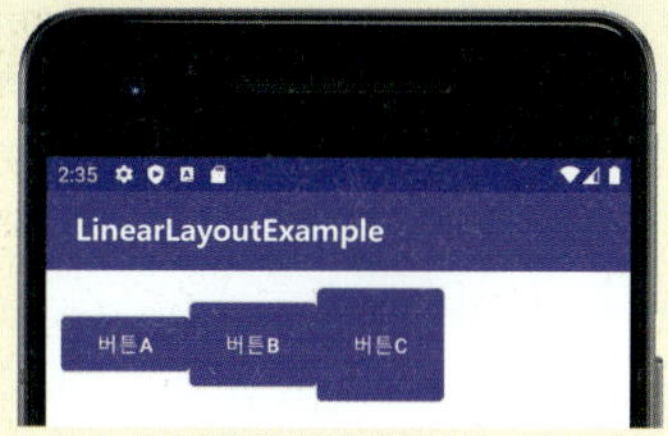

layout_weight 속성

layout_weight는 각 위젯이 레이아웃에서 차지하는 영역에 대한 가중치를 설정하는 속성입니다. layout_weight를 적용하기 전에, 레이아웃 내 모든 위젯의 layout_width 또는 layout_height 속성값이 동일하게 설정되어야 합니다. 그렇지 않으면 영역 배분 결과를 정확하게 얻을 수 없습니다.

예를 들어, 버튼 3개의 layout_weight 속성값으로 1을 설정하면 레이아웃 안에서 차지하는 가중치가 같아 각 위젯에 동일하게 영역이 배분됩니다.

```
<LinearLayout ...>

    <Button
        android:id="@+id/button1"
        android:layout_width="wrap_content"
        android:layout_height="wrap_content"
        android:layout_weight="1"
        android:text="버튼A" />

    <Button
        android:id="@+id/button2"
        android:layout_width="wrap_content"
        android:layout_height="wrap_content"
        android:layout_weight="1"
        android:text="버튼B" />
```

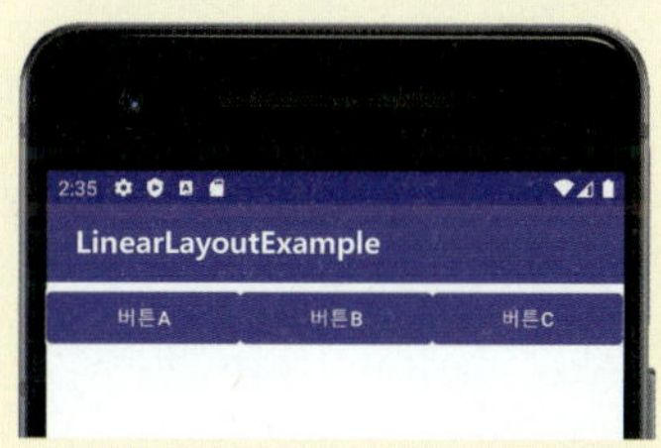

```
    <Button
        android:id="@+id/button3"
        android:layout_width="wrap_content"
        android:layout_height="wrap_content"
        android:layout_weight="1"
        android:text="버튼C" />

</LinearLayout>
```

weightSum 속성

weightSum 속성은 레이아웃 내에 있는 모든 위젯의 layout_weight 속성값 합계를 나타내는 속성입니다. 이 속성은 레이아웃에서 위젯의 가중치 속성을 사용하려는 경우 필요합니다.

예를 들어, 레이아웃에 버튼 3개가 있을 때 layout_weight 속성값 합계가 6이면 레이아웃의 weightSum 속성값은 다음과 같이 설정합니다.

```
<LinearLayout
    ...
    android:weightSum="6" >

    <Button
        android:id="@+id/button1"
        android:layout_width="wrap_content"
        android:layout_height="wrap_content"
        android:layout_weight="3"
        android:text="버튼A" />

    <Button
        android:id="@+id/button2"
        android:layout_width="wrap_content"
        android:layout_height="wrap_content"
        android:layout_weight="2"
        android:text="버튼B" />

    <Button
        android:id="@+id/button3"
        android:layout_width="wrap_content"
        android:layout_height="wrap_content"
        android:layout_weight="1"
        android:text="버튼C" />

</LinearLayout>
```

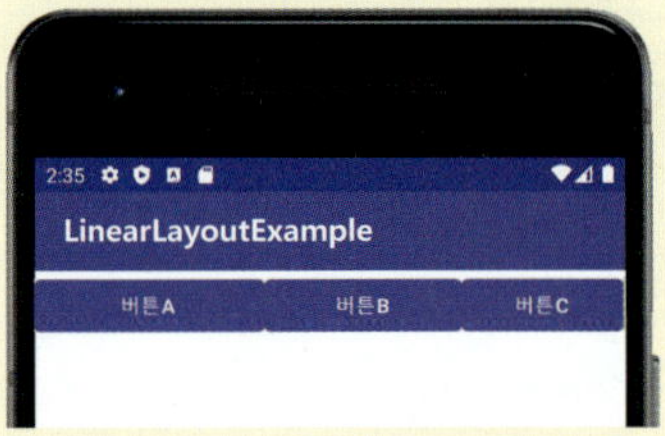

> **NOTE** **위젯에 설정된 layout_weight와 layout_width/layout_height 간의 우선순위**
> 선형 레이아웃에서는 layout_weight 속성의 가중치 계산은 레이아웃 크기를 계산한 후 나머지 여백을 계산한 이후에 수행됩니다. 만약 일부 위젯에 layout_weight 속성이 지정되어 있지 않다면 이 위젯들은 자신의 영역 값에 지정된 wrap_content, match_parent 또는 고정 크기만큼의 영역을 할당받고, 나머지 여백에서 가중치 계산을 통해 크기를 결정합니다.

실습 예제 4-2 선형 레이아웃을 적용한 로그인 화면 만들기

선형 레이아웃을 적용하여 아이디와 비밀번호를 입력하는 로그인 화면을 만들고 〈로그인〉 버튼을 클릭하면 입력된 로그인 정보를 토스트로 출력합니다.

| 구현 내용 |

아이디와 비밀번호를 입력하고 〈로그인〉 버튼을 클릭하면 입력된 아이디와 비밀번호를 토스트로 출력합니다.

| 구현 방법 |

❶ 프로젝트명은 'LinearLayoutProject', 패키지명은 'om.androidbook.linearlayoutproject'로 새 프로젝트를 생성합니다. 나머지 설정값은 기존과 동일하게 선택합니다.

❷ activity_main.xml 파일에 다음과 같이 아이디와 비밀번호를 입력받는 에디트 텍스트와 〈로그인〉 버튼을 추가합니다.

res\layout\activity_main.xml

```
<?xml version="1.0" encoding="utf-8"?>
<LinearLayout  ...
    android:gravity="center_horizontal" // 레이아웃 내 위젯 정렬 : 가운데 수평
    android:orientation="vertical" > // 위젯 배치 방향 : 수직

    <ImageView  // 사용자 이미지를 표시하는 이미지 뷰
        android:id="@+id/imageView"
        android:layout_width="150dp"
        android:layout_height="150dp"

        android:layout_marginTop="80dp"
        android:src="@drawable/user" />
```

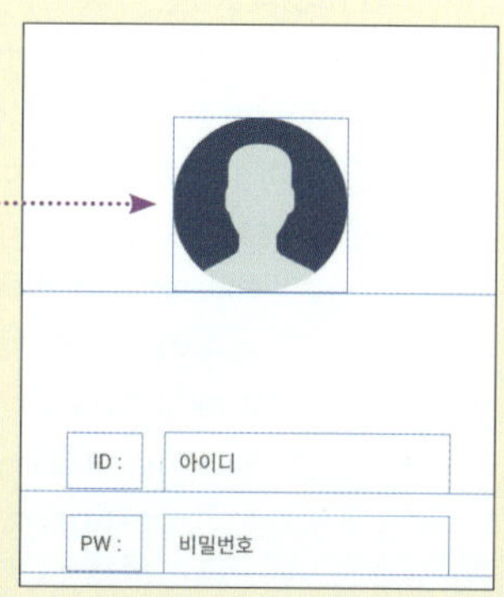

```
<LinearLayout  // 자식 레이아웃, id 관련 텍스트 뷰와 에디트 뷰 배치
    android:layout_width="match_parent"
    android:layout_height="wrap_content"
    android:orientation="horizontal">

    <TextView  // 'ID:' 글자를 표시하는 텍스트 뷰
        android:id="@+id/textView01"
        android:layout_width="65dp"
        android:layout_height="wrap_content"
        android:layout_marginLeft="40dp"
        android:layout_marginTop="120dp"
        android:layout_marginRight="20dp"
        android:gravity="right"
        android:hint="ID : "
        android:padding="12dp"
        android:textSize="18sp" />

    <EditText  // 아이디의 힌트를 표시하고 아이디를 입력받을 에디트 텍스트
        android:id="@+id/editText01"
        android:layout_width="match_parent"
        android:layout_height="wrap_content"
        android:layout_marginTop="120dp"
        android:layout_marginRight="40dp"
        android:background="#ffffff"
        android:ems="10"
        android:hint="아이디"
        android:inputType="textPersonName"
        android:padding="12dp"
        android:textSize="18sp" />
</LinearLayout>

<LinearLayout  // 자식 선형 레이아웃으로 PW 관련 텍스트 뷰와 에디트 뷰 배치
    android:layout_width="match_parent"
    android:layout_height="wrap_content"
    android:orientation="horizontal">
    <TextView  // 'PW:' 글자를 표시하는 텍스트 뷰
        android:id="@+id/textView2"
        android:layout_width="65dp"
        android:layout_height="wrap_content"
        android:layout_marginLeft="40dp"
        android:layout_marginTop="20dp"
        android:layout_marginRight="20dp"
        android:gravity="right"
```

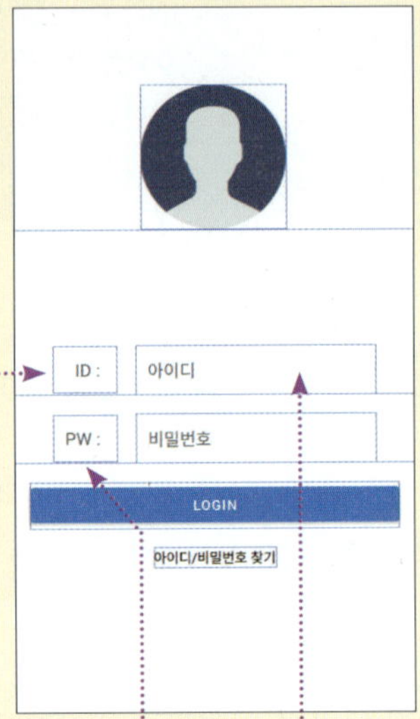

```
            android:hint="PW : "
            android:padding="12dp"
            android:textSize="18sp" />

        <EditText  // 비밀번호 힌트를 표시하고 비밀번호를 입력받을 에디트 텍스트
            android:id="@+id/editText02"
            android:layout_width="match_parent"
            android:layout_height="wrap_content"
            android:layout_marginTop="20dp"
            android:layout_marginRight="40dp"
            android:background="#ffffff"
            android:ems="10"
            android:hint="비밀번호"
            android:inputType="textPassword"
            android:padding="12dp" />
    </LinearLayout>

    <Button // <Login> 버튼을 표시하는 버튼
        android:id="@+id/button"
        android:layout_width="match_parent"
        android:layout_height="wrap_content"
        android:layout_marginLeft="16dp"
        android:layout_marginTop="20dp"
        android:layout_marginRight="16dp"
        android:backgroundTint="#2196f3"
        android:onClick="onButtonClick"
        android:paddingLeft="30dp"
        android:paddingRight="30dp"
        android:text="Login"
        android:textColor="#ffffff" />

    <TextView  // '아이디/비밀번호 찾기'를 표시하는 텍스트 뷰
        android:id="@+id/textView"
        android:layout_width="wrap_content"
        android:layout_height="wrap_content"

        android:layout_margin="20dp"
        android:text="아이디/비밀번호 찾기"
        android:textColor="#000000" />

</LinearLayout>
```

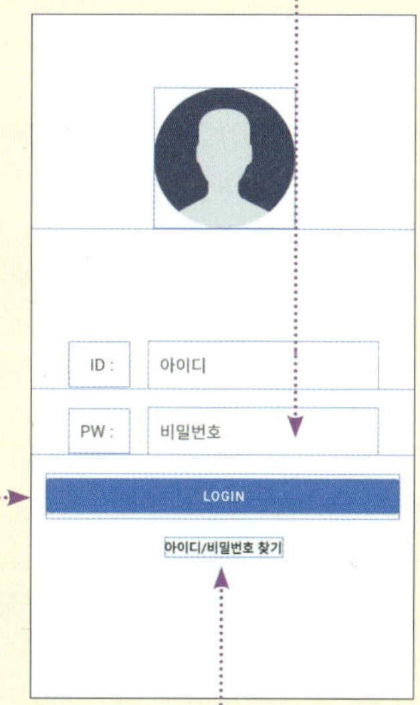

❸ MainActivity.java 파일에 다음과 같이 작성하고 저장합니다.

java\com\androidbook\linearlayoutproject\MainActivity.java

```
package com.androidbook.linearlayoutproject;
// 이하 코드는 [실습 예제 4-1] 코드와 동일
...
public class MainActivity extends AppCompatActivity {
    EditText editObj1;
    EditText editObj2;

    @Override
    protected void onCreate(Bundle savedInstanceState) {
        super.onCreate(savedInstanceState);
        setContentView(R.layout.activity_main);

        editObj1 = (EditText) findViewById(R.id.editText01);
        editObj2 = (EditText) findViewById(R.id.editText02);
    }
    public void  onButtonClick(View view) {
        String value1 = editObj1.getText().toString();
        String value2 = editObj2.getText().toString();
        Toast.makeText(getApplicationContext(), "아이디 : " + value1 + "\n비밀번호 : " +
value2 , Toast.LENGTH_LONG).show();
    }
}
```

❹ 안드로이드 스튜디오에서 '실행' 아이콘(▶)을 클릭하여 실행 결과를 확인합니다.

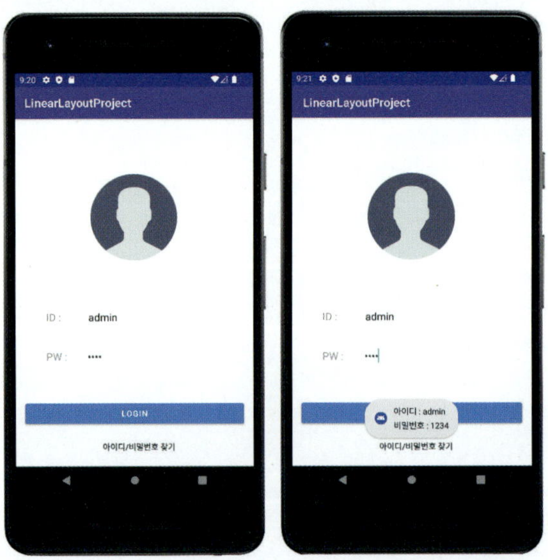

4.4 상대 레이아웃 사용하기

상대 레이아웃이란

상대 레이아웃(RelativeLayout)은 위젯을 다른 위젯이나 부모 레이아웃을 기준으로 상대적으로 정렬하는 레이아웃입니다. 만약 위치를 지정하지 않으면 모든 위젯이 레이아웃의 왼쪽 상단에 배치됩니다. 그러나 제약 레이아웃이 등장하면서 상대 레이아웃은 레거시 상태로 남게 되었습니다. 따라서 사용할 때는 추후에 없어질 수도 있다는 점을 고려해야 합니다.

그림 4-20 상대 레이아웃 설정

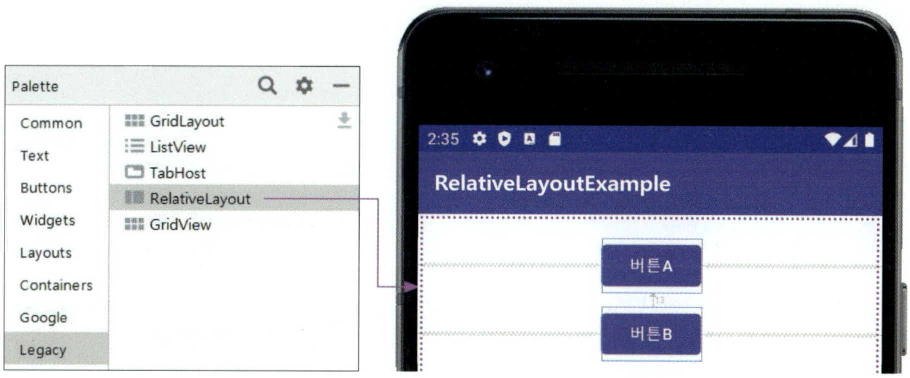

RelativeLayout 클래스는 테이블 레이아웃을 나타내는 또 다른 ViewGroup 하위 클래스입니다. 이 클래스는 android.widget.RelativeLayout 패키지에 포함되어 있습니다.

```
java.lang.Object
   └, android.view.View
       └, android.view.ViewGroup
           └, android.widget.RelativeLayout
```

상대 레이아웃의 속성 설정

상대 레이아웃에서 대상 위젯을 배치할 때 부모 레이아웃을 기준으로 정렬하는 방식과 다른 위젯을 기준으로 설정하는 방식이 있습니다. 부모 레이아웃을 기준으로 정렬할 때는 속성명="true" 형식으로, 다른 위젯을 기준으로 정렬할 때는 속성명="@+id/기준위젯아이디" 형식으로 설정합니다.

상대 레이아웃에서 사용할 수 있는 속성은 다음과 같습니다.

표 4-14 부모 레이아웃을 기준으로 설정하는 속성

속성	설명
layout_alignParentBottom	위젯의 아래쪽 가장자리를 부모 레이아웃의 아래쪽 가장자리에 맞춥니다.
layout_alignParentLeft	위젯의 왼쪽 가장자리를 부모 레이아웃의 왼쪽 가장자리에 맞춥니다.
layout_alignParentRight	위젯의 오른쪽 가장자리를 부모 레이아웃의 오른쪽 가장자리에 맞춥니다.
layout_alignParentTop	위젯의 위쪽 가장자리를 부모 레이아웃의 위쪽 가장자리에 맞춥니다.
layout_centerHorizontal	위젯 위치를 부모 레이아웃의 가로 가운데에 맞춥니다.
layout_centerInParent	위젯 위치를 부모 레이아웃의 가로와 세로 경계의 중심에 맞춥니다.
layout_centerVertical	위젯 위치를 부모 레이아웃의 세로 가운데에 맞춥니다.

그림 4-21 부모 레이아웃 기준으로 설정한 속성 예

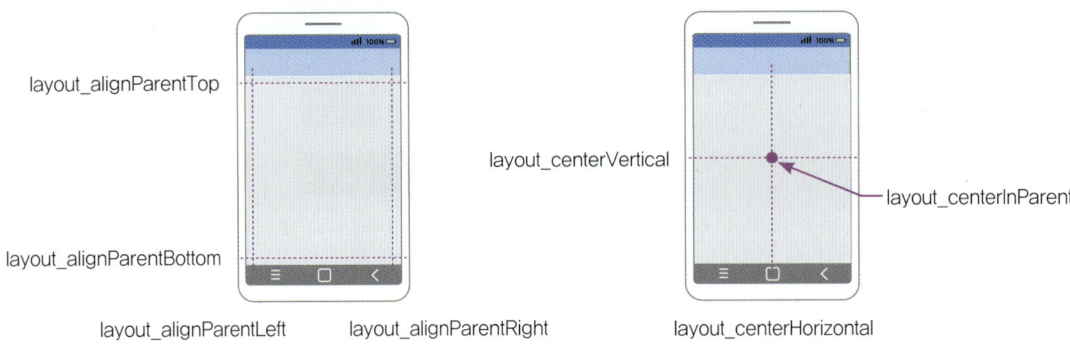

표 4-15 위젯을 기준으로 설정하는 속성

속성	설명
layout_above	위젯의 아래쪽 가장자리를 기준 위젯의 위쪽 가장자리에 맞춥니다.
layout_below	위젯의 위쪽 가장자리를 기준 위젯의 아래쪽 가장자리에 맞춥니다.
layout_alignBaseline	위젯의 텍스트 기준선을 기준 위젯의 텍스트 기준선에 맞춥니다.
layout_alignBottom	위젯의 아래쪽 가장자리를 기준 위젯의 아래쪽 가장자리에 맞춥니다.

속성	설명
layout_alignLeft	위젯의 왼쪽 가장자리를 기준 위젯의 왼쪽 가장자리에 맞춥니다.
layout_alignRight	위젯의 오른쪽 가장자리를 기준 위젯의 오른쪽 가장자리에 맞춥니다.
layout_alignTop	위젯의 위쪽 가장자리를 기준 위젯의 위쪽 가장자리에 맞춥니다.
layout_toLeftOf	위젯의 오른쪽 가장자리를 기준 위젯의 왼쪽 가장자리에 맞춥니다.
layout_toRightOf	위젯의 왼쪽 가장자리를 기준 위젯의 오른쪽 가장자리에 맞춥니다.

그림 4-22 위젯을 기준으로 하는 속성 예

● layout_alignParentBottom 속성

layout_alignParentBottom 속성은 대상 위젯의 하단 가장자리를 부모 레이아웃의 하단 가장자리와 일치시킵니다. 예를 들어, 상대 레이아웃의 텍스트 뷰를 레이아웃의 왼쪽 가장자리에 맞추고 싶으면 다음과 같이 layout_alignParentBottom 속성에 true를 설정합니다.

```
<RelativeLayout
    ...
    android:layout_width="match_parent"
    android:layout_height="match_parent">

 <TextView
    android:id="@+id/textView"
    android:layout_width="wrap_content"
    android:layout_height="wrap_content"
    android:text="Android App"
    android:textSize="20sp"
    android:layout_alignParentBottom="true" />

</RelativeLayout>
```

이름에 layout_alignParent가 붙은 속성은 설정 방법이 모두 같습니다.

그림 4-23 layout_alignParent가 붙은 속성 설정 방법

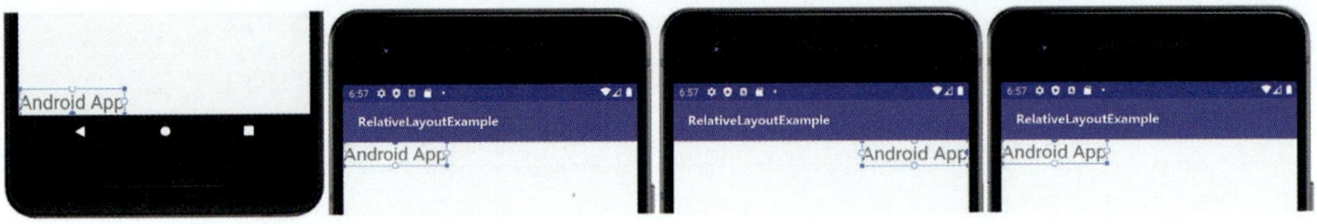

ⓐ layout_alignParentBottom ⓑ layout_alignParentLeft ⓒ layout_alignParentRight ⓓ layout_alignParentTop

● layout_centerHorizontal 속성

layout_centerHorizontal 속성은 대상 위젯을 부모 레이아웃의 수평 방향 가운데에 배치합니다. 예를 들어, 상대 레이아웃에서 텍스트 뷰를 레이아웃의 수평 방향 가운데에 맞추고 싶으면 다음과 같이 layout_centerHorizontal 속성을 true로 설정합니다.

```
<TextView
    android:id="@+id/textView"
    android:layout_width="wrap_content"
    android:layout_height="wrap_content"
    android:text="Android App"
    android:textSize="20sp"
    android:layout_centerHorizontal="true" />
```

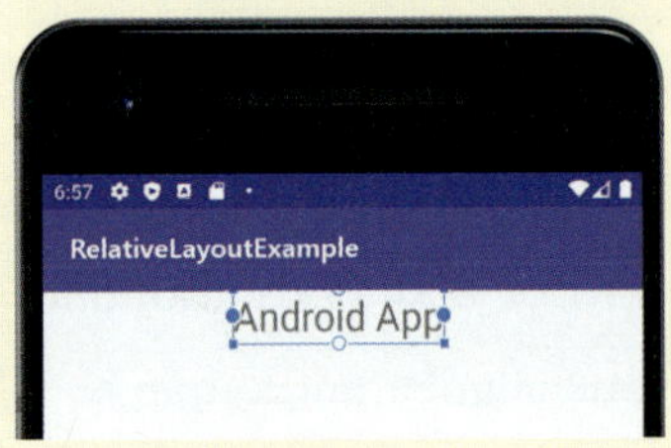

● layout_centerInParent 속성

layout_centerInParent 속성은 대상 위젯을 부모 레이아웃의 중앙에 위치시킵니다. 만약 상대 레이아웃에서 텍스트 뷰를 레이아웃의 중앙에 배치하려면 해당 텍스트 뷰의 layout_center InParent 속성을 true로 설정합니다.

```
<TextView
    android:layout_width="wrap_content"
    android:layout_height="wrap_content"
    android:text="Android App"
    android:textSize="20sp"
    android:textColor="#000"
    android:layout_centerInParent="true" />
```

layout_centerVertical 속성

layout_centerVertical 속성은 대상 위젯을 부모 레이아웃의 세로 기준으로 중앙에 배치합니다. 예를 들어, 텍스트 뷰를 레이아웃의 세로 기준으로 가운데에 놓고 싶으면 다음과 같이 layout_centerVertical 속성을 true로 설정합니다.

```
<TextView
    android:id="@+id/textView"
    android:layout_width="wrap_content"
    android:layout_height="wrap_content"
    android:text="Android App"
    android:textSize="20sp"
    android:layout_centerVertical="true" />
```

layout_above 속성

layout_above 속성은 대상 위젯을 지정된 기준 위젯의 위쪽 가장자리에 배치합니다. 예를 들어, textView2 위젯을 textView 위쪽에 배치하려면 layout_above 속성에서 참조할 textView의 id(@+id/textView)를 속성값으로 설정합니다.

다음 예에서 기준 위젯(textView)의 글자 크기는 30sp, 텍스트는 Android App으로 레이아웃 중앙에 배치합니다. 대상 위젯(textView2)은 레이아웃 가로를 기준으로 가운데, 기준 위젯을 기준으로 위쪽에 배치하고, 기준 위젯과의 여백을 아래쪽 20dp로 설정합니다.

```
<TextView
    android:id="@+id/textView"
    android:layout_width="wrap_content"
    android:layout_height="wrap_content"
    android:layout_centerInParent="true"
    android:text="Android App"
    android:textSize="30sp" />

<TextView
    android:id="@+id/textView2"
    android:layout_width="wrap_content"
    android:layout_height="wrap_content"
    android:layout_above="@+id/textView"
    android:layout_centerHorizontal="true"
    android:layout_marginBottom="20dp"
```

이후 예제 코드에서는 이 부분 생략

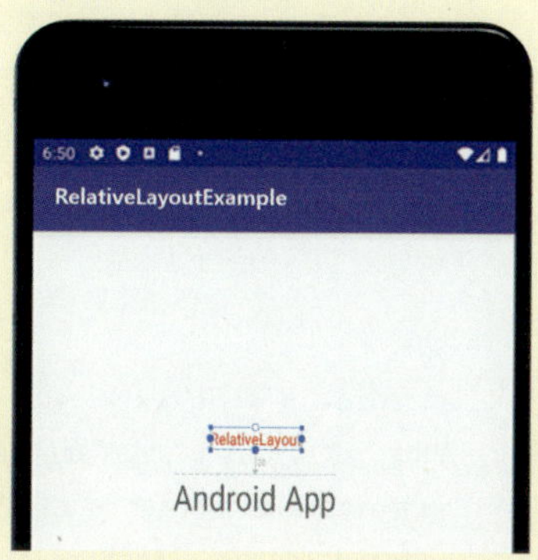

```
    android:text="RelativeLayout"
    android:textColor="#ff0000" />
```

● layout_below 속성

layout_below 속성은 대상 위젯을 지정된 기준 위젯의 아래쪽 가장자리에 배치합니다. 예를 들어, textView2 위젯을 textView 위젯의 아래쪽에 배치하려면 layout_below 속성에서 textView를 참조하도록 속성값에 textView의 id를 추가합니다. 대상 위젯은 위쪽 여백으로 20dp를 설정합니다.

```
<TextView
    android:id="@+id/textView"
    ... />

<TextView
    android:id="@+id/textView2"
    android:layout_width="wrap_content"
    android:layout_height="wrap_content"
    android:layout_below="@+id/textView"
    android:layout_centerHorizontal="true"
    android:layout_marginTop="20dp"
    android:text="RelativeLayout"
    android:textColor="#ff0000" />
```

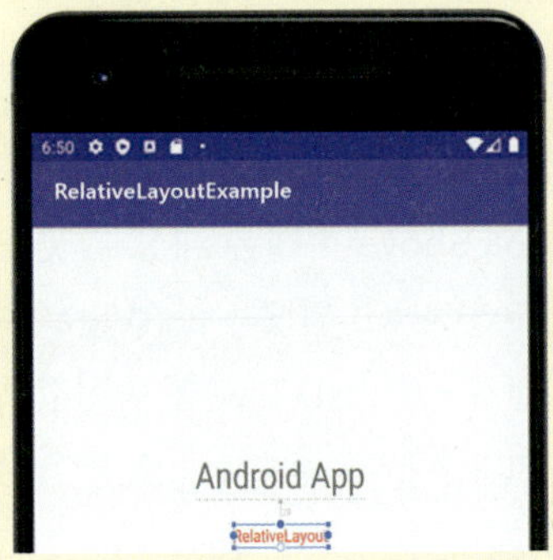

● layout_alignBaseline 속성

layout_alignBaseline 속성은 대상 위젯을 기준 위젯의 텍스트 기준선에 맞추어 정렬합니다. 예를 들어, textView2 위젯을 textView 위젯의 텍스트 기준선에 맞춰 배치하려면 다음과 같이 layout_alignBaseline 속성에서 textView를 참조하도록 속성값에 textView의 id를 추가합니다.

```
<TextView
    android:id="@+id/textView"
    ... />

<TextView
    android:id="@+id/textView2"
    android:layout_width="wrap_content"
    android:layout_height="wrap_content"
    android:layout_alignBaseline="@+id/textView"
```

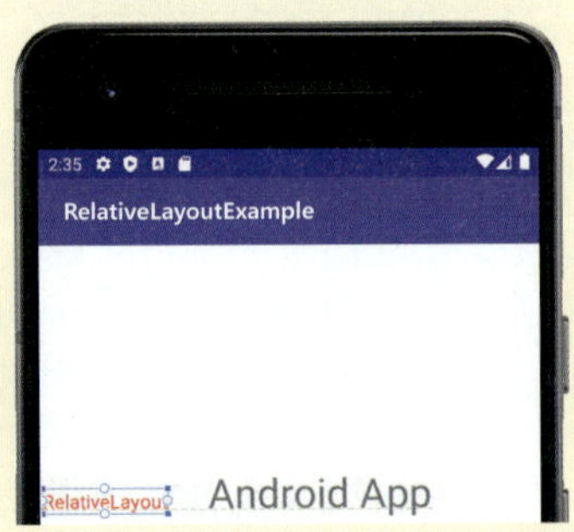

```
    android:text="RelativeLayout"
    android:textColor="#ff0000" />
```

layout_alignBottom 속성

layout_alignBottom 속성은 대상 위젯을 지정된 기준 위젯 아이디의 아래쪽 가장자리에 맞추어 정렬합니다. 예를 들어, textView2 위젯을 textView 위젯의 아래쪽 가장자리에 배치하려면 다음과 같이 layout_alignBottom 속성에서 textView를 참조하도록 속성값에 textView의 id를 추가합니다.

```
<TextView
    android:id="@+id/textView"
    ... />

<TextView
    android:id="@+id/textView2"
    android:layout_width="wrap_content"
    android:layout_height="wrap_content"
    android:layout_centerInParent="true"
    android:layout_alignBottom="@id/textView"
    android:text="RelativeLayout"
    android:textColor="#ff0000" />
```

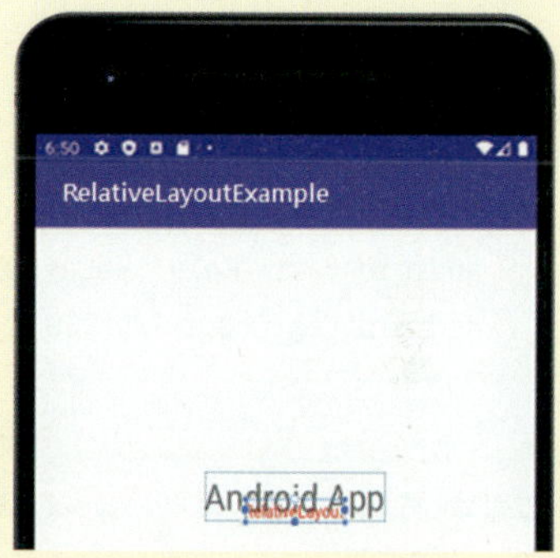

이름에 layout_align이 있는 속성의 설정 방법은 모두 같습니다.

그림 4-24 layout_align* 속성의 설정 예

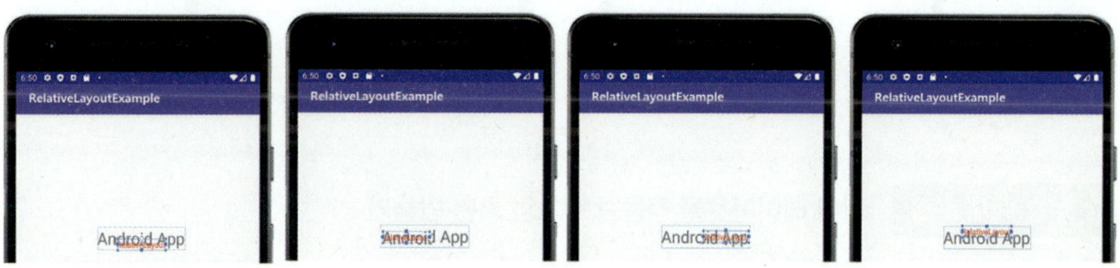

ⓐ layout_alignBottom ⓑ layout_alignLeft ⓒ layout_alignRight ⓓ layout_alignTop

● layout_toLeftOf 속성

layout_toLeftOf 속성은 대상 위젯을 기준 위젯 왼쪽에 배치합니다. 예를 들어, textView2 위젯을 textView 왼쪽에 배치하려면 다음과 같이 layout_toLeftOf 속성에서 textView를 참조하도록 속성값에 textView의 id를 추가합니다.

```
<TextView
    android:id="@+id/textView"
    ... />

<TextView
    android:id="@+id/textView2"
    android:layout_width="wrap_content"
    android:layout_height="wrap_content"
    android:layout_centerInParent="true"
    android:layout_toLeftOf="@id/textView"
    android:text="RelativeLayout"
    android:textColor="#ff0000" />
```

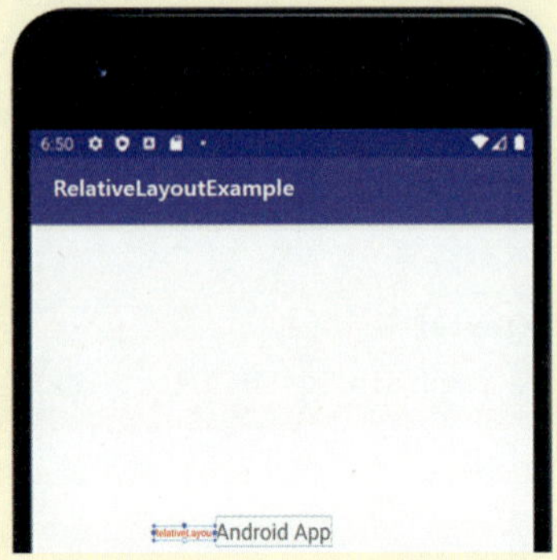

그림 4-25 layout_toLeftOf와 layout_toRightOf 속성 비교

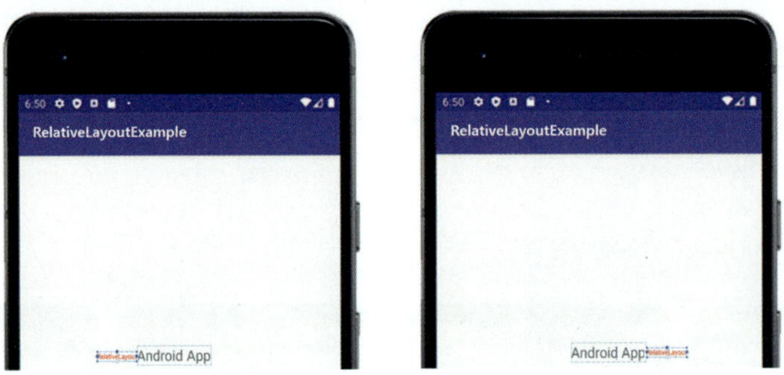

ⓐ layout_toLeftOf　　ⓑ layout_toRightOf

실습 예제 4-3 상대 레이아웃을 적용한 로그인 화면 만들기

상대 레이아웃을 적용하여 아이디와 비밀번호를 입력하는 로그인 화면을 만들고 〈로그인〉 버튼을 클릭하면 입력된 로그인 정보를 토스트로 출력합니다.

| 구현 내용 |

아이디와 비밀번호를 입력하고 〈로그인〉 버튼을 클릭하면 입력된 아이디와 비밀번호를 토스트로 출력합니다.

| 구현 방법 |

❶ 프로젝트명은 'RelativeLayoutProject', 패키지명은 'om.androidbook.relativelayoutproject'로 새 프로젝트를 생성합니다. 나머지 설정값은 기존과 동일하게 선택합니다.

❷ activity_main.xml 파일에 다음과 같이 아이디와 비밀번호를 입력받는 에디트 텍스트와 〈로그인〉 버튼을 추가합니다.

res\layout\activity_main.xml

```
<?xml version="1.0" encoding="utf-8"?>
<RelativeLayout ...
    android:gravity="center_horizontal"
    tools:context=".MainActivity">

    <ImageView // 사용자 이미지를 표시하는 이미지 뷰
        android:id="@+id/imageView"
        android:layout_width="150dp"
        android:layout_height="150dp"
        android:layout_alignParentTop="true"
        // 부모 레이아웃의 위쪽 가장자리에 맞춤
        android:layout_centerHorizontal="true"
        // 부모 레이아웃의 가로 가운데에 맞춤
        android:layout_marginTop="80dp"
        android:src="@drawable/user" />

    <TextView // 'ID:' 글자를 표시하는 텍스트 뷰
        android:id="@+id/textView01"
        android:layout_width="wrap_content"
        android:layout_height="wrap_content"
        android:layout_alignTop="@id/editText01" // 기준 위젯(editText01)의 위쪽 가장자리에 맞춤
        android:layout_marginRight="20dp"
        android:layout_toLeftOf="@id/editText01" // 기준 위젯(editText01)의 왼쪽 가장자리에 맞춤
        android:hint="ID : "
        android:padding="12dp"
        android:textSize="18sp" />

    <EditText // 아이디의 힌트를 표시하고 아이디를 입력받을 에디트 텍스트
        android:id="@+id/editText01"
        android:layout_width="wrap_content"
        android:layout_height="wrap_content"
        android:layout_below="@+id/imageView"
        android:layout_alignParentRight="true" // 부모 레이아웃의 오른쪽 가장자리에 맞춤
        android:layout_centerVertical="true"   // 부모 레이아웃의 가로 가운데에 맞춤
```

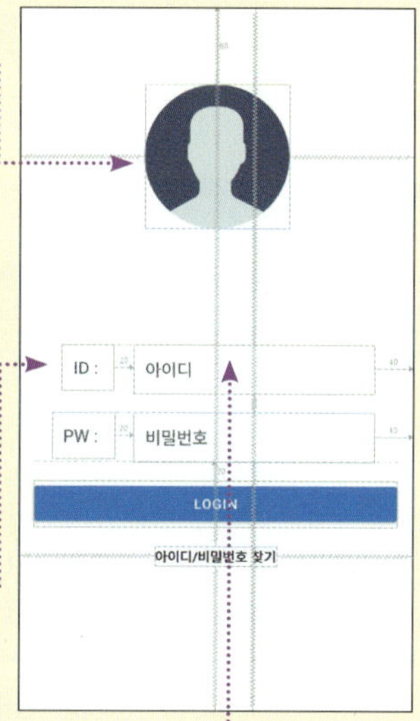

```
        android:layout_marginTop="120dp"
        android:layout_marginRight="40dp"
        android:background="#ffffff"
        android:ems="12"
        android:hint="아이디"
        android:inputType="textPersonName"
        android:padding="12dp"
        android:textSize="18sp" />

    <TextView // 'PW:' 글자를 표시하는 텍스트 뷰
        android:id="@+id/textView02"
        android:layout_width="wrap_content"
        android:layout_height="wrap_content"
        android:layout_alignTop="@id/editText02" // 기준 위젯의 위쪽 가장자리에 맞춤
        android:layout_marginRight="20dp"
        android:layout_toLeftOf="@id/editText02" // 기준 위젯의 왼쪽 가장자리에 맞춤
        android:hint="PW : "
        android:padding="12dp"
        android:textSize="18sp" />

    <EditText // 비밀번호 힌트를 표시하고 비밀번호를 입력받을 에디트 텍스트
        android:id="@+id/editText02"
        android:layout_width="wrap_content"
        android:layout_height="wrap_content"
        android:layout_below="@+id/editText01"
        android:layout_alignParentRight="true" // 부모 레이아웃의 오른쪽 가장자리에 맞춤
        android:layout_centerVertical="true"   // 부모 레이아웃의 세로 가운데에 맞춤
        android:layout_marginTop="20dp"
        android:layout_marginRight="40dp"
        android:background="#ffffff"
        android:ems="12"
        android:hint="비밀번호"
        android:inputType="textPassword"
        android:padding="12dp" />

    <Button // <Login> 버튼을 표시하는 버튼
        android:id="@+id/button"
        android:layout_width="match_parent"
        android:layout_height="wrap_content"
        android:layout_below="@+id/editText02"
        android:layout_marginLeft="16dp"
        android:layout_marginTop="20dp"
        android:layout_marginRight="16dp"
```

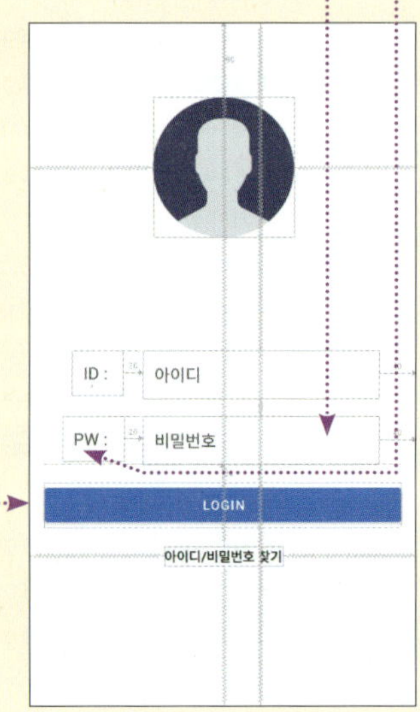

```
            android:backgroundTint="#2196f3"
            android:onClick="onButtonClick"
            android:paddingLeft="30dp"
            android:paddingRight="30dp"
            android:text="Login"
            android:textColor="#ffffff" />

        <TextView // '아이디/비밀번호 찾기' 표시
            android:id="@+id/textView"
            android:layout_width="wrap_content"
            android:layout_height="wrap_content"
            android:layout_below="@+id/button"
            android:layout_centerInParent="true" // 부모 레이아웃의 가로와 세로 경계의 중심에 맞춤
            android:layout_marginStart="20dp"
            android:layout_marginLeft="20dp"
            android:layout_marginTop="20dp"
            android:layout_marginEnd="20dp"
            android:layout_marginRight="20dp"
            android:layout_marginBottom="20dp"
            android:text="아이디/비밀번호 찾기"
            android:textColor="#000000" />

</RelativeLayout>
```

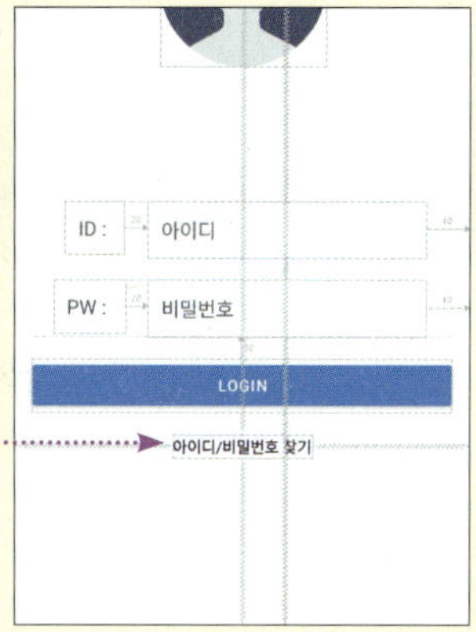

❸ MainActivity.java 파일에 다음과 같이 작성하고 저장합니다.

java\com\androidbook\relativelayoutproject\MainActivity.java

```
package com.androidbook.relativelayoutproject;
// 이하 코드는 [실습 예제 4-1] 코드와 동일
...

public class MainActivity extends AppCompatActivity {
    EditText editObj1;
    EditText editObj2;

    @Override
    protected void onCreate(Bundle savedInstanceState) {
        super.onCreate(savedInstanceState);
        setContentView(R.layout.activity_main);

        editObj1 = (EditText) findViewById(R.id.editText01);
```

```
        editObj2 = (EditText) findViewById(R.id.editText02);
    }
    public void  onButtonClick(View view) {
        String value1 = editObj1.getText().toString();
        String value2 = editObj2.getText().toString();
        Toast.makeText(getApplicationContext(), "아이디 : " + value1 + "\n비밀번호 : " +
value2 , Toast.LENGTH_LONG).show();
    }
}
```

❹ 안드로이드 스튜디오에서 '실행' 아이콘(▶)을 클릭하여 실행 결과를 확인합니다.

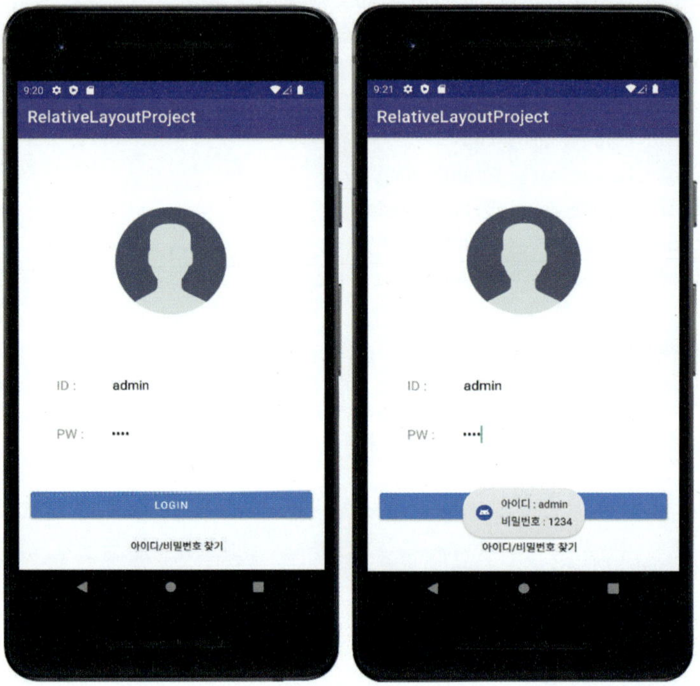

4.5 테이블 레이아웃 사용하기

테이블 레이아웃이란

테이블 레이아웃(TableLayout)은 행(Row)과 열(Column)을 결합하여 위젯을 배열하는 레이아웃입니다. 각 행은 테이블 로우(TableRow)로 생성되며, 테두리 선이 없는 0개 이상의 셀(Cell)을 포함합니다. 각 셀은 하나의 위젯만 포함할 수 있습니다. 열의 최대 개수는 가장 많은 셀을 포함하는 행의 열 개수로 결정됩니다.

기본적으로 테이블 레이아웃의 열 너비는 같은 열의 다른 행 셀 중에서 가장 넓은 열에 맞춰집니다. 다시 말해, 같은 열에 속하는 자식 위젯 중 가장 너비가 큰 위젯의 너비에 맞춰집니다. 행 높이도 마찬가지로 한 행의 셀 중 가장 높은 셀의 높이에 맞춰집니다.

그림 4-26 테이블 레이아웃 설정 화면

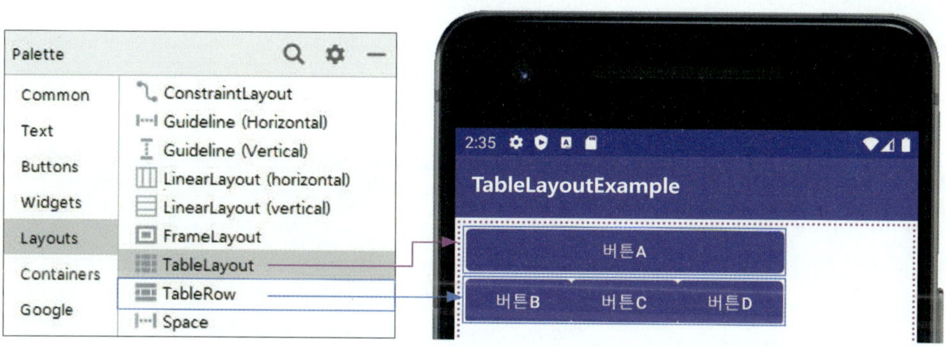

TableLayout 클래스는 ViewGroup의 하위 클래스로, android.widget.TableLayout 패키지에 포함되어 있습니다. 이 클래스는 테이블 형태로 위젯을 배치할 수 있도록 도와줍니다.

```
java.lang.Object
  └→ android.view.View
       └→ android.view.ViewGroup
            └→ android.widget.LinearLayout
                 └→ android.widget.TableLayout
```

테이블 레이아웃의 속성 설정

테이블 레이아웃과 레이아웃에 포함된 위젯에서 사용할 수 있는 주요 속성은 다음과 같습니다.

표 4-16 부모 레이아웃에 사용하는 속성

속성	설명
stretchColumns	특정 열을 확장하는 데 사용합니다.
shrinkColumns	특정 열을 축소하는 데 사용합니다.
collapseColumns	특정 열을 감추는 데 사용합니다.

표 4-17 위젯에 사용하는 속성

속성	설명
layout_column	추가하려는 위젯의 열 인덱스를 설정합니다.
layout_span	합치려는 열의 개수를 설정합니다.

stretchColumns 속성

stretchColumns는 열 너비를 늘리는 데 사용되는 속성입니다. 이 속성은 단일 열 번호 또는 쉼표로 구분된 열 번호 목록(1, 2, 3... n)을 값으로 가질 수 있습니다. 이때 열 번호는 0부터 시작합니다. 예를 들어, stretchColumns 속성값에 1을 할당하면 두 번째 열이 확장되어 해당 행에서 사용 가능한 공간을 넓게 차지합니다.

```
<TableLayout xmlns:android="http://schemas.android.com/apk/res/android"
    xmlns:app="http://schemas.android.com/apk/res-auto"
    xmlns:tools="http://schemas.android.com/tools"
    android:layout_width="match_parent"
    android:layout_height="match_parent"
    android:stretchColumns="1">
```

```
    <TableRow
        android:id="@+id/tableRow"
        android:layout_width="match_parent"
        android:layout_height="wrap_content">

        <TextView
            android:layout_width="wrap_content"
            android:layout_height="wrap_content"
            android:background="#ff0000"
            android:padding="14dp"
            android:text="Android App1"/>

        <TextView
            android:layout_width="wrap_content"
            android:layout_height="wrap_content"
            android:background="#00ff00"
            android:padding="14dp"
            android:text="Android App2"/>
    </TableRow>

</TableLayout>
```

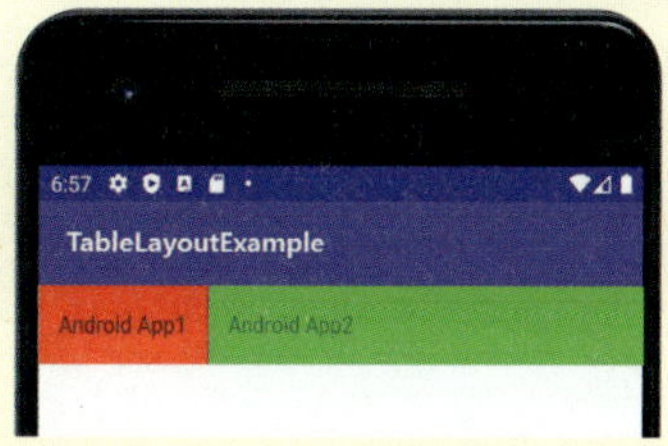

그림 4-27 stretchColumns 속성값 설정 예

ⓐ stretchColumns="0" ⓑ stretchColumns="*" ⓒ stretchColumns="0,2"

● shrinkColumns 속성

shrinkColumns는 열의 너비를 줄이는 데 사용되는 속성으로, 단일 열 번호 또는 쉼표로 구분된 열 번호 목록을 속성값으로 지정할 수 있습니다. 열 번호는 0부터 시작하며, 해당 열의 내용이 축소되는 너비보다 길면 자동으로 줄바꿈되어 너비를 줄입니다. 예를 들어, shrink Columns 속성값이 1인 경우 테이블의 두 번째 열이 축소되며, 텍스트 뷰의 내용이 줄바꿈되어 표시됩니다.

```
<TableLayout
    ...
    android:layout_width="match_parent"
    android:layout_height="match_parent"
    android:shrinkColumns="1">

    <TableRow
        android:id="@+id/tableRow"
        android:layout_width="match_parent"
        android:layout_height="wrap_content">

        <TextView
            android:layout_width="wrap_content"
            android:layout_height="wrap_content"
            android:background="#ff0000"
            android:padding="14dp"
            android:text="Android Programming1"/>

        <TextView
            android:layout_width="wrap_content"
            android:layout_height="wrap_content"
            android:background="#00ff00"
            android:padding="14dp"
            android:text="Android Programming2"/>

        <TextView
            android:layout_width="wrap_content"
            android:layout_height="wrap_content"
            android:background="#0000ff"
            android:padding="14dp"
            android:text="Android Programming3"/>
    </TableRow>

</TableLayout>
```

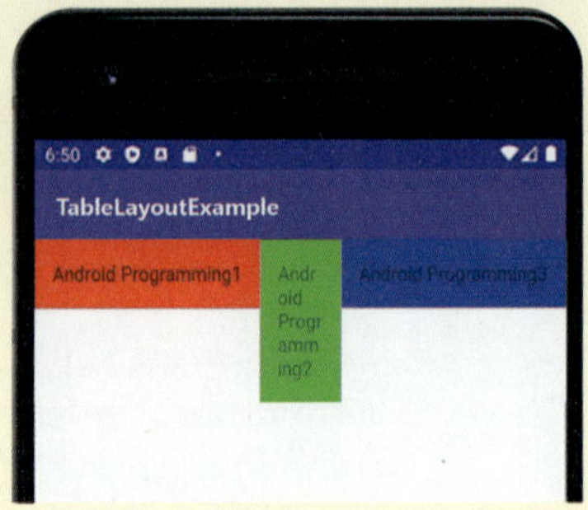

그림 4-28 shrinkColumn 속성값 설정 예

ⓐ shrinkColumns="0" ⓑ shrinkColumns="*" ⓒ shrinkColumns="0,2"

collapseColumns 속성

collapseColumns는 특정 열을 축소하거나 숨기는 데 사용하는 속성입니다. 이때 열은 테이블의 일부이지만 화면에 보이지 않습니다. 속성값으로는 숨기고자 하는 열을 지정합니다. 예를 들어, collapseColumns 속성값이 0이면 다음과 같이 테이블의 첫 번째 열이 숨겨집니다.

```
<TableLayout
    ...
    android:layout_width="match_parent"
    android:layout_height="match_parent"
    android:collapseColumns="0">

    <TableRow
        android:id="@+id/tableRow"
        android:layout_width="match_parent"
        android:layout_height="wrap_content">

        <TextView
            android:layout_width="wrap_content"
            android:layout_height="wrap_content"
            android:background="#ff0000"
            android:padding="14dp"
            android:text="Android Programming1"/>

        <TextView
            android:layout_width="wrap_content"
            android:layout_height="wrap_content"
            android:background="#00ff00"
            android:padding="14dp"
            android:text="Android Programming2"/>
```

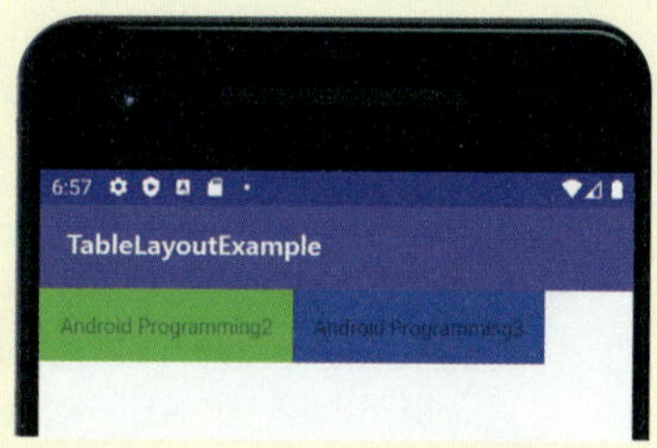

```
        <TextView
            android:layout_width="wrap_content"
            android:layout_height="wrap_content"
            android:background="#0000ff"
            android:padding="14dp"
            android:text="Android Programming3"/>
    </TableRow>

</TableLayout>
```

● layout_column 속성

layout_column 속성은 위젯이 위치할 열 번호를 지정합니다. 예를 들어, 다음과 같이 2행에서 두 번째 위젯에 layout_column 속성값을 2로 설정하면 해당 위젯이 테이블의 세 번째 열에 위치합니다.

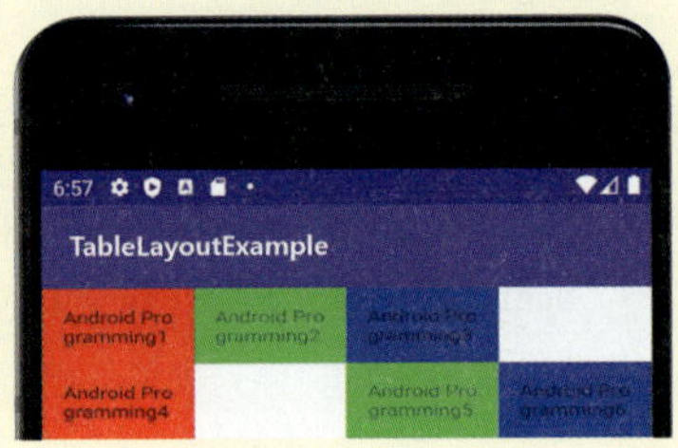


```
<TableLayout ...
android:layout_width="match_parent"
android:layout_height="match_parent"
android:shrinkColumns="*">

<TableRow
        android:id="@+id/tableRow"
        android:layout_width="match_parent"
        android:layout_height="wrap_content">

        <TextView
            android:layout_width="wrap_content"
            android:layout_height="wrap_content"
            android:background="#ff0000"
            android:padding="14dp"
            android:text="Android Programming1"/>

        <TextView
            android:layout_width="wrap_content"
            android:layout_height="wrap_content"
            android:background="#00ff00"
            android:padding="14dp"
            android:text="Android Programming2"/>

        <TextView
            android:layout_width="wrap_content"
```

```
            android:layout_height="wrap_content"
            android:background="#0000ff"
            android:padding="14dp"
            android:text="Android Programming3"/>
    </TableRow>

    <TableRow
        android:id="@+id/tableRow2"
        android:layout_width="match_parent"
        android:layout_height="wrap_content">

        <TextView
            android:layout_width="wrap_content"
            android:layout_height="wrap_content"
            android:background="#ff0000"
            android:padding="14dp"
            android:text="Android Programming4"/>

        <TextView
            android:layout_width="wrap_content"
            android:layout_height="wrap_content"
            android:layout_column="2"
            android:background="#00ff00"
            android:padding="14dp"
            android:text="Android Programming5"/>
        <TextView
            android:layout_width="wrap_content"
            android:layout_height="wrap_content"
            android:background="#0000ff"
            android:padding="14dp"
            android:text="Android Programming6"/>
    </TableRow>

</TableLayout>
```

● layout_span 속성

layout_span 속성은 병합할 열의 개수를 지정합니다. 예를 들어, 다음과 같이 2행에서 두 번째 위젯에 layout_span 속성값을 2로 설정하면 해당 위젯이 테이블의 두 번째와 세 번째 열이 병합되어 위젯이 표시됩니다.

```
<TableLayout ...
    android:layout_width="match_parent"
    android:layout_height="match_parent"
    android:shrinkColumns="*">

    <TableRow
        android:id="@+id/tableRow"
        android:layout_width="match_parent"
        android:layout_height="wrap_content">

        <TextView
            android:layout_width="wrap_content"
            android:layout_height="wrap_content"
            android:background="#ff0000"
            android:padding="14dp"
            android:text="Android Programming1" />

        <TextView
            android:layout_width="wrap_content"
            android:layout_height="wrap_content"
            android:background="#00ff00"
            android:padding="14dp"
            android:text="Android Programming2" />

        <TextView
            android:layout_width="wrap_content"
            android:layout_height="wrap_content"
            android:background="#0000ff"
            android:padding="14dp"
            android:text="Android Programming3" />
    </TableRow>

    <TableRow
        android:id="@+id/tableRow2"
        android:layout_width="match_parent"
        android:layout_height="wrap_content">

        <TextView
            android:layout_width="wrap_content"
            android:layout_height="wrap_content"
            android:background="#ff0000"
            android:padding="14dp"
            android:text="Android Programming4" />
```

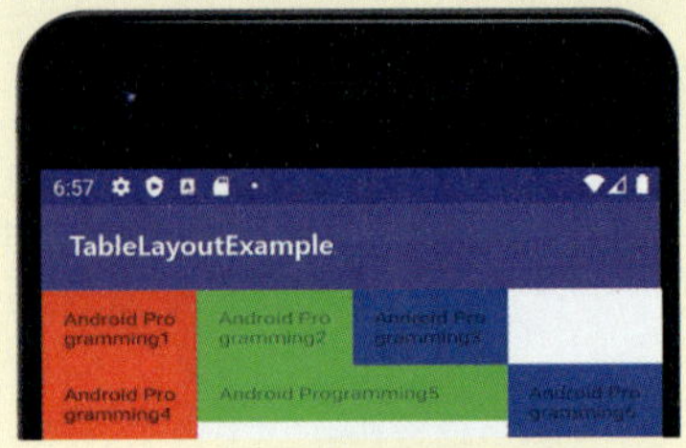

```
    <TextView
        android:layout_width="wrap_content"
        android:layout_height="wrap_content"
        android:layout_span="2"
        android:background="#00ff00"
        android:padding="14dp"
        android:text="Android Programming5" />

    <TextView
        android:layout_width="wrap_content"
        android:layout_height="wrap_content"
        android:background="#0000ff"
        android:padding="14dp"
        android:text="Android Programming6" />
  </TableRow>

</TableLayout>
```


실습 예제 4-4 테이블 레이아웃을 적용한 로그인 화면 만들기

테이블 레이아웃을 적용하여 아이디와 비밀번호를 입력하는 로그인 화면을 만들고 〈로그인〉 버튼을 클릭하면 입력된 로그인 정보를 토스트로 출력합니다.

| 구현 내용 |

아이디와 비밀번호를 입력하고 〈로그인〉 버튼을 클릭하면 입력된 아이디와 비밀번호를 토스트로 출력합니다.

| 구현 방법 |

❶ 프로젝트명은 'TableLayoutProject', 패키지명은 'com.androidbook.tablelayoutproject'로 새 프로젝트를 생성합니다. 나머지 설정값은 기존과 동일하게 선택합니다.

❷ activity_main.xml 파일에 다음과 같이 아이디와 비밀번호를 입력받는 에디트 텍스트와 〈로그인〉 버튼을 추가합니다.

res\layout\activity_main.xml

```
<?xml version="1.0" encoding="utf-8"?>
<TableLayout ...
    android:stretchColumns="1">
```

```
<TableRow // 이미지 뷰 관련 행
    android:layout_width="match_parent"
    android:layout_height="match_parent"
    android:gravity="center_horizontal">

    <ImageView // 사용자 이미지를 표시하는 이미지 뷰
        android:id="@+id/imageView"
        android:layout_width="150dp"
        android:layout_height="150dp"
        android:layout_marginTop="80dp"
        android:src="@drawable/user"
        android:layout_span="2"/> // 2개 열 합치기
</TableRow>

<TableRow  // id 관련 텍스트 뷰와 에디트 텍스트 행
    android:layout_width="match_parent"
    android:layout_height="match_parent"
    android:gravity="center_horizontal">

    <TextView   // 'ID:' 글자를 표시하는 텍스트 뷰
        android:layout_width="wrap_content"
        android:layout_height="wrap_content"
        android:layout_column="0"  // 열의 인덱스 0 설정
        android:layout_marginLeft="20dp"
        android:layout_marginTop="120dp"
        android:hint="ID : "
        android:padding="12dp"
        android:textSize="18sp" />

    <EditText   // 아이디의 힌트를 표시하고 아이디를 입력받을 에디트 텍스트
        android:id="@+id/editText01"
        android:layout_width="wrap_content"
        android:layout_height="wrap_content"
        android:layout_column="1" // 열의 인덱스 1 설정
        android:layout_marginLeft="10dp"
        android:layout_marginTop="120dp"
        android:layout_marginRight="20dp"
        android:background="#ffffff"
        android:ems="10"
        android:hint="아이디"
        android:inputType="textPersonName"
        android:padding="12dp"
        android:textSize="18sp" />
</TableRow>
```

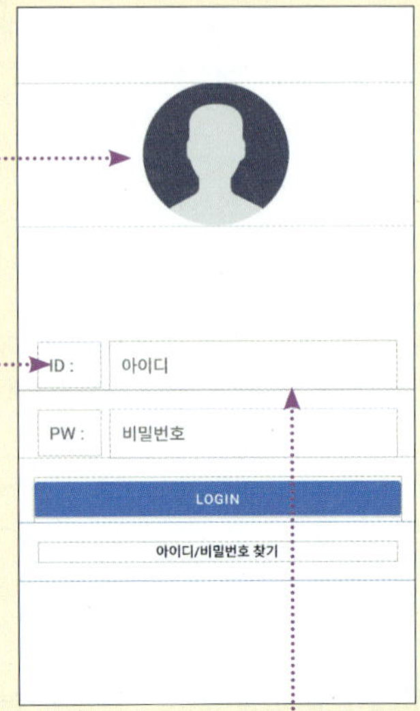

```
<TableRow  // pw 관련 텍스트 뷰, 에디트 텍스트 행
    android:layout_width="match_parent"
    android:layout_height="match_parent"
    android:gravity="center_horizontal">

    <TextView   // 'PW:' 글자를 표시하는 텍스트 뷰
        android:layout_width="wrap_content"
        android:layout_height="wrap_content"
        android:layout_column="0" // 열의 인덱스 0 설정
        android:layout_marginLeft="20dp"
        android:layout_marginTop="20dp"
        android:hint="PW : "
        android:padding="12dp"
        android:textSize="18sp" />

    <EditText // 비밀번호 힌트를 표시하고 비밀번호를 입력받을 에디트 텍스트
        android:id="@+id/editText02"
        android:layout_width="wrap_content"
        android:layout_height="wrap_content"
        android:layout_column="1" // 열의 인덱스 1 설정
        android:layout_marginLeft="10dp"
        android:layout_marginTop="20dp"
        android:layout_marginRight="20dp"
        android:background="#ffffff"
        android:ems="10"
        android:hint="비밀번호"
        android:inputType="textPassword"
        android:padding="12dp" />
</TableRow>

<TableRow // <Login> 버튼 행
    android:layout_width="match_parent"
    android:layout_height="match_parent"
    android:gravity="center_horizontal">

    <Button  // <Login> 버튼을 표시하는 버튼
        android:id="@+id/button"
        android:layout_width="match_parent"
        android:layout_height="wrap_content"
        android:layout_marginLeft="16dp"
        android:layout_marginTop="20dp"
        android:layout_marginRight="16dp"
```

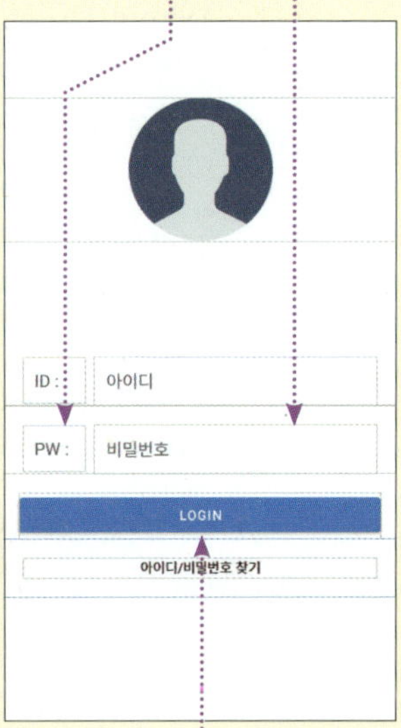

```
            android:backgroundTint="#2196f3"
            android:onClick="onButtonClick"
            android:paddingLeft="30dp"
            android:paddingRight="30dp"
            android:text="Login"
            android:textColor="#ffffff"
            android:layout_span="2"/>

    </TableRow>

    <TableRow // '아이디/비밀번호 찾기 텍스트 뷰' 행
        android:layout_width="match_parent"
        android:layout_height="match_parent"
        android:gravity="center_horizontal">

        <TextView // '아이디/비밀번호 찾기' 표시
            android:id="@+id/textView"
            android:layout_width="wrap_content"
            android:layout_height="wrap_content"
            android:layout_marginStart="20dp"
            android:layout_marginLeft="20dp"
            android:layout_marginTop="20dp"
            android:layout_marginEnd="20dp"
            android:layout_marginRight="20dp"
            android:layout_marginBottom="20dp"
            android:layout_span="2" // 2개 열 합치기
            android:gravity="center"
            android:text="아이디/비밀번호 찾기"
            android:textColor="#000000" />
    </TableRow>

</TableLayout>
```

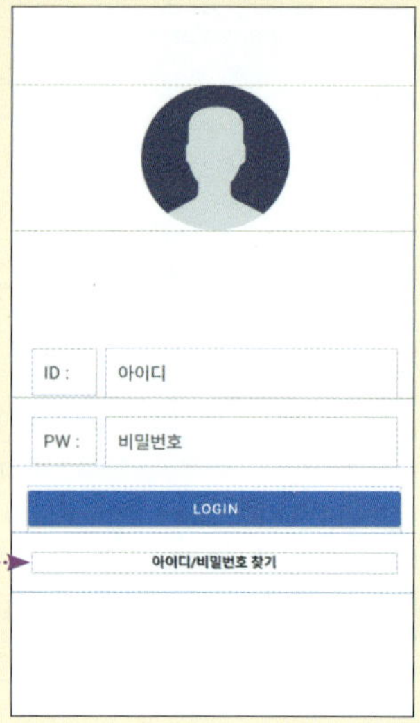

❸ MainActivity.java 파일에 다음과 같이 작성하고 저장합니다.

java\com\androidbook\tablelayoutproject\MainActivity.java

```
package com.androidbook.tablelayoutproject;
// 이하 코드는 [실습 예제 4-1] 코드와 동일
...
public class MainActivity extends AppCompatActivity {
    EditText editObj1;
    EditText editObj2;
```

```
    @Override
    protected void onCreate(Bundle savedInstanceState) {
        super.onCreate(savedInstanceState);
        setContentView(R.layout.activity_main);

        editObj1 = (EditText) findViewById(R.id.editText01);
        editObj2 = (EditText) findViewById(R.id.editText02);
    }
    public void  onButtonClick(View view) {
        String value1 = editObj1.getText().toString();
        String value2 = editObj2.getText().toString();
        Toast.makeText(getApplicationContext(), "아이디 : " + value1 + "\n비밀번호 : " +
value2 , Toast.LENGTH_LONG).show();
    }
}
```

❹ 안드로이드 스튜디오에서 '실행' 아이콘(▶)을 클릭하여 실행 결과를 확인합니다.

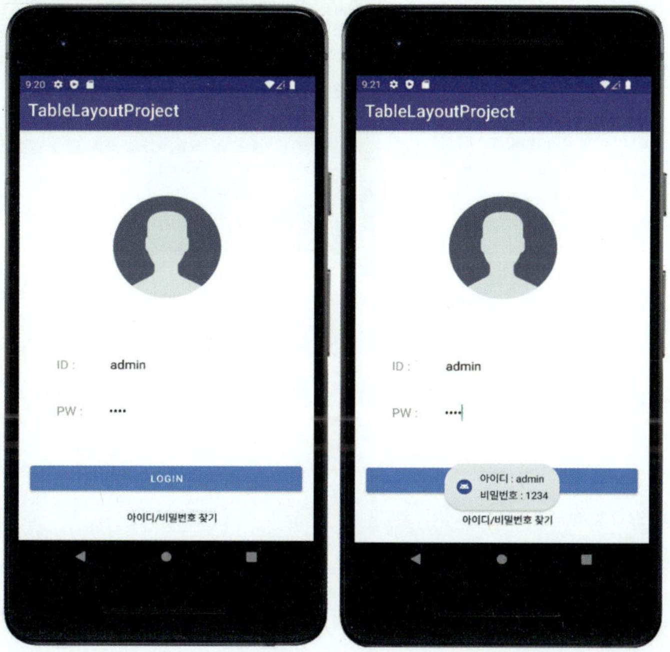

ANDROID

4.6 프레임 레이아웃 사용하기

프레임 레이아웃이란

프레임 레이아웃(FrameLayout)은 위젯을 겹쳐서 하나의 위젯으로 표시하는 레이아웃입니다. 프레임 레이아웃에 여러 위젯을 추가하면 각 위젯의 위치를 layout_gravity 속성을 이용하여 제어할 수 있으며, 이때 가장 최근에 추가된 위젯은 맨 위에 표시됩니다.

그림 4-29 프레임 레이아웃 설정 화면

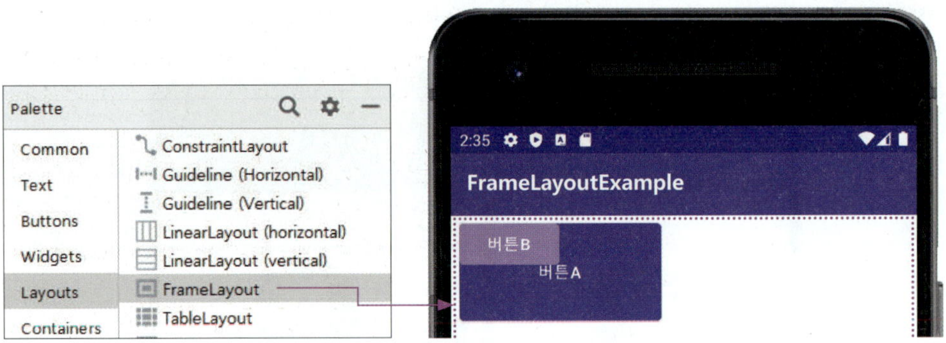

android.widget.FrameLayout 패키지에 속하는 FrameLayout 클래스는 ViewGroup의 하위 클래스 중 하나로, 테이블 레이아웃을 나타내는 데 사용됩니다.

```
java.lang.Object
  └, android.view.View
      └, android.view.ViewGroup
          └, android.widget.FrameLayout
```

프레임 레이아웃 속성 설정

프레임 레이아웃의 주요 속성은 다음과 같습니다.

표 4-18 프레임 레이아웃의 속성

속성	설명
foreground	레이아웃 전면에 넣을 색상이나 이미지를 설정합니다.
foregroundGravity	레이아웃 전면에 보이는 이미지의 정렬 방법을 설정합니다.
visibility	위젯을 표시할지, 숨길지 또는 사라질지를 설정합니다.
measureAllChildren	결정에 모든 하위 위젯의 크기를 넣을지 말지를 설정합니다.

foreground 속성

foreground는 레이아웃 전면에 이미지나 색상을 표시하는 속성입니다. 색상 값은 #rgb, #argb, #rrggbb, #aarrggbb 형식으로 지정할 수 있습니다. foreground 속성을 사용하면 해당 레이아웃에 있는 자식 위젯들은 가려져 보이지 않게 됩니다. 예를 들어, 프레임 레이아웃의 전면을 노란색으로 설정하려면 foreground 속성에 #00ff00을 지정할 수 있습니다. 이 경우 레이아웃에 추가된 이미지 뷰나 텍스트 뷰 등의 위젯은 표시되지 않습니다.

```
<FrameLayout
    ...
    android:layout_width="match_parent"
    android:layout_height="120dp"
    android:foreground="#00ff00">

    <ImageView
        android:layout_width="120dp"
        android:layout_height="120dp"
        android:scaleType="centerCrop"
        android:src="@drawable/cat" />

    <TextView
        android:layout_width="120dp"
        android:layout_height="120dp"
        android:padding="10dp"
        android:text="Android App"
        android:textSize="18sp" />

</FrameLayout>
```

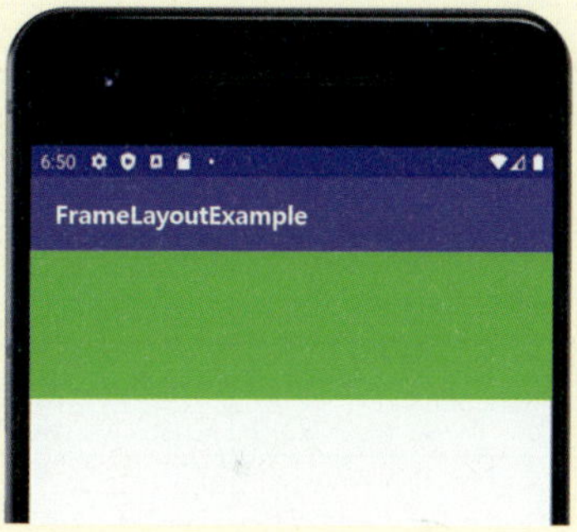

foregroundGravity 속성

foregroundGravity는 레이아웃 전면에 이미지를 넣을 때 해당 이미지를 정렬하는 속성입니다. 기본값은 fill이며, 여러 개의 속성값을 사용할 때는 '|'로 구분합니다. foregroundGravity 속성에서 사용할 수 있는 속성값은 다음과 같습니다.

표 4-19 foregroundGravity 속성값

속성	설명	예
fill	레이아웃의 가로와 세로로 가득 채웁니다.	
fill_vertical	세로로 가득 채웁니다.	
fill_horizontal	가로로 가득 채웁니다.	
center	가로, 세로 기준으로 가운데 정렬합니다.	
center_vertical	세로 기준으로 가운데 정렬합니다.	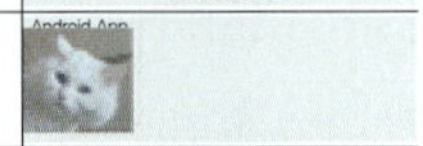
center_horizontal	가로 기준으로 가운데 정렬합니다.	
top	위쪽으로 정렬합니다.	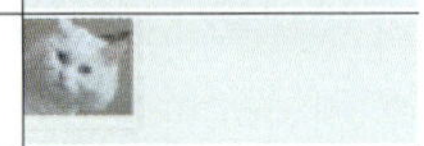
bottom	아래쪽으로 정렬합니다.	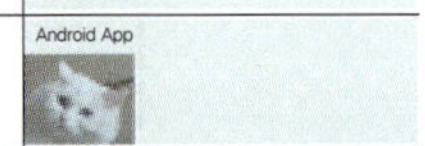
left	왼쪽을 기준으로 정렬합니다.	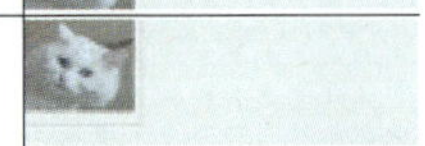
right	오른쪽을 기준으로 정렬합니다.	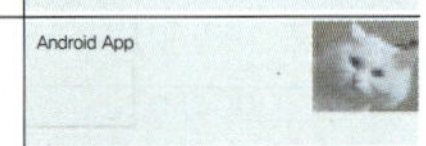
clip_vertical	세로 길이가 남으면 자릅니다.	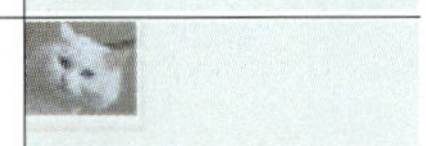
clip_horizontal	가로 길이가 남으면 자릅니다.	

예를 들어, 레이아웃 오른쪽을 기준으로 이미지를 정렬한다면 foregroundGravity 속성값을 다음과 같이 right로 설정합니다.

```
<FrameLayout
    ...
    android:layout_width="match_parent"
    android:layout_height="120dp"
    android:background="#ECF0F1"
    android:foreground="@drawable/cat"
    android:foregroundGravity="right">

    <TextView
        android:layout_width="120dp"
        android:layout_height="120dp"
        android:padding="10dp"
```

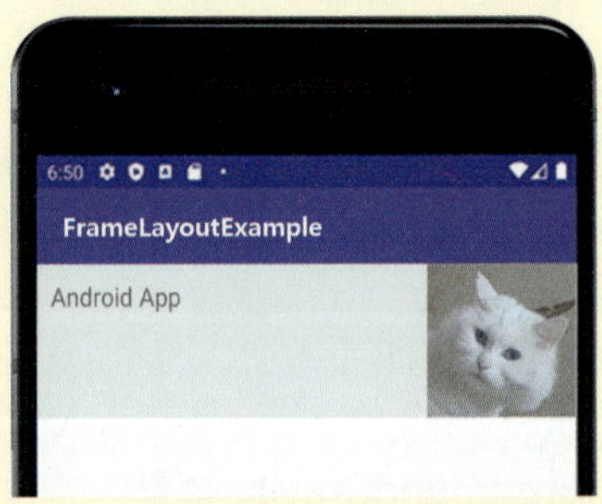

```
        android:text="Android App"
        android:textSize="18sp" />
</FrameLayout>
```


visibility 속성

visibility는 화면에 표시할 위젯을 제어하는 속성으로, 위젯을 보이게 할지, 숨길지, 또는 완전히 사라지게 할지를 설정합니다. 사용할 수 있는 속성값은 다음과 같습니다.

표 4-20 visibility 속성값

속성값	설명
visible	위젯의 위치가 있으며 화면에 표시됩니다.
invisible	위젯의 위치가 있지만, 화면에는 보이지 않습니다.
gone	위젯의 위치가 없으며 화면에도 보이지 않습니다.

예를 들어, 화면에는 그대로 유지하면서 최근에 추가된 위젯을 보이지 않게 하려면 visibility 속성을 invisible로 설정합니다. 이렇게 하면 해당 위젯은 공간을 차지하지만 화면에서는 보이지 않습니다.

```
<FrameLayout
    ...
    android:layout_width="match_parent"
    android:layout_height="120dp"
    android:background="#ECF0F1">

    <ImageView
        android:layout_width="120dp"
        android:layout_height="120dp"
        android:scaleType="centerCrop"
        android:src="@drawable/cat" />

    <TextView
        android:layout_width="120dp"
        android:layout_height="120dp"
        android:padding="10dp"
        android:text="Android App"
        android:textSize="18sp"
        android:visibility="invisible" />

</FrameLayout>
```

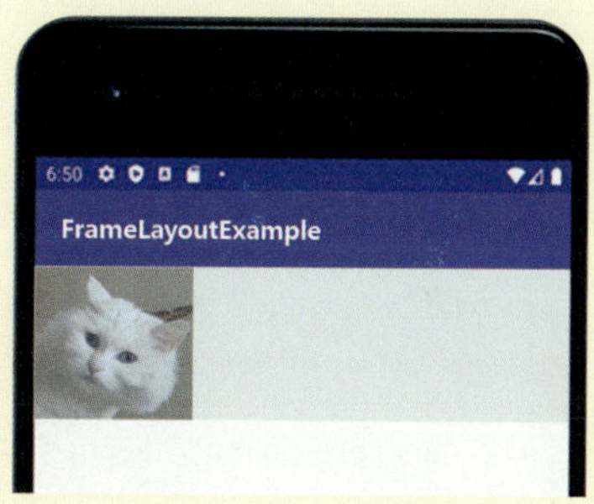

그림 4-30 visibility 속성 적용 예

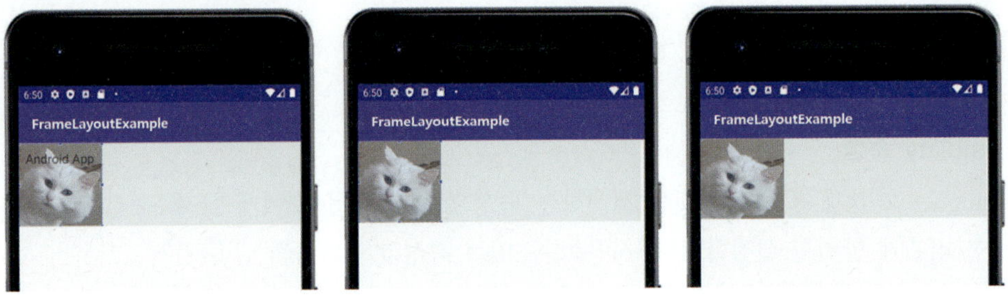

ⓐ visibility="visible" ⓑ visibility="invisible" ⓒ visibility="gone"

● measureAllChildren 속성

measureAllChildren은 레이아웃의 크기를 결정할 때 보이는(visible) 상태나 숨겨진(invisible) 상태인 위젯만 고려할 것인지, 그리고 gone 상태인 위젯의 크기를 고려할 것인지를 결정하는 속성입니다. 기본값은 false이며, 이때는 gone 상태인 위젯의 크기는 고려하지 않습니다. 예를 들어, 프레임 레이아웃 안의 모든 자식 위젯에 대해 측정하고 싶다면 measureAllChildren 속성을 true로 설정합니다.

```
<FrameLayout
    ...
    android:layout_width="wrap_content"
    android:layout_height="wrap_content"
    android:background="#ECF0F1"
    android:measureAllChildren="true">

    <ImageView
        android:layout_width="200dp"
        android:layout_height="120dp"
        android:scaleType="centerCrop"
        android:src="@drawable/cat"
        android:visibility="gone" />

    <TextView
        android:layout_width="120dp"
        android:layout_height="120dp"
        android:padding="10dp"
        android:text="Android App"
        android:textSize="18sp" />

</FrameLayout>
```

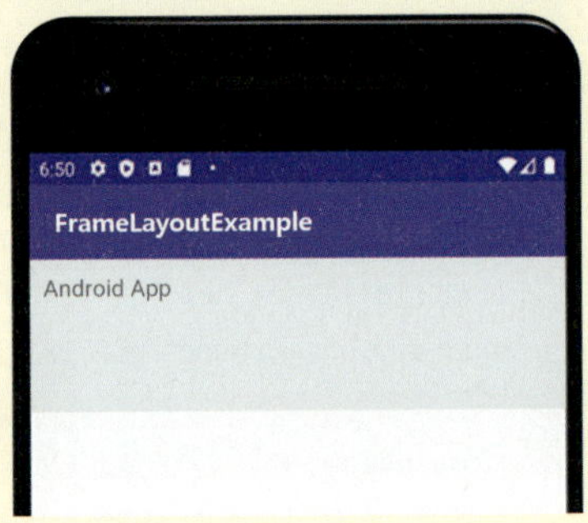

실습 예제 4-5 프레임 레이아웃으로 이미지 출력하기

프레임 레이아웃을 적용하여 동물 이미지와 글자 이미지를 겹쳐서 출력해 봅니다.

| 구현 내용 |

동물 이미지와 글자 이미지를 겹쳐서 출력합니다.

| 구현 방법 |

❶ 프로젝트명은 'FrameLayoutProject', 패키지명은 'om.androidbook.framelayoutproject'로 새 프로젝트를 생성합니다. 나머지 설정값은 기존과 동일하게 선택합니다.

❷ activity_main.xml 파일에 다음과 같이 이미지 뷰와 텍스트 뷰를 추가합니다.

res\layout\activity_main.xml

```
<?xml version="1.0" encoding="utf-8"?>
<FrameLayout ...
    android:background="#00DDFF">

    <ImageView // 고양이 이미지를 출력하는 이미지 뷰
        android:id="@+id/imageView"
        android:layout_width="wrap_content"
        android:layout_height="wrap_content"
        android:layout_margin="20dp"
        app:srcCompat="@drawable/bg_cat" />

    <TextView  // 가운데 글자를 출력하는 텍스트 뷰
        android:layout_width="wrap_content"
        android:layout_height="wrap_content"
        android:layout_gravity="center_horizontal"
        android:layout_marginTop="100dp"
        android:gravity="center"
        android:text="Happy \n Halloween Day"
        android:textSize="30sp"
        android:textStyle="bold|italic"
        app:layout_constraintBottom_toBottomOf="parent"
        app:layout_constraintLeft_toLeftOf="parent"
        app:layout_constraintRight_toRightOf="parent"
        app:layout_constraintTop_toTopOf="parent" />

    <TextView  // 오른쪽 하단의 글자를 출력하는 텍스트 뷰
        android:id="@+id/textView"
```

```
        android:layout_width="wrap_content"
        android:layout_height="wrap_content"
        android:layout_gravity="bottom|end"
        android:text="Android App" />

</FrameLayout>
```

❸ MainActivity.java 파일에 다음과 같이 작성하고 저장합니다.

java\com\androidbook\framelayoutproject\MainActivity.java

```
package com.androidbook.framelayoutproject;
...
public class MainActivity extends AppCompatActivity {

    @Override
    protected void onCreate(Bundle savedInstanceState) {
        super.onCreate(savedInstanceState);
        setContentView(R.layout.activity_main);
    }
}
```

❹ 안드로이드 스튜디오에서 '실행' 아이콘(▶)을 클릭하여 실행 결과를 확인합니다.

PROJECT 4

[도서 쇼핑몰] 도서 목록 화면 만들기

쇼핑몰 시작 화면 버튼 중에서 〈도서 목록〉 버튼을 눌렀을 때 보이는 화면을 만들어 봅니다. 레이아웃 중 테이블 레이아웃과 프레임 레이아웃을 사용하여 만듭니다.

길벗 홈페이지 자료실에서 제공하는 PDF의 14쪽을 참고하세요!

1장 프로젝트 생성하기
▼
3장 시작 화면 만들기
▼
4장 도서 목록 화면 만들기
▼
5장 도서 상품 이벤트 처리하기
▼
6장 도서 상품 상세 정보 표시하기
▼
8장 장바구니 등록 대화상자 만들기
▼
9장
- 장바구니 만들기
- 주문 처리하기

11장 동영상 강좌 화면 만들기

10장 마이 페이지 화면 만들기
▼
10장
- 메모장 만들기
- 메모장에서 검색어 찾기

▼
11장 카메라로 프로필 설정하기
▼
12장 낙서장 만들기

13장 고객센터 화면 만들기
▼
13장 도서 마켓 위치 안내 표시하기
▼
14장 고객문의 게시판 만들기

6장 스플래시 화면 만들기
▼
12장 스플래시 화면 꾸미기

7장
- 메뉴 만들기
- 액션 바 바꾸기
- 내비게이션 바 만들기

▼
8장 로그인 대화상자 만들기
▼
14장
- 회원가입 메뉴 만들기
- 로그인과 로그아웃 기능 만들기

도서 목록 화면 만들기 결과 화면

도서 쇼핑몰 도서 목록 화면을 만들고 〈목록 보기〉 버튼에 이벤트를 적용해 도서 목록의 배치를 변경합니다.

5 장

이벤트 처리하기

학 습 목 표

- 안드로이드의 이벤트 처리를 이해한다.
- 버튼의 이벤트 처리에 대해 익힌다.
- 컴파운드 버튼의 종류와 이벤트 처리에 대해 익힌다.

5.1 이벤트 처리 살펴보기

이벤트 처리(Event Handling)는 사용자가 앱의 대화형 구성 요소와 상호작용할 때 발생하는 동작(액션)을 관리하는 것을 말합니다. 이벤트(Event)는 키나 터치 입력, 위젯 클릭, 텍스트 입력 및 드래그 등 다양한 형태가 있습니다. 안드로이드에서는 모든 이벤트를 먼저 일어난 이벤트를 먼저 처리하는 선입 선출(FIFO, First In First Out) 방식으로 관리합니다. 앱은 이벤트를 발생한 순서대로 가져와 요구사항에 따라 적절한 처리를 하게 됩니다.

이벤트 리스너와 이벤트 핸들러

이벤트 처리를 위해서는 먼저 이벤트 리스너와 이벤트 핸들러를 이해해야 합니다. 이벤트 리스너(Event Listener)는 View 클래스에 속한 인터페이스로, 단일 콜백 메서드를 가지고 있습니다. 이벤트 핸들러(Event Handler)는 실제로 수행될 동작을 포함하고 있는 메서드입니다. 이벤트에 대한 이벤트 리스너를 등록하면 해당 이벤트가 발생할 때마다 이벤트 리스너가 이벤트를 처리하는 메서드인 이벤트 핸들러를 호출합니다. 주로 사용하는 이벤트 리스너와 이벤트 핸들러는 다음과 같습니다.

표 5-1 주요 이벤트 리스너와 이벤트 핸들러

이벤트 리스너	이벤트 핸들러	설명
OnClickListener()	onClick()	화면의 항목을 클릭하거나 터치할 때, 트랙볼 또는 탐색 키로 항목에 포커스를 맞출 때 사용합니다.
OnLongClickListener()	onLongClick()	항목 또는 화면을 1초 이상 클릭할 때 사용합니다.
OnFocusChangeListener()	onFocusChange()	포커스가 맞춰진 항목에서 다른 곳으로 이동할 때 사용합니다.
OnKeyListener()	onKey()	항목에 포커스를 맞추고 클릭할 때 사용합니다.
OnTouchListener()	onTouch()	항목의 특정 범위를 제스처나 탭으로 터치할 때 사용합니다.

NOTE

이벤트 리스너가 필요 없는 이벤트 핸들러

이벤트 리스너 없이 단독으로 사용할 수 있는 이벤트 핸들러는 다음과 같습니다.

표 5-2 이벤트 리스너가 필요 없는 이벤트 핸들러

메서드	이벤트
onKeyDown()	키를 눌렀을 때 사용합니다.
onKeyUp()	키를 눌렀다가 뗄 때 사용합니다.
onTrackballEvent()	트랙볼을 움직일 때 사용합니다.
onTouchEvent()	화면을 터치했을 때 사용합니다.
onFocusChanged()	위젯이 포커스를 얻거나 잃을 때 호출됩니다.

이벤트 등록

이벤트가 발생했을 때 이벤트 핸들러를 호출하도록 이벤트 리스너에 이벤트 핸들러를 등록하는 과정을 이벤트 등록이라고 합니다. 안드로이드 앱에서 이벤트를 등록하는 방법은 주로 다음의 세 가지입니다.

- 레이아웃 파일에 이벤트 핸들러를 직접 지정합니다.
- 익명 클래스로 이벤트를 처리합니다.
- 이벤트 리스너를 구현하는 Activity 클래스를 사용합니다.

5.2 버튼 이벤트 처리하기

앞서 설명한 세 가지 방법으로 이벤트를 등록해서 버튼 이벤트를 처리해 보겠습니다.

onClick 속성으로 이벤트 핸들러 등록

이벤트를 처리하는 가장 간단한 방법은 레이아웃 파일에 있는 위젯의 onClick 속성에 이벤트 처리 메서드를 직접 만드는 것입니다. 이 방법은 《3-3장 - 버튼 다루기 / onClick 속성 이벤트 설정》에서 설명했습니다. 사용자가 버튼 위젯을 클릭하면 뷰가 onClick 이벤트를 받아 처리하는 방식으로, 위젯 아이디를 지정할 필요가 없고 코드가 간결한 경우에 주로 사용됩니다.

onClick 속성으로 이벤트를 등록해 처리하는 방법은 다음과 같습니다.

1. 레이아웃 파일에서 사용자와 상호작용할 위젯에 onClick 속성을 추가합니다. 속성값에는 클릭 이벤트를 처리할 메서드 이름을 설정합니다.
2. 레이아웃 파일과 연동하는 액티비티 클래스(소스 코드)에 이벤트 처리 메서드를 추가합니다. 이때 메서드 이름은 레이아웃 파일에 설정한 onClick 속성값과 같아야 합니다.

예를 들어, 버튼 클릭 시 버튼의 텍스트를 변경하는 이벤트를 onClick 속성으로 처리해 보겠습니다. 이를 위해 먼저 activity_main.xml 레이아웃 파일에 버튼을 추가하고, 해당 버튼의 onClick 속성에 onClickButton() 메서드와 같은 이벤트 처리 메서드를 정의합니다.

```
<Button
    android:id="@+id/button_id"
    android:layout_width="match_parent"
    android:layout_height="wrap_content"
    android:onClick="onClickButton" ❶
    android:text="버튼" />
```

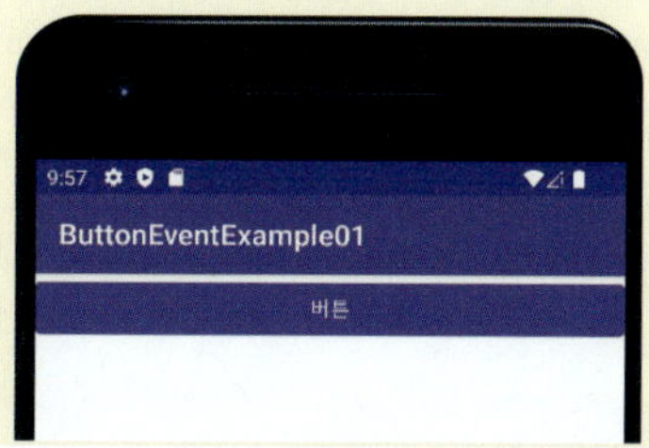

레이아웃 파일에 설정한 onClick 속성값과 동일하게 MainActivity.java 파일의 MainActivity 클래스에 이벤트 처리 메서드인 onClickButton()를 추가합니다.

```
public class MainActivity extends AppCompatActivity {
    Button btn ;

    @Override
    protected void onCreate(Bundle savedInstanceState) {
        super.onCreate(savedInstanceState);
        setContentView(R.layout.activity_main);
        btn = findViewById(R.id.button_id);
    }

    public void onClickButton(View view){ ❷
        btn.setText("버튼 클릭 이벤트");
    }
}
```

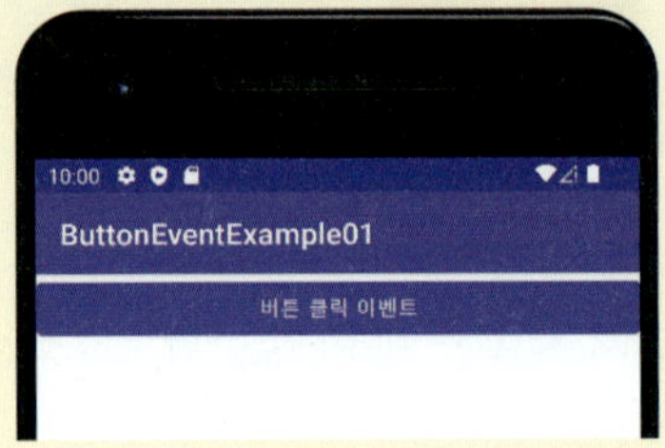

이렇게 작성하면 버튼을 클릭했을 때 onClickButton() 메서드가 실행되어 버튼의 텍스트가 '버튼'에서 '버튼 클릭 이벤트'로 변경됩니다.

onClick 속성을 이용해 이벤트를 처리하는 방법은 다음의 경우에 사용합니다.

- 이벤트 개수가 적을 때
- 간단한 클릭 이벤트 코드를 작성할 때
- 이벤트 리스너를 별도로 작성하는 게 번거로울 때
- 가장 간단하고 직관적인 방법을 선호할 때

익명 클래스로 이벤트를 처리하는 이벤트 리스너 사용

익명 클래스를 사용하면 이벤트 처리 코드가 간결하고, 어디서 이벤트가 처리되는지 쉽게 확인할 수 있어서 자주 사용됩니다. 익명 클래스(Anonymous Class)란 클래스 몸체는 정의되어 있지만 이름이 없는 클래스를 의미하므로 MainActivity와 같은 이름이 없습니다.

익명 클래스로 이벤트를 처리하는 방법은 다음과 같습니다.

❶ 레이아웃 파일에 사용자와 상호작용할 위젯의 id 속성값을 추가합니다.

❷ 레이아웃 파일에 추가한 위젯의 id 속성값을 액티비티 클래스로 가져옵니다. 이때 위젯의 id 속성값은 findViewById() 메서드를 호출해 가져와 객체 변수에 저장합니다.

❸ 액티비티 클래스에 setOnClickListener() 메서드로 익명 클래스 View.OnClickListener를 생성합니다.

앞에서 버튼을 클릭할 때 버튼에 텍스트를 변경하는 예를 익명 클래스로 작성해 봅시다. 먼저 activity_main.xml 파일에 버튼을 추가하고 id 속성값을 button_id로 설정합니다.

```
<Button
        android:id="@+id/button_id" ❶
        android:layout_width="match_parent"
        android:layout_height="wrap_content"
        android:text="버튼" />
```

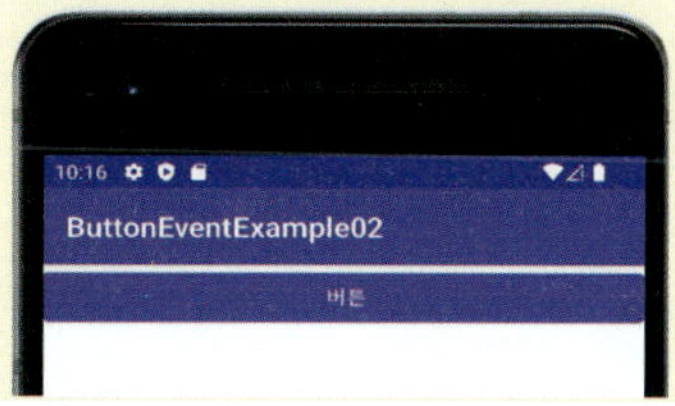

MainActivity.java 파일에서 findViewById() 메서드를 호출해 레이아웃 파일에서 버튼 위젯의 id 속성값을 가져옵니다. setOnClickListener() 메서드로 View.OnClickListener()를 생성합니다.

```
public class MainActivity extends AppCompatActivity {
    Button btn;
    @Override
    protected void onCreate(Bundle savedInstanceState) {
        super.onCreate(savedInstanceState);
        setContentView(R.layout.activity_main);

        btn = findViewById(R.id.button_id); ❷
        btn.setOnClickListener(new View.OnClickListener() {  ─┐
            @Override                                          │
             public void onClick(View view) {                  ├❸
                 btn.setText("버튼 클릭 이벤트");               │
             }                                                 │
          });  ────────────────────────────────────────────────┘
    }
}
```

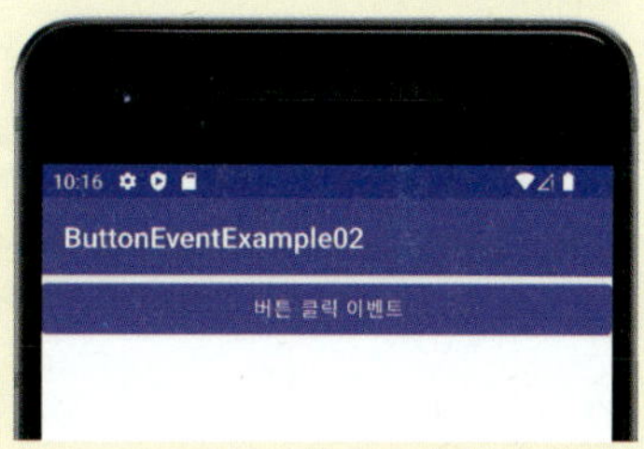

버튼을 클릭하면 findViewById() 메서드가 실행되어 레이아웃 파일에서 버튼의 id 속성값인 button_id를 가져옵니다.

이처럼 익명 클래스로 이벤트를 처리하는 방법은 다음의 경우에 사용합니다.

- 이벤트가 일어나는 뷰의 개수가 적거나 이벤트가 일어나는 뷰 사이에 연관성이 적을 때
- 이벤트 핸들러에서 익명 클래스 외부의 변수를 참조하지 않을 때
- 간단한 뷰의 클릭 이벤트 테스트 코드를 작성할 때

NOTE **이벤트 리스너를 자동으로 생성하는 방법**

이벤트 리스너 구현

이벤트를 처리하는 마지막 방법은 View 클래스에 있는 이벤트 리스너를 액티비티 클래스에서 상속받아 직접 구현하는 것으로, 방법은 다음과 같습니다.

❶ 레이아웃 파일에 사용자와 상호작용할 위젯의 id 속성값을 추가합니다.

❷ 액티비티 클래스에서 View 클래스에 있는 이벤트 리스너를 상속받습니다. Activity 클래스에 View.OnClickListener 인터페이스를 선언합니다.

❸ 레이아웃 파일에 추가한 위젯의 id 속성값을 findViewById() 메서드를 호출해 액티비티 클래스로 가져오고 변수에 저장합니다.

❹ 액티비티 클래스에서 이벤트 리스너 클래스를 참조(상속)하기 위해 setOnClick Listener() 메서드에 this로 이벤트를 전달합니다.

❺ 액티비티에서 onClick() 메서드를 호출합니다. 즉, 액티비티 클래스가 View.OnClick Listener를 상속하므로 액티비티 클래스에 onClick() 메서드를 작성합니다.

버튼 클릭 시 텍스트를 변경하는 예를 이벤트 리스너를 구현해서 처리해 봅시다. 먼저 activity _main.xml 파일에 버튼을 추가하고 id 속성값으로 button_id를 설정합니다.

```
<Button
    android:id="@+id/button_id" ❶
    android:layout_width="match_parent"
    android:layout_height="wrap_content"
    android:text="버튼"
    />
```

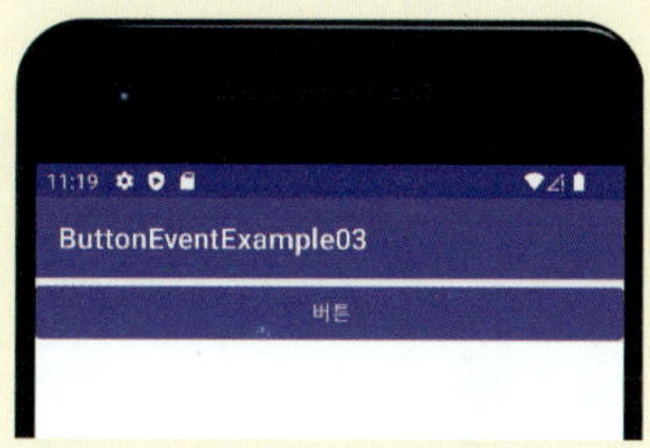

MainActivity.java 파일에서 이벤트 리스너인 View.OnClickListener를 상속받아 onClick() 메서드를 작성합니다. findViewById() 메서드를 호출해 레이아웃 파일에서 버튼 위젯의 id 속성값을 가져와 변수 btn에 저장합니다. 그리고 btn.setOnClickListener(this) 메서드를 호출하여 버튼 클릭 이벤트 처리를 위한 이벤트 리스너를 등록합니다.

```
public class MainActivity extends AppCompatActivity implements View.OnClickListener{
-------------- ❷
  @Override
  public void onCreate(Bundle savedInstanceState) {
      super.onCreate(savedInstanceState);
      setContentView(R.layout.activity_main);
```

```
        Button btn = (Button) findViewById(R.id.button_id); ③
        btn.setOnClickListener(this); ④
    }
    @Override
    public void onClick(View v) {       ⑤
      btn.setText("버튼 클릭 이벤트");
    }
}
```

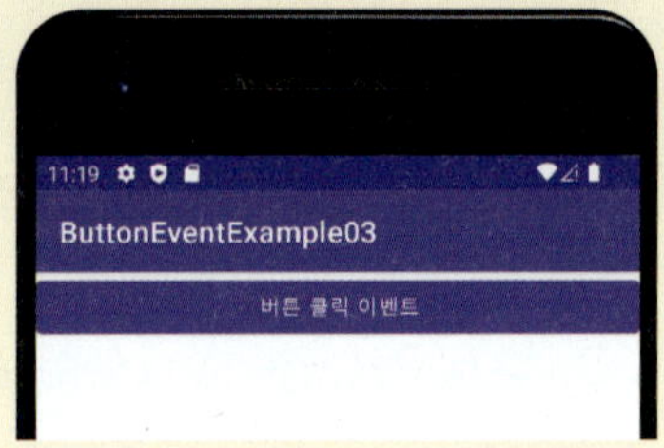

이벤트 리스너를 구현해 이벤트를 처리하는 방법은 다음의 경우에 사용합니다.

- 이벤트 핸들러에서 많은 액티비티를 액세스해야 할 때
- 액티비티 내부에 있는 뷰에 대한 클릭 이벤트를 한 곳에서 처리하고 싶을 때
- 익명 클래스 또는 별도의 이벤트 리스너를 만들고 싶지 않을 때

실습 예제 5-1 버튼 클릭 이벤트로 맞는 그림 찾기

| 구현 내용 |

화면에 보이는 그림에 맞는 짝을 찾아 클릭했을 때 짝을 찾으면 '맞았습니다', 짝이 아니면 '틀렸습니다'를 화면에 출력합니다.

| 구현 방법 |

❶ Empty Activity 템플릿으로 프로젝트를 생성합니다. 프로젝트명은 'buttonevent Project', 패키지명은 'com.androidbook.buttoneventproject'로 입력합니다. 나머지는 기존과 동일하게 설정합니다.

❷ res\drawable 폴더에 다음 이미지를 추가합니다.

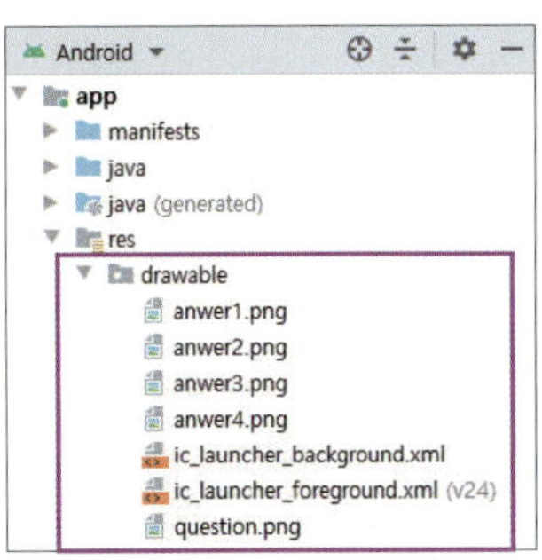

❸ activity_main.xml 파일을 열고 기본으로 작성된 내용을 모두 지웁니다. 다음의 코드를 복사해 붙여넣고 저장합니다.

res\layout\activity_main.xml

```
<?xml version="1.0" encoding="utf-8"?>
<androidx.constraintlayout.widget.ConstraintLayout  ...
    android:layout_margin="25dp">

    <TextView  // 'What is?'를 표시하는 텍스트 뷰
        android:id="@+id/textView"
        android:layout_width="match_parent"
        android:layout_height="wrap_content"
        android:gravity="right"
        android:text="What is?"
        android:textColor="#8BC34A"
        android:textSize="25sp"
        android:textStyle="bold|italic"
        app:layout_constraintLeft_toLeftOf="parent"
        app:layout_constraintRight_toRightOf="parent"
        app:layout_constraintTop_toTopOf="parent" />

    <androidx.constraintlayout.widget.ConstraintLayout
        android:id="@+id/constraintlayout"
        android:layout_width="360dp"
        android:layout_height="360dp"
        android:layout_marginTop="20dp"
        android:layout_marginBottom="140dp"
        app:layout_constrainedHeight="false"
        app:layout_constraintBottom_toBottomOf="parent"
        app:layout_constraintLeft_toLeftOf="parent"
        app:layout_constraintRight_toRightOf="parent"
        app:layout_constraintTop_toBottomOf="@id/textView">

        <FrameLayout
            android:id="@+id/framelayout"
            android:layout_width="wrap_content"
            android:layout_height="wrap_content"
            app:layout_constraintEnd_toEndOf="parent"
            app:layout_constraintStart_toStartOf="parent"
            app:layout_constraintTop_toTopOf="parent">

            <ImageView // 이미지를 표시하는 이미지 뷰
                android:id="@+id/imageView1"
```

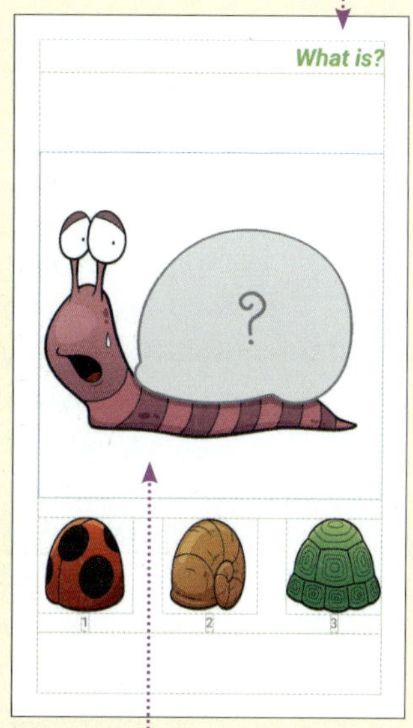

```
            android:layout_width="wrap_content"
            android:layout_height="wrap_content"
            app:srcCompat="@drawable/question" />

        <ImageView // 이미지를 표시하는 이미지 뷰
            android:id="@+id/imageView2"
            android:layout_width="wrap_content"
            android:layout_height="wrap_content"
            android:paddingLeft="70dp"
            android:paddingBottom="10dp"
            android:visibility="invisible"
            app:srcCompat="@drawable/anwer2" />

    </FrameLayout>
</androidx.constraintlayout.widget.ConstraintLayout>

<androidx.constraintlayout.widget.ConstraintLayout
    android:layout_width="match_parent"
    android:layout_height="0dp"
    android:layout_marginTop="20dp"
    app:layout_constraintLeft_toLeftOf="parent"
    app:layout_constraintTop_toBottomOf="@id/constraintlayout">

    <ImageButton // 첫 번째 이미지 버튼
        android:id="@+id/button1"
        android:layout_width="100dp"
        android:layout_height="100dp"
        android:background="@drawable/anwer1" // 배경 이미지
        app:layout_constraintRight_toLeftOf="@id/button2"
        app:layout_constraintHorizontal_chainStyle="spread"
        app:layout_constraintStart_toStartOf="parent"
        app:layout_constraintTop_toTopOf="parent" />

    <ImageButton // 두 번째 이미지 버튼
        android:id="@+id/button2"
        android:layout_width="100dp"
        android:layout_height="100dp"
        android:background="@drawable/anwer2" // 배경 이미지
        app:layout_constraintLeft_toRightOf="@id/button1"
        app:layout_constraintRight_toLeftOf="@id/button3"
        app:layout_constraintTop_toTopOf="parent"/>

    <ImageButton // 세 번째 이미지 버튼
```

```
        android:id="@+id/button3"
        android:layout_width="100dp"
        android:layout_height="100dp"
        android:layout_marginLeft="10dp"
        android:background="@drawable/anwer3" // 배경 이미지
        app:layout_constraintLeft_toRightOf="@id/button2"
        app:layout_constraintEnd_toEndOf="parent"
        app:layout_constraintTop_toTopOf="parent" />

    <TextView // 1 표시 텍스트 뷰
        android:id="@+id/textView2"
        android:layout_width="wrap_content"
        android:layout_height="wrap_content"
        android:text="1"
        app:layout_constraintLeft_toLeftOf="@id/button1"
        app:layout_constraintRight_toRightOf="@id/button1"
        app:layout_constraintTop_toBottomOf="@id/button1" />

    <TextView // 2 표시 텍스트 뷰
        android:id="@+id/textView3"
        android:layout_width="wrap_content"
        android:layout_height="wrap_content"
        android:text="2"
        app:layout_constraintLeft_toLeftOf="@id/button2"
        app:layout_constraintRight_toRightOf="@id/button2"
        app:layout_constraintTop_toBottomOf="@id/button2" />

    <TextView // 3 표시 텍스트 뷰
        android:id="@+id/textView4"
        android:layout_width="wrap_content"
        android:layout_height="wrap_content"
        android:text="3"
        app:layout_constraintLeft_toLeftOf="@id/button3"
        app:layout_constraintRight_toRightOf="@id/button3"
        app:layout_constraintTop_toBottomOf="@id/button3" />

  </androidx.constraintlayout.widget.ConstraintLayout>

</androidx.constraintlayout.widget.ConstraintLayout>
```

❹ MainActivity.java 파일을 열고 기본으로 작성된 내용을 모두 지웁니다. 다음의 코드를 복사해 붙여넣고 저장합니다.

java\com\androidbook\buttoneventproject\MainActivity.java

```
package com.androidbook.buttoneventproject;
...
public class MainActivity extends AppCompatActivity {

    ImageButton btObj1, btObj2, btObj3; // 이미지 버튼 아이디를 저장할 변수
    ImageView ivObj;

    @Override
    protected void onCreate(Bundle savedInstanceState) {
        super.onCreate(savedInstanceState);
        setContentView(R.layout.activity_main);

        btObj1 = (ImageButton)findViewById(R.id.button1);
        btObj2 = (ImageButton)findViewById(R.id.button2);
        btObj3 = (ImageButton)findViewById(R.id.button3);
        ivObj  = (ImageView)findViewById(R.id.imageView2);

        btObj1.setOnClickListener(new View.OnClickListener() { // 첫 번째 이미지 버튼 클릭 이벤트 처리
            @Override
            public void onClick(View view) {
                ivObj.setVisibility(View.VISIBLE);
                ivObj.setImageResource(R.drawable.anwer1);
                Toast.makeText(getApplicationContext(), "틀렸습니다", Toast.LENGTH_SHORT).
show();
            }
        });

        btObj2.setOnClickListener(new View.OnClickListener() { // 두 번째 이미지 버튼 클릭 이벤트 처리
            @Override
            public void onClick(View view) {
                ivObj.setVisibility(View.VISIBLE);
                ivObj.setImageResource(R.drawable.anwer2);
                Toast.makeText(getApplicationContext(), "맞았습니다", Toast.LENGTH_SHORT).
show();
            }
        });

        btObj3.setOnClickListener(new View.OnClickListener() { // 세 번째 이미지 버튼 클릭 이벤트 처리
```

```
            @Override
            public void onClick(View view) {
                ivObj.setVisibility(View.VISIBLE);
                ivObj.setImageResource(R.drawable.anwer3);
                Toast.makeText(getApplicationContext(), "틀렸습니다", Toast.LENGTH_SHORT).
show();
            }
        });

    }
}
```

❺ 안드로이드 스튜디오에서 '실행' 아이콘(▶)을 클릭하여 실행 결과를 확인합니다.

5.3

ANDROID

컴파운드 버튼 이벤트 처리하기

컴파운드 버튼(CompoundButton)은 하위 위젯으로써 버튼 내에서 선택 또는 해제 상태를 설정할 수 있습니다. 여기에는 체크박스, 라디오 버튼, 스위치, 토글 버튼 등이 포함됩니다.

그림 5-1 컴파운드 버튼 구성

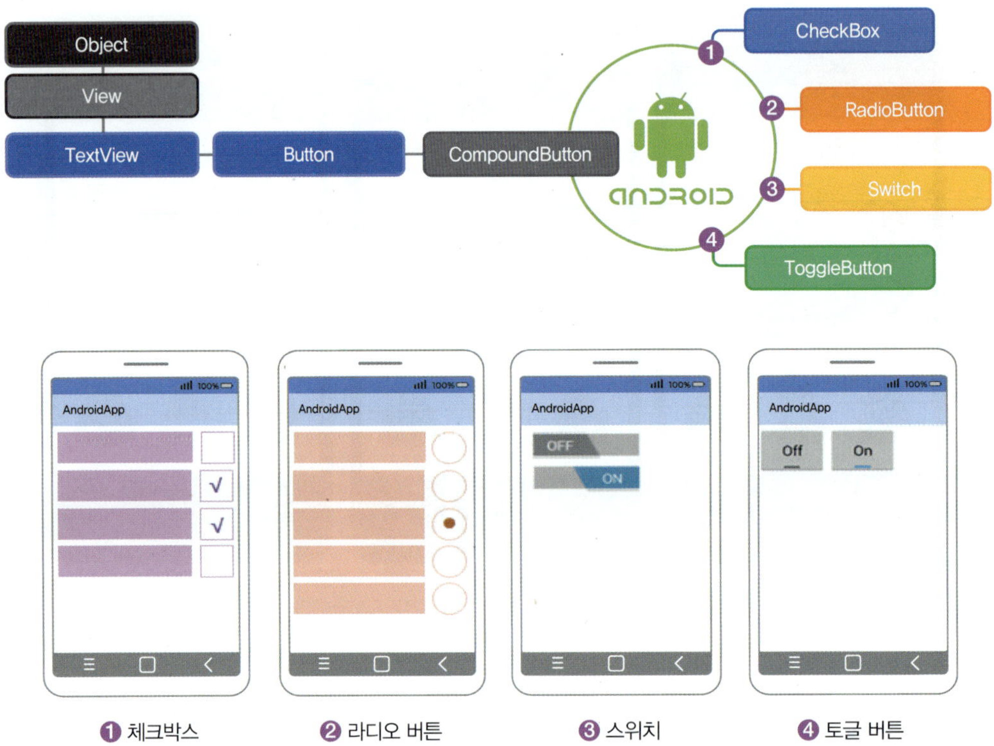

컴파운드 버튼에 속한 위젯들은 checked 속성으로 선택 또는 해제를 표현하며, 기본값은 false입니다.

```
android:checked="true" // 기본값 false
```

컴파운드 버튼에서는 이벤트 리스너인 OnCheckedChangedListener를 사용하여 이벤트를 처리하는 형식은 다음과 같습니다.

```
객체 변수.setOnCheckedChangeListener(
        new CompoundButton.OnCheckedChangeListener() {
         @Override
         public void onCheckedChanged(CompoundButton compoundButton, boolean b) {
         // b==true면 컴파운드 버튼 선택, b==false면 컴파운드 버튼 미선택

    }
```

컴파운드 버튼에서는 이벤트를 어떻게 처리하는지 살펴봅시다.

체크박스 이벤트 처리

체크박스(CheckBox)는 두 가지 상태(ON/OFF)를 갖는 위젯으로, 사용자는 요구사항에 따라 상태를 전환할 수 있습니다. 이 위젯은 상호 배타적이지 않은 옵션들을 나타낼 때 사용됩니다. 예를 들어, 설문 조사에서 몇 가지 항목을 체크박스로 나열하고 선택하게 할 수 있습니다. 또는 로그인 화면에서 로그인 정보를 기억할지 말지 선택하는 옵션에도 적용됩니다.

그림 5-2 체크박스의 구현 예

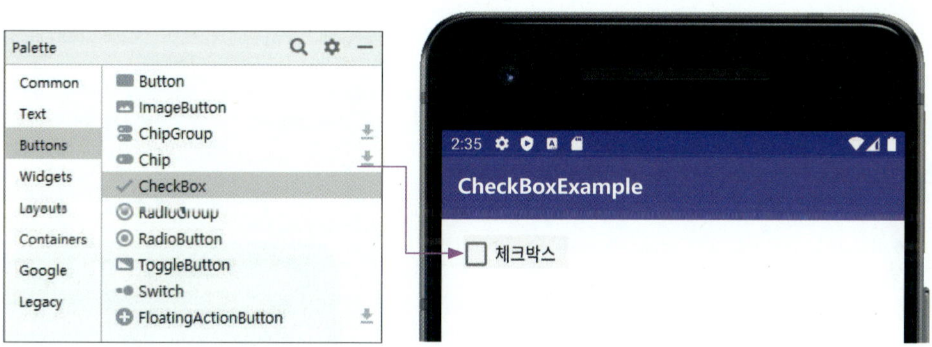

CheckBox는 CompoundButton 클래스의 하위 클래스로, CompoundButton은 Button의 하위 클래스입니다. 그러므로 CheckBox는 TextView와 Button의 모든 속성을 상속받습니다. CheckBox를 사용하려면 android.widget.CheckBox를 임포트해야 합니다. CheckBox 클래스의 상속 관계는 다음과 같습니다.

```
java.lang.Object
  └, android.view.View
      └, android.widget.TextView
          └, android.widget.Button
              └, android.widget.CompoundButton
                  └, android.widget.CheckBox
```

체크박스는 텍스트 뷰와 버튼의 모든 속성을 사용할 수 있으며, checked 속성이 추가됩니다. CheckBox에서 제공하는 메서드 외에도 텍스트 뷰와 버튼이 제공하는 모든 메서드를 사용할 수 있습니다. 자세한 내용은 《3장 – 기본 위젯 다루기》를 참고하시기 바랍니다. CheckBox에서 사용할 수 있는 몇 가지 메서드는 다음과 같습니다.

표 5-3 체크박스의 속성 메서드

메서드	설명
boolean isChecked()	체크박스의 현재 상태를 가져옵니다.
void setChecked(boolean status)	체크박스의 상태를 설정합니다.

예를 들어, 3개의 체크박스를 만들고 checked 속성을 사용해 원하는 체크박스에 선택 표시를 하려면 다음과 같이 설정합니다.

텍스트 표시를 위한 text 속성 사용 예

```
<?xml version="1.0" encoding="utf-8"?>
<LinearLayout ...
    android:orientation="horizontal">

    <CheckBox
        android:id="@+id/checkBox"
        android:layout_width="wrap_content"
        android:layout_height="wrap_content"
        android:checked="true"
        android:text="독서" />
```

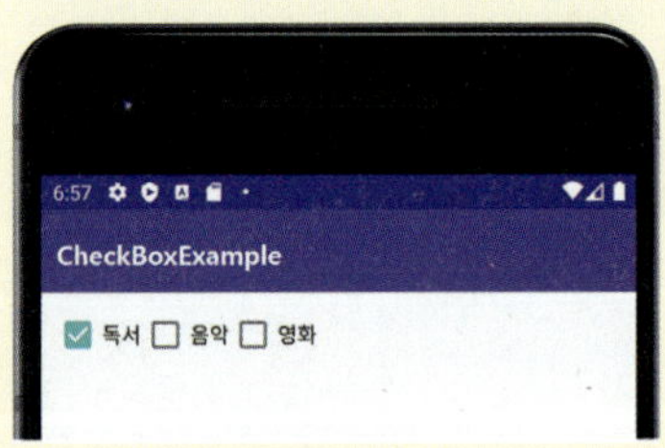

```
    <CheckBox
        android:id="@+id/checkBox2"
        android:layout_width="wrap_content"
        android:layout_height="wrap_content"
        android:text="음악" />

    <CheckBox
        android:id="@+id/checkBox3"
        android:layout_width="wrap_content"
        android:layout_height="wrap_content"
        android:text="영화" />
</LinearLayout>
```


실습 예제 5-2 체크박스 상태 가져오기

| 구현 내용 |

체크박스를 선택 또는 해제 상태로 설정하고 〈결과보기〉 버튼을 클릭하면 선택된 체크박스 상태를 가져와 토스트에 출력합니다.

| 구현 방법 |

❶ Empty Activity 템플릿으로 프로젝트를 생성합니다. 프로젝트명에는 'CheckBox Project', 패키지명에는 'com.androidbook.checkboxproject'를 입력합니다. 나머지 값은 기존과 동일하게 설정합니다.

❷ activity_main.xml 파일을 열고 기본으로 작성된 내용을 모두 지웁니다. 다음 코드를 복사해 붙여넣고 저장합니다.

res\layout\activity_main.xml

```
<?xml version="1.0" encoding="utf-8"?>
<LinearLayout ...
    android:layout_margin="20dp"
    android:orientation="vertical">

    <CheckBox      // '안드로이드'를 표시하는 첫 번째 체크박스
        android:id="@+id/checkBox1"
        android:layout_width="wrap_content"
        android:layout_height="wrap_content"
```

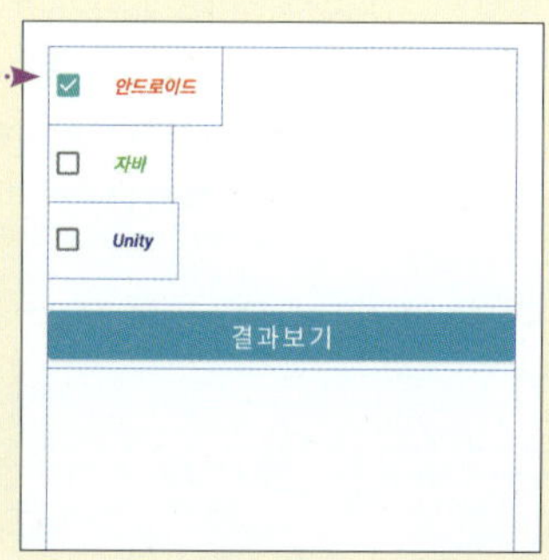

```
        android:checked="true"
        android:padding="20dp"
        android:text="안드로이드"
        android:textColor="#ff0000"
        android:textStyle="bold|italic" />

    <CheckBox      // '자바'를 표시하는 두 번째 체크박스
        android:id="@+id/checkBox2"
        android:layout_width="wrap_content"
        android:layout_height="wrap_content"

        android:padding="20dp"
        android:text="자바"
        android:textColor="#00ff00"
        android:textStyle="bold|italic" />

    <CheckBox      // '유니티'를 표시하는 세 번째 체크박스
        android:id="@+id/checkBox3"
        android:layout_width="wrap_content"
        android:layout_height="wrap_content"

        android:padding="20dp"
        android:text="Unity"
        android:textColor="#0000ff"
        android:textStyle="bold|italic" />

    <Button        // <결과보기> 버튼
        android:id="@+id/button"
        android:layout_width="match_parent"
        android:layout_height="wrap_content"

        android:layout_marginTop="20dp"
        android:backgroundTint="#00BCD4"
        android:text="결과보기"
        android:textColor="#ffffff"
        android:textSize="20dp" />

</LinearLayout>
```

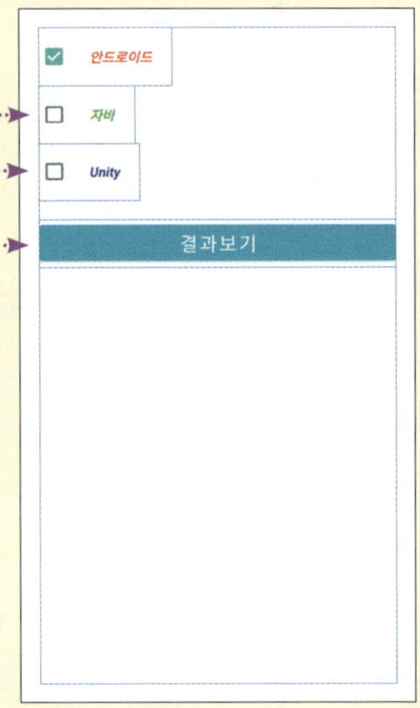

❸ MainActivity.java 파일을 열고 기본으로 작성된 내용을 모두 지웁니다. 다음의 코드를 복사해 붙여넣고 저장합니다.

java\com\androidbook\checkboxproject\MainActivity.java

```
package com.androidbook.checkboxproject;
...
public class MainActivity extends AppCompatActivity {
    CheckBox cbObj1;  // 첫 번째 체크박스 아이디를 저장하는 변수
    CheckBox cbObj2;  // 두 번째 체크박스 아이디를 저장하는 변수
    CheckBox cbObj3;  // 세 번째 체크박스 아이디를 저장하는 변수
    Button btnObj;    // 버튼 아이디를 저장하는 변수
    String result="";

    @Override
    protected void onCreate(Bundle savedInstanceState) {
        super.onCreate(savedInstanceState);
        setContentView(R.layout.activity_main);

        cbObj1=(CheckBox)findViewById(R.id.checkBox1);
        cbObj2=(CheckBox)findViewById(R.id.checkBox2);
        cbObj3=(CheckBox)findViewById(R.id.checkBox3);
        btnObj=(Button)findViewById(R.id.button);

        btnObj.setOnClickListener(new View.OnClickListener() { // 버튼 클릭 이벤트 처리
            @Override
            public void onClick(View view) {
                result="선택된 프로그래밍 언어: \n";
                if (cbObj1.isChecked()) result +="안드로이드\n";
                if (cbObj2.isChecked()) result +="자바\n";
                if (cbObj3.isChecked()) result +="유니티\n";

                Toast.makeText(getApplicationContext(), result, Toast.LENGTH_LONG).
show();
            }
        });

        cbObj1.setOnCheckedChangeListener(new CompoundButton.OnCheckedChangeListener() {
        // 체크박스 이벤트 처리
            @Override
            public void onCheckedChanged(CompoundButton compoundButton, boolean b) {
                if (b)
```

```
                Toast.makeText(getApplicationContext(), "안드로이드 선택함", Toast.
LENGTH_LONG).show();
            else
                Toast.makeText(getApplicationContext(), "안드로이드 선택하지 않음",
Toast.LENGTH_LONG).show();
        }
    });

    cbObj2.setOnCheckedChangeListener(new CompoundButton.OnCheckedChangeListener() {
    // 체크박스 이벤트 처리
        @Override
        public void onCheckedChanged(CompoundButton compoundButton, boolean b) {
            if (b)
                Toast.makeText(getApplicationContext(), "자바 선택함", Toast.LENGTH_
LONG).show();
            else
                Toast.makeText(getApplicationContext(), "자바 선택하지 않음", Toast.
LENGTH_LONG).show();
        }
    });

    cbObj3.setOnCheckedChangeListener(new CompoundButton.OnCheckedChangeListener() {
    // 체크박스 이벤트 처리
        @Override
        public void onCheckedChanged(CompoundButton compoundButton, boolean b) {
            if (b)
                Toast.makeText(getApplicationContext(), "유니티 선택함", Toast.LENGTH_
LONG).show();
            else
                Toast.makeText(getApplicationContext(), "유니티 선택하지 않음", Toast.
LENGTH_LONG).show();
        }
    });

  }
}
```

❹ 안드로이드 스튜디오에서 '실행' 아이콘(▶)을 클릭하여 실행 결과를 확인합니다.

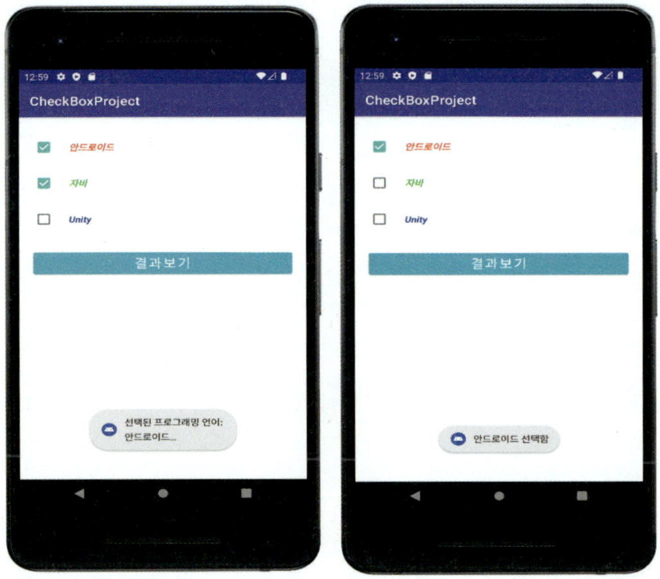

라디오 버튼 이벤트 처리

라디오 버튼(RadioButton)도 선택과 선택 해제의 두 가지 중 한 가지 상태를 나타내는 위젯입니다. 보통 라디오 버튼을 여러 개 묶어 라디오 그룹(RadioGroup)으로 그룹화해서 사용합니다. 라디오 버튼은 상호 배타적이어서 하나의 라디오 버튼을 선택하면 나머지 라디오 버튼은 모두 자동으로 선택이 해제됩니다. 즉, 동일한 라디오 그룹에 속한 라디오 버튼에서는 하나만 선택할 수 있습니다.

그림 5-3 라디오 버튼의 구현 예

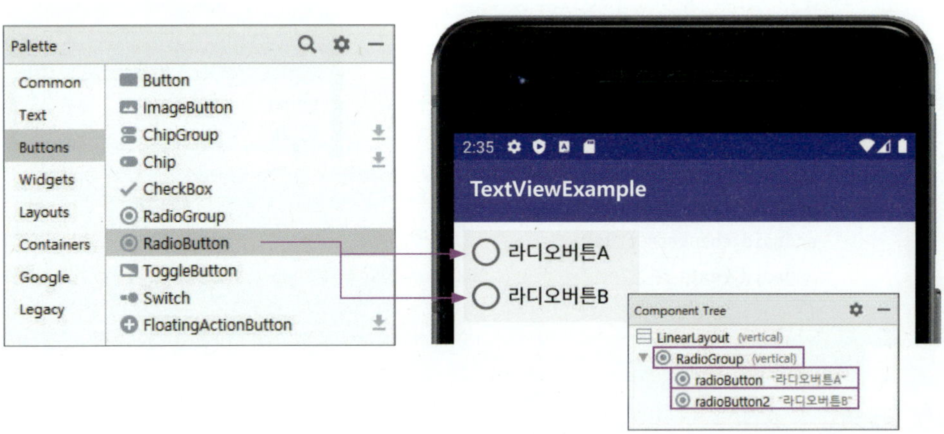

RadioButton은 CompoundButton의 하위 클래스로, TextView와 Button을 모두 상속합니다. RadioButton을 사용하려면 android.widget.RadioButton 패키지를 임포트해야 합니다.

```
java.lang.Object
  └, android.view.View
      └, android.widget.TextView
          └, android.widget.Button
            └, android.widget.CompoundButton
              └, android.widget.RadioButton
```

라디오 버튼은 텍스트 뷰와 버튼의 모든 속성과 메서드를 사용할 수 있으며, 추가로 사용 가능한 메서드도 있습니다. 다음은 라디오 버튼에서 사용할 수 있는 메서드입니다.

표 5-4 라디오 버튼의 속성 메서드

메서드	설명
boolean isChecked()	라디오 버튼의 현재 상태를 가져옵니다.
void setChecked(boolean status)	라디오 버튼의 상태를 설정합니다.

만약 2개의 라디오 버튼을 만들고 한쪽 라디오 버튼에 선택 표시를 하고 싶다면 checked 속성을 다음과 같이 설정합니다.

```
<?xml version="1.0" encoding="utf-8"?>
<LinearLayout ...
    android:orientation="horizontal"
    tools:context=".MainActivity">

    <RadioGroup
        android:layout_width="match_parent"
        android:layout_height="wrap_content">

        <RadioButton
            android:id="@+id/radioButton1"
            android:layout_width="wrap_content"
            android:layout_height="wrap_content"
            android:checked="true"
            android:text="여성"
            />
```

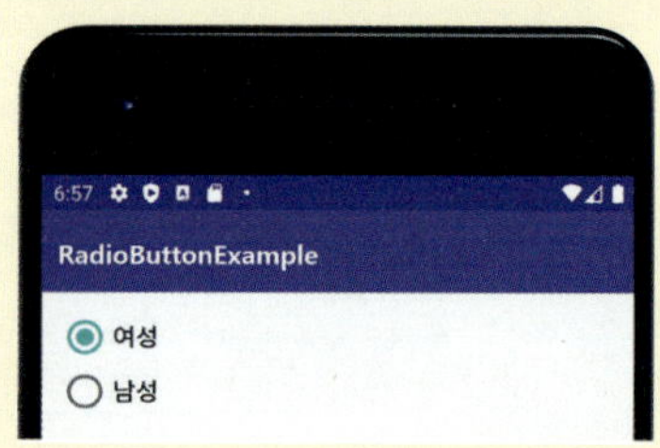

```
        <RadioButton
            android:id="@+id/radioButton2"
            android:layout_width="wrap_content"
            android:layout_height="wrap_content"
            android:text="남성"
            />

    </RadioGroup>

</LinearLayout>
```


실습 예제 5-3 라디오 버튼의 상태 가져오기

| 구현 내용 |

라디오 버튼을 클릭하면 선택된 라디오 버튼의 상태를 가져와 토스트에 출력하고 해당 이미지를 출력합니다.

| 구현 방법 |

❶ Empty Activity 템플릿으로 프로젝트를 생성합니다. 프로젝트명에는 'RadioButton Project', 패키지명에는 'com.androidbook.radiobuttonproject'를 입력합니다. 나머지는 기존과 같습니다.

❷ res\drawable 폴더에 다음 이미지를 추가합니다.

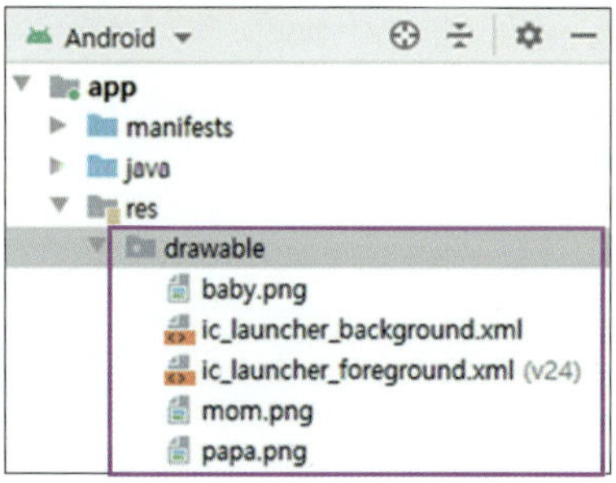

❸ activity_main.xml 파일을 열고 기본으로 작성된 내용을 모두 지웁니다. 다음 코드를 복사해 붙여넣고 저장합니다.

res\layout\activity_main.xml

```
<?xml version="1.0" encoding="utf-8"?>
<LinearLayout ...
    android:layout_margin="20dp"
    android:orientation="vertical">

    <RadioGroup
        android:layout_width="match_parent"
        android:layout_height="wrap_content">

        <RadioButton  // '아기상어'를 표시하는 첫 번째 라디오 버튼
            android:id="@+id/radioButton1"
            android:layout_width="wrap_content"
            android:layout_height="wrap_content"
            android:checked="true"
            android:padding="10dp"
            android:text="아기상어"
            android:textColor="#FDD835"
            android:textStyle="bold|italic" />

        <RadioButton  // '엄마상어'를 표시하는 두 번째 라디오 버튼
            android:id="@+id/radioButton2"
            android:layout_width="wrap_content"
            android:layout_height="wrap_content"
            android:padding="10dp"
            android:text="엄마상어"
            android:textColor="#E040FB"
            android:textStyle="bold|italic" />

        <RadioButton  // '아빠상어'를 표시하는 세 번째 라디오 버튼
            android:id="@+id/radioButton3"
            android:layout_width="wrap_content"
            android:layout_height="wrap_content"
            android:padding="10dp"
            android:text="아빠상어"
            android:textColor="#448AFF"
            android:textStyle="bold|italic" />
    </RadioGroup>
```

```
    <ImageView          // 라디오 버튼 선택 시 선택된 이미지를 표시하는 이미지 뷰
        android:id="@+id/imageView"
        android:layout_width="wrap_content"
        android:layout_height="wrap_content"
        android:layout_gravity="center"
        android:layout_marginTop="20dp"
        android:background="@drawable/baby"
        android:scaleType="fitXY"
        android:text="결과보기"
        android:textColor="#ffffff"
        android:textSize="20dp" />

</LinearLayout>
```

❹ MainActivity.java 파일을 열고 기본으로 작성된 내용을 모두 지웁니다. 다음 코드를 복사해 붙여넣고 저장합니다.

java\com\androidbook\radiobuttonproject\MainActivity.java

```
package com.androidbook.radiobuttonproject;
...
public class MainActivity extends AppCompatActivity {

    RadioButton rbObj1;    // 첫 번째 라디오 버튼 아이디를 저장할 변수
    RadioButton rbObj2;    // 두 번째 라디오 버튼 아이디를 저장할 변수
    RadioButton rbObj3;    // 세 번째 라디오 버튼 아이디를 저장할 변수
    ImageView ivObj;       // 라디오 버튼으로 선택한 이미지를 표시할 변수

    @Override
    protected void onCreate(Bundle savedInstanceState) {
        super.onCreate(savedInstanceState);
        setContentView(R.layout.activity_main);

        rbObj1=(RadioButton)findViewById(R.id.radioButton1);
        rbObj2=(RadioButton)findViewById(R.id.radioButton2);
        rbObj3=(RadioButton)findViewById(R.id.radioButton3);
        ivObj=(ImageView)findViewById(R.id.imageView);

        rbObj1.setOnCheckedChangeListener(new CompoundButton.OnCheckedChangeListener() {
        // 라디오 버튼 이벤트 처리
            @Override
            public void onCheckedChanged(CompoundButton compoundButton, boolean b) {
```

```
            if(b) {
                ivObj.setImageResource(R.drawable.baby);
                Toast.makeText(getApplicationContext(), "아기상어를 선택했습니다",
Toast.LENGTH_LONG).show();
            }
        }
    });

    rbObj2.setOnCheckedChangeListener(new CompoundButton.OnCheckedChangeListener() {
    // 라디오 버튼 이벤트 처리
        @Override
        public void onCheckedChanged(CompoundButton compoundButton, boolean b) {
            if(b) {
                ivObj.setImageResource(R.drawable.mom);
                Toast.makeText(getApplicationContext(), "엄마상어를 선택했습니다",
Toast.LENGTH_LONG).show();
            }
        }
    });

    rbObj3.setOnCheckedChangeListener(new CompoundButton.OnCheckedChangeListener() {
    // 라디오 버튼 이벤트 처리
        @Override
        public void onCheckedChanged(CompoundButton compoundButton, boolean b) {
            if(b) {
                ivObj.setImageResource(R.drawable.papa);
                Toast.makeText(getApplicationContext(), "아빠상어를 선택했습니다",
Toast.LENGTH_LONG).show();
            }
        }
    });
  }
}
```

❺ 안드로이드 스튜디오에서 '실행' 아이콘(▶)을 클릭하여 실행 결과를 확인합니다.

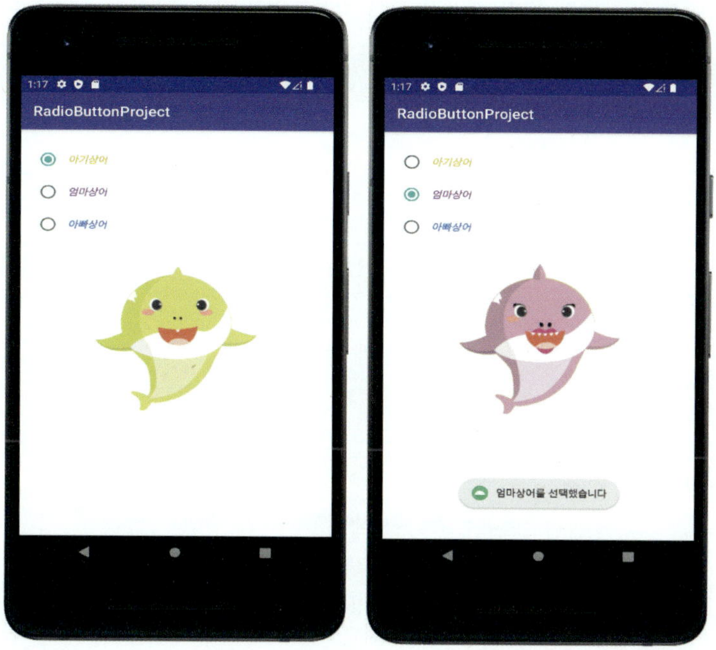

토글 버튼 이벤트 처리

토글 버튼(ToggleButton)은 선택과 선택 해제 중 하나의 상태만 표시하는 위젯입니다. 이 위젯은 두 상태 중 하나만 표시하는 경우에 사용되며, 일반적으로 사운드, Wi-Fi, 블루투스 등을 켜거나 끄는 버튼으로 많이 사용됩니다.

그림 5-4 토글 버튼의 구현 예

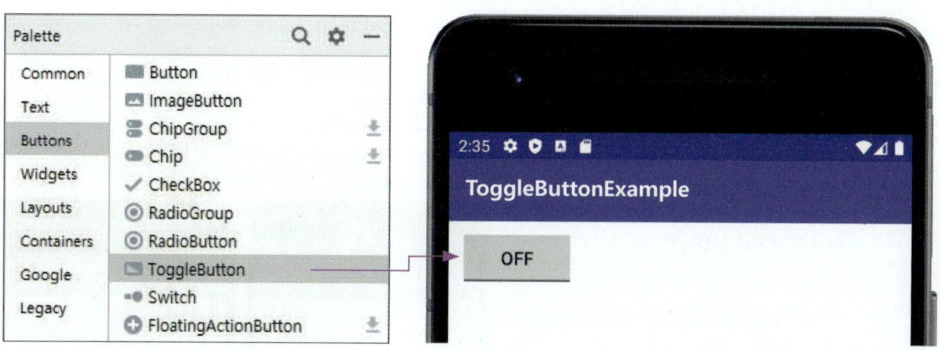

ToggleButton은 CompoundButton 클래스를 상속한 위젯으로, 토글 버튼을 사용하기 위해서는 android.widget.ToggleButton 패키지를 임포트해야 합니다.

```
java.lang.Object
  └, android.view.View
      └, android.widget.TextView
          └, android.widget.Button
              └, android.widget.CompoundButton
                  └, android.widget.ToggleButton
```

ToggleButton에 적용할 수 있는 속성은 다음과 같습니다.

표 5-5 토글 버튼의 속성

속성	설명
disabledAlpha	사용할 수 없을 때 버튼에 적용할 투명도입니다.
textOff	선택 해제(OFF) 상태일 때 버튼의 텍스트를 표시합니다.
textOn	선택(ON) 상태일 때 버튼의 텍스트를 표시합니다.

ToggleButton에서 사용할 수 있는 메서드는 다음과 같습니다.

표 5-6 토글 버튼의 메서드

속성	설명
CharSequence getTextOff()	버튼이 선택 해제(OFF) 상태일 때의 텍스트를 돌려줍니다.
CharSequence getTextOn()	버튼이 선택(ON) 상태일 때의 텍스트를 돌려줍니다.
void setChecked(boolean checked)	버튼의 상태를 변경합니다.

● textOn/textOff 속성

textOn과 textOff는 각각 스위치가 선택되었을 때와 선택이 해제되었을 때 표시하는 텍스트를 설정합니다. 예를 들어, 선택되었을 때 'YES', 해제되었을 때 'NO'로 표시하고 싶다면 showText 속성값을 true로 설정한 후 다음과 같이 설정합니다.

```
<ToggleButton
    android:id="@+id/toggleButton"
    android:layout_width="wrap_content"
    android:layout_height="wrap_content"
    android:checked="true"
    android:text="ToggleButton"
```

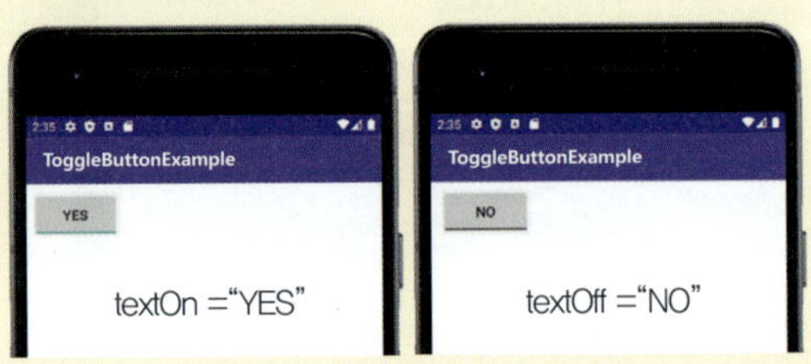

```
    android:textOff="NO"
    android:textOn="YES" />
```

실습 예제 5-4 두 개의 전구 점등하기

| 구현 내용 |

on/off를 선택하면 각각의 전구 불이 켜지거나 꺼지게 합니다.

| 구현 방법 |

❶ Empty Activity 템플릿으로 프로젝트를 생성하고, 프로젝트명에는 'ToggleButtonProject', 패키지명에는 'com.androidbook.togglebuttonproject'를 입력합니다. 나머지는 기존과 동일합니다.

❷ res\drawable 폴더에 다음 이미지를 추가합니다.

❸ activity_main.xml 파일을 열고 기본으로 작성된 내용을 모두 지운 후 다음 코드를 복사해 붙여넣고 저장합니다.

res\layout\activity_main.xml

```
<?xml version="1.0" encoding="utf-8"?>
<LinearLayout
    android:layout_margin="20dp"
    android:orientation="vertical">

    <LinearLayout
        android:layout_width="match_parent"
        android:layout_height="wrap_content"
        android:gravity="center"
        android:orientation="horizontal">
```

```
    <ToggleButton        // 이미지를 표시하는 첫 번째 토글 버튼
        android:id="@+id/toggleButton"
        android:layout_width="wrap_content"
        android:layout_height="wrap_content"
        android:layout_marginRight="10dp"
        android:background="@drawable/togglebutton_on"
        android:text=""
        android:textOff=""
        android:textOn="" />

    <ToggleButton        // 이미지를 표시하는 두 번째 토글 버튼
        android:id="@+id/toggleButton2"
        android:layout_width="wrap_content"
        android:layout_height="wrap_content"
        android:layout_marginLeft="10dp"
        android:background="@drawable/togglebutton_on"
        android:text=""
        android:textOff=""
        android:textOn="" />
</LinearLayout>

<LinearLayout
    android:layout_width="match_parent"
    android:layout_height="wrap_content"
    android:layout_marginTop="20dp"
    android:gravity="center"
    android:orientation="horizontal">

    <ImageView      // 첫 번째 이미지를 표시하는 이미지 뷰
        android:id="@+id/imageView"
        android:layout_width="wrap_content"
        android:layout_height="wrap_content"
        android:layout_gravity="top"
        android:background="@drawable/light_turn_off" />

    <ImageView      // 두 번째 이미지를 표시하는 이미지 뷰
        android:id="@+id/imageView2"
        android:layout_width="wrap_content"
        android:layout_height="wrap_content"
        android:background="@drawable/light2_turn_off" />
</LinearLayout>
</LinearLayout>
```

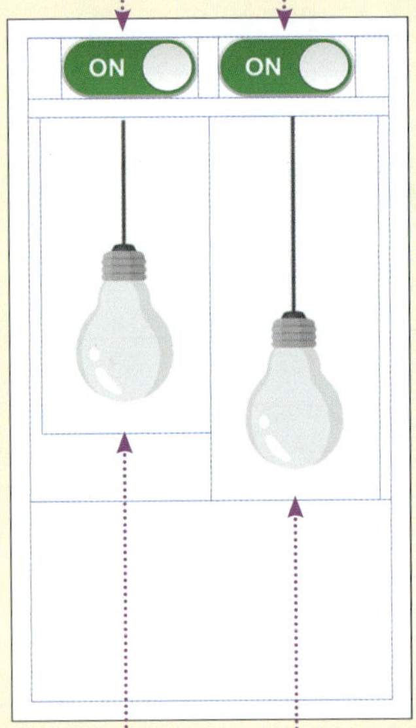

❹ MainActivity.java 파일을 열고 기본으로 작성된 내용을 모두 지웁니다. 다음 코드를 복사해 붙여넣고 저장합니다.

java\com\androidbook\togglebuttonproject\MainActivity.java

```
package com.androidbook.togglebuttonproject;
...
public class MainActivity extends AppCompatActivity {
    ToggleButton tbObj1;  // 첫 번째 토글 버튼 아이디를 저장할 변수
    ToggleButton tbObj2;  // 두 번째 토글 버튼 아이디를 저장할 변수
    ImageView ivObj1;     // 첫 번째 이미지 뷰 아이디를 저장할 변수
    ImageView ivObj2;     // 두 번째 이미지 뷰 아이디를 저장할 변수

    @Override
    protected void onCreate(Bundle savedInstanceState) {
        super.onCreate(savedInstanceState);
        setContentView(R.layout.activity_main);

        tbObj1=findViewById(R.id.toggleButton);
        ivObj1=findViewById(R.id.imageView);
        tbObj2=findViewById(R.id.toggleButton2);
        ivObj2=findViewById(R.id.imageView2);

        tbObj1.setOnCheckedChangeListener(new CompoundButton.OnCheckedChangeListener() {
        // 토글 버튼 이벤트 처리
            @Override
            public void onCheckedChanged(CompoundButton compoundButton, boolean b) {
                if(b) {
                    ivObj1.setImageResource(R.drawable.light_turn_on);
                    tbObj1.setBackgroundResource(R.drawable.togglebutton_off);
                }
                else{
                    ivObj1.setImageResource(R.drawable.light_turn_off);
                    tbObj1.setBackgroundResource(R.drawable.togglebutton_on);
                }
            }
        });

        tbObj2.setOnCheckedChangeListener(new CompoundButton.OnCheckedChangeListener() {
        // 토글 버튼 이벤트 처리
            @Override
            public void onCheckedChanged(CompoundButton compoundButton, boolean b) {
```

```
                if(b) {
                    ivObj2.setImageResource(R.drawable.light_turn_on);
                    tbObj2.setBackgroundResource(R.drawable.togglebutton_off);
                }
                else{
                    ivObj2.setImageResource(R.drawable.light_turn_off);
                    tbObj2.setBackgroundResource(R.drawable.togglebutton_on);
                }
            }
        });
    }
}
```

❺ 안드로이드 스튜디오에서 '실행' 아이콘(▶)을 클릭하여 실행 결과를 확인합니다.

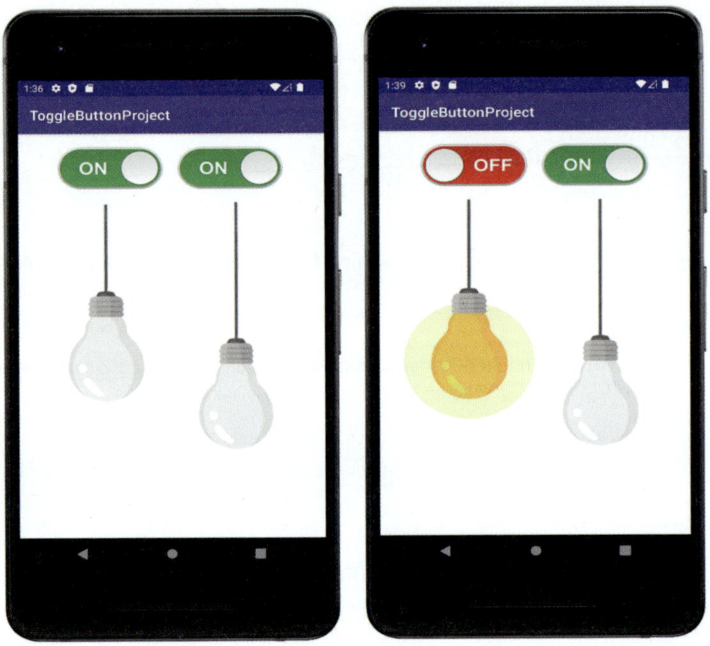

스위치 이벤트 처리

스위치(Switch)는 토글 버튼의 새로운 형태로, 섬(thumb)이라고 하는 둥근 부분을 바 모양의 트랙을 따라 앞뒤로 움직여(슬라이드) 상태를 선택합니다. 일반적으로 전등 스위치처럼 현재 상태를 켜거나 끌 수 있습니다. 또한 사운드, 블루투스, WiFi 등에서 On/Off를 선택할 때 토글 버튼과 마찬가지로 사용됩니다.

그림 5-5 스위치의 구현 예

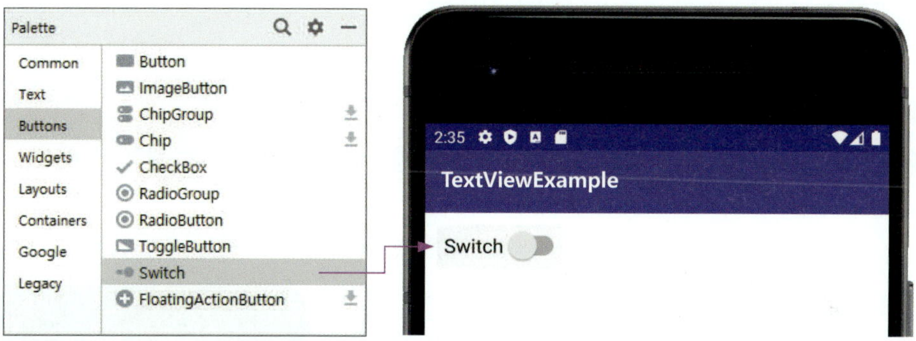

Switch는 CompoundButton의 하위 클래스로, TextView와 Button의 모든 속성을 상속받습니다. Switch를 사용하기 위해서는 android.widget.Switch를 임포트해야 합니다.

```
java.lang.Object
  └→ android.view.View
       └→ android.widget.TextView
            └→ android.widget.Button
                 └→ android.widget.CompoundButton
                      └→ android.widget.Switch
```

다른 컴파운드 버튼과 달리 스위치는 공통 속성 외에 적용할 수 있는 속성이 많습니다. 이 중에서 몇 가지 속성을 살펴보겠습니다.

표 5-7 스위치의 속성

속성	설명
showText	섬에 텍스트를 표시할지 말지를 나타내는 속성입니다.
splitTrack	트랙을 분할하고 섬 이미지를 위한 간격을 둘지의 여부입니다.
switchMinWidth	스위치의 최소 너비입니다.
switchPadding	스위치와 스위치 캡션(텍스트) 사이의 최소 공간입니다.

속성	설명
switchTextAppearance	섬에 표시되는 텍스트 스타일을 설정합니다.
textOff	스위치가 선택 해제 또는 꺼짐 상태일 때 사용할 텍스트입니다.
textOn	스위치가 선택 또는 켜짐 상태일 때 사용합니다.
thumb	섬에 사용할 이미지를 설정합니다.
thumbTextPadding	섬에 표시되는 텍스트의 양쪽 패딩을 설정합니다.
thumbTint	섬의 색상을 정합니다.
thumbTintMode	섬의 색상을 적용하는 데 사용되는 혼합 모드입니다.
track	트랙으로 사용할 이미지를 설정합니다.

showText 속성

섬에 텍스트를 보일지(True) 또는 숨길지(False)를 결정하는 속성입니다. 예를 들어, 섬에 기본 텍스트(ON)를 보이려면 다음과 같이 설정합니다.

```
<Switch
    android:id="@+id/switch_id"
    android:layout_width="wrap_content"
    android:layout_height="wrap_content"
    android:checked="true"
    android:showText="true"
    android:text="스위치" />
```

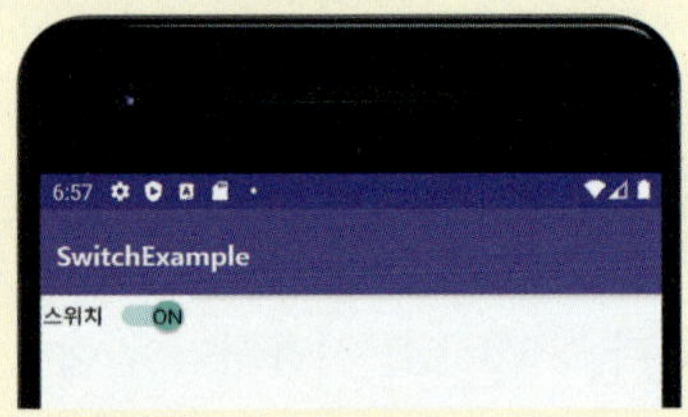

switchMinWidth 속성

스위치의 최소 너비를 설정하는 속성은 dp나 sp 단위로 크기를 지정할 수 있습니다. 예를 들어, 스위치의 최소 너비를 100dp로 설정하려면 다음과 같이 코드를 작성합니다.

```
<Switch
    android:id="@+id/switch_id"
    android:layout_width="wrap_content"
    android:layout_height="wrap_content"
    android:checked="true"
    android:showText="true"
    android:switchMinWidth="100dp"
    android:text="스위치" />
```

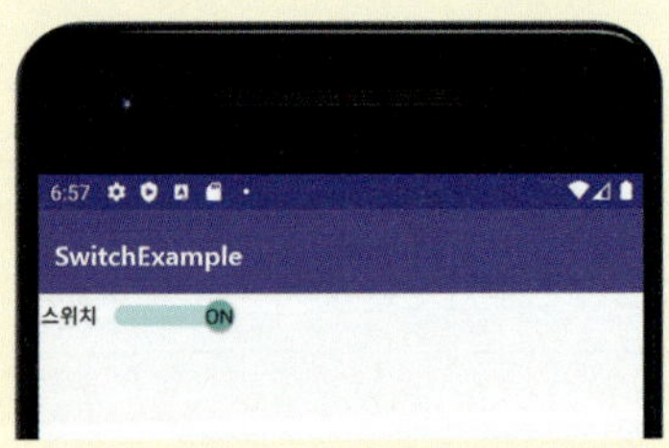

textOn/testOff 속성

스위치가 On 상태와 Off 상태일 때 각각 사용할 텍스트를 설정하는 속성입니다. 이 속성을 설정하려면 showText 속성을 true로 설정해야 합니다. 예를 들어, 스위치가 On 상태일 때 'YES', Off 상태일 때는 'NO'로 하고 싶다면 다음과 같이 설정합니다.

```
<Switch
    android:id="@+id/switch_id"
    android:layout_width="wrap_content"
    android:layout_height="wrap_content"
    android:checked="true"
    android:showText="true"
    android:textOff="NO"
    android:textOn="YES"
    android:text="스위치" />
```

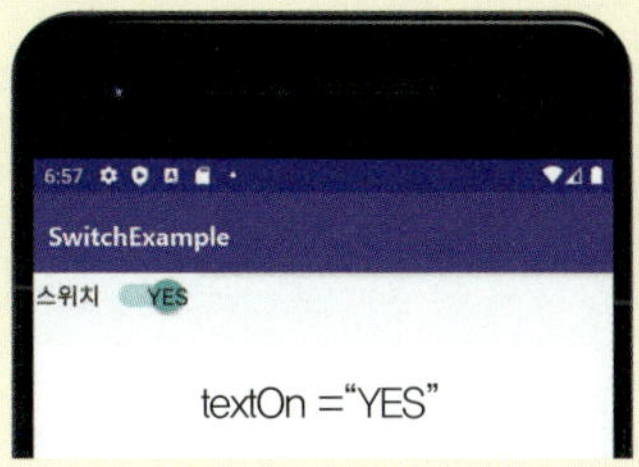

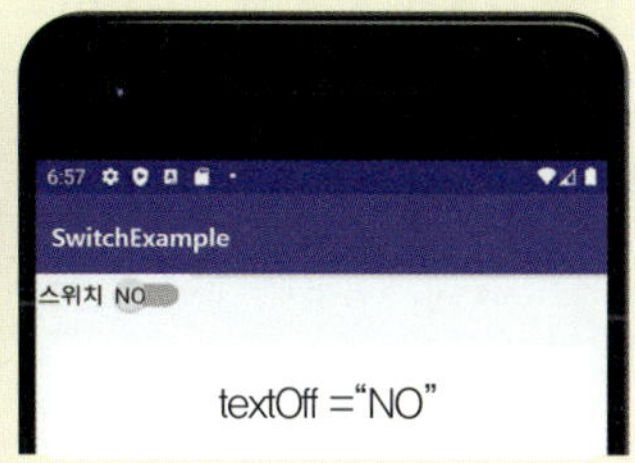

thumb 속성

thumb 속성은 섬에 사용할 이미지를 설정하는 속성입니다. 섬에 별 이미지를 넣고 싶다면 다음과 같이 설정합니다.

```
<Switch
    android:id="@+id/switch_id"
    android:layout_width="wrap_content"
    android:layout_height="wrap_content"
    android:checked="true"
    android:showText="true"
    android:text="스위치"
    android:thumb="@android:drawable/btn_star_big_on" />
```

thumbTint 속성

thumbTint 속성은 섬에 색상을 지정하는 속성입니다. 섬을 빨간색으로 하고 싶다면 다음과 같이 설정합니다.

```
<Switch
    android:id="@+id/switch_id"
    android:layout_width="wrap_content"
    android:layout_height="wrap_content"
    android:checked="true"
    android:text="스위치"
    android:thumbTint="#ff0000" />
```

실습 예제 5-5 스위치로 텍스트 변경하기

| 구현 내용 |

숨김, 굵게, 색상 3개의 스위치를 만들고 선택된 스위치 상태에 따라 텍스트 뷰에 다른 텍스트를 출력합니다.

| 구현 방법 |

❶ Empty Activity 템플릿으로 프로젝트를 생성하고 프로젝트명에는 'SwitchProject', 패키지명에는 'com.androidbook.switchproject'를 입력합니다. 나머지 설정은 기존과 동일합니다.

❷ activity_main.xml 파일을 열고 기본으로 작성된 내용을 모두 지웁니다. 다음 코드를 복사해 붙여넣고 저장합니다.

res\layout\activity_main.xml

```
<?xml version="1.0" encoding="utf-8"?>
<LinearLayout  ...
    android:layout_margin="20dp"
    android:orientation="vertical">

    <Switch   // '숨김' 스위치
        android:id="@+id/switch1"
        android:layout_width="wrap_content"
        android:layout_height="wrap_content"
        android:checked="false"
        android:padding="10dp"
        android:switchMinWidth="60dp"
        android:switchPadding="20dp"
        android:text="숨김"
        android:textColor="#ff0000"
        android:textSize="18sp" />
```

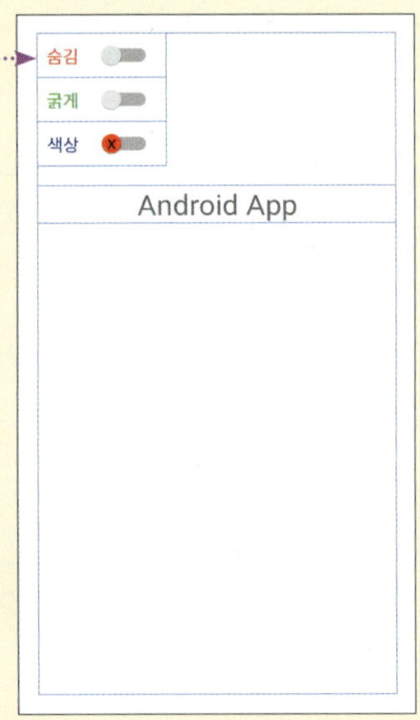

```
  <Switch  // '굵게' 스위치
      android:id="@+id/switch2"
      android:layout_width="wrap_content"
      android:layout_height="wrap_content"
      android:padding="10dp"
      android:switchMinWidth="60dp"
      android:switchPadding="20dp"
      android:text="굵게"
      android:textColor="#00ff00"
      android:textSize="18sp" />

  <Switch  // '색상' 스위치
      android:id="@+id/switch3"
      android:layout_width="wrap_content"
      android:layout_height="wrap_content"
      android:padding="10dp"
      android:showText="true"
      android:switchMinWidth="60dp"
      android:switchPadding="20dp"
      android:text="색상"
      android:textColor="#0000ff"
      android:textOff="X"
      android:textOn="O"
      android:textSize="18sp"
      android:thumbTint="#ff0000" />

  <TextView // 스위치에 따라 변할 텍스트를 표시하는 텍스트 뷰
      android:id="@+id/textView"
      android:layout_width="match_parent"
      android:layout_height="wrap_content"
      android:layout_marginTop="20dp"
      android:gravity="center"
      android:text="Android App"
      android:textSize="30sp" />
</LinearLayout>
```

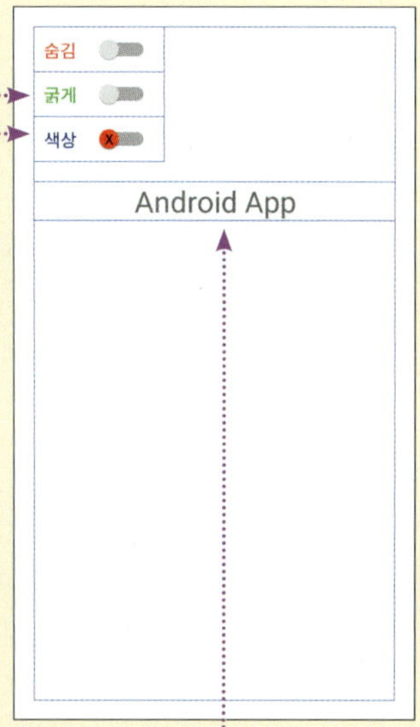

❸ MainActivity.java 파일을 다음과 같이 작성하고 저장합니다.

java\com\androidbook\switchproject\MainActivity.java

```
package com.androidbook.switchproject;
...
public class MainActivity extends AppCompatActivity {

    Switch sObj1;      // 첫 번째 스위치 아이디를 저장할 변수
    Switch sObj2;      // 두 번째 스위치 아이디를 저장할 변수
    Switch sObj3;      // 세 번째 스위치 아이디를 저장할 변수
    TextView tvObj;   // 텍스트 뷰 아이디를 저장할 변수
    String result="";
    @Override
    protected void onCreate(Bundle savedInstanceState) {
        super.onCreate(savedInstanceState);
        setContentView(R.layout.activity_main);

        sObj1=(Switch)findViewById(R.id.switch1);
        sObj2=(Switch)findViewById(R.id.switch2);
        sObj3=(Switch)findViewById(R.id.switch3);
        tvObj=(TextView)findViewById(R.id.textView);

        sObj1.setOnCheckedChangeListener(new CompoundButton.OnCheckedChangeListener() {
        // '숨김' 스위치 이벤트 처리
            @Override
            public void onCheckedChanged(CompoundButton compoundButton, boolean b) {
                if(b)
                    tvObj.setVisibility(View.INVISIBLE);
                else
                    tvObj.setVisibility(View.VISIBLE);
            }
        });

        sObj2.setOnCheckedChangeListener(new CompoundButton.OnCheckedChangeListener() {
        // '굵게' 스위치 이벤트 처리
            @Override
            public void onCheckedChanged(CompoundButton compoundButton, boolean b) {
                if(b)
                    tvObj.setTypeface(null, Typeface.BOLD);
                else
                    tvObj.setTypeface(null, Typeface.NORMAL);
```

```
            }
        });

        sObj3.setOnCheckedChangeListener(new CompoundButton.OnCheckedChangeListener() {
        // '색상' 스위치 이벤트 처리
            @Override
            public void onCheckedChanged(CompoundButton compoundButton, boolean b) {
                if(b)
                    tvObj.setTextColor(Color.RED);
                else
                    tvObj.setTextColor(Color.BLACK);
            }
        });
    }
}
```

❹ 안드로이드 스튜디오에서 '실행' 아이콘(▶)을 클릭하여 실행 결과를 확인합니다.

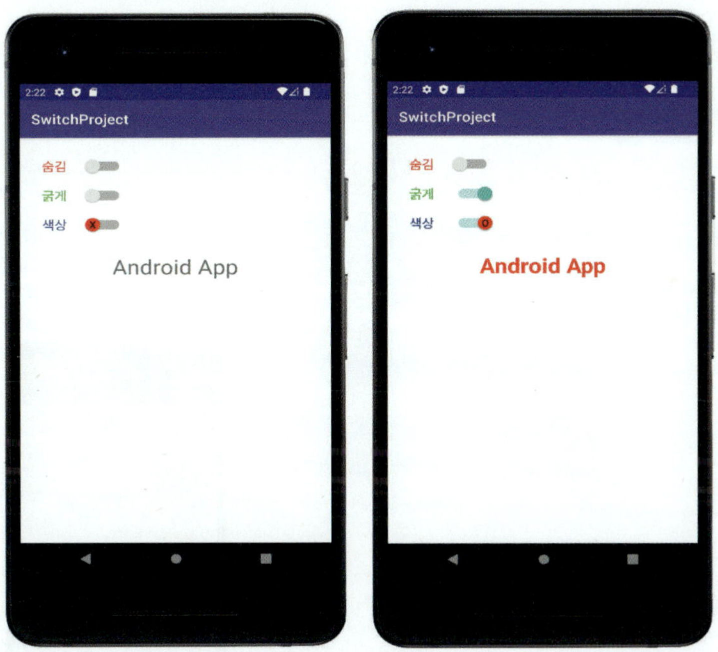

PROJECT 5

[도서 쇼핑몰] 도서 목록 이벤트 처리하기

도서 목록 화면에서 〈1열 보기〉와 〈2열 보기〉의 버튼을 누르면 각각 도서 목록을 배치해 출력하는 화면을 만듭니다. 이벤트 처리를 사용하여 버튼에 대한 이벤트 처리를 구현합니다.

길벗 홈페이지 자료실에서 제공하는 PDF의 19쪽을 참고하세요!

- 1장 프로젝트 생성하기
- ▼ 3장 시작 화면 만들기
- ▼ 4장 도서 목록 화면 만들기
- ▼ 5장 도서 상품 이벤트 처리하기
- ▼ 6장 도서 상품 상세 정보 표시하기
- ▼ 8장 장바구니 등록 대화상자 만들기
- ▼ 9장
  - 장바구니 만들기
  - 주문 처리하기

- 11장 동영상 강좌 화면 만들기

- 10장 마이 페이지 화면 만들기
- ▼ 10장
  - 메모장 만들기
  - 메모장에서 검색어 찾기
- ▼ 11장 카메라로 프로필 설정하기
- ▼ 12장 낙서장 만들기

- 13장 고객센터 화면 만들기
- ▼ 13장 도서 마켓 위치 안내 표시하기
- ▼ 14장 고객문의 게시판 만들기

- 6장 스플래시 화면 만들기
- ▼ 12장 스플래시 화면 꾸미기

- 7장
  - 메뉴 만들기
  - 액션 바 바꾸기
  - 내비게이션 바 만들기
- ▼ 8장 로그인 대화상자 만들기
- ▼ 14장
  - 회원가입 메뉴 만들기
  - 로그인과 로그아웃 기능 만들기

도서 상품 이벤트 처리하기 결과 화면

1열 보기와 2열 보기의 화면은 테이블 레이아웃으로 구성합니다. 두 화면을 프레임 레이아웃으로 중첩합니다.

6 장

인텐트로 화면 전환하기

학 습 목 표

- 안드로이드의 인텐트를 이해한다.
- 명시적 인텐트 처리에 대해 익힌다.
- 암시적 인텐트 처리에 대해 익힌다.
- 인텐트 필터를 이해한다.

ANDROID

6.1 인텐트 살펴보기

안드로이드 앱은 대개 여러 개의 액티비티로 이루어져 있습니다. 예를 들어, 연락처 앱에서는 저장된 연락처 목록을 보여주는 액티비티와 새 연락처를 추가하거나 수정하는 액티비티 등으로 구성됩니다. 이렇게 서로 다른 액티비티들을 호출하고 실행하는 역할을 하는 것이 바로 인텐트(Intent)입니다.

인텐트는 안드로이드 구성 요소인 액티비티, 서비스, 브로드캐스트 리시버 등이 작업을 요청하거나 통신할 때 사용하는 객체입니다. 인텐트는 다양한 작업을 수행하는 데 사용됩니다.

표 6-1 인텐트의 용도

용도	설명
액티비티 시작	인텐트 객체를 startActivity() 메서드에 전달하면 새로운 액티비티 작업을 시작(수행)합니다.
서비스 시작	인텐트 객체를 startService() 메서드에 전달하면 새로운 서비스를 시작합니다. 기존 서비스에 필요한 요청을 보낼 수도 있습니다.
브로드캐스트 전달	인텐트 객체를 sendBroadcast() 메서드에 전달하면 브로드캐스트 리시버에 메시지를 보냅니다.

인텐트에는 다음의 두 가지 유형이 있습니다.

- **명시적 인텐트(Explicit Intent)** : 정보를 전달할 때 클래스 객체나 구성 요소 이름을 지정하므로 호출할 대상을 확실히 알 수 있습니다.
- **암시적 인텐트(Implicit Intent)** : 호출할 대상의 속성은 지정하지만, 호출할 대상이 달라질 수 있습니다.

요약하자면 구성 요소를 실행할 때 명확한 대상을 알고 있는 경우 명시적 인텐트를 사용하고, 대상을 명확히 알 수 없는 경우 암시적 인텐트를 사용합니다.

그림 6-1 인텐트의 유형

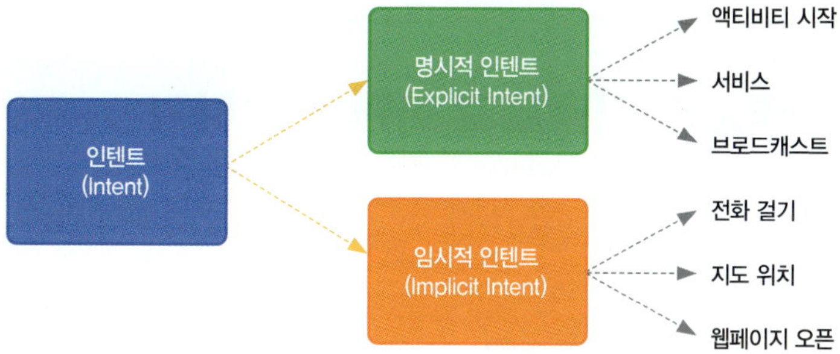
인텐트
(Intent)
명시적 인텐트
(Explicit Intent)
임시적 인텐트
(Implicit Intent)
액티비티 시작
서비스
브로드캐스트
전화 걸기
지도 위치
웹페이지 오픈

6.2 명시적 인텐트로 화면 전환하기

명시적 인텐트는 액티비티가 호출할 대상이나 구성 요소(클래스명)를 구체적으로 명시합니다. 즉, 시작하려는 액티비티나 서비스의 클래스명을 알고 있을 때 명시적 인텐트를 사용하여 구성 요소를 직접 시작할 수 있습니다. 이를 통해 사용자 작업에 대한 응답으로 토스트 메시지, 상태 바, 대화상자와 같은 알림을 활성화하거나 미리 지정한 시간에 알람을 울리는 등의 작업을 수행할 수 있습니다. 또한, 명시적 인텐트로 액티비티를 지정하면 안드로이드 시스템이 지정된 앱의 구성 요소를 즉시 시작합니다.

명시적 인텐트로 할 수 있는 일을 하나씩 알아봅시다.

그림 6-2 명시적 인텐트의 작동 방식

액티비티 이동

명시적 인텐트를 사용하면 현재 액티비티에서 다른 액티비티로 이동할 수 있습니다. 이때 Intent() 생성자를 사용하여 인텐트를 생성합니다.

```
public Intent (Context packageContext, Class<?> cls)
```

Intent() 생성자의 매개 변수는 다음과 같습니다.

표 6-2 명시적 인텐트 생성자의 매개 변수

매개 변수	설명
Context packageContext	이 클래스를 구현하는 애플리케이션 패키지의 컨텍스트(Context)입니다.
Class⟨?⟩ cls	인텐트에 사용할 구성 요소의 클래스입니다.

그 다음으로는 startActivity() 메서드를 호출하여 대상 액티비티로 이동할 수 있습니다. startActivity() 메서드는 대상 액티비티를 호출하기 위해 필요한 정보를 전달하는 메서드이며, 형식은 앞서 생성한 인텐트 객체를 매개 변수로 사용합니다.

```
void startActivity(Intent intent)
```

예를 들어, MainActivity에서 SubActivity로 명시적 인텐트를 사용하여 이동한다고 가정해 봅시다. MainActivity에서는 Intent 생성자에 애플리케이션 컨텍스트와 대상 액티비티(SubActivity)를 인수로 전달하여 인텐트를 생성하고, startActivity() 메서드를 호출하여 새로운 액티비티(SubActivity)를 시작합니다.

```
Intent intent = new Intent(getApplicationContext(), SubActivity.class);
startActivity(intent);
```

그림 6-3 명시적 인텐트로 액티비티 이동하기 1

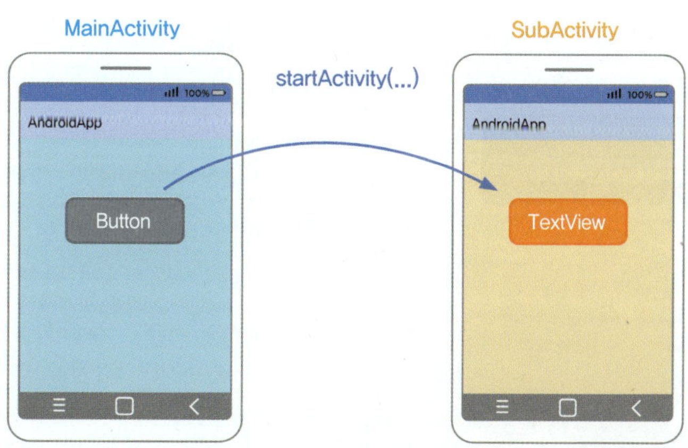

그림과 같이 명시적 인텐트를 사용해 새로운 액티비티로 이동할 때 다음의 과정을 거쳐야 합니다.

❶ 대상 액티비티에 표시할 레이아웃을 생성하고, 생성한 레이아웃에 위젯을 배치합니다.

❷ 대상 액티비티의 클래스를 생성하고 앞에서 생성한 레이아웃과 연결합니다.

❸ 생성한 대상 액티비티의 클래스를 인텐트로 호출합니다.

❹ AndroidManifest.xml 파일에 생성한 대상 액티비티의 클래스를 등록합니다.

그림 6-4 명시적 인텐트로 액티비티 이동하기 2

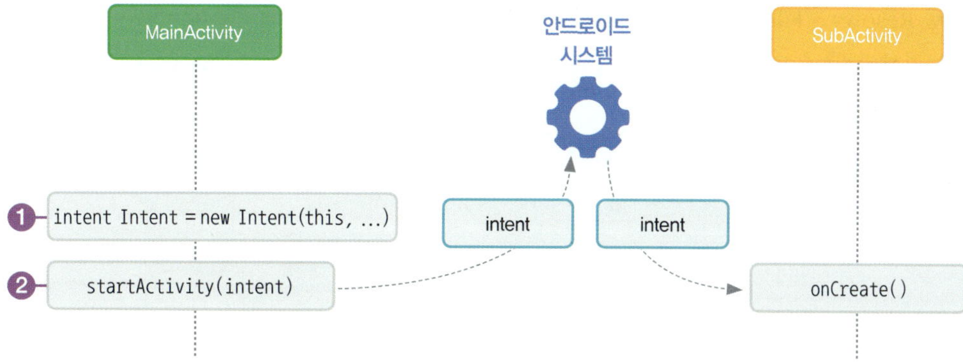

액티비티 간의 이동 방법을 살펴보겠습니다. 첫 번째 액티비티에서 버튼을 클릭하면 두 번째 액티비티로 이동하는 예제를 만들어 보겠습니다.

그림 6-5 명시적 인텐트로 액티비티 이동하기 3

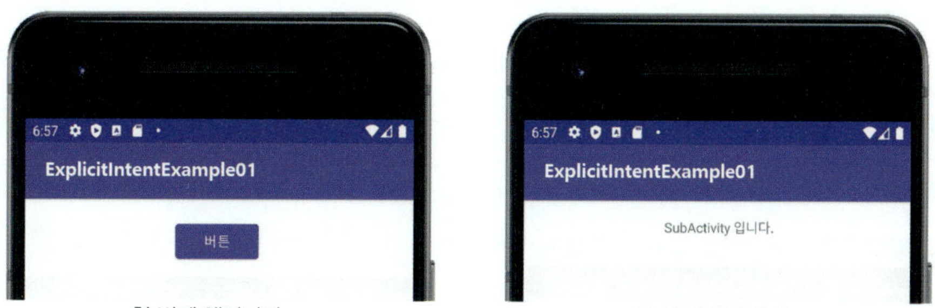

첫 번째 액티비티　　　　두 번째 액티비티

대상 액티비티의 레이아웃 파일 생성하기

먼저 새로운 액티비티에 표시할 레이아웃 파일을 res\layout 폴더에 생성합니다. 프로젝트 탐색기의 ❶ res\layout 폴더에서 마우스 오른쪽 버튼을 클릭한 다음 ❷ [New]–[Layout Resource File] 메뉴를 선택합니다.

그림 6-6 레이아웃 파일 생성

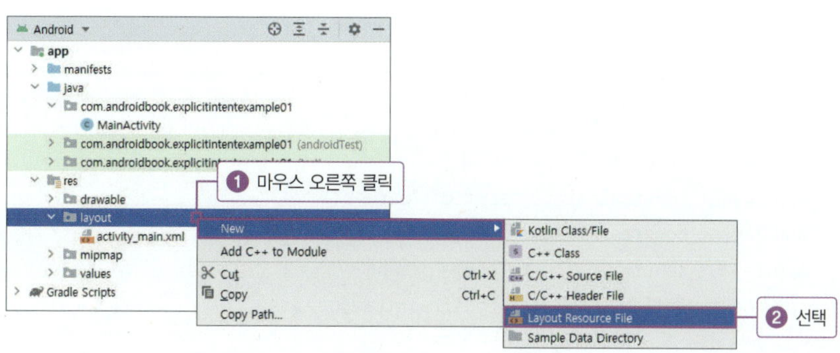

[New Resource File] 창이 열리면 ❶ File name(파일명)과 ❷ Root element(레이아웃 유형)를 입력하고 ❸ 〈OK〉 버튼을 클릭합니다.

그림 6-7 레이아웃 파일 생성 창

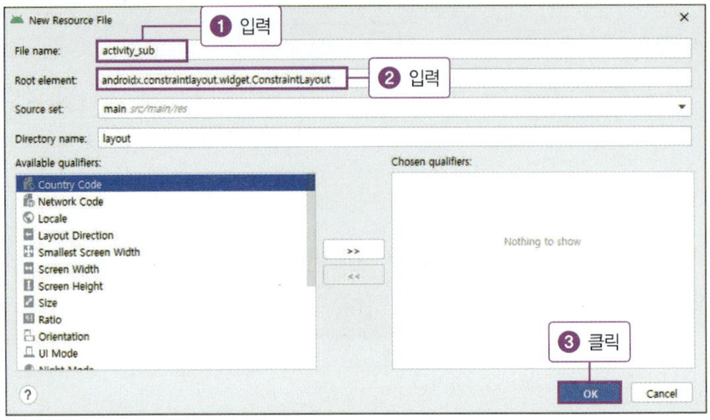

프로젝트 탐색기 창을 보면 res\layout 폴더에 activity_sub.xml 파일이 추가된 것을 확인할 수 있습니다.

그림 6-8 레이아웃 파일 생성 결과

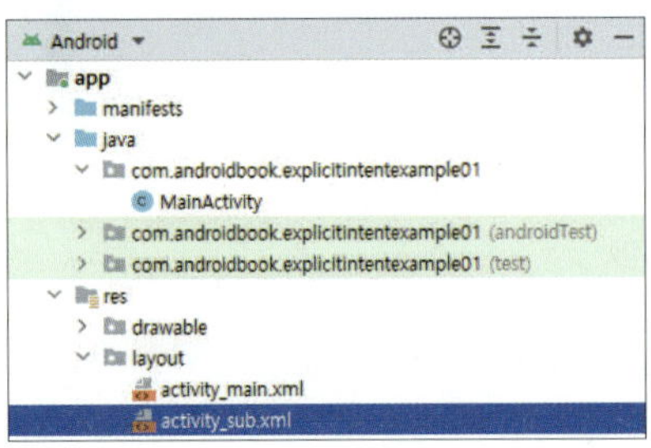

레이아웃 파일인 activity_sub.xml에 다음의 형태로 위젯을 배치합니다.

```
<androidx.constraintlayout.widget.ConstraintLayout ...>
    <TextView
        android:layout_width="wrap_content"
        android:layout_height="wrap_content"
        android:text="SubActivity 입니다."
        app:layout_constraintLeft_toLeftOf="parent"
        app:layout_constraintRight_toRightOf="parent"
        app:layout_constraintTop_toTopOf="parent" />
</androidx.constraintlayout.widget.ConstraintLayout>
```

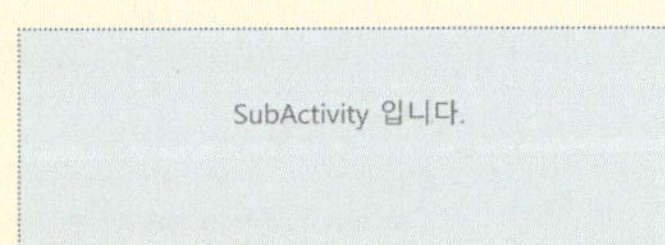

● 대상 액티비티를 생성하고 레이아웃 연결하기

버튼을 클릭하면 이동할 새로운 액티비티를 생성합니다. ❶ MainActivity가 있는 패키지에서 마우스 오른쪽 버튼을 클릭한 다음 ❷ [New]–[Java Class] 메뉴를 선택합니다.

그림 6-9 클래스 파일 생성

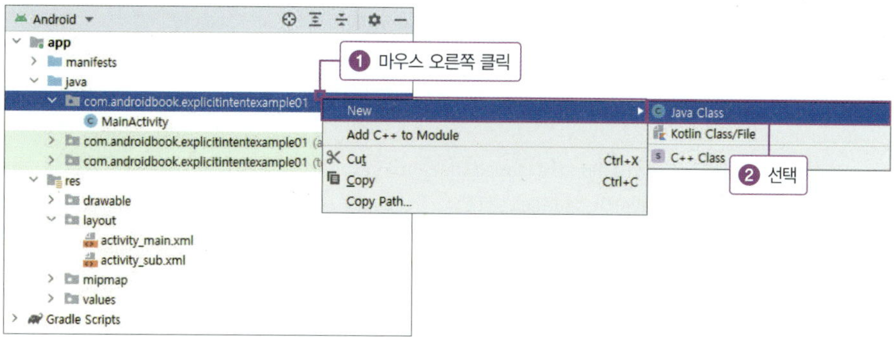

New Java Class 창의 항목 중에서 ❶ 'Class'를 선택하고 ❷ 클래스명을 'SubActivity'로 지정합니다.

그림 6-10 클래스 파일 생성 창

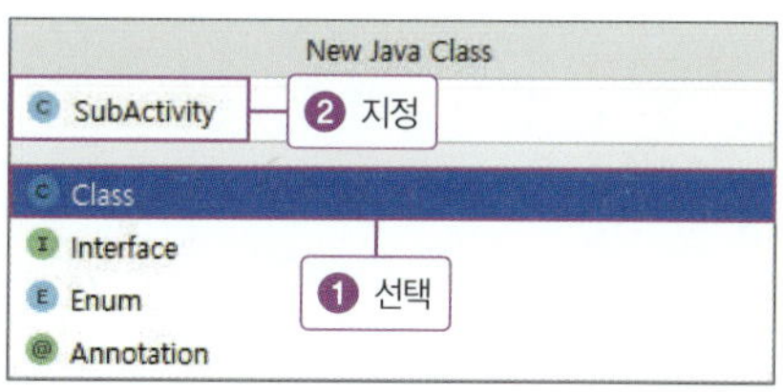

프로젝트 탐색기 창을 보면 선택한 패키지에 새로 생성한 SubActivity.java 파일이 추가된 것을 확인할 수 있습니다.

그림 6-11 클래스 파일 생성 결과

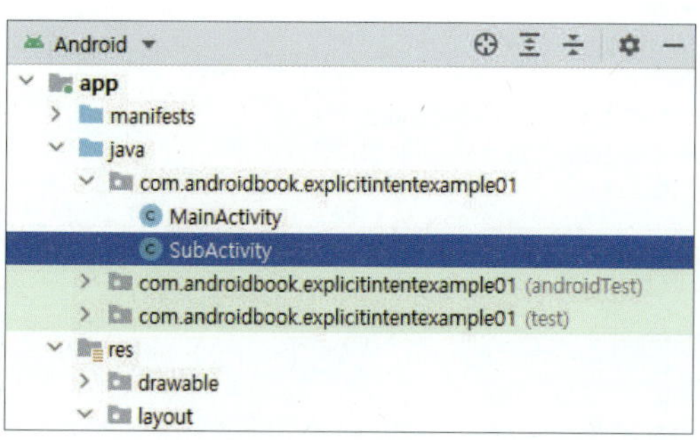

생성한 SubActivity 클래스가 부모 클래스인 AppCompatActivity로부터 상속받도록 SubActivity.java 파일을 열고 다음과 같이 onCreate() 메서드를 추가 작성합니다.

onCreate() 메서드에 setContentView() 메서드를 추가해 액티비티에 표시할 레이아웃(activity_sub.xml)을 설정합니다.

```
import androidx.appcompat.app.AppCompatActivity;

public class SubActivity  extends AppCompatActivity {
    @Override
    protected void onCreate(Bundle savedInstanceState) {
        super.onCreate(savedInstanceState);
        setContentView(R.layout.activity_sub);
    }
}
```

setContentView() 메서드와 레이아웃 파일은 다음과 같이 연결되어 SubActivity 클래스에 설정한 레이아웃을 화면에 표시합니다.

그림 6-12 레이아웃 파일 연결

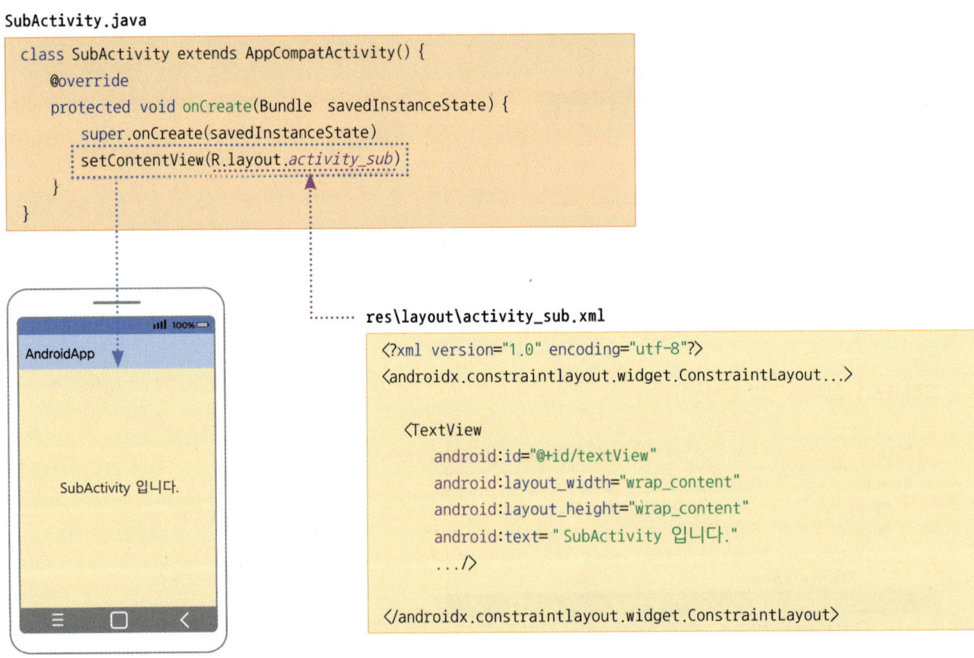

대상 액티비티 실행하기

첫 번째 액티비티에서 두 번째 액티비티로 이동하기 위해서는 버튼을 클릭해야 합니다. 따라서 첫 번째 액티비티의 레이아웃에 버튼을 추가해야 합니다.

```
<androidx.constraintlayout.widget.ConstraintLayout ...>
    <Button
      android:id="@+id/button"
       android:layout_width="wrap_content"
       android:layout_height="wrap_content"
       android:text="버튼"
       app:layout_constraintLeft_toLeftOf="parent"
       app:layout_constraintRight_toRightOf="parent"
       app:layout_constraintTop_toTopOf="parent" />
</androidx.constraintlayout.widget.ConstraintLayout>
```

SubActivity 클래스가 명시적 인텐트로 시작되도록 설정하고, 버튼 클릭 시 이벤트 리스너로 SubActivity 클래스를 등록합니다. 여기서는 버튼 클릭 이벤트를 이벤트 리스너로 처리합니다.

```
public class MainActivity extends AppCompatActivity {

    @Override
    protected void onCreate(Bundle savedInstanceState) {
        super.onCreate(savedInstanceState);
        setContentView(R.layout.activity_main);

        Button button = (Button)findViewById(R.id.button); // 버튼 아이디 가져와 저장
        button.setOnClickListener(new View.OnClickListener() {
            @Override
            public void onClick(View view) {
                Intent intent = new Intent(getApplicationContext(), SubActivity.class);
                // 두 번째 액티비티로 이동할 인텐트 설정
                startActivity(intent); // 액티비티 호출(실행)
            }
        });
    }
}
```

● AndroidManifest.xml에 대상 액티비티 등록하기

액티비티를 사용하기 위해서는 AndroidManifest.xml 파일에 해당 액티비티에 대한 정보를 추가해야 합니다. AndroidManifest.xml 파일에는 다음과 같이 새로운 액티비티 정보를 추가할 수 있습니다.

```
<manifest...>
    <application ...>
        <activity android:name=".MainActivity">
            ...
        </activity>
        <activity android:name=".SubActivity" />
    </application>
</manifest>
```

실습 예제 6-1 스플래시 화면 만들기

| 구현 내용 |

스플래시 화면을 만듭니다. 첫 번째 화면(스플래시 화면)에서 2초 후에 두 번째 화면(로그인 화면)으로 이동합니다.

> **TIP** 스플래시 화면(Splash Screen)은 앱을 시작할 때 잠깐 보였다가 자동으로 다음 화면으로 넘어가는 로딩 화면입니다.

| 구현 방법 |

❶ Empty Activity로 프로젝트를 생성합니다. 프로젝트명은 'ExplicitIntentProject01', 패키지명은 'com.androidbook.explicitintentproject01'로 설정합니다. 나머지는 설정은 기존과 같습니다.

❷ res\drawable 폴더에 다음 이미지를 추가합니다.

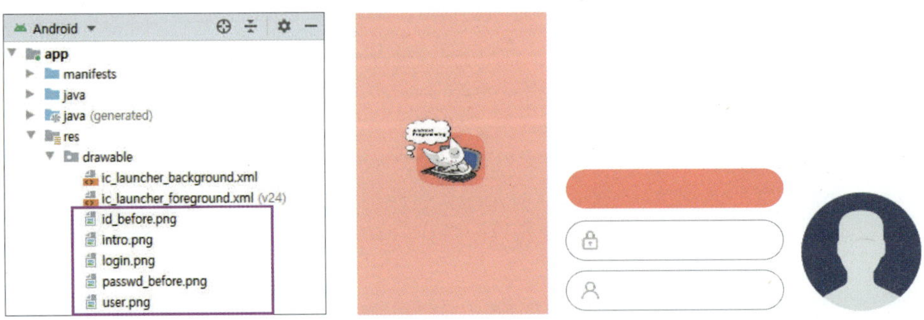

❸ res\layout 폴더에 앞에서 설명한 방법으로 activity_intro.xml 파일을 생성한 후 다음과 같이 코드를 작성합니다.

res\layout\activity_intro.xml

```
<androidx.constraintlayout.widget.ConstraintLayout ...
    android:background="@drawable/intro"
    android:orientation="vertical"
    android:padding="10dp" />
```

❹ IntroActivity.java 파일을 열고 기본으로 작성된 내용을 모두 지웁니다. 다음 코드를 복사해 붙여넣고 저장합니다.

java\com\androidbook\explicitintentproject01\IntroActivity.java

```
package com.androidbook.explicitintentproject01;
...

public class IntroActivity extends AppCompatActivity {

    @Override
    protected void onCreate(Bundle savedInstanceState) {
        super.onCreate(savedInstanceState);
        setContentView(R.layout.activity_intro);

        new Handler().postDelayed(new Runnable() // 로딩 화면을 보여주기 위한 handler 메서드
        {
            @Override
            public void run()
            {
                Intent intent = new Intent(getApplicationContext(), MainActivity.class);
                startActivity(intent);  // intent에 명시된 액티비티로 이동
                finish();   // 현재 액티비티 종료
            }
        }, 2000); // 2000ms(2초) 동안 스플래시 화면 표시
    }
}
```

❺ res\layout 폴더의 activity_main.xml 파일에 다음과 같이 코드를 작성합니다.

res\layout\activity_main.xml

```
<?xml version="1.0" encoding="utf-8"?>
<LinearLayout ...
    android:layout_margin="20dp"
    android:gravity="center_horizontal"
    android:orientation="vertical" >

    <ImageView
        android:id="@+id/imageView"
        android:layout_width="150dp"
        android:layout_height="150dp"
        android:layout_marginTop="80dp"
        android:src="@drawable/user" />

    <FrameLayout
        android:layout_width="wrap_content"
        android:layout_height="wrap_content"
        android:layout_marginTop="50dp">

        <TextView
            android:layout_width="330dp"
            android:layout_height="wrap_content"
            android:layout_marginLeft="20dp"
            android:text="LOGIN"
            android:textColor="#76a6f0"
            android:textSize="22sp" />
    </FrameLayout>

    <FrameLayout
        android:layout_width="wrap_content"
        android:layout_height="wrap_content"
        android:layout_gravity="center"
        android:layout_marginBottom="5dp"
        android:background="#ffffff"
        android:orientation="horizontal"
        android:weightSum="1">

        <ImageView
            android:id="@+id/id_after"
            android:layout_width="wrap_content"
            android:layout_height="50dp"
            android:src="@drawable/id_before" />
```

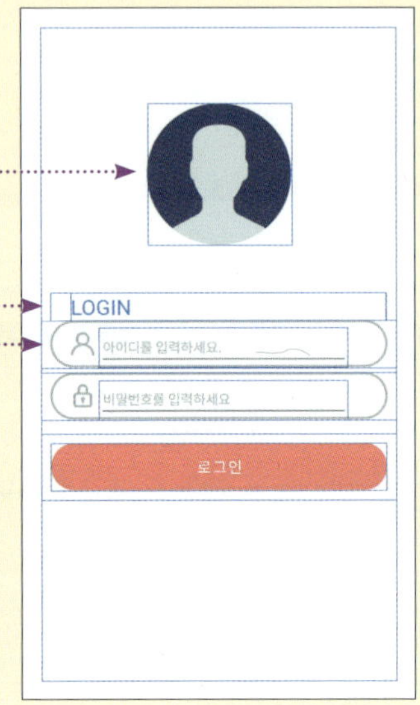

```
        <EditText
            android:id="@+id/textView01"
            android:layout_width="260dp"
            android:layout_height="wrap_content"
            android:layout_marginLeft="60dp"
            android:layout_marginTop="8dp"
            android:hint="아이디를 입력하세요."
            android:textColor="#525252"
            android:textColorHint="#ccc"
            android:textSize="14sp" />
    </FrameLayout>

    <FrameLayout
        android:layout_width="wrap_content"
        android:layout_height="wrap_content"
        android:layout_gravity="center"
        android:layout_marginBottom="5dp"
        android:orientation="horizontal"
        android:weightSum="1">

        <ImageView
            android:id="@+id/passwd_after"
            android:layout_width="wrap_content"
            android:layout_height="50dp"
            android:src="@drawable/passwd_before" />

        <EditText
            android:id="@+id/textView02"
            android:layout_width="260dp"
            android:layout_height="wrap_content"
            android:layout_marginLeft="60dp"
            android:layout_marginTop="8dp"
            android:hint="비밀번호를 입력하세요"
            android:inputType="textPassword"
            android:textColor="#525252"
            android:textColorHint="#ccc"
            android:textSize="14sp" />

    </FrameLayout>

    <FrameLayout
        android:layout_width="match_parent"
```

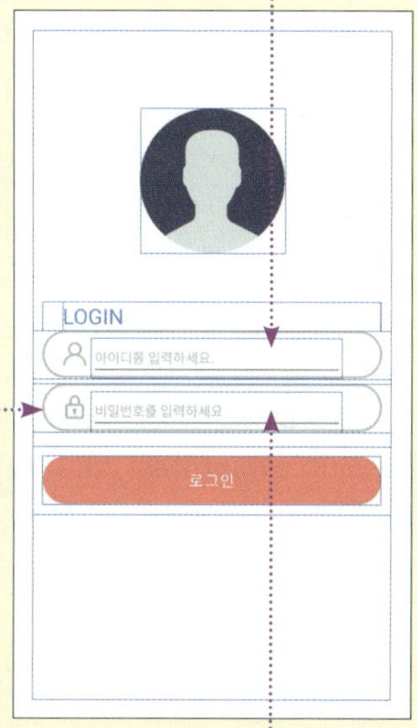

```
        android:layout_height="wrap_content"
        android:layout_marginTop="10dp"
        android:padding="10dp">

        <Button
            android:id="@+id/button"
            android:layout_width="wrap_content"
            android:layout_height="50dp"
            android:layout_gravity="center"
            android:background="@drawable/login"
            android:text="로그인"
            android:textColor="#fff"
            android:textSize="16dp"
            app:backgroundTint="@android:color/transparent"
            app:backgroundTintMode="screen" />
    </FrameLayout>
</LinearLayout>
```

❻ AndroidManifest.xml 파일을 열고 시작 화면을 'IntroActivity'로 변경한 다음 Main Activity를 새로운 액티비티로 등록합니다.

manifests\AndroidManifest.xml

```
<?xml version="1.0" encoding="utf-8"?>
<manifest ...>

    <application ...>
        <activity
            android:name=".IntroActivity"  // 스플래시 화면을 시작 화면으로 설정
            android:exported="true">
            <intent-filter>
                <action android:name="android.intent.action.MAIN" />

                <category android:name="android.intent.category.LAUNCHER" />
            </intent-filter>
        </activity>
        <activity android:name=".MainActivity"/> // 액티비티 등록
    </application>

</manifest>
```

❼ 프로젝트를 실행해 결과를 확인합니다.

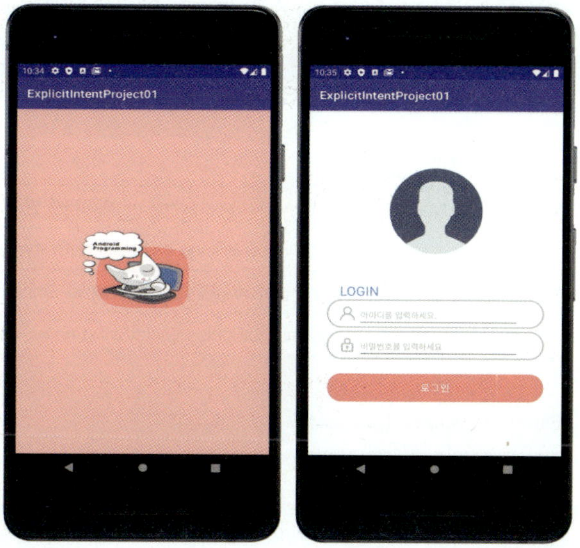

데이터를 전달하는 단방향 통신

한 액티비티에서 다른 액티비티로 정보를 전달하기 위해서는 명시적 인텐트를 사용할 수 있습니다. 이를 위해서는 액티비티에 putExtra() 메서드와 getXxxExtra() 형식의 메서드를 추가합니다. putExtra()는 데이터를 보내는 데 사용하고, getXxxExtra() 형식의 메서드는 데이터를 받는 데 사용합니다.

그림 6-13 명시적 인텐트로 단방향 통신하기

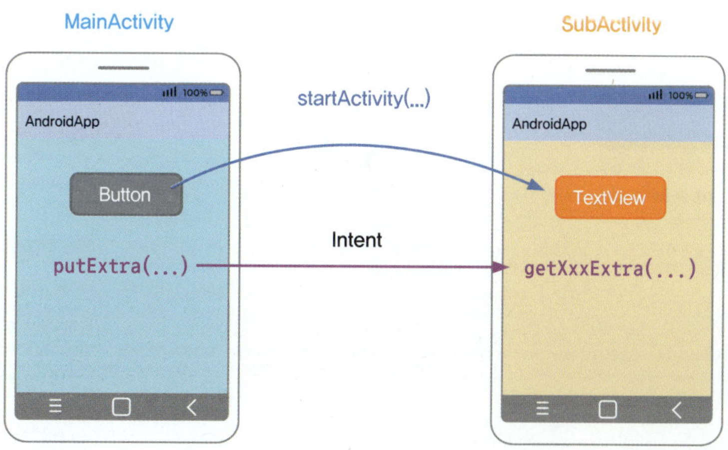

데이터를 전달할 때는 putExtra() 메서드를 사용하며, 이 메서드는 이름(name)과 값(value)으로 이루어진 쌍의 매개 변수를 받습니다. 이렇게 전달된 데이터는 getXxxExtra() 형식의 메서드로 받게 됩니다. getXxxExtra() 메서드는 전달된 데이터를 이름으로 식별하고, 값의 타입에 따라 어떤 메서드를 사용할지 결정합니다.

표 6-3 데이터를 보낼 때와 받을 때 사용하는 메서드

데이터를 보낼 때	데이터를 받을 때
Intent putExtra(String name, int value)	int getIntExtra(String name, int defaultValue)
Intent putExtra(String name, String value)	String getStringExtra(String name, String defaultValue)
Intent putExtra(String name, boolean value)	boolean getBooleanExtra(String name, bolean defaultValue)

NOTE **putExtra()과 getXxxExtra() 메서드**

putExtra() 메서드는 반환 타입이 없어 데이터를 받는 측에서는 해당 데이터의 타입을 알 수 없습니다. 따라서 getBooleanExtra(), getIntExtra(), getStringExtra() 등과 같은 여러 메서드를 제공하여 putExtra() 메서드에서 전달된 값의 타입에 맞게 데이터를 받을 수 있도록 합니다.

명시적 인텐트를 이용해 다른 액티비티에 데이터를 전달하는 과정은 다음과 같습니다. 우선 전달할 대상 액티비티와 그에 해당하는 레이아웃 파일이 먼저 생성되어 있어야 합니다.

❶ 인텐트 객체를 생성합니다.
❷ putExtra() 메서드로 데이터를 전달합니다.
❸ startActivity() 메서드로 대상 액티비티를 실행합니다.
(❶~❸: 첫 번째 액티비티)
❹ 전달되는 인텐트 객체를 getIntent() 메서드로 받습니다.
❺ 인텐트 객체로 전달된 데이터 값을 getXxxExtra() 형식의 메서드로 받습니다.
(❹~❺: 두 번째 액티비티)

그림 6-14 명시적 인텐트로 데이터를 전달하는 과정

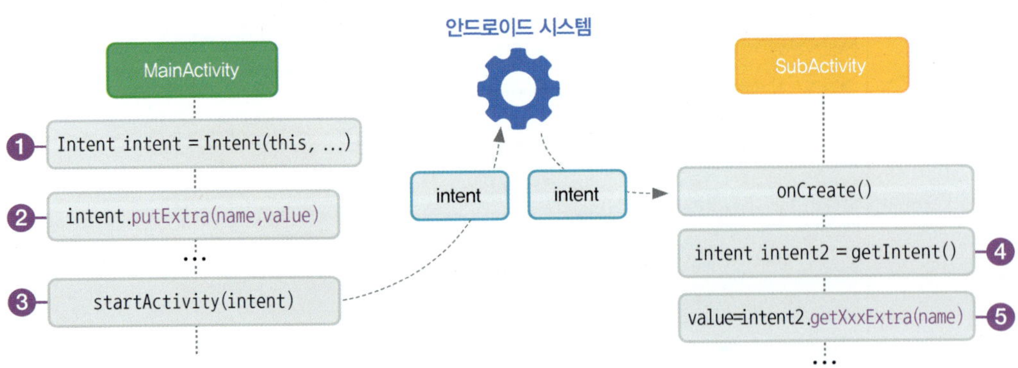

명시적 인텐트를 사용하여 데이터를 전달해 보겠습니다. 다음 그림의 첫 번째 액티비티에서는 문자열을 입력하고 버튼을 클릭하면 두 번째 액티비티로 이동합니다. 그리고 두 번째 액티비티에서는 전달받은 문자열을 출력합니다.

그림 6-15 명시적 인텐트로 데이터 전달하기

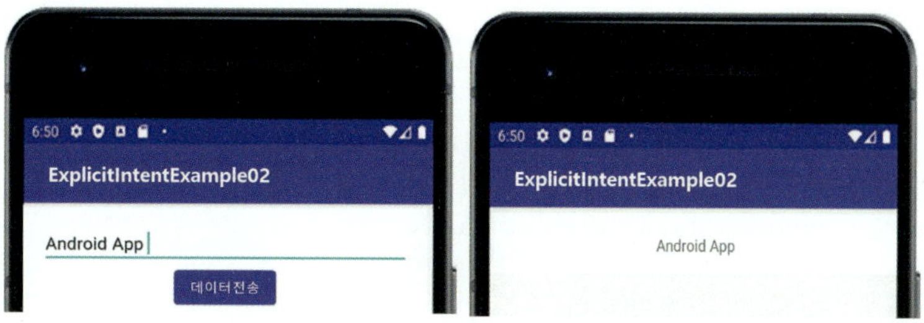

버튼 터치 전 버튼 터치 후

● 데이터 보내기

레이아웃 파일(activity_main.xml)에는 먼저 문자열을 입력할 수 있는 에디트 텍스트(Edit Text)와 버튼을 추가해야 합니다.

```
<LinearLayout ...>
    <EditText
        android:id="@+id/editText"
        android:layout_width="0dp"
        android:layout_height="wrap_content"
        android:hint="Enter name" />
    <Button
        android:id="@+id/button"
        android:layout_width="wrap_content"
        android:layout_height="wrap_content"
        android:text="데이터전송" />
</LinearLayout>
```

> **TIP** 《6-2장 - 명시적 인텐트로 화면 전환하기 - 액티비티 이동》에서 만든 프로젝트를 그대로 사용해도 되고 새로 만들어도 됩니다. 연습할 수 있도록 여기서는 새 프로젝트를 생성하여 작업합니다.

첫 번째 액티비티에 다음과 같이 코드를 추가합니다. 먼저 레이아웃에 추가한 에디트 텍스트와 연결합니다. 명시적 인텐트로 단방향 데이터를 전달하기 위해 ❶ 인텐트 객체를 생성합니다.

❷ putExtra() 메서드로 입력된 문자열을 전달하고, ❸ startActivity() 메서드로 두 번째 액티비티를 호출합니다. 이 내용은 모두 버튼을 클릭했을 때 발생하므로 이벤트 리스너에서 처리합니다.

```
public class MainActivity extends AppCompatActivity {
    Button button;
    EditText editText;
    @Override
    protected void onCreate(Bundle savedInstanceState) {
        super.onCreate(savedInstanceState);
        setContentView(R.layout.activity_main);

        button = findViewById(R.id.button);
        editText = findViewById(R.id.editText);
        button.setOnClickListener(new View.OnClickListener() {
            @Override
            public void onClick(View view) {
                Intent intent = new Intent(getApplicationContext(), SubActivity.class); ❶
                intent.putExtra("name", editText.getText().toString()); ❷
                startActivity(intent); ❸
            }
        });
    }
}
```

데이터 받기

두 번째 액티비티에서 전달된 데이터를 받는 부분을 작성해 보겠습니다. 《6-2장 - 명시적 인텐트로 화면 전환하기 - 액티비티 이동》을 참고하여 두 번째 액티비티를 생성합니다. 두 번째 액티비티 레이아웃 파일(activity_sub.xml)에 전달받은 문자열을 출력할 수 있는 텍스트 뷰(TextView)를 추가합니다.

```
<LinearLayout..>
    <TextView
        android:id="@+id/textView"
        android:layout_width="wrap_content"
        android:layout_height="wrap_content"
        android:text="Hello World!" />
</LinearLayout>
```

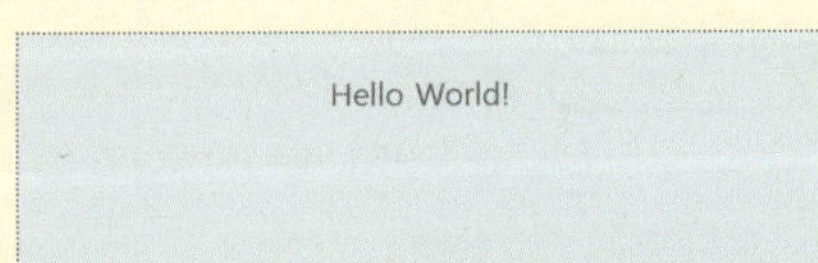

데이터를 전달받을 수 있게 두 번째 액티비티(SubActivity.java)에 다음과 같이 코드를 추가합니다. ❹ getIntent() 메서드로 전달된 인텐트 객체를 받고, ❺ getStringExtra() 메서드로 인텐트 객체를 통해 전달된 문자열 데이터값을 받습니다.

```
public class SubActivity  extends AppCompatActivity {
    @Override
    protected void onCreate(Bundle savedInstanceState) {
        super.onCreate(savedInstanceState);
        setContentView(R.layout.activity_sub);

        TextView textView = findViewById(R.id.textView);
        Intent intent = getIntent(); ❹
        String strName = intent.getStringExtra("name"); ❺
        textView.setText(strName);
    }
}
```


실습 예제 6-2 로그인 화면에서 아이디와 비밀번호 전달받아 출력하기

| 구현 내용 |

첫 번째 액티비티인 로그인 화면에서 아이디와 비밀번호를 입력하고 〈로그인〉 버튼을 클릭하면 이를 두 번째 화면으로 전달해 아이디와 비밀번호를 출력합니다.

| 구현 방법 |

❶ Empty Activity 템플릿으로 프로젝트를 생성합니다. 프로젝트명은 'ExplicitIntent Project02', 패키지명은 'com.androidbook.explicitIntentproject02'를 입력합니다. 나머지는 설정은 기존과 동일합니다.

❷ res\drawable 폴더에 다음 이미지를 추가합니다.

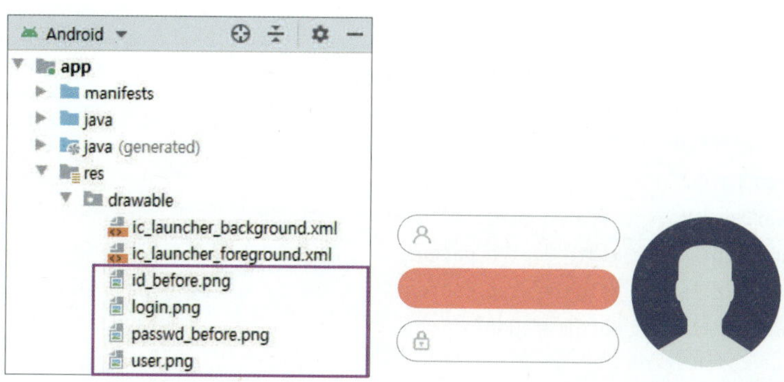

❸ 로그인 화면은 [실습 예제 6-1]과 같으므로 'activity_main.xml' 파일을 복사해 ExplicitIntentProject02 프로젝트의 'activity_main.xml' 파일에 붙여 넣습니다. 《6-2장 - 명시적 인텐트로 화면 전환하기 - 액티비티 이동》에서 배운 대로 'activity_sub.xml' 파일을 생성해 다음과 같이 작성하고 저장합니다.

res\layout\activity_sub.xml

```
<LinearLayout ...
    android:orientation="vertical"
    android:padding="30dp">
    <TextView      // '로그인 정보입니다'를 표시하는 텍스트 뷰
        android:layout_width="match_parent"
        android:layout_height="wrap_content"
        android:layout_marginTop="50dp"
        android:layout_marginBottom="50dp"
        android:gravity="center"
        android:text="로그인 정보입니다"
        android:textColor="#8BC34A"
        android:textSize="25sp"
        android:textStyle="bold"/>
    <LinearLayout
        android:layout_width="match_parent"
        android:layout_height="wrap_content"
        android:layout_margin="10dp"
        android:orientation="horizontal">
        <TextView      // '아이디:'를 표시하는 텍스트 뷰
            android:layout_width="100dp"
            android:layout_height="wrap_content"
            android:text="아이디 : "
            android:textSize="18sp"
            android:textStyle="bold" />
        <TextView      // 전달받은 아이디를 출력하는 텍스트 뷰
            android:id="@+id/editText01"
            android:layout_width="wrap_content"
            android:layout_height="wrap_content"
            android:layout_weight="1"
            android:textSize="18sp"
            android:textStyle="bold" />
    </LinearLayout>
    <LinearLayout
        android:layout_width="match_parent"
        android:layout_height="wrap_content"
        android:layout_margin="10dp"
```

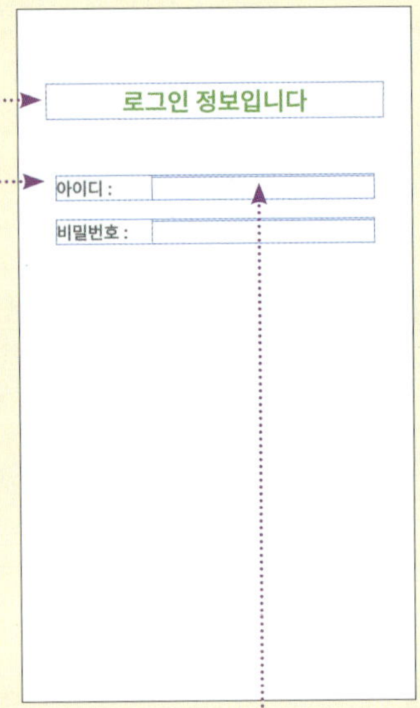

```
        android:orientation="horizontal">
        <TextView       // '비밀번호:'를 표시하는 텍스트 뷰
            android:layout_width="100dp"
            android:layout_height="wrap_content"
            android:text="비밀번호 : "
            android:textSize="18sp"
            android:textStyle="bold" />
        <TextView       // 전달받은 비밀번호를 출력하는 텍스트 뷰
            android:id="@+id/editText02"
            android:layout_width="wrap_content"
            android:layout_height="wrap_content"
            android:layout_weight="1"
            android:textSize="18sp"
            android:textStyle="bold" />
    </LinearLayout>
</LinearLayout>
```

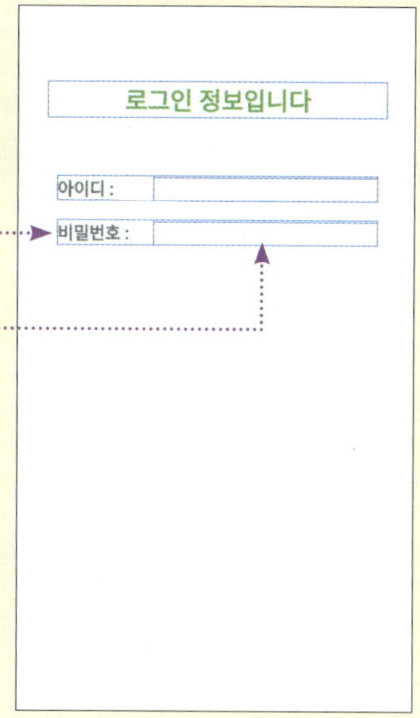

❹ MainActivity.java 파일을 열고 다음과 같이 굵게 표시된 부분을 추가한 후 저장합니다.

java\com\androidbook\explicitintentproject02\MainActivity.java

```
package com.androidbook.explicitintentproject02;
...
public class MainActivity extends AppCompatActivity {
    Button btnObj;

    @Override
    protected void onCreate(Bundle savedInstanceState) {
        super.onCreate(savedInstanceState);
        setContentView(R.layout.activity_main);

        btnObj = findViewById(R.id.button);       // 버튼 아이디 저장
        btnObj.setOnClickListener(new View.OnClickListener() {
            @Override
            public void onClick(View view) {
                Intent intent = new Intent(getApplicationContext(), SubActivity.class);
                // 두 번째 화면으로 이동할 인텐트 설정
                EditText editText01 = findViewById(R.id.textView01);
                // 아이디를 입력받는 에디트 텍스트 아이디 저장
                EditText editText02 = findViewById(R.id.textView02);
                // 비밀번호를 입력받는 에디트 텍스트 아이디 저장
                intent.putExtra("userId", editText01.getText().toString());
                // 인텐트로 userid에 입력된 아이디 값 보내기
```

```
            intent.putExtra("userPw", editText02.getText().toString());
            // 인텐트로 userPW에 입력된 비밀번호 값 보내기
            startActivity(intent);     // 인텐트 실행
          }
        });
    }
}
```

❺ 《6-2장 – 명시적 인텐트로 화면 전환하기 – 액티비티 이동》에서 배운 대로 'SubActivity.java' 파일을 생성해 다음과 같이 작성하고 저장합니다.

java\com\androidbook\explicitintentproject02\SubActivity.java

```
package com.androidbook.explicitintentproject02;
...
public class SubActivity extends AppCompatActivity {
    Button btnObj;

    @Override
    protected void onCreate(Bundle savedInstanceState) {
        super.onCreate(savedInstanceState);
        setContentView(R.layout.activity_sub);

        TextView idObj = findViewById(R.id.textView01);
        // 아이디 값을 출력할 텍스트 뷰 아이디 저장
        TextView pwObj = findViewById(R.id.textView02);
        // 비밀번호 값을 출력할 텍스트 뷰 아이디 저장
        Intent intent = getIntent();        // 인텐트 받기
        idObj.setText(intent.getStringExtra("userId")); // 텍스트 뷰에 전달받은 값 출력
        pwObj.setText(intent.getStringExtra("userPw")); // 텍스트 뷰에 전달받은 값 출력
    }
}
```

❻ AndroidManifest.xml 파일을 열고 굵게 표시된 부분을 추가한 후 저장합니다.

manifests\AndroidManifest.xml

```
<?xml version="1.0" encoding="utf-8"?>
<manifest ...>
    <application ...>
        <activity
            android:name=".MainActivity"
```

```
            android:exported="true">
            <intent-filter>
                <action android:name="android.intent.action.MAIN" />

                <category android:name="android.intent.category.LAUNCHER" />
            </intent-filter>
        </activity>
        <activity android:name=".SubActivity"/> // 액티비티 등록
    </application>
</manifest>
```


❼ 프로젝트를 실행해 결과를 확인합니다. 로그인 화면이 나타나면 아이디와 비밀번호를 입력하고 〈로그인〉 버튼을 클릭하여 입력한 내용이 다음 화면에 보이는지 확인합니다.

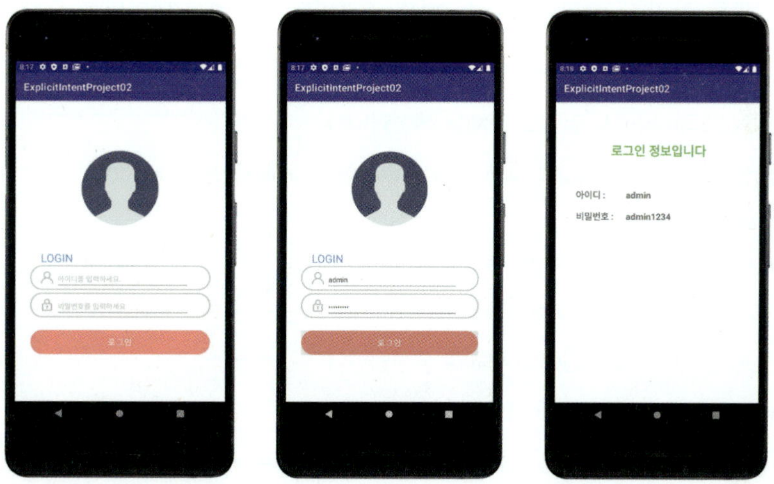

데이터를 주고받는 양방향 통신

명시적 인텐트를 사용하면 첫 번째 액티비티와 두 번째 액티비티 사이에서 양방향으로 통신할 수 있습니다. 첫 번째 액티비티에서 두 번째 액티비티로 이동하거나 정보를 전달한 후에 다시 두 번째 액티비티에서 결과 정보를 첫 번째 액티비티로 가져오는 방식입니다. 단방향으로 통신할 때는 startActivity() 메서드를 사용하지만, 양방향 통신에서는 ActivityResultLauncher〈Intent〉를 사용하여 모듈화합니다. 두 번째 액티비티에서는 setResult() 메서드를 호출하여 첫 번째 액티비티로 결과 정보를 보냅니다. 마지막으로 첫 번째 액티비티에서는 onActivityResult() 메서드를 호출하여 두 번째 액티비티에서 받은 결과 정보를 확인합니다.

그림 6-16 명시적 인텐트로 양방향 통신하기

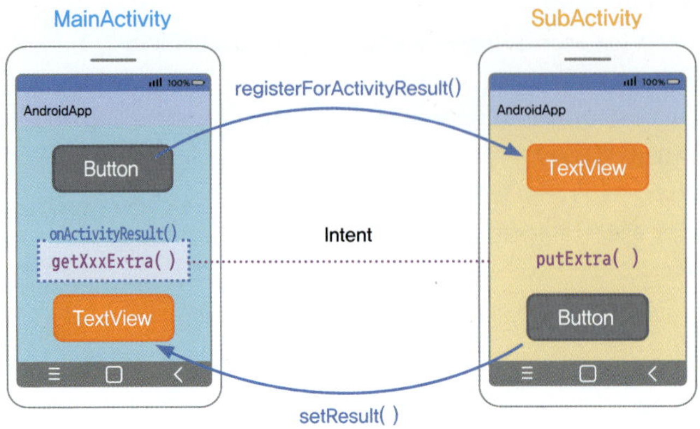

명시적 인텐트로 첫 번째 액티비티와 두 번째 액티비티 사이에서 데이터를 주고받으려면 다음과 같은 과정을 거쳐야 합니다.

첫 번째 액티비티

1. 첫 번째 액티비티에서 인텐트 객체를 생성합니다.
2. registerForActivityResult() 메서드를 호출하여 ActivityResultLauncher 객체를 초기화합니다.
3. ActivityResultLauncher 객체 변수의 launch() 메서드를 통해 두 번째 액티비티를 실행합니다.

두 번째 액티비티

4. 두 번째 액티비티에서 인텐트 객체를 생성합니다.
5. putExtra() 메서드로 데이터를 전달합니다.
6. setResult() 메서드로 생성된 인텐트 객체를 전달합니다.
7. finish() 메서드를 호출해 액티비티를 종료합니다.

첫 번째 액티비티

8. registerForActivityResult() 메서드 내 ActivityResultCallback의 onActivityResult( ) 메서드로 결과 정보를 확인합니다.
9. getXxxExtra() 메서드를 사용해 인텐트로 전달된 데이터를 받습니다.

NOTE **startActivityForResult() 메서드를 이용한 양방향 통신**

이전에는 양방향 통신에서 startActivityForResult() 메서드를 사용하였지만, 이제는 더 이상 권장하지 않습니다. 그 이유는 실행 중인 액티비티가 메모리 부족으로 인해 종료되는 경우 결과를 받는 액티비티가 함께 종료될 수 있기 때문입니다. 이러한 문제를 해결하기 위해 Result Callback을 등록해서 사용하는 방식으로 변경되었습니다. 물론 startActivityForResult() 함수는 아직 사용 가능하지만, 앱에 문제가 발생할 가능성이 있으므로 주의가 필요합니다.

startActivityForResult() 메서드를 이용한 양방향 통신 방법

첫 번째로 양방향 통신을 위해서 startActivityForResult() 메서드를 호출합니다. 두 번째 액티비티에서는 인텐트 객체를 새로 생성하고, setResult() 메서드를 호출하여 결과 정보를 다시 첫 번째 액티비티로 보냅니다. 마지막으로 첫 번째 액티비티에서는 onActivityResult() 메서드를 호출하여 두 번째 액티비티에서 전달받은 결과 정보를 확인합니다.

명시적 인텐트로 첫 번째 액티비티와 두 번째 액티비티 사이에서 데이터를 주고받으려면 다음과 같은 과정을 거쳐야 합니다.

첫 번째 액티비티
- ❶ 첫 번째 액티비티에서 인텐트 객체를 생성합니다.
- ❷ startActivityforResult() 메서드로 두 번째 액티비티를 실행합니다.

두 번째 액티비티
- ❸ 두 번째 액티비티에서 인텐트 객체를 생성합니다.
- ❹ putExtra() 메서드로 데이터를 전달합니다.
- ❺ setResult() 메서드로 생성된 인텐트 객체를 전달합니다.
- ❻ finish() 메서드를 호출해 액티비티를 종료합니다.

첫 번째 액티비티
- ❼ onActivityResult() 메서드로 결과 정보를 확인합니다.
- ❽ getXxxExtra() 메서드를 사용해 인텐트로 전달된 데이터를 받습니다.

그림 6-17 명시적 인텐트를 사용해 양방향으로 데이터를 전달하는 과정

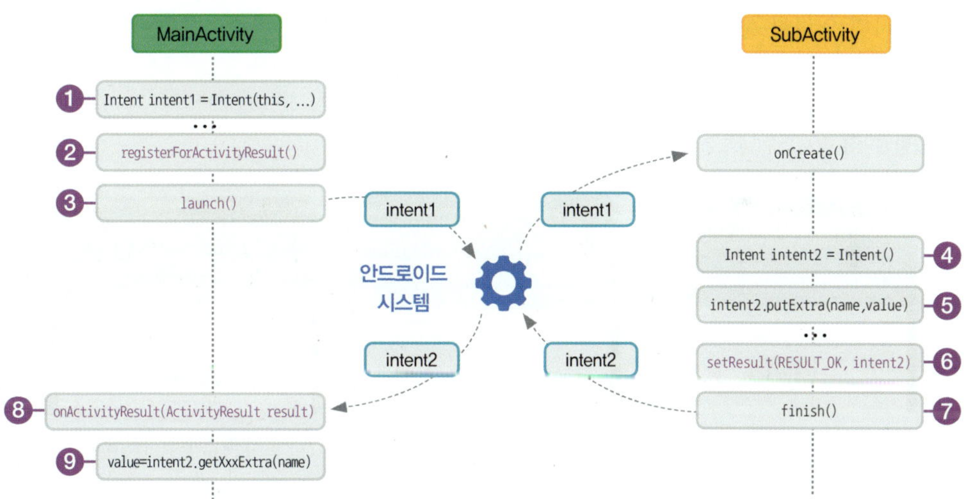

registerForActivityResult()는 ActivityResultContracts와 ActivityResultCallback을 가져와서 다른 activity를 실행할 때 사용하는 ActivityResultLauncher를 반환합니다. 이 메서드는 두 번째 액티비티로부터 정보를 받을 때 호출되며, 다음과 같은 형식을 가지고 있습니다. 첫 번째 매개 변수는 ActivityResultContracts 클래스의 StartActivityForResult() 메서드를 설정하고, 두 번째 매개 변수는 ActivityResultCallback〈ActivityResult〉를 설정합니다.

```
ActivityResultLauncher<Intent> launcher = registerForActivityResult(
            new ActivityResultContracts.StartActivityForResult(),
            new ActivityResultCallback<ActivityResult>() {
                @Override
                public void onActivityResult(ActivityResult result) {

                }
            }
)
```

onActivityResult() 메서드는 두 번째 액티비티가 종료될 때 호출됩니다. 매개 변수인 ActivityResult 클래스의 생성자는 다음과 같이 첫 번째 매개 변수는 액티비티의 실행 결과를 나타내고, 두 번째 매개 변수는 데이터 값입니다.

```
ActivityResult(int resultCode, @Nullable Intent data)
```

데이터를 주고 받는 방법을 알아보겠습니다. 사용자가 첫 번째 액티비티에서 버튼을 클릭하면 두 번째 액티비티로 이동합니다. 사용자가 두 번째 액티비티에서 문자열을 입력하고 버튼을 클릭하면 입력한 문자열을 첫 번째 액티비티로 전달하고 첫 번째 액티비티에서는 해당 문자열을 출력합니다.

그림 6-18 명시적 인텐트로 데이터 주고받기

초기 화면 / 문자열 입력 후 버튼 클릭 / 초기 화면에 문자열 출력

● 첫 번째 액티비티에서 두 번째 액티비티로 이동하기

다음과 같이 첫 번째 액티비티의 레이아웃 파일(activity_main.xml)에 문자열을 출력하는 텍스트 뷰와 버튼을 구성합니다.

```
<LinearLayout ...>
    <TextView
        android:id="@+id/textView"
```

```
        android:layout_width="wrap_content"
        android:layout_height="wrap_content"
        android:layout_marginTop="10dp"
        android:text="SubActivity의 데이터는?"
        android:textSize="18sp" />
    <Button
        android:id="@+id/button"
        android:layout_width="wrap_content"
        android:layout_height="wrap_content"
        android:layout_marginTop="10dp"
        android:text="액티비티 이동" />
</LinearLayout>
```

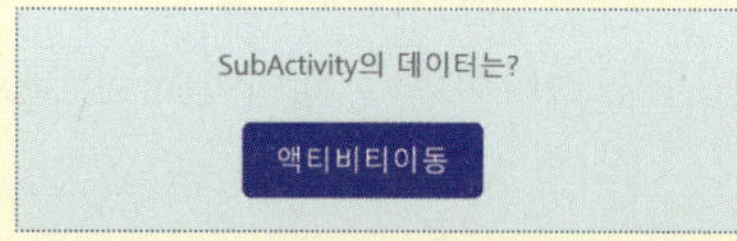

명시적 인텐트를 이용해 양방향으로 데이터를 전달할 수 있게 첫 번째 액티비티(MainActivity.java)에 다음과 같이 코드를 작성합니다. 먼저 ❶ 데이터를 전달할 인텐트 객체를 생성하고, ❷ registerForActivityResult() 메서드를 호출하여 ActivityResultLauncher 객체를 초기화합니다. ❸ ActivityResultLauncher 객체 변수의 launch() 메서드를 통해 두 번째 액티비티를 실행합니다.

```
public class MainActivity extends AppCompatActivity {
    ActivityResultLauncher<Intent> launcher;
    @Override
    protected void onCreate(Bundle savedInstanceState) {
        super.onCreate(savedInstanceState);
        setContentView(R.layout.activity_main);

        Button button = findViewById(R.id.button);

        button.setOnClickListener(new View.OnClickListener() {
            @Override
            public void onClick(View view) {
                Intent intent = new Intent(getApplicationContext(), SubActivity.class);
                // 인텐트 객체 생성 ❶
                launcher.launch(intent); // 두 번째 액티비티 실행 ❸
            }
        });
     launcher = registerForActivityResult(new ActivityResultContracts.
StartActivityForResult(), null); // ActivityResultLauncher 객체 초기화 ❷
    }
}
```

● 두 번째 액티비티에서 첫 번째 액티비티로 데이터 보내기

첫 번째 액티비티의 레이아웃 파일(activity_sub.xml)에 다음과 같이 문자열을 입력받을 수 있는 에디트 텍스트와 버튼을 구성합니다.

```
<LinearLayout ...>
    <EditText
        android:id="@+id/editText"
        android:layout_width="match_parent"
        android:layout_height="wrap_content"
        android:layout_marginTop="10dp"
        android:hint="전송 데이터를 입력하세요"
        android:inputType="textPersonName" />
    <Button
        android:id="@+id/button"
        android:layout_width="wrap_content"
        android:layout_height="wrap_content"
        android:layout_marginTop="10dp"
        android:text="데이터 전송" />
</LinearLayout>
```

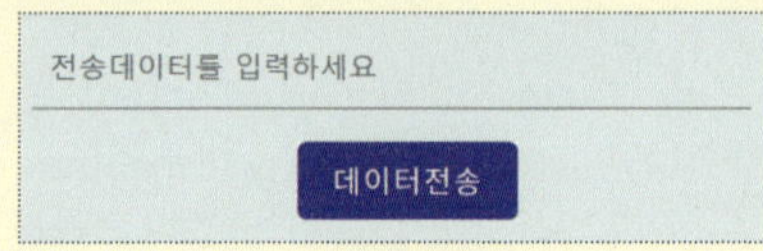

두 번째 액티비티(SubActivity.java)를 생성해 다음과 같은 코드를 작성합니다. 먼저 ❹ 인텐트 객체를 생성하고 ❺ putExtra() 메서드로 데이터를 전달합니다. ❻ setResult() 메서드로 생성된 인텐트 객체를 전달하고 ❼ finish() 메서드를 호출하여 액티비티 실행을 종료합니다.

```
public class SubActivity extends AppCompatActivity {

    @Override
    protected void onCreate(Bundle savedInstanceState) {
        super.onCreate(savedInstanceState);
        setContentView(R.layout.activity_sub);

        Button button = findViewById(R.id.button); // 버튼 아이디 저장
        EditText editText = findViewById(R.id.editText);

        button.setOnClickListener(new View.OnClickListener() {
            @Override
            public void onClick(View view) {
                EditText editText = findViewById(R.id.editText); // 에디트 텍스트 아이디 저장
                Intent intent = new Intent(); // 인텐트 객체 생성 ❹
                intent.putExtra("editText", editText.getText().toString()); // 데이터 전달 ❺
```

```
            setResult(RESULT_OK, intent); // 생성된 인텐트 객체 전달 ❻
            finish(); // 액티비티 실행 종료 ❼
        }
    });
  }
}
```

● 두 번째 액티비티에서 받은 데이터 출력하기

두 번째 액티비티에서 받은 데이터를 출력하기 위해 첫 번째 액티비티(MainActivity.java)에 다음과 같은 코드를 추가합니다. ❽ onActivityResult() 메서드로 실행 결과를 확인하고 ❾ getStringExtra() 메서드로 인텐트를 통해 전달된 데이터 값을 받아 출력합니다.

6

인텐트로 화면 전환하기

```
public class MainActivity extends AppCompatActivity {
    ActivityResultLauncher<Intent> launcher; ❸
    @Override
    protected void onCreate(Bundle savedInstanceState) {
        super.onCreate(savedInstanceState);
        setContentView(R.layout.activity_main);

        Button button = findViewById(R.id.button);

        button.setOnClickListener(new View.OnClickListener() {
            @Override
            public void onClick(View view) {
                Intent intent = new Intent(getApplicationContext(), SubActivity.class);
                // 인텐트 객체 생성 ❶
                launcher.launch(intent);  // 두 번째 액티비티 실행 ❸
            }
        });

        launcher = registerForActivityResult(                                   ─┐
            new ActivityResultContracts.StartActivityForResult(),                │
            new ActivityResultCallback<ActivityResult>() {                       │
                @Override                                                        │
                public void onActivityResult(ActivityResult result) {  ─┐       │
                    if (result.getResultCode() == RESULT_OK) {          │       ├❷
                                                                         │       │
                        Intent data = result.getData();                 ├❽     │
                        TextView textView = findViewById(R.id.textView);│       │
                        textView.setText(data.getStringExtra("editText")); ❾   │
```

```
                }
            }
        });
    }
```

실습 예제 6-3 같은 모양 찾기 게임에서 결과 확인하기

| 구현 내용 |

첫 번째 화면에서 원하는 도형을 선택하고 〈시작하기〉 버튼을 클릭하면 두 번째 화면으로 이동합니다. 두 번째 화면에서는 첫 번째 화면에서 선택한 도형과 같은 그림을 3개까지 선택합니다. 〈결과보기〉 버튼을 클릭하면 다시 첫 번째 화면으로 이동해 선택한 그림을 출력합니다. 명시적 인텐트로 예제를 구현해 봅시다.

| 구현 방법 |

❶ Empty Activity 템플릿으로 프로젝트를 생성합니다. 프로젝트명은 'ExplicitIntent Project03', 패키지명은 'com.androidbook.explicitintentproject03'로 합니다. 나머지는 동일합니다.

❷ res\drawable 폴더에 다음 이미지들을 추가합니다.

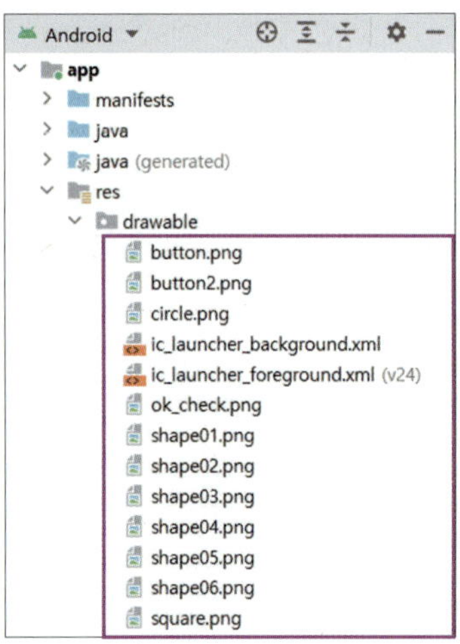

❸ activity_main.xml 파일을 다음과 같이 작성하고 저장합니다.

res\layout\activity_main.xml

```
<LinearLayout ...
    android:orientation="vertical"
    android:padding="30dp">
    <TextView      // '같은 모양 찾기 게임'을 표시하는 텍스트 뷰
        android:id="@+id/textView"
        android:layout_width="match_parent"
        android:layout_height="match_parent"
        android:layout_weight="2"
        android:gravity="center"
        android:text="같은 모양 찾기 게임"
        android:textColor="#8BC34A"
        android:textSize="25sp"
        android:textStyle="bold"/>
    <TextView      // '모양을 선택하세요'를 표시하는 텍스트 뷰
        android:id="@+id/textView2"
        android:layout_width="match_parent"
        android:layout_height="match_parent"
        android:layout_weight="2"
        android:gravity="center"
        android:text="모양을 선택하세요"
        android:textColor="#EA3DE4"
        android:textSize="18sp"
        android:textStyle="bold|italic" />
    <LinearLayout
        android:layout_width="match_parent"
        android:layout_height="match_parent"
        android:layout_weight="1.7"
        android:orientation="horizontal">
        <ImageView      // 첫 번째 이미지를 표시하는 이미지 뷰
            android:id="@+id/imageView"
            android:layout_width="wrap_content"
            android:layout_height="wrap_content"
            android:layout_weight="1"
            android:padding="5dp"
            app:srcCompat="@drawable/circle" />
        <ImageView      // 두 번째 이미지를 표시하는 이미지 뷰
            android:id="@+id/imageView2"
            android:layout_width="wrap_content"
            android:layout_height="wrap_content"
```

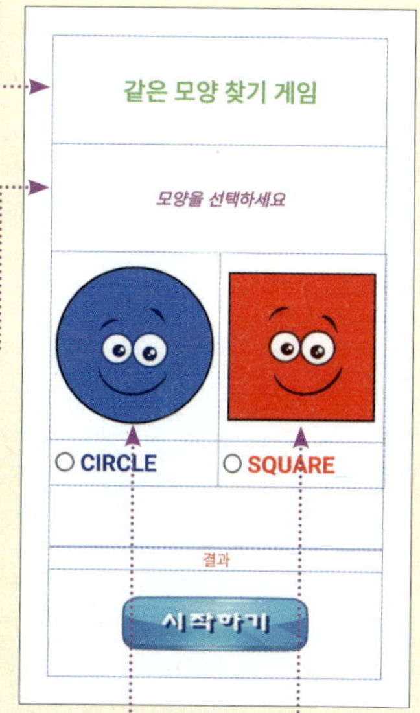

```
            android:layout_weight="1"
            android:padding="5dp"
            app:srcCompat="@drawable/square" />
    </LinearLayout>
    <RadioGroup
        android:layout_width="match_parent"
        android:layout_height="match_parent"
        android:layout_weight="2"
        android:gravity="center_horizontal"
        android:orientation="horizontal">
        <RadioButton   // 'CIRCLE'을 표시하는 라디오 버튼
            android:id="@+id/radioButton1"
            android:layout_width="match_parent"
            android:layout_height="wrap_content"
            android:layout_weight="1"
            android:text="CIRCLE"
            android:textColor="#0000FF"
            android:textSize="24sp"
            android:textStyle="bold" />
        <RadioButton   // 'SQUARE'를 표시하는 라디오 버튼
            android:id="@+id/radioButton2"
            android:layout_width="match_parent"
            android:layout_height="wrap_content"
            android:layout_weight="1"
            android:text="SQUARE"
            android:textColor="#FF0000"
            android:textSize="24sp"
            android:textStyle="bold" />
    </RadioGroup>
    <LinearLayout
        android:id="@+id/layoutResult"
        android:layout_width="match_parent"
        android:layout_height="match_parent"
        android:layout_marginBottom="10dp"
        android:layout_weight="1.8"
        android:background="#AEEFF8"
        android:orientation="vertical"
        android:visibility="gone">
        <LinearLayout
            android:layout_width="match_parent"
            android:layout_height="match_parent"
            android:layout_weight="1"
            android:orientation="horizontal">
```

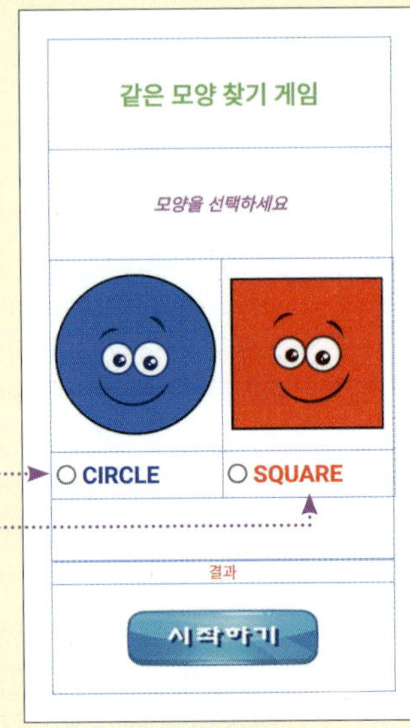

```
            <ImageView // 결과 이미지를 표시하는 이미지 뷰
                android:id="@+id/image01"
                android:layout_width="match_parent"
                android:layout_height="match_parent"
                android:layout_weight="1"
                android:scaleType="fitXY" />
            <ImageView // 결과 이미지를 표시하는 이미지 뷰
                android:id="@+id/image02"
                android:layout_width="match_parent"
                android:layout_height="match_parent"
                android:layout_weight="1"
                android:scaleType="fitXY" />
              </LinearLayout>
    </LinearLayout>
    <TextView      // '결과'를 표시하는 텍스트 뷰
        android:id="@+id/textViewResult"
        android:layout_width="match_parent"
        android:layout_height="wrap_content"
        android:gravity="center"
        android:text="결과"
        android:textColor="#F44336"
        android:textSize="16sp" />
    <ImageButton  // <시작하기> 버튼을 표시하는 이미지 버튼
        android:id="@+id/imageButton"
        android:layout_width="match_parent"
        android:layout_height="match_parent"
        android:layout_weight="2"
        android:background="@android:color/transparent"
        android:scaleType="centerInside"
        app:srcCompat="@drawable/button" />
</LinearLayout>
```

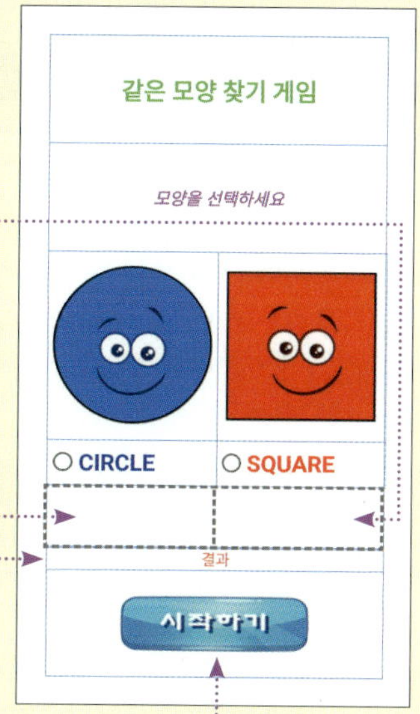

❹ 두 번째 화면의 레이아웃(activity_sub.xml) 파일을 생성해 다음과 같이 작성하고 저장합니다.

res\layout\activity_sub.xml

```
<LinearLayout ...
    android:layout_margin="20dp"
    android:orientation="vertical"
    android:padding="10dp">
```

```
<TextView      // 'Matching Shape?'를 표시하는 텍스트 뷰
    android:id="@+id/textView3"
    android:layout_width="match_parent"
    android:layout_height="match_parent"
    android:layout_weight="1.7"
    android:gravity="right"
    android:text="Matching Shape?"
    android:textColor="#8BC34A"
    android:textSize="25sp"
    android:textStyle="bold|italic"/>
<LinearLayout
    android:layout_width="match_parent"
    android:layout_height="match_parent"
    android:layout_marginBottom="20dp"
    android:layout_weight="1.5"
    android:orientation="horizontal">
    <ImageView      // 선택된 도형 이미지를 표시하는 이미지 뷰
        android:id="@+id/imageView"
        android:layout_width="wrap_content"
        android:layout_height="wrap_content"
        android:layout_weight="1"
        app:srcCompat="@drawable/circle" />
</LinearLayout>
<TableLayout      // 3×2 테이블 형식의 테이블 레이아웃
    android:layout_width="match_parent"
    android:layout_height="match_parent"
    android:layout_weight="1">
    <TableRow
        android:layout_width="match_parent"
        android:layout_height="match_parent"
        android:layout_weight="1">
        <FrameLayout
            android:id="@+id/frame_layout06"
            android:layout_width="match_parent"
            android:layout_height="match_parent"
            android:layout_weight="1">
            <ImageView  // 이미지 1을 표시하는 이미지 뷰
                android:id="@+id/image06"
                android:layout_width="match_parent"
                android:layout_height="match_parent"
                android:scaleType="fitXY"
                app:srcCompat="@drawable/shape06" />
        </FrameLayout>
```

```
            <FrameLayout
                android:id="@+id/frame_layout03"
                android:layout_width="match_parent"
                android:layout_height="match_parent"
                android:layout_weight="1">
                <ImageView  // 이미지 2를 표시하는 이미지 뷰
                    android:id="@+id/image03"
                    android:layout_width="match_parent"
                    android:layout_height="match_parent"
                    android:scaleType="fitXY"
                    app:srcCompat="@drawable/shape03" />
            </FrameLayout>
            <FrameLayout
                android:id="@+id/frame_layout01"
                android:layout_width="match_parent"
                android:layout_height="match_parent"
                android:layout_weight="1">
                <ImageView  // 이미지 3을 표시하는 이미지 뷰
                    android:id="@+id/image01"
                    android:layout_width="match_parent"
                    android:layout_height="match_parent"
                    android:scaleType="fitXY"
                    app:srcCompat="@drawable/shape01" />
            </FrameLayout>
        </TableRow>
        <TableRow
            android:layout_width="match_parent"
            android:layout_height="match_parent"
            android:layout_weight="1">
            <FrameLayout
                android:id="@+id/frame_layout04"
                android:layout_width="match_parent"
                android:layout_height="match_parent"
                android:layout_weight="1">
                <ImageView  // 이미지 4를 표시하는 이미지 뷰
                    android:id="@+id/image04"
                    android:layout_width="match_parent"
                    android:layout_height="match_parent"
                    android:scaleType="fitXY"
                    app:srcCompat="@drawable/shape04" />
            </FrameLayout>
            <FrameLayout
                android:id="@+id/frame_layout02"
```

```
                android:layout_width="match_parent"
                android:layout_height="match_parent"
                android:layout_weight="1">
                <ImageView  // 이미지 5를 표시하는 이미지 뷰
                    android:id="@+id/image02"
                    android:layout_width="match_parent"
                    android:layout_height="match_parent"
                    android:scaleType="fitXY"
                    app:srcCompat="@drawable/shape02" />
            </FrameLayout>
            <FrameLayout
                android:id="@+id/frame_layout05"
                android:layout_width="match_parent"
                android:layout_height="match_parent"
                android:layout_weight="1">
                <ImageView  // 이미지 6을 표시하는 이미지 뷰
                    android:id="@+id/image05"
                    android:layout_width="match_parent"
                    android:layout_height="match_parent"
                    android:scaleType="fitXY"
                    app:srcCompat="@drawable/shape06" />
            </FrameLayout>
        </TableRow>
    </TableLayout>
    <ImageButton            // <결과보기> 버튼을 표시하는 이미지 버튼
        android:id="@+id/imageButton"
        android:layout_width="match_parent"
        android:layout_height="match_parent"
        android:layout_weight="1.6"
        android:background="@android:color/transparent"
        android:scaleType="centerInside"
        app:srcCompat="@drawable/button2" />
</LinearLayout>
```

❺ MainActivity.java 파일을 다음과 같이 작성하고 저장합니다.

java\com\androidbook\explicitintentpoject03\MainActivity.java

```
package com.androidbook.explicitintentproject03;
...
public class MainActivity extends AppCompatActivity {
    ActivityResultLauncher<Intent> launcher;
```

```
    int drawableId[] = {
        R.drawable.shape01, R.drawable.shape02, R.drawable.shape03,
        R.drawable.shape04, R.drawable.shape05, R.drawable.shape06
    };

    int imageviewId[] = {
            R.id.image01, R.id.image02
    };

    RadioButton rdObj1;
    RadioButton rdObj2;

    ImageView ivObj[] = new ImageView[3];

    @Override
    protected void onCreate(Bundle savedInstanceState) {
        super.onCreate(savedInstanceState);
        setContentView(R.layout.activity_main);

        rdObj1 = findViewById(R.id.radioButton1);
        rdObj2 = findViewById(R.id.radioButton2);

        for (int i=0; i<=1; i++)
            ivObj[i]= findViewById(imageviewId[i]);  // 결과를 저장할 이미지 뷰 변수

        ImageButton btnObj = findViewById(R.id.imageButton);
        btnObj.setOnClickListener(new View.OnClickListener() {
        // <시작하기> 이미지 버튼 클릭 이벤트 처리
            @Override
            public void onClick(View view) {
                Intent intent = new Intent(getApplicationContext(), SubActivity.class);
                // 인텐트 설정하기
                if (rdObj1.isChecked() == true)   // CIRCLE 라디오 버튼 선택 시
                    intent.putExtra("shape", 1);
                else if (rdObj2.isChecked() == true) // SQUARE 라디오 버튼 선택 시
                    intent.putExtra("shape", 2);

                launcher.launch(intent); // 인텐트 실행
            }
        });
        launcher = registerForActivityResult(new ActivityResultContracts.
StartActivityForResult(),
                new ActivityResultCallback<ActivityResult>() {
```

```
            @Override
            public void onActivityResult(ActivityResult result) {
                if (result.getResultCode() == RESULT_OK) {
                    Intent data = result.getData();
                    int resId[] = new int[6];
                    resId = data.getIntArrayExtra("answer"); // answer로 전달되는 값 받기

                    int num = 0;
                    for (int i = 0; i<=5; i++) {  // 선택된 결과 모양 설정
                        if (resId[i] >= 1) {
                            ivObj[num].setImageResource(Drawabled[i]);
                            num++;
                        }
                    }

                    boolean flag = true;
                    for (int i = 0; i<=5; i++) {
                    // 결과 모양이 Circle 또는 Square 모양의 정답인지 확인
                        if(rdObj1.isChecked()) {
                            if (resId[i] == 1 && i > 2) flag = false;
                        }
                        else if(rdObj2.isChecked()) {
                            if ((resId[i] == 1 && i <= 2)|| (resId[i] == 1 && i >=3))
flag = false;
                        }
                    }
                    LinearLayout layoutResultObj  = findViewById(R.
id.layoutResult);
                    layoutResultObj.setVisibility(View.VISIBLE);
                    // 정답 이미지와 텍스트를 표시할 레이아웃 보이기 설정
                    TextView tvObj = findViewById(R.id.textViewResult);
                    if (flag) tvObj.setText("맞았습니다");
                    else tvObj.setText("틀렸습니다");
                }
            }
        });

    }
}
```

❻ SubActivity.java 파일을 다음과 같이 작성하고 저장합니다.

java\com\androidbook\explicitintentpoject03\SubActivity.java

```
package com.androidbook.explicitintentproject03;
...
public class SubActivity extends AppCompatActivity {

    int imageviewId[] = {
      R.id.image01, R.id.image02, R.id.image03, R.id.image04, R.id.image05,
      R.id.image06
    };

    int framelayoutId[] = {
     R.id.frame_layout01, R.id.frame_layout02, R.id.frame_layout03,
     R.id.frame_layout04, R.id.frame_layout05, R.id.frame_layout06
    };

    ImageView ivObj[] = new ImageView[6];
    FrameLayout flayoutObj[] = new FrameLayout[6];
    ImageView imgArray[] = new ImageView[6];
    int selectNum[] = new int[6];
    int mShape = 0;
    int num = 0;

    @Override
    protected void onCreate(Bundle savedInstanceState) {
        super.onCreate(savedInstanceState);
        setContentView(R.layout.activity_sub);

        Intent intent = getIntent();  // 전달된 인텐트 받기
        mShape = intent.getIntExtra("shape", 0);  // 전달된 shape 값 받기
        ImageView shapeObj = findViewById(R.id.imageView);

        if (mShape==1) // 전달된 shape 값에 따라 이미지 출력하기
            shapeObj.setImageResource(R.drawable.circle);
        else  if (mShape==2)
            shapeObj.setImageResource(R.drawable.square);

        for (int j=0; j<=5; j++) { // 초기화
            selectNum[j] = 0;
            ivObj[j] = findViewById(imageviewId[j]);
            flayoutObj[j] = findViewById(framelayoutId[j]);
        }
```

```
        for (int m=0; m<=5; m++) {
            int i = m;
            ivObj[i].setOnClickListener(new View.OnClickListener() {
            // 모양 선택 시 클릭 이벤트 처리
                @Override
                public void onClick(View view) {

                    if (selectNum[i]==1 ) { // 중복 선택이면 초기화 설정
                        selectNum[i] = 0;
                        --num;
                        flayoutObj[i].removeView(imgArray[i]);
                    }
                    else { // 모양 선택 시 체크 표시
                        if (num <2) { // 모양 선택이 2개 이하인 경우
                            selectNum[i] = 1;
                            num++;
                            imgArray[i] = new ImageView(getApplicationContext());
                            imgArray[i].setImageResource(R.drawable.ok_check);
                            flayoutObj[i].addView(imgArray[i]);

                        } else     // 모양 선택이 2개 이상인 경우
Toast.makeText(getApplicationContext(),  "2개 까지만 선택 가능합니다", Toast.LENGTH_
SHORT).show();
                    }

                }
            });
        }

        ImageButton btnObj = findViewById(R.id.imageButton);
        btnObj.setOnClickListener(new View.OnClickListener() {
        // <결과보기> 버튼 클릭 이벤트 처리
            @Override
            public void onClick(View view) {
                Intent intent = getIntent();
                intent.putExtra("answer", selectNum);
                setResult(RESULT_OK, intent);
                finish();
            }
        });
    }
}
```

❼ AndroidManifest.xml 파일을 열고 굵게 표시된 부분을 추가한 후 저장합니다.

manifests\AndroidManifest.xml

```
<?xml version="1.0" encoding="utf-8"?>
<manifest ...>

    <application ...>
        <activity
            android:name=".MainActivity"
            ...
        </activity>
       <activity android:name=".SubActivity"/> // 액티비티 등록
    </application>

</manifest>
```

❽ 안드로이드 스튜디오에서 '실행' 아이콘(▶)을 클릭하여 실행 결과를 확인합니다.

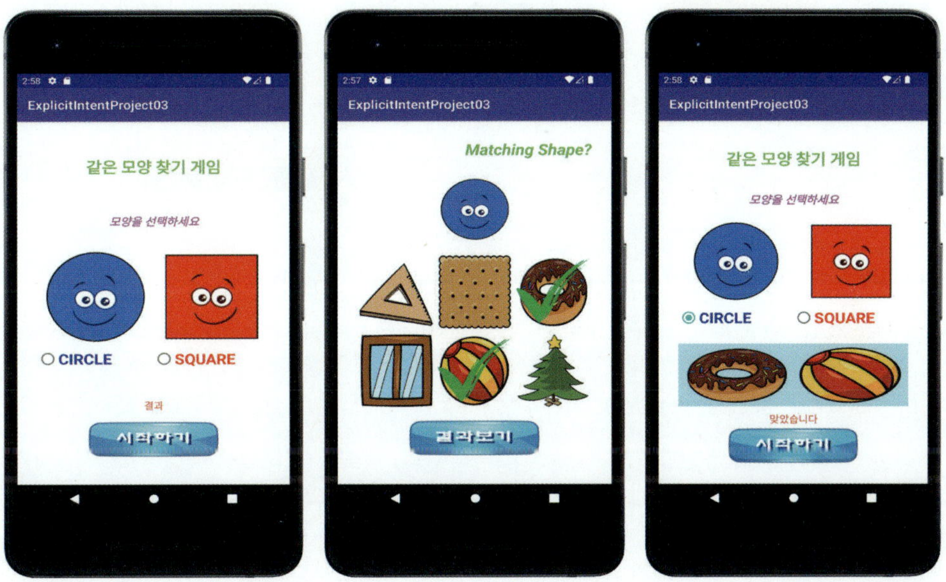

6.3

ANDROID

암시적 인텐트로 화면 전환하기

암시적 인텐트(Implicit Intent)는 구성 요소의 이름을 직접 지정하는 대신, 수행할 작업을 선언하여 해당 작업을 수행할 수 있는 구성 요소가 작업을 처리하도록 하는 방식입니다.

그림 6-19 암시적 인텐트의 작동 방식

암시적 인텐트는 다음과 같은 Intent() 생성자로 인텐트를 생성합니다.

```
Intent(String action)
Intent(String action, Uri uri)
```

매개 변수에는 기기에 설치된 앱 중 실행할 구성 요소를 찾기 위한 액션과 데이터를 넣습니다.

표 6-4 암시적 인텐트 생성자의 매개 변수

매개 변수	설명
action	인텐트의 액션입니다.
uri	인텐트의 데이터입니다.

생성자의 매개 변수에 사용할 수 있는 주요 액션은 다음과 같습니다.

표 6-5 암시적 인텐트에서 사용할 수 있는 주요 액션

클래스	액션	설명
Activity	ACTION_VIEW	사용자에게 데이터를 표시합니다.
	ACTION_DIAL	데이터에 지정된 번호로 전화를 겁니다. 사용자에게는 통화를 시작할 수 있도록 번호가 지정된 UI가 표시됩니다.
	ACTION_CALL	데이터에 지정된 사람에게 전화를 겁니다.
	ACTION_PICK	데이터에서 항목을 선택하고 선택한 항목을 반환합니다.
	ACTION_SEND	일부 데이터를 다른 사람에게 전달합니다. 데이터가 전달되는 대상이 지정되지 않으며, 데이터를 어디로 보내야 하는지 묻는 것은 이 액션의 수신자에게 달려 있습니다.
MediaStore	ACTION_IMAGE_CAPTURE	카메라 앱에서 이미지를 캡처해 반환하도록 전송할 수 있는 표준 인텐트 액션입니다.
	ACTION_REVIEW	지정된 미디어 파일을 검토하기 위해 전송할 수 있는 표준 인텐트 액션입니다.
	ACTION_VIDEO_CAPTURE	카메라 앱에서 비디오를 캡처해 반환하도록 전송할 수 있는 표준 인텐트 액션입니다.
AlarmClock	ACTION_SHOW_ALARMS	경보를 표시하며, 이 액션은 알람 페이지를 엽니다.
	ACTION_SHOW_TIMERS	타이머를 표시하며, 이 액션은 타이머 페이지를 엽니다.

TIP

액션 관련 참고 자료

표에서 설명한 주요 액션 외에도 암시적 인텐트에서 사용하는 액션은 다양합니다. 액션에 관해 좀 더 자세히 알고 싶다면 다음의 링크를 참고하세요.

- Activity – https://developer.android.com/reference/android/content/Intent
- MediaStore – https://developer.android.com/reference/android/provider/MediaStore
- AlarmClock – https://developer.android.com/reference/android/provider/AlarmClock

예를 들어 암시적 인텐트로 전화를 걸려면 다음과 같이 작성합니다.

```
Button button = findViewById(R.id.button);
      button.setOnClickListener(new View.OnClickListener() {
         @Override
         public void onClick(View view) {
            Intent intent = new Intent(Intent.ACTION_DIAL);
            intent.setData(Uri.parse("tel:01012341234"));
            startActivity(intent);
         }
      });
```

암시적 인텐트에서는 Intent() 생성자에 ACTION_DIAL 액션을 설정하고 URI(Uniform Resource Identifier) 형태로 전화번호(tel:01012341234) 데이터를 넣으면 안드로이드가 해당 작업을 처리할 수 있는 구성 요소를 기기에서 찾아 액티비티를 시작합니다.

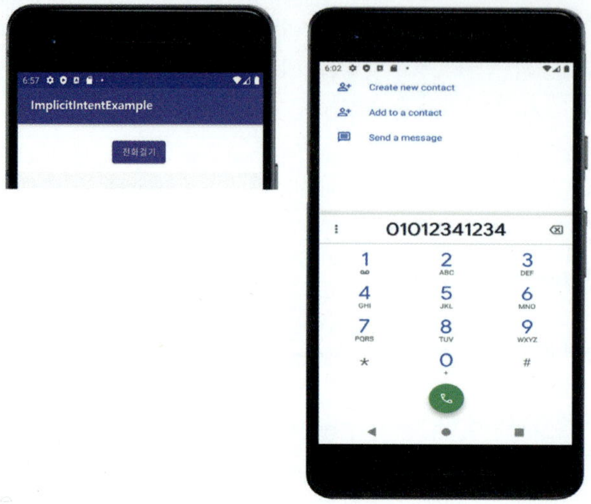

암시적 인텐트로 실행할 수 있는 주요 작업은 다음과 같습니다.

표 6-6 암시적 인텐트로 수행할 수 있는 작업

작업	예시 코드

전화걸기	Intent intent = new Intent(Intent.ACTION_DIAL);
	intent.setData(Uri.parse("tel:01012341234"));
	startActivity(intent);
	<uses-permission android:name="android.permission.CALL_PHONE" />

통화목록 보기	Intent intent = new Intent(Intent.ACTION_VIEW);
	intent.setType(CallLog.Calls.CONTENT_TYPE);
	startActivity(intent);

연락처 검색	Intent intent = new Intent(Intent.ACTION_PICK);
	intent.setType(ContactsContract.Contacts.CONTENT_TYPE);
	startActivity(intent);

브라우저 열기	Intent intent = new Intent(Intent.ACTION_VIEW);
	intent.setData(Uri.parse("https://tutorial.eyehunts.com/"));
	startActivity(intent);

갤러리 보기	Intent intent = new Intent(Intent.ACTION_VIEW);
	intent.setData(Uri.parse("content://media/external/images/media/"));
	startActivity(intent);

카메라 실행	Intent intent = new Intent(MediaStore.ACTION_IMAGE_CAPTURE); startActivity(intent);
알람 울리기	Intent intent = new Intent(AlarmClock.ACTION_SHOW_ALARMS); startActivity(intent);

실습 예제 6-4 웹 페이지로 이동하기

| 구현 내용 |

첫 번째 화면에서 원하는 URL을 입력한 후 〈웹페이지보기〉 버튼을 클릭하면 브라우저 앱이 실행되어 입력한 URL의 웹 페이지를 출력합니다.

| 구현 방법 |

❶ Empty Activity 템플릿으로 프로젝트를 생성합니다. 프로젝트명은 'Implicitintent Project', 패키지명은 'com.androidbook.implicitintentproject'로 합니다. 나머지는 기존 설정과 동일하게 설정합니다.

❷ activity_main.xml 파일을 열고 다음과 같이 작성한 다음 저장합니다.

res\layout\activity_main.xml

```
<?xml version="1.0" encoding="utf-8"?>
<LinearLayout ...
    android:layout_margin="20dp"
    android:gravity="center_horizontal"
    android:orientation="vertical"
    tools:context=".MainActivity">
    <EditText      // URL 입력 에디트 텍스트
        android:id="@+id/editText"
        android:layout_width="match_parent"
        android:layout_height="wrap_content"
        android:hint="웹 URL를 입력하세요" />
    <Button        // <웹페이지보기> 버튼
        android:id="@+id/button"
        android:layout_width="wrap_content"
        android:layout_height="wrap_content"
        android:text="웹페이지보기" />
</LinearLayout>
```

❸ MainActivity.java 파일을 열고 다음과 같이 작성한 후 저장합니다.

java\com\androidbook\implicitintentproject\MainActivity.java

```
package com.androidbook.implicitintentproject;
...
public class MainActivity extends AppCompatActivity {
    @Override
```

```
    protected void onCreate(Bundle savedInstanceState) {
        super.onCreate(savedInstanceState);
        setContentView(R.layout.activity_main);

        EditText editText = findViewById(R.id.editText);
        Button button = findViewById(R.id.button);
        button.setOnClickListener(new View.OnClickListener() { // 버튼 클릭 이벤트 처리
            @Override
            public void onClick(View view) {
                String url = editText.getText().toString();
                Intent intent = new Intent(Intent.ACTION_VIEW);
                intent.setData(Uri.parse("http://"+url));
                startActivity(intent);
            }
        });
    }
}
```

❹ 프로젝트를 실행합니다. URL 주소를 입력하고 〈웹페이지보기〉 버튼을 클릭하면 URL 주소에 해당하는 페이지가 브라우저에서 열리는지 확인합니다.

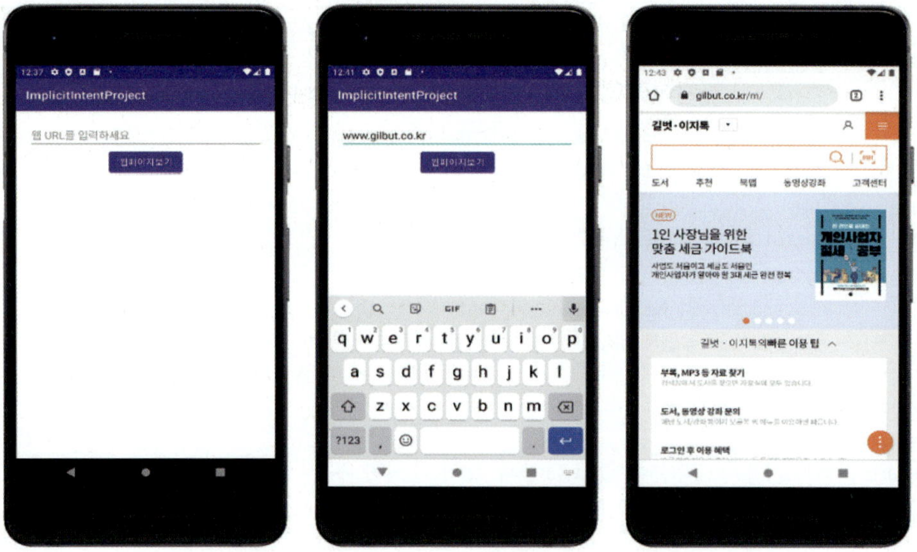

6.4 인텐트 필터 다루기

인텐트 필터(Intent Filter)는 구성 요소가 수신하는 인텐트의 유형을 지정하는 데 사용됩니다. 주로 암시적 인텐트에서 사용자가 기기에 설치된 앱 중에서 어느 앱을 사용할지 선택하는 데 사용됩니다. 앱에서 암시적 인텐트를 수신하려면 앱의 구성 요소에 대해 하나 이상의 인텐트 필터를 선언해야 하며, 이는 안드로이드 정의 파일(ActivityMainfest.xml)에 정의됩니다. 인텐트와 인텐트 필터의 작동 방식은 예시를 통해 보여질 수 있습니다.

그림 6-20 인텐트 필터의 작동 방식 예

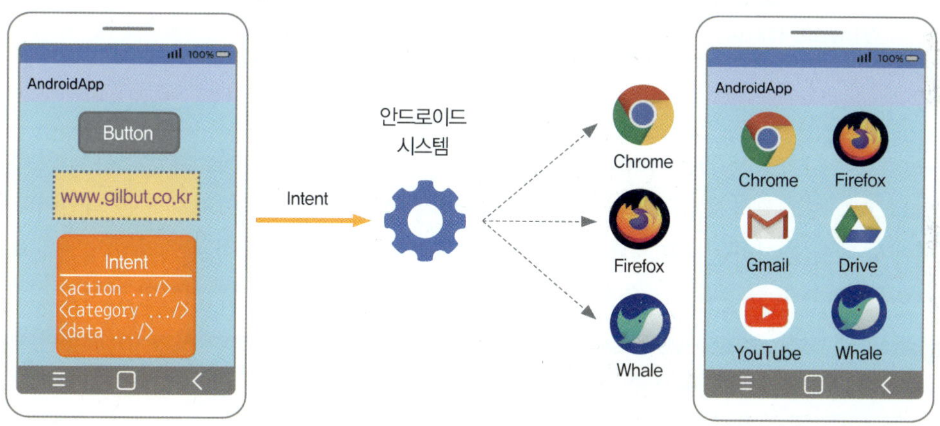

앱에서 버튼을 클릭하면 설정한 URL(여기서는 www.gilbut.co.kr)을 볼 수 있는 브라우저 앱을 호출합니다. 이때 인텐트 객체에는 데이터를 전달하기 위해 세 가지 요소를 넣을 수 있습니다(세 가지 모두 넣지 않아도 됩니다). 호출된 인텐트는 안드로이드 시스템에 의해 처리되며, 시스템은 인텐트와 동일한 요소로 구성된 앱이 있는지를 검색합니다. 이 검색 과정에서는 앱의 안드로이드 정의 파일에 정의된 인텐트 필터가 사용됩니다. 만약 기기에 브라우저 앱이 여러 개 설치되어 있고 이들 중 크롬, 파이어폭스, 웨일이 동일한 요소로 구성된 앱이라면 목록 창을 열어 사용자가 원하는 앱을 선택합니다. 인텐트 필터는 다음과 같은 세 가지 요소로 구성됩니다.

표 6-7 인텐트 필터의 요소

요소	설명
<action>	실행할 인텐트 동작을 정의합니다. ACTION_CALL, ACTION_MAIN, ACTION_BATTERY_LOW
<category>	실행할 인텐트 카테고리의 이름을 정의합니다. CATEGORY_BROWSABLE, CATEGORY_LAUNCHER
<data>	실행할 데이터 유형을 정의합니다. 하나 이상의 속성을 사용해 데이터 URI와 MIME 유형을 정의합니다.

예를 들어, AndroidManifest.xml 파일에 인텐트 필터(<intent-filter>)로 액티비티를 다음과 같이 정의합니다.

```
<activity android:name=".MainActivity">
    <intent-filter>
        <action android:name="android.intent.action.MAIN" />
        <category android:name="android.intent.category.LAUNCHER" />
        <data android:mimeType="text/plain" />
    </intent-filter>
</activity>
```

<action> 요소에서 ACTION_MAIN은 앱의 주요 진입 지점을 나타내는 액션입니다. 이 경우 <data> 요소는 필요하지 않습니다. 따라서 사용자가 앱의 런처 아이콘(기기의 홈 화면이나 앱 목록에서 앱을 표시하는 이미지)을 클릭하면 ACTION_MAIN으로 지정된 액티비티가 첫 화면으로 보입니다. <category> 요소에서 CATEGORY_LAUNCHER는 액티비티의 런처 아이콘이 시스템의 앱 시작 관리자에 배치되어야 함을 나타냅니다. <data> 요소에서 text/plain은 허용할 데이터 유형(여기서는 MIME 타입)을 나타냅니다.

액티비티가 시작 화면으로 보여지려면(로딩하려면) 인텐트 필터에 두 가지(ACTION_MAIN, CATEGORY_LAUNCHER)가 등록되어야 합니다. 만약 브라우저 앱을 암시적 인텐트로 실행하려면 기기에 설치된 여러 브라우저 앱 중에서 하나를 선택할 수 있는 목록 창이 열립니다.

```
Button button = findViewById(R.id.button);
button.setOnClickListener(new View.OnClickListener() {
        @Override
        public void onClick(View view) {
            String url = editText.getText().toString();
            Intent intent = new Intent(Intent.ACTION_VIEW);
            intent.setData(Uri.parse("http://www.gibut.co.kr"));
```

```
                startActivity(intent);
            }
    });
```

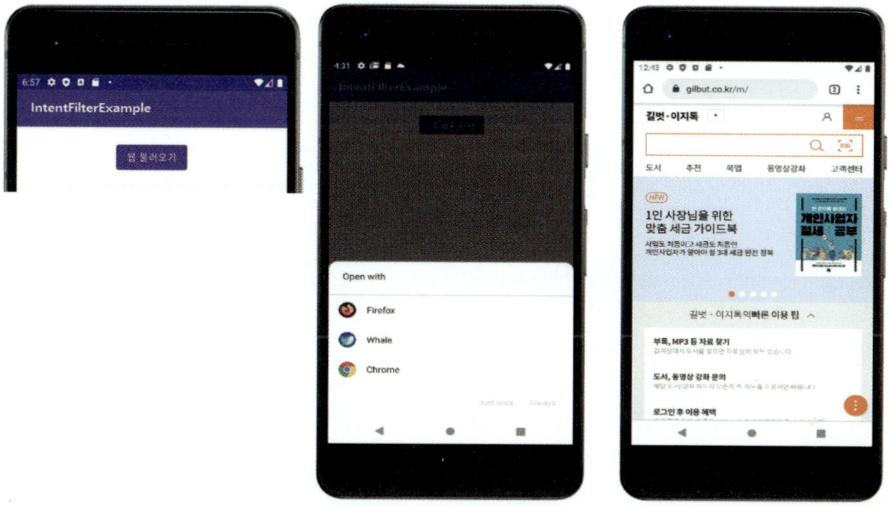

실습 예제 6-5 인텐트 필터를 이용해 메일 보내기

| 구현 내용 |

첫 번째 화면에서 〈메일보내기〉 버튼을 클릭하면 메일을 작성할 수 있는 앱이 실행됩니다.

| 구현 방법 |

❶ Empty Activity 템플릿으로 프로젝트를 생성합니다. 프로젝트명에는 'IntentFilter Project', 패키지명에는 'com.androidbook.intentfilterproject'를 입력합니다. 나머지는 기존 설정과 동일합니다.

❷ activity_main.xml 파일을 열고 다음과 같이 작성한 후 저장합니다.

res\layout\activity_main.xml

```
<?xml version="1.0" encoding="utf-8"?>
<androidx.constraintlayout.widget.ConstraintLayout ...
    android:layout_margin="20dp" >
    <Button // <메일보내기> 버튼
        android:id="@+id/button"
```

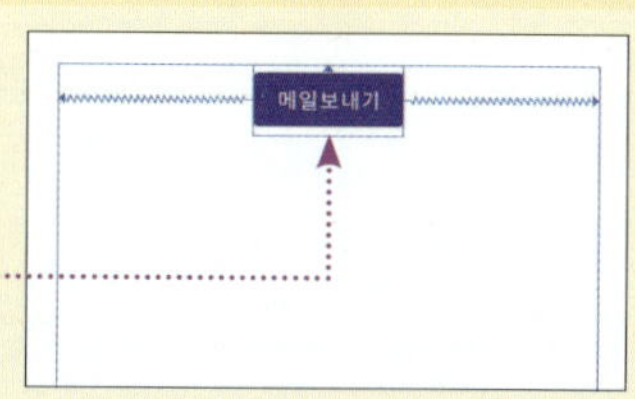

```
        android:layout_width="wrap_content"
        android:layout_height="wrap_content"
        android:text="메일보내기"
        app:layout_constraintLeft_toLeftOf="parent"
        app:layout_constraintRight_toRightOf="parent"
        app:layout_constraintTop_toTopOf="parent" />
</androidx.constraintlayout.widget.ConstraintLayout>
```

❸ MainActivity.java 파일을 열고 다음과 같이 작성한 후 저장합니다.

java\com\androidbook\intentfilterproject\MainActivity.java

```
package com.androidbook.intentfilterproject;
...
public class MainActivity extends AppCompatActivity {

    @Override
    protected void onCreate(Bundle savedInstanceState) {
        super.onCreate(savedInstanceState);
        setContentView(R.layout.activity_main);

        Button button = findViewById(R.id.button);
        button.setOnClickListener(new View.OnClickListener() {
            @Override
            public void onClick(View view) {
                Intent intent = new Intent(Intent.ACTION_SEND);
                intent.setType("message/rfc822");
                intent.putExtra(Intent.EXTRA_EMAIL, "hongildong@naver.com");
                intent.putExtra(Intent.EXTRA_SUBJECT, "메일보내기");
                intent.putExtra(Intent.EXTRA_TEXT, "안녕하세요, 메일보내기입니다.");
                Intent intent2 = Intent.createChooser(intent, "앱을 선택하세요");
                startActivity(intent2);
            }
        });
    }
}
```

❹ AndroidManifest.xml 파일을 열고 굵게 표시된 부분을 추가한 후 저장합니다.

manifests\AndroidManifest.xml

```
<?xml version="1.0" encoding="utf-8"?>
<manifest ...>

    <application  ...>
        <activity
            android:name=".MainActivity"
            android:exported="true">
            <intent-filter>
                <action android:name="android.intent.action.MAIN"/>
                <category android:name="android.intent.category.LAUNCHER"/>
                <action android:name="android.intent.action.SEND"/>
                <category android:name="android.intent.category.DEFAULT"/>
                <data android:mimeType="message/rfc822"/>
            </intent-filter>
        </activity>
    </application>
</manifest>
```

❺ 프로젝트를 실행해 메일 앱이 실행되는지 확인합니다.

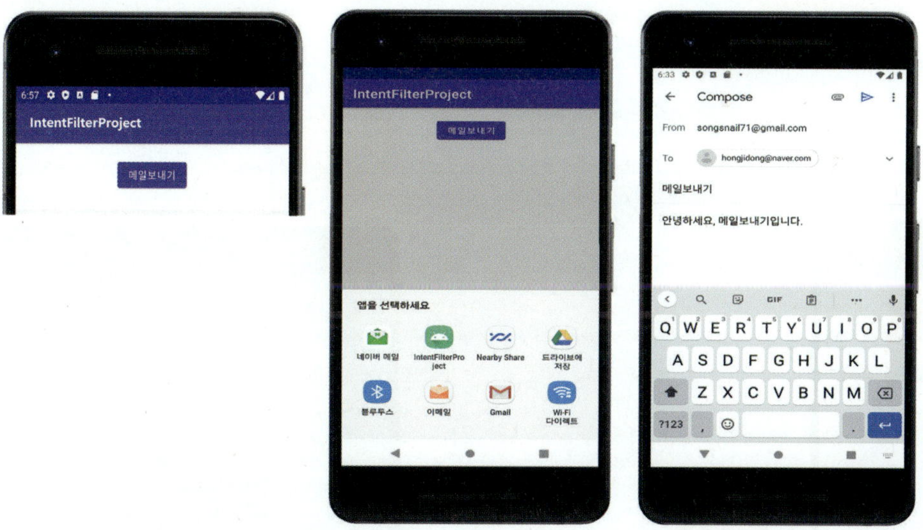

PROJECT 6

[도서 쇼핑몰] 도서 상세 정보 표시하기

인텐트를 사용해 도서 쇼핑몰의 한 화면에서 다른 화면으로 이동하도록 만들어 봅니다.

길벗 홈페이지 자료실에서 제공하는 PDF의 24쪽을 참고하세요!

- 1장 프로젝트 생성하기
- ▼
- 3장 시작 화면 만들기
- ▼
- 4장 도서 목록 화면 만들기
- ▼
- 5장 도서 상품 이벤트 처리하기
- ▼
- **6장 도서 상품 상세 정보 표시하기**
- ▼
- 8장 장바구니 등록 대화상자 만들기
- ▼
- 9장
  - 장바구니 만들기
  - 주문 처리하기

- 11장 동영상 강좌 화면 만들기

- 10장 마이 페이지 화면 만들기
- ▼
- 10장
  - 메모장 만들기
  - 메모장에서 검색어 찾기
- ▼
- 11장 카메라로 프로필 설정하기
- ▼
- 12장 낙서장 만들기

- 13장 고객센터 화면 만들기
- ▼
- 13장 도서 마켓 위치 안내 표시하기
- ▼
- 14장 고객문의 게시판 만들기

- **6장 스플래시 화면 만들기**
- ▼
- 12장 스플래시 화면 꾸미기

- 7장
  - 메뉴 만들기
  - 액션 바 바꾸기
  - 내비게이션 바 만들기
- ▼
- 8장 로그인 대화상자 만들기
- ▼
- 14장
  - 회원가입 메뉴 만들기
  - 로그인과 로그아웃 기능 만들기

스플래시 화면 만들기 결과 화면

앱을 실행하면 첫 번째 화면에서 2초 후에 도서 목록 화면으로 이동하도록 스플래시 화면을 만듭니다.

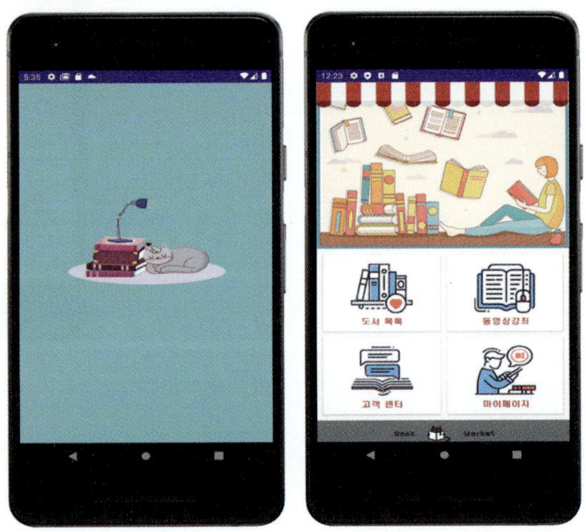

도서 상품 상세 정보 표시하기 결과 화면

도서 상품 목록 화면에서 도서를 클릭하면 도서의 상세 정보 화면으로 이동합니다.

7 장

메뉴와 앱 바 다루기

학 습 목 표

- 안드로이드의 메뉴 유형을 이해한다.
- 옵션, 컨텍스트, 팝업 메뉴 처리에 대해 익힌다.
- 안드로이드의 앱 바 유형에 대해 이해한다.
- 액션 바와 툴 바 처리에 대해 익힌다.

7.1 메뉴 살펴보기

메뉴(Menu)는 사용자와 상호작용할 수 있는 UI 요소 중 하나로, 앱의 상황에 따라 특정 작업을 실행하도록 유도하며 일부 공통 기능을 처리하는 데 사용됩니다. 메뉴를 사용하면 액티비티에서 메뉴 항목이나 구성 요소에 대한 구체적인 정보를 상황에 맞게 표시하여 사용자 인터페이스를 보다 쉽게 제공할 수 있습니다.

안드로이드에는 앱에서 사용할 수 있는 세 가지 기본 유형의 메뉴가 있습니다.

표 7-1 메뉴 유형

유형	설명
옵션 메뉴	메뉴 버튼(⋮)을 클릭할 때 나타나는 메뉴입니다.
컨텍스트 메뉴	특정 위젯을 길게 클릭할 때 나타나는 메뉴입니다.
팝업 메뉴	명령에 따라 특정 위치에 팝업되어 나타나는 메뉴입니다.

그림 7-1 메뉴 유형 화면 예

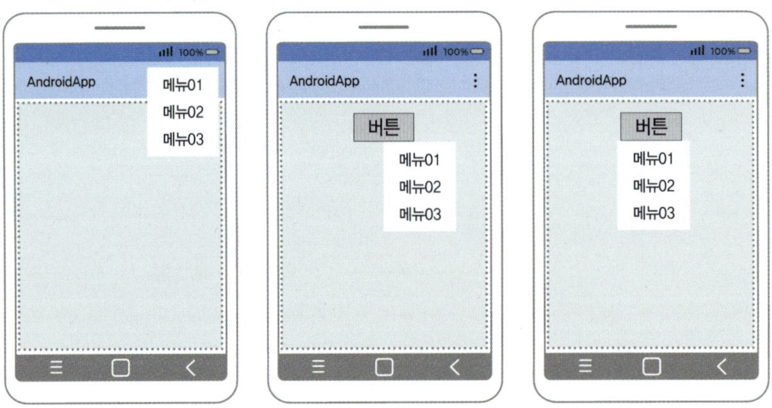

ⓐ 옵션 메뉴 ⓑ 컨텍스트 메뉴 ⓒ 팝업 메뉴

XML로 메뉴 생성

메뉴를 만들 때는 액티비티에 직접 작성하는 것이 아니라 메뉴 항목을 포함한 전용 XML 리소스 파일을 생성해야 합니다. 액티비티에서 호출하는 메뉴 전용 XML 파일에 따라 메뉴의 모양이 다양해집니다. 이제 각 메뉴 유형에 따라 공통으로 사용되는 전용 XML 파일을 만드는 방법에 대해 알아보겠습니다.

그림 7-2 메뉴 전용 XML 파일 생성 과정

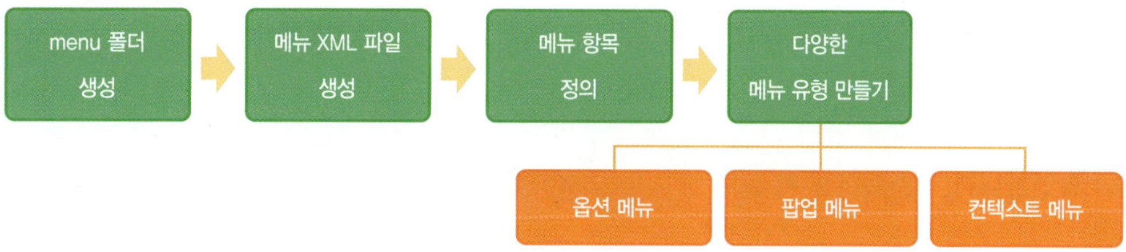

● menu 폴더 생성하기

먼저 menu 폴더를 생성합니다.

❶ 안드로이드 스튜디오에서 [File]-[New]-[Android Resource Directory] 메뉴를 선택합니다. 또는 탐색기 창에서 프로젝트의 res 폴더를 선택하고 마우스 오른쪽 버튼을 클릭한 다음 [New]-[Android Resource Directory] 메뉴를 선택합니다.

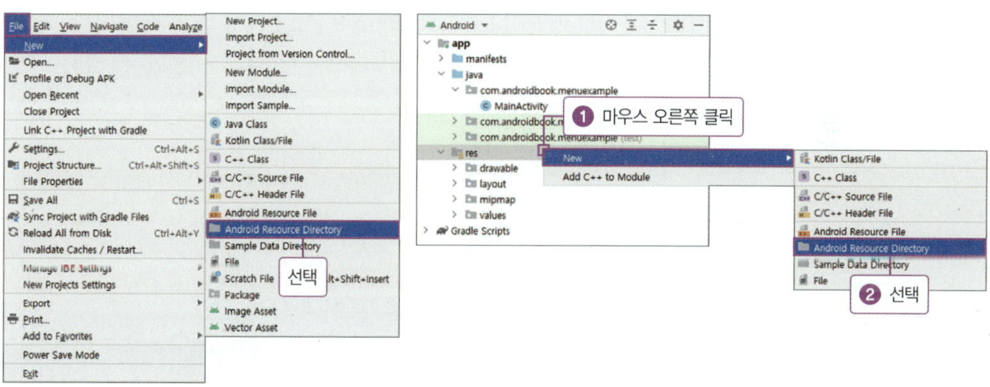

❷ New Resource Directory(폴더 생성) 창에서 ❶ Directory name(폴더명)에 'menu'를 입력하고 ❷ Resource type(폴더 유형)은 'menu'를 선택합니다. ❸ Source set은 기본값을 그대로 둔 후 〈OK〉 버튼을 클릭합니다.

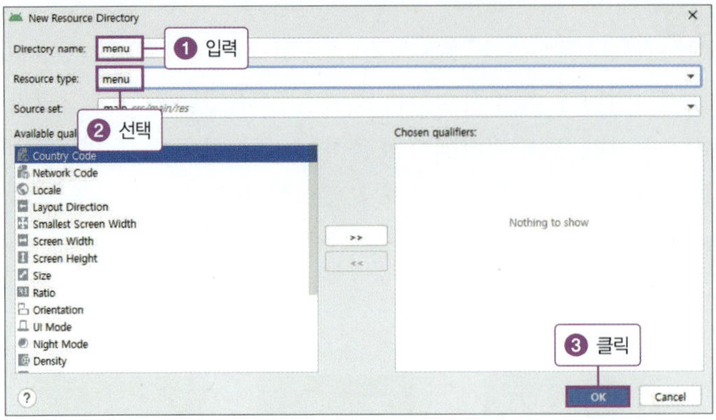

❸ 탐색기 창에서 res 폴더 아래에 menu 폴더가 생성된 것을 확인합니다.

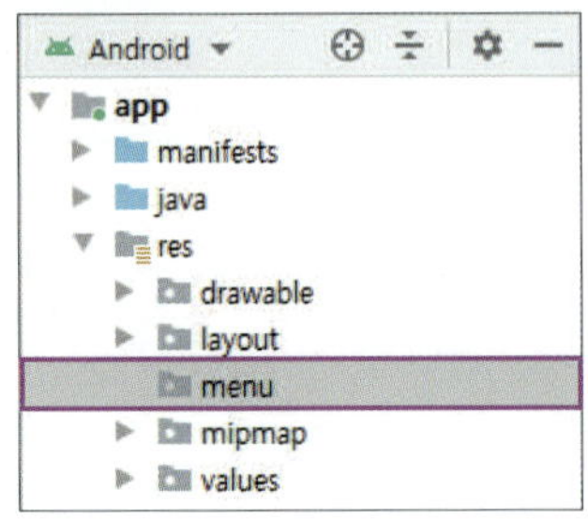

● 메뉴 XML 파일 생성하기

두 번째로 XML 리소스 파일을 생성합니다.

❶ 안드로이드 스튜디오에서 [File]–[New]–[Menu Resource File] 메뉴를 선택합니다. 또는 탐색기 창에서 프로젝트의 res\menu 폴더를 선택하고 마우스 오른쪽 버튼을 클릭한 다음 [New]–[Menu Resource File] 메뉴를 선택합니다.

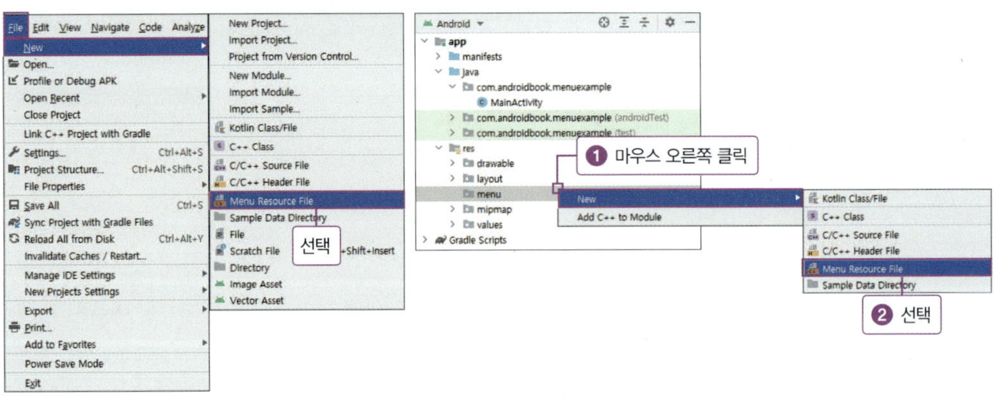

❷ New Resource File(리소스 파일 생성) 창에서 ❶ File name(파일명)에 'menu.xml(확장자 생략 가능)'을 입력하고 Root element, Source set, Directory name(폴더명)은 기본값을 그대로 둔 채 ❷ 〈OK〉 버튼을 클릭합니다.

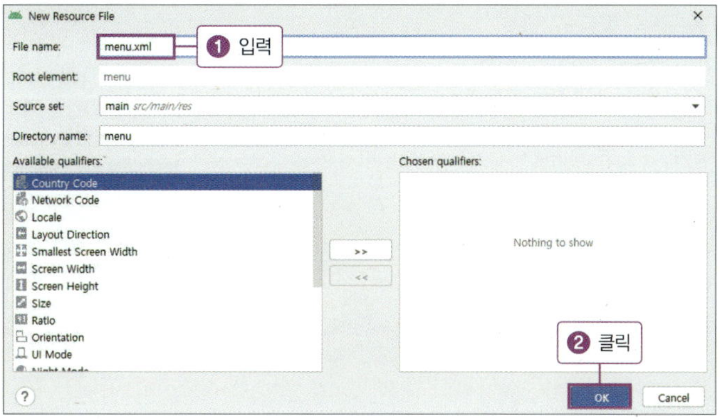

❸ 탐색기 창에서 menu 폴더에 menu.xml 파일이 생성된 것을 확인합니다.

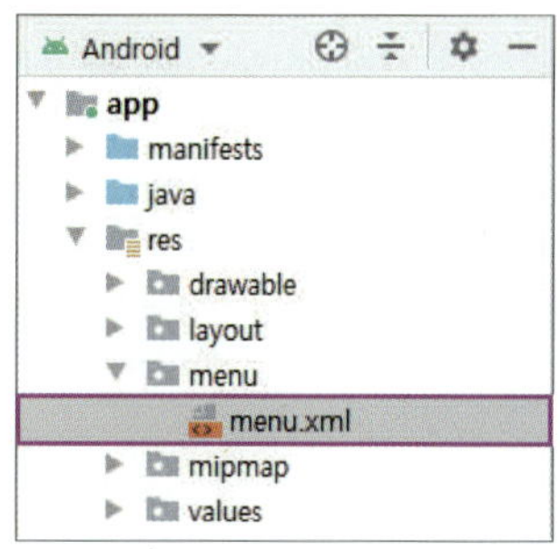

● 메뉴 항목 정의하기

메뉴의 구성 요소를 이용해 메뉴 XML 파일에 메뉴 항목을 구성합니다.

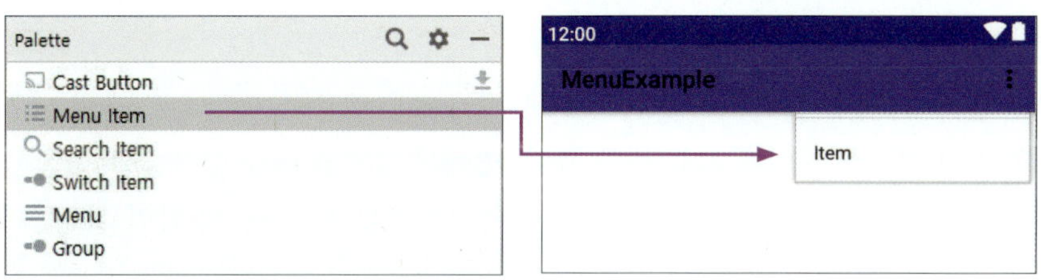

표 7-2 메뉴의 구성 요소

요소	설명
〈menu〉	메뉴를 정의하는 루트 요소로, 1개 이상의 〈item〉과 〈group〉 요소를 포함합니다.
〈item〉	하나의 메뉴 항목을 나타냅니다. 하위 메뉴를 만들기 위해 〈menu〉 요소를 포함할 수도 있습니다.
〈group〉	선택 사항으로, 〈item〉 요소를 묶어 관리할 수 있습니다.

다음 예는 메뉴 XML 파일에 메뉴 항목 3개를 정의합니다.

```
<?xml version="1.0" encoding="utf-8"?>
<menu xmlns:android="http://schemas.android.com/apk/res/android">
    <item ——————— ①
        android:id="@+id/edit"
        android:title="편집하기" />
    <item ——————— ②
        android:id="@+id/search"
        android:title="검색하기" />
    <item ——————— ③
        android:id="@+id/save"
        android:title="저장하기" />
</menu>
```

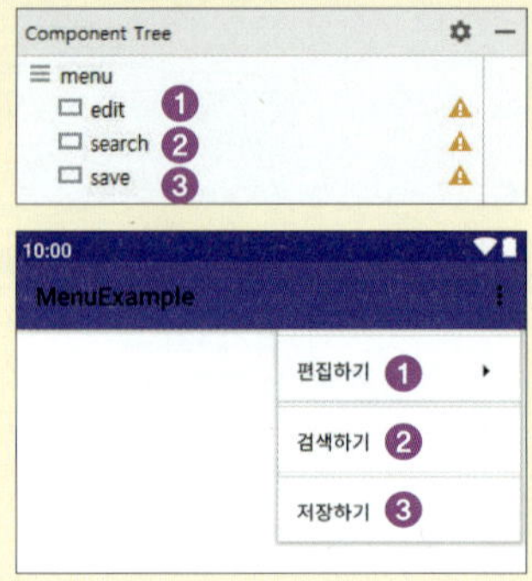

메뉴의 〈item〉 요소는 항목의 동작과 모양을 설정하는 다양한 속성을 지원합니다. 〈item〉 요소에서 주로 사용되는 속성은 다음과 같습니다.

표 7-3 〈item〉 요소의 속성

요소	설명
id	메뉴 항목을 식별하는 아이디입니다.
icon	메뉴 항목에 표시할 아이콘 이미지를 설정합니다. (Android API 11 버전 이상부터 아이콘 이미지가 표시되지 않습니다.)
title	메뉴 항목에 표시할 문자열을 설정합니다.
showAsAction	메뉴 항목을 앱 바에서 작업 항목으로 표시하는 방법을 설정합니다. showAsAction에 대한 자세한 내용은 《7-3장 - 앱 바 다루기》를 참고하시기 바랍니다.

만약 메뉴 항목에 하위 메뉴를 추가하고 싶다면 〈menu〉 요소를 〈item〉 요소의 하위 요소로 추가한 후 하위 메뉴를 정의합니다. 예를 들어, 앞에서 정의한 메뉴 항목에서 '편집하기' 항목의 하위 메뉴로 '복사하기', '잘라내기', '붙여넣기'를 넣고 싶다면 다음과 같이 설정합니다.

```
<?xml version="1.0" encoding="utf-8"?>
<menu xmlns:android="http://schemas.android.com/apk/res/android">
    <item
        android:id="@+id/edit"
        android:title="편집하기" />
        <menu> ①
```

```
            <item
                android:id="@+id/copy"
                android:title="복사하기" />
            <item
                android:id="@+id/cut"
                android:title="잘라내기" />
            <item
                android:id="@+id/paste"
                android:title="붙여넣기" />
        </menu>
    </item>
    <item
        android:id="@+id/search"
        android:title="검색하기" />
    <item
        android:id="@+id/save"
        android:title="저장하기" />
</menu>
```

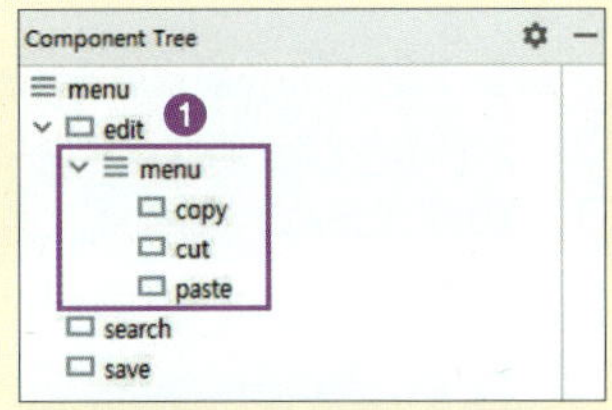

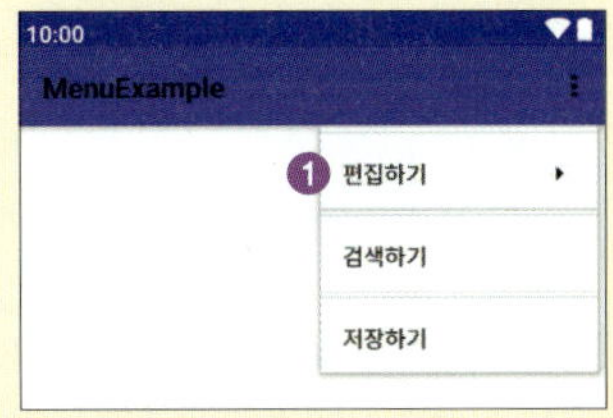

코드로 메뉴 생성

액티비티 상황에 따라 동적으로 메뉴 항목을 구성해야 할 때 코드에서 메뉴 항목들을 추가하거나 서브 메뉴 항목들을 만들 수 있습니다. 이때 메뉴 항목들은 MenuItem 클래스의 add() 메서드를 호출하여 추가 가능합니다. add() 메서드의 형식과 매개 변수는 다음과 같습니다.

```
MenuItem add (int groupId, int itemId, int order, CharSequence title)
MenuItem add (int groupId, int itemId, int order, int titleRes)
```

표 7-4 add() 메서드의 매개 변수

매개 변수	설명
groupId	메뉴 항목을 그룹으로 구성할 때 지정합니다. 그룹 구성이 아니라 단독 항목일 때는 'NONE(0)'으로 지정합니다.
itemId	메뉴 항목을 식별하는 고유 아이디로, 메뉴 항목을 선택할 때 아이디로 구분합니다.
order	메뉴 항목의 순서를 지정합니다. 'NONE(0)'으로 지정하면 추가된 메뉴 항목 순서대로 나타납니다.
title, titleRes	메뉴 항목의 문자열 또는 리소스의 문자열 ID를 지정합니다.

예를 들어, 앞에서 XML 파일로 만든 메뉴 항목을 코드로 구현하면 다음과 같습니다.

```
import android.view.Menu;

public class MainActivity extends AppCompatActivity {

    @Override
    protected void onCreate(Bundle savedInstanceState) {
        ...
    }

    @Override
    public boolean onCreateOptionsMenu(Menu menu) {

        menu.add(Menu.NONE, Menu.FIRST+0, Menu.NONE, "편집하기");
        menu.add(Menu.NONE, Menu.FIRST+1, Menu.NONE, "검색하기");
        menu.add(Menu.NONE, Menu.FIRST+2, Menu.NONE, "저장하기");

        return super.onCreateOptionsMenu(menu);
    }
}
```

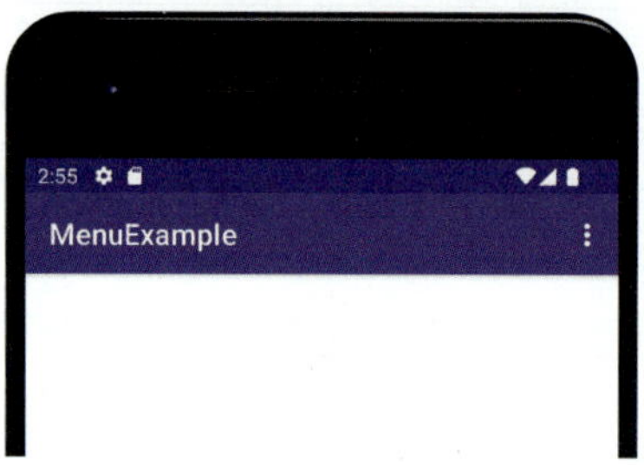

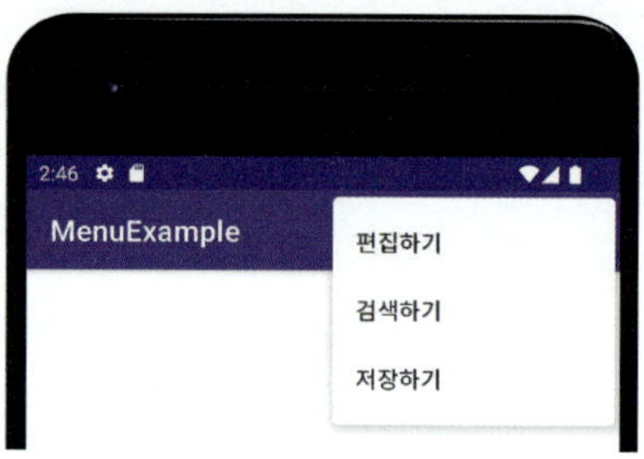

또한, 메뉴 항목에 하위 메뉴를 추가할 때 다음과 같은 SubMenu 클래스의 addSubMenu() 메서드를 호출합니다.

```
SubMenu addSubMenu(int titleRes); // 항목이 매우 많을 때 별도로 하위 메뉴 추가
```

하위 메뉴 항목은 Menu 클래스를 상속받는 SubMenu 클래스를 사용하여 add() 메서드를 호출해 추가합니다. 예를 들어, 이전에 XML로 생성한 하위 메뉴 항목을 다음과 같이 코드로 구현할 수 있습니다.

```
import android.view.Menu;
import android.view.SubMenu;

public class MainActivity extends AppCompatActivity {

    @Override
    protected void onCreate(Bundle savedInstanceState) {
        ...
    }

    @Override
    public boolean onCreateOptionsMenu(Menu menu) {
        SubMenu sub  = menu.addSubMenu("편집하기");
        sub.add(Menu.NONE, Menu.FIRST+0, Menu.NONE, "복사하기");
        sub.add(Menu.NONE, Menu.FIRST+10, Menu.NONE, "잘라내기");
        sub.add(Menu.NONE, Menu.FIRST+20, Menu.NONE, "붙여넣기");

        menu.add(Menu.NONE, Menu.FIRST+1, Menu.NONE, "검색하기");
        menu.add(Menu.NONE, Menu.FIRST+2, Menu.NONE, "저장하기");
        return super.onCreateOptionsMenu(menu);

    }
}
```

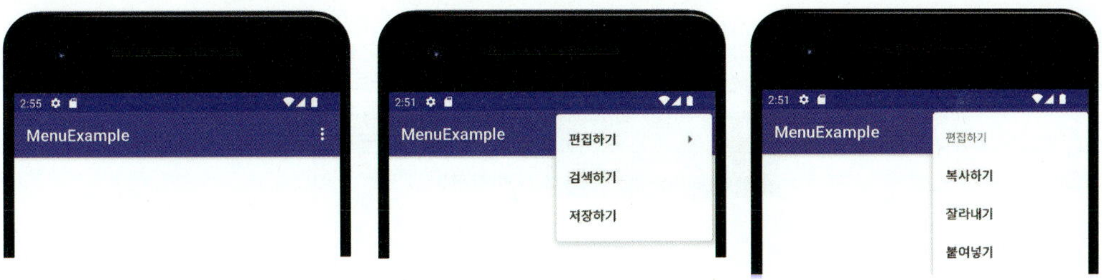

ANDROID

7.2 기본 유형 메뉴 만들기

메뉴를 생성하는 방법을 살펴봤으므로 이제 세 가지 기본 유형의 메뉴를 만들어 보겠습니다.

옵션 메뉴

옵션 메뉴(Option Menu)는 기본 메뉴로 액티비티와 관련된 메뉴 항목을 모아둔 것입니다. 앱 전체에 영향을 미치는 작업인 검색, 로그인/로그아웃, 알림, 설정 등을 구현하는 데 사용합니다. 메뉴 버튼을 누르면 상단 툴 바에 메뉴 항목이 표시됩니다.

그림 7-3 옵션 메뉴 화면 예

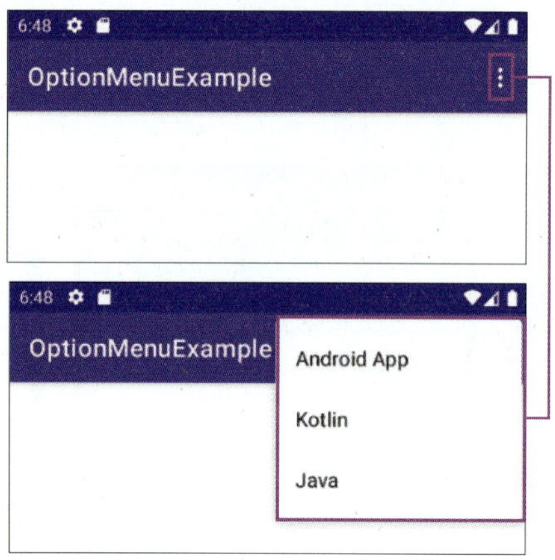

메뉴 전용 XML 파일로 옵션 메뉴를 만드는 과정은 다음과 같습니다.

1. res 폴더에 menu 폴더를 생성하고, menu 폴더에 메뉴 항목을 포함한 메뉴 전용 XML 파일을 만듭니다.
2. 액티비티 클래스에서 오버라이드 메서드인 onCreateOptionsMenu() 메서드를 추가한 후 메뉴 전용 XML 파일을 연결합니다.

❸ 액티비티의 클래스에서 오버라이드 메서드인 onOptionsItemSelected() 메서드를 추가하고, 옵션 메뉴의 클릭 이벤트 처리 방법을 작성합니다.

그림 7-4 옵션 메뉴 생성 과정

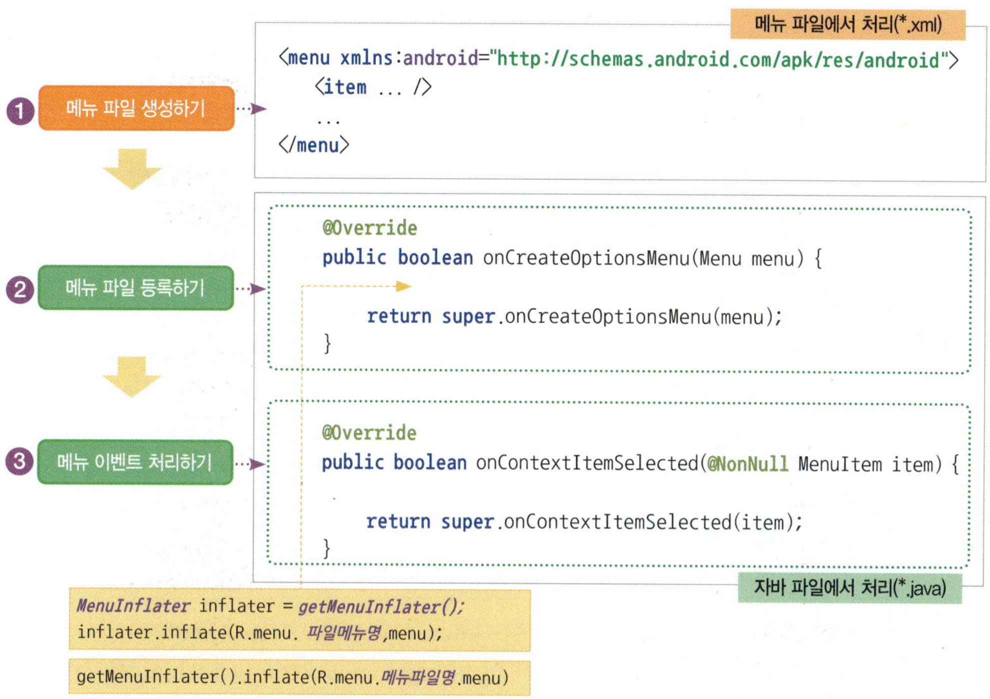

그림과 같이 세 가지 메뉴 항목이 포함된 간단한 옵션 메뉴를 만들어 봅시다. 옵션 메뉴의 각 항목을 클릭하면 메뉴 항목의 제목을 토스트 메시지로 출력합니다.

그림 7-5 옵션 메뉴 생성 결과

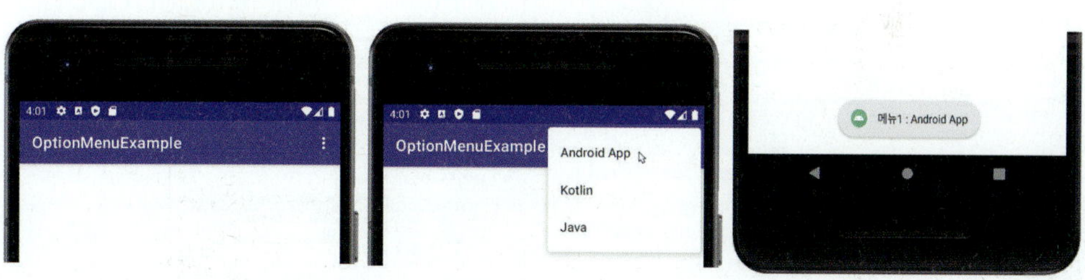

7 메뉴와 앱 바 다루기

● 메뉴 XML 파일 생성하고 메뉴 항목 정의하기

《7-1장 – 메뉴 살펴보기 – XML로 메뉴 생성》에서 배운 대로 프로젝트의 res 폴더에 menu 폴더를 생성하고, 메뉴 전용 XML 파일(options_menu.xml)을 만듭니다. 생성한 options_menu.xml 파일에 다음과 같이 세 가지 메뉴 항목을 정의합니다.

```
<?xml version="1.0" encoding="utf-8"?>
<menu xmlns:android="http://schemas.android.com/apk/res/android">
    <item
        android:id="@+id/menu01"
        android:title="Android App" />
    <item
        android:id="@+id/menu02"
        android:title="Kotlin" />
    <item
        android:id="@+id/menu03"
        android:title="Java" />
</menu>
```

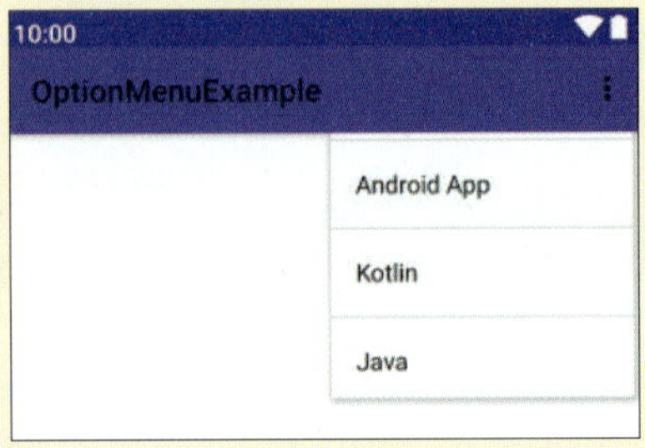

● 옵션 메뉴 XML 파일 등록하기

액티비티에서 옵션 메뉴를 불러올 수 있도록 오버라이드 메서드 onCreateOptionsMenu()를 추가합니다. 메서드를 추가하려면 안드로이드 스튜디오에서 ❶ [Code]–[Override Methods] 메뉴를 선택합니다. 오버라이드 메서드 창이 열리면 ❷ 'onCreateOptionsMenu'를 선택하고 ❸ 〈OK〉 버튼을 클릭합니다.

그림 7-6 onCreateOptionsMenu() 메서드 재정의

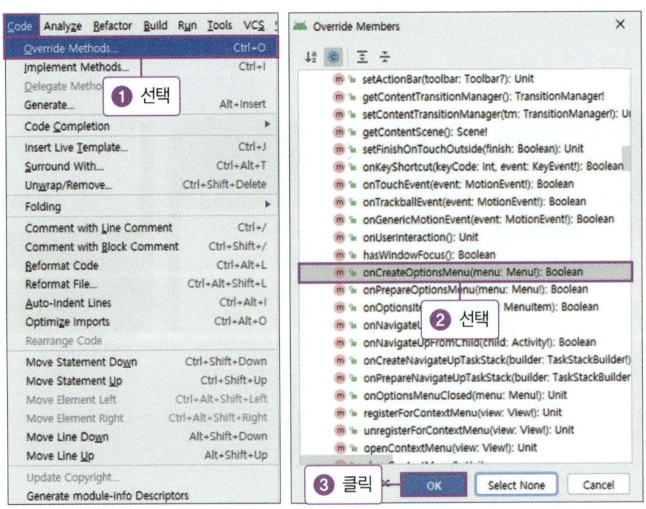

MainActivity.java 파일에 다음 코드가 추가됩니다.

```
import android.view.Menu;

public class MainActivity extends AppCompatActivity {
...

    @Override
    public boolean onCreateOptionsMenu(Menu menu) {

        return super.onCreateOptionsMenu(menu);
    }
}
```

onCreateOptionsMenu() 메서드에서는 메뉴 전용 XML 파일을 등록하기 위해 menuInflater.inflate() 메서드를 사용합니다. 이때 등록할 파일은 'R.menu.메뉴 파일명' 형식으로 등록합니다. 만약 메뉴 XML 파일명이 options_menu.xml이라면 R.menu.options_menu으로 등록할 수 있습니다.

```
import android.view.MenuInflater;

public class MainActivity extends AppCompatActivity {
...

    @Override
    public boolean onCreateOptionsMenu(Menu menu) {
        MenuInflater inflater = getMenuInflater();
        inflater.inflate(R.menu.options_menu, menu);
        return super.onCreateOptionsMenu(menu);
    }
}
```

실행해서 결과를 확인합니다. 초기 화면에서 메뉴 버튼을 클릭하면 옵션 메뉴를 표시합니다.

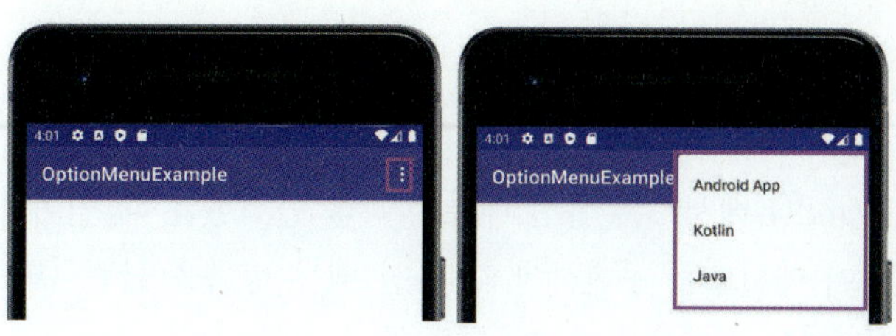

● 옵션 메뉴의 클릭 이벤트 처리하기

액티비티에서 옵션 메뉴 항목의 클릭 이벤트는 onOptionsItemSelected() 메서드로 처리합니다. 액티비티에서 onOptionsItemSelected() 메서드를 재정의해야 하므로 ❶ [Code]-[Override Methods] 메뉴를 선택합니다. 오버라이드 메서드 창이 열리면 ❷ 'onOptionsItemSelected'를 선택하고 ❸ 〈OK〉 버튼을 클릭합니다.

그림 7-7 onOptionsItemSelected() 메서드 재정의

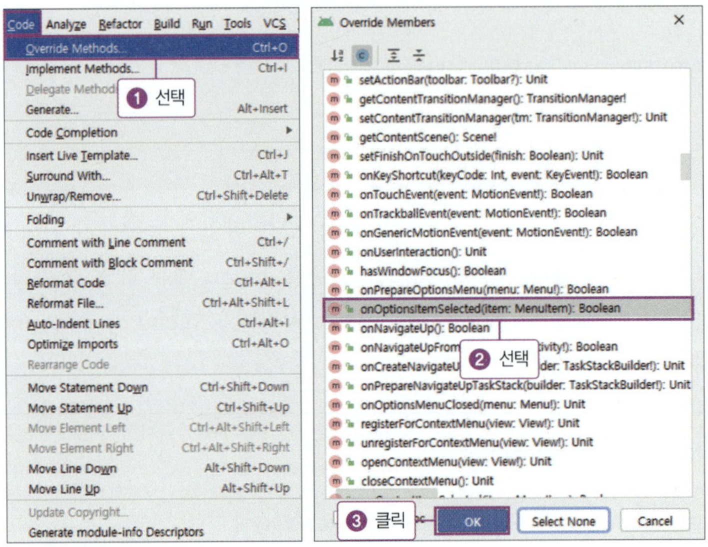

MainActiviy.java 파일에 다음 코드가 추가됩니다.

```
import android.view.MenuItem;

public class MainActivity extends AppCompatActivity {
...
    @Override
    public boolean onOptionsItemSelected(@NonNull MenuItem item) {

        return super.onOptionsItemSelected(item);
    }
}
```

onOptionsItemSelected() 메서드는 옵션 메뉴 항목을 클릭했을 때 일어나는 이벤트를 처리하는 메서드입니다. 이 메서드를 구현하여 각 옵션 메뉴 항목을 클릭하면 해당 메뉴 항목의 아이디를 이용해 메뉴 항목의 이름을 출력하도록 할 수 있습니다.

```
import android.view.MenuItem;

public class MainActivity extends AppCompatActivity {
...
    @Override
    public boolean onOptionsItemSelected(@NonNull MenuItem item) {
        switch (item.getItemId()) {
            case R.id.menu01 :
                Toast.makeText(getApplicationContext(), " 메뉴1 : " + item.getTitle(),
Toast.LENGTH_SHORT).show();
                break;
            case R.id.menu02 :
                Toast.makeText(getApplicationContext(), " 메뉴2 : " + item.getTitle(),
Toast.LENGTH_SHORT).show();
                break;
            case R.id.menu03 :
                Toast.makeText(getApplicationContext(), " 메뉴3 : " + item.getTitle(),
Toast.LENGTH_SHORT).show();
                break;
        }
        return super.onOptionsItemSelected(item);
    }
}
```

실행해 결과를 확인합니다. 옵션 메뉴에서 항목을 선택하면 각 메뉴 항목에 지정된 문자열이 토스트 메시지로 출력되는지 확인합니다.

컨텍스트 메뉴

컨텍스트 메뉴(Context Menu)는 사용자가 특정 위젯을 길게 클릭하면 화면에 표시되는 플로팅 메뉴입니다. 이 메뉴는 선택한 콘텐츠나 컨텍스트 프레임에 영향을 주는 작업을 구현할 때 유용하게 사용할 수 있습니다. 윈도우 환경에서 마우스 오른쪽 버튼을 클릭하면 표시되는 메뉴와 비슷한 역할을 합니다.

그림 7-8 컨텍스트 메뉴의 화면 예

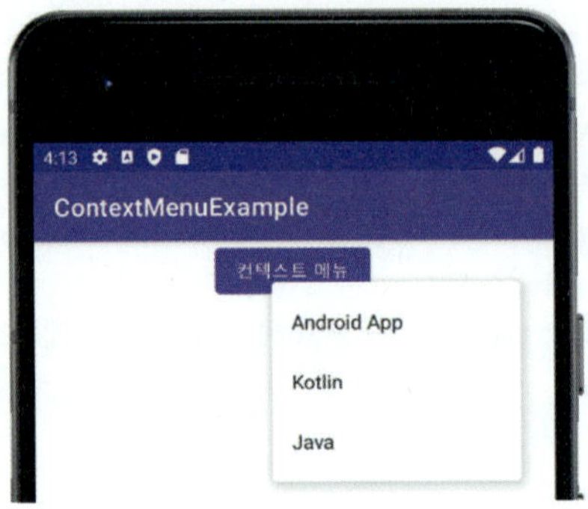

메뉴 전용 XML 파일로 컨텐스트 메뉴를 만드는 과정은 다음과 같습니다.

1. res 폴더에 menu 폴더를 생성하고, menu 폴더에 메뉴 전용 XML 파일을 만듭니다.
2. registerForContextMenu() 메서드로 메뉴 전용 XML 파일을 연결할 위젯을 등록합니다.
3. 액티비티 클래스에서 onCreateContextMenu() 메서드를 재정의하고, 메뉴 전용 XML 파일을 연결합니다.
4. 액티비티 클래스에서 onContextItemSelected() 메서드를 재정의하고, 컨텍스트 메뉴의 클릭 이벤트 처리 방법을 작성합니다.

그림 7-9 컨텍스트 메뉴 생성 과정

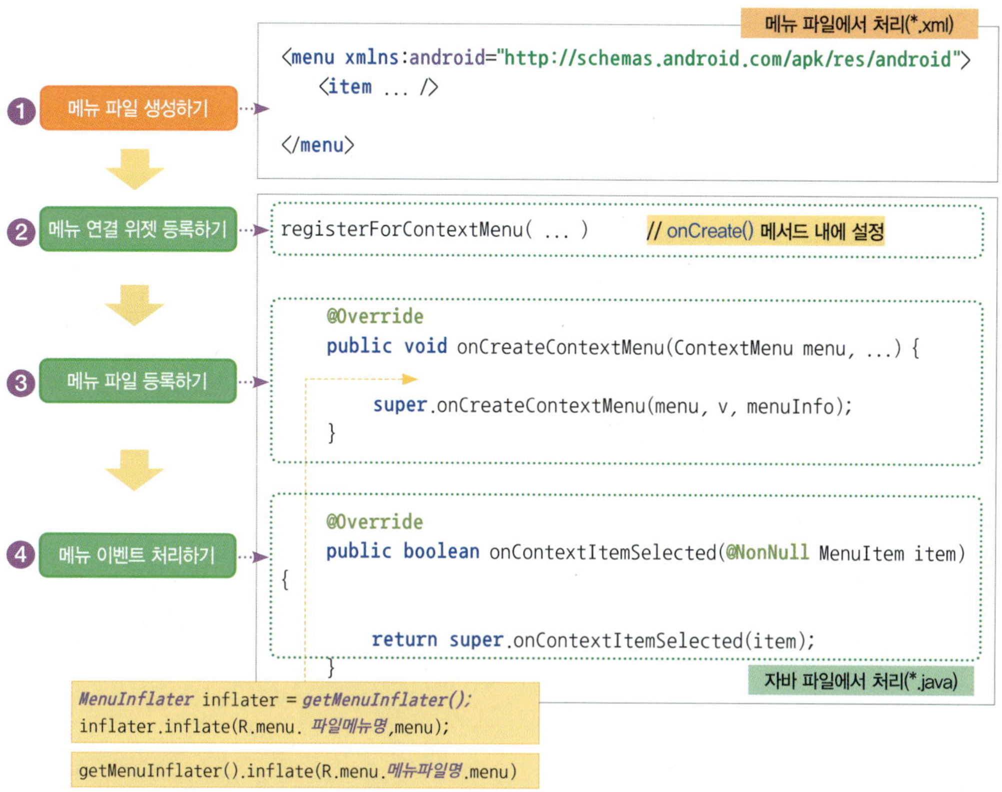

그림과 같이 특정 위젯을 클릭하면 세 가지 메뉴 항목이 표시되는 컨텍스트 메뉴를 만들어 봅시다. 컨텍스트 메뉴의 항목을 각각 클릭하면 메뉴 항목 제목을 토스트 메시지로 출력합니다.

그림 7-10 컨텍스트 메뉴 생성 결과

● 메뉴 XML 파일 생성하고 메뉴 항목 만들기

먼저 프로젝트의 res 폴더에 menu 폴더를 생성하고, 메뉴 전용 XML 파일인 context_menu.

xml을 만듭니다. 만드는 방법은 《7-1장 - 메뉴 살펴보기 - XML로 메뉴 생성》을 참고하세요. 이렇게 만든 context_menu.xml 파일에는 다음과 같이 세 가지 메뉴 항목을 정의합니다.

```
<?xml version="1.0" encoding="utf-8"?>
<menu xmlns:android="http://schemas.android.com/apk/res/android">
    <item
        android:id="@+id/menu01"
        android:title="Android App" />
    <item
        android:id="@+id/menu02"
        android:title="Kotlin" />
    <item
        android:id="@+id/menu03"
        android:title="Java" />
</menu>
```

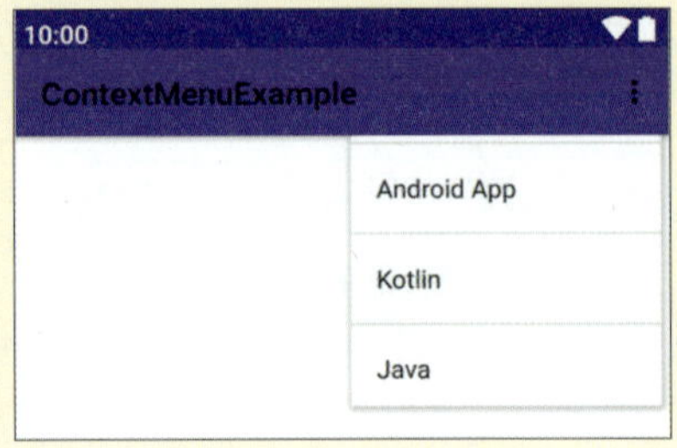

메뉴 연결을 위한 위젯 등록하기

액티비티에서 컨텍스트 메뉴를 연결할 버튼 위젯을 registerForContextMenu() 메서드에 등록합니다. 버튼 위젯을 길게 클릭하면 컨텍스트 메뉴가 표시되도록 버튼 위젯을 등록하는 방법은 다음과 같습니다.

```
public class MainActivity extends AppCompatActivity {

    @Override
    protected void onCreate(Bundle savedInstanceState) {
        super.onCreate(savedInstanceState);
        setContentView(R.layout.activity_main);

        Button btn = (Button) findViewById(R.id.button);
        registerForContextMenu(btn);
    }
}
```

컨텍스트 메뉴 XML 파일 등록하기

액티비티에서 컨텍스트 메뉴를 불러오기 위해 오버라이드 메서드인 onCreateContextMenu()를 재정의하여 추가합니다. ❶ 안드로이드 스튜디오에서 [Code]-[Override Methods] 메뉴를 선택하고, 오버라이드 메서드 창이 열리면 ❷ 'onCreateContextMenu'를 선택한 다음 ❸ 〈OK〉 버튼을 클릭합니다.

그림 7-11 onCreateContextMenu() 메서드 재정의

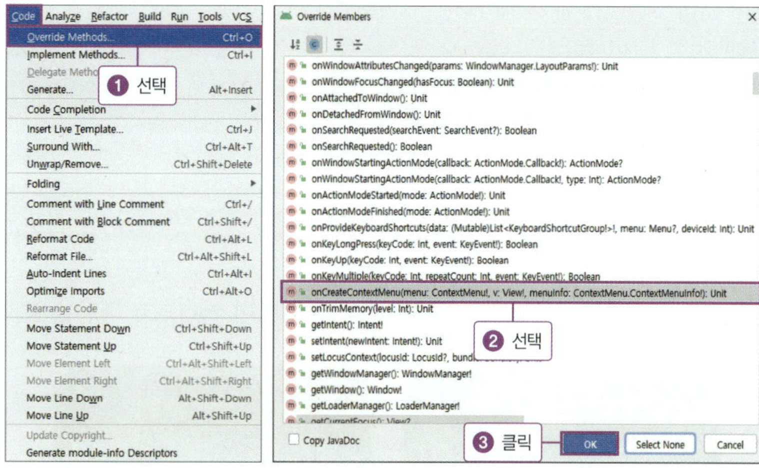

MainActiviy.java 파일에 다음 코드가 추가됩니다.

```
import android.view.ContextMenu;
import android.view.View;

public class MainActivity extends AppCompatActivity {
...

    @Override
    public void onCreateContextMenu(ContextMenu menu, View v, ContextMenu.
ContextMenuInfo menuInfo) {

        super.onCreateContextMenu(menu, v, menuInfo);
    }
}
```

onCreateContextMenu() 메서드에서 menuInflater.inflate() 메서드를 사용하여 메뉴 전용 XML 파일을 등록합니다. context_menu.xml이라는 메뉴 XML 파일을 사용하는 경우 menuInflater.inflate() 메서드의 인자로 R.menu.context_menu을 전달합니다.

```
import android.view.MenuInflater;

public class MainActivity extends AppCompatActivity {
...
```

```
    @Override
    public void onCreateContextMenu(ContextMenu menu, View v, ContextMenu.
ContextMenuInfo menuInfo) {
        MenuInflater inflater = getMenuInflater();
        inflater.inflate(R.menu.context_menu, menu);
        super.onCreateContextMenu(menu, v, menuInfo);
    }
}
```

실행해서 결과를 확인해 화면의 버튼을 클릭하면 다음과 같이 컨텍스트 메뉴를 표시합니다.

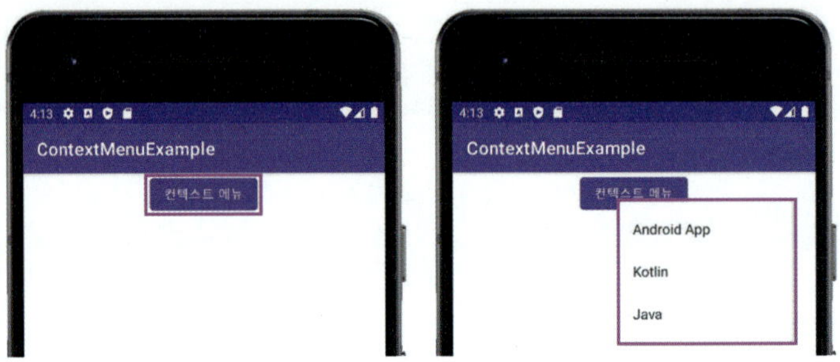

● 컨텍스트 메뉴의 클릭 이벤트 처리하기

액티비티에서 컨텍스트 메뉴의 클릭 이벤트는 onContextItemSelected() 메서드로 처리합니다. 액티비티에서 onContextItemSelected() 메서드를 재정의해야 하므로 ❶ [Code]–[Override Methods] 메뉴를 선택합니다. 오버라이드 메서드 창이 열리면 ❷ 'onContextItemSelected'를 선택하고 ❸ 〈OK〉 버튼을 클릭합니다.

그림 7–12
onContextMenuelected() 메서드 재정의

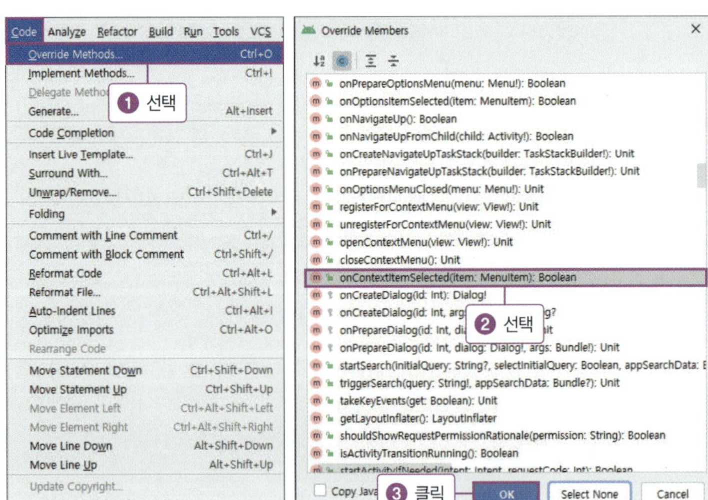

MainActiviy.java 파일에 다음 코드가 추가됩니다.

```
import android.view.MenuItem;

public class MainActivity extends AppCompatActivity {
...
    @Override
    public boolean onContextItemSelected(@NonNull MenuItem item) {

        return super.onContextItemSelected(item);
    }
}
```

onContextMenuelected() 메서드에 컨텍스트 메뉴 항목의 클릭 이벤트를 작성합니다. 컨텍스트 메뉴의 항목을 클릭하면 메뉴 항목의 아이디를 통해 제목을 출력합니다.

```
import android.view.MenuItem;

public class MainActivity extends AppCompatActivity {
...
    @Override
    public boolean onContextItemSelected(@NonNull MenuItem item) {
        switch (item.getItemId()) {
            case R.id.menu01 :
                Toast.makeText(getApplicationContext(), " 메뉴1 : " + item.getTitle(),
Toast.LENGTH_SHORT).show();
                break;
            case R.id.menu02 :
                Toast.makeText(getApplicationContext(), " 메뉴2 : " + item.getTitle(),
Toast.LENGTH_SHORT).show();
                break;
            case R.id.menu03 :
                Toast.makeText(getApplicationContext(), " 메뉴3 : " + item.getTitle(),
Toast.LENGTH_SHORT).show();
                break;
        }
       return super.onContextItemSelected(item);
    }
}
```

실행해서 결과를 확인합니다. 버튼을 클릭하면 컨텍스트 메뉴가 나타나고, 메뉴에서 항목을 선택하면 각 메뉴 항목에 지정된 문자열이 토스트 메시지로 출력되는지 확인합니다.

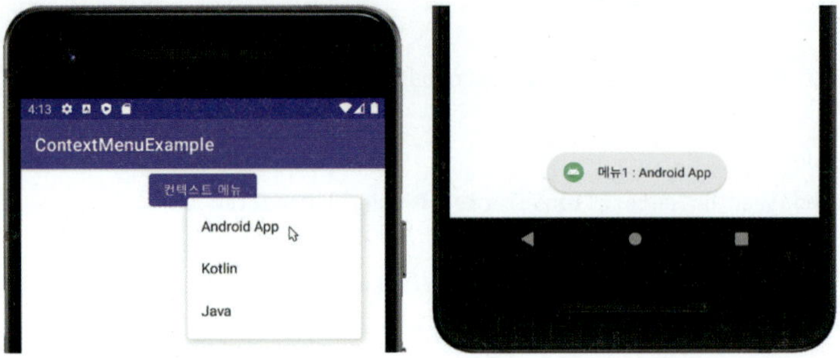

팝업 메뉴

팝업 메뉴(Popup Menu)는 호출한 위젯 영역에 고정된 수직 목록 형태로 메뉴를 표시하는 것으로, 특정 내용과 관련된 오버플로우(overflow) 작업을 구현할 때 유용합니다. 팝업 메뉴는 화면 공간이 있으면 호출한 위젯 아래에 표시되고, 공간이 부족하면 위젯 위에 표시됩니다. 또한, 팝업 메뉴 외부를 클릭하면 자동으로 닫힙니다.

그림 7-13 팝업 메뉴 화면 예

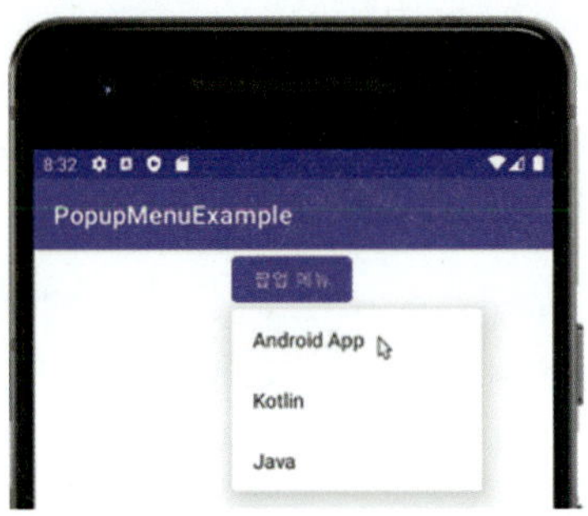

NOTE **컨텍스트 메뉴와 팝업 메뉴**

컨텍스트 메뉴와 팝업 메뉴는 비슷해 보이지만, 구분되는 부분은 다음과 같습니다.

표 7-5 컨텍스트 메뉴와 팝업 메뉴 비교

구분	컨텍스트 메뉴	팝업 메뉴
호출 시점	길게 누를 때	원하는 때
열리는 위치	화면 중앙	위젯 근처
열렸을 때 배경화면	흐려짐	변화 없음

메뉴 전용 XML 파일로 팝업 메뉴를 만드는 과정은 다음과 같습니다.

1. res 폴더에 menu 폴더를 생성하고, menu 폴더에 메뉴 항목을 포함한 메뉴 전용 XML 파일을 만듭니다.
2. 특정 위젯에 팝업 메뉴를 연결하기 위해 PopupMenu 클래스의 인스턴스를 생성해서 메뉴 전용 XML 파일을 연결합니다.
3. PopupMenu 클래스의 setOnMenuItemClickListener{...} 리스너로 팝업 메뉴 항목의 클릭 이벤트를 처리합니다.

그림 7-14 팝업 메뉴 생성 과정

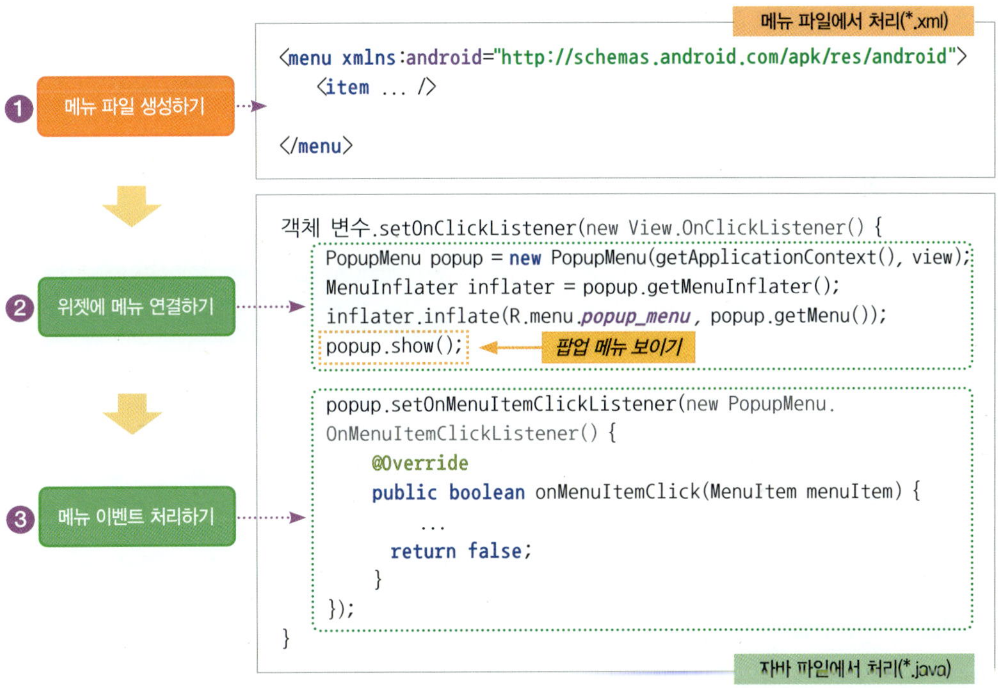

팝업 메뉴를 어떻게 만드는지 알아봅시다. 세 가지 메뉴 항목이 포함된 팝업 메뉴를 만들고, 각 메뉴 항목을 클릭하면 메뉴 항목의 제목을 토스트 메시지로 출력합니다.

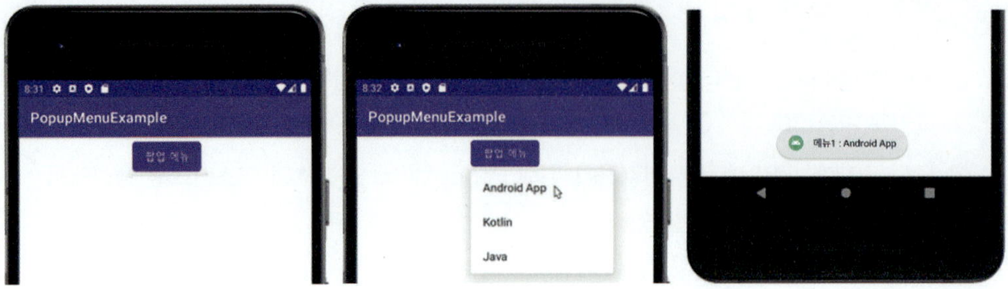

● 메뉴 XML 파일 생성하고 메뉴 항목 만들기

res 폴더에 menu 폴더를 만들어 popup_menu.xml 파일을 만듭니다. (《7-1장 - 메뉴 살펴보기 - XML로 메뉴 생성》 참고) popup_menu.xml에는 다음과 같이 세 가지 메뉴 항목을 정의합니다.

```
<?xml version="1.0" encoding="utf-8"?>
<menu xmlns:android="http://schemas.android.com/apk/res/android">
    <item
        android:id="@+id/menu01"
        android:title="Android App" />
    <item
        android:id="@+id/menu02"
        android:title="Kotlin" />
    <item
        android:id="@+id/menu03"
        android:title="Java" />
</menu>
```

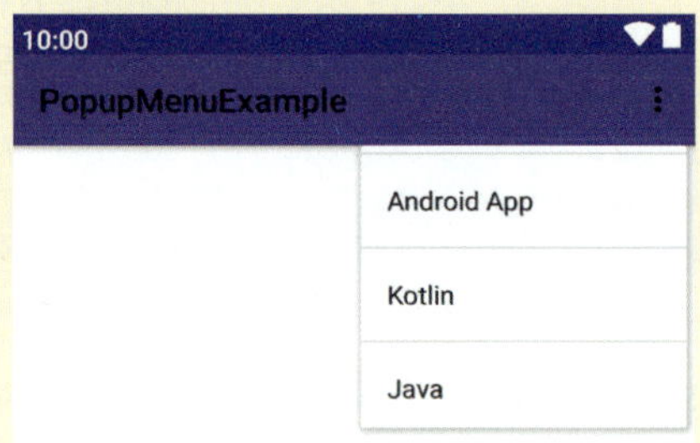

● 버튼에 메뉴 연결하기

버튼을 클릭했을 때 팝업 메뉴가 보이도록 액티비티에서 이벤트 리스너로 메뉴 전용 XML 파일(popup_menu.xml)을 연결합니다. 먼저 ❶ 팝업 메뉴를 표시할 버튼을 PopupMenu 클래스 생성자의 인수로 넣어 PopupMenu 클래스의 인스턴스 변수를 생성합니다. ❷ 액티비티에서 팝업 메뉴를 불러올 수 있도록 앞에서 생성한 PopupMenu 클래스의 인스턴스 변수를 통해 inflate() 메서드를 사용해서 메뉴 전용 XML 파일을 등록합니다. 등록 형식은 인스턴스 변수.inflate(R.menu.메뉴 파일명)입니다. 메뉴 XML 파일명이 popup_menu.xml이므로 popupMenu.inflate(R.menu.popup_menu)로 등록합니다. ❸ 생성된 팝업 메뉴를 화면에 표시할 수 있도록 반드시 인스턴스 변수.show() 형식으로 show() 메서드를 호출합니다.

```
import android.widget.PopupMenu;

public class MainActivity extends AppCompatActivity {

    @Override
    protected void onCreate(Bundle savedInstanceState) {
        super.onCreate(savedInstanceState);
        setContentView(R.layout.activity_main);

        Button btn = (Button) findViewById(R.id.button);
        btn.setOnClickListener(new View.OnClickListener() {
            @Override
            public void onClick(View view) {
              PopupMenu popup = new PopupMenu(getApplicationContext(), btn); ❶
              popup.inflate(R.menu.popup_menu); ❷

              popup.show(); ❸
            }
        });
    }
}
```

실행해 결과를 확인합니다. 초기 화면에서 버튼을 클릭하면 팝업 메뉴를 표시합니다.

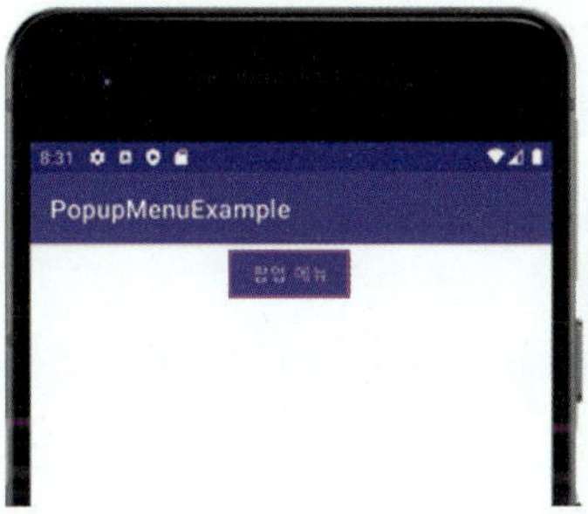

● 팝업 메뉴 클릭 이벤트 처리하기

액티비티에서 팝업 메뉴 항목에 대한 클릭 이벤트를 처리할 때 setOnMenuItemClick Listener{...} 리스너를 사용합니다. 팝업 메뉴의 각 항목을 클릭하면 해당 항목에 대한 이벤트 처리가 수행됩니다. 이때 각 항목의 아이디를 통해 해당 메뉴 항목의 제목을 추출하고 추출한 제목을 토스트 메시지로 출력합니다.

```
import android.widget.MenuItem;

public class MainActivity extends AppCompatActivity {

    @Override
    protected void onCreate(Bundle savedInstanceState) {
        super.onCreate(savedInstanceState);
        setContentView(R.layout.activity_main);

        Button btn = (Button) findViewById(R.id.button);
        btn.setOnClickListener(new View.OnClickListener() {
            @Override
            public void onClick(View view) {
               PopupMenu popup = new PopupMenu(getApplicationContext(), btn);
               popup.inflate(R.menu.popup_menu);
               popup.show();
               popup.setOnMenuItemClickListener(new PopupMenu.OnMenuItemClickListener() {
            @Override
            public boolean onMenuItemClick(MenuItem menuItem) {

                switch (menuItem.getItemId()) {
                    case R.id.menu01 :
                        Toast.makeText(getApplicationContext(), " 메뉴1 : " + menuItem.
getTitle(), Toast.LENGTH_SHORT).show();
                        break;
                    case R.id.menu02 :
                        Toast.makeText(getApplicationContext(), " 메뉴2 : " + menuItem.
getTitle(), Toast.LENGTH_SHORT).show();
                        break;
                    case R.id.menu03 :
                        Toast.makeText(getApplicationContext(), " 메뉴3 : " + menuItem.
getTitle(), Toast.LENGTH_SHORT).show();
                        break;
                }
                return false;
               }
            );
          }
        });
    }
}
```

실행해서 결과를 확인합니다. 버튼을 클릭하면 팝업 메뉴가 표시되고 각 메뉴 항목을 선택하면 메뉴 항목에 해당하는 문자열을 토스트 메시지로 출력되는지 확인합니다.

버튼을 클릭했을 때 팝업 메뉴가 보이는 이벤트를 다음과 같이 구현해도 됩니다.

```
import android.view.MenuItem;

public class MainActivity extends AppCompatActivity {

    @Override
    protected void onCreate(Bundle savedInstanceState) {
        super.onCreate(savedInstanceState);
        setContentView(R.layout.activity_main);

        Button btn = (Button) findViewById(R.id.button);
        PopupMenu popup = new PopupMenu(getApplicationContext(), btn);
        popup.inflate(R.menu.popup_menu);

        popup.setOnMenuItemClickListener(new PopupMenu.OnMenuItemClickListener() {
            @Override
            public boolean onMenuItemClick(MenuItem menuItem) {

                switch (menuItem.getItemId()) {
                    case R.id.menu01 :
                        Toast.makeText(getApplicationContext(), " 메뉴1 : " + menuItem.
getTitle(), Toast.LENGTH_SHORT).show();
                        break;
                    case R.id.menu02 :
```

7 메뉴와 앱 바 다루기

```
                    Toast.makeText(getApplicationContext(), " 메뉴2 : " + menuItem.
getTitle(), Toast.LENGTH_SHORT).show();
                    break;
                case R.id.menu03 :
                    Toast.makeText(getApplicationContext(), " 메뉴3 : " + menuItem.
getTitle(), Toast.LENGTH_SHORT).show();
                    break;
            }
            return false;
        }
    });
    btn.setOnClickListener(new View.OnClickListener() {
        @Override
        public void onClick(View view) {
            popup.show(); // 팝업 메뉴 보이기
        }
    });
  }
}
```

실습 예제 7-1 메뉴로 글자색과 배경색 변경하기

| 구현 내용 |

메뉴 항목으로 글자색과 배경색을 넣어 옵션 메뉴를 만듭니다. 글자색 항목은 하위 메뉴로 노란색과 하얀색, 배경색 항목은 하위 메뉴로 빨간색, 초록색, 파란색을 구성합니다. 글자색 항목을 선택하면 글자색을 변경하고, 배경색 항목을 선택하면 레이아웃 배경색을 변경합니다.

| 구현 방법 |

❶ Empty Activity 템플릿으로 프로젝트를 생성합니다. 프로젝트명은 'MenuProject', 패키지명은 'com.androidbook.menuproject'로 입력합니다. 나머지 설정값은 기존과 같습니다.

❷ menu 폴더에 menu.xml 파일을 생성해 다음과 같이 작성하고 저장합니다.

res\menu\menu.xml

```
<?xml version="1.0" encoding="utf-8"?>
<menu xmlns:android="http://schemas.android.com/apk/res/android">
    <item android:title="글자색"> // 글자색 메뉴
```

```
        <menu>
            <item
                android:id="@+id/txtColor01"
                android:title="노란색" />
            <item
                android:id="@+id/txtColor02"
                android:title="하얀색" />
        </menu>
    </item>
    <item android:title="배경색"> // 배경색 메뉴
        <menu>
            <item
                android:id="@+id/bgcolor01"
                android:title="빨간색" />
            <item
                android:id="@+id/bgcolor02"
                android:title="초록색" />
            <item
                android:id="@+id/bgcolor03"
                android:title="파란색" />
        </menu>
    </item>
</menu>
```

글자색 항목의 하위 메뉴

배경색 항목 하위 메뉴

❸ activity_main.xml 파일을 열고 다음과 같이 작성한 후 저장합니다.

res\layout\activity_main.xml

```
<?xml version="1.0" encoding="utf-8"?>
<androidx.constraintlayout.widget.ConstraintLayout ...
    android:id="@+id/layout">

    <TextView
        android:id="@+id/textView"
        android:layout_width="wrap_content"
        android:layout_height="wrap_content"
        android:text="Hello World!"
        android:textSize="24sp"
        android:textStyle="bold"
        app:layout_constraintBottom_toBottomOf="parent"
        app:layout_constraintLeft_toLeftOf="parent"
        app:layout_constraintRight_toRightOf="parent"
```

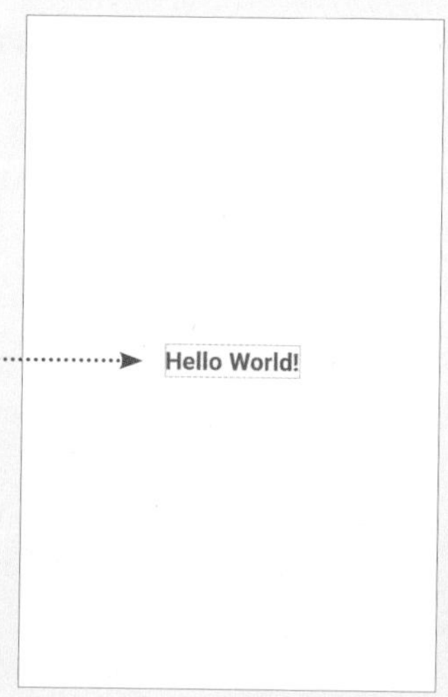

```
        app:layout_constraintTop_toTopOf="parent" />

</androidx.constraintlayout.widget.ConstraintLayout>
```

❹ MainActivity.java 파일을 열고 다음과 같이 작성한 후 저장합니다.

java\com\androidbook\menuproject\MainActivity.java

```
package com.androidbook.menuproject;
...
public class MainActivity extends AppCompatActivity {
    ConstraintLayout layoutObj ; // 레이아웃 아이디를 저장할 변수
    TextView textObj; // 텍스트 뷰 아이디를 저장할 변수

    @Override
    protected void onCreate(Bundle savedInstanceState) {
        super.onCreate(savedInstanceState);
        setContentView(R.layout.activity_main);

        layoutObj = findViewById(R.id.layout); // 레이아웃 아이디를 가져와 layoutObj 변수에 저장
        textObj = findViewById(R.id.textView); // 텍스트 뷰 아이디를 가져와 textObj 변수에 저장

    }

    @Override
    public boolean onCreateOptionsMenu(Menu menu) {
    // 옵션 메뉴 XML 파일을 등록하기 위한 오버라이딩 메서드

        MenuInflater inflater = getMenuInflater();
        inflater.inflate(R.menu.menu, menu);  // 메뉴 파일(menu.xml) 등록

        return super.onCreateOptionsMenu(menu);
    }

    @Override
    public boolean onOptionsItemSelected(@NonNull MenuItem item) {
    // 옵션 메뉴 항목의 클릭 이벤트 메서드

        switch (item.getItemId()) {
            case R.id.txtColor01 :
                textObj.setTextColor(Color.YELLOW);
                break;
```

```
            case R.id.txtColor02 :
                textObj.setTextColor(Color.WHITE);
                break;
            case R.id.bgcolor01 :
                layoutObj.setBackgroundColor(Color.RED);
                break;
            case R.id.bgcolor02 :
                layoutObj.setBackgroundColor(Color.GREEN);
                break;
            case R.id.bgcolor03 :
                layoutObj.setBackgroundColor(Color.BLUE);
                break;

        }
        return super.onOptionsItemSelected(item);
    }
}
```

❺ 프로젝트를 실행해 결과를 확인합니다. 각 메뉴 항목을 클릭하며 글자색과 배경색이 바뀌는지 확인합니다.

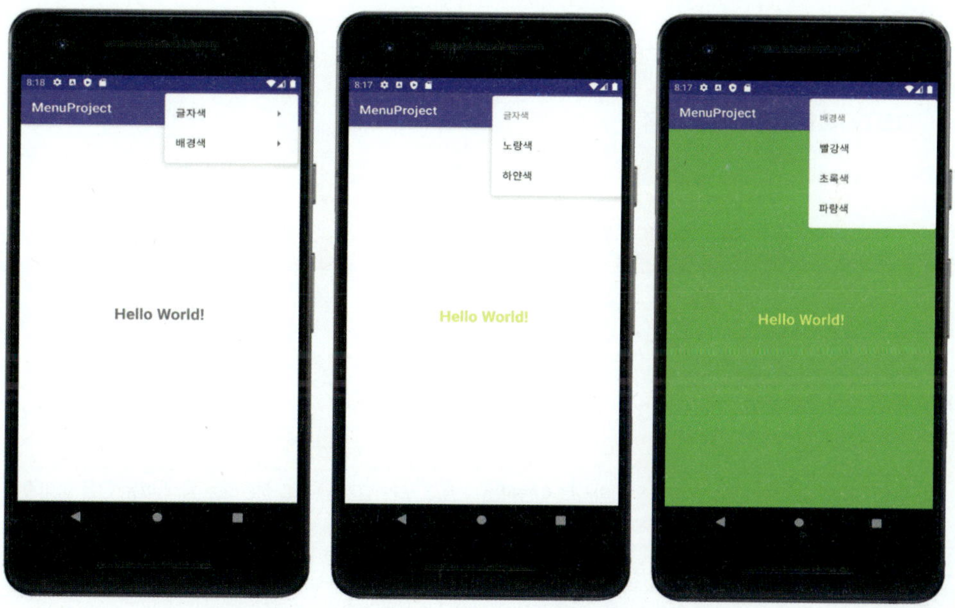

ANDROID

7.3 앱 바 다루기

앱 바란

앱 바(App Bar)는 액티비티의 제목과 탐색 아이콘 또는 액션 버튼들로 구성된 작업 모음입니다. 앱 바를 사용하면 사용자에게 통일된 UI를 제공하고, 다른 항목에 좀 더 빠르게 접근할 수 있습니다.

앱 바의 주요 기능은 다음과 같습니다.

- 앱에 아이디를 설정해 정체성을 부여할 수 있는 전용 공간입니다.
- 중요한 작업을 예측 가능한 방식(예 : 검색)으로 접근합니다.
- 앱 안에서 탐색과 뷰의 전환(탭 또는 드롭다운 목록 포함)을 지원합니다.

앱 바에는 다음과 같이 다섯 가지의 주요 구성 요소가 있습니다.

그림 7-15 앱 바의 레이아웃 구조

표 7-6 앱 바의 구성 요소

구성 요소	설명
① 탐색 아이콘	상위 액티비티로 이동하는 화살표 또는 열기/닫기로 전환하는 탐색 메뉴 전환 아이콘을 표시합니다.
② 로고 이미지	앱의 브랜드나 로고 이미지를 표시합니다.
③ 제목	앱의 브랜드 이름 또는 액티비티나 사용자 방문 페이지 정보를 표시합니다.
④ 액션 버튼	액션 메뉴 또는 앱의 가장 중요한 작업을 표시합니다.
⑤ 액션 메뉴(메뉴 버튼)	설정, 인쇄, 저장, 프로파일 등의 몇 가지 주요 작업을 사용자에게 제공하는 도구 모음입니다.

앱 바를 구현하는 방법은 액션 바(ActionBar)를 이용하는 방식과 툴 바(Toolbar) 위젯을 이용하는 방식이 있습니다. 기본적으로 안드로이드는 액션 바를 제공하고 있지만, 툴 바를 사용하면 다양한 기기에서 작동하도록 맞춤 설정할 수 있습니다.

표 7-7 앱 바의 구현 유형

유형	설명
액션 바	안드로이드에서 기본 제공하는 방식으로, 안드로이드 버전에 따라 다르게 구현되기 때문에 각 앱에 맞게 변경하여 사용합니다. 액션 바 위젯을 레이아웃 파일에 추가할 필요는 없습니다.
툴 바	안드로이드 5.0(API Level 21)부터 추가된 위젯으로, 앱에서 가장 중요하거나 자주 사용하는 액션들을 제공하는 앱 바를 만들 때 사용합니다. 안드로이드 버전에 따라 호환성을 제공합니다. 툴 바 위젯은 레이아웃 파일에 추가해야 합니다.

액션 바

기본적으로 안드로이드 액티비티는 액션 바를 기본 테마로 사용하며, 따라서 레이아웃 파일에 별도의 위젯 추가 없이도 모든 액티비티에 액션 바가 포함됩니다. 따라서 앱 바를 액티비티에 표시하려면 앱 바를 표시하는 테마를 설정하기만 하면 됩니다. 안드로이드 프로젝트를 생성하면 액티비티 화면 상단에 액션 바가 표시됩니다.

그림 7-16 액티비티에서 액션 바 형태의 예

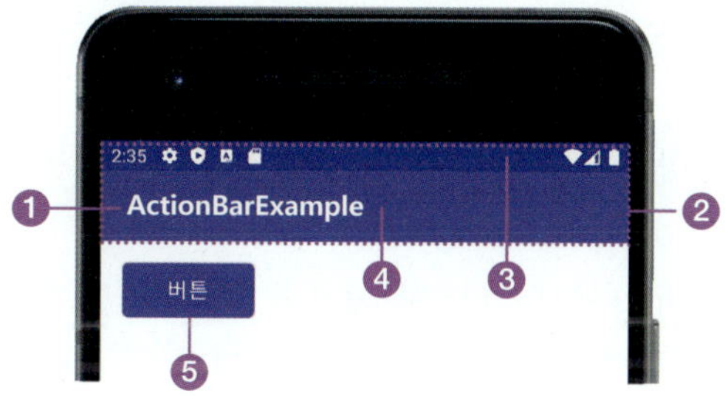

액션 바는 레이아웃 XML 파일에 별도로 추가하지 않아도 액티비티에 기본으로 포함되는데, 이는 themes.xml 파일의 Theme.ActionBarExample 테마가 AndroidManifest.xml 파일에 기본으로 설정되기 때문입니다.

그림 7-17 AndroidManifest.xml과 themes.xml 파일의 액션 바 설정 관계

AndroidManifest.xml

```
<?xml version="1.0" encoding="utf-8"?>
<manifest ... >
    <application
        ...
①      android:label="@string/app_name"
        ...
②      android:theme="@style/Theme.ActionBarExample">
        ...
    </application>

</manifest>
```

themes.xml

```
<resources xmlns:tools="http://schemas.android.com/tools">
    <!— Base application theme. —>
    <style name="Theme.ActionBarExample" parent="Theme. Material Components.DayNight.DarkActionBar">
        <!— Primary brand color. —>
③      <item name="colorPrimary">@color/purple_500</item>
④      <item name="colorPrimaryVariant">@color/purple_700</item>
⑤      <item name="colorOnPrimary">@color/white</item>
        <!-- Secondary brand color. -->
        <item name="colorSecondary">@color/teal_200</item>
        <item name="colorSecondaryVariant">@color/teal_700</item>
        <item name="colorOnSecondary">@color/black</item>
        <!-- Status bar color. -->
        <item name="android:statusBarColor" tools:targetApi="1">?attr/colorPrimaryVariant</item>
        <!-- Customize your theme here. -->
    </style>
</resources>
```

제목의 텍스트 변경하기

액션 바 제목은 앱 화면 상단에 표시됩니다. 기본적으로 앱 이름은 프로젝트 내 AndroidManifest.xml 파일의 android:label 속성에 지정된 문자열로 표시됩니다. 예를 들어, 액티비티 제목을 'ActionBarExample'에서 '액션 바 예제'로 변경하려면 AndroidManifest.xml 파일에서 android:label 속성값을 "액션 바 예제"로 수정합니다.

```
<manifest...>
    <application
        ...
        android:label="액션 바 예제"
        ...
    </application>
</manifest>
```

> **NOTE** **액션 바 제목을 변경하는 다른 방법**
>
> 1. res\values 폴더에 있는 strings.xml 파일을 다음과 같이 수정해도 액션 바 제목이 변경됩니다.
>
> ```
> <resources>
>     <string name="app_name">액션 바 예제</string>
> </resources>
> ```
>
> **그림 7-18** strings.xml 파일로 액션 바 제목 설정하기
>
> 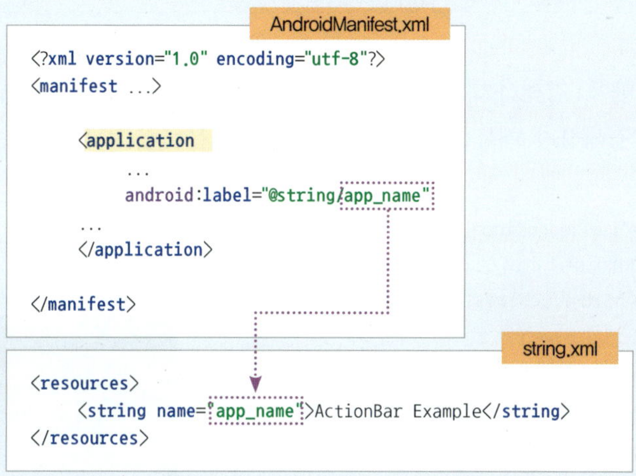
>
>
> 2. 소스 코드 파일에서 title 속성이나 setTitle() 메서드를 사용해 액티비티별로 액션 바 제목의 텍스트를 변경할 수 있습니다.
>
> ```
> getSupportActionBar().setTitle( " 액션 바 예제 " );
> ```

액션 버튼 추가하기

액션 바에 액션 버튼을 추가하려면 먼저 메뉴 XML 파일을 생성하여 메뉴 항목을 추가해야 합니다. <item> 요소는 메뉴 구성 요소입니다. showAsAction 속성값을 설정하면 해당 메뉴 항목이 액션 바의 오른쪽 상단에 아이콘으로 표시됩니다. showAsAction 속성값은 다음과 같습니다.

표 7-8 showAsAction 속성값

속성값	설명
always	메뉴 항목을 항상 액션 바에 액션 버튼으로 표시합니다. never와 ifRoom보다 우선이며, 공간이 없으면 표시되지 않습니다.
naver	메뉴 항목을 액션 바에 액션으로 표시하지 않고 오버플로우 메뉴에 바로 표시합니다.
ifRoom	액션 바에 공간이 있으면 메뉴 항목을 액션 버튼으로 표시하고, 공간이 없으면 오버플로우 메뉴에 표시합니다.
withText	메뉴 항목을 액션 바에 액션 버튼으로 표시할 때 텍스트와 함께 표시합니다. 단, 아이콘과 텍스트를 함께 표시할 공간이 있는 경우에만 텍스트를 표시합니다.
collapseActionView	메뉴 항목을 접었다 펼쳤다 하면서 위젯을 표시합니다.

예를 들어, 액션 바에 '검색하기' 액션 버튼을 항상 보이려면 다음과 같이 메뉴 XML 파일(menu.xml)에서 '검색하기' 메뉴 항목의 showAsAction 옵션값을 'ifRoom'으로 설정합니다.

```
<?xml version="1.0" encoding="utf-8"?>
<menu xmlns:android="http://schemas.android.com/apk/res/android"
    xmlns:app="http://schemas.android.com/apk/res-auto" >
    <item
        android:id="@+id/edit"
        android:icon="@android:drawable/ic_menu_edit"
        android:title="편집하기" />
    <item
        android:id="@+id/search"
        android:icon="@android:drawable/ic_menu_search"
        android:title="검색하기"
        app:showAsAction="ifRoom" />
    <item
        android:id="@+id/save"
        android:icon="@android:drawable/ic_menu_save"
        android:title="저장하기" />
</menu>
```

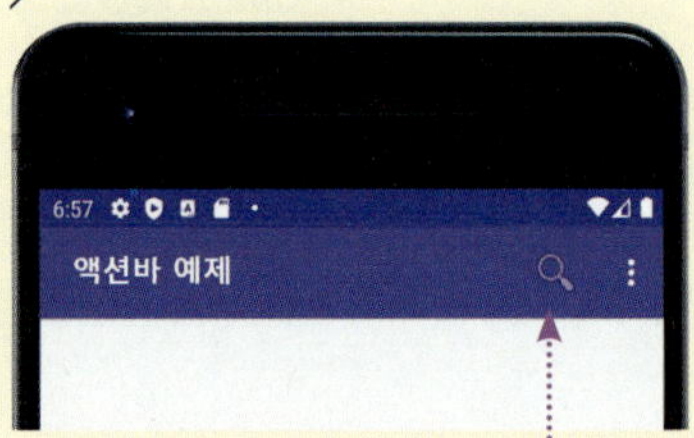


```
public class MainActivity extends AppCompatActivity {

    @Override
    protected void onCreate(Bundle savedInstanceState) {
        super.onCreate(savedInstanceState);
        setContentView(R.layout.activity_main);
    }
```

```
    @Override
    public boolean onCreateOptionsMenu(Menu menu) { // [옵션 메뉴] 참고
        MenuInflater inflater = getMenuInflater();
        inflater.inflate(R.menu.menu, menu);
        return super.onCreateOptionsMenu(menu);
    }
}
```

액션 바 색상 변경하기

액션 바의 색상은 AndroidManifest.xml 파일의 android:theme 속성에 설정된 테마에 의해 기본값이 결정됩니다. android:theme 속성값은 themes.xml 파일의 〈style〉 요소에서 name 속성값으로 정의된 Theme.MaterialComponents.DayNight.DarkActionBar 테마를 상속받아 colorPrimary, colorPrimaryVariant, colorOnPrimary 속성값에 설정된 색상이 액션 바에 적용됩니다.

그림 7-19 액션 바 색상값 적용 위치

액션 바가 화면 상단에 표시될 때 액티비티 테마를 통해 색상을 결정할 수 있습니다. 테마를 변경하려면 테마 파일의 〈style〉 요소의 속성값으로 지정된 테마의 색상 값을 변경하거나 새로운 〈style〉 요소를 추가하여 새로운 테마를 만들 수 있습니다.

예를 들어, 액티비티에 설정된 기본 테마 색상을 오렌지(#F6852C)로 변경하고자 한다면 다음과 같이 색상 값을 설정합니다.

```
<resources xmlns:tools="http://schemas.android.com/tools">
    <!— Base application theme. —>
    <style name="Theme.ActionBarExample" parent="Theme.MaterialComponents.DayNight.
DarkActionBar">
        <!— Primary brand color. —>
```

```
        <item name="colorPrimary">#F6852C</item>
        <item name="colorPrimaryVariant">#D17127</item>
        <item name="colorOnPrimary">@color/white</item>
        <!— Secondary brand color. —>
        ....
    </style>
</resources>
```

NOTE **액션 바 색상을 변경하는 다른 방법**

themes.xml 파일의 @color/색상값과 연결된 colors.xml 파일(res\values 폴더)에서도 다음과 같이 액션 바 색상을 수정할 수 있습니다.

```
<?xml version="1.0" encoding="utf-8"?>
<resources>
    <color name="purple_200">#FFBB86FC</color>
    <color name="purple_500">#F6852C</color>
    <color name="purple_700">#D17127</color>
    <color name="teal_200">#FF03DAC5</color>
    <color name="teal_700">#FF018786</color>
    <color name="black">#FF000000</color>
    <color name="white">#FFFFFFFF</color>
</resources>
```

안드로이드 앱 바 머티리얼 디자인의 색상 시스템으로 브랜드 또는 스타일을 반영하는 색상 테마를 만들려면 다음의 사이트를 참고합니다.

- https://material.io/design/color/the-color-system.html#color-usage-and-palettes

액션 바 숨기기와 보이기

앱에서 액션 바를 사용할 지 여부는 지정된 테마가 액션 바를 지원하는지 여부에 따라 결정됩니다. 예를 들어, 앱에서 액션 바를 사용하지 않으려면 테마를 ".NoActionBar"로 설정해야 합니다. 기본적으로 프로젝트의 테마는 "Theme.MaterialComponents.DayNight.NoActionBar"로 설정되어 있으며, 이를 "Theme.AppCompat.Light.NoActionBar"로 변경하면 됩니다.

```
<resources xmlns:tools="http://schemas.android.com/tools">
    <!— Base application theme. —>
    <style name="Theme.ActionBarExample" parent="Theme.AppCompat.Light.NoActionBar">
        <item name="colorPrimary">@color/purple_500</item>
```

```
    ...
  </style>
</resources>
```

액션 바를 기본으로 사용하다가 상황에 따라 보이거나 숨기려면 코드 소스 파일에서 show() 또는 hide() 메서드를 사용합니다.

```
getSupportActionBar().hide();  // 액션 바 숨기기
```

```
getSupportActionBar().show();  // 액션 바 보이기
```

툴 바

툴 바(Toolbar)는 액션 바와 달리 액티비티 상단의 고정된 위치가 아닌 레이아웃 내 어디든 배치할 수 있는 위젯입니다. 따라서 색상, 크기, 위치 등을 더욱 유연하게 수정할 수 있습니다. 또한, 탐색 아이콘, 로고, 제목, 액션 버튼 등을 추가할 수도 있습니다.

그림 7-20 툴 바의 화면 표시 예

툴 바는 Toolbar 클래스로 구현합니다. Toolbar는 ViewGroup 클래스의 하위 클래스로, Toolbar를 사용하려면 androidx.appcompat.widget.Toolbar 패키지를 임포트해야 합니다.

Toolbar 클래스의 상속 관계를 정리하면 다음과 같습니다.

```
java.lang.Object
  └, android.widget.ViewGroup
      └, androidx.appcompat.widget.Toolbar
```

툴 바를 사용하는 경우는 다음과 같은 두 가지입니다.

- 기존의 액션 바 기능(예 : 메뉴 확장과 선택, ActionBarDrawerToggle 등)을 사용하면서 모양을 제어하고 싶을 때 사용합니다.
- 액션 바를 지원하지 않는 상황에서 앱에서 앱 바를 사용하고 싶을 때 툴 바를 사용합니다. 예를 들어, 화면에 여러 도구 모음을 표시하고 너비의 일부만 확장하는 경우 툴 바를 사용합니다.

액션 바와 다른 툴 바의 특징은 다음과 같습니다.

- 툴 바는 기본 위젯과 마찬가지로 레이아웃에 포함된 위젯입니다.
- 툴 바는 일반 위젯으로서 배치, 애니메이션과 제어가 더 쉽습니다.
- 하나의 앱에서 여러 개의 개별 툴 바를 정의할 수 있습니다.

툴 바 만들기

툴 바를 앱에 바로 사용하려면 다음과 같이 반드시 기본 액션 바를 삭제(비활성화)하고 NoActionBar로 변경해야 합니다.

그림 7-21 툴 바 생성 과정

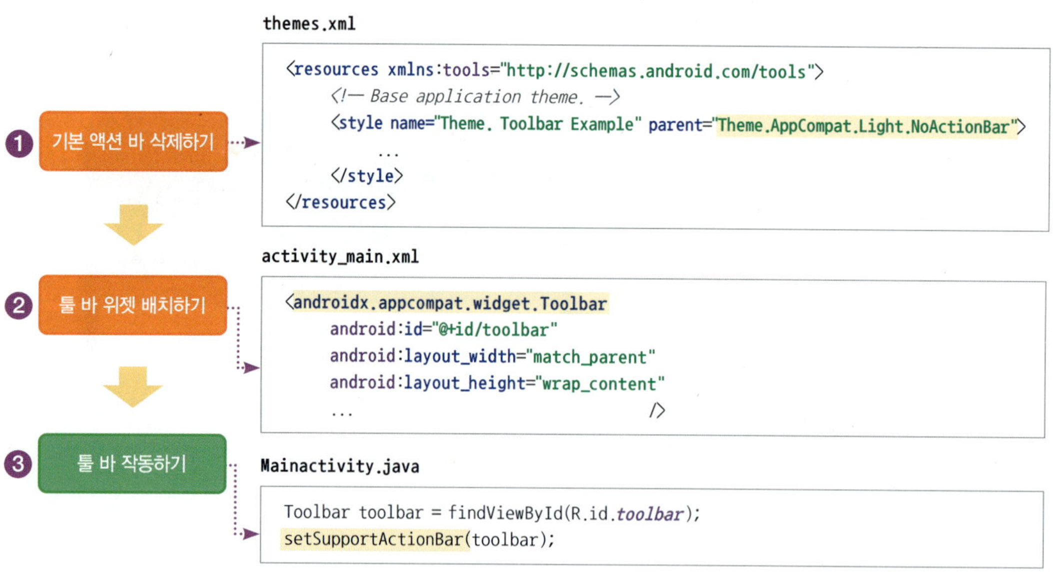

❶ 액티비티의 기본 액션 바를 삭제(비활성화)합니다. 가장 간단한 방법으로 res\values 폴더의 themes.xml 파일을 열고 기본 테마인 Theme.MaterialComponents.DayNight.DarkActionBar를 Theme.AppCompat.Light.NoActionBar나 Theme.AppCompat.NoActionBar로 변경합니다.

```
<style name="Theme.ToolbarExample" parent="Theme.AppCompat.Light.NoActionBar">
    <!— Primary brand color. —>
    ...
    <!— Customize your theme here. —>
</style>
```

❷ 툴 바 위젯은 레이아웃 파일 내에서 자유롭게 위치시킬 수 있어서 가장 큰 장점 중 하나입니다. 따라서 레이아웃 파일을 열어 아이디가 toolbar인 툴 바 위젯을 추가합니다.

```
<androidx.appcompat.widget.Toolbar
    android:id="@+id/toolbar"
    android:layout_width="match_parent"
    android:layout_height="wrap_content"
    android:background="?attr/colorPrimary"
    android:minHeight="?attr/actionBarSize"
    android:theme="?attr/actionBarTheme"/>
```

❸ 툴 바가 앱에서 바로 작동하도록 액티비티에서 setSupportActionBar() 메서드로 툴 바 위젯을 가져와 연동합니다. 레이아웃 파일에서 툴 바의 아이디가 toolbar라면 다음과 같이 액티비티에서 setSupportActionBar() 메서드를 호출해 툴 바를 가져옵니다.

```
import androidx.appcompat.widget.Toolbar;

public class MainActivity extends AppCompatActivity {

    @Override
    protected void onCreate(Bundle savedInstanceState) {
        super.onCreate(savedInstanceState);
        setContentView(R.layout.activity_main);

        Toolbar toolbar = findViewById(R.id.toolbar);
        setSupportActionBar(toolbar);
    }
}
```

● XML로 속성 설정하기

툴 바의 스타일을 변경하려면 레이아웃 파일에 툴 바를 추가하고 속성을 설정해야 합니다. 툴 바와 관련된 주요 속성은 다음과 같습니다.

표 7-9 툴 바의 속성

속성	설명
id	툴 바를 식별하는 데 사용하는 고유한 아이디를 설정합니다.
logo	툴 바에 표시할 로고 이미지를 설정합니다.
navigationIcon	툴 바에 표시할 탐색 아이콘 이미지를 설정합니다.
title	툴 바에 표시할 제목을 설정합니다.
titleTextColor	툴 바에 표시할 제목의 색상을 설정합니다.
subtitle	툴 바에 표시할 서브 제목을 설정합니다.
subtitleTextColor	툴 바에 표시할 서브 제목 색상을 설정합니다.

예를 들어, 툴 바에 로고 이미지와 탐색 아이콘을 표시하고, 제목을 '툴바예제', 부제목을 'ToolbarExample', 제목의 글자색을 흰색, 부제목의 글자색을 빨간색으로 표현하려면 다음과 같이 설정합니다.

```
<androidx.appcompat.widget.Toolbar
    android:id="@+id/toolbar"
    android:layout_width="match_parent"
    android:layout_height="wrap_content"
    android:background="?attr/colorPrimary"
    android:minHeight="?attr/actionBarSize"
    android:theme="?attr/actionBarTheme"
    app:logo="@drawable/working"
    app:navigationIcon="@drawable/menu"
    app:subtitle="ToolbarExample"
    app:subtitleTextColor="#FF0000"
    app:title="툴바예제"
    app:titleTextColor="#FFFFFF" />
```

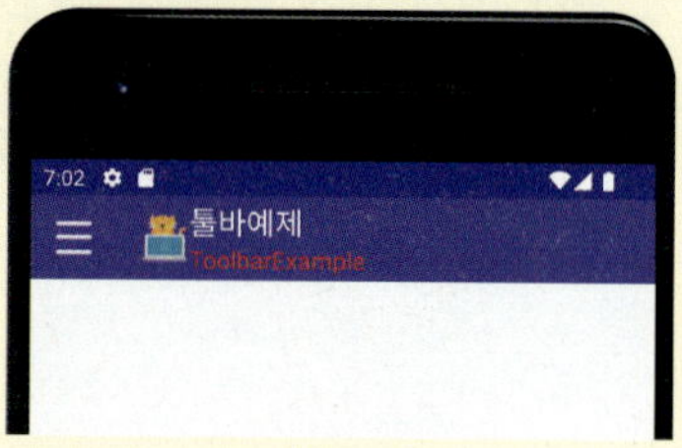

● 메서드로 속성 설정하기

툴 바의 스타일은 다양한 방법으로 변경할 수 있습니다. 예를 들어, 레이아웃 파일에 툴 바를 추가한 후 해당 툴 바의 아이디를 사용해 액티비티에서 속성 메서드를 호출하여 원하는 스타일을 설정할 수 있습니다. 툴 바에서 사용하는 주요 속성 메서드는 다음과 같습니다.

표 7-10 툴 바의 주요 속성 메서드

메서드	설명
void setLogo(int resId)	resId로 지정된 이미지를 툴 바의 로고로 설정합니다.
void setLogo(Drawable drawable)	drawable 객체로 지정된 이미지를 툴 바의 로고로 설정합니다.
void getLogo()	툴 바가 표시하는 로고 이미지를 가져옵니다.
void setNavigationIcon(int resId)	resId로 지정된 이미지를 탐색 버튼의 아이콘 이미지로 설정합니다.
void setNavigationIcon(Drawable icon)	Icon 객체로 지정된 이미지를 탐색 버튼의 아이콘 이미지로 설정합니다.
void getNavigationIcon()	툴 바가 표시하는 탐색 버튼의 아이콘을 가져옵니다.
void setTitle(CharSequence title)	title로 지정된 문자열을 툴 바의 제목으로 설정합니다.
void setSubtitle(int resId)	resId로 지정된 문자열(string.xml에 저장된 문자열)을 툴 바의 부제목으로 설정합니다.
void setSubtitle(CharSequence subtitle)	subtitle로 지정된 문자열을 툴 바의 부제목으로 설정합니다.
void getTitle()	툴 바가 표시하는 제목을 가져옵니다.
void getSubtitle()	툴 바가 표시하는 부제목을 가져옵니다.
void setTitleTextColor(int color)	color로 지정된 색상을 툴 바의 제목에 설정합니다.
void setSubtitleTextColor(int color)	color로 지정된 색상을 툴 바의 부제목에 설정합니다.
void setNavigationOnClickListen-er(View.OnClickListener listener)	툴 바에서 탐색 아이콘 버튼의 클릭 이벤트를 처리하는 데 사용합니다.

TIP 툴 바의 속성 메서드에 관한 자세한 내용은 https://developer.android.com/reference/androidx/appcompat/widget/Toolbar를 참고하세요.

XML에서 설정한 속성을 메서드를 호출하는 방식으로 변경해 봅니다. 예를 들어, 툴 바의 로고 이미지와 탐색 아이콘, 제목을 '툴바예제', 부제목을 'ToolbarExample', 제목 글자색을 흰색, 부제목 글자색을 빨간색으로 설정하려면 다음과 같이 작성합니다. 먼저 레이아웃 파일에 툴 바를 추가합니다.

```
<androidx.appcompat.widget.Toolbar
    android:id="@+id/toolbar"
    android:layout_width="match_parent"
    android:layout_height="wrap_content"
    android:background="?attr/colorPrimary"
    android:minHeight="?attr/actionBarSize"
    android:theme="?attr/actionBarTheme" />
```

그다음 액티비티에서 해당 속성 메서드를 호출합니다.

```java
public class MainActivity extends AppCompatActivity {

    @Override
    protected void onCreate(Bundle savedInstanceState) {
        super.onCreate(savedInstanceState);
        setContentView(R.layout.activity_main2);

        Toolbar toolbar = findViewById(R.id.toolbar);
        setSupportActionBar(toolbar);
        toolbar.setLogo(R.drawable.working);          // 로고 이미지 표시
        toolbar.setNavigationIcon(R.drawable.menu);   // 탐색 아이콘 표시
        toolbar.setTitle("툴바예제");                   // 제목 표시
        toolbar.setSubtitle("ToolbarExample");        // 부제목 표시
        toolbar.setTitleTextColor(Color.WHITE);       // 제목 색상 표시
        toolbar.setSubtitleTextColor(Color.RED);      // 부제목 색상 표시
    }
}
```

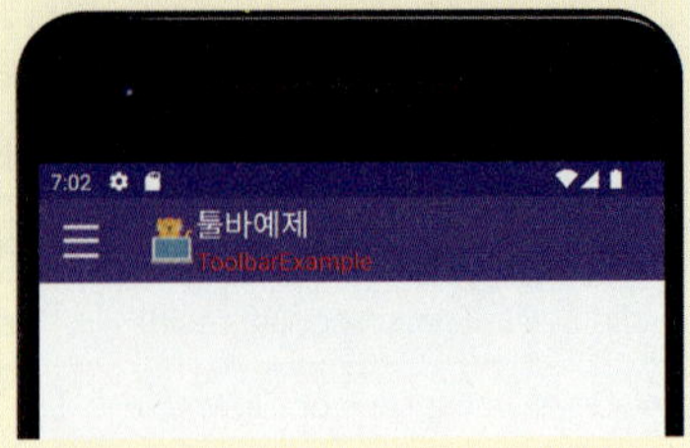

실습 예제 7-2 트위터 툴 바 만들기

| 구현 내용 |

다음과 같이 트위터처럼 생긴 툴 바를 만들어 봅시다.

| 구현 방법 |

❶ Empty Activity 템플릿으로 프로젝트를 생성합니다. 프로젝트명은 'AppBarProject', 패키지명은 'com.androidbook.appbarproject'을 입력합니다. 나머지 설정은 기존과 동일합니다.

❷ menu 폴더를 만들고 폴더에 menu.xml 파일을 생성해 다음과 같이 메뉴 항목을 작성하고 메뉴 항목이 액션 바의 오른쪽 상단에 아이콘으로 표시합니다.

res\menu\menu.xml

```xml
<?xml version="1.0" encoding="utf-8"?>
<menu xmlns:app="http://schemas.android.com/apk/res-auto"
    xmlns:android="http://schemas.android.com/apk/res/android">
```

```
    <item
        android:icon="@drawable/icon1"
        android:title="Item"
        app:showAsAction="always" />
    <item
        android:icon="@drawable/icon2"
        android:title="Item"
        app:showAsAction="always" />
    <item
        android:icon="@drawable/icon3"
        android:title="Item"
        app:showAsAction="always" />
</menu>
```

❸ 툴 바의 색상을 변경합니다. res\values 폴더의 colors.xml 파일을 열고 다음과 같이 수정합니다.

res\values\colors.xml

```
<?xml version="1.0" encoding="utf-8"?>
<resources>
    <color name="purple_200">#FFBB86FC</color>
    <color name="purple_500">#FF1888E6</color>
    <color name="purple_700">#FF189CE6</color>
    <color name="teal_200">#FF03DAC5</color>
    <color name="teal_700">#FF018786</color>
    <color name="black">#FF000000</color>
    <color name="white">#FFFFFFFF</color>
</resources>
```

❹ res\themes 폴더의 themes.xml 파일을 열고 액션 바 테마를 다음과 같이 변경합니다.

res\themes\themes.xml

```
<resources xmlns:tools="http://schemas.android.com/tools">
    <!-- Base application theme. -->
    <style name="Theme.ToolbarProject" parent="Theme.AppCompat.Light.NoActionBar">
<item name="colorPrimary">@color/purple_500</item>
        <item name="colorPrimaryVariant">@color/purple_700</item>
        <item name="colorOnPrimary">@color/white</item>
        ...
    </style>
</resources>
```

❺ activity_main.xml 파일에 다음과 같이 툴 바 위젯을 추가하고 로고 이미지, 제목, 제목 색상 등의 속성을 설정합니다.

res\layout\activity_main.xml

```
<?xml version="1.0" encoding="utf-8"?>
<androidx.constraintlayout.widget.ConstraintLayout ...>

    <androidx.appcompat.widget.Toolbar
        android:id="@+id/toolbar"
        android:layout_width="match_parent"
        android:layout_height="wrap_content"
        android:background="@color/purple_500"
        android:minHeight="?attr/actionBarSize"
        android:theme="?attr/actionBarTheme"
        app:layout_constraintEnd_toEndOf="parent"
        app:layout_constraintStart_toStartOf="parent"
        app:layout_constraintTop_toTopOf="parent"
        app:logo="@drawable/logo"          // 로고 이미지 설정
        app:title="Profile"                // 제목 설정
        app:titleTextColor="#FFFFFF" />    // 제목 색상 설정

    <TextView
        android:layout_width="wrap_content"
        android:layout_height="wrap_content"
        android:text="Hello World!"
        app:layout_constraintBottom_toBottomOf="parent"
        app:layout_constraintLeft_toLeftOf="parent"
        app:layout_constraintRight_toRightOf="parent"
        app:layout_constraintTop_toTopOf="parent" />
</androidx.constraintlayout.widget.ConstraintLayout>
```

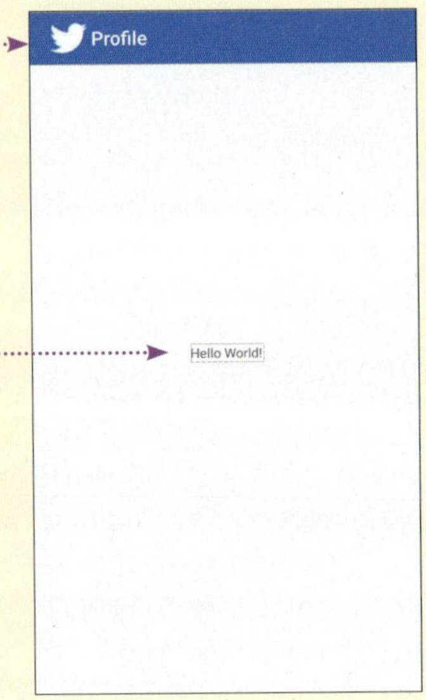

❻ MainActivity.java 파일을 열고 다음과 같이 작성한 후 저장합니다.

java\com\androidbook\appbarproject\MainActivity.java

```
package com.androidbook.appbarproject;
...
public class MainActivity extends AppCompatActivity {

    @Override
    protected void onCreate(Bundle savedInstanceState) {
```

```
        super.onCreate(savedInstanceState);
        setContentView(R.layout.activity_main);

        Toolbar toolbar = findViewById(R.id.toolbar);
        setSupportActionBar(toolbar);  // 툴 바를 앱 바로 설정

    }

    @Override
    public boolean onCreateOptionsMenu(Menu menu) {
        MenuInflater inflater = getMenuInflater();
        inflater.inflate(R.menu.menu, menu);     // 메뉴 파일(menu.xml) 등록
        return super.onCreateOptionsMenu(menu);
    }
}
```

❼ 프로젝트를 실행해 결과를 확인합니다.

NOTE **속성 메서드로 툴 바 만들기**

툴 바를 다음과 같이 속성 메서드를 이용하여 만들 수도 있습니다.

```
public class MainActivity extends AppCompatActivity {

    @Override
    protected void onCreate(Bundle savedInstanceState) {
        super.onCreate(savedInstanceState);
        setContentView(R.layout.activity_main);

        Toolbar toolbar = findViewById(R.id.toolbar);
        setSupportActionBar(toolbar);  // 툴 바를 앱 바로 설정
        toolbar.setTitleTextColor(Color.parseColor("#ffffff"));
        // 제목 색
        toolbar.setTitle("툴바"); // 부제목 넣기
        toolbar.setNavigationIcon(R.drawable.logo);
        // 제목 앞에 로고 이미지 넣기
    }

    @Override
    public boolean onCreateOptionsMenu(Menu menu) {
        ...
    }
}
```

PROJECT 7

[도서 쇼핑몰] 메뉴와 앱 바 만들기

도서 쇼핑몰에 옵션 메뉴와 액션 바를 적용해 봅니다.

길벗 홈페이지 자료실에서 제공하는 PDF의 35쪽을 참고하세요!

- 1장 프로젝트 생성하기
- ▼ 3장 시작 화면 만들기
- ▼ 4장 도서 목록 화면 만들기
- ▼ 5장 도서 상품 이벤트 처리하기
- ▼ 6장 도서 상품 상세 정보 표시하기
- ▼ 8장 장바구니 등록 대화상자 만들기
- ▼ 9장 • 장바구니 만들기 • 주문 처리하기

- 11장 동영상 강좌 화면 만들기

- 10장 마이 페이지 화면 만들기
- ▼ 10장 • 메모장 만들기 • 메모장에서 검색어 찾기
- ▼ 11장 카메라로 프로필 설정하기
- ▼ 12장 낙서장 만들기

- 13장 고객센터 화면 만들기
- ▼ 13장 도서 마켓 위치 안내 표시하기
- ▼ 14장 고객문의 게시판 만들기

- 6장 스플래시 화면 만들기
- ▼ 12장 스플래시 화면 꾸미기

- 7장 • 메뉴 만들기 • 액션 바 바꾸기 • 내비게이션 바 만들기
- ▼ 8장 로그인 대화상자 만들기
- ▼ 14장 • 회원가입 메뉴 만들기 • 로그인과 로그아웃 기능 만들기

메뉴 만들기 결과 화면

도서 목록 화면과 도서 상세 정보 화면에서 옵션 메뉴를 선택하면 해당 화면으로 이동하면서 메뉴 제목을 토스트 메시지로 출력합니다.

액션 바 바꾸기 결과 화면

도서 목록 화면과 도서 상세 정보 화면의 액션 바 테마를 변경합니다. 도서 목록 화면에서는 메뉴 항목 중 검색 메뉴를 선택하면 검색어를 입력할 수 있습니다. 또한, 도서 상세 정보 화면에서는 메뉴 항목 중 장바구니 메뉴가 액션 버튼입니다.

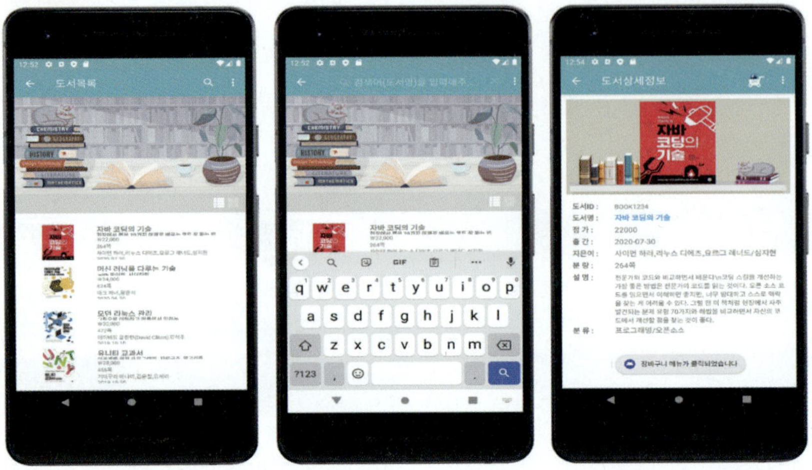

내비게이션 바 만들기 결과 화면

도서 쇼핑몰 메인 화면에서 툴 바에 있는 내비게이션 아이콘을 누르면 내비게이션 바 메뉴가 나타나도록 합니다.

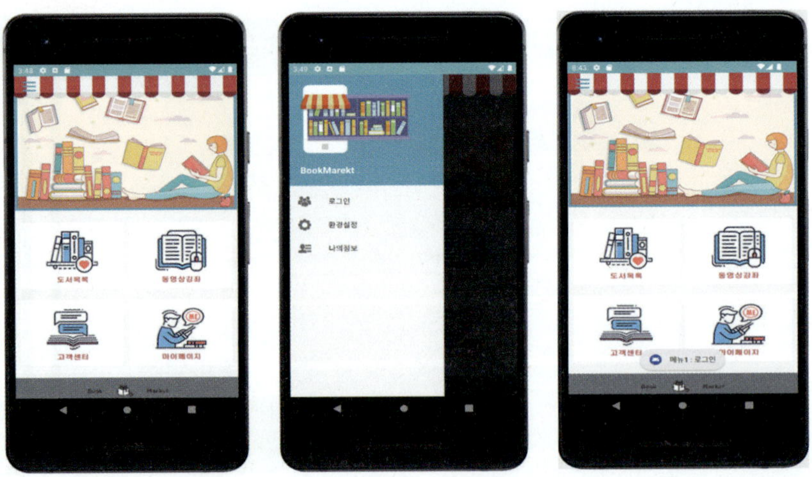

8 장

대화상자 만들기

학 습 목 표

- 안드로이드의 대화상자 유형을 이해한다.
- 기본 대화상자를 만드는 과정에 대해 익힌다.
- 날짜/시간 선택 대화상자를 만드는 과정에 대해 익힌다.
- 커스텀 대화상자를 만드는 과정에 대해 익힌다.

대화상자 살펴보기

대화상자(Dialog)는 전체 화면을 채우지 않고 일부 화면만 가리는 창입니다. 주로 사용자에게 결정을 내리거나 추가 정보를 입력하도록 유도하는 메시지를 표시합니다. 일반적으로 대화상자는 사용자가 응답하기 전까지는 화면에서 사라지지 않고 대기 상태로 유지됩니다. 앱을 계속 진행하기 위한 특정 작업을 수행하는 메시지를 사용자에게 표시하거나 화면을 전환할 때, 화면 전체를 변경하지 않고 일부분만 변경하여 보여줄 때 대화상자를 사용할 수 있습니다.

그림 8-1 대화상자의 유형

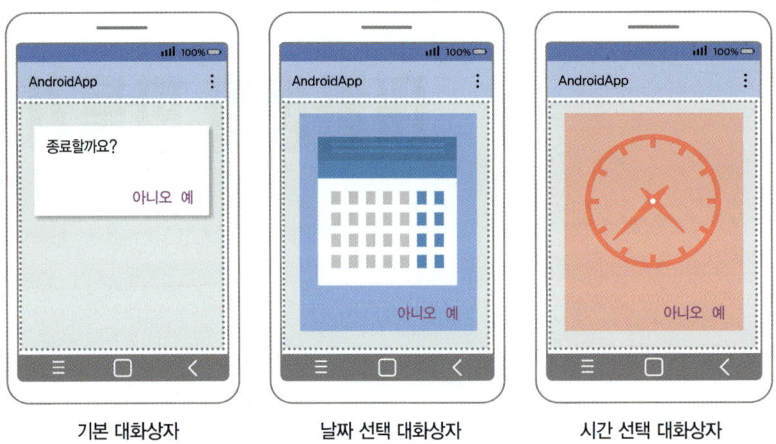

Dialog는 대화상자의 기본 클래스입니다. 대화상자는 사용자에게 조건에 대해 경고하거나 상태 또는 진행 상황을 보여주며, 보조 장치에 정보를 제공하거나 선택 항목을 선택하거나 확인하는 데 사용됩니다. 이를 위해 다음과 같은 하위 클래스를 제공합니다.

표 8-1 대화상자의 클래스 유형

유형	설명
AlertDialog	제목과 최대 3개의 버튼, 선택 가능한 항목의 목록 또는 사용자 정의 레이아웃을 표시할 수 있는 대화상자입니다.
DatePickerDialog	사용자가 날짜를 선택할 수 있도록 미리 정의된 UI가 있는 대화상자입니다.
TimePickerDialog	사용자가 시간을 선택할 수 있도록 미리 정의된 UI가 있는 대화상자입니다.

8.2 기본 대화상자 만들기

일반적으로 기본 대화상자는 작은 창을 표시하는 경고 대화상자로, 사용자에게 어떤 액션을 취할지(예 : YES 또는 NO 옵션 버튼) 결정하도록 유도합니다. 또한, 주로 앱에서 뒤로 가기 버튼과 팝업 닫기 등을 확인하기 위한 알림 대화상자로도 활용됩니다. 기본 대화상자는 보통 3개의 영역으로 구성되며, AlertDialog 클래스를 사용하여 다양한 디자인으로 구성할 수 있습니다.

그림 8-2 기본 대화상자의 레이아웃

표 8-2 기본 대화상자의 구성 요소

영역	설명
❶ 제목 영역	선택 사항으로, 요구 사항에 따라 제목을 표시하거나 아이콘을 설정합니다.
❷ 내용 영역	요구 사항에 따라 메시지나 라디오 버튼, 체크박스 등과 같은 선택 목록 또는 기타 사용자 정의 레이아웃을 표시합니다.
❸ 버튼 영역	사용자와 상호작용하기 위한 버튼을 표시합니다. 예, 아니요, 취소 등의 작업 버튼을 최대 3개까지 사용할 수 있습니다.

기본 대화상자

기본 대화상자는 다음과 같이 만듭니다.

❶ AlertDialog.Builder 클래스의 인스턴스를 생성합니다.

❷ 대화상자의 제목 영역, 내용 영역, 버튼 영역에 대한 레이아웃을 구성합니다. 만약 버튼 이벤트를 처리하려면 DialogInterface.OnClickListener{...} 리스너를 사용합니다.

❸ 생성한 인스턴스 변수로 대화상자를 활성화합니다.

그림 8-3 기본 대화상자 생성 과정

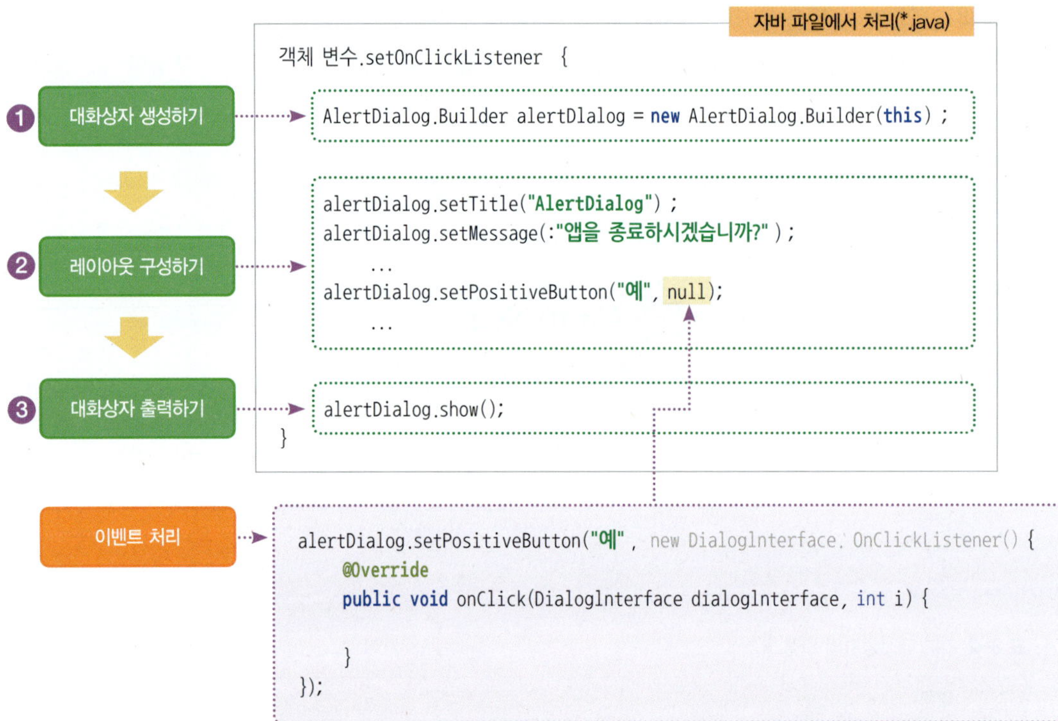

기본 대화상자를 어떻게 만드는지 알아봅시다. 액티비티에서 버튼을 클릭하면 앱의 진행 여부를 확인하는 대화상자를 표시하겠습니다.

그림 8-4 기본 대화상자 생성 결과

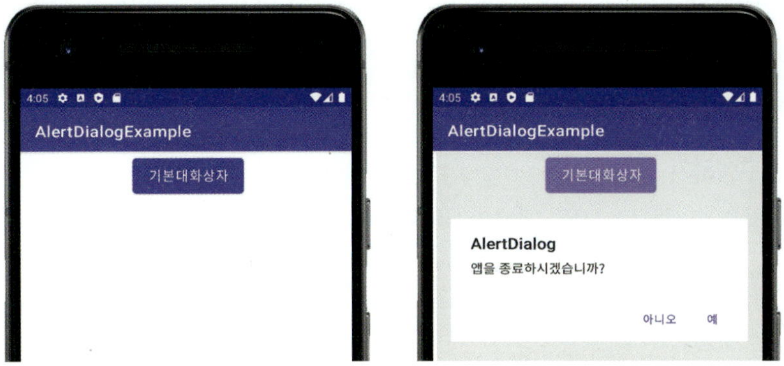

초기 화면 　　　　　 버튼 클릭 시

● 대화상자 생성하기

기본 대화상자는 AlertDialog.Builder 클래스를 사용해 만들며, 기본 구문은 다음과 같습니다.

```
AlertDialog.Builder 객체 변수(인스턴스 변수) = AlertDialog.Builder(Context context);
AlertDialog.Builder 객체 변수(인스턴스 변수) = AlertDialog.Builder(Context context, int
themeResId);
```

버튼 위젯을 클릭할 때 기본 대화상자를 불러오기 위해서 다음과 같이 대화상자를 생성하기 위한 AlertDialog.Builder 클래스의 인스턴스 변수를 생성합니다.

```
import androidx.appcompat.app.AlertDialog;
...
public class MainActivity extends AppCompatActivity {

    @Override
    protected void onCreate(Bundle savedInstanceState) {
        super.onCreate(savedInstanceState);
        setContentView(R.layout.activity_main);

        Button button = findViewById(R.id.button);

        button.setOnClickListener(new View.OnClickListener() {
            @Override
            public void onClick(View view) {
                AlertDialog.Builder alertDialog = new AlertDialog.Builder(MainActivity.
this); // 인스턴스 변수 생성 ──── ①
```

```
            }
        });
    }
}
```

레이아웃 구성하기

기본 대화상자를 구성하는 제목, 메시지, 버튼 등의 레이아웃은 다음의 메서드로 구현합니다.

표 8-3 대화상자 레이아웃 구성 요소의 메서드

메서드	설명
setTitle(int titleId) setTitle(CharSequence title)	선택적 구성 요소로, 기본 대화상자의 제목을 설정합니다.
setIcon(Drawable icon) setIcon(int iconId)	제목 앞에 아이콘을 설정합니다.
setMessage(int messageId) setMessage(CharSequence message)	기본 대화상자에 표시할 메시지를 설정합니다.
setCancelable(boolean cancelable)	true/false를 설정해서 대화상자 영역 외부를 클릭하여 기본 대화상자를 취소(닫기)합니다.
setPositiveButton(...)	기본 대화상자의 예/확인 버튼을 설정하고 버튼의 클릭 이벤트를 구현할 수 있습니다.
setNegativeButton(...)	기본 대화상자의 아니요/취소 버튼을 설정하고 버튼의 클릭 이벤트를 구현할 수 있습니다.
setNegativeButton(...)	기본 대화상자의 중립 버튼(Neutral Button)을 설정하고 버튼의 클릭 이벤트를 구현할 수 있습니다.

TIP AlertDialog.Builder 클래스 구성 요소 메서드에 관한 좀 더 자세한 내용은 https://developer.android.com/reference/android/app/AlertDialog.Builder를 참고하시기 바랍니다.

예를 들어, 기본 대화상자에 제목을 'AlertDialog', 내용을 '앱을 종료하겠습니까?', 버튼을 예와 아니요로 구성하려면 다음과 같이 작성합니다.

```
public class MainActivity extends AppCompatActivity {

    @Override
    protected void onCreate(Bundle savedInstanceState) {
        super.onCreate(savedInstanceState);
        setContentView(R.layout.activity_main);
```

```
        Button button = findViewById(R.id.button);

        button.setOnClickListener(new View.OnClickListener() {
            @Override
            public void onClick(View view) {
              AlertDialog.Builder alertDialog = new AlertDialog.Builder(MainActivity.
this);

              alertDialog.setTitle("AlertDialog"); // 제목 표시
              alertDialog.setMessage("앱을 종료하시겠습니까?"); // 메시지 내용 표시
              alertDialog.setPositiveButton("예", null); // '예' 버튼 표시
              alertDialog.setNegativeButton("아니요", null); // '아니요' 버튼 표시
            }
        });
    }
}
```

❷

대화상자 출력하기

기본 대화상자의 레이아웃을 구성하면 show() 메서드를 호출해 대화상자를 화면에 표시합니다. 구문은 다음과 같습니다.

```
객체 변수(인스턴스 변수).show()
```

```
public class MainActivity extends AppCompatActivity {
    @Override
    protected void onCreate(Bundle savedInstanceState) {
        super.onCreate(savedInstanceState);
        setContentView(R.layout.activity_main);

        Button button = findViewById(R.id.button);

        button.setOnClickListener(new View.OnClickListener() {
            @Override
            public void onClick(View view) {
              AlertDialog.Builder alertDialog = new AlertDialog.Builder(MainActivity.
this);
              ...
              alertDialog.show() // 대화상자 화면 표시 ❸
            }
        });
```

```
    }
}
```

● **버튼 이벤트 처리하기**

기본 대화상자에서 버튼 클릭 이벤트는 AlertDialog.Builder 클래스에서 제공하는 setPositive Button(), setNegativeButton(), setNeutralButton() 메서드를 사용해 처리됩니다. 각 메서드는 클릭 이벤트 리스너를 설정하여 처리되며, 이 메서드들의 기본 구문은 다음과 같습니다.

```
setPositiveButton(int textId, DialogInterface.OnClickListener listener)
setPositiveButton(CharSequence text, DialogInterface.OnClickListener listener)

setNegativeButton(CharSequence text, DialogInterface.OnClickListener listener)
setNegativeButton(int textId, DialogInterface.OnClickListener listener)

setNegativeButton(int textId, DialogInterface.OnClickListener listener)
setNeutralButton(CharSequence text, DialogInterface.OnClickListener listener)
setNeutralButton(int textId, DialogInterface.OnClickListener listener)
```

이때 각 메서드의 매개 변수는 다음과 같습니다.

표 8-4 버튼 메서드의 매개 변수

인수	설명
textId	버튼에 표시할 텍스트의 리소스 아이디입니다.
text	버튼에 표시할 텍스트입니다.
listener	버튼을 클릭하면 호출되는 이벤트 리스너입니다.

앞에서 작성한 기본 대화상자의 버튼인 예와 아니요의 클릭 이벤트는 다음과 같이 처리합니다. 〈예〉 버튼을 클릭하면 대화상자를 종료하고, 〈아니요〉 버튼을 클릭하면 메시지를 출력합니다.

```
public class MainActivity extends AppCompatActivity {

    @Override
    protected void onCreate(Bundle savedInstanceState) {
        ...
        Button button = findViewById(R.id.button);
        button.setOnClickListener(new View.OnClickListener() { // 버튼 클릭 이벤트 처리
            @Override
```

```
            public void onClick(View view) {
                AlertDialog.Builder alertDialog = new AlertDialog.Builder(MainActivity.
this);
                ...
                alertDialog.setPositiveButton("예", new DialogInterface.
OnClickListener() {
                    @Override
                    public void onClick(DialogInterface dialogInterface, int i) {
                        dialogInterface.dismiss();
                    }
                });

                alertDialog.setNegativeButton("아니오", new DialogInterface.
OnClickListener() {
                    @Override
                    public void onClick(DialogInterface dialogInterface, int i) {
                        Toast.makeText(getApplicationContext(), "종료를 취소합니다.", Toast.
LENGTH_LONG).show();
                        dialogInterface.cancel();
                    }
                });
        alertDialog.show();
            }
        });
    }
}
```

실행해서 초기 화면의 버튼을 클릭하면 대화상자를 표시하는지 확인합니다.

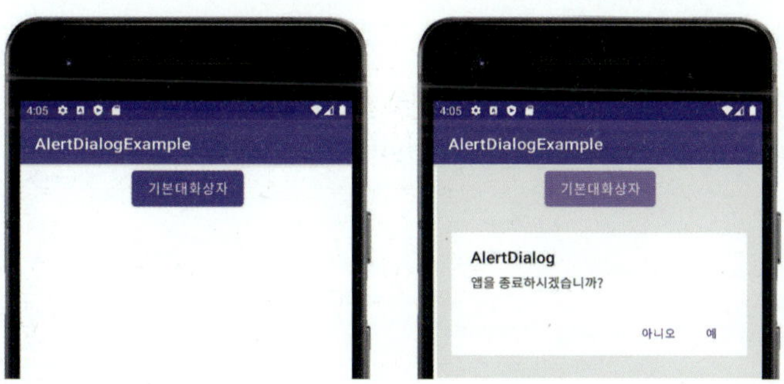

목록이 있는 대화상자

대화상자의 내용 영역에 메시지 대신 목록을 표시할 수도 있습니다. 목록이 있는 대화상자는 다음과 같이 세 가지 형태가 있습니다.

그림 8-5 목록이 있는 대화상자의 유형 예

단일 선택 목록　　라디오 버튼의 단일 선택 목록　　체크박스의 다중 선택 목록

표 8-5 목록이 있는 대화상자의 메서드

유형	메서드
단일 선택 목록	setItems()
라디오 버튼이 있는 단일 선택 목록	setSingleChoiceItems()
체크박스가 있는 다중 선택 목록	setMultiChoiceItems()

목록이 있는 대화상자를 만드는 방법은 다음과 같습니다.

1. AlertDialog.Builder 클래스의 인스턴스를 생성합니다.
2. 대화상자의 제목 영역, 내용 영역, 버튼 영역에 대한 레이아웃을 구성합니다. 내용 영역에 목록을 표시할 수 있는 메서드를 호출합니다. 버튼 이벤트는 DialogInterface.OnClickListener{...} 리스너로 처리합니다.
3. 생성한 인스턴스 변수로 대화상자를 활성화합니다.

그림 8-6 목록이 있는 대화상자 생성 과정

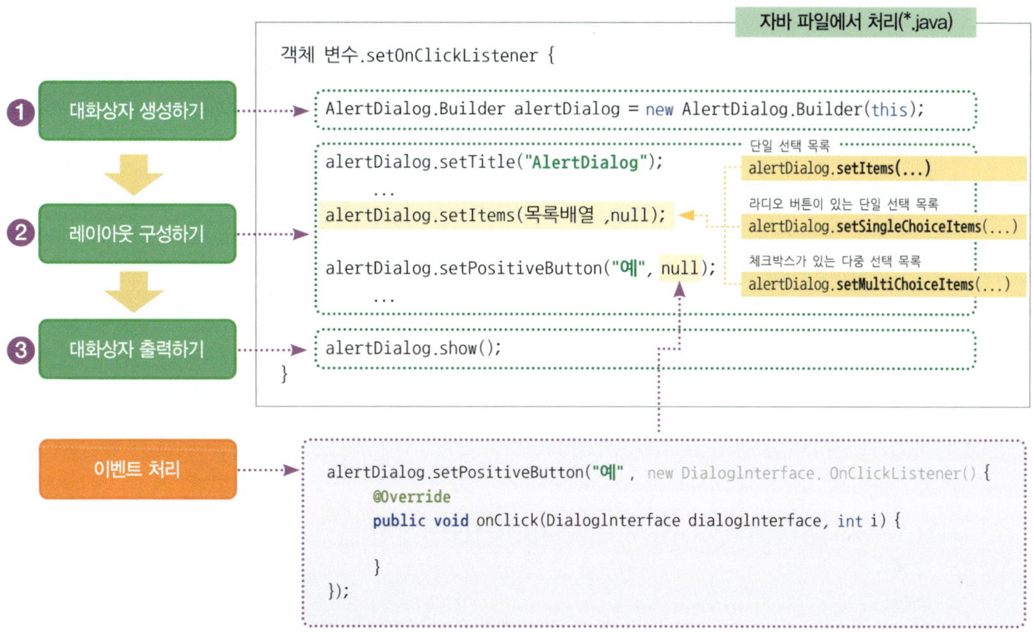

세 가지 종류의 목록이 있는 대화상자를 만드는 방법에 대해 살펴보겠습니다. 버튼 클릭 이벤트에 따라 각각 단일 선택 목록, 라디오 버튼이 있는 단일 선택 목록, 그리고 체크박스가 있는 다중 선택 목록의 대화상자가 화면에 표시됩니다.

그림 8-7 목록이 있는 대화상자 생성 결과

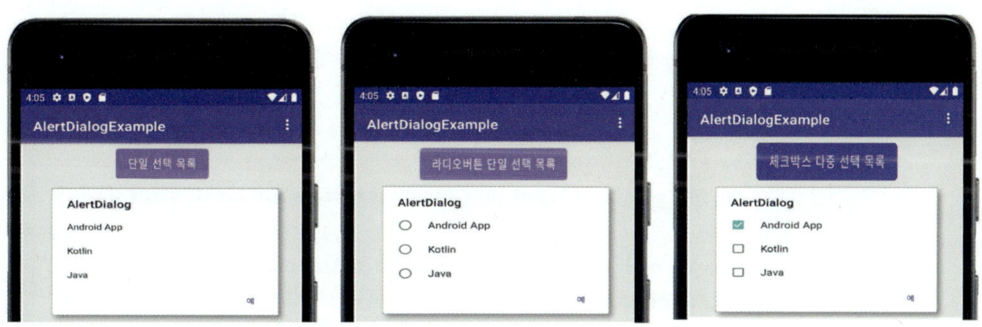

단일 선택 목록 대화상자 라디오 버튼이 있는 대화상자 체크박스가 있는 대화상자

● 단일 선택 목록 대화상자

단일 선택 목록 대화상자는 메시지와 목록을 동시에 표시할 수 없습니다. 대화상자에 단일 선택 목록은 setItems() 메서드를 호출해 표시합니다.

```
setItems(int itemsId, DialogInterface.OnClickListener listener)
setItems(CharSequence[] items, DialogInterface.OnClickListener listener)
```

표 8-6 setItems() 메서드의 매개 변수

매개 변수	설명
itemsId	배열의 리소스 ID입니다.
items	대화상자에 표시하는 항목을 나타내는 문자열 배열입니다.
listener	목록에서 항목을 선택하는지 감지하는 이벤트 리스너입니다.

예를 들어, 대화상자의 내용 영역에 'Android App', 'Kotlin', 'Java'의 3개 항목을 가진 단일 선택 목록을 표시하려면 다음과 같이 작성합니다.

```
public class MainActivity extends AppCompatActivity {

    @Override
    protected void onCreate(Bundle savedInstanceState) {
        super.onCreate(savedInstanceState);
        setContentView(R.layout.activity_main);

        Button button2 = findViewById(R.id.button2);
        button2.setOnClickListener(new View.OnClickListener() {
            @Override
            public void onClick(View view) {
                String listItems[] = {"Android App", "Kotlin", "Java"};
                AlertDialog.Builder alertDialog = new AlertDialog.Builder(MainActivity.
this); ❶

            alertDialog.setTitle("AlertDialog");
            alertDialog.setItems(listItems, new DialogInterface.OnClickListener() {
                @Override
                public void onClick(DialogInterface dialogInterface, int i) {
                    Toast.makeText(getApplicationContext(), listItems[i], Toast.LENGTH_   ❷
LONG).show();

                }
            });
...
            alertDialog.show(); ❸
        }
```

```
    });
}
```

라디오 버튼이 있는 단일 선택 목록 대화상자

대화상자에서 라디오 버튼이 있는 단일 선택 목록은 setSingleChoiceItems() 메서드를 호출해 표시합니다.

```
setSingleChoiceItems(int itemsId, int checkedItem, DialogInterface.OnClickListener
listener)
setSingleChoiceItems(ListAdapter adapter, int checkedItem, DialogInterface.
OnClickListener listener)
setSingleChoiceItems(Cursor cursor, int checkedItem, String labelColumn,
DialogInterface.OnClickListener listener)
setSingleChoiceItems(CharSequence[] items, int checkedItem, DialogInterface.
OnClickListener listener)
```

표 8-7 setSingleChoiceItems() 메서드의 매개 변수

매개 변수	설명
itemsId	배열의 리소스 아이디입니다.
items	라디오 버튼으로 표시하는 항목을 나타내는 문자열 배열입니다.
checkedItem	선택된 항목의 인덱스 번호(인덱스 번호는 0부터 시작하고, 선택되지 않으면 -1)를 나타냅니다.
listener	목록에서 항목을 선택하는지를 감지하는 이벤트 리스너입니다.
cursor	항목을 검색할 커서입니다.
labelColumn	레이블에 표시할 문자열을 포함하는 커서의 열 이름입니다.
adapter	항목 목록을 제공하는 ListAdapter입니다.

예를 들어, 앞에서 단일 선택 목록으로 작성한 대화상자를 라디오 버튼이 있는 단일 선택 목록으로 바꾸려면 다음과 같이 작성합니다.

```
public class MainActivity extends AppCompatActivity {

    @Override
    protected void onCreate(Bundle savedInstanceState) {
        super.onCreate(savedInstanceState);
        setContentView(R.layout.activity_main);
```

8 대화상자 만들기

```
        Button button3 = findViewById(R.id.button3);
        button3.setOnClickListener(new View.OnClickListener() {
            @Override
            public void onClick(View view) {
                String listItems[] = {"Android App", "Kotlin", "Java"};
                AlertDialog.Builder alertDialog = new AlertDialog.Builder(MainActivity.
this); ❶

            alertDialog.setTitle("AlertDialog");
            alertDialog.setSingleChoiceItems(listItems, -1, new DialogInterface.
OnClickListener() {
                @Override
                public void onClick(DialogInterface dialogInterface, int i) {
                    Toast.makeText(getApplicationContext(), listItems[i], Toast.LENGTH_
LONG).show();                                                                          ❷

                }
            });
...
            alertDialog.show(); ❸
        }
    });
}
```

체크박스가 있는 다중 선택 목록 대화상자

대화상자에서 체크박스가 있는 다중 선택 목록은 setMultiChoiceItems() 메서드를 호출해 나타냅니다.

```
setMultiChoiceItems(CharSequence[] items, boolean[] checkedItems, DialogInterface.
OnMultiChoiceClickListener listener)
setMultiChoiceItems(Cursor cursor, String isCheckedColumn, String labelColumn,
DialogInterface.OnMultiChoiceClickListener listener)
setMultiChoiceItems(int itemsId, boolean[] checkedItems, DialogInterface.
OnMultiChoiceClickListener listener)
```

표 8-8 setMultiChoiceItems() 메서드의 매개 변수

매개 변수	설명
itemsId	배열의 리소스 아이디입니다.
items	라디오 버튼으로 표시하는 항목을 나타내는 문자열 배열입니다.
checkedItem	항목의 선택 여부를 true 또는 false(선택 시 true)로 나타냅니다.
listener	목록에서 어떤 항목을 선택하는지 감지하는 이벤트 리스너입니다.
cursor	항목을 제공하는 데 사용되는 커서입니다.
labelColumn	레이블에 표시할 문자열을 포함하는 커서의 열 이름입니다.

예를 들어, 앞에서 라디오 버튼으로 표시한 목록으로 표시한 대화상자를 체크박스가 있는 다중 선택 목록으로 바꾸려면 다음과 같이 작성합니다.

```
public class MainActivity extends AppCompatActivity {

    @Override
    protected void onCreate(Bundle savedInstanceState) {
        super.onCreate(savedInstanceState);
        setContentView(R.layout.activity_main);

        Button button4 = findViewById(R.id.button4);
        button4.setOnClickListener(new View.OnClickListener() {
            @Override
            public void onClick(View view) {
                String listItems[] = {"Android App", "Kotlin", "Java"};
                AlertDialog.Builder alertDialog = new AlertDialog.Builder(MainActivity.
this); ❶

           alertDialog.setTitle("AlertDialog");
           alertDialog.setMultiChoiceItems(listItems, checkedArray, new DialogInterface.
OnMultiChoiceClickListener() {
                    @Override
                    public void onClick(DialogInterface dialogInterface, int i, boolean b) {  ❷
                        checkedArray[i] = b;
                        Toast.makeText(getApplicationContext(), listItems[i]+ " " + b,
Toast.LENGTH_LONG).show();
                    }
                });
...
           alertDialog.show(); ❸
        }
```

```
        });
    }
```

실습 예제 8-1 라디오 버튼이 있는 단일 선택 목록 대화상자 만들기

| 구현 내용 |

액티비티에서 버튼을 클릭하면 캐릭터를 선택할 수 있는 대화상자를 표시합니다. 대화상자에서 캐릭터는 라디오 버튼으로 고를 수 있습니다. 캐릭터를 선택하면 이미지 뷰에 해당 캐릭터를 표시합니다.

| 구현 방법 |

❶ Empty Activity 템플릿으로 프로젝트를 생성합니다. 프로젝트명은 'AlertDialogProject', 패키지명은 'com.androidbook.alertdialogproject'로 입력합니다. 나머지 설정값은 기존과 같습니다.

❷ res\drawable 폴더에 다음 이미지를 추가합니다.

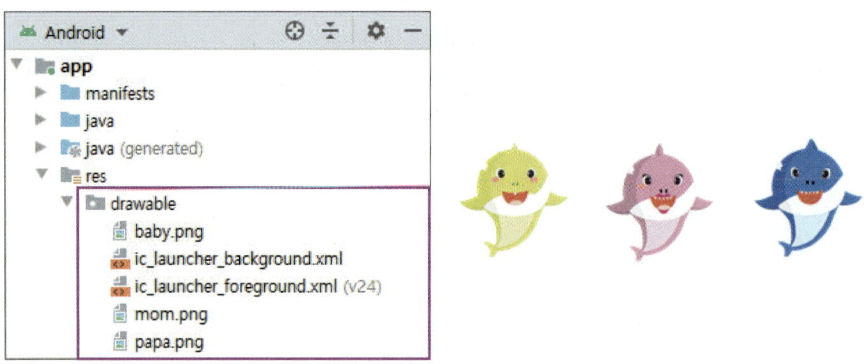

❸ activity_main.xml 파일을 열고 다음과 같이 작성합니다.

res\layout\activity_main.xml

```
<?xml version="1.0" encoding="utf-8"?>
<LinearLayout ...
    android:layout_margin="20dp"
    android:gravity="center_horizontal"
    android:orientation="vertical">
```

```
    <Button
        android:id="@+id/button"
        android:layout_width="match_parent"
        android:layout_height="wrap_content"
        android:text="캐릭터 선택하기"
        app:backgroundTint="#4DB6AC" />
    <ImageView // 이미지 뷰
        android:id="@+id/imageView"
        android:layout_width="wrap_content"
        android:layout_height="wrap_content"
        app:srcCompat="@drawable/baby" />
    <TextView  // '아기상어' 표시 텍스트 뷰
        android:id="@+id/textView"
        android:layout_width="wrap_content"
        android:layout_height="wrap_content"
        android:layout_marginTop="10dp"
        android:text="아기상어"
        android:textSize="18sp"
        android:textStyle="bold" />
</LinearLayout>
```

❹ MainActivity.java 파일을 열고 다음과 같이 작성합니다.

java\com\androidbook\alertdialogproject\MainActivity.java

```
package com.androidbook.alertdialogproject;
...
public class MainActivity extends AppCompatActivity {
    int selectNum = 0;
    int oldNum = 0;
    @Override
    protected void onCreate(Bundle savedInstanceState) {
        super.onCreate(savedInstanceState);
        setContentView(R.layout.activity_main);

        ImageView imageView = findViewById(R.id.imageView);
        TextView textView = findViewById(R.id.textView);
        Button button = findViewById(R.id.button);

        button.setOnClickListener(new View.OnClickListener() {
            @Override
            public void onClick(View view) {
```

```
                String listItems[] = {"아기상어", "엄마상어", "아빠상어"};

                AlertDialog.Builder builder = new AlertDialog.Builder(MainActivity.this);
                builder.setTitle("상어가족");

                builder.setSingleChoiceItems(listItems, oldNum, new DialogInterface.
OnClickListener() {
                    @Override
                    public void onClick(DialogInterface dialogInterface, int i) {

                        switch (i) {
                            case 0 : selectNum = 0; break;
                            case 1 : selectNum = 1; break;
                            case 2 : selectNum = 2; break;
                        }
                    }
                });

                builder.setPositiveButton("예", new DialogInterface.OnClickListener() {
                    @Override
                    public void onClick(DialogInterface dialogInterface, int i) {
                        dialogInterface.dismiss();
                        switch (selectNum) {
                            case 0 : imageView.setImageResource(R.drawable.baby); break;
                            case 1 : imageView.setImageResource(R.drawable.mom); break;
                            case 2 : imageView.setImageResource(R.drawable.papa); break;
                        }
                        textView.setText(listItems[selectNum]);
                        oldNum = selectNum;
                    }
                });
                builder.setNegativeButton("아니오", new DialogInterface.OnClickListener() {
                    @Override
                    public void onClick(DialogInterface dialogInterface, int i) {
                        dialogInterface.cancel();
                    }
                });

                builder.show();
            }
        });
    }
}
```

❺ 프로젝트를 실행해 결과를 확인합니다. 초기 화면에서 버튼을 클릭하면 캐릭터를 선택할 수 있는 대화상자가 표시되는지, 목록에서 캐릭터를 선택하면 이미지가 해당 캐릭터로 바뀌는지 확인합니다.

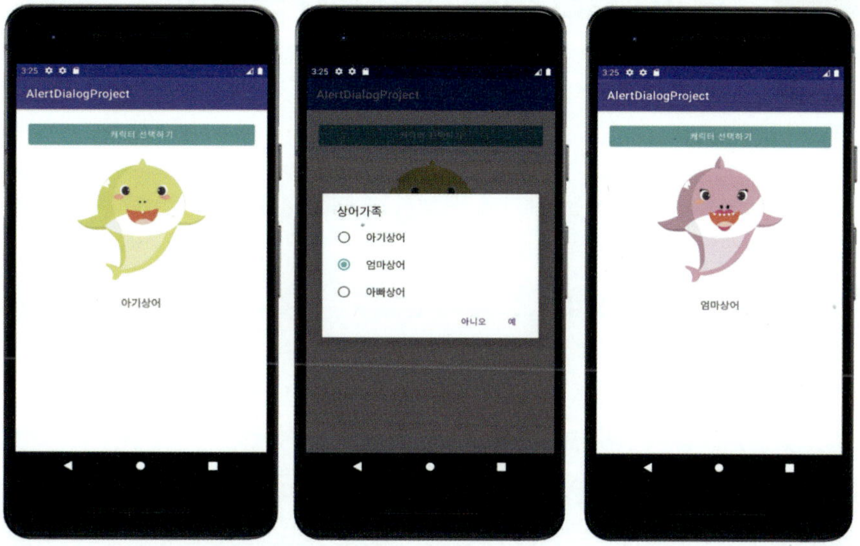

ANDROID

8.3 날짜/시간 선택 대화상자 만들기

날짜 또는 시간 선택 대화상자는 날짜를 선택하는 DatePicker 위젯이나 시간을 선택하는 TimePicker 위젯을 대화상자에 표시합니다.

날짜나 시간을 선택하는 대화상자를 만드는 방법은 다음과 같습니다.

1. 날짜 선택 대화상자는 DatePickerDialog 클래스, 시간 선택 대화상자는 TimePicker Dialog 클래스로 인스턴스를 생성합니다.
2. 대화상자의 제목 영역, 내용 영역, 버튼 영역에 대한 레이아웃을 구성합니다. 버튼 이벤트는 날짜 선택 대화상자는 DatePickerDialog.OnDateSetListener{...} 리스너, 시간 선택 대화상자는 TimePickerDialog.OnDateSetListener{...} 리스너로 처리합니다.
3. 생성한 인스턴스 변수로 대화상자를 활성화합니다.

그림 8-8 날짜/시간 선택 대화상자 생성 과정

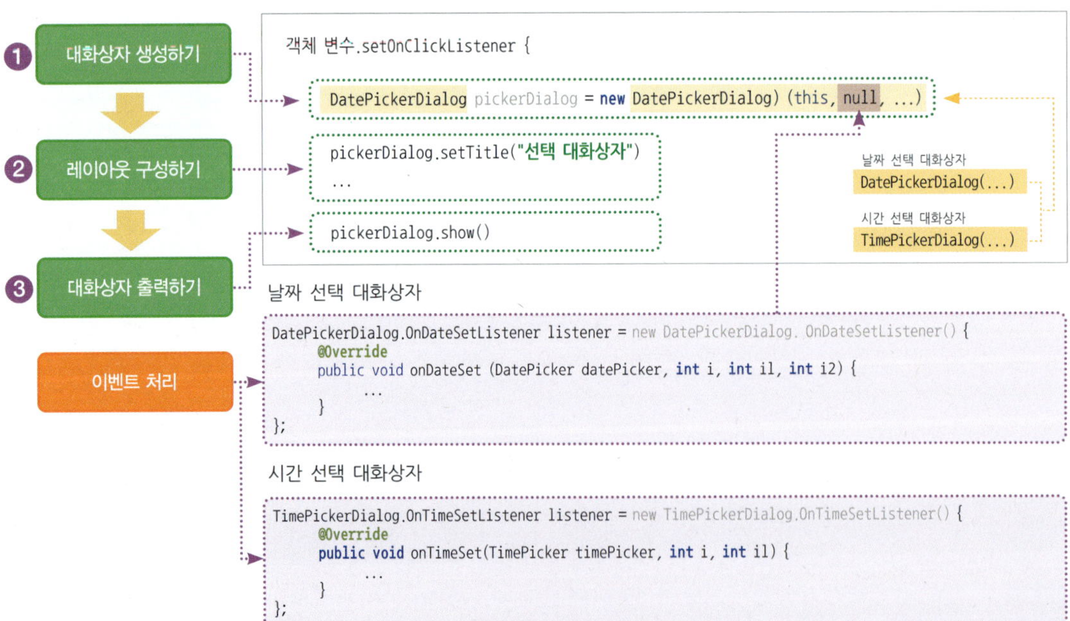

이번에는 날짜 선택 대화상자와 시간 선택 대화상자를 어떻게 만드는지 알아봅시다. 액티비티에서 버튼을 클릭하면 날짜/시간 선택 대화상자를 표시하고 대화상자에서 선택한 날짜/시간을 토스트 메시지로 출력합니다.

그림 8-9 날짜/시간 선택 대화상자 생성 결과

날짜 선택 대화상자 시간 선택 대화상자

날짜 선택 대화상자

날짜 선택 대화상자는 일, 월, 연으로 구성된 날짜를 사용자가 선택할 수 있도록 하는데 사용됩니다. 예를 들어, 철도 승차권이나 항공권 예약 앱, 호텔 숙박 예약 앱 등에서 사용자가 날짜를 선택할 때 사용됩니다. DatePicker 위젯을 사용하여 날짜를 선택하며, 이를 대화상자에 표시하려면 DatePickerDialog 클래스를 사용해야 합니다.

DatePickerDialog 클래스의 생성자는 다음과 같습니다.

```
DatePickerDialog(Context context)
DatePickerDialog(Context context, int themeResId)
DatePickerDialog(Context context, DatePickerDialog.OnDateSetListener listener, int
year, int month, int dayOfMonth)
DatePickerDialog(Context context, int themeResId, DatePickerDialog.OnDateSetListener
listener, int year, int monthOfYear, int dayOfMonth)
```

표 8-9 DatePickerDialog 클래스 생성자 메서드의 매개 변수

매개 변수	설명
context	애플리케이션 컨텍스트를 설정합니다.
themeResId	대화상자에 적용할 테마의 리소스 아이디를 설정합니다.
listener	대화상자에 대한 이벤트 리스너를 설정합니다.
year	대화상자에 표시할 연도를 설정합니다.
month	대화상자에 표시할 월을 설정합니다.
dayOfMonth	대화상자에 표시할 일을 설정합니다.

다음과 같이 작성하면 대화상자에 날짜를 선택할 수 있는 달력이 표시되고, 날짜를 선택하면 선택한 날짜를 토스트 메시지로 출력합니다.

```
public class MainActivity extends AppCompatActivity {

    @Override
    protected void onCreate(Bundle savedInstanceState) {
        super.onCreate(savedInstanceState);
        setContentView(R.layout.activity_main);

        Button button = findViewById(R.id.button);
        button.setOnClickListener(new View.OnClickListener() {
            @Override
            public void onClick(View view) {
                Calendar calendar = Calendar.getInstance();
                int day = calendar.get(Calendar.DAY_OF_MONTH);
                int month = calendar.get(Calendar.MONTH);
                int year = calendar.get(Calendar.YEAR);

                DatePickerDialog.OnDateSetListener listener = new DatePickerDialog.
OnDateSetListener() {
                    @Override
                    public void onDateSet(DatePicker datePicker, int i, int i1, int i2) {
                        Toast.makeText(getApplicationContext(), "선택날짜 : "+i+ "년 " +(i1
+ 1)+"월 "+ i2+"일", Toast.LENGTH_LONG).show();
                    }
                };                                              // 이벤트 처리
                DatePickerDialog pickerDialog = new DatePickerDialog(MainActivity.this,
listener, year, month, day);  ❶
```

```
                pickerDialog.show(); ❸
            }
        });
    }
}
```

실행하여 화면에서 버튼을 클릭하면 날짜 선택 대화상자가 표시되고, 날짜를 선택한 다음 〈OK〉 버튼을 클릭하면 지정된 날짜가 토스트 메시지로 출력되는지 확인합니다.

시간 선택 대화상자

시간 선택 대화상자는 사용자가 AM/PM 모드 또는 24시간 모드로 시간을 선택할 수 있도록 하는 UI 요소입니다. 이 기능은 안드로이드 기본 앱 알람 등에서 자주 사용됩니다. 이때 시간 선택은 TimePicker 위젯을 사용하며, TimePicker 위젯을 대화상자에 표시하려면 TimePickerDialog 클래스를 사용해야 합니다.

TimePickerDialog 클래스의 생성자는 다음과 같습니다.

```
TimePickerDialog(Context context, TimePickerDialog.OnTimeSetListener listener, int
hourOfDay, int minute, boolean is24HourView)
TimePickerDialog(Context context, int themeResId, TimePickerDialog.OnTimeSetListener
listener, int hourOfDay, int minute, boolean is24HourView)
```

표 8-10 TimePickerDialog 클래스 생성자 메서드의 매개 변수

매개 변수	설명
context	애플리케이션 컨텍스트를 설정합니다.
listener	대화상자에 대한 이벤트 리스너를 설정합니다.
hourOfDay	대화상자에 표시할 시간을 설정합니다.
minute	대화상자에 표시할 분을 설정합니다.
is24HourView	false로 설정하면 시간을 24시간 형식으로 표시합니다.
themeResId	대화상자에 적용할 테마의 리소스 아이디를 설정합니다.

다음과 같이 작성하면 대화상자에 시계를 표시하고, 대화상자에서 선택한 시간을 토스트 메시지로 출력합니다.

```
public class MainActivity extends AppCompatActivity {

    @Override
    protected void onCreate(Bundle savedInstanceState) {
        super.onCreate(savedInstanceState);
        setContentView(R.layout.activity_main);

        Button button = findViewById(R.id.button);
        button.setOnClickListener(new View.OnClickListener() {
            @Override
            public void onClick(View view) {
                Calendar calendar = Calendar.getInstance();
                int hour = calendar.get(Calendar.HOUR_OF_DAY);
                int minute = calendar.get(Calendar.MINUTE);

                TimePickerDialog.OnTimeSetListener  listener = new TimePickerDialog.
OnTimeSetListener() {
                    @Override
                    public void onTimeSet(TimePicker timePicker, int i, int i1) {
                        Toast.makeText(getApplicationContext(), "선택시간 : "+i+ "시 " +i1
+"분", Toast.LENGTH_LONG).show();
                    }
                };                                                          이벤트 처리
                TimePickerDialog timePickerDialog = new TimePickerDialog(MainActivity.
this, listener, hour, minute, true); ❶
                timePickerDialog.show(); ❸
            }
        });
    }
}
```

실행하여 화면에서 버튼을 클릭하면 시간 선택 대화상자가 표시되고, 대화상자에서 시간을 선택해 〈OK〉 버튼을 클릭하면 선택한 시간이 토스트 메시지로 출력되는지 확인합니다.

실습 예제 8-2 에디트 텍스트에 입력된 텍스트 읽어오기

| 구현 내용 |

날짜와 시간을 입력하는 에디트 텍스트를 만들고 날짜 입력 에디트 텍스트를 클릭하면 날짜 선택 대화상자, 시간 입력 에디트 텍스트를 클릭하면 시간 선택 대화상자를 표시합니다. 날짜

선택 대화상자에서 날짜를 선택한 후 〈OK〉 버튼을 클릭하면 날짜 입력 에디트 텍스트에 지정한 날짜가 입력되고, 시간 선택 대화상자에서 시간을 선택한 후 〈OK〉 버튼을 클릭하면 시간 입력 에디트 텍스트에 선택한 시간이 입력됩니다.

| 구현 방법 |

❶ Empty Activity 템플릿으로 프로젝트를 생성합니다. 프로젝트명은 'DateTimePickerDialogProject', 패키지명은 'com.androidbook.datetimepickerdialogproject'로 입력합니다. 나머지 설정값은 기존과 같습니다.

❷ activity_main.xml 파일을 열고 다음과 같이 작성합니다.

res\layout\activity_main.xml

```
<?xml version="1.0" encoding="utf-8"?>
<LinearLayout ...
    android:layout_margin="20dp"
    android:orientation="vertical">

    <TextView  // '날짜와 시간 입력하기' 표시 텍스트 뷰
        android:id="@+id/textView"
        android:layout_width="match_parent"
        android:layout_height="50dp"
        android:gravity="center"
        android:text="날짜와 시간 입력하기"
        android:textColor="#F06292"
        android:textSize="18sp"
        android:textStyle="bold" />
    <LinearLayout
        android:layout_width="match_parent"
        android:layout_height="wrap_content"
        android:orientation="horizontal">
        <TextView
            android:id="@+id/textView2"
            android:layout_width="wrap_content"
            android:layout_height="wrap_content"
            android:text="날짜 : "
            android:textSize="18sp" />
        <EditText // 날짜 입력 에디트 텍스트
            android:id="@+id/editTextDate"
            android:layout_width="match_parent"
            android:layout_height="50dp"
            android:ems="10"
```

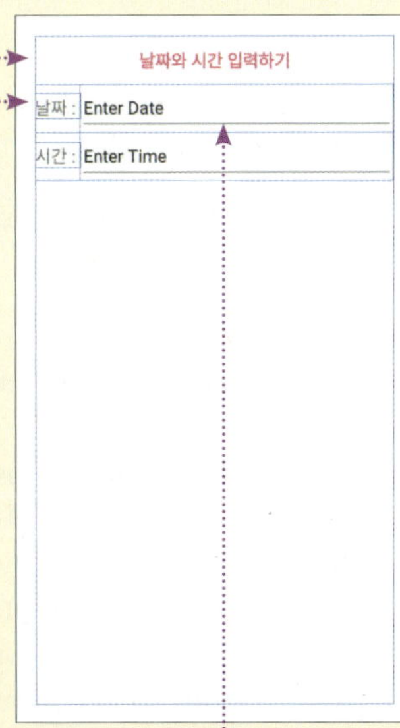

```
            android:inputType="textPersonName"
            android:text="Enter Date" />
    </LinearLayout>
    <LinearLayout
        android:layout_width="match_parent"
        android:layout_height="wrap_content"
        android:orientation="horizontal">
        <TextView
            android:id="@+id/textView3"
            android:layout_width="wrap_content"
            android:layout_height="wrap_content"
            android:text="시간 : "
            android:textSize="18sp" />
        <EditText // 시간 입력 에디트 텍스트
            android:id="@+id/editTextTime"
            android:layout_width="match_parent"
            android:layout_height="50dp"
            android:ems="10"
            android:inputType="textPersonName"
            android:text="Enter Time" />
    </LinearLayout>

</LinearLayout>
```

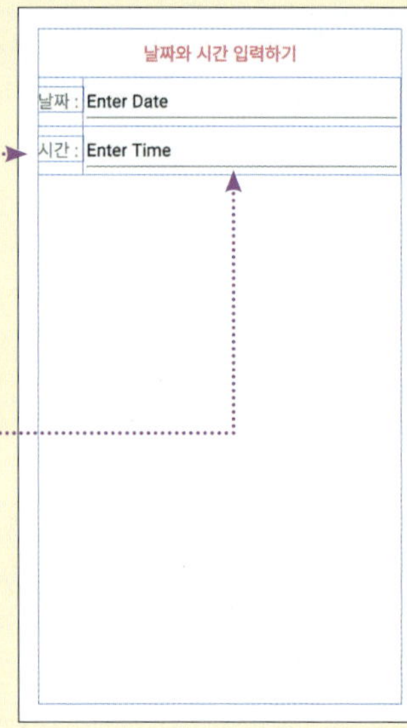

❸ MainActivity.java 파일을 열고 다음과 같이 작성합니다.

java\com\androidbook\datetimepickerdialogproject\MainActivity.java

```
package com.androidbook.datetimepickerdialogproject;
...
public class MainActivity extends AppCompatActivity {

    @Override
    protected void onCreate(Bundle savedInstanceState) {
        super.onCreate(savedInstanceState);
        setContentView(R.layout.activity_main);

        EditText etDate = findViewById(R.id.editTextDate);
        EditText etTime = findViewById(R.id.editTextTime);
        etDate.setOnClickListener(new View.OnClickListener() { // 날짜 입력 에디트 텍스트 이벤트 처리
            @Override
            public void onClick(View view) {
                Calendar calendar = Calendar.getInstance();
```

```
            int day = calendar.get(Calendar.DAY_OF_MONTH);
            int month = calendar.get(Calendar.MONTH);
            int year = calendar.get(Calendar.YEAR);

            DatePickerDialog.OnDateSetListener listener = new DatePickerDialog.
OnDateSetListener() {
                @Override
                public void onDateSet(DatePicker datePicker, int i, int i1, int i2) {
                    String myFormat = "yyyy/MM/dd";
                    SimpleDateFormat sdf = new SimpleDateFormat(myFormat, Locale.
KOREA);

                    String selMonth;
                    String selDay;

                    if ( (i1+1) <= 10) selMonth = "0" + (i1+1);
                    else selMonth = Integer.toString(i1+1);

                    if ( i2 <= 10) selDay = "0" + i2;
                    else selDay = Integer.toString(i2);

                    etDate.setText(Integer.toString(i) + "/" + selMonth + "/ " + selDay)
;       }
            };
            DatePickerDialog pickerDialog = new DatePickerDialog(MainActivity.this,
listener, year, month, day);

            pickerDialog.show();
        }
    });

    etTime.setOnClickListener(new View.OnClickListener() {  // 시간 입력 에디트 텍스트 이벤트 처리
        @Override
        public void onClick(View view) {
            Calendar calendar = Calendar.getInstance();
            int hour = calendar.get(Calendar.HOUR_OF_DAY);
            int minute = calendar.get(Calendar.MINUTE);

            TimePickerDialog.OnTimeSetListener  listener = new TimePickerDialog.
OnTimeSetListener() {
                @Override
                public void onTimeSet(TimePicker timePicker, int i, int i1) {
                    String state = "AM";
```

8

대화상자 만들기

```
                    int selHour = i;
                    int selMinute = i1;
                    // 선택한 시간이 12를 넘을 경우 "PM"으로 변경 및 -12시간 출력(예 : PM 6시 30분)
                    if (selHour > 12) {
                        selHour -= 12;
                        state = "PM";
                    }
                    etTime.setText(state + "  " + selHour + "시 " + selMinute + "분")   ;       }
                };
                TimePickerDialog timePickerDialog = new TimePickerDialog(MainActivity.
this, listener, hour, minute, true);
                timePickerDialog.setTitle("시간을 선택하세요");
                timePickerDialog.show();
            }
        });
    }
}
```

❹ 프로젝트를 실행해 결과를 확인합니다. 날짜 입력 에디트 텍스트를 클릭하면 날짜 선택 대화상자, 시간 입력 에디트 텍스트를 클릭하면 시간 선택 대화상자가 표시되는지 확인하고 각각의 대화상자에서 지정한 날짜와 시간이 출력되는지 확인합니다.

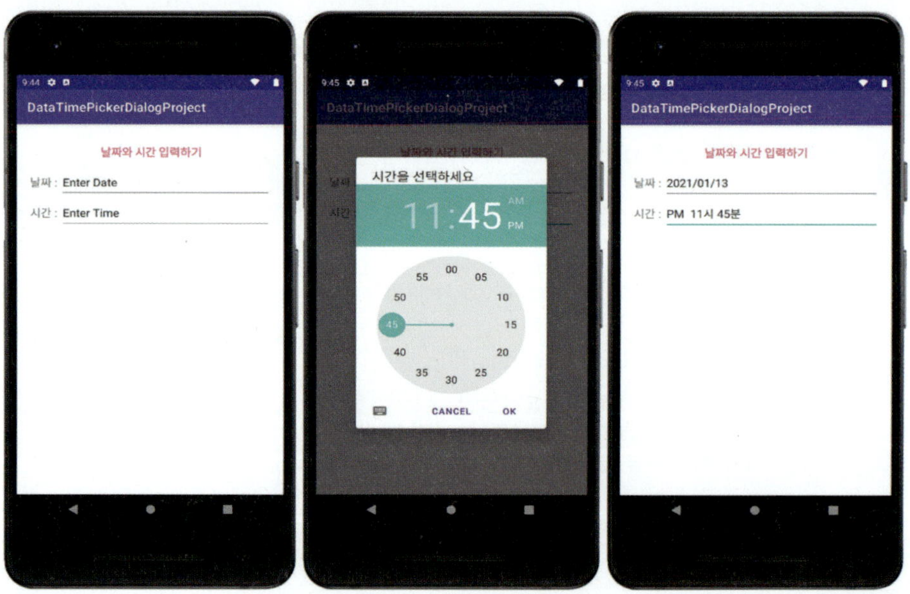

ANDROID

8.4 사용자 정의 대화상자 만들기

사용자 정의 대화상자(CustomDialog)는 기본 대화상자에 필요한 디자인이나 구성 요소를 사용자가 원하는 대로 넣을 수 있는 기능입니다. AlertDialog 클래스에서는 기본 대화상자를 구성하기 위한 메서드들로 제목, 메시지, 버튼 등을 제공합니다. 이를 활용하여 레이아웃을 구성하거나 레이아웃 XML 파일에 직접 구성 요소들을 추가할 수 있습니다. 다음 예처럼 제목의 글자 크기와 색상, 에디트 텍스트, 버튼 등 다양한 구성 요소를 직접 추가할 수 있습니다.

그림 8-10 커스텀 대화상자의 레이아웃 구성 예

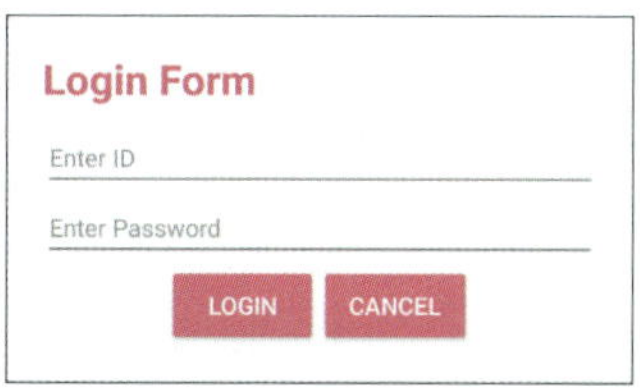

직접 구성한 레이아웃 파일을 View 대화상자 화면으로 사용하려면 LayoutInflater 클래스가 필요합니다. LayoutInflater 클래스의 inflate() 메서드로 새로운 뷰를 생성하는데, 구문은 다음과 같습니다.

```
View inflate(int resource, ViewGroup root)
View inflate(XmlPullParser parser, ViewGroup root)
View inflate(XmlPullParser parser, ViewGroup root, boolean attachToRoot)
```

구문에 사용하는 매개 변수는 다음과 같습니다.

표 8-11 메서드의 매개 변수

매개 변수	설명
resource	불러올 레이아웃 파일명(예 : R.layout.레이아웃 파일명)입니다.
root	선택 사항으로 불러올 상위 뷰를 설정합니다. 이 값은 null일 수 있습니다.
parser	불러올 로드 파일명(XmlPullParser 객체)입니다.
attachToRoot	생성한 뷰를 root의 자식으로 만들지를 설정합니다. false인 경우 root는 생성하는 뷰의 Layout-Params을 생성하는 데 사용됩니다. 이 값은 null일 수 없습니다.

요약하면, 기본 대화상자와 사용자 정의 대화상자 모두 작은 창을 띄워 결정을 내리게 합니다. 기본 대화상자는 setIcon(), setTitle(), setMessage() 등 미리 정의된 구성 요소나 메서드로 레이아웃을 구성하는 반면, 사용자 정의 대화상자는 대화상자를 사용자가 원하는 대로 구성하고 필요한 경우 레이아웃을 직접 구성할 수 있습니다.

사용자 정의 대화상자는 다음의 과정으로 만듭니다.

1. res\layout 폴더에 대화상자의 레이아웃 XML 파일을 생성한 후 필요한 위젯들로 레이아웃을 구성합니다.
2. AlertDialog.Builder 클래스의 인스턴스를 생성합니다.
3. 대화상자의 레이아웃을 연동하기 위해 LayoutInflater 클래스의 inflate() 메서드를 호출해 레이아웃 파일을 연결합니다. 이때 대화상자의 이벤트를 처리하려면 inflate() 메서드의 인스턴스 변수로 대화상자 내의 위젯 아이디를 가져와서 일반적인 기본 대화상자와 같이 이벤트 리스너를 작성합니다.
4. 생성한 인스턴스 변수로 대화상자를 활성화합니다.

그림 8-11 사용자 정의 대화상자 생성 과정

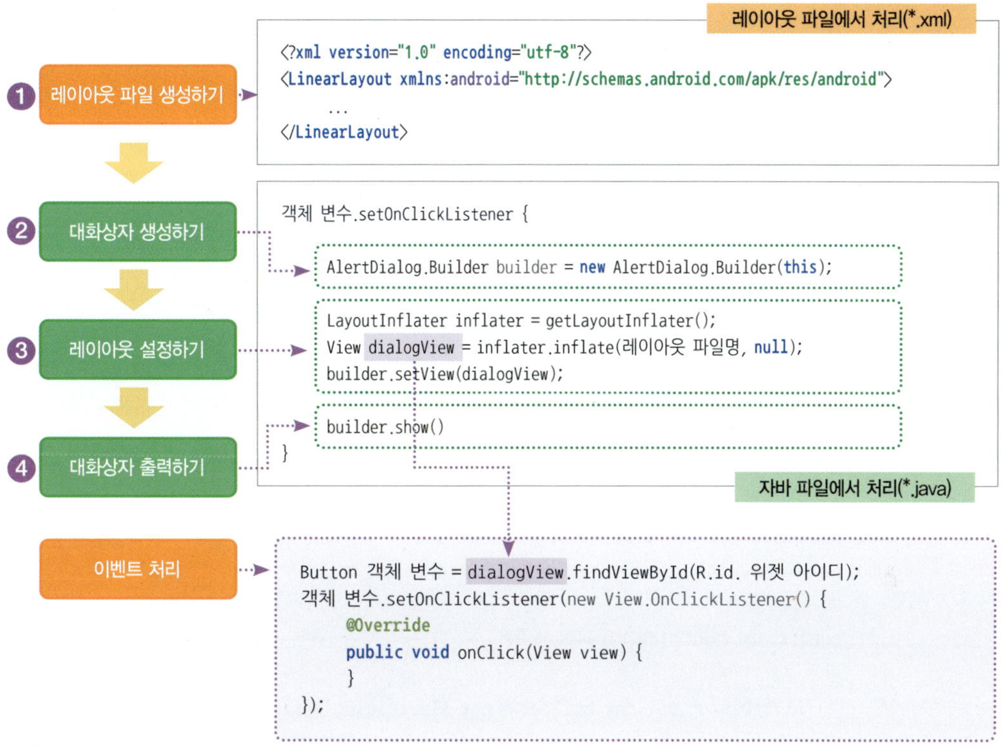

사용자 정의 대화상자를 만드는 방법에 대해 알아봅시다. 먼저 dialog_layout.xml이라는 이름의 사용자 정의 대화상자 레이아웃 파일을 생성합니다. 이 파일에는 원하는 위젯을 배치할 수 있습니다. 액티비티에서 버튼을 클릭하면 생성한 사용자 정의 대화상자를 표시하고, 대화상자 내부에서 닫기 버튼을 클릭하면 대화상자가 닫힙니다. 이때, 대화상자 내용 영역에 입력한 문자열이 토스트 메시지로 출력됩니다.

1 dialog_layout.xml

```
<?xml version="1.0" encoding="utf-8"?>
<LinearLayout ...>

    <TextView
        android:id="@+id/textView"
        android:text="Custom Dialog"
        ... />
    <TextView
        android:id="@+id/textView2"
        android:text="사용자 정의 대화상자입니다."
```

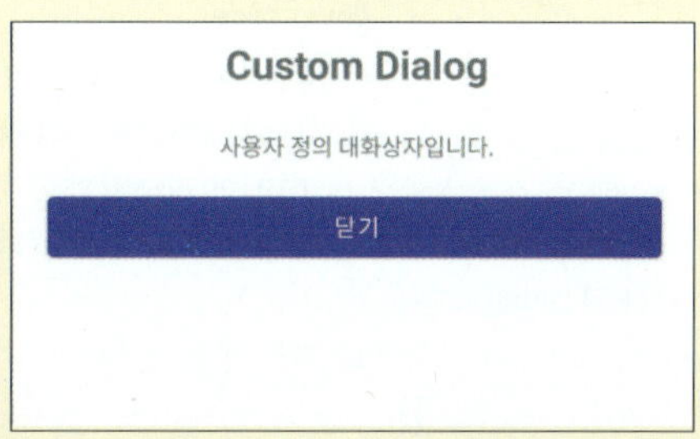

```
...     ... />
    <Button
        android:id="@+id/close"
        android:text="닫기"
        ... />
</LinearLayout>
```

MainActivity.java

```
public class MainActivity extends AppCompatActivity {

    @Override
    protected void onCreate(Bundle savedInstanceState) {
        super.onCreate(savedInstanceState);
        setContentView(R.layout.activity_main);

        Button button = findViewById(R.id.button);
        button.setOnClickListener(new View.OnClickListener() {
            @Override
            public void onClick(View view) {
                                                                ❷ 대화상자 생성
                AlertDialog.Builder builder = new AlertDialog.Builder(MainActivity.this);

                LayoutInflater inflater = getLayoutInflater();
                View dialogView = inflater.inflate(R.layout.dialog_layout, null);
                                                                ❸ 레이아웃 설정
                builder.setView(dialogView);

                AlertDialog dialog = builder.show();    ❹ 대화상자 출력

                Button close = dialogView.findViewById(R.id.close);

                close.setOnClickListener(new View.OnClickListener() {
                    @Override                                   버튼 클릭 이벤트 처리
                    public void onClick(View view) {
                        TextView tv = dialogView.findViewById(R.id.textView2);
                        dialog.dismiss();
                        Toast.makeText(MainActivity.this, tv.getText(), Toast.LENGTH_
LONG).show();
                    }
                });
            }
        });
```

```
        }
    }
```

실행하여 액티비티에서 버튼을 클릭하면 사용자 정의 대화상자가 표시되고, 대화상자에서 닫기 버튼을 클릭하면 대화상자가 닫히면서 내용 영역의 문자열이 토스트 메시지로 출력되는지 확인합니다.

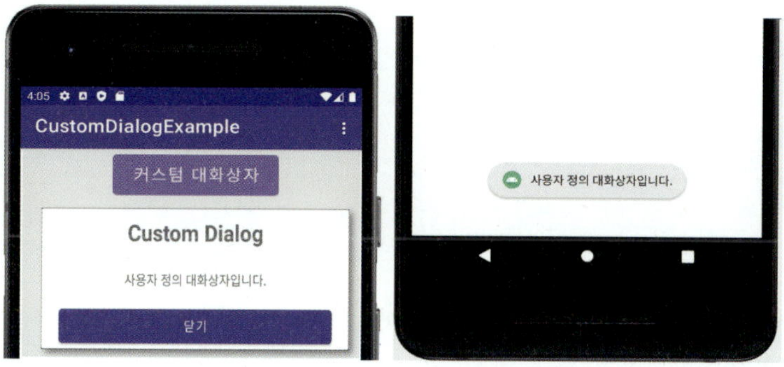

실습 예제 8-3 사용자 정의 대화상자를 이용해 로그인 정보 출력하기

| 구현 내용 |

아이디, 비밀번호, 성별로 구성된 사용자 정의 대화상자를 만들고, 액티비티에서 버튼을 클릭하면 사용자 정의 대화상자를 표시합니다. 대화상자에 로그인 정보를 입력하고 〈OK〉 버튼을 클릭하면 입력한 로그인 정보를 화면에 출력합니다.

| 구현 방법 |

❶ Empty Activity 템플릿으로 프로젝트를 생성합니다. 프로젝트명은 'CustomDialog Project', 패키지명은 'com.androidbook.customdialogproject'로 입력합니다. 나머지 설정값은 기존과 같습니다.

❷ activity_main.xml 파일을 열고 다음과 같이 작성합니다.

res\layout\activity_main.xml

```
<?xml version="1.0" encoding="utf-8"?>
<LinearLayout ...
    android:layout_margin="20dp"
    android:gravity="center_horizontal"
```

```
    android:orientation="vertical">

    <Button
        android:id="@+id/button"
        android:layout_width="wrap_content"
        android:layout_height="wrap_content"
        android:text="로그인" />
    <TextView
        android:id="@+id/tvId"
        android:layout_width="match_parent"
        android:layout_height="30dp"
        android:text="아이디 : "
        android:textSize="18sp" />
    <TextView
        android:id="@+id/tvPasswd"
        android:layout_width="match_parent"
        android:layout_height="30dp"
        android:text="비밀번호 : "
        android:textSize="18sp" />
    <TextView
        android:id="@+id/tvGender"
        android:layout_width="match_parent"
        android:layout_height="30dp"
        android:text="성별 : "
        android:textSize="18sp" />
</LinearLayout>
```

❸ 사용자 정의 대화상자를 구성할 dialog_main.xml 파일을 생성하고 다음과 같이 작성합니다.

res\layout\dialog_main.xml

```
<?xml version="1.0" encoding="utf-8"?>
<LinearLayout ...
    android:orientation="vertical"
    android:padding="20dp">

    <TextView
        android:id="@+id/textView"
        android:layout_width="match_parent"
        android:layout_height="wrap_content"
        android:layout_marginBottom="10dp"
        android:text="Login Form"
        android:textColor="#F06292"
```

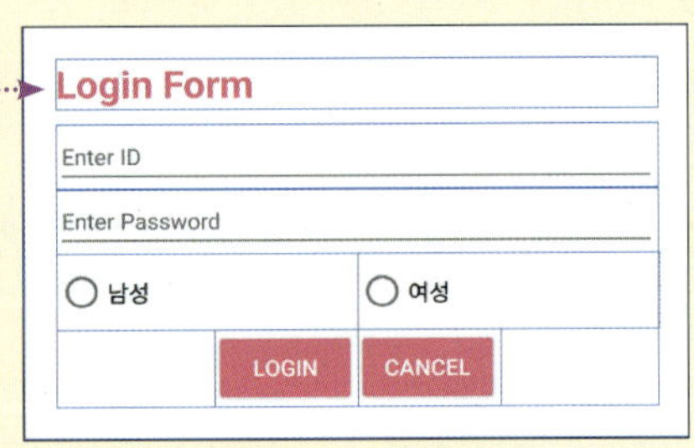

```
        android:textSize="24sp"
        android:textStyle="bold" />
    <EditText
        android:id="@+id/id"
        android:layout_width="match_parent"
        android:layout_height="wrap_content"
        android:hint="Enter ID"
        android:textSize="14sp" />
    <EditText
        android:id="@+id/passwd"
        android:layout_width="match_parent"
        android:layout_height="wrap_content"
        android:hint="Enter Password"
        android:textSize="14sp" />
    <RadioGroup
        android:layout_width="match_parent"
        android:layout_height="match_parent"
        android:orientation="horizontal">
        <RadioButton
            android:id="@+id/male"
            android:layout_width="wrap_content"
            android:layout_height="wrap_content"
            android:layout_weight="1"
            android:text="남성" />
        <RadioButton
            android:id="@+id/female"
            android:layout_width="wrap_content"
            android:layout_height="wrap_content"
            android:layout_weight="1"
            android:text="여성" />
    </RadioGroup>
    <LinearLayout
        android:layout_width="match_parent"
        android:layout_height="wrap_content"
        android:gravity="center"
        android:orientation="horizontal">
        <Button
            android:id="@+id/login"
            style="@style/Widget.AppCompat.Button.Colored"
            android:layout_width="wrap_content"
            android:layout_height="wrap_content"
            android:text="Login"
            app:backgroundTint="#F06292" />
```

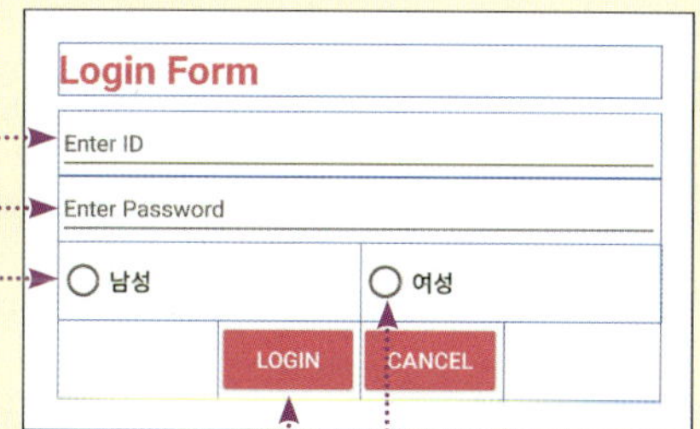

```
        <Button
            android:id="@+id/cancel"
            style="@style/Base.Widget.AppCompat.Button.Colored"
            android:layout_width="wrap_content"
            android:layout_height="wrap_content"
            android:text="Cancel"
            app:backgroundTint="#F06292" />
    </LinearLayout>
</LinearLayout>
```

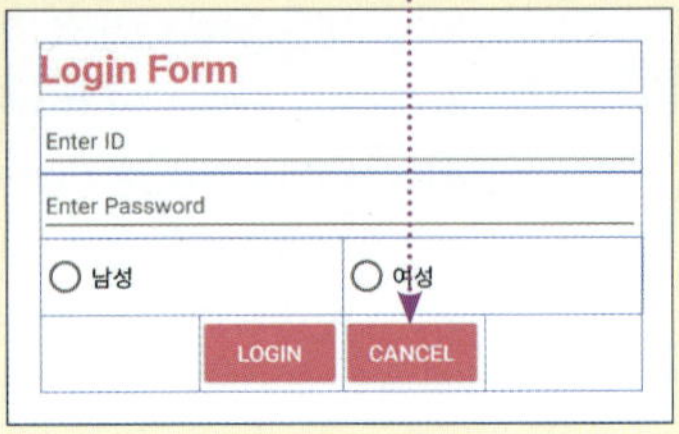

❹ MainActivity.java 파일을 열고 다음과 같이 작성합니다.

java\com\androidbook\customdialogproject\MainActivity.java

```
package com.androidbook.customdialogproject;
...
public class MainActivity extends AppCompatActivity {

    @Override
    protected void onCreate(Bundle savedInstanceState) {
        super.onCreate(savedInstanceState);
        setContentView(R.layout.activity_main);

        Button button = findViewById(R.id.button);

        button.setOnClickListener(new View.OnClickListener() {
            @Override
            public void onClick(View view) {
                TextView tvId = findViewById(R.id.tvId);
                TextView tvPasswd = findViewById(R.id.tvPasswd);
                TextView tvGender = findViewById(R.id.tvGender);

                AlertDialog.Builder builder = new AlertDialog.Builder(MainActivity.this);
                LayoutInflater inflater = getLayoutInflater();
                View dialogView = inflater.inflate(R.layout.dialog_main, null);
                builder.setView(dialogView);
                AlertDialog dialog = builder.show();

                Button login = dialogView.findViewById(R.id.login);
                Button cancel = dialogView.findViewById(R.id.cancel);
                login.setOnClickListener(new View.OnClickListener() {
```

버튼 클릭 이벤트 처리

```
                @Override
                public void onClick(View view) {
                    TextView id = dialogView.findViewById(R.id.id);
                    TextView passwd = dialogView.findViewById(R.id.passwd);
                    RadioButton male = dialogView.findViewById(R.id.male);
                    RadioButton female = dialogView.findViewById(R.id.female);
                    dialog.dismiss();
                    tvId.setText("아이디 : "+ id.getText());
                    tvPasswd.setText( "비밀번호 : "+passwd.getText());
                    if (male.isChecked())  tvGender.setText("성별 : 남성");
                    else  tvGender.setText("성별 : 여성");
                }
            });
            cancel.setOnClickListener(new View.OnClickListener() {

                @Override
                public void onClick(View view) {
                }
            });
        }
    });
  }
}
```

〈LOGIN〉 버튼 클릭 이벤트 처리

〈CANCEL〉 버튼 클릭 이벤트 처리

8 대화상자 만들기

❺ 프로젝트를 실행해 결과를 확인합니다. 버튼을 클릭하면 사용자 정의 선택 대화상자가 표시되고, 대화상자에 로그인 정보를 입력한 후 〈LOGIN〉 버튼을 클릭하면 입력된 로그인 정보가 출력되는지 확인합니다.

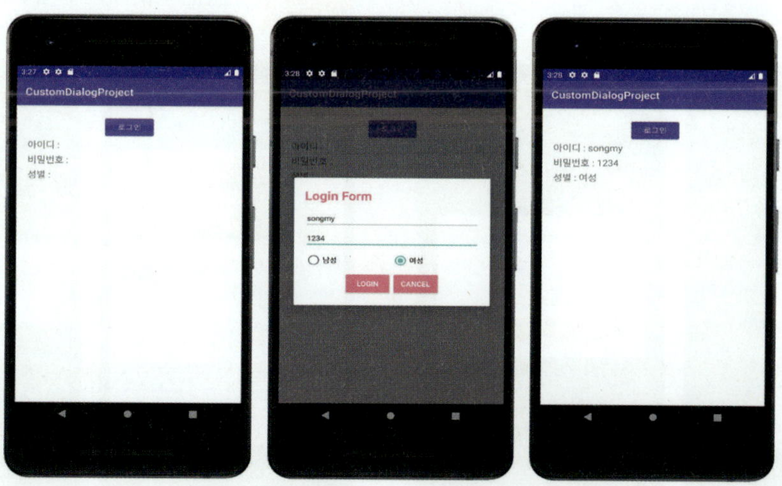

PROJECT 8

[도서 쇼핑몰] 로그인과 장바구니 등록 대화상자 만들기

도서 쇼핑몰 프로젝트에 기본 대화상자와 사용자 정의 대화상자를 적용해 봅니다.

길벗 홈페이지 자료실에서 제공하는 PDF의 50쪽을 참고하세요!

- 1장 프로젝트 생성하기
- ▼ 3장 시작 화면 만들기
- ▼ 4장 도서 목록 화면 만들기
- ▼ 5장 도서 상품 이벤트 처리하기
- ▼ 6장 도서 상품 상세 정보 표시하기
- ▼ **8장 장바구니 등록 대화상자 만들기**
- ▼ 9장 • 장바구니 만들기 • 주문 처리하기

- 6장 스플래시 화면 만들기
- ▼ 12장 스플래시 화면 꾸미기

- 11장 동영상 강좌 화면 만들기

- 7장 • 메뉴 만들기 • 액션 바 바꾸기 • 내비게이션 바 만들기
- ▼ **8장 로그인 대화상자 만들기**
- ▼ 14장 • 회원가입 메뉴 만들기 • 로그인과 로그아웃 기능 만들기

- 10장 마이 페이지 화면 만들기
- ▼ 10장 • 메모장 만들기 • 메모장에서 검색어 찾기
- ▼ 11장 카메라로 프로필 설정하기
- ▼ 12장 낙서장 만들기

- 13장 고객센터 화면 만들기
- ▼ 13장 도서 마켓 위치 안내 표시하기
- ▼ 14장 고객문의 게시판 만들기

장바구니 등록 대화상자 만들기 결과 화면

도서 쇼핑몰 메인 화면의 내비게이션 바 메뉴 중 〈로그인〉 버튼을 누르면 로그인 대화상자가 나타나고 로그인 정보를 입력하면 입력한 정보가 출력됩니다.

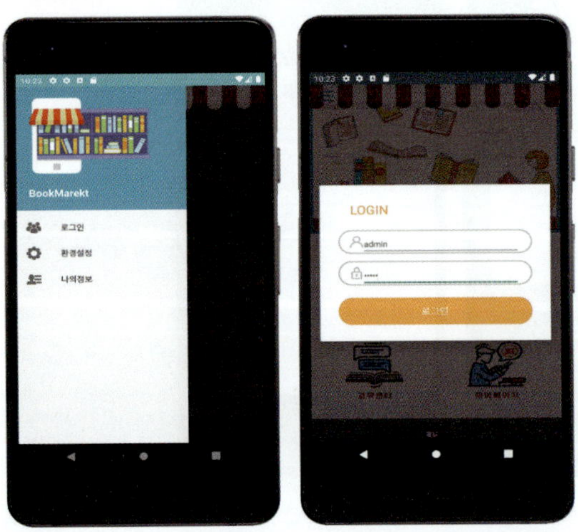

로그인 대화상자 만들기 결과 화면

도서 상세 정보 화면에 〈장바구니 담기〉 버튼을 만들고 해당 버튼을 누르면 해당 도서를 장바구니에 추가하는지 확인하는 대화상자를 나타냅니다. 대화상자에서 〈예〉 버튼을 누르면 장바구니 액션 버튼에 상품 개수가 표시됩니다.

9 장

고급 위젯 익히기

학 습 목 표

- 어댑터와 어댑터 뷰를 이해한다.
- 리스트 뷰와 사용자 정의 리스트 뷰를 만드는 처리 과정에 대해 익힌다.
- 그리드 뷰를 만드는 처리 과정에 대해 익힌다.
- 스피너를 만드는 처리 과정에 대해 익힌다.

9.1 어댑터와 어댑터 뷰 살펴보기

안드로이드 앱에서는 주소록처럼 리스트 형태로 표시하거나 갤러리처럼 그리드(격자) 형태로 표시할 수 있는 여러 데이터들이 있습니다. 리스트나 그리드 형태의 목록 화면은 어댑터와 어댑터 뷰를 사용하여 구현합니다.

어댑터(Adapter)는 사용자 인터페이스(UI)의 구성 요소와 데이터 소스를 연결하는 수단으로, 데이터 소스에서 데이터를 가져와 UI에 출력할 수 있는 형태로 구성합니다. 어댑터가 구성한 데이터 항목을 어댑터 뷰(AdapterView)가 스크롤할 수 있는 리스트 또는 그리드 형태로 UI에 표시합니다. 이러한 방식으로 어댑터 뷰는 어댑터를 중간 매체로 활용하여 데이터 소스에서 데이터를 가져와 UI에 목록으로 표시합니다. 이를 통해 많은 데이터를 UI에 효율적으로 표시할 수 있습니다.

어댑터와 어댑터 뷰는 다음과 같은 방식으로 작동합니다. 어댑터 뷰는 화면에 표시할 정보를 어댑터에 요청합니다. 어댑터는 데이터 소스에서 데이터 집합을 가져와 요청받은 정보를 어댑터 뷰에 반환하고, 어댑터 뷰는 반환된 데이터 집합을 리스트나 그리드 형태로 화면에 표시합니다. 만약 데이터를 가져온 데이터 소스가 변경되면 어댑터는 notifyDataSetChanged() 메서드를 호출하여 데이터 소스가 변경되었음을 어댑터 뷰에 알려 화면이 다시 그려지도록 합니다.

그림 9-1 어댑터와 어댑터 뷰의 작동 방식

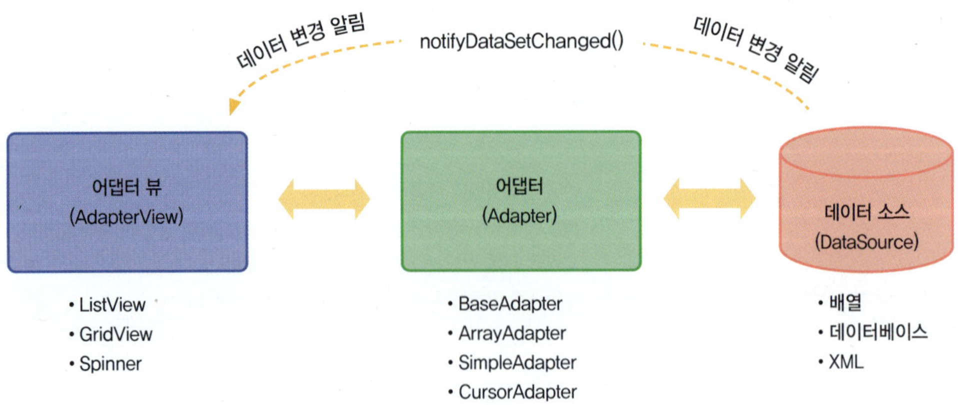

어댑터 유형

안드로이드는 일반적으로 다음과 같은 유형의 어댑터를 제공합니다.

표 9-1 어댑터의 유형

유형	설명
기본 어댑터(BaseAdapter)	모든 어댑터의 상위 어댑터로, 요구 사항에 따라 리스트 뷰, 그리드 뷰 또는 스피너에 사용합니다.
배열 어댑터(ArrayAdapter)	한 항목에 문자열 데이터를 하나씩 나열할 때 사용합니다.
단순 어댑터(SimpleAdapter)	한 항목에 문자열 데이터를 여러 개 나열할 때 사용합니다.
커서 어댑터(CurosrAdapter)	데이터베이스의 선택된 결괏값(Cursor 인스턴스)을 이용해 항목을 구성할 때 사용하며, 《10장 – 데이터 저장소 사용하기》에서 다룹니다.

그림 9-2 어댑터 계층 구조

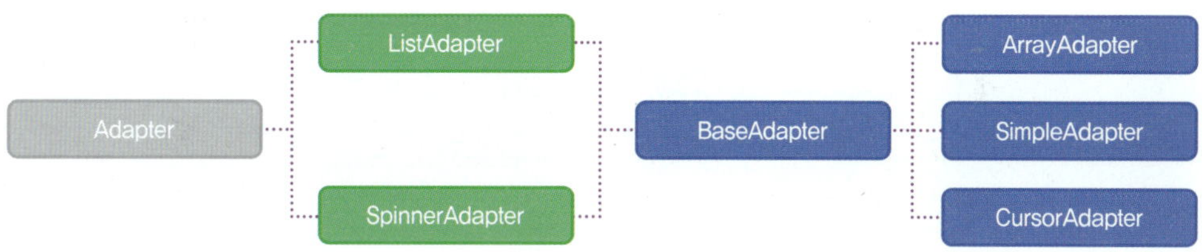

기본 어댑터

BaseAdapter는 어댑터 뷰에서 사용할 수 있는 공통 기본 클래스로, 데이터 소스에서 데이터를 읽어와 위젯을 생성하고 레이아웃을 구성합니다. 만약 리스트 뷰나 그리드 뷰에서 사용자 정의 리스트나 그리드가 필요하다면 기본 어댑터를 상속하여 사용자 정의 어댑터를 만들 수 있습니다. BaseAdapter를 상속하여 사용자 정의 어댑터를 만들려면 반드시 상위 Adapter 인터페이스의 메서드를 다음과 같이 구현해야 합니다.

표 9-2 Adapter 인터페이스의 메서드

메서드	설명
int getCount()	데이터 집합에 있는 항목 수를 나타냅니다.
long getItem(int position)	설정된 position의 데이터 항목을 가져옵니다.
long getItemId(int position)	설정된 position의 데이터 항목 아이디를 가져옵니다.
View getView(int position, View convertView, ViewGroup parent)	설정된 position의 데이터 항목 뷰를 생성합니다.

TIP Adapter 인터페이스에 관한 자세한 내용은 다음 사이트(https://developer.android.com/reference/android/widget/Adapter)를 참고하세요.

BaseAdapter로 하위 클래스를 만들려면 Adapter 인터페이스의 메서드를 추가해야 하는데, 어댑터 Adapter 인터페이스의 메서드를 추가하는 방법은 다음과 같습니다.

❶ 안드로이드 스튜디오에서 ❶ [Code]–[Override Methods] 메뉴를 선택합니다. Override Members 대화상자가 열리면 ❷ android.widget.Adapter에 속한 어댑터 메서드를 모두 선택한 다음 ❸ 〈OK〉 버튼을 클릭합니다.

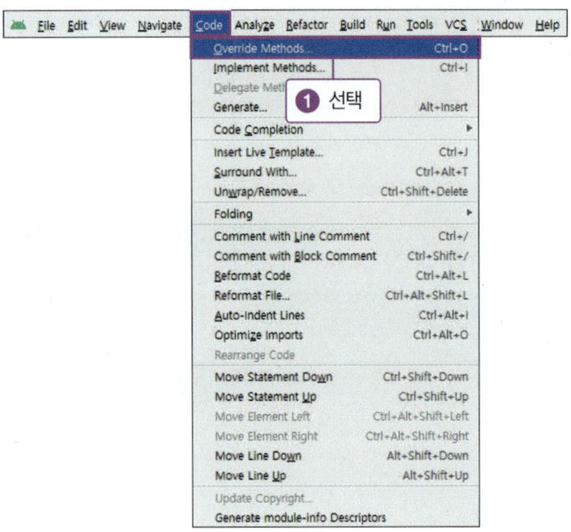

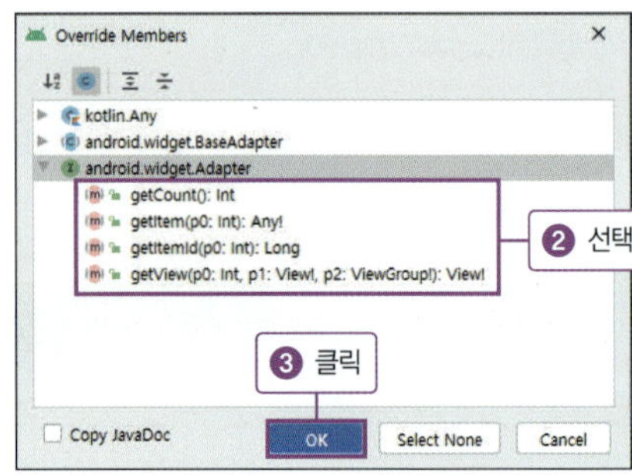

❷ BaseAdapter 클래스에 선택한 Adapter 인터페이스의 메서드가 추가됩니다.

```
class MyAdapter extends BaseAdapter {
    @Override
    public int getCount() {
        return 0;
    }

    @Override
    public Object getItem(int i) {
        return null;
    }

    @Override
    public long getItemId(int i) {
        return 0;
    }
```

```
        @Override
        public View getView(int i, View view, ViewGroup viewGroup) {
            return null;
        }
}
```

배열 어댑터

ArrayAdapter는 배열로 구성된 데이터 소스를 어댑터 뷰에 연결하는 어댑터로, 문자열 집합, 전화 연락처, 국가 또는 이름 목록과 같은 단일 항목 목록을 지원합니다. 따라서 해당 데이터 소스가 배열일 경우에 사용됩니다.

ArrayAdater의 생성자 형식은 다음과 같습니다.

```
ArrayAdapter(Context context, int resource)
ArrayAdapter(Context context, int resource, int textViewResourceId)
ArrayAdapter(Context context, int resource, T[] objects)
ArrayAdapter(Context context, int resource, int textViewResourceId, T[] objects)
ArrayAdapter(Context context, int resource, List<T> objects)
ArrayAdapter(Context context, int resource, int textViewResourceId, List<T> objects)
```


표 9-3 ArrayAdapter 생성자의 매개 변수

<table>
<tr><th>매개 변수</th><th>설명</th></tr>
<tr><td>context</td><td>현재 컨텍스트로, 값은 null일 수 없습니다.</td></tr>
<tr><td>resource</td><td>뷰를 인스턴스화할 때 사용할 레이아웃 리소스(텍스트 뷰 포함)의 아이디입니다.
<table>
<tr><th>리소스 아이디</th><th>설명</th></tr>
<tr><td>simple_list_item_1</td><td>항목에 문자열 데이터 하나</td></tr>
<tr><td>simple_list_item_checked</td><td>문자열 오른쪽에 체크박스 제공</td></tr>
<tr><td>simple_list_item_multiple_choice</td><td>문자열 오른쪽에 다중 선택 체크박스 제공</td></tr>
<tr><td>simple_list_item_single_choice</td><td>문자열 오른쪽에 라디오 버튼 제공</td></tr>
</table></td></tr>
<tr><td>textViewResourceId</td><td>채울 레이아웃 리소스 내 TextView의 아이디입니다.</td></tr>
<tr><td>objects</td><td>리스트 뷰에 표시할 배열로 선언된 사용자 데이터입니다.</td></tr>
</table>

그림 9-3 리소스 아이디의 레이아웃 유형

simple_list_item_1 simple_list_item_checked simple_list_item_multiple_choice simple_list_item_single_choice

단순 어댑터

SimpleAdapter는 정적 데이터를 동적으로 변경하지 않고, 레이아웃 XML 파일에 정의된 위젯에 단순히 표시하는 어댑터입니다. 이 어댑터는 정적 데이터를 어댑터 뷰에 연결할 때 사용됩니다.

SimpleAdapter의 생성자 형식은 다음과 같습니다.

```
SimpleAdapter(Context context, List<? extends Map<String, ?>> data, int resource,
String[] from, int[] to)
```

표 9-4 SimpleAdapter 생성자의 매개 변수

매개 변수	설명
context	현재 컨텍스트로 값은 null일 수 없습니다.
data	Map 목록인 데이터입니다. 목록의 각 항목은 목록의 한 행에 해당합니다. Map에는 각 행의 데이터가 포함되며 from 문자열 배열에 지정된 모든 항목이 Map 목록에 포함되어야 합니다.
resource	텍스트 뷰, 이미지 뷰 또는 기타 위젯이 있는 목록의 레이아웃(XML 파일)을 설정하는 데 사용되는 리소스 아이디입니다. 예 : android.R.layout.simple_list_item2
from	그리드 또는 목록 보기의 각 항목과 연결된 Map에 추가될 열 이름 목록 또는 문자열 배열입니다.
to	위젯의 아이디를 저장하는 데 사용되는 정수 배열입니다. from 매개 변수에 열을 표시해야 하는 위젯으로, 목록의 N 번째 뷰는 from 매개 변수에 있는 N 번째 열의 값이 제공됩니다.

그림 9-4 리소스 아이디의 레이아웃 유형

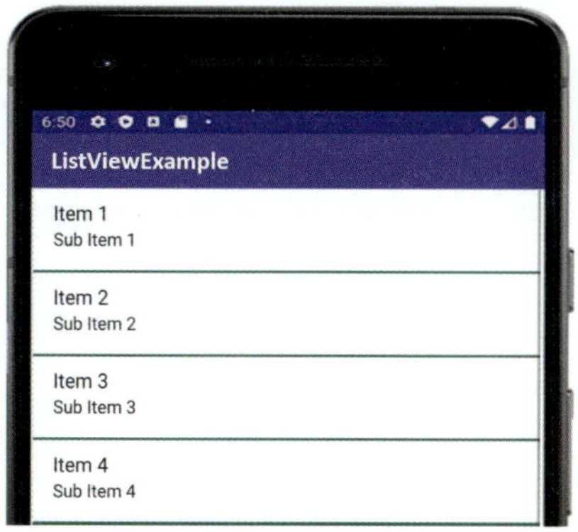

simple_list_item_2

어댑터 뷰 유형

어댑터 뷰는 뷰(위젯)를 담는 컨테이너로서 어댑터에서 받은 데이터를 UI 구성 요소에 표시하고 항목 선택 이벤트를 처리할 수 있도록 합니다. 리스트 뷰(ListView), 그리드 뷰(GridView), 스피너(Spinner), 확장 가능한 리스트 뷰(ExpandableListView), 갤러리(Gallery) 등이 어댑터 뷰의 대표적인 종류입니다.

표 9-5 어댑터 뷰의 주요 유형

유형	설명
리스트 뷰	데이터 항목을 가로(수직 방향)로 보여 줄 때 사용하는 위젯입니다.
그리드 뷰	데이터 행과 열이 있는 표 형식 또는 2차원 뷰로 보여 줄 때 사용하는 위젯입니다.
스피너	목록에서 값을 선택할 때 사용하는 위젯입니다. 드롭다운 메뉴와 형태가 같습니다.
확장 가능한 리스트 뷰	데이터 항목을 접었다 폈다의 계층으로 표시할 수 있는 리스트 뷰 형식의 위젯입니다.

그림 9-5 어댑터 뷰 구현 예

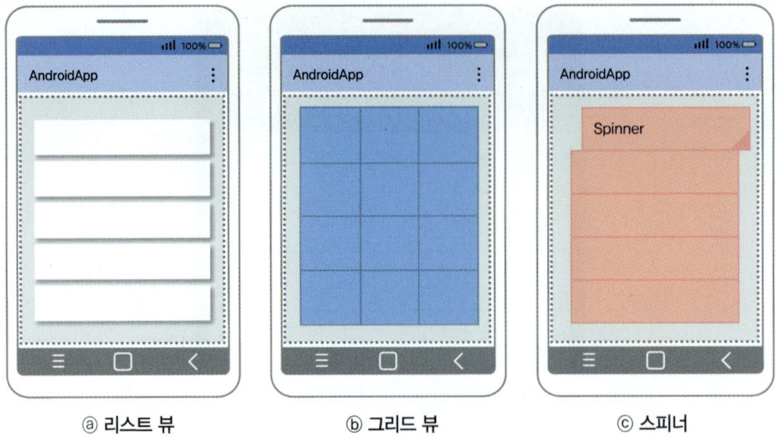

그림 9-6 어댑터 뷰 계층구조

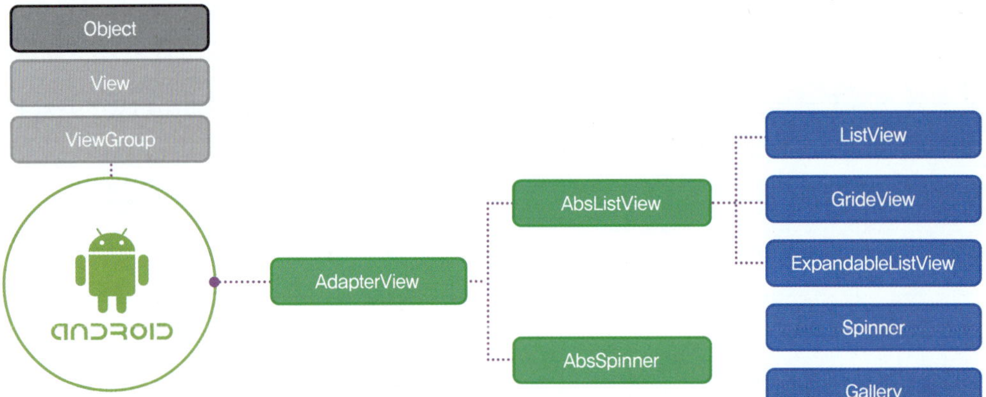

9.2 ANDROID

리스트 뷰 다루기

리스트 뷰(ListView)는 어댑터 뷰 중 가장 널리 사용되는 위젯으로, 화면에 수직으로 스크롤 가능한 목록 형태로 데이터를 표시하는 데 사용됩니다. 리스트 뷰는 스크롤이 가능하기 때문에 스크롤 뷰를 함께 사용할 필요가 없습니다. 전화 연락처 목록과 같이 항목을 클릭하면 해당 항목의 정보가 표시되는 기능을 구현할 수 있습니다.

그림 9-7 리스트 뷰의 화면 예

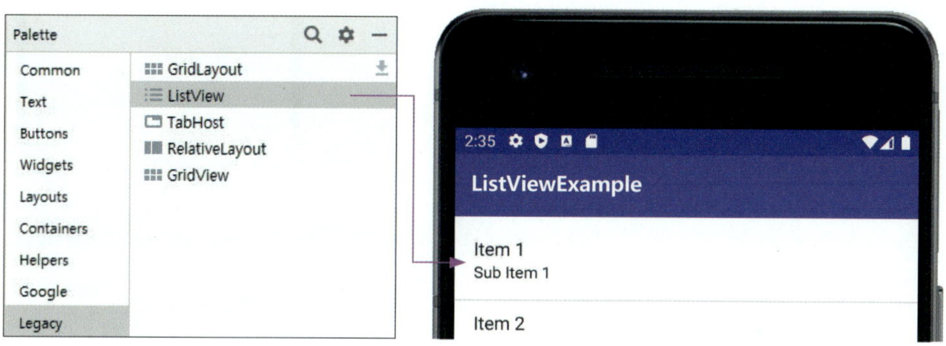

리스트 뷰는 AdapterView의 하위 클래스인 ListView로 구현하고, 어댑터는 주로 Base Adapter와 ArrayAdapter를 사용합니다.

TIP 최근에는 ListView보다 현대적이고 유연하며 성능이 좋은 RecyclerView를 사용합니다.

리스트 뷰는 레이아웃 파일에 다음과 같이 선언하며, 여기에 속성을 설정할 수 있습니다.

```
<ListView
    android:id="@+id/listview"
    android:layout_width="match_parent"
    android:layout_height="match_parent" />
```

표 9-6 리스트 뷰의 속성

속성	설명
id	리스트 뷰를 식별하는 데 사용하는 고유한 아이디를 설정합니다.
divider	리스트 뷰에 표시할 목록 항목 간의 구분 선에 색상 또는 이미지를 설정합니다.
dividerHeight	리스트 뷰에 표시할 목록의 항목 간의 구분 선 높이를 설정합니다.
listSelector	리스트 뷰에 선택 표시를 설정합니다.

예를 들어, 리스트 뷰에 구분 선을 빨간색으로 표시하고, 구분 선 높이를 1dp, 목록에서 항목을 선택할 경우 해당 항목의 배경색을 초록색으로 표시하려면 다음과 같이 설정합니다.

```
<LinearLayout...>
    <ListView
       android:id="@+id/listview_id"
       android:layout_width="match_parent"
       android:layout_height="match_parent"
       android:divider="#ff0000"
       android:dividerHeight="1dp"
      android:listSelector="#00ff00" />
</LinearLayout>
```

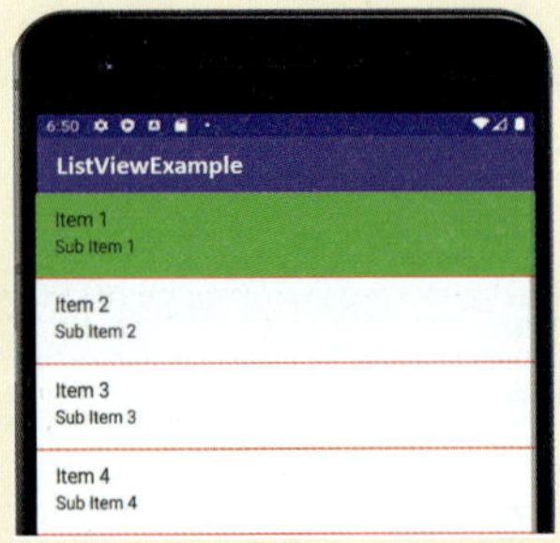

리스트 뷰의 항목을 클릭할 때 발생하는 이벤트를 처리할 때는 setOnItemClickListener{...} 리스너를 사용합니다.

리스트 뷰

리스트 뷰를 가장 간단하게 구현하려면 ArrayAdater를 이용해 문자열 배열의 데이터를 리스트 뷰 항목에 표시합니다.

리스트 뷰를 만드는 과정은 다음과 같습니다.

1. res\layout 폴더의 액티비티 레이아웃 파일에 리스트 뷰를 추가합니다.
2. 액티비티 클래스에 리스트 뷰의 항목으로 표시할 사용자 정의 데이터를 선언합니다.
3. 액티비티 클래스에 데이터 소스를 표현하기 위한 어댑터를 설정합니다.
4. 액티비티 클래스에 setOnItemClickListener{...} 리스너를 추가하고, 어댑터 뷰의 클릭 이벤트 처리 방법을 작성합니다.

그림 9-8 리스트 뷰 생성 과정

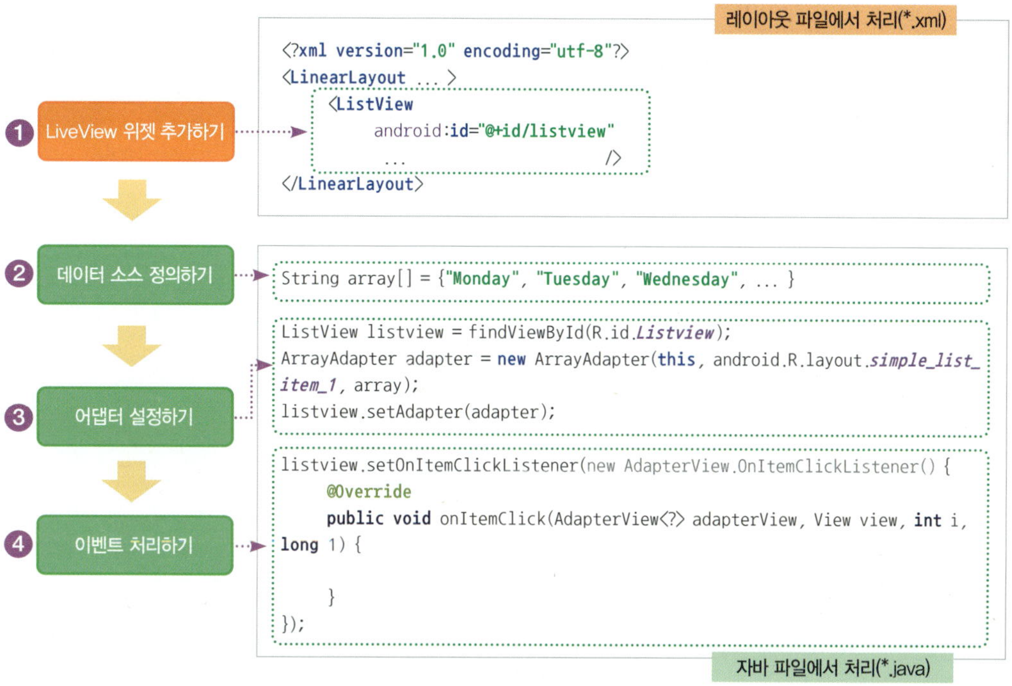

그림과 같이 요일을 항목으로 담은 리스트 뷰를 만들어 봅시다. 리스트 뷰의 각 항목을 클릭하면 해당 항목의 요일을 토스트 메시지로 출력합니다.

그림 9-9 리스트 뷰 생성 결과

초기 화면 항목 선택 시

리스트 뷰 추가하기

res\layout 폴더의 레이아웃 파일에 다음과 같이 리스트 뷰를 추가하고 내용을 작성합니다.

```
<?xml version="1.0" encoding="utf-8"?>
<LinearLayout ... >
    <ListView
        android:id="@+id/listview"
        android:layout_width="match_parent"
        android:layout_height="wrap_content"
        android:divider="#07755C"
        android:dividerHeight="2dp"/>          ❶
 </LinearLayout>
```

데이터 소스 정의하기

리스트 뷰에서는 각 항목에 표시될 데이터를 미리 정의해야 합니다. 리스트 뷰는 문자열만을 표시할 수 있으므로, 보통 문자열로 이루어진 배열을 선언하여 사용합니다.

```
public class MainActivity extends AppCompatActivity {

    @Override
    protected void onCreate(Bundle savedInstanceState) {
        super.onCreate(savedInstanceState);
        setContentView(R.layout.activity_main);

        String array[] = {"Monday", "Tuesday", "Wednesday", "Thursday", "Friday",
"Saturday", "Sunday"};          ❷

    }
}
```

어댑터 설정하기

리스트 뷰에 데이터를 전달하는 어댑터를 설정하기 위해 데이터 소스에서 데이터를 가져와야 합니다. 문자열만을 표시하는 경우에는 ArrayAdapter를 사용하는 것이 일반적입니다.

```
public class MainActivity extends AppCompatActivity {

    @Override
    protected void onCreate(Bundle savedInstanceState) {
```

```
        super.onCreate(savedInstanceState);
        setContentView(R.layout.activity_main);

        String array[] = {"Monday", "Tuesday", "Wednesday", "Thursday", "Friday",
"Saturday", "Sunday"};

        ListView listview = findViewById(R.id.listview);
        ArrayAdapter adapter = new ArrayAdapter(this, android.R.layout.simple_list_
item_1, array);
        listview.setAdapter(adapter);
    }
}
```

❸

클릭 이벤트 처리하기

리스트 뷰에서 항목을 선택할 때 일어나는 이벤트는 setOnItemClickListener{...} 리스너를 사용해 처리합니다. 리스트 뷰의 항목 내용은 getItemAtPosition() 메서드로 가져옵니다.

```
public class MainActivity extends AppCompatActivity {

    @Override
    protected void onCreate(Bundle savedInstanceState) {
        super.onCreate(savedInstanceState);
        setContentView(R.layout.activity_main);

        String array[] = {"Monday", "Tuesday", "Wednesday", "Thursday", "Friday",
"Saturday", "Sunday"};

        ListView listview = findViewById(R.id.listview);
        ArrayAdapter adapter = new ArrayAdapter(this, android.R.layout.simple_list_
item_1, array);
        listview.setAdapter(adapter);

        listview.setOnItemClickListener(new AdapterView.OnItemClickListener() {
            @Override
            public void onItemClick(AdapterView<?> adapterView, View view, int i, long l) {
                String itemValue = adapterView.getItemAtPosition(i).toString();
                Toast.makeText(getApplicationContext(), itemValue, Toast.LENGTH_SHORT).
show();
            }
        });
```

❹

```
    }
}
```

실행해 결과를 확인합니다. 리스트 뷰에서 항목을 선택하면 각 항목에 지정된 문자열이 토스트 메시지로 출력되는지 확인합니다.

사용자 정의 리스트 뷰

사용자 정의 리스트 뷰(Custom ListView)는 기본적으로 텍스트 뷰가 아닌, 여러 종류의 위젯을 하나의 항목으로 표시하는 리스트 뷰를 의미합니다. 이를 위해서는 기본 어댑터인 BaseAdapter를 상속받아 사용자 정의 어댑터를 만들어야 합니다.

사용자 정의 리스트 뷰를 만드는 방법은 다음과 같습니다.

1. res\layout 폴더의 액티비티 레이아웃 파일에 리스트 뷰를 추가합니다.
2. res\layout 폴더에 리스트 뷰의 항목을 표시할 항목 레이아웃 파일을 새로 만듭니다.
3. 생성한 항목 레이아웃 파일에 위젯을 구성해 데이터를 표시할 때 이 데이터를 관리하기 위한 클래스를 생성하고 멤버 변수를 선언합니다. 이는 선택 사항입니다.
4. 리스트 뷰 항목에 데이터를 표시하기 위해 사용자 정의 어댑터의 클래스를 생성합니다.
5. 액티비티 클래스에 리스트 뷰의 항목에 표시할 사용자 정의 데이터를 선언합니다.
6. 액티비티 클래스에 데이터 소스를 표현하기 위한 어댑터를 설정합니다.
7. 액티비티 클래스에 setOnItemClickListener{...} 리스너를 추가하고, 어댑터 뷰의 클릭 이벤트 처리 방법을 작성합니다.

그림 9-10 사용자 정의 리스트 뷰의 처리 과정

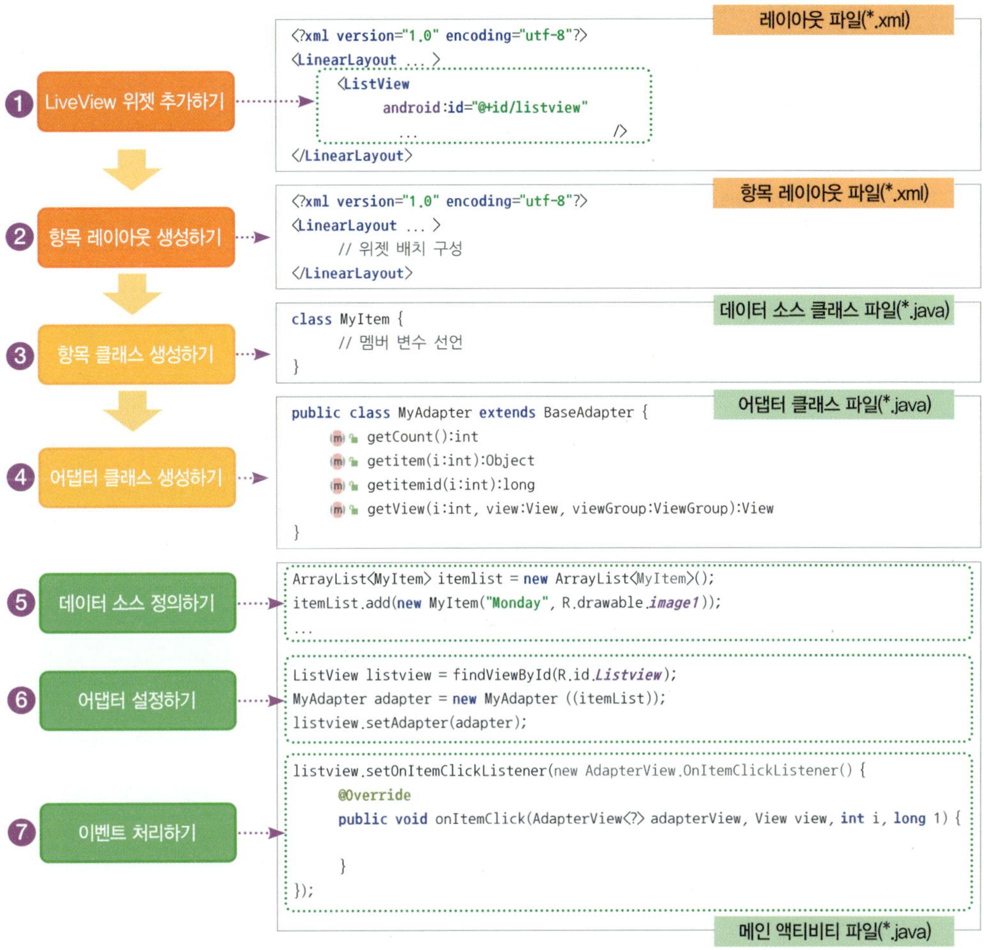

그림과 같이 요일 항목과 아이콘이 포함된 사용자 정의 리스트 뷰를 만들어 봅시다. 사용자 정의 리스트 뷰의 각 항목을 클릭하면 해당 항목의 요일을 토스트 메시지로 출력합니다.

그림 9-11
사용자 정의 리스트 뷰 생성 결과

초기 화면　　　항목 선택 시

● **리스트 뷰 추가하기**

res\layout 폴더의 액티비티 레이아웃 파일에 리스트 뷰를 추가하고 다음과 같이 작성합니다.

```
<?xml version="1.0" encoding="utf-8"?>
<LinearLayout ... >
    <ListView
        android:id="@+id/listview"
        android:layout_width="match_parent"
        android:layout_height="wrap_content"        ❶
        android:divider="#07755C"
        android:dividerHeight="2dp"  />
  </LinearLayout>
```

● **항목 레이아웃 구성하기**

res\layout 폴더에 리스트 뷰의 항목을 표시할 레이아웃 파일을 생성한 후 다음과 같이 위젯을 배치해 항목 레이아웃을 구성합니다.

```
<?xml version="1.0" encoding="utf-8"?>
<LinearLayout ...>  ❷
    <ImageView
        android:id="@+id/imageView"
        android:layout_width="60dp"
        android:layout_height="60dp"
        android:padding="5dp"
        app:srcCompat="@mipmap/ic_launcher" />
    <TextView
        android:id="@+id/textView"
        android:layout_width="match_parent"
        android:layout_height="60dp"
        android:layout_marginLeft="20dp"
        android:divider="#ff0000"
        android:dividerHeight="2dp"
        android:textColor="@color/black"
        android:textSize="20dp" />
</LinearLayout>
```

● **항목 클래스 생성하기**

리스트 뷰의 항목에 표시할 데이터를 관리할 클래스를 생성하고, 항목 레이아웃 파일에 구성한 위젯에 대한 클래스 멤버 변수를 선언합니다.

```java
public class MyItem { ❸

    private String name;
    private int image;

    public MyItem(String name, int image) { // 생성자
        this.name = name;
        this.image = image;
    }

    public String getName() {
        return name;
    }

    public int getImage() {
        return image;
    }

    public void setName(String name) {
        this.name = name;
    }

    public void setImage(int image) {
        this.image = image;
    }
}
```

getter() 메서드

setter() 메서드

● 데이터 소스 정의하기

리스트 뷰의 목록에 표시할 사용자 정의 데이터를 선언합니다. 생성된 항목 클래스의 생성자에 맞춰 데이터를 선언합니다.

```java
public class MainActivity extends AppCompatActivity {

    @Override
    protected void onCreate(Bundle savedInstanceState) {
        super.onCreate(savedInstanceState);
        setContentView(R.layout.activity_main);

        ArrayList<MyItem> itemList = new  ArrayList<MyItem>();
        itemList.add(new MyItem("Monday",  R.drawable.image1));
```
❺

9

고급 위젯 익히기

```
        itemList.add(new MyItem("Tuesday",  R.drawable.image2));
        itemList.add(new MyItem("Wednesday",  R.drawable.image3));
        itemList.add(new MyItem("Thursday",  R.drawable.image4));
        itemList.add(new MyItem("Friday",   R.drawable.image5));
        itemList.add(new MyItem("Saturday",  R.drawable.image6));
        itemList.add(new MyItem("Sunday",  R.drawable.image7));

    }
}
```

● 어댑터 클래스 생성하기

BaseAdapter 클래스를 상속받아서 사용자 정의 어댑터 클래스를 만들어야 합니다. 생성한 사용자 정의 어댑터 클래스는 데이터 소스에서 데이터를 가져와 리스트 뷰 목록에 표시합니다. getCount(), getItem(), getItemId(), getView() 메서드를 오버라이드해야 합니다. 이중에서 getView() 메서드는 리스트 뷰의 목록에 출력할 데이터를 연결합니다.

```
public class MyAdapter extends BaseAdapter {  ❹

    ArrayList<MyItem> itemList = new  ArrayList<>();

    public MyAdapter(ArrayList<MyItem> itemList) { // 생성자 추가
        this.itemList = itemList;
    }

    @Override
    public int getCount() {
        return itemList.size();
    }

    @Override
    public MyItem getItem(int i) {
        return itemList.get(i);
    }

    @Override
    public long getItemId(int i) {
        return i;
    }
```

```
    @Override
    public View getView(int i, View view, ViewGroup viewGroup) {
        Context context = viewGroup.getContext();
        View convertView = view;
        LayoutInflater inflater = (LayoutInflater) context.getSystemService(Context.
LAYOUT_INFLATER_SERVICE);
        convertView = inflater.inflate(R.layout.listview_item, viewGroup, false);

        TextView itemText = (TextView)convertView.findViewById(R.id.textView);
        ImageView itemIamge = (ImageView)convertView.findViewById(R.id.imageView);

        MyItem myItem = getItem(i);
        itemText.setText(myItem.getName());
        itemIamge.setImageResource(myItem.getImage());
        return convertView;
    }
}
```


어댑터 설정하기

데이터 소스에서 데이터를 가져와 리스트 뷰에 전달할 사용자 정의 어댑터를 설정합니다.

```
public class MainActivity extends AppCompatActivity {

    @Override
    protected void onCreate(Bundle savedInstanceState) {
        super.onCreate(savedInstanceState);
        setContentView(R.layout.activity_main);

        ArrayList<MyItem> itemList = new  ArrayList<MyItem>();
        itemList.add(new MyItem("Monday",  R.drawable.image1));

        ListView listview = findViewById(R.id.listview);   ─┐
        MyAdapter adapter = new MyAdapter((itemList));      ├─ ❻
        listview.setAdapter(adapter);                      ─┘
    }
}
```

클릭 이벤트 처리하기

리스트 뷰에서 항목을 선택하려면 setOnItemClickListener{...} 리스너를 사용합니다. getItemAtPosition() 메서드로 리스트 뷰의 항목 내용을 가져옵니다.

```
public class MainActivity extends AppCompatActivity {

    @Override
    protected void onCreate(Bundle savedInstanceState) {
        super.onCreate(savedInstanceState);
        setContentView(R.layout.activity_main);

        ArrayList<MyItem> itemList = new  ArrayList<MyItem>();
        itemList.add(new MyItem("Monday",  R.drawable.image1));
        ...
        ListView listview = findViewById(R.id.listview);
        MyAdapter adapter = new MyAdapter((itemList));
        listview.setAdapter(adapter);

        listview.setOnItemClickListener(new AdapterView.OnItemClickListener() {
            @Override
            public void onItemClick(AdapterView<?> adapterView, View view, int i, long l) {
                MyItem itemValue = (MyItem) adapterView.getItemAtPosition(i);
                Toast.makeText(getApplicationContext(), itemValue.getName(), Toast.   ⑦
LENGTH_SHORT).show();

            }
        });
    }
}
```

실행하여 결과를 확인합니다. 사용자 정의 리스트 뷰에서 항목을 선택하면 각 항목에 지정된 문자열이 토스트 메시지로 출력되는지 확인합니다.

실습 예제 9-1 리스트 뷰로 구현한 목록에 항목 추가, 수정, 삭제하기

| 구현 내용 |

리스트 뷰를 사용해 데이터 항목을 목록 형태로 출력하고 항목을 추가, 수정, 삭제하기 위한 버튼들을 만듭니다. 추가 버튼을 클릭하면 새 항목을 마지막 행에 추가하고, 수정 버튼을 클릭하면 선택된 항목의 내용을 일부 변경하며, 삭제 버튼을 클릭하면 선택된 항목을 삭제합니다. 또한, 리스트 뷰에서 항목을 선택하면 색상을 활용해 선택된 항목임을 표시합니다.

| 구현 방법 |

❶ Empty Activity 템플릿으로 프로젝트를 생성합니다. 프로젝트명은 'ListViewProject', 패키지명은 'com.androidbook.listviewproject'로 입력합니다. 나머지 설정값은 기존과 같습니다.

❷ res\drawable 폴더에 이미지를 추가합니다.

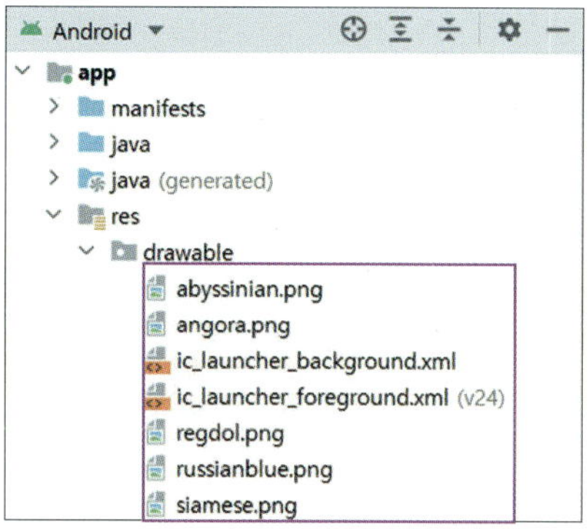

❸ activity_main.xml 파일에 리스트 뷰와 버튼을 추가한 후 다음과 같이 작성하고 저장합니다.

res\layout\activity_main.xml

```
<?xml version="1.0" encoding="utf-8"?>
<LinearLayout ...
    android:layout_margin="20dp"
    android:orientation="vertical">
    <LinearLayout
        android:layout_width="match_parent"
        android:layout_height="wrap_content"
        android:orientation="horizontal">
        <Button // 추가 버튼
            android:id="@+id/button1"
            android:layout_width="wrap_content"
            android:layout_height="wrap_content"
            android:layout_margin="5dp"
            android:layout_weight="1"
            android:text="추가"
            android:textSize="18sp"
            android:textStyle="bold"
            app:backgroundTint="#64B5F6" />
        <Button // 수정 버튼
            android:id="@+id/button2"
            android:layout_width="wrap_content"
```

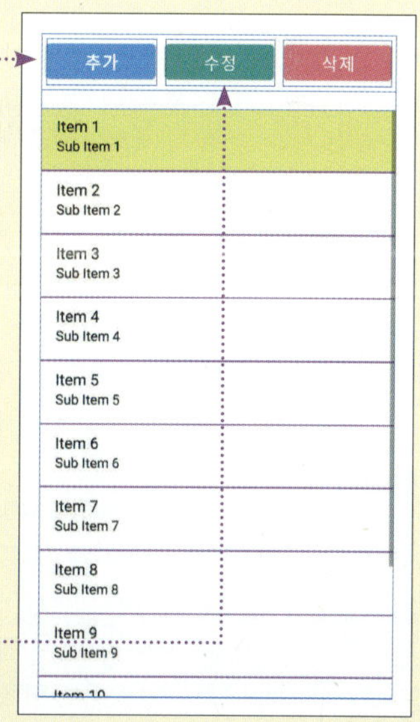

```
            android:layout_height="wrap_content"
            android:layout_margin="5dp"
            android:layout_weight="1"
            android:text="수정"
            android:textSize="18sp"
            app:backgroundTint="#4DB6AC" />
        <Button // 삭제 버튼
            android:id="@+id/button3"
            android:layout_width="wrap_content"
            android:layout_height="wrap_content"
            android:layout_margin="5dp"
            android:layout_weight="1"
            android:text="삭제"
            android:textSize="18sp"
            app:backgroundTint="#F06292" />
    </LinearLayout>
    <ListView
        android:id="@+id/listview"
        android:layout_width="match_parent"
        android:layout_height="wrap_content"
        android:layout_marginTop="20dp"
        android:divider="#BA68C8"
        android:dividerHeight="2dp"
        android:listSelector="#FFF176"/>
</LinearLayout>
```

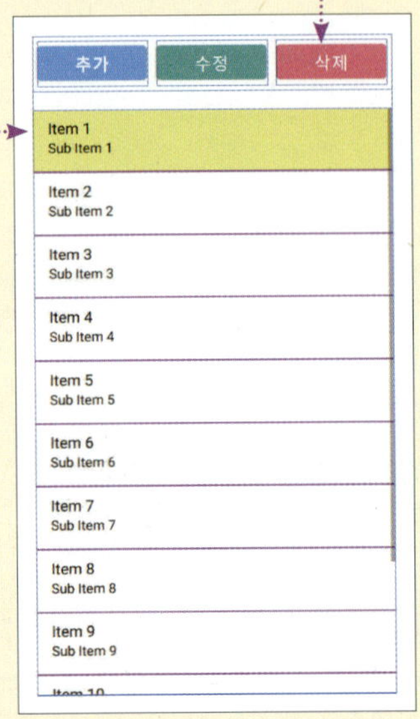

❹ res\layout 폴더에 listview_item.xml 파일을 생성하고 리스트 뷰에 출력할 항목들의 레이아웃을 다음과 같이 작성합니다.

res\layout\listview_item.xml

```
<?xml version="1.0" encoding="utf-8"?>
<LinearLayout ...
    android:layout_margin="20dp">

    <ImageView
        android:id="@+id/imageView"
        android:layout_width="100dp"
        android:layout_height="100dp"
        android:padding="5dp"
        app:srcCompat="@mipmap/ic_launcher" />
```

```
        <LinearLayout
            android:layout_width="match_parent"
            android:layout_height="wrap_content"
            android:layout_marginStart="20dp"
            android:layout_marginLeft="20dp"
            android:orientation="vertical">
            <LinearLayout
                android:layout_width="match_parent"
                android:layout_height="wrap_content"
                android:layout_weight="1"
                android:orientation="horizontal">
                <TextView // 이름
                    android:id="@+id/textView1"
                    android:layout_width="match_parent"
                    android:layout_height="wrap_content"
                    android:layout_weight="1"
                    android:dividerHeight="2dp"
                    android:padding="10dp"
                    android:text="이름"
                    android:textColor="#F06292"
                    android:textSize="18sp"
                    android:textStyle="bold" />
                <TextView // 무게
                    android:id="@+id/textView3"
                    android:layout_width="match_parent"
                    android:layout_height="wrap_content"
                    android:layout_weight="1"
                    android:gravity="center"
                    android:text="무게" />
            </LinearLayout>
            <TextView // 성격
                android:id="@+id/textView2"
                android:layout_width="match_parent"
                android:layout_height="wrap_content"
                android:layout_weight="1"
                android:dividerHeight="2dp"
                android:padding="10dp"
                android:text="성격"
                android:textColor="#4DB6AC"
                android:textSize="14sp" />
        </LinearLayout>
    </LinearLayout>
```

❺ java\com\androidbook\listviewproject 폴더에 MyItem.java 파일을 생성하고 다음과 같이 리스트 뷰 항목에 표시할 데이터 소스를 관리하는 데이터 소스 클래스를 작성합니다.

java\com\androidbook\listviewproject\MyItem.java

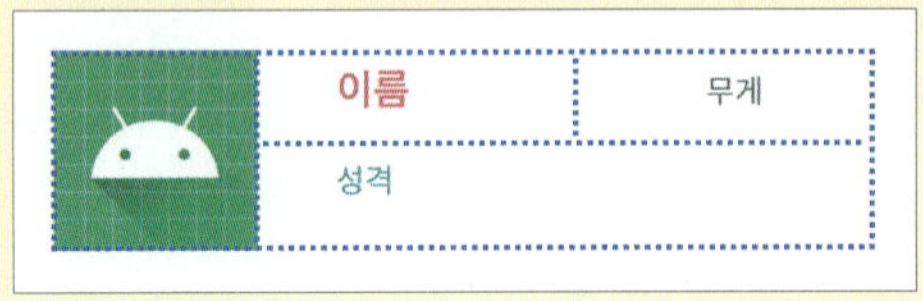


```java
package com.androidbook.listviewproject;

public class MyItem  {

    String name;
    String character;
    String weight;
    int image;

    public MyItem(String name, String character, String weight, int image) {
        this.name = name;
        this.character = character;
        this.weight = weight;
        this.image = image;
    }

    public String getName() {
        return name;
    }

    public void setName(String name) {
        this.name = name;
    }

    public String getCharacter() {
        return character;
    }

    public void setCharacter(String character) {
        this.character = character;
    }

    public String getWeight() {
        return weight;
    }

    public void setWeight(String weight) {
        this.weight = weight;
    }
```

```
    public int getImage() {
        return image;
    }

    public void setImage(int image) {
        this.image = image;
    }
}
```

❻ MyItem.java 파일과 같은 폴더에 MyAdapter.java 파일을 생성하고 다음과 같이 리스트 뷰의 어댑터 클래스를 작성합니다.

java\com\androidbook\listviewproject\MyAdapter.java

```
package com.androidbook.listviewproject;
...
public class MyAdapter extends BaseAdapter {

    ArrayList<MyItem> itemList = new  ArrayList<>();

    public MyAdapter(ArrayList<MyItem> itemList) {
        this.itemList = itemList;
    }

    @Override
    public int getCount() {         // 데이터 집합의 항목 수
        return itemList.size();
    }

    @Override
    public MyItem getItem(int i) { // i 위치의 데이터 항목 가져오기
        return itemList.get(i);
    }

    @Override
    public long getItemId(int i) { // i 위치의 데이터 항목 ID 가져오기
        return i;
    }

    @Override
    public View getView(int i, View view, ViewGroup viewGroup) { // i 위치의 데이터 항목 뷰 만들기
```

9 고급 위젯 익히기

```java
        Context context = viewGroup.getContext();
        View convertView = view;

        LayoutInflater inflater = (LayoutInflater) context.getSystemService(Context.
LAYOUT_INFLATER_SERVICE);
        convertView = inflater.inflate(R.layout.listview_item, viewGroup, false);
        // 항목 레이아웃 파일 연결

        TextView itemName = (TextView)convertView.findViewById(R.id.textView1);
        TextView itemChar = (TextView)convertView.findViewById(R.id.textView2);
        TextView itemWeight = (TextView)convertView.findViewById(R.id.textView3);
        ImageView itemIamge = (ImageView)convertView.findViewById(R.id.imageView);

        MyItem myItem = getItem(i);
        itemName.setText(myItem.getName());
        itemChar.setText(myItem.getCharacter());
        itemWeight.setText(myItem.getWeight());
        itemIamge.setImageResource(myItem.getImage());

        return convertView;
    }
}
```

❼ MainActivity.java 파일을 열고 다음과 같이 작성합니다. 먼저 ❶ 리스트 뷰에 표시할 데이터 소스를 정의하고 ❷ 리스트 뷰의 항목을 선택했을 때 발생하는 이벤트 처리 내용을 작성합니다. 그런 다음 ❸ 항목 추가, ❹ 수정, ❺ 삭제 버튼에 대한 이벤트 처리 내용을 작성합니다.

java\com\androidbook\listviewproject\MainActivity.java

```java
package com.androidbook.listviewproject;
...
public class MainActivity extends AppCompatActivity {

    ListView listview;
    MyAdapter  adapter ;
    ArrayList<MyItem> catsList; // 데이터 소스 저장 변수
    int selectItemPos = -1; // 리스트 뷰의 항목 선택 위치 저장 변수
    @Override
    protected void onCreate(Bundle savedInstanceState) {
        super.onCreate(savedInstanceState);
```

```
        setContentView(R.layout.activity_main);
        catsList = new ArrayList<MyItem>();

        catsList.add(new MyItem("아비시니안", "활발하고 온순한 성격", "3~5kg", R.drawable.
abyssinian));
        catsList.add(new MyItem("샴", "놀기 좋아하고 온순한 성격", "3.6~5.4kg", R.drawable.
siamese));
        catsList.add(new MyItem("앙고라", "예인하고 상냥한 성격", "3.7~7kg", R.drawable.
angora));
        catsList.add(new MyItem("랙돌", "느긋하고 온순한 성격", "5~9kg", R.drawable.
regdol));
```

❶ 데이터 소스 정의

```
        Button btInsert = findViewById(R.id.button1);
        Button btModify = findViewById(R.id.button2);
        Button btDelete = findViewById(R.id.button3);

        listview = findViewById(R.id.listview);
        adapter = new MyAdapter(catsList);
        listview.setAdapter(adapter);

        listview.setOnItemClickListener(new AdapterView.OnItemClickListener() {

            @Override
            public void onItemClick(AdapterView<?> adapterView, View view, int i, long l) {
                MyItem itemValue = (MyItem) adapterView.getItemAtPosition(i);
                selectItemPos = i; // 항목 선택 위치 저장
                Toast.makeText(getApplicationContext(),  itemValue.getName() + " " +
itemValue.getCharacter(), Toast.LENGTH_SHORT).show();

            }
        });
```

❷ 리스트 뷰의 항목 클릭 이벤트

```
        btInsert.setOnClickListener(new View.OnClickListener() {
            @Override
            public void onClick(View view) {
                int count;
                count = adapter.getCount(); // 리스트 뷰의 항목 전체 개수 얻어오기
                catsList.add(new MyItem(
                        "러시안블루" + Integer.toString(count + 1),
                        "온순하고 애교 많은 성격",
                        "3.5~5kg",
                        R.drawable.russianblue) );
                adapter.notifyDataSetChanged();
```

❸ 추가 버튼의 클릭 이벤트 처리

```
        }
    });

    btModify.setOnClickListener(new View.OnClickListener() {

        @Override
        public void onClick(View view) {
            int count;
            int checked;
            count = adapter.getCount();

            if (count > 0) {
                checked = selectItemPos; // 현재 선택된 항목 위치 가져오기
                if (checked > -1 && checked < count) {
                    String nameKor = catsList.get(checked).name;
                    String nameEng = catsList.get(checked).character;
                    String version = "몸무게 "+ catsList.get(checked).weight;
                    int image = catsList.get(checked).image;
                    catsList.set(checked, new MyItem(nameKor, nameEng, version,
image));
                    adapter.notifyDataSetChanged(); // 리스트 뷰 갱신
                }
            }
        }
    });

    btDelete.setOnClickListener(new View.OnClickListener() {
        @Override
        public void onClick(View view) {
            int count;
            int checked;
            count = adapter.getCount(); // 리스트 뷰의 항목 전체 개수 얻어오기

            if (count > 0) {
                checked = selectItemPos;  // 현재 선택된 항목 위치 가져오기
                if (checked > -1 && checked < count) {
                    catsList.remove(checked); // 선택된 항목 위치의 항목 삭제하기
                    listview.clearChoices();  // 리스트 뷰 선택 초기화
                    adapter.notifyDataSetChanged(); // 리스트 뷰 갱신
                }
            }
        }
    });
```

❹ 수정 버튼의 클릭 이벤트 처리

❺ 선택된 항목 내용 수정

❺ 삭제 버튼의 클릭 이벤트 처리

```
    }
}
```

❽ 프로젝트를 실행해 결과를 확인합니다.

초기 화면

추가 버튼 클릭 시

수정 버튼 클릭 시

삭제 버튼 클릭 시

ANDROID

9.3 그리드 뷰 다루기

그리드 뷰(GridView)는 데이터를 2차원 격자(행과 열) 형태로 표시하여 화면에서 수직으로 스크롤할 수 있게 하는 뷰입니다. 대표적인 사용 예 중 하나는 여러 이미지를 격자 형태로 표시하는 갤러리입니다.

그림 9-12 그리드 뷰의 화면 표시 예

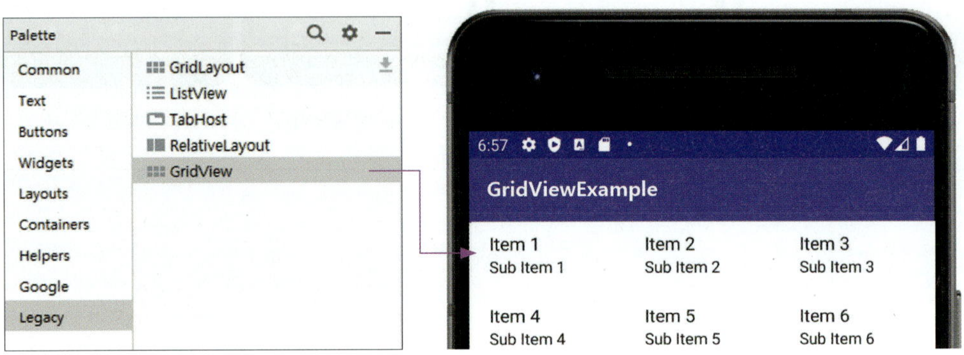

그리드 뷰는 AdapterView 하위 클래스인 GridView로 구현하고, 어댑터로는 ArrayAdapter, BaseAdapter과 커스텀 ArrayAdapter를 사용합니다.

그리드 뷰는 레이아웃 파일에 다음과 같이 선언합니다.

```
<GridView
    android:id="@+id/gridview"
    android:layout_width="match_parent"
    android:layout_height="match_parent"
    android:numColumns="3"
    ... />
```

선언한 그리드 뷰에 속성을 설정할 수 있는데, 그리드 뷰와 관련된 주요 속성은 다음과 같습니다.

표 9-7 그리드 뷰의 속성

<table>
<tr><th>속성</th><th>설명</th></tr>
<tr><td>id</td><td>그리드 뷰를 식별하는 데 사용하는 고유한 아이디를 설정합니다.</td></tr>
<tr><td>columnWidth</td><td>그리드 뷰의 각 열을 고정 너비로 설정합니다. 단위로는 px, dp, sp, in, mm 등을 사용합니다.</td></tr>
<tr><td>gravity</td><td>그리드 뷰에서 각 셀의 정렬을 설정합니다. 가능한 값은 top, bottom, left, right, center, center _vertical, center_horizontal 등입니다.</td></tr>
<tr><td>horizontalSpacing</td><td>그리드 뷰의 열과 열 사이 기본 간격(수평 여백)을 설정합니다. 단위로는 px, dp, sp, in, mm 등을 사용합니다.</td></tr>
<tr><td>numColumns</td><td>그리드 뷰에 표시할 열의 개수를 설정합니다. 100 또는 auto_fit과 같은 정숫값일 수 있습니다.</td></tr>
<tr><td>stretchMode</td><td>그리드 뷰에서 사용할 수 있는 공간을 채우기 위해 열이 늘어나는 방법을 설정합니다. 공간이 있다면 다음 값 중 하나로 설정해야 합니다.
<table>
<tr><td>none</td><td>스트레칭 비활성화 열과 열 사이의 공간이 없습니다.</td></tr>
<tr><td>spacingWidth</td><td>열과 열 사이 간격이 각각 늘어납니다.</td></tr>
<tr><td>columnWidth</td><td>모든 열이 너비가 동일하게 늘어납니다.</td></tr>
<tr><td>spacingWidthUniform</td><td>좌우 여백을 포함하여 모든 열과 열 사이의 간격이 균일하게 늘어납니다.</td></tr>
</table></td></tr>
<tr><td>verticalSpacing</td><td>그리드 뷰 행과 행 사이의 기본 간격(수직 여백)을 설정합니다. 단위로는 px, dp, sp, in, mm 등을 사용합니다.</td></tr>
</table>

예를 들어, 그리드 뷰에 가로 너비는 110dp, 열의 개수는 auto_fit, 열은 동일한 공간, 분할은 columnWidth, 수평/수직 여백을 10dp, 셀을 선택했을 때 초록색으로 설정하려면 다음과 같이 설정합니다.

```
<GridView
    android:id="@+id/gridview"
    android:layout_width="match_parent"
    android:layout_height="match_parent"
    android:columnWidth="110dp"
    android:gravity="center"
    android:horizontalSpacing="10dp"
    android:listSelector="#00ff00" // 그리드 뷰에 항목 선택 표시 설정
    android:numColumns="auto_fit"
    android:stretchMode="columnWidth"
    android:verticalSpacing="10dp" />
```

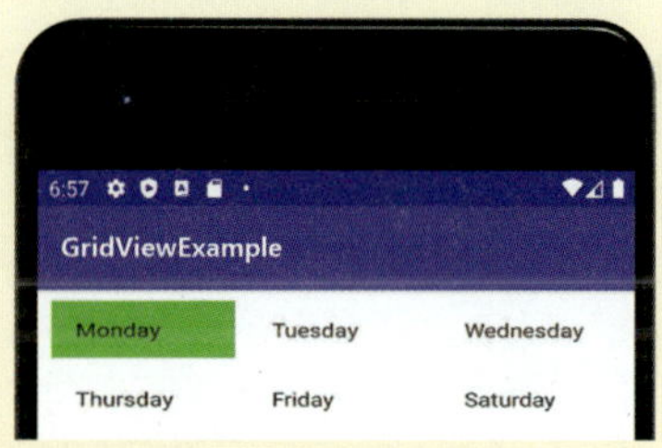

그리드 뷰도 리스트 뷰와 마찬가지로 간단한 그리드 뷰를 만들려면 ArrayAdapter를 사용하고, 사용자 정의 그리드 뷰를 만들려면 BaseAdapter를 사용합니다. 클릭 이벤트는 setOnItemClickListener{...} 리스너로 처리합니다.

그리드 뷰의 생성 과정과 클릭 이벤트 처리 방법은 리스트 뷰와 같으므로 [그림 9-8 리스트 뷰의 생성 과정]을 참고하세요.

실습 예제 9-2 그리드 뷰로 구현한 목록에서 항목 선택 시 배경 변경하기

| 구현 내용 |

그리드 뷰를 사용하여 데이터 항목을 2열로 출력합니다. 각 항목의 상태에 따라 각각 색상을 적용합니다. 항목은 다음 그림처럼 세 가지 상태가 있습니다.

그림 9-13 항목 상태 예

버튼 클릭 시 | 마우스로 누르고 있는 상태 | 선택된 상태

| 구현 방법 |

❶ Empty Activity 템플릿으로 프로젝트를 생성합니다. 프로젝트명은 'GridViewProject', 패키지명은 'com.androidbook.gridviewproject'로 입력합니다. 나머지 설정값은 기존과 같습니다.

❷ res\drawable 폴더에 이미지를 추가합니다.

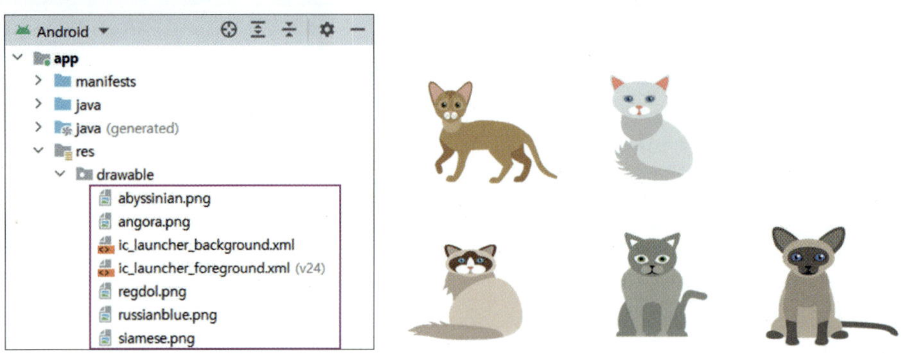

❸ res\drawable 폴더에 항목의 상태를 표시하기 위해 다음과 같이 XML 파일 4개를 새로 생성합니다.

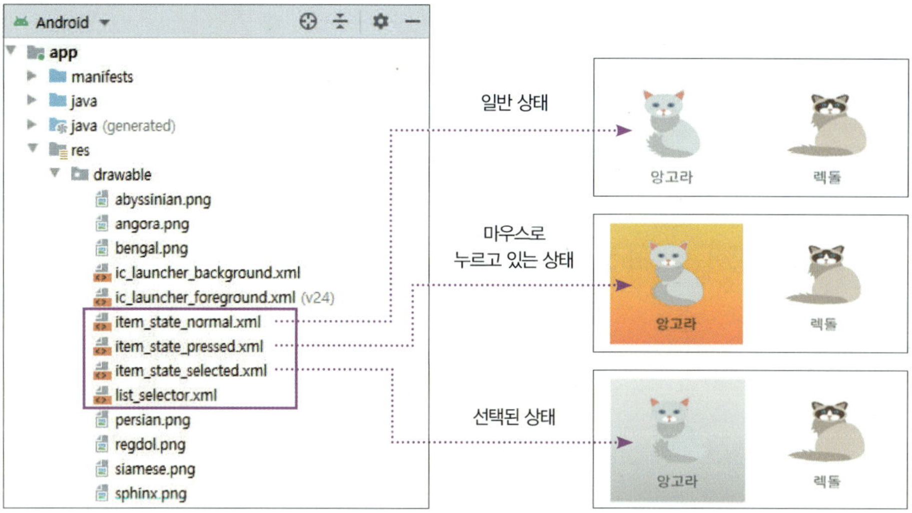

❹ 앞에서 생성한 item_state_normal.xml 파일을 열고 다음과 같이 작성합니다. item_state_normal.xml 파일은 항목을 선택하지 않은 기본 상태를 표현합니다.

res\drawable\item_state_normal.xml

```
<?xml version="1.0" encoding="utf-8"?>
<shape xmlns:android="http://schemas.android.com/apk/res/android"
    android:shape="rectangle">
    <gradient                           // 그러데이션 색상 표현
        android:startColor="#F1F1F2"    // 시작 색상
        android:centerColor="#E7E7E8"   // 가운데 색상
        android:endColor="#CFCFCF"      // 끝 색상
        android:angle="270" />          // 그러데이션 효과의 방향
</shape>
```

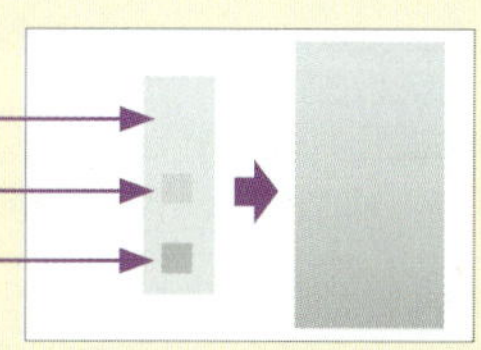

❺ item_state_pressed.xml 파일을 열어 다음과 같이 작성합니다. item_state_pressed.xml 파일은 항목을 마우스로 누르고 있는 상태를 표현합니다.

res\drawable\item_state_pressed.xml

```
<?xml version="1.0" encoding="utf-8"?>
<shape xmlns:android="http://schemas.android.com/apk/res/android"
    android:shape="rectangle">
```

```
    <gradient
        android:startColor="#FFD54F"
        android:centerColor="#FFB74D"
        android:endColor="#FF8A65"
        android:angle="270" />
</shape>
```

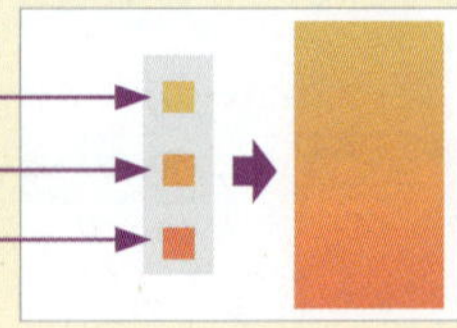

❻ item_state_selected.xml 파일을 열고 다음과 같이 작성합니다. item_state_selected.xml 파일은 항목이 선택된 상태를 표현합니다.

res\drawable\item_state_selected.xml

```
<?xml version="1.0" encoding="utf-8"?>
<shape xmlns:android="http://schemas.android.com/apk/res/android"
    android:shape="rectangle">
    <gradient
        android:startColor="#F1F1F2"
        android:centerColor="#E7E7E8"
        android:endColor="#CFCFCF"
        android:angle="270" />
</shape>
```

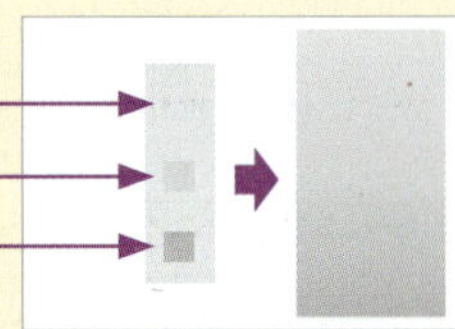

❼ list_selector.xml 파일을 열고 다음과 같이 작성합니다. list_selector.xml 파일은 항목의 선택 상태를 표시하는 item_state_normal.xml, item_state_pressed.xml, item_state_selected.xml 파일을 설정합니다.

res\drawable\item_selector.xml

```
<?xml version="1.0" encoding="utf-8"?>
<selector xmlns:android="http://schemas.android.com/apk/res/android">
    <item
        android:state_selected="false"
        android:state_pressed="false"
        android:drawable="@drawable/item_state_normal" />
    <item android:state_pressed="true"
        android:drawable="@drawable/item_state_pressed" />
    <item android:state_selected="true"
        android:state_pressed="false"
        android:drawable="@drawable/item_state_selected" />
</selector>
```

❽ activity_main.xml 파일을 열고 다음과 같이 작성합니다.

res\layout\activity_main.xml

```
<?xml version="1.0" encoding="utf-8"?>
<LinearLayout ...
    android:layout_margin="10dp">
    <GridView // 그리드 뷰 추가
        android:id="@+id/gridview"
        android:layout_width="match_parent"
        android:layout_height="match_parent"
        android:columnWidth="110dp"
        android:gravity="center"
        android:horizontalSpacing="10dp"
        android:listSelector="@drawable/list_selector"
        android:numColumns="2"
        android:stretchMode="columnWidth"
        android:verticalSpacing="10dp" />
</LinearLayout>
```

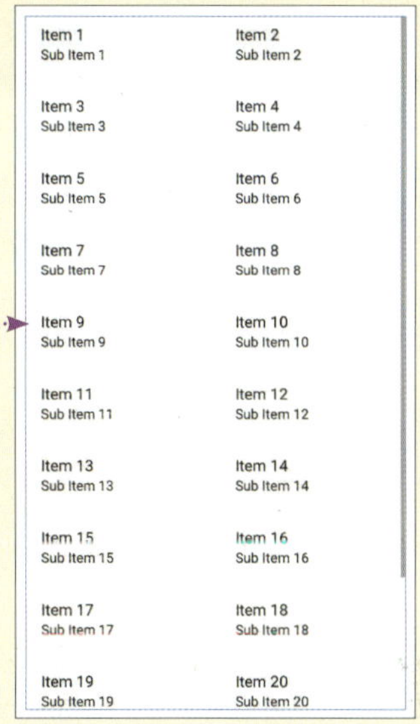

❾ gridview_item.xml 파일을 생성하고 다음과 같이 작성한 후 저장합니다. gridview_item.xml 파일에 그리드 뷰에 출력할 데이터들의 레이아웃을 설정합니다.

res\layout\gridview_item.xml

```
<?xml version="1.0" encoding="utf-8"?>
<LinearLayout ...
    android:layout_width="180dp"
    android:layout_height="180dp"
    android:layout_margin="5dp"
    android:gravity="center"
    android:orientation="vertical"
    android:padding="10dp">

    <ImageView
        android:id="@+id/imgCat"
        android:layout_width="160dp"
        android:layout_height="120dp"
        android:padding="10dp"
        android:scaleType="centerCrop"
        app:srcCompat="@drawable/abyssinian" />
    <TextView
        android:id="@+id/tvName"
```

```
        android:layout_width="match_parent"
        android:layout_height="wrap_content"
        android:gravity="center"
        android:text="이름"
        android:textSize="20sp" />
</LinearLayout>
```

⑩ MyItem.java 파일을 생성하고 다음과 같이 작성합니다. MyItem.java 파일은 그리드 뷰에 표시할 데이터 소스 클래스입니다.

java\com\androidbook\gridviewproject\MyItem.java

```java
package com.androidbook.gridviewproject;

public class MyItem  {
    String name;
    int image;

    public MyItem(String name,  int image) {
        this.name = name;
        this.image = image;
    }

    public String getName() {
        return name;
    }

    public void setName(String name) {
        this.name = name;
    }

    public int getImage() {
        return image;
    }

    public void setImage(int image) {
        this.image = image;
    }
}
```

⑪ MyAdapter.java 파일을 생성하고 다음과 같이 작성합니다. MyAdapter.java 파일은 그리드 뷰의 어댑터 클래스입니다.

java\com\androidbook\gridviewproject\MyAdapter.java

```
package com.androidbook.gridviewproject;
...
public class MyAdapter extends BaseAdapter {

    ArrayList<MyItem> catsList = new ArrayList<>();

    public MyAdapter(ArrayList<MyItem> catsList) {
        this.catsList = catsList ;
    }

    @Override
    public int getCount() {
        return catsList .size();
    }

    @Override
    public MyItem getItem(int i) {
        return catsList.get(i);
    }

    @Override
    public long getItemId(int i) {
        return i;
    }

    @Override
    public View getView(int i, View view, ViewGroup viewGroup) {
        Context context = viewGroup.getContext();
        View convertView = view;

        LayoutInflater inflater = (LayoutInflater) context.getSystemService(Context.
LAYOUT_INFLATER_SERVICE);
        convertView = inflater.inflate(R.layout.gridview_item,  viewGroup, false);

        TextView tvName = (TextView)convertView.findViewById(R.id.tvName);

        ImageView imgCat = (ImageView)convertView.findViewById(R.id.imgCat);
```

```
        MyItem myItem = getItem(i);
        tvName.setText(myItem.getName());
        imgCat.setImageResource(myItem.getImage());

        return convertView;
    }
}
```

⓬ MainActivity.java 파일을 열고 다음과 같이 작성합니다.

java\com\androidbook\gridviewproject\MainActivity.java

```
package com.androidbook.gridviewproject;
...
public class MainActivity extends AppCompatActivity {

    @Override
    protected void onCreate(Bundle savedInstanceState) {
        super.onCreate(savedInstanceState);
        setContentView(R.layout.activity_main);

        ArrayList<MyItem> catsList = new ArrayList<MyItem>();

        catsList.add(new MyItem("아비시니안", R.drawable.abyssinian));
        catsList.add(new MyItem("샴", R.drawable.siamese));
        catsList.add(new MyItem("앙고라", R.drawable.angora));
        catsList.add(new MyItem("랙돌", R.drawable.regdol));

        MyAdapter adapter = new MyAdapter(catsList);

        GridView gridview = findViewById(R.id.gridview);
        gridview.setAdapter(adapter);

        gridview.setOnItemClickListener(new AdapterView.OnItemClickListener() {
            @Override
            public void onItemClick(AdapterView<?> adapterView, View view, int i, long l) {
                MyItem itemValue = (MyItem) adapterView.getItemAtPosition(i);
                Toast.makeText(getApplicationContext(), itemValue.getName(), Toast.
LENGTH_SHORT).show();

            }
        });
```

```
    }
}
```

⑬ 프로젝트를 실행해 결과를 확인합니다.

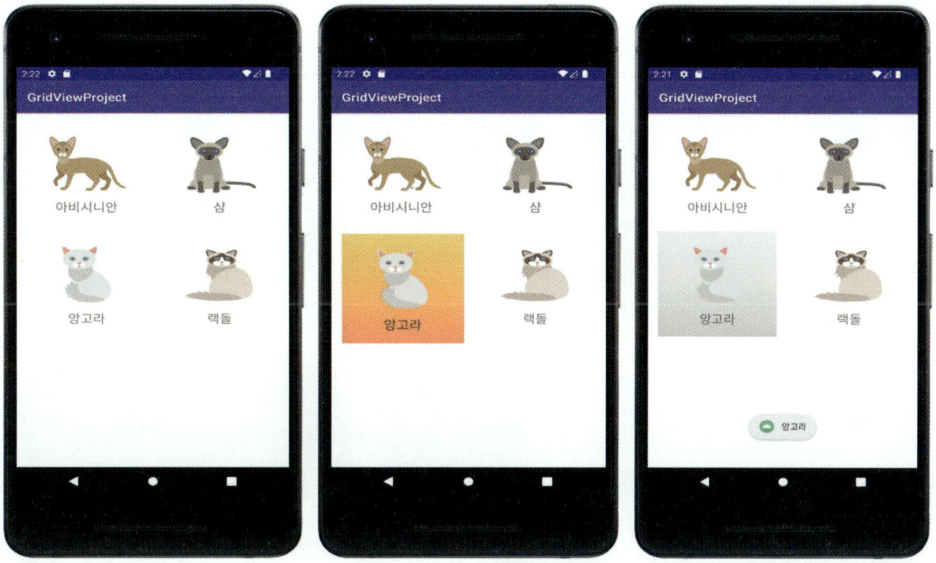

초기 화면　　　항목을 마우스로 누르고 있을 때　　　항목 선택 후

ANDROID

9.4 스피너 다루기

스피너(Spinner)는 드롭다운 메뉴에서 하나의 값을 선택할 때 사용하는 위젯으로, 여러 개의 값이 포함되어 있습니다. 스피너는 현재 선택된 값을 기본적으로 표시하며, 사용자가 클릭하면 모든 값이 드롭다운 메뉴로 펼쳐지면서 선택할 수 있습니다.

그림 9-14 스피너의 화면 표시 예

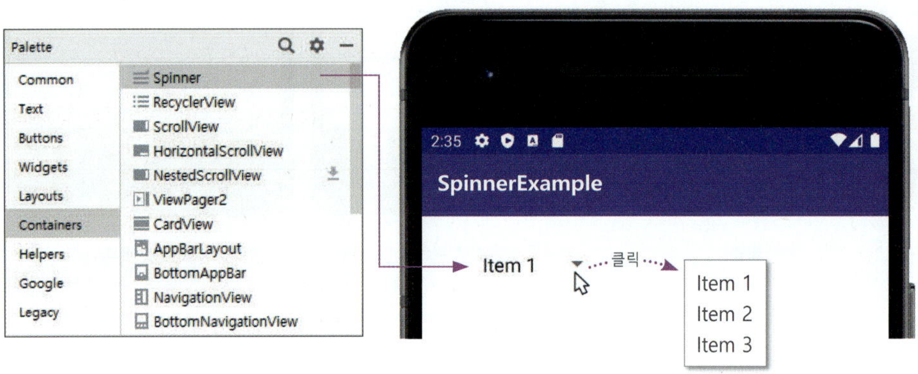

스피너는 AdapterView 하위 클래스인 Spinner 클래스로 구현하며, 어댑터로 ArrayAdapter, BaseAdapter, 커스텀 ArrayAdapter를 사용합니다.

스피너도 레이아웃 파일에 다음과 같이 선언한 후 속성을 설정할 수 있습니다.

```
<Spinner
    android:id="@+id/spinner"
    android:layout_width="match_parent"
    android:layout_height="match_parent" />
```

표 9-8 스피너의 속성

속성	설명
dropDownSelector	스피너가 드롭다운 모드로 표시될 때 목록 선택기를 설정합니다.
dropDownWidth	스피너가 드롭다운 모드로 표시될 때 드롭다운 메뉴의 너비를 설정합니다.
gravity	현재 선택된 항목의 위치를 지정합니다.
popupBackground	스피너가 드롭다운 모드로 표시될 때 드롭다운 메뉴의 배경색 또는 이미지를 설정합니다.
prompt	스피너가 대화상자 모드로 표시될 때 제목을 설정합니다.
spinnerMode	스피너의 모드(dropdown, dialog)를 설정합니다.

예를 들어, 스피너가 표시될 때 드롭다운 모드에서 메뉴의 배경색을 노란색(#FFF176)으로 설정하려면 다음과 같이 설정합니다.

```
<LinearLayout ...>
    <Spinner
    android:id="@+id/spinner"
    android:layout_width="200dp"
    android:layout_height="wrap_content"
    android:popupBackground="#FFF176"
    android:spinnerMode="dropdown" />
</LinearLayout>
```

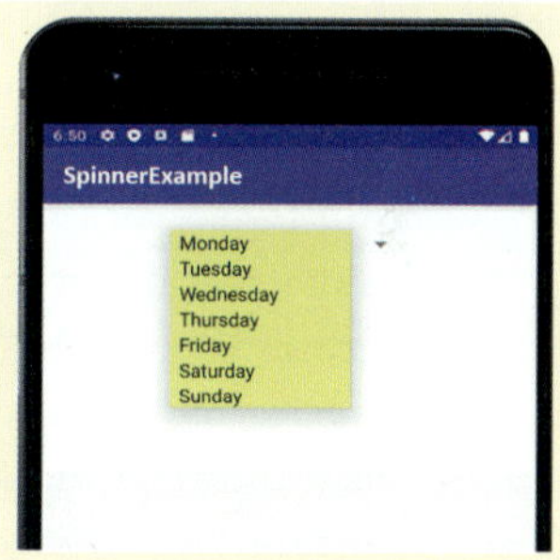

스피너를 구현하는 방법은 리스트 뷰와 같지만, 이벤트 처리에는 OnItemSelectedListener {...} 리스너 내에 오버라이드 메서드 onItemSelected()를 사용하여 드롭다운 목록에서 값을 선택합니다.

실습 예제 9-3 스피너로 이미지 출력하기

| 구현 내용 |

스피너를 사용해 드롭다운 메뉴를 구현합니다. 스피너로 구현한 목록에서 항목을 선택하면 해당 항목의 이미지를 목록 아래에 출력합니다.

| 구현 방법 |

❶ Empty Activity 템플릿으로 프로젝트를 생성합니다. 프로젝트명은 'SpinnerProject', 패키지명은 'com.androidbook.spinnerproject'로 입력합니다. 나머지 설정값은 기존과 같습니다.

❷ res\drawable 폴더에 이미지를 추가합니다.

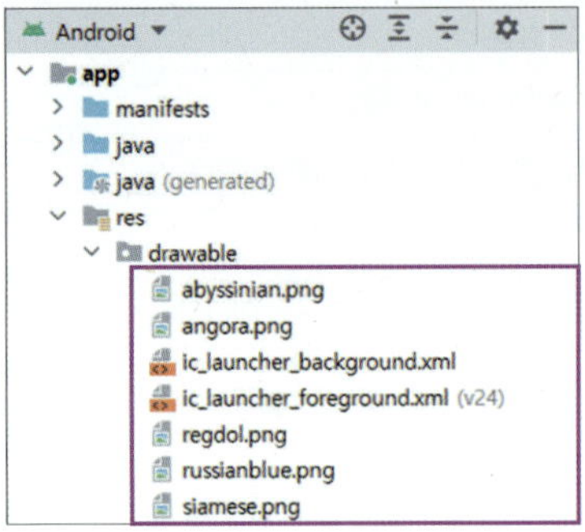

❸ activity_main.xml 파일을 열고 다음과 같이 기본 화면 레이아웃을 작성합니다.

res\layout\activity_main.xml

```
<?xml version="1.0" encoding="utf-8"?>
<LinearLayout ...
    android:layout_margin="20dp"
    android:orientation="vertical">
    <TextView
        android:id="@+id/textView2"
        android:layout_width="match_parent"
        android:layout_height="wrap_content"
        android:text="고양이 선택"
        android:textColor="#F06292"
        android:textSize="24sp"
        android:textStyle="bold" />
    <Spinner
        android:id="@+id/spinner"
        android:layout_width="match_parent"
        android:layout_height="wrap_content"
        android:spinnerMode="dropdown" />
    <ImageView
        android:id="@+id/imageView"
        android:layout_width="match_parent"
        android:layout_height="wrap_content"
        android:layout_margin="50dp"
        app:srcCompat="@drawable/abyssinian" />
</LinearLayout>
```

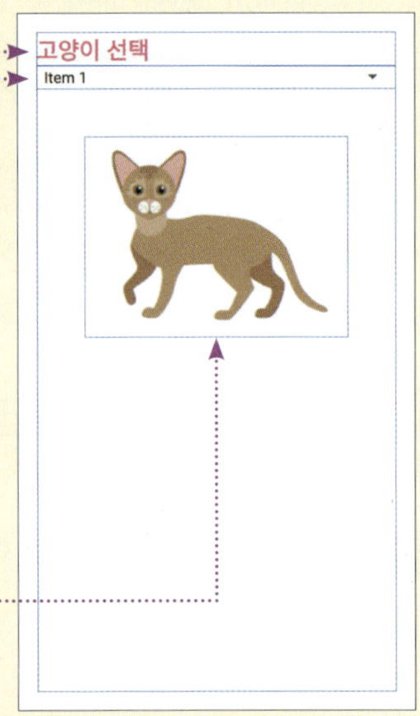

❹ res\layout 폴더에 spinner_item.xml 파일을 생성하고 다음과 같이 작성합니다. spinner_item.xml 파일에는 스피너로 구현한 드롭다운 메뉴 항목의 레이아웃을 설정합니다.

res\layout\spinner_item.xml

```
<?xml version="1.0" encoding="utf-8"?>
<LinearLayout ...
    android:layout_marginStart="20dp"
    android:layout_marginLeft="20dp"
    android:layout_marginEnd="20dp"
    android:layout_marginRight="20dp"
    android:orientation="horizontal"
    android:padding="10dp">
    <TextView
        android:id="@+id/tvName"
        android:layout_width="wrap_content"
        android:layout_height="30dp"
        android:layout_weight="1"
        android:text="고양이"
        android:textColor="#4DB6AC"
        android:textSize="18sp" />
    <ImageView
        android:id="@+id/imgCat"
        android:layout_width="30dp"
        android:layout_height="30dp"
        android:layout_weight="0"
        app:srcCompat="@drawable/abyssinian" />
</LinearLayout>
```

❺ MyItem.java 파일을 생성하고 다음과 같이 작성합니다. MyItem.java 파일은 리스트 뷰의 목록의 각 항목에 표시할 데이터의 데이터 소스 클래스입니다.

java\com\androidbook\spinnerproject\MyItem.java

```
package com.androidbook.spinnerproject;

public class MyItem  {

    String name;
    int image;

    public MyItem(String name, int image) {
        this.name = name;
```

```
        this.image = image;
    }

    public String getName() {
        return name;
    }

    public void setName(String name) {
        this.name = name;
    }

    public int getImage() {
        return image;
    }

    public void setImage(int image) {
        this.image = image;
    }
}
```

❻ MyAdapter.java 파일을 생성하고 다음과 같이 작성합니다. MyAdapter.java 파일은 리스트 뷰 스피너의 어댑터 클래스입니다.

java\com\androidbook\spinnerproject\MyAdapter.java

```
package com.androidbook.spinnerproject;
...
public class MyAdapter extends BaseAdapter {

    ArrayList<MyItem> catsList = new ArrayList<>();

    public MyAdapter(ArrayList<MyItem> itemList) {
        this.catsList = itemList;
    }

    @Override
    public int getCount() { // 데이터 집합의 항목 수
        return catsList.size();
    }

    @Override
```

```java
    public MyItem getItem(int i) { // 위치의 데이터 항목 가져오기
        return catsList.get(i);
    }

    @Override
    public long getItemId(int i) { // 위치의 데이터 항목 아이디 가져오기
        return i;
    }

    @Override
    public View getView(int i, View view, ViewGroup viewGroup) { // 위치의 데이터 항목 뷰 만들기
        Context context = viewGroup.getContext();
        View convertView = view;

        LayoutInflater inflater = (LayoutInflater) context.getSystemService(Context.
LAYOUT_INFLATER_SERVICE);
        convertView = inflater.inflate(R.layout.spinner_item, viewGroup, false);
        // 항목 레이아웃 파일 연결

        TextView tvName = (TextView)convertView.findViewById(R.id.tvName);
        ImageView imgCat = (ImageView)convertView.findViewById(R.id.imgCat);

        MyItem myItem = getItem(i);
        tvName.setText(myItem.getName());
        imgCat.setImageResource(myItem.getImage());

        return convertView;
    }
}
```

❼ MainActivity.java 파일을 열고 다음과 같이 작성합니다.

java\com\androidbook\spinnerproject\MainActivity.java

```java
package com.androidbook.spinnerproject;
...
public class MainActivity extends AppCompatActivity {
    ArrayList<MyItem> catsList; // 데이터 소스 저장 변수

    @Override
    protected void onCreate(Bundle savedInstanceState) {
        super.onCreate(savedInstanceState);
```

```
        setContentView(R.layout.activity_main);

        catsList = new ArrayList<MyItem>();

        catsList.add(new MyItem("아비시니안",R.drawable.abyssinian));
        catsList.add(new MyItem("샴",  R.drawable.siamese));
        catsList.add(new MyItem("앙고라", R.drawable.angora));
        catsList.add(new MyItem("랙돌",  R.drawable.regdol));

        ImageView image = findViewById(R.id.imageView);
        Spinner spin = findViewById(R.id.spinner);
        MyAdapter adapter = new MyAdapter(catsList);
        spin.setAdapter(adapter); // 리스트 뷰 스피너의 어댑터 설정

        spin.setOnItemSelectedListener(new AdapterView.OnItemSelectedListener() {

            @Override
            public void onItemSelected(AdapterView<?> adapterView, View view, int i, long
l) {
                MyItem itemValue = (MyItem) adapterView.getItemAtPosition(i);
                image.setImageResource(itemValue.image);
                Toast.makeText(getApplicationContext(), itemValue.name, Toast.LENGTH_
SHORT).show();

            }

            @Override
            public void onNothingSelected(AdapterView<?> adapterView) {

            }
        });
    }
}
```

❶ 데이터 소스 정의

❷ 리스트 뷰 스피너의 항목 클릭 이벤트

❽ 프로젝트를 실행해 결과를 확인합니다.

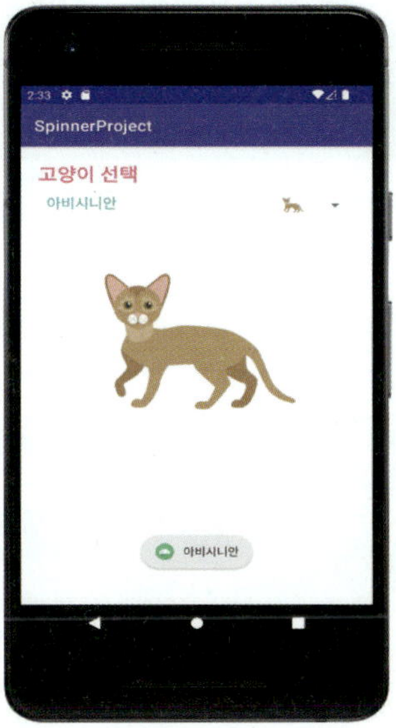

초기 화면

드롭다운 메뉴 화면

항목 선택 시

PROJECT 9

[도서 쇼핑몰] 장바구니와 주문 처리 만들기

쇼핑몰에 어댑터와 어댑터 뷰를 적용해서 도서 쇼핑몰의 장바구니를 만들고 도서 주문을 처리해 봅니다.

길벗 홈페이지 자료실에서 제공하는 PDF의 56쪽을 참고하세요!

- 1장 프로젝트 생성하기 → 3장 시작 화면 만들기 → 4장 도서 목록 화면 만들기 → 5장 도서 상품 이벤트 처리하기 → 6장 도서 상품 상세 정보 표시하기 → 8장 장바구니 등록 대화상자 만들기 → 9장 • 장바구니 만들기 • 주문 처리하기
- 11장 동영상 강좌 화면 만들기
- 10장 마이 페이지 화면 만들기 → 10장 • 메모장 만들기 • 메모장에서 검색어 찾기 → 11장 카메라로 프로필 설정하기 → 12장 낙서장 만들기
- 13장 고객센터 화면 만들기 → 13장 도서 마켓 위치 안내 표시하기 → 14장 고객문의 게시판 만들기
- 7장 • 메뉴 만들기 • 액션 바 바꾸기 • 내비게이션 바 만들기 → 8장 로그인 대화상자 만들기 → 14장 • 회원가입 메뉴 만들기 • 로그인과 로그아웃 기능 만들기
- 6장 스플래시 화면 만들기 → 12장 스플래시 화면 꾸미기

장바구니 만들기 결과 화면

도서 상세 정보 화면에서 〈장바구니 담기〉 버튼을 누르면 해당 도서가 장바구니 목록에 등록됩니다. 장바구니 화면에서 〈삭제〉 버튼을 눌러 등록된 도서를 항목별 또는 전체 삭제할 수 있습니다.

주문 처리하기 결과 화면

장바구니 화면에서 주문 처리 액션 버튼을 누르면 배송 정보 화면을 출력합니다. 여기에 배송 정보를 등록한 후 〈등록〉 버튼을 누르면 주문서 화면을 출력하고, 〈취소〉 버튼을 누르면 장바구니 화면으로 다시 이동합니다. 주문서 화면에 〈주문 완료〉 버튼을 누르면 주문 완료 대화상자를 출력하고, 〈주문 취소〉 버튼을 누르면 장바구니에 담긴 도서 목록을 비웁니다.

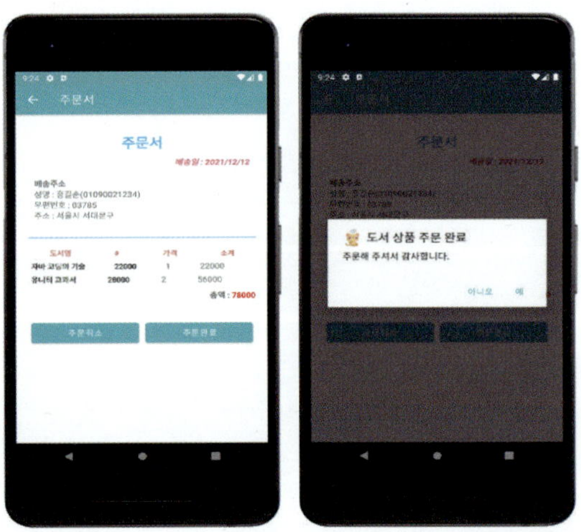

10 장

데이터 저장소 사용하기

학 습 목 표

- 데이터 저장소의 유형을 이해한다.
- 공유 환경 설정의 처리 과정에 대해 익힌다.
- 내부 저장소의 처리 과정에 대해 익힌다.
- 외부 저장소의 처리 과정에 대해 익힌다.
- SQLite 데이터베이스의 처리 과정에 대해 익힌다.

ANDROID

10.1 데이터 저장소 살펴보기

안드로이드에서는 다양한 데이터 유형으로 앱과 사용자 데이터를 보존하며, 앱과 기기 간에 데이터를 공유하는 방법을 배울 수 있습니다. 안드로이드는 다양한 종류의 저장 공간을 제공하여 영구적인 앱 데이터를 저장할 수 있습니다. 어떤 저장 공간을 선택할지는 데이터가 앱 전용인지, 다른 앱(또는 사용자)이 접근할 수 있는지, 그리고 데이터에 필요한 공간 크기 등의 사용자 요구 사항에 따라 다릅니다.

그림 10-1 저장 공간의 유형

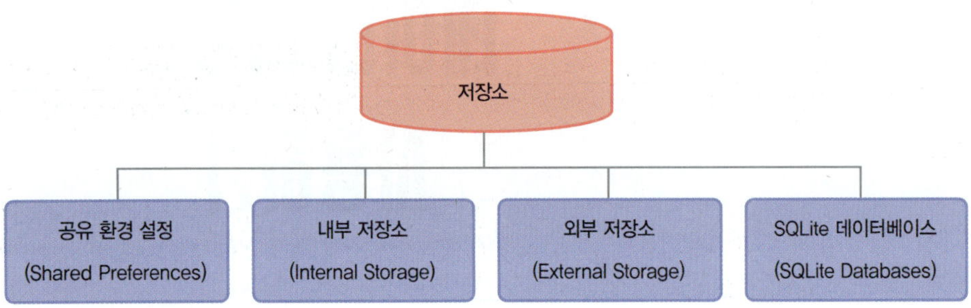

표 10-1 저장소별 데이터 저장 유형

저장소	데이터 유형	설명
공유 환경 설정 (Shared Preference) 파일	키-값 쌍	키-값 쌍으로 개인 기본 데이터를 저장합니다.
내부 저장소(Internal Storage)	앱 전용으로 사용하는 파일	장치 메모리에 앱 전용으로 사용하는 파일을 저장합니다.
외부 저장소(External Storage)	앱 전용으로 사용하는 파일, 공유 가능한 미디어 파일(이미지, 오디오 파일, 동영상), 다운로드 파일을 비롯한 다른 유형의 공유 가능한 콘텐츠	공유 외부 저장소에 앱 전용으로 사용하는 공용 파일을 저장합니다.
SQLite 데이터베이스 (SQLite Database)	구조화된 데이터	구조화된 데이터를 개인 데이터베이스에 저장합니다.

데이터를 저장할 때 저장 공간을 어떻게 사용하는지 알아보겠습니다.

ANDROID

10.2 공유 환경 설정 파일로 데이터 관리하기

공유 환경 설정(Shared Preference)은 SharedPreferences 클래스를 사용하여 기본 데이터 유형(String, Long, Integer, Float, Boolean)을 키-값 쌍의 형태로 공유 환경 설정 파일에 저장하고 검색할 수 있는 간단한 방법입니다.

그림 10-2 공유 환경 설정 방법의 작동 방식

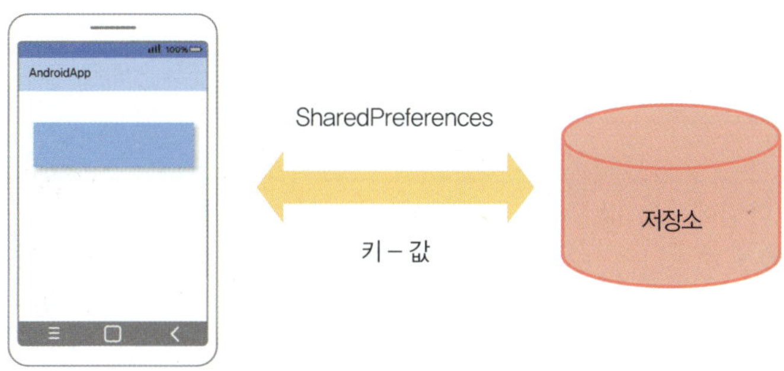

공유 환경 설정 파일은 안드로이드 프레임워크에 의해 관리되며 앱 내 어디에서든 데이터를 읽거나 쓰려고 이 파일에 접근할 수 있지만, 다른 앱에서는 접근할 수 없어 보안을 유지하는 데 사용됩니다. 이 파일은 사용자의 로그인 정보, 사용자와 관련된 앱 환경 설정(푸시 알림, 알림, 앱의 기본 설정 등) 등을 저장하는 데 유용합니다. 또한, 사용자가 앱을 삭제하거나 재설정하지 않아도 키-값 쌍의 형태로 앱이 종료되어도 보안을 유지할 수 있습니다.

TIP 안드로이드에서 공유 환경 설정의 키-값 데이터는 XML 파일로 DATA\data{application package} 경로의 shared_prefs 폴더에 저장됩니다. 이때, DATA 폴더는 Environment.getDataDirectory()를 호출하여 얻을 수 있습니다.

공유 환경 설정은 요구 사항에 따라 데이터를 단일 파일 또는 여러 파일에 저장할 수 있습니다. 단일 파일에서 데이터를 처리하려면 getPreferences() 메서드를 사용하며, 여러 파일에서 데이터를 처리하려면 getSharedPreferences() 메서드를 호출하여 파일 이름을 매개 변수로 전달합니다. 이 두 메서드의 기본 형식과 매개 변수는 다음과 같습니다.

```
public abstract SharedPreferences getSharedPreferences (String name, int mode)
public SharedPreferences getPreferences (int mode)
```

표 10-2 getPreferences()와 getSharedPreferences() 메서드의 매개 변수

<table>
<tr><th>매개 변수</th><th>설명</th></tr>
<tr><td>String name</td><td>공유 환경 설정 파일 이름입니다.
<table>
<tr><th>모드 유형</th><th>설명</th></tr>
<tr><td>MODE_PRIVATE</td><td>기본 모드로, 생성된 파일을 호출한 앱만 파일에 접근할 수 있습니다.</td></tr>
<tr><td>MODE_WORLD_READABLE</td><td>생성된 파일에 대한 읽기 권한을 다른 모든 앱에 허용합니다.</td></tr>
<tr><td>MODE_WORLD_WRITEABLE</td><td>생성된 파일에 대한 쓰기 권한을 다른 모든 앱에 허용합니다.</td></tr>
<tr><td>MODE_MULTI_PROCESS</td><td>기본 설정 인스턴스가 이미 로드된 경우에도 수정 사항을 확인합니다.</td></tr>
</table></td></tr>
<tr><td>int mode</td><td>작동 모드로, 값은 0 또는 모드 유형의 조합입니다.</td></tr>
</table>

공유 환경 설정 파일에서는 값 읽기, 저장하기, 수정하기 등 데이터 처리에 관련된 여러 가지 메서드를 사용할 수 있습니다. 이 중에서도 주요한 메서드들은 다음과 같습니다.

표 10-3 공유 환경 설정 파일에서 데이터를 다루는 데 필요한 메서드

메서드	설명
void apply()	Editor 객체에서 SharedPreferences 객체로 환경 설정 변경 사항을 다시 수행합니다.
SharedPreferences.Editor clear()	Editor 객체에서 모든 값을 제거합니다.
SharedPreferences.Editor remove(String key)	Editor 객체에서 설정한 key로 전달된 값을 제거합니다.
String putXxx(String key, xxx value)	Editor 객체에서 설정한 key에 설정된 value를 저장합니다. Xxx와 xxx는 기본 자료형을 의미합니다.
String getXxx(String key, xxx defValue)	환경 설정에서 설정된 key 값을 검색합니다. 설정된 defValue는 기본값으로, Xxx와 xxx는 기본 자료형을 의미합니다.
boolean commit()	Editor 객체에서 편집 중인 SharedPreferences 객체로 환경 설정 변경 사항을 다시 수행합니다.

공유 환경 설정으로 어떻게 데이터를 검색, 저장, 삭제하는지 알아봅시다.

데이터 검색

공유 환경 설정 파일에서 저장된 데이터를 읽어오는 과정은 다음과 같습니다.

❶ getPreferences() 또는 getSharedPreferences() 메서드를 호출해 SharedPreferences 객체를 생성합니다.

❷ 생성된 객체로 getXxx() 메서드를 호출하여 공유 환경 설정 파일에서 값을 읽어오거나 검색합니다.

그림 10-3 데이터 검색 처리 과정

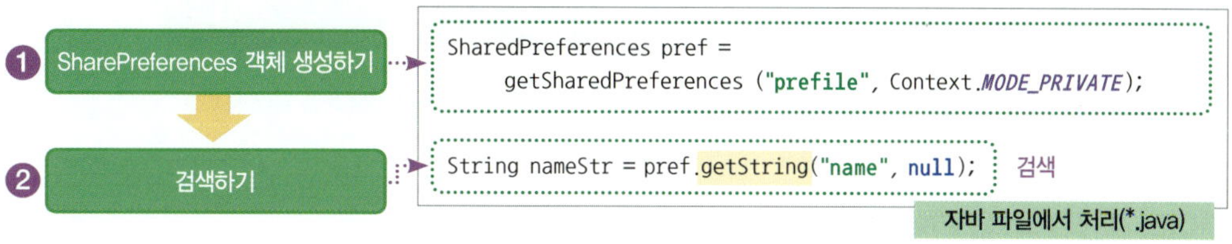

예를 들어, 공유 환경 설정 파일에 저장된 데이터에서 이름과 나이를 가져와 출력하려면 다음과 같이 작성합니다. 공유 환경 설정 파일에 이름 '홍길동'과 나이 '25'로 저장되어 있고 검색 버튼을 클릭하면 읽어온 데이터를 토스트 메시지로 출력합니다.

```
public class SearchActivity extends AppCompatActivity {
    @Override
    protected void onCreate(Bundle savedInstanceState) {
        super.onCreate(savedInstanceState);
        setContentView(R.layout.activity_search);

        Button search = findViewById(R.id.search);
        search.setOnClickListener(new View.OnClickListener() {
            @Override
            public void onClick(View view) {
                SharedPreferences pref = getSharedPreferences("prefile", Context.MODE_
PRIVATE); ❶
                String nameStr = pref.getString("name", null); ❷
                int ageStr = pref.getInt("age",-1); ❷
                if(nameStr!=null || ageStr!=-1 ) Toast.makeText(getApplicationContext(),
"공유설정파일에 저장된 내용은 \n 이름 : "+nameStr + " 나이 : " +ageStr +" 입니다", Toast.
LENGTH_SHORT).show();
                else Toast.makeText(getApplicationContext(), "공유설정파일에 저장된 내용이
없습니다", Toast.LENGTH_SHORT).show();
```

```
            }
        });
    }
}
```

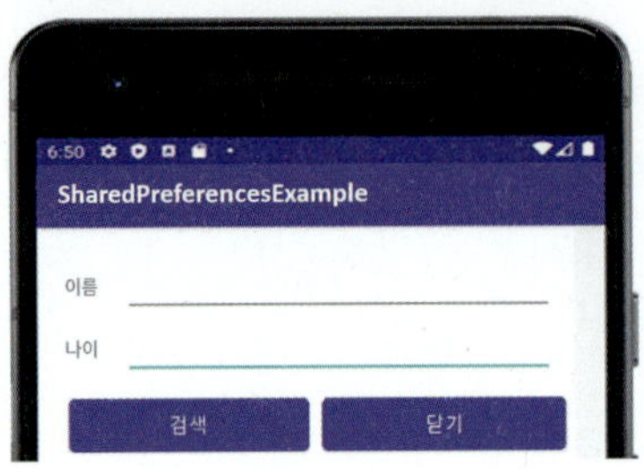

초기 화면

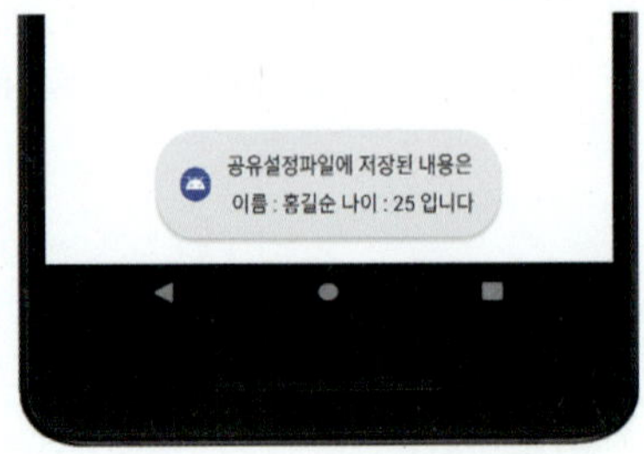

데이터 넣고 검색 버튼 클릭 시

데이터 저장/삭제/전체 삭제

공유 환경 설정 파일에서 데이터를 저장, 삭제, 전체 삭제하는 과정은 다음과 같습니다.

1. 데이터를 읽을 때처럼 getPreferences() 또는 getSharedPreferences() 메서드를 호출해 SharedPreferences 객체를 생성합니다.
2. 생성된 SharedPreferences 객체의 변경 사항을 편집하고 저장하기 위해 Shared Preferences.Editor 객체를 생성합니다.
3. 생성한 SharedPreferences.Editor 객체를 통해 데이터를 저장, 삭제, 전체 삭제하기 위해 각각 putXxx(), remove(), clear() 메서드를 호출합니다.
4. 마지막으로 apply() 메서드를 호출해 공유 환경 설정 파일의 변경 사항을 갱신합니다.

그림 10-4 데이터 저장/삭제/전체 삭제 처리 과정

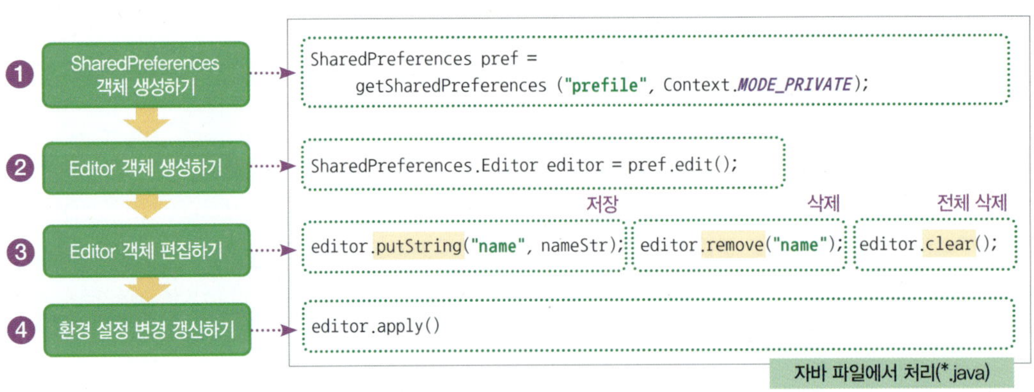

데이터 저장하기

공유 환경 설정 파일에 데이터를 저장하기 위해서는 SharedPreferences.Editor 클래스의 putXxx() 메서드를 호출하여 특정 키와 값을 설정해야 합니다. 예를 들어, EditText에서 이름과 나이를 입력받아 prefile이라는 이름의 공유 환경 설정 파일에 저장하려면 putString() 메서드와 putInt() 메서드를 각각 name과 age라는 키로 호출해야 합니다.

```
public class SaveActivity extends AppCompatActivity {
    @Override
    protected void onCreate(Bundle savedInstanceState) {
        super.onCreate(savedInstanceState);
        setContentView(R.layout.activity_main);

        Button save = findViewById(R.id.save);
        save.setOnClickListener(new View.OnClickListener() {
            @Override
            public void onClick(View view) {
                EditText username = findViewById(R.id.txtName);
                EditText age = findViewById(R.id.txtAge);
                String nameStr = username.getText().toString();
                String ageStr = age.getText().toString();
                SharedPreferences pref =
                        getSharedPreferences("prefile", Context.MODE_PRIVATE); ❶
                SharedPreferences.Editor editor = pref.edit(); ❷
                editor.putString("name", nameStr); ❸
                editor.putInt("age", Integer.parseInt(ageStr)); ❸
                editor.apply(); ❹
            }
        });
    }
}
```

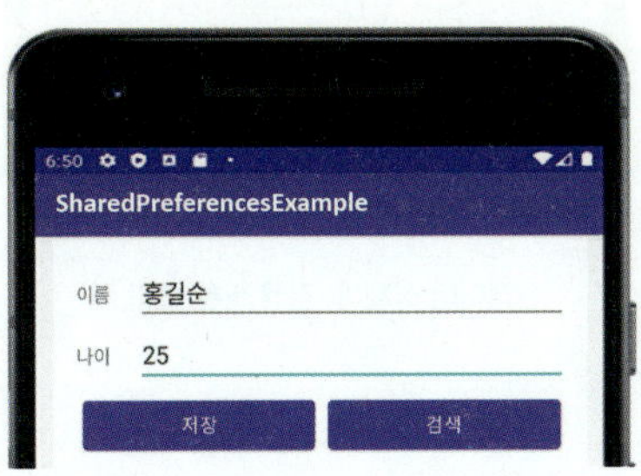

초기 화면에서 데이터 입력받고 저장

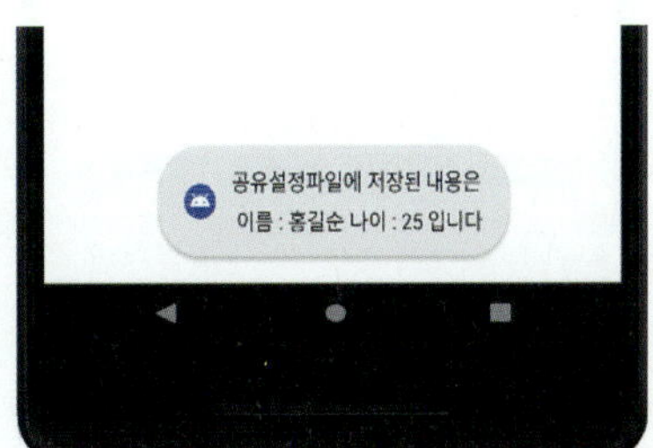

데이터 저장 후 검색 버튼 클릭 시

데이터 삭제하기

공유 환경 설정 파일에서 데이터를 삭제하려면 SharedPreferences.Editor에서 remove() 메서드를 호출하여 특정 키를 설정해야 합니다. 예를 들어, 에디트 텍스트로 입력받은 이름과 나이 데이터가 공유 환경 설정 파일(prefile)에 저장되어 있는 경우 이 중에서 이름 데이터를 삭제하려면 이름의 키인 name을 통해 remove() 메서드를 호출하면 됩니다.

```
public class DeleteActivity extends AppCompatActivity {
    @Override
    protected void onCreate(Bundle savedInstanceState) {
        super.onCreate(savedInstanceState);
        setContentView(R.layout.activity_delete);

        Button delete = findViewById(R.id.delete);

        delete.setOnClickListener(new View.OnClickListener() {
            @Override
            public void onClick(View view) {
                SharedPreferences pref = getSharedPreferences("prefile", Context.MODE_
PRIVATE); ❶
                SharedPreferences.Editor editor = pref.edit(); ❷
                editor.remove("name"); ❸
                editor.apply(); ❹
            }
        });
    }
}
```

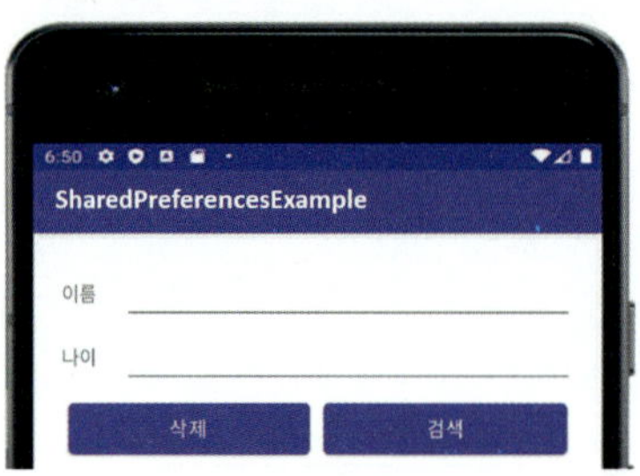

초기 화면에서 데이터 삭제

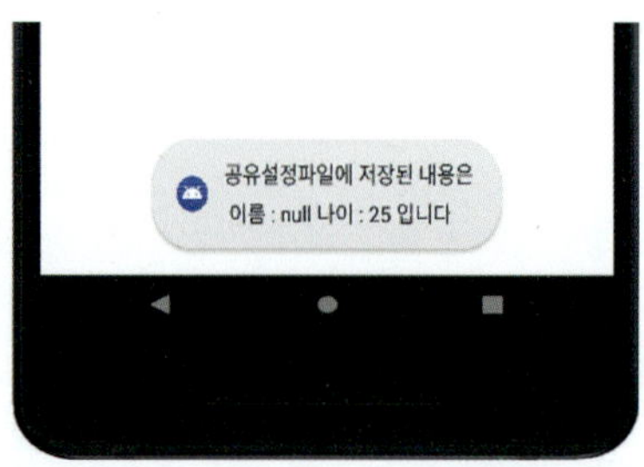

데이터 삭제 후 검색 버튼 클릭 시

● 데이터 전체 삭제하기

공유 환경 설정 파일에 저장된 모든 데이터를 삭제하려면 SharedPreferences.Editor에서 clear() 메서드를 호출합니다. 예를 들어, 에디트 텍스트로 입력받아 공유 환경 설정 파일에 저장된 이름과 나이 데이터를 모두 삭제하려면 다음과 같이 clear() 메서드를 호출합니다.

```
public class ClearActivity extends AppCompatActivity {
    @Override
    protected void onCreate(Bundle savedInstanceState) {
        super.onCreate(savedInstanceState);
        setContentView(R.layout.activity_clear);

        Button clear = findViewById(R.id.clear);

        clear.setOnClickListener(new View.OnClickListener() {
            @Override
            public void onClick(View view) {
                SharedPreferences pref = getSharedPreferences("prefile", Context.MODE_
PRIVATE); ❶
                SharedPreferences.Editor editor = pref.edit(); ❷
                editor.clear(); ❸
                editor.apply(); ❹
            }
        });
    }
}
```

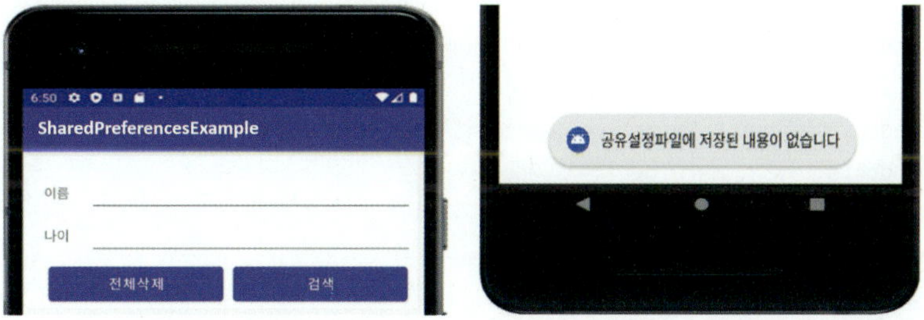

초기 화면에서 전체 삭제 버튼 클릭　　전체 삭제 버튼 클릭 후 검색 버튼 클릭 시

10 데이터 저장소 사용하기

실습 예제 10-1 에디트 텍스트에 입력된 텍스트 읽어오기

| 구현 내용 |

로그인 화면과 로그아웃 화면 레이아웃을 만듭니다. 로그인 화면에서 로그인 정보를 입력하면 해당 데이터를 공유 환경 설정 파일에 저장하고 로그아웃 화면으로 이동합니다. 로그아웃 화면에서 로그아웃 버튼을 클릭하면 공유 환경 설정 파일의 모든 데이터를 삭제합니다.

| 구현 방법 |

❶ Empty Activity 템플릿으로 프로젝트를 생성합니다. 프로젝트명은 'SharedPreferences Project', 패키지명은 'com.androidbook.sharedpreferencesproject'로 입력합니다. 나머지 설정값은 기존과 같습니다.

❷ activity_main.xml 파일을 열고 로그인 화면의 레이아웃을 다음과 같이 작성합니다.

res\layout\activity_main.xml

```xml
<?xml version="1.0" encoding="utf-8"?>
<LinearLayout ...>

    <TextView
        android:id="@+id/fstTxt"
        android:layout_width="wrap_content"
        android:layout_height="wrap_content"
        android:layout_marginLeft="100dp"
        android:layout_marginTop="150dp"
        android:text="UserName" />
    <EditText
        android:id="@+id/txtName"
        android:layout_width="wrap_content"
        android:layout_height="wrap_content"
        android:layout_marginLeft="100dp"
        android:ems="10" />
    <TextView
        android:id="@+id/secTxt"
        android:layout_width="wrap_content"
        android:layout_height="wrap_content"
        android:text="Password"
        android:layout_marginLeft="100dp" />
    <EditText
        android:id="@+id/txtPwd"
        android:inputType="textPassword"
```

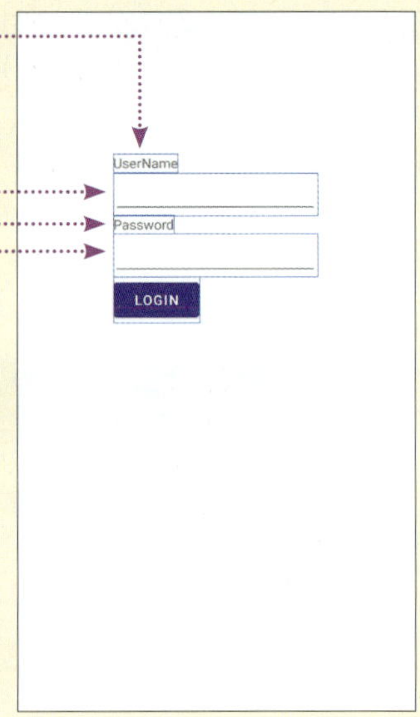

```
        android:layout_width="wrap_content"
        android:layout_height="wrap_content"
        android:layout_marginLeft="100dp"
        android:ems="10" />
    <Button
        android:id="@+id/btnLogin"
        android:layout_width="wrap_content"
        android:layout_height="wrap_content"
        android:layout_marginLeft="100dp"
        android:text="Login" />
</LinearLayout>
```

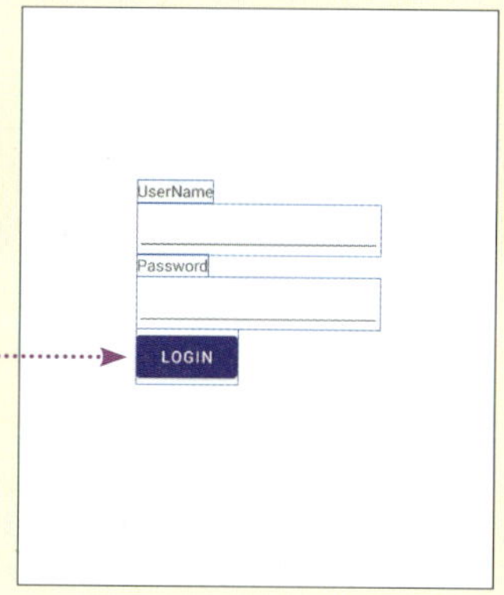

❸ activity_logout.xml 파일을 생성하고 로그아웃 화면의 레이아웃을 다음과 같이 작성합니다.

res\layout\activity_logout.xml

```
<?xml version="1.0" encoding="utf-8"?>
<LinearLayout ...>

    <TextView
        android:id="@+id/resultView"
        android:layout_width="wrap_content"
        android:layout_height="wrap_content"
        android:layout_gravity="center"
        android:layout_marginTop="170dp"
        android:textSize="20dp" />
    <Button
        android:id="@+id/btnLogOut"
        android:layout_width="wrap_content"
        android:layout_height="wrap_content"
        android:layout_gravity="center"
        android:layout_marginTop="20dp"
        android:text="Log Out" />
</LinearLayout>
```

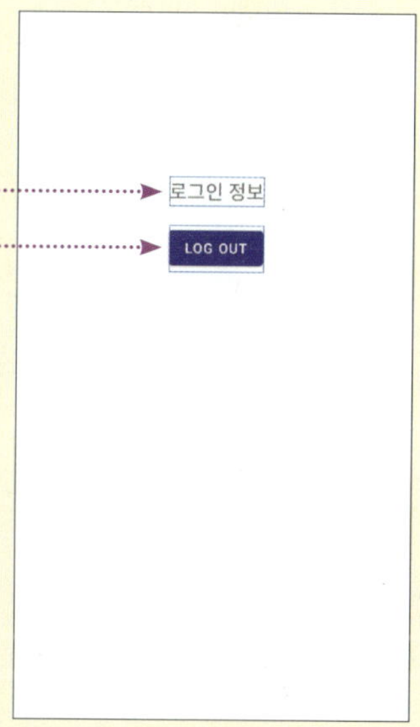

❹ MainActivity.java 파일을 열고 다음과 같이 작성합니다.

java\com\androidbook\sharedpreferencesproject\MainActivity.java

```
package com.androidbook.sharedpreferencesproject;
...
public class MainActivity extends AppCompatActivity {
```

```
    EditText uname;
    EditText pwd;
    Button loginBtn;

    @Override
    protected void onCreate(Bundle savedInstanceState) {
        super.onCreate(savedInstanceState);
        setContentView(R.layout.activity_main);

        uname = findViewById(R.id.txtName);
        pwd = findViewById(R.id.txtPwd);
        loginBtn = findViewById(R.id.btnLogin);

        SharedPreferences pref = getSharedPreferences("user_details", Context.MODE_
PRIVATE); // SharedPreferences 객체 생성

        Intent intent = new Intent(MainActivity.this, LogoutActivity.class);

        if (pref.contains("username") && pref.contains("password")) {
            startActivity(intent);
        }
        loginBtn.setOnClickListener(new View.OnClickListener() {
            @Override
            public void onClick(View view) {
                String username = uname.getText().toString();
                String password = pwd.getText().toString();

                if (!username.equals("") && !password.equals("")) {
                    SharedPreferences.Editor editor = pref.edit(); // Editor 객체 생성
                    editor.putString("username", username);         // 키-값 저장
                    editor.putString("password", password);         // 키-값 저장
                    editor.commit();                                // 공유 환경 설정 갱신
                    Toast.makeText(getApplicationContext(), "로그인이 성공했습니다.",
Toast.LENGTH_SHORT).show();
                    startActivity(intent);
                } else {
                    Toast.makeText(getApplicationContext(), "로그인이 실패했습니다.",
Toast.LENGTH_SHORT).show();
                }
            }
```

```
        });
    }
}
```

❺ LogoutActivity.java 파일을 생성해 다음과 같이 작성하고 저장합니다.

java\com\androidbook\sharedpreferencesproject\LogoutActivity.java

```
package com.androidbook.sharedpreferencesproject;
...
public class LogoutActivity extends AppCompatActivity {

    SharedPreferences prf;

    @Override
    protected void onCreate(Bundle savedInstanceState) {
        super.onCreate(savedInstanceState);
        setContentView(R.layout.activity_logout);

        TextView result = findViewById(R.id.resultView);
        Button btnLogOut = findViewById(R.id.btnLogOut);

        prf = getSharedPreferences("user_details", Context.MODE_PRIVATE);
        // SharedPreferences 객체 생성
        Intent intent = new Intent(LogoutActivity.this, MainActivity.class);
        result.setText("Hello, " + prf.getString("username", null));

        btnLogOut.setOnClickListener(new View.OnClickListener() {
            @Override
            public void onClick(View view) {
                SharedPreferences.Editor editor = prf.edit(); // Editor 객체 생성
                editor.clear();                               // Editor 객체에서 모든 값 제거
                editor.commit();                              // 공유 환경 설정 갱신
                startActivity(intent);
            }
        });
    }
}
```

❻ AndroidManifast.xml 파일을 열고 생성한 로그아웃 액티비티를 다음과 같이 등록합니다.

manifests\AndroidManifest.xml

```
<?xml version="1.0" encoding="utf-8"?>
<manifest ...>

    <application
      ...>
        <activity
            android:name=".MainActivity"
            android:exported="true">
            ...
        </activity>
        <activity android:name=".LogoutActivity"/>
    </application>
</manifest>
```

❼ 프로젝트를 실행해 결과를 확인합니다.

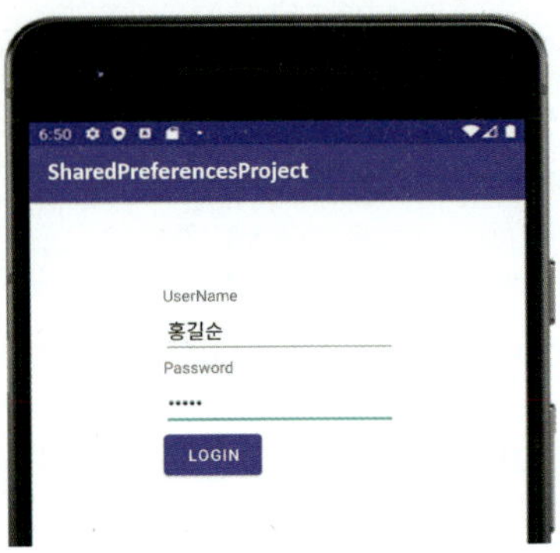

로그인 화면

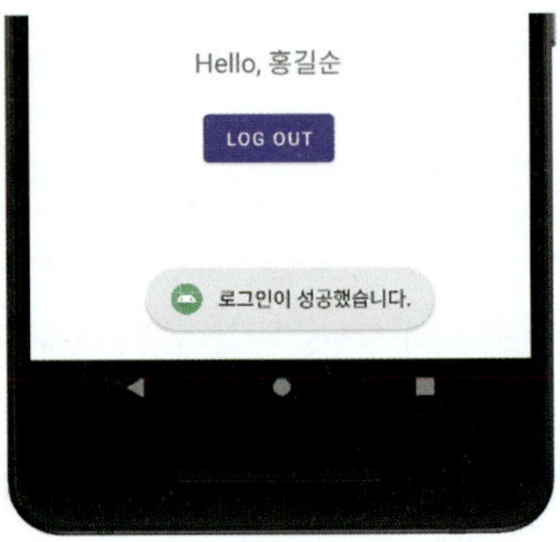

로그인 성공 화면

ANDROID

10.3 내부 저장소에서 데이터 관리하기

내부 저장소(Internal Storage)는 기기 메모리에 직접 데이터 파일을 저장하는 방식을 의미합니다. 내부 저장소를 활용하기 위해서는 FileOutputStream 클래스를 이용하여 로컬에 데이터 파일을 저장하고, FileInputStream 클래스를 이용하여 데이터 파일을 읽어들일 수 있습니다.

그림 10-5 내부 저장소의 작동 방식

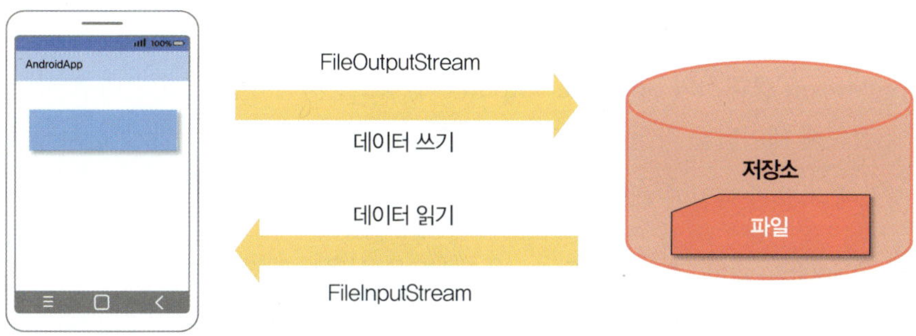

내부 저장소에 저장된 데이터 파일은 앱 전용 파일로 안드로이드 프레임워크에서 관리됩니다. 앱 내에서는 어디서든 접근 가능하지만, 다른 앱에서는 해당 파일에 접근할 수 없기 때문에 보안이 유지됩니다. 또한, 사용자가 앱을 제거하면 내부 저장소에 저장된 데이터 파일도 함께 자동으로 삭제됩니다.

> **TIP** 내부 저장소를 이용하여 데이터 파일을 저장하면 내부 저장소의 DATA\data{application package} 디렉터리에 저장됩니다.

내부 저장소에서 데이터 파일을 처리할 때 사용하는 주요 메서드는 다음과 같습니다.

표 10-4 내부 저장소에서 데이터 파일을 다루는 데 필요한 주요 메서드

메서드	설명
FileInputStream openFileInput(String name)	하위 디렉터리 files에 있는 지정한 파일을 읽기 모드로 엽니다.
FileOutputStream openFileOutput(String name, int mode)	하위 디렉터리 files에 지정한 파일이 있으면 쓰기 모드로 열고 없으면 생성합니다.
boolean deleteFile(String name)	하위 디렉터리 files에 있는 지정한 파일을 삭제합니다.
String[] fileList()	하위 디렉터리 files에 있는 모든 파일의 목록을 얻어옵니다.
File getFilesDir()	하위 디렉터리 files에 대한 객체를 얻어옵니다.
File getCacheDir()	하위 디렉터리 cache에 대한 객체를 얻어옵니다.
File getDir(String name, int mode)	지정한 이름의 하위 디렉터리를 얻거나 생성합니다.

데이터 쓰기

FileOutputStream 클래스의 openFileOutput() 메서드를 사용하면 기기의 내부 저장소에 있는 파일에 접근해 데이터를 작성하고 저장할 수 있습니다.

내부 저장소에 저장된 파일에 데이터를 쓰는 과정은 다음과 같습니다.

1. FileOutputStream의 openFileOutput() 메서드를 사용해 객체를 생성합니다. openFileOutput() 메서드를 사용해 파일 이름을 문자열로 정의하고 파일에 쓰려는 데이터를 문자열이나 앱 또는 다른 소스에서 생성된 형식으로 정의합니다.
2. write() 메서드를 호출해 파일에 데이터를 저장합니다. 파일에 저장하는 데이터는 바이트 형식만 허용하므로 toByteArray() 메서드를 사용해 데이터를 바이트 스트림으로 변환한 후에 저장해야 합니다.
3. 모든 데이터를 저장하고 나면 마지막에 close() 메서드를 호출해 파일을 닫습니다.

그림 10-6 내부 저장소에 있는 파일에 데이터 쓰기 과정

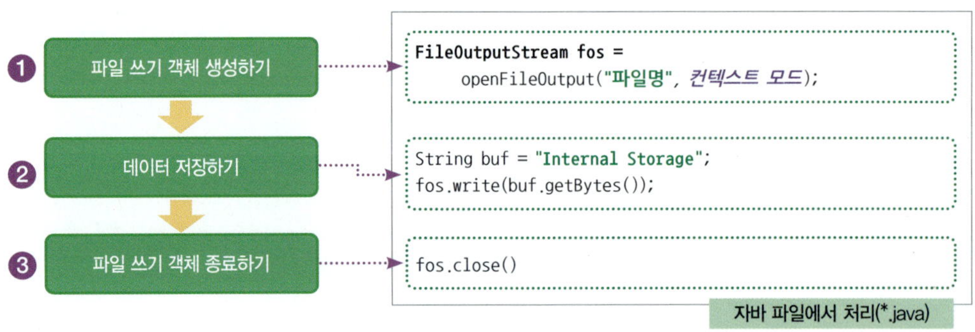

다음은 내부 저장소에 데이터를 저장하는 예입니다. 저장 버튼을 클릭하면 에디트 텍스트에서 이름과 나이 데이터를 입력받아 이를 내부 저장소의 Code.txt 파일에 저장합니다.

```
public class MainActivity extends AppCompatActivity {

    @Override
    protected void onCreate(Bundle savedInstanceState) {
        super.onCreate(savedInstanceState);
        setContentView(R.layout.activity_main);

        Button write = findViewById(R.id.write);

        write.setOnClickListener(new View.OnClickListener() {
            @Override
            public void onClick(View view) {
                EditText edtName = findViewById(R.id.editTextName);
                EditText edtAge = findViewById(R.id.exitTextAge);

                String name = edtName.getText().toString()+"\n";
                String age = edtAge.getText().toString();

                try {
                    FileOutputStream fos =
                            openFileOutput("Code.txt", Context.MODE_PRIVATE); ❶

                    fos.write(name.getBytes()); ─┐
                    fos.write(age.getBytes());  ─┘❷
                    fos.close(); ❸

                    edtName.setText("");
                    edtAge.setText("");

                } catch (Exception ex ) {
                    ex.printStackTrace();
                }
            }
        });
    }
}
```

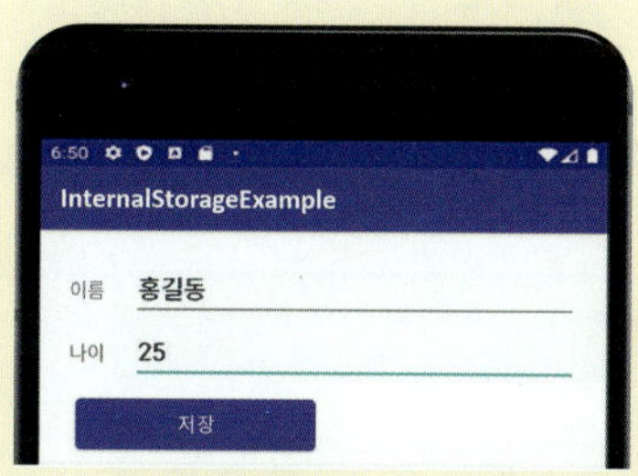

앞의 예제에서 Code.txt 파일이 저장된 경로는 다음과 같습니다.

그림 10-7 내부 저장소에 파일이 저장된 경로

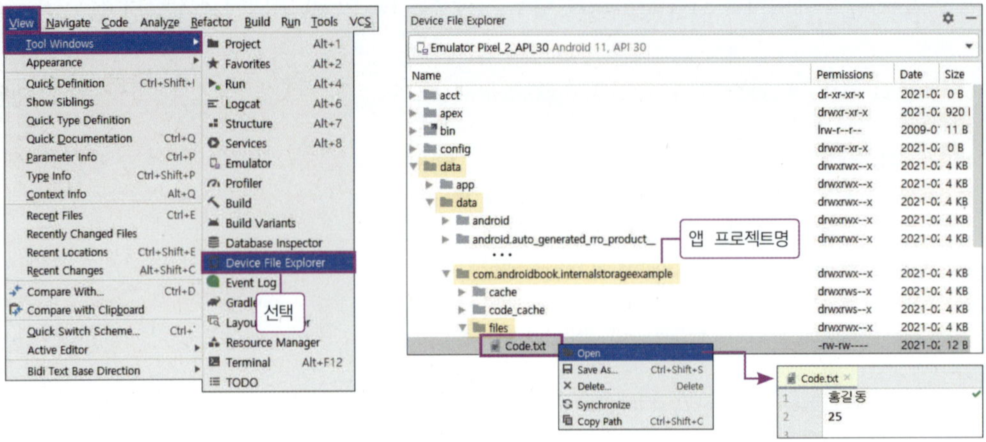

파일 읽기

FileInputStream 객체의 openFileInput() 메서드를 사용하면 기기의 내부 저장소에서 파일을 쉽게 읽을 수 있습니다.

내부 저장소에 있는 파일에서 데이터를 읽는 과정은 다음과 같습니다.

1. openFileInput() 메서드를 사용해 파일 이름을 문자열로 정의하여 파일을 읽어와서 FileOutputStream 클래스의 객체를 생성합니다.
2. reader().readText() 메서드를 사용해 파일에서 데이터를 읽습니다.
3. 모든 데이터를 읽고 나면 마지막에 close() 메서드를 호출해 파일을 닫습니다.

그림 10-8 내부 저장소에 있는 파일에서 데이터 읽기 과정

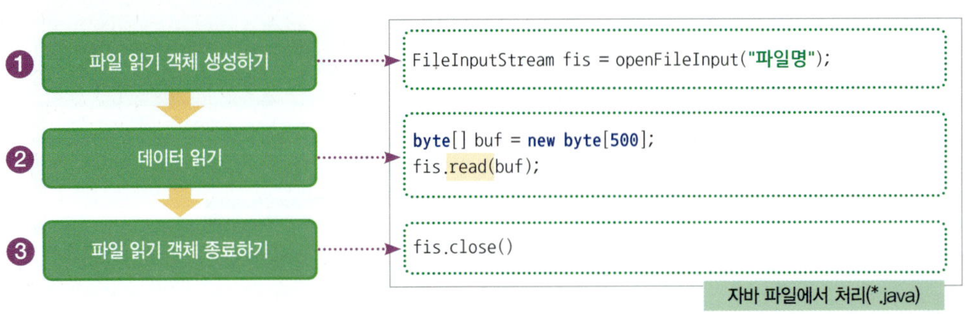

다음은 내부 저장소 파일에 저장된 데이터를 읽어오는 예입니다. 읽기 버튼을 클릭하면 내부 저장소에 있는 데이터 파일에서 이름과 나이를 읽어와 에디트 텍스트에 출력합니다.

```
public class MainActivity extends AppCompatActivity {

    @Override
    protected void onCreate(Bundle savedInstanceState) {
        super.onCreate(savedInstanceState);
        setContentView(R.layout.activity_main);

        Button read = findViewById(R.id.read);

        read.setOnClickListener(new View.OnClickListener() {
            @Override
            public void onClick(View view) {
                EditText  edtName = findViewById(R.id.editTextName);
                EditText edtAge = findViewById(R.id.exitTextAge);
                try {
                    FileInputStream fis = openFileInput("Code.txt"); ❶
                    byte[] buf = new byte[500];
                    fis.read(buf); ❷
                    fis.close(); ❸

                    String str[] = new String(buf).split("\n");
                    edtName.setText(str[0]);
                    edtAge.setText(str[1]);

                } catch (Exception ex) {
                    ex.printStackTrace();
                }
                Toast.makeText(getApplicationContext(), "Loaded", Toast.LENGTH_SHORT).
show();
            }
        });
    }
}
```

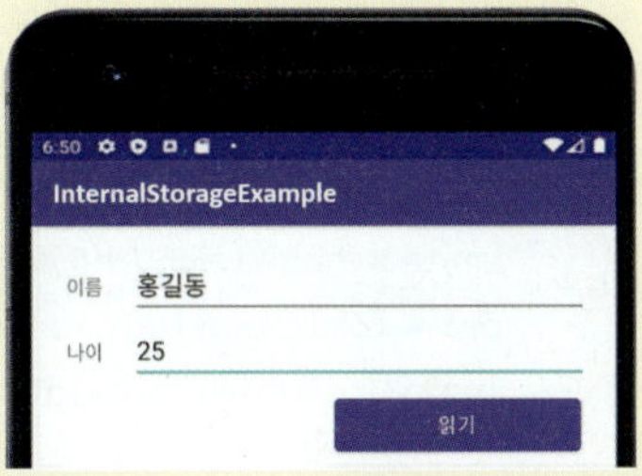

실습 예제 10-2 내부 저장소에 로그인 정보 관리하기

| 구현 내용 |

로그인 화면과 로그아웃 화면 레이아웃을 만듭니다. 로그인 화면에서 로그인 정보를 입력하면 해당 데이터를 내부 저장소 파일에 저장하고 로그아웃 화면으로 이동합니다. 로그아웃 화면에서는 로그아웃 버튼을 클릭하면 내부 저장소 파일을 삭제합니다.

| 구현 방법 |

❶ Empty Activity 템플릿으로 프로젝트를 생성합니다. 프로젝트명은 'InternalStorageProject', 패키지명은 'com.androidbook.internalstorageProject'로 입력합니다. 나머지 설정값은 기존과 같습니다.

❷ activity_main.xml 파일을 열고 로그인 화면의 레이아웃을 작성합니다. 레이아웃은 [실습 예제 10-1]과 같으니 activity_main.xml 코드를 복사해 사용하세요.

❸ activity_logout.xml 파일을 생성해 로그아웃 화면의 레이아웃을 작성합니다. 레이아웃은 [실습 예제 10-1]과 같으니 activity_logout.xml 코드를 복사해 사용하세요.

❹ MainActivity.java 파일을 열고 다음과 같이 작성합니다.

java\com\androidbook\internalstorageproject\MainActivity.java

```
package com.androidbook.internalstorageproject;
...
public class MainActivity extends AppCompatActivity {

    EditText uname;
    EditText  pwd;
    Button loginBtn;

    @Override
    protected void onCreate(Bundle savedInstanceState) {
        super.onCreate(savedInstanceState);
        setContentView(R.layout.activity_main);

        uname = findViewById(R.id.txtName);
        pwd = findViewById(R.id.txtPwd);
        loginBtn = findViewById(R.id.btnLogin);

        loginBtn.setOnClickListener(new View.OnClickListener() {
        // 로그인 버튼 이벤트 클릭 리스너
```

```
            @Override
            public void onClick(View view) {
                String username = uname.getText().toString()+"\n";
                String password = pwd.getText().toString();
                if (!username.equals("") && !password.equals("")) {
                    try {
                     FileOutputStream fstream = openFileOutput("user_login.txt", Context.
MODE_PRIVATE); // 파일 쓰기 객체 생성

                    fstream.write(username.getBytes()); // 데이터 쓰기
                    fstream.write(password.getBytes()); // 데이터 쓰기
                    fstream.close(); // 파일 쓰기 객체 종료

                    Toast.makeText(getApplicationContext(), "로그인이 성공했습니다.",
Toast.LENGTH_SHORT).show();
                    Intent intent = new Intent(MainActivity.this, LogoutActivity.class);
                    startActivity(intent);

                    } catch (Exception ex) {
                        ex.printStackTrace();
                    }

                } else {
                    Toast.makeText(getApplicationContext(), "로그인이 실패했습니다.",
Toast.LENGTH_SHORT).show();
                }
            }
        });
    }
}
```

5 LogoutActivity.java 파일을 생성하고 다음과 같이 작성합니다.

java\com\androidbook\internalstorageproject\LogoutActivity.java

```
package com.androidbook.internalstorageproject;
...
public class LogoutActivity extends AppCompatActivity {
    SharedPreferences prf;
    @Override
    protected void onCreate(Bundle savedInstanceState) {
        super.onCreate(savedInstanceState);
```

10

데이터 저장소 사용하기

```java
        setContentView(R.layout.activity_logout);

        TextView result = findViewById(R.id.resultView);
        Button btnLogOut = findViewById(R.id.btnLogout);
        try {
            FileInputStream fstream = openFileInput("user_login.txt"); // 파일 읽기 객체 생성
            byte[] buf = new byte[500];
            fstream.read(buf); // 데이터 읽기
            fstream.close(); // 파일 읽기 객체 종료

            String str[] = new String(buf).split("\n");

        result.setText("이름: "+ str[0]+"\n비밀번호: "+str[1]);
        } catch (Exception ex) {
            ex.printStackTrace();
        }
        btnLogOut.setOnClickListener(new View.OnClickListener() {
            @Override
            public void onClick(View view) {
                if(deleteFile("user_login.txt")){ // 파일 삭제 메서드 호출
                    Toast.makeText(getApplicationContext(), "파일 삭제를 성공했습니다.",
Toast.LENGTH_SHORT).show();
                }
                else{
                    Toast.makeText(getApplicationContext(), "파일 삭제를 실패했습니다.",
Toast.LENGTH_SHORT).show();
                }
                Intent intent = new Intent(LogoutActivity.this, MainActivity.class);
                startActivity(intent);
            }
        });
    }
}
```

❻ AndroidManifast.xml 파일을 열고 생성한 로그아웃 액티비티를 다음과 같이 추가합니다.

manifests\AndroidManifest.xml

```xml
<?xml version="1.0" encoding="utf-8"?>
<manifest ...>
    <application ...>
        <activity android:name=".MainActivity">
```

```
            <intent-filter>
                <action android:name="android.intent.action.MAIN" />
                <category android:name="android.intent.category.LAUNCHER" />
            </intent-filter>
        </activity>
        <activity android:name=".LogoutActivity"/> // 로그아웃 액티비티 등록
    </application>
</manifest>
```

❼ 프로젝트를 실행해 결과를 확인합니다.

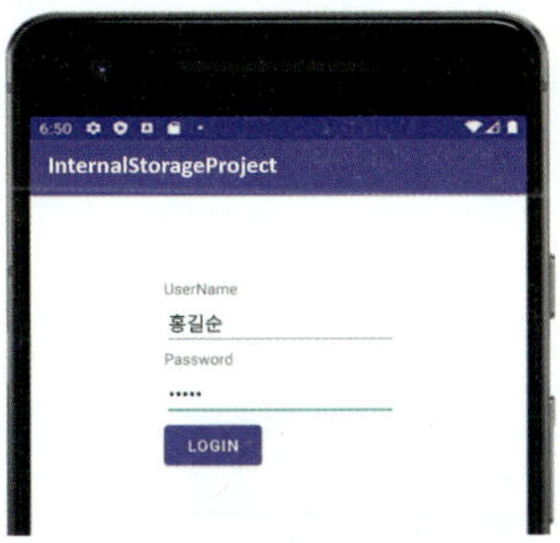

로그인 화면

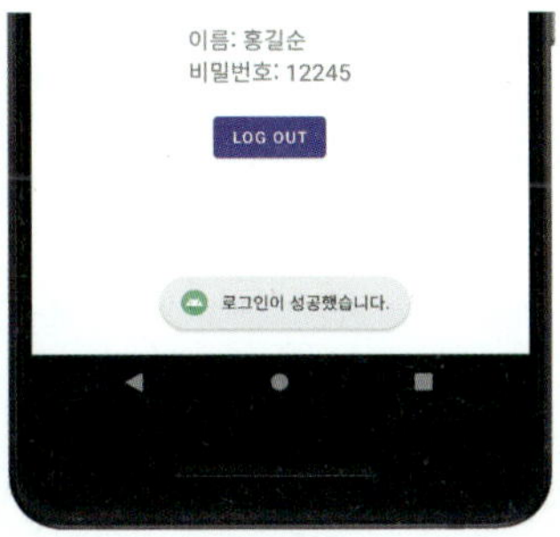

로그인 결과

파일 삭제 결과

앞의 예제에서 파일이 저장된 경로는 다음과 같습니다.

그림 10-9 내부 저장소에 파일이 저장된 경로

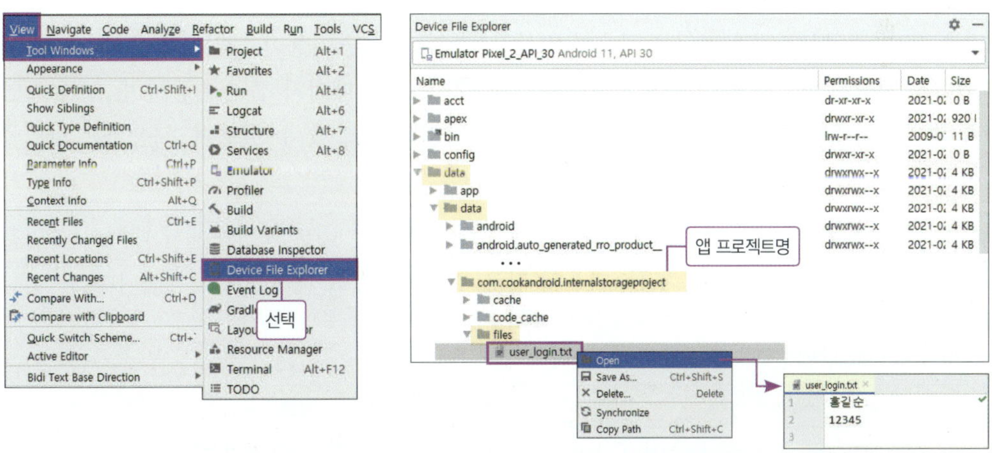

10 데이터 저장소 사용하기

10.4

ANDROID

외부 저장소로 데이터 관리하기

외부 저장소(External Storage)란, 이동식 저장 매체(예 : SD 카드)나 내부(비이동식) 저장 장치에 데이터를 저장하는 방법을 의미합니다. 외부 저장소는 내부 저장소와 유사하게 FileOutputStream 클래스를 사용하여 데이터 파일을 저장하고, FileInputStream 클래스를 사용하여 데이터 파일을 읽을 수 있습니다.

그림 10-10 외부 저장소

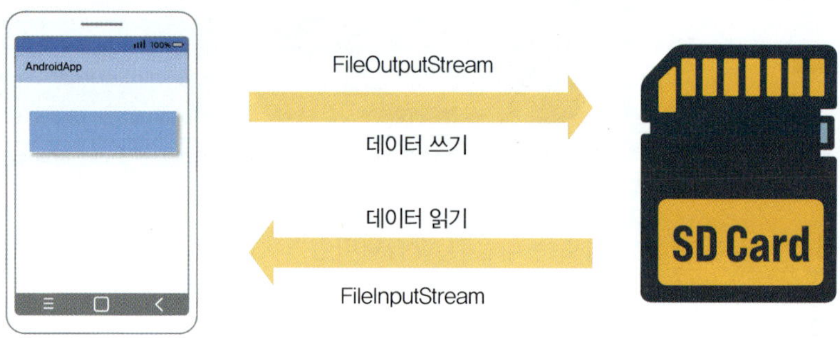

외부 저장소는 다른 앱과 파일을 공유하거나 컴퓨터에서 접근 가능한 파일에 사용하기에 적합합니다. 저장된 파일은 앱이 종료되거나 SD 카드가 제거될 때까지 접근 가능하며, 이는 보안에 취약한 상태입니다. 모든 앱은 외부 저장소의 파일을 읽고 쓸 수 있으며, 사용자는 파일을 삭제할 수 있습니다.

외부 저장소에서 데이터 파일을 다루기 위한 주요 메서드는 내부 저장소에서 데이터 파일을 다루는 메서드와 유사합니다. 또한, 다음과 같은 추가적인 주요 메서드도 사용됩니다.

표 10-5 외부 저장소에서 데이터 파일을 다루는 데 필요한 주요 메서드

메서드	설명
FileInputStream openFileInput(String name)	하위 디렉터리 files에 있는 지정한 파일을 읽기 모드로 엽니다.
FileOutputStream openFileOutput(String name, int mode)	하위 디렉터리 files에 있는 지정한 파일을 쓰기 모드로 열거나 생성합니다.
boolean deleteFile(String name)	하위 디렉터리 files에 있는 지정한 파일을 삭제합니다.

메서드	설명
String[] fileList()	하위 디렉터리 files에 있는 모든 파일의 목록을 얻어옵니다.
File getFileStreamPath(String name)	openFileOutput()으로 생성한 파일이 저장된 파일 시스템의 절대 경로를 반환합니다.
File getExternalCacheDir()	앱의 캐시 파일을 저장할 수 있는 외부 저장소의 디렉터리에 대한 절대 경로를 반환합니다.
File getExternalFilesDir(String type)	앱이 소유한 파일을 저장할 수 있는 외부 저장소의 디렉터리에 대한 절대 경로를 반환합니다.

외부 저장소를 사용하기 전에는 항상 미디어를 사용할 수 있는 상태인지 확인해야 합니다. 왜냐하면 미디어가 마운트되지 않은 경우나 읽기 전용 상태인 경우 등 다양한 상황이 발생할 수 있기 때문입니다. 따라서 getExternalStorageState() 메서드를 호출하여 미디어의 상태를 확인해야 합니다.

```
val state = Environment.getExternalStorageState()
if (Environment.MEDIA_MOUNTED.equals(state)) {
    // 읽기 쓰기 모두 가능
} else if (Environment.MEDIA_MOUNTED_READ_ONLY.equals(state)){
    // 읽기 전용
} else {
    // 읽기 쓰기 모두 안 됨
}
```


데이터 쓰기

FileOutputStream 클래스와 getExternalFileDir() 메서드를 사용하면 외부 저장소의 공용 폴더에 있는 파일에 데이터를 쓸 수 있습니다.

외부 저장소의 파일에 데이터를 쓰는 과정은 다음과 같습니다.

❶ 외부 저장소에 접근할 수 있는 권한을 AndroidMainifast.xml 파일에 설정합니다.

❷ File 클래스의 생성자로 데이터를 저장할 외부 저장소 경로와 파일명을 설정합니다.

❸ FileOutputStream 클래스로 객체를 생성합니다.

❹ write( ) 메서드를 호출해 외부 저장소 파일에 데이터를 저장합니다. 파일에 저장하는 데이터 형식은 바이트만 허용되므로 getBytes() 메서드를 사용해 데이터를 바이트 스트림으로 변환한 후에 저장해야 합니다.

❺ 모든 데이터를 파일에 쓰고 나면 마지막에 close() 메서드를 호출해 파일을 닫습니다.

그림 10-11 외부 저장소 파일에 데이터 쓰기 과정

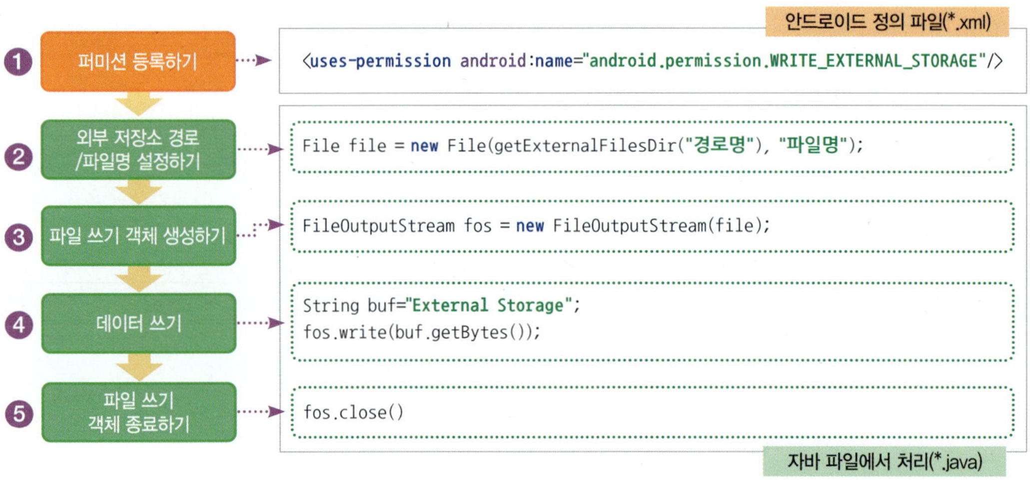

다음은 에디트 텍스트로 이름과 나이를 입력받아 외부 저장소에 저장하는 예입니다. 먼저 AndroidMainfest.xml 파일에 외부 저장소의 사용 권한을 설정합니다.

```
<uses-permission android:name="android.permission.WRITE_EXTERNAL_STORAGE "/> ❶
```

소스 코드에 나머지 과정을 작성합니다.

```
public class MainActivity extends AppCompatActivity {

    @Override
    protected void onCreate(Bundle savedInstanceState) {
        super.onCreate(savedInstanceState);
        setContentView(R.layout.activity_main);
```

```
        Button write = findViewById(R.id.write);
        TextView tv = findViewById(R.id.textView);

        String state = Environment.getExternalStorageState();
        // 미디어가 사용 가능한지 확인 시작

        if (Environment.MEDIA_MOUNTED.equals(state)) {     // 읽기 쓰기 모두 가능
            tv.setText("외부메모리 읽기 쓰기 모두 가능");
        } else if (Environment.MEDIA_MOUNTED_READ_ONLY.equals(state)){ // 읽기 전용

          tv.setText("외부메모리 읽기만 가능");
        } else { // 읽기 쓰기 모두 안됨

          tv.setText("외부메모리 읽기쓰기 모두 안됨 : "+ state);
        }

        write.setOnClickListener(new View.OnClickListener() {
            @Override
            public void onClick(View view) {
                EditText edtName = findViewById(R.id.editTextName);
                EditText edtAge = findViewById(R.id.exitTextAge);

                String name = edtName.getText().toString()+"\n";
                String age = edtAge.getText().toString();

                try {
                    File file = new File(getExternalFilesDir("MyFileStorage"), "Code2.
txt"); ❷
                    FileOutputStream fos = new FileOutputStream(file); ❸
                    fos.write(name.getBytes()); ❹
                    fos.write(age.getBytes()); ❹
                    fos.close(); ❺

                    edtName.setText("");
                    edtAge.setText("");

                } catch (Exception ex) {
                    ex.printStackTrace();
                }
            }
        });
    }
}
```

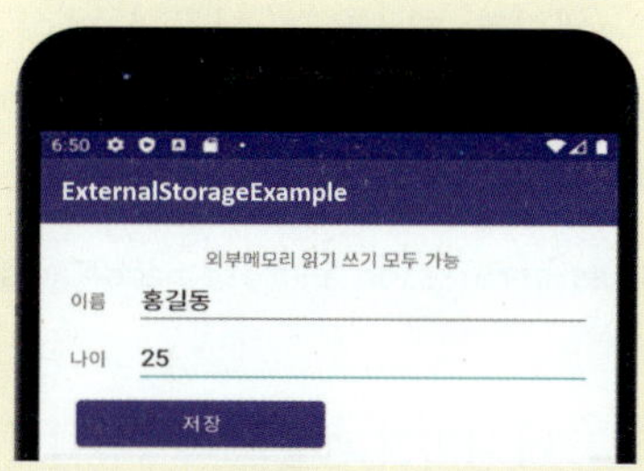

10

데이터 저장소 사용하기

파일 읽기

FileInputStream 객체와 getExternalStoragePublicDirectory() 메서드를 사용하면 외부 저장소에서 파일을 읽을 수 있습니다.

외부 저장소에 있는 파일에서 데이터를 읽어 오는 과정은 다음과 같습니다.

❶ 외부 저장소에 접근할 수 있는 권한을 AndroidMainifast.xml 파일에 설정합니다.

❷ File 클래스의 생성자로 데이터를 읽어 올 외부 저장소 경로와 파일명을 설정합니다.

❸ FileOutputStream 클래스로 객체를 생성합니다.

❹ read() 메서드를 호출해 외부 저장소 파일에서 데이터를 읽어 옵니다.

❺ 파일에서 모든 데이터를 읽고 나면 마지막에 close() 메서드를 호출해 파일을 닫습니다.

그림 10-12 외부 저장소의 파일 읽기 처리 과정

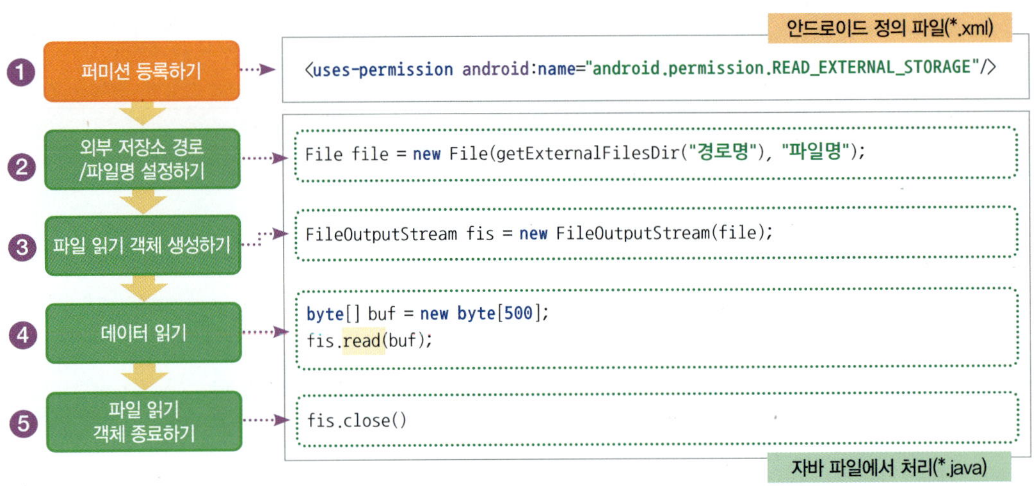

다음은 에디트 텍스트로 이름과 나이를 입력받아 외부 저장소에 저장하는 예입니다. 먼저 AndroidMainfest.xml 파일에 외부 저장소의 사용 권한을 설정합니다.

```
<uses-permission android:name="android.permission.WRITE_EXTERNAL_STORAGE "/> ❶
```

소스 코드에 나머지 과정을 작성합니다.

```
public class MainActivity extends AppCompatActivity {
```

```
    @Override
    protected void onCreate(Bundle savedInstanceState) {
        super.onCreate(savedInstanceState);
        setContentView(R.layout.activity_main);

        Button read = findViewById(R.id.read);
        TextView tv = findViewById(R.id.textView);

        String state = Environment.getExternalStorageState();

        if (Environment.MEDIA_MOUNTED.equals(state)) {
            // 읽기 쓰기 모두 가능
            tv.setText("외부메모리 읽기 쓰기 모두 가능");
        } else if (Environment.MEDIA_MOUNTED_READ_ONLY.equals(state)){
            // 읽기 전용
            tv.setText("외부메모리 읽기만 가능");
        } else {
            // 읽기 쓰기 모두 안 됨
            tv.setText("외부메모리 읽기쓰기 모두 안됨 : "+ state);
        }

        read.setOnClickListener(new View.OnClickListener() {
            @Override
            public void onClick(View view) {
                EditText edtName = findViewById(R.id.editTextName);
                EditText edtAge = findViewById(R.id.exitTextAge);

                try {
                    File file = new File(getExternalFilesDir("MyFileStorage"), "Code2.
txt"); ❷

                    FileInputStream fis = new FileInputStream(file); ❸

                    byte[] buf = new byte[500];
                    fis.read(buf); ❹
                    fis.close(); ❺

                    String str[] = new String(buf).split("\n");

                    edtName.setText(str[0]);
                    edtAge.setText(str[1]);

                } catch (Exception ex) {
```

10

데이터 저장소 사용하기

```
                    ex.printStackTrace();
                }
                Toast.makeText(getApplicationContext(), getExternalFilesDir("MyFileStora
ge").toString(), Toast.LENGTH_SHORT).show();
            }
        });
    }
}
```

실습 예제 10-3 외부 저장소에 로그인 정보 관리하기

| 구현 내용 |

로그인 화면과 로그아웃 화면 레이아웃을 만듭니다. 로그인 화면에서 로그인 정보를 입력하면 해당 데이터를 내부 저장소 파일에 저장하고 로그아웃 화면으로 이동합니다. 로그아웃 화면에서 로그아웃 버튼을 클릭하면 외부 저장소 파일을 삭제합니다.

| 구현 방법 |

❶ Empty Activity 템플릿으로 프로젝트를 생성합니다. 프로젝트명은 'ExternalStorage Project', 패키지명은 'com.androidbook.externalstorageProject'로 입력합니다. 나머지 설정값은 기존과 같습니다.

❷ activity_main.xml 파일을 열고 로그인 화면의 레이아웃을 작성합니다. 레이아웃은 [실습 예제 10-1]과 같으니 activity_main.xml 코드를 복사해 사용하세요.

❸ activity_logout.xml 파일을 생성해 로그아웃 화면의 레이아웃을 작성합니다. 레이아웃은 [실습 예제 10-1]과 같으니 activity_logout.xml 코드를 복사해 사용하세요.

❹ MainActivity.java 파일을 열고 다음과 같이 작성한 후 저장합니다.

java\com\androidbook\externalstorageproject\MainActivity.java

```
package com.androidbook.externalstorageproject;
...
public class MainActivity extends AppCompatActivity {
    EditText uname;
    EditText pwd;
    Button loginBtn;

    @Override
    protected void onCreate(Bundle savedInstanceState) {
        super.onCreate(savedInstanceState);
        setContentView(R.layout.activity_main);

        uname = findViewById(R.id.txtName);
        pwd = findViewById(R.id.txtPwd);
        loginBtn = findViewById(R.id.btnLogin);

        loginBtn.setOnClickListener(new View.OnClickListener() {
            @Override
            public void onClick(View view) {
                String username = uname.getText().toString()+"\n";
                String password = pwd.getText().toString();

                if (!username.equals("") && !password.equals("")) {

                    String state = Environment.getExternalStorageState();
                    if (Environment.MEDIA_MOUNTED.equals(state)) {   // 읽기 쓰기 모두 가능

                        try {
                             File file = new File(getExternalFilesDir("MyFileStorage"),
"user_login.txt");
                            FileOutputStream fos = new FileOutputStream(file);
                            // 파일 쓰기 객체 생성
                            fos.write(username.getBytes()); // 데이터 쓰기
                            fos.write(password.getBytes()); // 데이터 쓰기
                            fos.close(); // 파일 쓰기 객체 종료

                            Toast.makeText(getApplicationContext(), "로그인이 성공했습니
다.", Toast.LENGTH_SHORT).show();
                            Intent intent = new Intent(MainActivity.this, LogoutActivity.
class);
```

```
                        startActivity(intent);
                    } catch (Exception ex) {
                        ex.printStackTrace();
                    }
                }
                else  Toast.makeText(getApplicationContext(), "외부메모리에 읽기/쓰기를
할 수 없습니다.", Toast.LENGTH_SHORT).show();

            } else {
                Toast.makeText(getApplicationContext(), "로그인이 실패했습니다.",
Toast.LENGTH_SHORT).show();
            }
        }
    });
  }
}
```

❺ LogoutActivity.java 파일을 생성하고 다음과 같이 작성한 후 저장합니다.

java\com\androidbook\externalstorageproject\LogoutActivity.java

```
package com.androidbook.externalstorageproject;
...
public class LogoutActivity extends AppCompatActivity {
    SharedPreferences prf;

    @Override
    protected void onCreate(Bundle savedInstanceState) {
        super.onCreate(savedInstanceState);
        setContentView(R.layout.activity_logout);

        TextView result = findViewById(R.id.resultView);
        Button btnLogOut = findViewById(R.id.btnLogOut);

        File file = new File(getExternalFilesDir("MyFileStorage"), "user_login.txt");
        // 외부 저장소 경로와 파일명 설정
        String state = Environment.getExternalStorageState();
        if (Environment.MEDIA_MOUNTED.equals(state)) { // 미디어 읽기, 쓰기가 가능한지 확인
            try {
                FileInputStream fis = new FileInputStream(file); // 파일 쓰기 객체 생성
                byte[] buf = new byte[500];
                fis.read(buf); // 데이터 쓰기
                fis.close(); // 파일 쓰기 객체 종료
```

```
            String str[] = new String(buf).split("\n");

            result.setText("이름: " + str[0] + "\n비밀번호: " + str[1]);
        } catch (Exception ex) {
            ex.printStackTrace();
        }

    }
    btnLogOut.setOnClickListener(new View.OnClickListener() {
        @Override
        public void onClick(View view) {
            if(file.delete()){
                Toast.makeText(getApplicationContext(), "파일 삭제를 성공했습니다.",
Toast.LENGTH_SHORT).show();
            }
            else{
                Toast.makeText(getApplicationContext(), "파일 삭제를 실패했습니다.",
Toast.LENGTH_SHORT).show();
            }

            Intent intent = new Intent(LogoutActivity.this, MainActivity.class);
            startActivity(intent);
        }
    });

  }
}
```

❻ AndroidManifast.xml 파일을 열고 다음과 같이 외부 저장소에 있는 파일을 읽고 쓰기 위한 권한을 설정합니다. 생성한 로그아웃 액티비티를 등록합니다.

manifests\AndroidManifest.xml

```
<?xml version="1.0" encoding="utf-8"?>
<manifest ...>

<uses-permission android:name="android.permission.READ_EXTERNAL_STORAGE"/>    // 읽기 권한
<uses-permission android:name="android.permission.WRITE_EXTERNAL_STORAGE "/> // 쓰기 권한

    <application ...>
        <activity android:name=".MainActivity">
            <intent-filter>
```

10

데이터 저장소 사용하기

```
                <action android:name="android.intent.action.MAIN" />
                <category android:name="android.intent.category.LAUNCHER" />
            </intent-filter>
        </activity>
        <activity android:name=".LogoutActivity"/>
    </application>
</manifest>
```

❼ 프로젝트를 실행해 결과를 확인합니다.

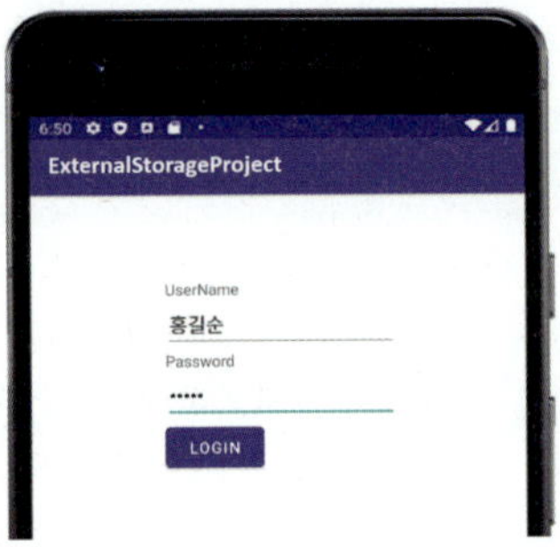

로그인 화면

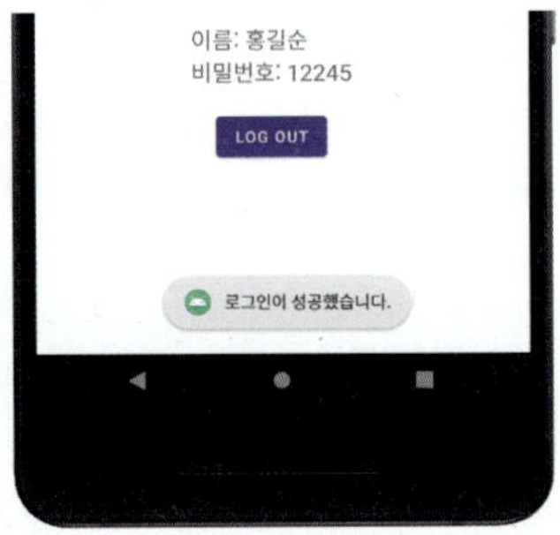

로그인 결과

파일 삭제 결과

NOTE **내부 저장소와 외부 저장소의 차이점**

표 10-6 내부 저장소와 외부 저장소

구분	내부 저장소	외부 저장소
사용 시기	항상 사용 가능합니다.	기기에 외부 저장소가 있을 때만 사용 가능합니다.
접근 권한	저장된 파일은 해당 앱에서만 접근 가능합니다.	모든 사용자가 읽기 가능합니다.
파일 삭제	사용자가 앱 삭제 시 시스템에서 내부 저장소에 존재하는 앱의 모든 파일을 제거합니다.	사용자가 앱 삭제 시 시스템에서 외부 저장소의 경로에 저장한 앱 파일에 한정해 제거합니다.
사용	사용자와 다른 앱이 자신의 파일에 접근하는 것을 원하지 않을 때 적합합니다.	접근 제한이 필요하지 않거나 다른 앱과 공유하고 싶은 파일을 다룰 때 적합합니다.

ANDROID

10.5 SQLite로 데이터 관리하기

안드로이드는 내장된 SQLite를 활용하여 연락처와 같이 구조화된 데이터를 저장하는 것이 유용합니다. SQLite는 관계형 데이터베이스 관리 시스템(RDBMS)으로, 테이블(로우와 컬럼으로 구성)과 인덱스를 포함합니다. 이는 영구 데이터를 저장하고 검색하는 데 쿼리 기반으로 사용되며, 오픈 소스이면서 경량화되어 있습니다. 또한 SQLite로 생성된 모든 데이터베이스는 앱 내에서 데이터베이스 이름으로 접근이 가능하지만, 앱 외부에서는 접근할 수 없습니다.

그림 10-13 SQLite의 작동 방식

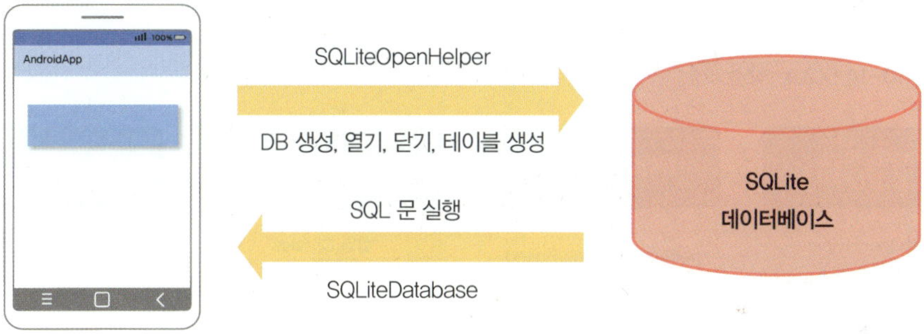

> **TIP** 생성된 데이터베이스는 안드로이드 에뮬레이터 또는 기기의 Data\data\〈package_name〉\databases 폴더에 저장됩니다.

SQLite를 사용하려면 SQLiteOpenHelper 클래스로 데이터베이스와 테이블을 생성하고, SQLiteDatabase 클래스로 SQL 문을 실행하여 데이터베이스 처리 작업을 수행해야 합니다. 두 클래스에서 사용하는 주요 메서드는 다음과 같습니다.

표 10-7 SQLite 관련 클래스와 메서드

클래스	메서드	설명
SQLiteOpenHelper	생성자	데이터베이스를 생성합니다.
	onCreate()	테이블을 생성합니다.
	onUpdate()	테이블 삭제 후 다시 생성합니다.
	getReadableDatabase()	읽기 전용 데이터베이스를 엽니다.
	getWriteDatabase()	읽고 쓰기용 데이터베이스를 엽니다.
	close()	데이터베이스를 닫습니다.
SQLiteDatabase	execSQL()	SQL(INSERT/UPDATE/DELETE) 문을 실행합니다.
	update()	데이터베이스에서 데이터를 수정합니다.
	insert()	데이터베이스에 데이터를 삽입합니다.
	delete()	데이터베이스에서 데이터를 삭제합니다.
	query(), rawQuery()	데이터베이스에서 데이터를 조회합니다.

그림과 같이 SQLite에서는 데이터베이스와 테이블을 생성하고 SQL 문을 처리합니다.

그림 10-14 SQLite 작업 과정

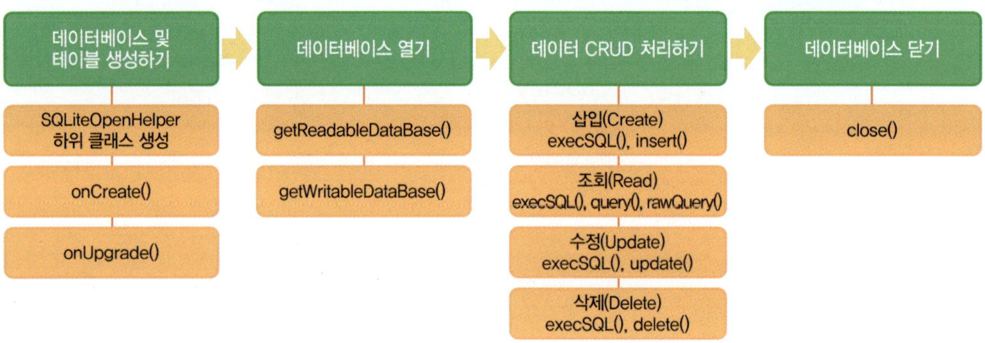

데이터베이스와 테이블 생성

안드로이드에서는 SQLiteOpenHelper 클래스를 사용하여 앱에 필요한 데이터베이스와 테이블을 생성할 수 있습니다. 이 클래스는 데이터베이스를 관리하는 데 필요한 API를 제공합니다. 데이터베이스의 참조를 가져오기 위해서는 이 클래스를 사용하면 됩니다. 시스템은 이 클래스를 사용하여 데이터베이스를 생성하거나 업데이트하는 등의 장시간 수행 작업을 앱이 필요할 때만 실행합니다. 따라서 개발자는 getWritableDatabase() 또는 getReadable Database() 메서드를 호출하기만 하면 됩니다.

SQLiteOpenHelper 클래스의 생성자는 다음과 같습니다.

```
SQLiteOpenHelper(Context context, String name, SQLiteDatabase.CursorFactory factory, int
version)
SQLiteOpenHelper(Context context, String name, SQLiteDatabase.CursorFactory factory,
int version, DatabaseErrorHandler errorHandler)
```

생성자의 매개 변수는 다음 표와 같습니다.

표 10-8 SQLiteOpenHelper 클래스 생성자의 매개 변수

매개 변수	설명
context	현재 컨텍스트로, 값은 null일 수 없습니다.
name	데이터베이스명입니다.
factory	Cursor 객체를 만드는 데 사용하거나 기본값으로 null을 사용합니다.
version	데이터베이스 버전입니다.
errorHandler	데이터베이스 손상을 보고할 때 사용하거나 기본값으로 null을 사용합니다.

SQLiteOpenHelper 클래스를 사용하려면 SQLiteOpenHelper 클래스의 사용자 정의 하위 클래스를 만들어 오버라이드 메서드 onCreate()와 onUpgrade()를 반드시 생성해야 합니다.

표 10-9 SQLiteOpenHelper 클래스의 재정의 메서드

메서드	설명
void onCreate(SQLiteDatabase db)	데이터베이스가 생성된 후 앱 전체에서 한 번만 호출합니다.
void onUpgrade(SQLiteDatabase db, int oldVersion, int newVersion)	테이블 구조 수정, 데이터베이스에 제약 조건 추가처럼 데이터베이스에 업데이트가 있을 때마다 호출합니다.

SQLiteOpenHelper 클래스를 이용해 데이터베이스와 테이블을 만드는 과정은 다음과 같습니다.

1. SQLiteOpenHelper 클래스를 상속받아 사용자 정의 클래스를 생성해 데이터베이스를 만듭니다.
2. 생성한 사용자 클래스 안에 일반 생성자를 만듭니다.
3. 생성한 사용자 정의 클래스 안에 onCreate() 메서드를 작성하고 테이블을 만듭니다.
4. 생성한 사용자 정의 클래스 안에 onUpgrade() 메서드를 작성해 데이터베이스를 새로 시작하기 위해서 기존에 생성된 테이블명이 있으면 이를 삭제하고 다시 생성합니다.

그림 10-15 데이터베이스와 테이블 생성 과정

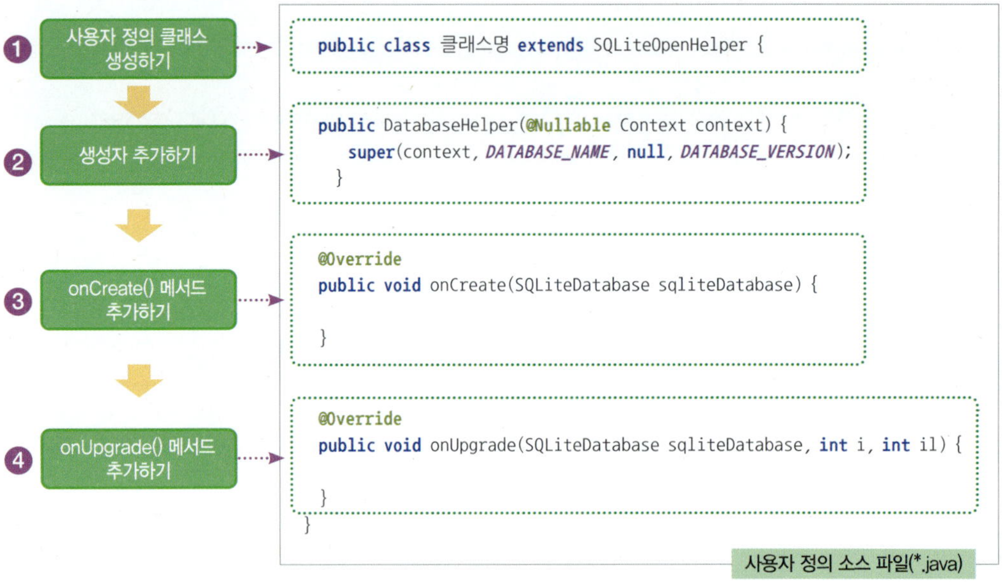

이름이 Users.db인 데이터베이스를 생성하고, 그 안에 id, name, age라는 3개의 필드가 있는 UsersTable이라는 이름의 테이블을 만들어 봅시다. 데이터베이스와 테이블을 만들기 위해 사용자 정의 클래스를 생성합니다.

표 10-10 UsersTable 테이블 구조

필드	데이터 유형	키	비고
id	INTEGER	PRIMARY KEY	AUTOINCREMENT
name	VARCHAR(50)		
age	INTEGER		

사용자 정의 클래스 생성하기

사용자 정의 클래스부터 생성합니다. MainActivity가 들어 있는 패키지에서 ❶ 마우스 오른쪽 버튼을 클릭한 후 ❷ [New]-[Java Class] 메뉴를 선택합니다.

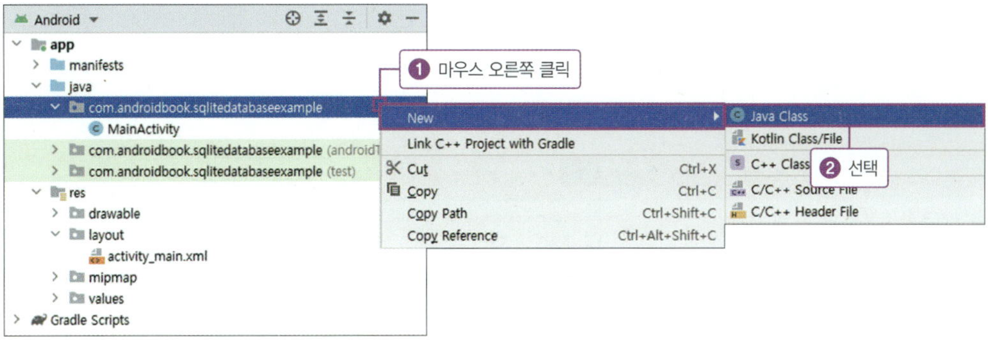

New Java Class 창이 열리면 항목에서 ❶ 'Class'를 선택하고 ❷ 클래스 이름을 'Database Helper'로 지정합니다.

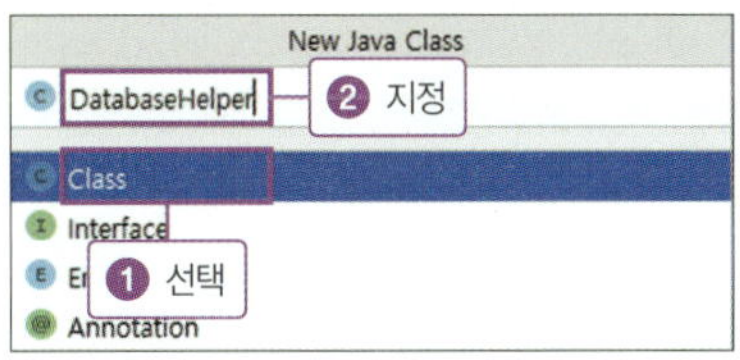

프로젝트 탐색기 창을 보면 선택한 패키지에 DatabaseHelper.java 파일이 추가된 것을 확인할 수 있습니다.

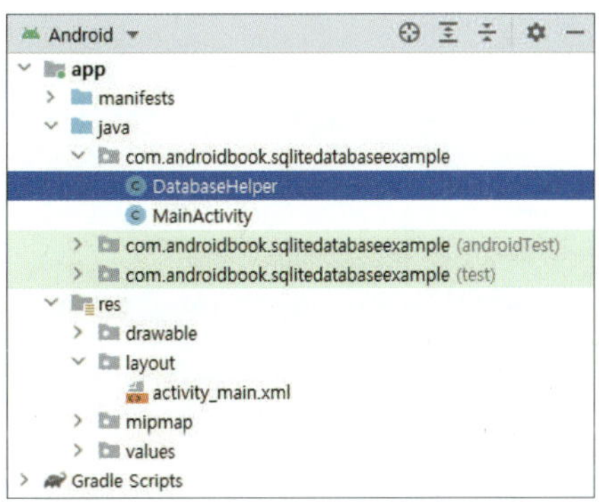

생성한 DatabaseHelper 클래스가 부모 클래스인 SQLiteOpenHelper로부터 상속받도록 DatabaseHelper.java 파일을 열고 다음과 같이 사용자 정의 클래스를 작성합니다.

```
import android.database.sqlite.SQLiteDatabase;

public class DatabaseHelper extends SQLiteOpenHelper {
    // 생성자, onCreate() 메서드, onUpgrade() 메서드 작성
}
```

● 생성자 생성하기

사용자 정의 클래스인 DatabaseHelper 클래스에 생성자를 추가합니다. 안드로이드 스튜디오에서 [Code]–[Generate] 메뉴를 선택합니다.

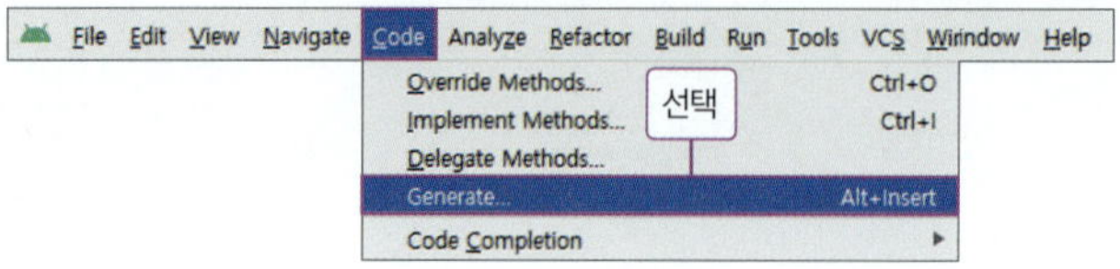

Generate 창이 열리면 ❶ 'Constructor'를 선택하여 나타나는 ❷ android.database.sqlite.SQLiteOpenHelper 클래스 아래의 생성자를 선택하고 ❸ 〈OK〉 버튼을 클릭합니다.

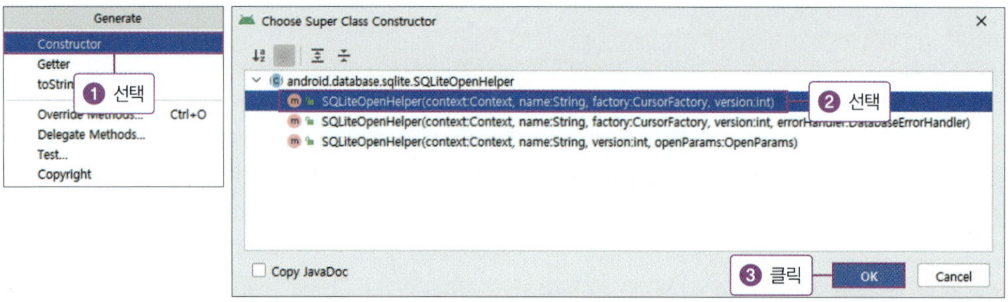

사용자 정의 클래스가 상속받는 SQLiteOpenHelper 클래스의 생성자는 다음과 같습니다.

```
SQLiteOpenHelper(Context context, String name, SQLiteDatabase.CursorFactory factory,
int version)
SQLiteOpenHelper(Context context, String name, SQLiteDatabase.CursorFactory factory,
int version, DatabaseErrorHandler errorHandler)
SQLiteOpenHelper(Context context, String name, int version, SQLiteDatabase.OpenParams
openParams)
```

표 10-11 SQLiteOpenHelper 클래스의 매개 변수

매개 변수	설명
context	데이터베이스에 대한 경로를 찾는 데 사용합니다. null을 설정할 수 있습니다.
name	데이터베이스 파일의 문자열 또는 메모리 내 데이터베이스의 경우 null을 설정합니다.
factory	커서 객체를 생성하는 데 사용하거나 기본값 null을 설정합니다.
version	데이터베이스 번호(1부터 시작)입니다. 데이터베이스가 오래된 경우 데이터베이스를 업그레이드하는 데 onUpgrade(SQLiteDatabase, int, int)을 사용합니다. 데이터베이스가 최신 버전의 경우 데이터베이스를 다운그레이드하는 데 onDowngrade(SQLiteDatabase, int, int)을 사용합니다.

매개 변수	설명
errorHandler	sqlite가 데이터베이스 손상을 보고할 때 사용되는 DatabaseErrorHandler 또는 기본 오류 처리기를 사용하려면 null을 설정합니다.
openParams	SQLiteDatabase를 여는 데 사용되는 구성 매개 변수입니다. 데이터베이스를 열 때 SQLiteDatabase#CREATE_IF_NECESSARY 플래그가 항상 설정되며 이 값은 null일 수 없습니다.

DatabaseHelper.java 파일에 생성자 DatabaseHelper()가 추가되고 여기에 다음과 같이 수정하여 작성합니다.

```
import android.content.Context;

public class DatabaseHelper extends SQLiteOpenHelper {

    static final String DATABASE_NAME = "UsersDB1.db";
    static final int DATABASE_VERSION = 1;

   public DatabaseHelper(@Nullable Context context) {
        super(context, DATABASE_NAME, null, DATABASE_VERSION);
   }
```


● onCreate() 메서드 재정의하기

테이블을 생성하는 onCreate() 메서드를 DatabaseHelper 클래스에 추가합니다. 안드로이드 스튜디오에서 [Code]–[Override Methods] 메뉴를 선택합니다.

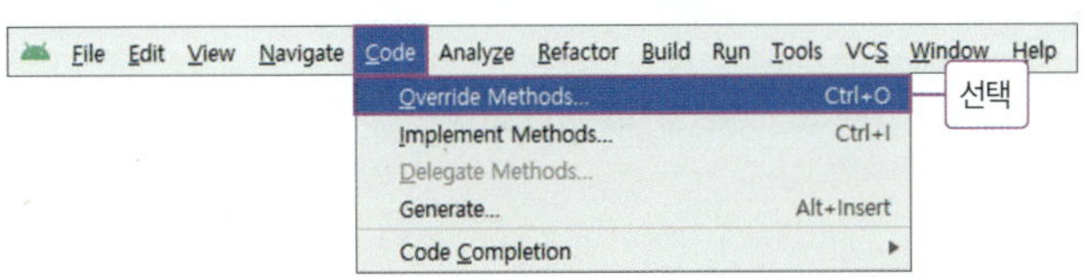

오버라이드 메서드 창이 열리면 android.database.sqlite.SQLiteOpenHelper 클래스 아래 있는 ❶ onCreate() 메서드를 선택하고 ❷ 〈OK〉 버튼을 클릭합니다.

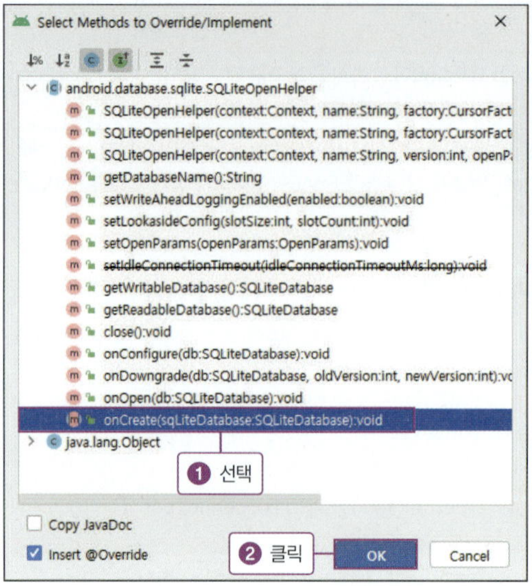

DatabaseHelper.java 파일에 onCreate() 메서드가 추가되고 여기에 SQLiteDatabase 클래스의 execSQL() 메서드를 호출해 테이블을 생성합니다. execSQL() 메서드에 관한 내용은 《10-5장 – SQLite로 데이터 관리하기 – 삽입/읽기/수정/삭제》를 참고하세요.

```
import android.database.sqlite.SQLiteOpenHelper;

public class DatabaseHelper extends SQLiteOpenHelper {

    static final String DATABASE_NAME = "UsersDB1.db";
    static final int DATABASE_VERSION = 1;
    static final String TABLE_NAME = "UsersTable";

   public DatabaseHelper(@Nullable Context context) {
        super(context, DATABASE_NAME, null, DATABASE_VERSION);
    }

    @Override
    public void onCreate(SQLiteDatabase sqLiteDatabase) {
        String query = "CREATE TABLE "+ TABLE_NAME + "(id INTEGER PRIMARY KEY
AUTOINCREMENT, name VARCHAR(50), age INTEGER)";
        sqLiteDatabase.execSQL(query);
   }
}
```

onUpgrade() 메서드 재정의하기

기존 테이블을 삭제하고 다시 테이블을 생성하기 위해 DatabaseHelper 클래스에 onUpgrade() 메서드를 추가합니다. 안드로이드 스튜디오에서 [Code]-[Override Methods] 메뉴를 선택합니다.

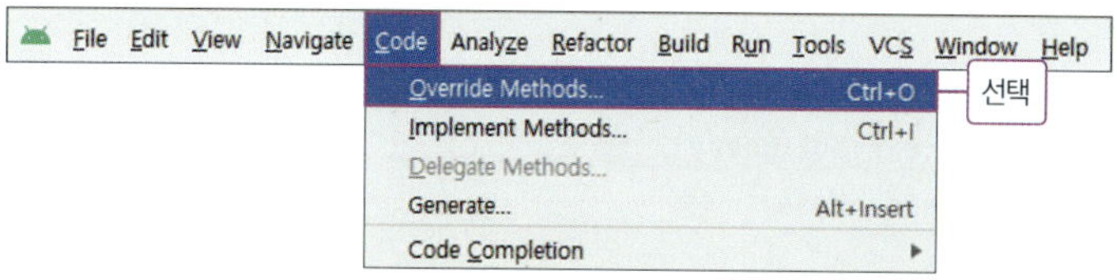

오버라이드 메서드 창이 열리면 android.database.sqlite.SQLiteOpenHelper 클래스 아래에 있는 ❶ onUpgrade() 메서드를 선택하고 ❷ 〈OK〉 버튼을 클릭합니다.

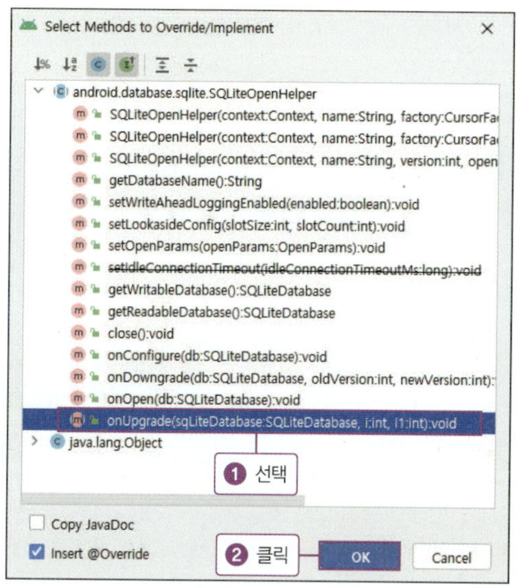

DatabaseHelper.java 파일에 onUpgrade() 메서드가 추가되고 여기에 SQLiteDatabase 클래스의 execSQL() 메서드를 호출해 ❶ 생성하려는 테이블과 같은 이름의 테이블 있다면 이를 삭제하고 ❷ 테이블을 새로 생성합니다.

```
import android.database.sqlite.SQLiteDatabase;

public class DatabaseHelper extends SQLiteOpenHelper {

    static final String DATABASE_NAME = "UsersDB1.db";
    static final String TABLE_NAME = "UsersTable";
```

```
static final int DATABASE_VERSION = 1;

...
  @Override
  public void onUpgrade(SQLiteDatabase sqLiteDatabase, int i, int i1) {

    String query = "DROP TABLE IF EXISTS UsersTable"; ❶
    sqLiteDatabase.execSQL(query); ❶
    onCreate(sqLiteDatabase); ❷
  }
}
```

삽입/읽기/수정/삭제

SQLite는 안드로이드에서 CRUD 작업을 자체적으로 수행할 수 있는 메서드를 제공합니다. 이러한 메서드는 android.database와 android.database.sqlite 패키지에서 제공됩니다. 이를 사용하여 데이터의 삽입, 읽기, 수정, 삭제 작업을 쉽게 처리할 수 있습니다.

그림 10-16 CRUD 작업을 위한 호출 메서드

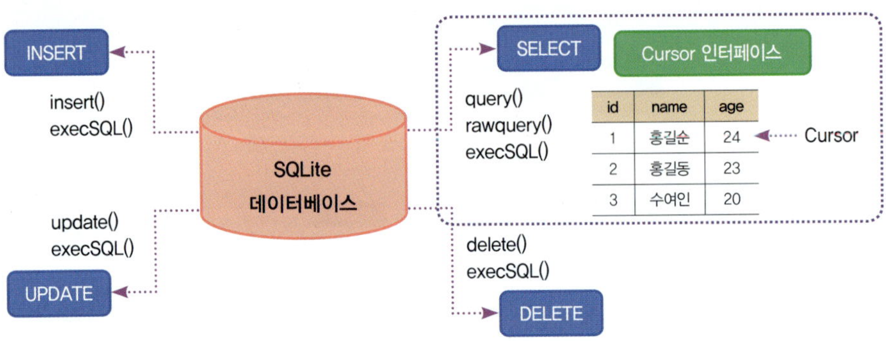

SQLite 데이터베이스를 생성하고 테이블을 만들었다면 SQLiteDatabase 클래스에서 제공하는 메서드를 사용해 다음 과정으로 데이터의 삽입, 읽기, 수정, 삭제 작업을 수행합니다.

1. 데이터베이스에 데이터를 쓰고 읽으려면 각각 getWritableDatabase()와 getReadable Database() 메서드를 호출해 데이터베이스를 엽니다.
2. 데이터베이스에서 삽입, 읽기, 수정, 삭제 작업을 수행하려면 SQL 문을 작성하고 SQLite Database 클래스의 해당 메서드를 각각 호출합니다.
3. 액티비티에 onDestroy() 메서드를 재정의한 후 close() 메서드를 호출해 데이터베이스를 종료합니다.

그림 10-17 데이터 삽입, 읽기, 수정, 삭제 과정

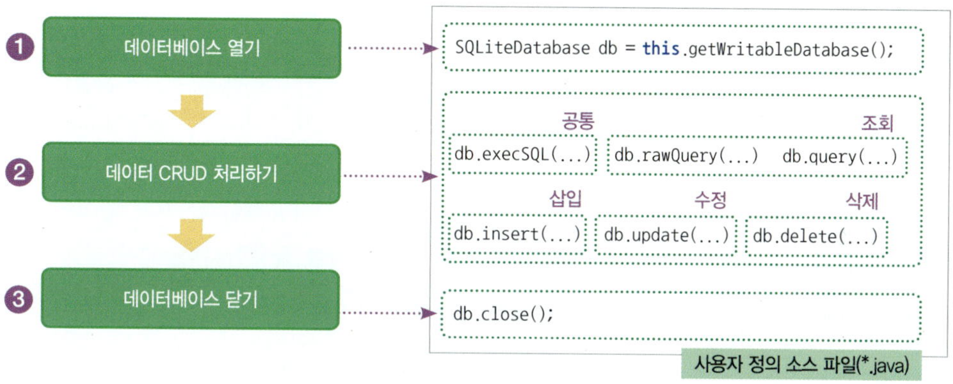

TIP 데이터베이스를 종료하기 위해 close() 메서드를 호출하는 것은 일반적으로 액티비티의 onDestroy()에서 수행하는 것이 가장 좋습니다. 데이터베이스가 닫힌 상태에서 getWritable Database() 또는 getReadableDatabase() 메서드를 호출하면 리소스가 많이 사용되므로 데이터베이스에 접근하는 동안에는 데이터베이스 연결을 최대한 열린 상태로 유지해야 합니다.

그림과 같이 SQLite 데이터베이스를 생성하고, 데이터를 삽입, 읽기, 수정, 삭제하는 기능을 구현해 보겠습니다. 사용자가 삽입, 삭제, 수정 버튼을 클릭하면 토스트 메시지를 통해 사용자에게 알리고, 데이터베이스에 저장된 데이터를 변경합니다. 또한, 사용자가 검색 버튼을 클릭하면 테이블 데이터베이스에 저장된 모든 데이터를 가져와 텍스트 뷰에 출력합니다.

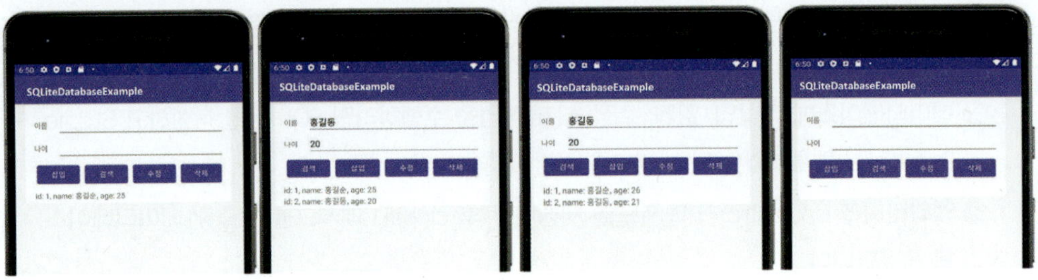

검색　　삽입　　수정　　삭제

데이터 조회하기

데이터 조회를 위해서는 SELECT 문을 사용합니다. 조회할 때는 데이터 삽입, 수정, 삭제할 때와는 다르게 쿼리(Query)와 커서(Cursor)라는 두 가지 요소를 알아두어야 합니다. 쿼리는 데이터베이스에 정보를 요청하여 원하는 데이터를 얻는 것이며, SQLite에서는 SELECT 문을 사용하여 작성합니다. 조회 쿼리는 데이터베이스에서 SELECT 문의 조건에 따라 선택된 결과 집합을 가져오는 query() 메서드 또는 rawQuery() 메서드를 사용해야 합니다. 데이터베이스에서 선택된 결과 집합 중 하나의 데이터를 가져올 때는 커서를 사용합니다.

execSQL() 메서드의 형식과 매개 변수는 다음과 같습니다.

```
void execSQL(String sql)
void execSQL(String sql, Object[] bindArgs)
```

표 10-12 execSQL() 메서드의 매개 변수

매개 변수	설명
sql	실행할 SQL 문으로, 동시에 여러 개의 SQL 문을 매개 변수로 사용할 수 없습니다.
bindArgs	SQL 문에 바인딩 연결되어야 하는 인수값으로, 이 값은 null일 수 있습니다.

query() 메서드의 형식과 매개 변수는 다음과 같습니다.

```
Cursor! query(boolean distinct, String table, String[] columns, String selection,
String[] selectionArgs, String groupBy, String having, String orderBy, String limit)
Cursor query(String table, String[] columns, String selection, String[]
selectionArgs, String groupBy, String having, String orderBy, String limit)
Cursor query(boolean distinct, String table, String[] columns, String selection,
String[] selectionArgs, String groupBy, String having, String orderBy, String limit,
CancellationSignal cancellationSignal)
Cursor query(String table, String[] columns, String selection, String[]
selectionArgs, String groupBy, String having, String orderBy)
```

표 10-13 query() 메서드의 매개 변수

매개 변수	설명
distinct	각 행이 고유하면 true, 그렇지 않으면 false입니다.
table	쿼리를 실행할 테이블명입니다.
columns	반환할 열 목록, null을 전달하면 모든 컬럼이 반환됩니다.
selection	반환할 행을 선언하는 필터로, SQL 문의 WHERE 절로 형식이 지정됩니다. null을 전달하면 주어진 테이블의 모든 로우를 반환합니다.
selectionArgs	SQL 문의 WHERE 절 값이 지정됩니다. 선택 항목에 ?s를 포함할 수 있는데, 이는 선택 항목에 표시되도록 selectionArgs 값으로 대체됩니다. 값은 문자열로 설정합니다.
groupBy	행을 그룹화하는 방법을 선언하는 필터로, 형식은 SQL 문의 GROUP BY 절로 지정됩니다. null을 전달하면 행이 그룹화되지 않습니다.
String having	행 그룹화가 사용되는 경우 커서에 포함할 행 그룹을 선언하는 필터로, SQL 문의 HAVING 절로 형식이 지정됩니다. null을 전달하면 모든 그룹이 포함되며 행 그룹화가 사용되지 않을 때 필요합니다.
orderBy	SQL 문의 ORDER BY 절로 형식이 지정된 행을 정렬하는 방법을 지정합니다. null을 전달하면 기본 정렬 순서가 사용되거나 순서가 지정되지 않을 수도 있습니다.
limit	쿼리에 의해 반환되는 행 수를 제한하며, SQL 문의 LIMIT 절로 형식이 지정됩니다. null을 전달하면 LIMIT 절이 없음을 나타냅니다.
CancellationSignal cancellationSignal	CancellationSignal! 진행 중인 작업을 취소하기 위한 신호이거나 진행 중인 작업이 없는 경우 null입니다. 작업이 취소되면 쿼리가 실행될 때 OperationCanceledException이 발생합니다.

rawQuery() 메서드의 형식과 매개 변수는 다음과 같습니다.

```
Cursor rawQuery(String sql, String[] selectionArgs, CancellationSignal
cancellationSignal)
Cursor rawQuery(String sql, String[] selectionArgs)
```

표 10-14 rawQuery() 메서드의 매개 변수

매개 변수	설명
sql	각 행이 고유하면 true, 그렇지 않으면 false입니다.
selectionArgs	SQL 문의 WHERE 절 값을 지정합니다. 선택 항목에 ?s를 포함할 수 있으며, 이는 선택 항목에 표시되도록 selectionArgs의 값으로 대체됩니다. 값은 문자열로 바인딩됩니다.
columns	반환할 열 목록, null을 전달하면 모든 컬럼이 반환됩니다.
CancellationSignal cancella-tionSignal	진행 중인 작업을 취소하기 위한 신호이거나 없는 경우 null입니다. 작업이 취소되면 쿼리가 실행될 때 OperationCanceledException이 발생합니다.

앞에서 만든 UsersTable 테이블에서 저장된 데이터를 조회한다고 해봅시다. query() 메서드로 다음과 같이 구현합니다.

DatabaseHelper.java

```
public class DatabaseHelper extends SQLiteOpenHelper {
    ...
    public Cursor searchData(){
        SQLiteDatabase db = this.getReadableDatabase(); ❶
        String query = "SELECT * FROM " +TABLE_NAME;
        Cursor cursor = db.query(TABLE_NAME, null, null, null, null, null, null); ❷
        return cursor;
    }
}
```

또는 rawQuery() 메서드로 구현하면 다음과 같습니다.

```
public class DatabaseHelper extends SQLiteOpenHelper {
    ...
    public Cursor searchData(){
        SQLiteDatabase db = this.getReadableDatabase(); ❶
        String query = "SELECT * FROM " +TABLE_NAME;
        Cursor cursor = db.rawQuery(query, null); ❷

        return cursor;
    }
}
```

데이터 삽입하기

SQLite 데이터베이스에 새로운 데이터를 추가하려면 SQLiteDatabase 클래스의 execSQL() 메서드나 insert() 메서드를 사용합니다. execSQL() 메서드는 INSERT 문을 작성하여 새로운 데이터를 전달하고, insert() 메서드는 ContentValues 클래스의 put() 메서드로 설정된 키-값 쌍을 전달하여 데이터를 추가합니다.

데이터를 삽입하는 데 사용하는 execSQL() 메서드의 형식과 매개 변수는 데이터를 조회할 때와 동일하므로 표를 참고하세요. insert() 메서드의 형식은 다음과 같습니다.

```
long insert(String table, String nullColumnHack, ContentValues values)
```

표 10-15 insert() 메서드의 매개 변수

매개 변수	설명
table	데이터를 삽입할 테이블입니다.
nullColumnHack	기본값은 null이고, 삽입할 값 중 null 값이 있을 경우 대체할 문자열입니다.
columns	반환할 열 목록, null을 전달하면 모든 컬럼이 반환됩니다.
values	클래스로, 삽입하는 행의 초깃값을 나타냅니다. 이때 키는 열 이름이어야 하고 값은 열 값입니다.

UsersTable 테이블에서 새로운 데이터를 삽입한다고 했을 때 insert() 메서드로 다음과 같이 구현합니다. ContentValues 클래스를 사용해 테이블의 열 이름과 값을 설정하고, insert() 메서드에 전달합니다.

```
public class DatabaseHelper extends SQLiteOpenHelper {
    ...
    boolean insertData(String name, String age){
        SQLiteDatabase db = this.getWritableDatabase(); ❶
```

```
        ContentValues cv = new ContentValues();
        cv.put("name",name);
        cv.put("age",Integer.parseInt(age));

        long result = db.insert(TABLE_NAME,null,cv); ❷
        db.close(); ❸
        if (result != -1) return true;
        else return false;
    }
}
```

또는 다음과 같이 삽입할 데이터를 INSERT 문으로 작성해 이를 execSQL() 메서드에 전달할 수도 있습니다.

```
public class DatabaseHelper extends SQLiteOpenHelper {
    ...
    boolean insertData2(String name, String age){
        SQLiteDatabase db = this.getWritableDatabase(); ❶
        String query = "INSERT INTO UsersTable (NAME, AGE) VALUES ('" + name +"' , " + 
Integer.parseInt(age) +" )";
        db.execSQL(query); ❷
        db.close(); ❸
        return false;
    }
}
```

● 데이터 수정하기

테이블에 있는 데이터를 수정할 때는 SQLiteDatabase 클래스의 execSQL()이나 update() 메서드를 사용합니다. execSQL() 메서드는 UPDATE 문을 작성해 수정할 내용을 전달받고,

update() 메서드는 ContentValues 클래스의 put() 메서드에 설정된 키와 값을 전달받아 데이터베이스에 있는 데이터를 수정합니다.

데이터를 수정하는 데 사용하는 execSQL() 메서드의 형식과 매개 변수 데이터를 조회할 때는 동일하므로 표를 참고하세요. update() 메서드의 형식과 매개 변수는 다음과 같습니다.

```
int update(String table, ContentValues values, String whereClause, String[] whereArgs)
```

표 10-16 update() 메서드의 매개 변수

매개 변수	설명
table	데이터를 수정할 테이블 이름입니다.
values	열 이름과 수정할 새로운 열 값을 매핑하는 ContentValues 클래스입니다.
whereClause	수정할 때 적용할 선택적 WHERE 절로, null을 전달하면 모든 행을 수정합니다.
whereArgs	WHERE 절에 ?s를 포함할 수 있으며, 이는 whereArgs의 값으로 대체합니다. 값은 문자열로 바인딩합니다.

앞에서 만든 UsersTable 테이블에서 저장된 모든 나이 데이터를 수정한다고 해봅시다. updatete() 메서드로 구현하면 다음과 같습니다. ContentValues 클래스를 사용해 UsersTable 테이블에 있는 age 컬럼의 새로운 값을 설정하고, updatete() 메서드에 전달합니다.

```
public class DatabaseHelper extends SQLiteOpenHelper {
    ...
    public boolean updateData(String name, String age) {
        SQLiteDatabase db = this.getWritableDatabase(); ❶
        ContentValues cv = new ContentValues();
        cv.put("age", Integer.parseInt(age+1));
        int result = db.update(TABLE_NAME, cv, "name=?",  ─┐
                new String[]{name});                       ─┘❷

        db.close(); ❸
        if (result != -1) return true;
        else return false;

    }
}
```

또는 수정할 내용을 UPDATE 문으로 작성하여 execSQL() 메서드에 전달할 수도 있습니다.

```
public class DatabaseHelper extends SQLiteOpenHelper {
    ...
    public boolean updateData2(String name, String age) {
        SQLiteDatabase db = this.getWritableDatabase(); ❶
        ContentValues cv = new ContentValues();
        cv.put("age", Integer.parseInt(age+1));

        String query = "UPDATE" + TABLE_NAME + " SET AGE=" + (age+1) +" WHERE NAME = '" +
name ;
        db.execSQL(query); ❷
        db.close(); ❸
        return true;

    }
}
```

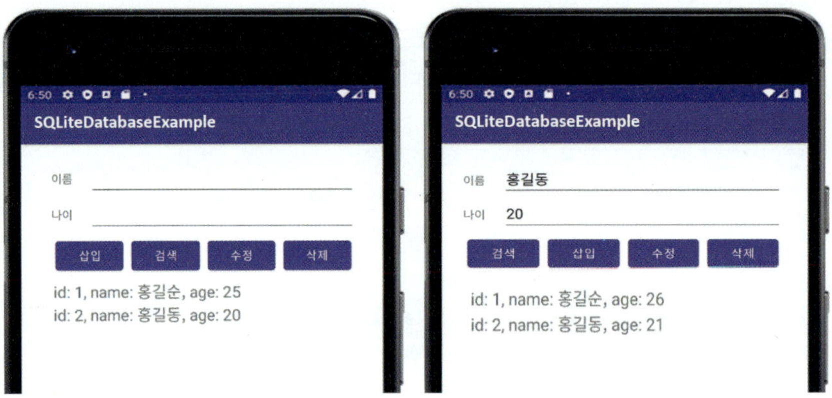

데이터 삭제하기

테이블에서 데이터를 삭제할 때는 SQLiteDatabase 클래스의 execSQL()이나 delete() 메서드를 사용합니다. DETELE 문을 작성해 execSQL() 메서드에 삭제할 데이터를 전달하거나 delete() 메서드를 사용해 데이터를 삭제할 수 있습니다.

데이터를 삭제하는 데 사용하는 execSQL() 메서드의 형식과 매개 변수는 데이터를 조회할 때와 동일하므로 표를 참고하세요. delete() 메서드의 형식과 매개 변수는 다음과 같습니다.

```
int delete String table,  String whereClause, String[] whereArgs)
```

표 10-17 delete() 메서드의 매개 변수

매개 변수	설명
table	데이터를 삭제할 테이블 이름입니다.
whereClause	삭제할 때 적용할 선택적 WHERE 절로, null을 전달하면 모든 행이 삭제됩니다.
whereArgs	WHERE 절에 ?s를 포함할 수 있으며, 이는 whereArgs 값으로 대체합니다. 값은 문자열로 바인딩합니다.

앞에서 만든 UsersTable 테이블에서 저장된 모든 데이터를 삭제한다고 해봅시다. 이를 delete() 메서드로 구현하면 다음과 같습니다.

```
public class DatabaseHelper extends SQLiteOpenHelper {
    ...
    boolean deleteData(){
        SQLiteDatabase db = this.getWritableDatabase(); ❶
        int result = db.delete(TABLE_NAME, null, null); ❷
        db.close(); ❸
        if (result != -1) return true;
        else return false;
    }
}
```

또는 삭제할 내용을 DELETE 문을 작성해 이를 execSQL() 메서드에 다음과 같이 전달해도 됩니다.

```
public class DatabaseHelper extends SQLiteOpenHelper {
    ...
    boolean deleteData2(){
        SQLiteDatabase db = this.getWritableDatabase(); ❶
        String query = "Delete from " + TABLE_NAME;
        db.execSQL(query); ❷
        return true;
    }
}
```

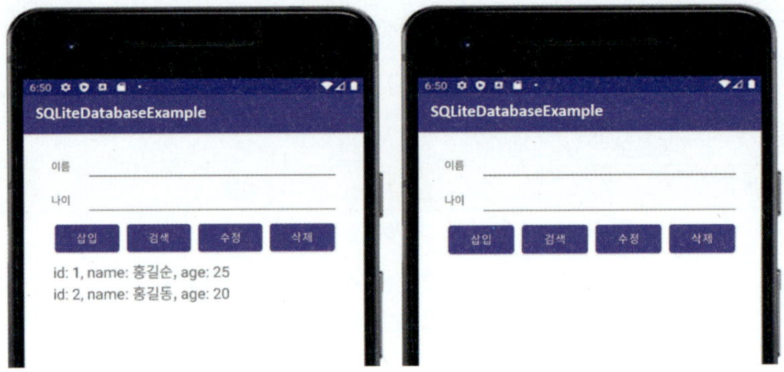

실습 예제 10-4 SQLite로 데이터 관리하기

| 구현 내용 |

SQLite를 사용해 리스트 뷰의 목록 항목에 데이터를 삽입, 수정, 삭제합니다. 저장 버튼을 클릭하면 새 항목을 테이블에 삽입하고 리스트 뷰에 테이블의 전체 항목을 출력합니다. 수정 버튼을 클릭하면 선택된 항목에서 내용을 일부 변경하고, 삭제 버튼을 클릭하면 선택된 항목을 삭제하고 리스트 뷰의 항목을 갱신합니다.

| 구현 방법 |

❶ Empty Activity 템플릿으로 프로젝트를 생성합니다. 프로젝트명은 'SQLiteDatabase Project', 패키지명은 'com.androidbook.sqlitedatabaseproject'로 입력합니다. 나머지 설정값은 기존과 같습니다.

❷ 첫 번째 액티비티의 레이아웃인 activity_main.xml 파일을 열고 다음과 같이 작성합니다.

res\layout\activity_main.xml

```
<?xml version="1.0" encoding="utf-8"?>
<LinearLayout ...>

    <TextView
        android:id="@+id/fstTxt"
        ...
        android:layout_marginLeft="100dp"
        android:layout_marginTop="150dp"
        android:text="이름" />
    <EditText
        android:id="@+id/txtName"
```

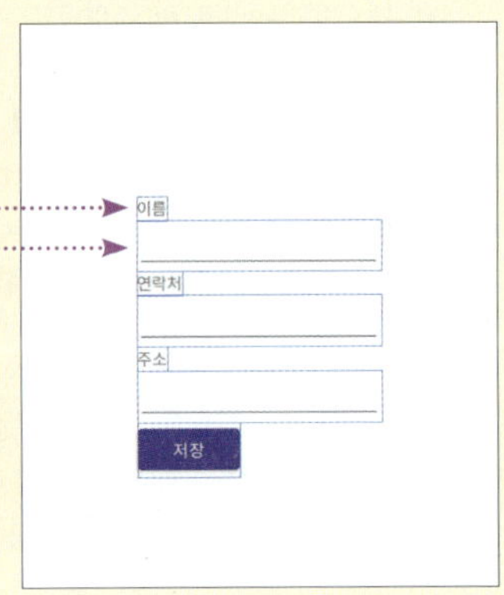

```
        ...
        android:layout_marginLeft="100dp"
        android:ems="10" />
    <TextView
        android:id="@+id/secTxt"
        ...
        android:layout_marginLeft="100dp"
        android:text="연락처" />
    <EditText
        android:id="@+id/txtPhone"
        ...
        android:layout_marginLeft="100dp"
        android:ems="10" />
    <TextView
        android:id="@+id/thirdTxt"
        ...
        android:layout_marginLeft="100dp"
        android:text="주소" />
    <EditText
        android:id="@+id/txtAddress"
        ...
        android:layout_marginLeft="100dp"
        android:ems="10" />
    <Button
        android:id="@+id/btnSave"
        ...
        android:layout_marginLeft="100dp"
        android:text="저장" />
</LinearLayout>
```

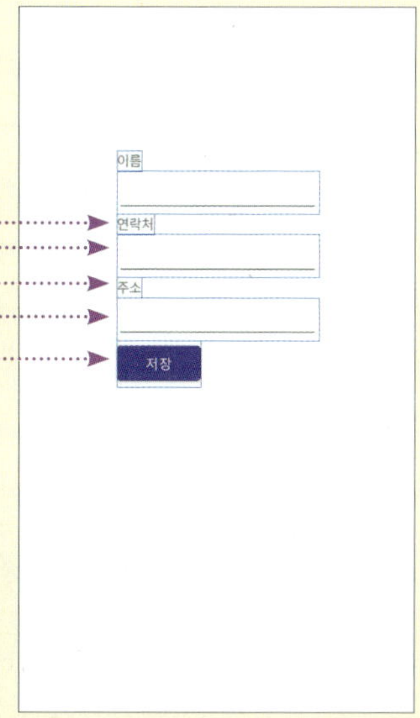

❸ 두 번째 액티비티의 레이아웃인 listview_list.xml 파일을 생성하고 다음과 같이 작성합니다.

res\layout\listview_list.xml

```
<?xml version="1.0" encoding="utf-8"?>
<LinearLayout ...>

    <ListView
        android:id="@+id/user_list"
        android:layout_width="match_parent"
        android:layout_height="wrap_content">
    </ListView>
```

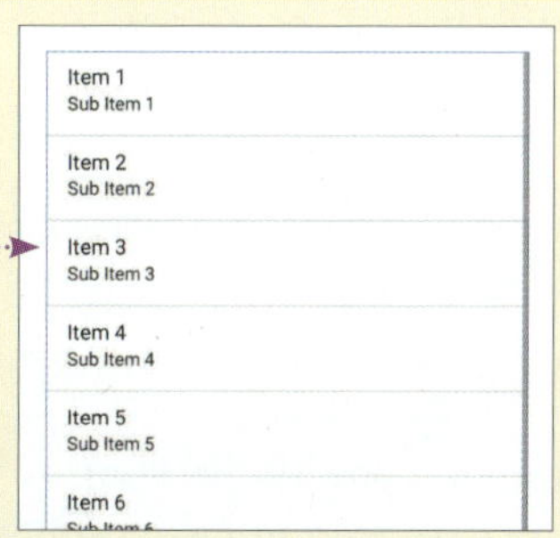

```
    <LinearLayout
        android:layout_width="match_parent"
        android:layout_height="match_parent"
        android:orientation="horizontal">
        <Button
            android:id="@+id/btnBack"
            android:layout_width="wrap_content"
            android:layout_height="wrap_content"
            android:layout_gravity="center"
            android:layout_marginTop="20dp"
            android:layout_weight="1"
            android:text="닫기" />
        <Button
            android:id="@+id/btnUpdate"
            android:layout_width="wrap_content"
            android:layout_height="wrap_content"
            android:layout_gravity="center"
            android:layout_marginTop="20dp"
            android:text="수정" />
        <Button
            android:id="@+id/btnDelete"
            android:layout_width="wrap_content"
            android:layout_height="wrap_content"
            android:layout_gravity="center"
            android:layout_marginTop="20dp"
            android:layout_weight="1"
            android:text="삭제" />
    </LinearLayout>
</LinearLayout>
```

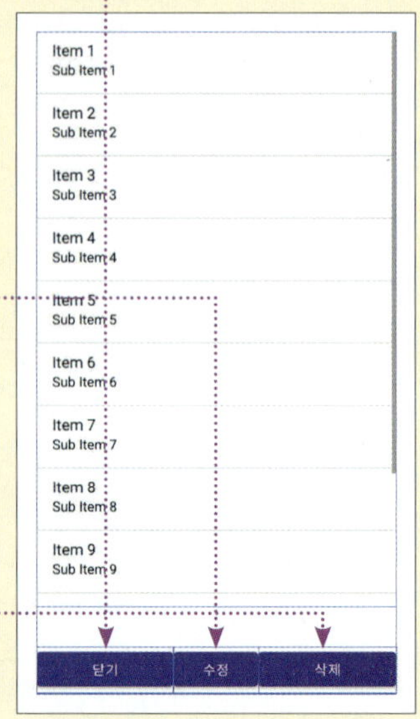

❹ listview_item.xml 파일을 생성하고 다음과 같이 작성합니다. listview_item.xml 파일은 데이터베이스에 저장된 데이터를 출력 리스트 뷰의 목록 항목으로 출력하는 레이아웃입니다.

res\layout\listview_item.xml

```
<?xml version="1.0" encoding="utf-8"?>
<LinearLayout ...>

    <TextView
        android:id="@+id/id"
        android:layout_width="wrap_content"
```

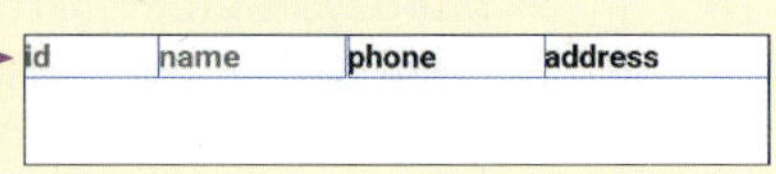

```
        android:layout_height="wrap_content"
        android:layout_weight="1"
        android:textSize="18sp"
        android:textStyle="bold" />
    <TextView
        android:id="@+id/name"
        android:layout_width="wrap_content"
        android:layout_height="wrap_content"
        android:layout_weight="1"
        android:textSize="18sp"
        android:textStyle="bold" />
    <TextView
        android:id="@+id/phone"
        android:layout_width="wrap_content"
        android:layout_height="wrap_content"
        android:layout_weight="1"
        android:textColor="#343434"
        android:textSize="18sp"
        android:textStyle="bold" />
    <TextView
        android:id="@+id/address"
        android:layout_width="wrap_content"
        android:layout_height="wrap_content"
        android:layout_weight="1"
        android:textColor="#343434"
        android:textSize="18sp"
        android:textStyle="bold" />
</LinearLayout>
```

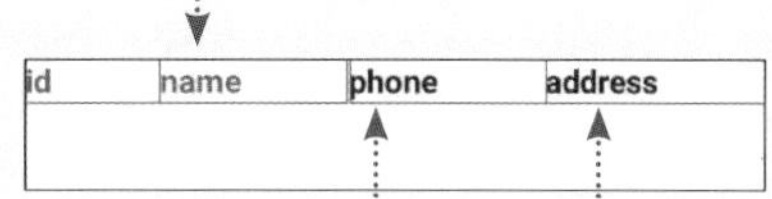

❺ DatabaseHelper.java 파일을 생성해 다음과 같이 작성하고 저장합니다. DatabaseHelper.java 파일은 데이터베이스 생성과 테이블 생성을 설정하는 DatabaseHelper 클래스를 담고 있습니다.

java\com\androidbook\sqlitedatabaseproject\DatabaseHelper.java

```
package com.androidbook.sqlitedatabaseproject;
...
public class DatabaseHelper extends SQLiteOpenHelper {

    static final String DATABASE_NAME = "UsersDB2.db";  // 데이터베이스 이름
    static final String TABLE_NAME = "UsersTable"; // 데이터베이스 버전
    static final int DATABASE_VERSION = 1;  // 테이블 이름
```

```
    public DatabaseHelper(@Nullable Context context) {
        super(context, DATABASE_NAME, null, DATABASE_VERSION);
    }

    @Override
    public void onCreate(SQLiteDatabase sqLiteDatabase) { // 테이블 생성 시작
        String query = "CREATE TABLE "+ TABLE_NAME + "(id INTEGER PRIMARY KEY
AUTOINCREMENT, name VARCHAR(50), phone VARCHAR(20), address TEXT)";
        sqLiteDatabase.execSQL(query);
    }

    @Override
    public void onUpgrade(SQLiteDatabase sqLiteDatabase, int i, int i1) {
     // 테이블 갱신 시작
        String query = "DROP TABLE IF EXISTS "+ TABLE_NAME;
        sqLiteDatabase.execSQL(query);
        onCreate(sqLiteDatabase);
    }

    public Cursor readData(){  // 항목 삽입 조회 메서드 시작
        SQLiteDatabase db = this.getReadableDatabase();
        String query = "SELECT * FROM " +TABLE_NAME;
        Cursor cursor = db.rawQuery(query, null);
        //db.close();
        return cursor;
    }

    boolean insertData(String name, String phone, String address){
     // 항목 삽입 메서드 시작
        SQLiteDatabase db = this.getWritableDatabase();
        ContentValues cv = new ContentValues();
        cv.put("name",name);
        cv.put("phone",phone);
        cv.put("address",address);

        long result = db.insert(TABLE_NAME,null,cv);
        db.close();
        if (result != -1) return true;
        else return false;
    }
```

```
    public boolean updateData(String phone, String address, String id) {
     // 데이터 갱신 메서드 시작
        SQLiteDatabase db = this.getWritableDatabase();
        ContentValues cv = new ContentValues();
        cv.put("address", address);
        int result = db.update(TABLE_NAME, cv, "id=? ", new String[]{ id });
        db.close();
        if (result != -1) return true;
        else return false;
    }

    boolean deleteData(String id){ // 항목 삭제 메서드 시작
        SQLiteDatabase db = this.getWritableDatabase();
        int result = db.delete(TABLE_NAME,   "id=? ", new String[]{ id });
        db.close();
        if (result != -1) return true;
        else return false;
    }
}
```


❻ MainActivity.java 파일을 열고 다음과 같이 작성한 후 저장합니다.

java\com\androidbook\sqlitedatabaseproject\MainActivity.java

```
package com.androidbook.sqlitedatabaseproject;
...
public class MainActivity extends AppCompatActivity {
    EditText name;
    EditText phone;
    EditText address;
    Button saveBtn;

    @Override
    protected void onCreate(Bundle savedInstanceState) {
        super.onCreate(savedInstanceState);
        setContentView(R.layout.activity_main);

        name = (EditText)findViewById(R.id.txtName);
        phone = (EditText) findViewById(R.id.txtPhone);
        address = (EditText)findViewById(R.id.txtAddress);
        saveBtn = findViewById(R.id.btnSave);

        saveBtn.setOnClickListener(new View.OnClickListener() { // 저장 버튼 클릭 이벤트 리스너
```

```
            @Override
            public void onClick(View view) {
                String username = name.getText().toString()+"\n";
                String userphone = phone.getText().toString();
                String useraddress = address.getText().toString();
                if (!username.isEmpty() && !userphone.isEmpty() && !useraddress.isEmpty()) {
                    DatabaseHelper dbHelper = new DatabaseHelper(MainActivity.this);
                    dbHelper.insertData(username, userphone, useraddress);

                    Intent intent = new Intent(MainActivity.this, ListActivity.class);
                    startActivity(intent);

                    Toast.makeText(getApplicationContext(), "Details Inserted
Successfully", Toast.LENGTH_SHORT).show();
                }
            }
        });

    }
}
```

❼ 리스트 뷰의 어댑터 클래스인 ListActivity.java 파일을 생성하고 다음과 같이 작성합니다.

java\com\androidbook\sqlitedatabaseproject\ListActivity.java

```
package com.androidbook.sqlitedatabaseproject;
...
public class ListActivity extends AppCompatActivity {

    DatabaseHelper db;
    ArrayList<HashMap<String, String>> userList;
    ListView lv;
    int selectItemPos;
    SimpleAdapter adapter;

    @Override
    protected void onCreate(Bundle savedInstanceState) {
        super.onCreate(savedInstanceState);
        setContentView(R.layout.activity_list);

        db = new DatabaseHelper(this);
        userList = new ArrayList<HashMap<String, String>>();
        lv = findViewById(R.id.user_list);
```

```
Button back = findViewById(R.id.btnBack);
Button update = findViewById(R.id.btnUpdate);
Button delete = findViewById(R.id.btnDelete);

ReadData();

back.setOnClickListener(new View.OnClickListener() { // 닫기 버튼 클릭 이벤트 리스너
    @Override
    public void onClick(View view) {
        Intent intent = new Intent(ListActivity.this, MainActivity.class);
        startActivity(intent);
    }
});

update.setOnClickListener(new View.OnClickListener() { // 수정 버튼 클릭 이벤트 리스너
    @Override
    public void onClick(View view) {
        int count;
        int checked;
        count = adapter.getCount();

        if (count > 0) {
            checked = selectItemPos; // 현재 선택된 항목 위치 가져오기
            if (checked > -1 && checked < count) {
                int id = Integer.parseInt(userList.get(selectItemPos).get("id"));
                String name = userList.get(selectItemPos).get("name");
                String phone = userList.get(selectItemPos).get("phone");
                String address = userList.get(selectItemPos).get("address");

                db.updateData(phone, "수원시", Integer.toString(id));
                userList.clear();
                ReadData();

            }
        }
    }
});

delete.setOnClickListener(new View.OnClickListener() { // 삭제 버튼 클릭 이벤트 리스너
    @Override
    public void onClick(View view) {
        int count;
        int checked;
```

10

데이터 저장소 사용하기

```
                count = adapter.getCount();
                if (count > 0) {
                    checked = selectItemPos;
                    if (checked > -1 && checked < count) {
                        int id = Integer.parseInt(userList.get(selectItemPos).get("id"));

                        db.deleteData(Integer.toString(id));
                        userList.clear();
                        ReadData();
                    }
                }
            }
        });

        lv.setOnItemClickListener(new AdapterView.OnItemClickListener() {
            @Override
            public void onItemClick(AdapterView<?> adapterView, View view, int i, long l) {
                selectItemPos = i;
            }
        });

    }

    void ReadData(){
        Cursor cursor = db.readData();
        if (cursor.getCount() == 0) {
            Toast.makeText(getApplicationContext(), "데이터를 찾을 수 없습니다", Toast.
LENGTH_LONG).show();

        }
        StringBuffer buf = new StringBuffer();
        while(cursor.moveToNext()){

            HashMap<String, String> user = new HashMap<>();
            user.put("id", Integer.toString(cursor.getInt(0)));
            user.put("name", cursor.getString(1));
            user.put("phone", cursor.getString(2));
            user.put("address",cursor.getString(3));

            userList.add(user);

        }
        adapter= new SimpleAdapter(ListActivity.this,
```

```
        userList,
                R.layout.listview_item,
                new String[]{"id", "name", "phone", "address"},
                new int[] {R.id.id, R.id.name, R.id.phone, R.id.address}
        );

        lv.setAdapter(adapter);
    }
}
```

❽ AndroidManifest.xml 파일을 열고 굵게 표시된 부분을 추가합니다.

manifests\AndroidManifest.xml

```
<?xml version="1.0" encoding="utf-8"?>
<manifest ...>

    <application ...>
        <activity android:name=".MainActivity">
            <intent-filter>
                <action android:name="android.intent.action.MAIN" />
                <category android:name="android.intent.category.LAUNCHER" />
            </intent-filter>
        </activity>
        <activity android:name=".ListActivity" />
    </application>
</manifest>
```

❾ 프로젝트를 실행해 결과를 확인합니다.

PROJECT 10

[도서 쇼핑몰] 마이 페이지와 메모장 만들기

도서 쇼핑몰에 마이 페이지와 메모장 화면을 만들고, 메모장에서 SQLite로 데이터를 관리해 봅니다.

길벗 홈페이지 자료실에서 제공하는 'PDF의 79쪽을 참고하세요!

1장 프로젝트 생성하기
▼
3장 시작 화면 만들기
▼
4장 도서 목록 화면 만들기
▼
5장 도서 상품 이벤트 처리하기
▼
6장 도서 상품 상세 정보 표시하기
▼
8장 장바구니 등록 대화상자 만들기
▼
9장 • 장바구니 만들기 • 주문 처리하기

11장 동영상 강좌 화면 만들기

10장 마이 페이지 화면 만들기
▼
10장 • 메모장 만들기 • 메모장에서 검색어 찾기
▼
11장 카메라로 프로필 설정하기
▼
12장 낙서장 만들기

13장 고객센터 화면 만들기
▼
13장 도서 마켓 위치 안내 표시하기
▼
14장 고객문의 게시판 만들기

6장 스플래시 화면 만들기
▼
12장 스플래시 화면 꾸미기

7장 • 메뉴 만들기 • 액션 바 바꾸기 • 내비게이션 바 만들기
▼
8장 로그인 대화상자 만들기
▼
14장 • 회원가입 메뉴 만들기 • 로그인과 로그아웃 기능 만들기

마이 페이지 화면 만들기 결과 화면

도서 쇼핑몰 시작 화면에서 마이 페이지를 선택하면 마이 페이지 화면으로 이동하고 마이 페이지 화면에서 〈메모장〉 버튼을 누르면 메모장 화면으로 이동합니다.

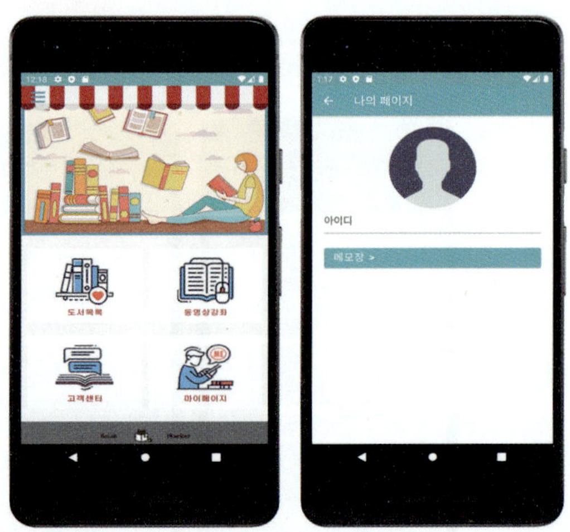

메모장 기능 만들기 결과 화면

메모장 화면의 〈등록〉 버튼을 누르면 대화상자를 통해 새 메모를 데이터베이스에 저장하고 메모장 목록에 출력합니다. 메모장 목록에서 항목을 선택하고 〈수정〉이나 〈삭제〉 버튼을 누르면 데이터베이스에서 해당 항목을 수정 또는 삭제하고 메모장 목록을 갱신해 출력합니다.

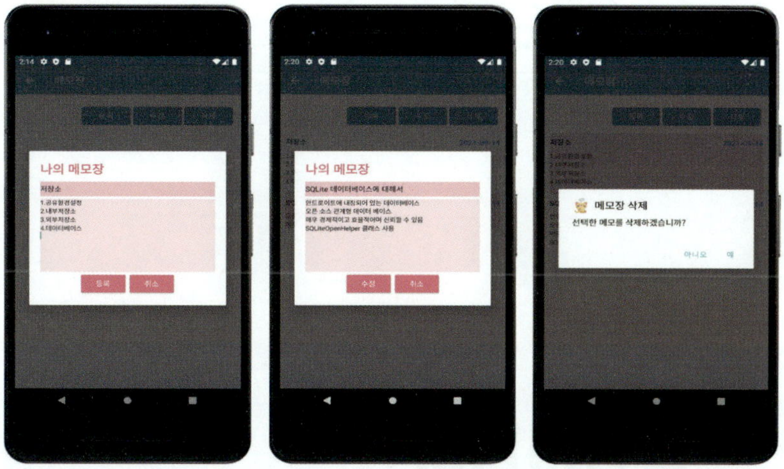

메모장에서 검색어 찾기 결과 화면

메모장 화면에서 앱 바의 검색 액션 버튼에 검색어를 입력하면 검색어를 데이터베이스에 저장된 메모장 목록에서 검색해 해당 내용을 메모장 화면에 출력합니다.

11 장

멀티미디어 다루기

학 습 목 표

- 오디오를 다루는 처리 과정에 대해 익힌다.
- 비디오를 다루는 처리 과정에 대해 익힌다.
- 카메라를 다루는 처리 과정에 대해 익힌다.

ANDROID

11.1 오디오 설정하기

안드로이드에서는 MediaPlayer와 SoundPool 클래스를 이용하여 사운드 파일을 재생할 수 있습니다. MediaPlayer 클래스는 긴 사운드 파일이나 스트림 재생에 적합하며, 재생, 일시 중지, 앞으로, 뒤로 등 다양한 제어 기능을 제공합니다. SoundPool 클래스는 메모리에 미리 디코딩되어 빠른 엑세스가 가능하고, 지연이 거의 없기 때문에 게임의 효과음과 같은 짧은 사운드 재생에 적합합니다. 다만, 제한 용량(16MB)을 초과하면 OutOfMemoryException이 발생합니다.

오디오 재생

오디오를 재생하는 방법부터 살펴보겠습니다.

MediaPlayer로 재생하기

MediaPlayer 클래스를 이용한 오디오 재생은 다음과 같이 구현합니다.

1. MediaPlayer 클래스의 인스턴스를 생성합니다.
2. 재생, 일시 정지, 정지 등의 여러 제어 메서드를 호출합니다.

그림 11-1 MediaPlayer를 이용한 오디오 재생 구현 과정

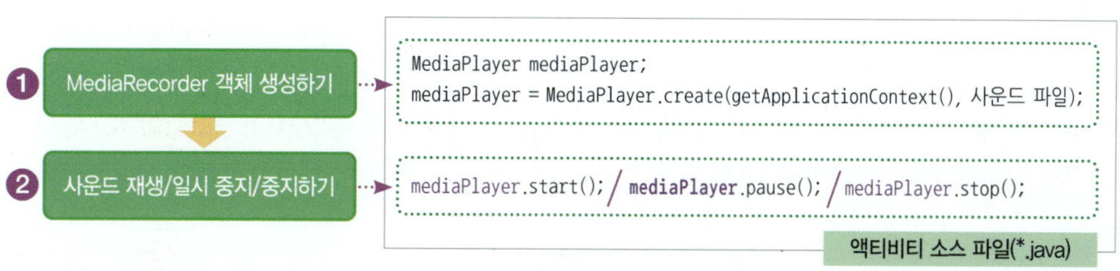

MediaPlayer 클래스를 사용하여 오디오 파일을 재생하는 방법을 알아봅시다. 오디오 파일을 불러와 재생하는 방법은 로컬 원시 리소스(res\raw) 폴더, 내부 저장소(또는 외부 저장소), HTTP 스트리밍이 있습니다. 스위치를 켜면 오디오 파일의 저장 위치에서 오디오 파일을 가져와 재생하고, 스위치를 끄면 재생을 중지합니다.

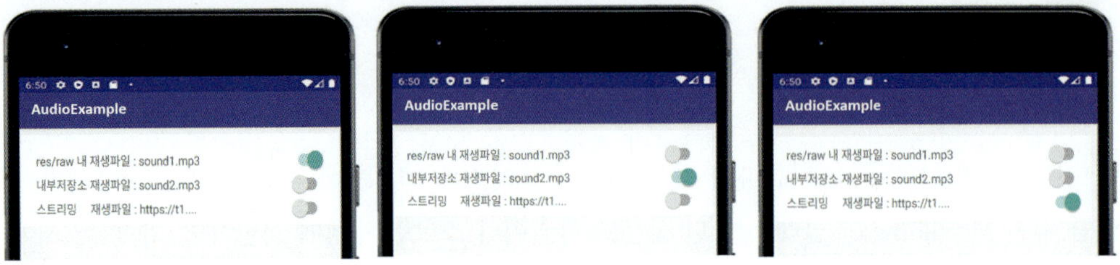

MediaPlayer 클래스로 오디오 파일을 제어하려면 먼저 create() 메서드를 호출해야 합니다.

```
create(Context context, int resid)
create(Context context, Uri uri)
create(Context context, int resid, AudioAttributes audioAttributes, int audioSessionId)
create(Context context, Uri uri, SurfaceHolder holder, AudioAttributes
audioAttributes, int audioSessionId)
```

표 11-1 create() 메서드의 매개 변수

매개 변수	설명
context	사용할 컨텍스트입니다.
resid	데이터 소스로 사용할 리소스의 원시 리소스 ID(R.raw.파일명)입니다.
uri	데이터 소스를 가져올 Uri입니다.
audioAttributes	미디어 플레이어에서 사용할 오디오 속성입니다.
audioSessionId	미디어 플레이어에서 사용할 오디오 세션 ID입니다.
holder	비디오를 표시하는 데 사용할 SurfaceHolder로 null일 수 있습니다.

스위치 위젯을 설정하여 ON 상태일 때 오디오 파일을 재생하는 기능을 구현합니다. 이를 위해 MediaPlayer 클래스의 인스턴스 변수를 생성하는 작업이 필요합니다. 예를 들어, 로컬 원시 리소스에서 오디오 파일을 재생하려면 res 폴더에 raw 폴더를 생성하고, 해당 raw 폴더에 sound1.mp3와 같은 오디오 파일을 추가합니다.

그림 11-2 로컬 원시 리소스에 추가된 오디오 파일

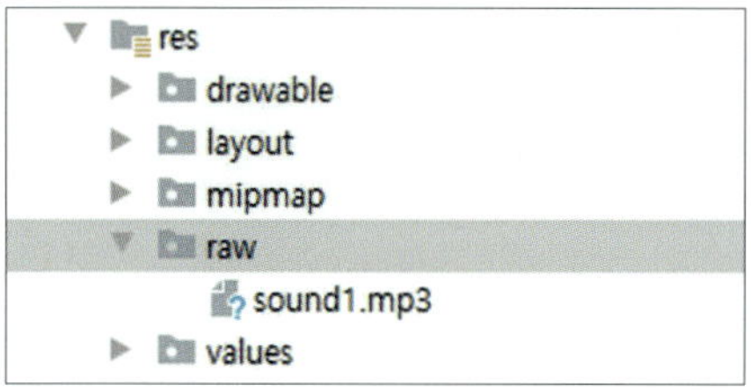


```
// 로컬 원시 리소스(res\raw)에 있는 오디오 파일을 재생하는 경우
val mediaPlayer1: MediaPlayer = MediaPlayer.create(applicationContext, R.raw.sound1)

// 내부 저장소에 있는 오디오 파일을 재생하는 경우
var uriStorage: Uri = Uri.parse("file:///" + getFilesDir().absolutePath + "/sound2.mp3")
val mediaPlayer2: MediaPlayer = MediaPlayer.create(applicationContext, uriStorage)

// HTTP 스트리밍으로 원격 URL에 있는 오디오 파일을 재생하는 경우
var uriHttp: Uri =
Uri.parse("https://사운드파일경로사이트")
val mediaPlayer3: MediaPlayer = MediaPlayer.create(applicationContext, uriHttp)
```

인스턴스 변수를 생성한 후 재생, 일시 정지, 앞으로, 뒤로 등의 제어 기능을 다음 메서드로 구현합니다.

표 11-2 MediaPlayer의 주요 메서드

메서드	설명
int getCurrentPosition()	현재 재생 위치를 가져옵니다.
int getDuration()	파일의 지속 시간을 가져옵니다.
TrackInfo[] getTrackInfo()	트랙 정보의 배열을 반환합니다.
Boolean isPlaying()	MediaPlayer가 재생 중인지 확인합니다.
void pause()	재생을 일시 중지합니다.
void release()	MediaPlayer 개체와 연결된 리소스를 해제합니다.
void reset()	MediaPlayer를 초기화되지 않은 상태로 재설정합니다.
void seekTo(int msec)	지정된 시간 위치를 찾습니다.
void setAudioAttributes(AudioAttributes attributes)	MediaPlayer의 오디오 속성을 설정합니다.
void setDataSource(String path)	사용할 데이터 소스(파일 경로 또는 http/rtsp URL)를 설정합니다.
void setVolume(float leftVolume, float rightVolume)	플레이어의 볼륨을 설정합니다.

메서드	설명
void start()	재생을 시작하거나 다시 시작합니다.
void stop()	재생 중이거나 일시 중지된 후 재생을 중지합니다.

TIP MediaPlayer의 메서드에 관한 좀 더 자세한 내용은 https://developer.android.com/reference/android/media/MediaPlayer를 참고하세요.

예를 들어, 스위치 위젯을 ON했을 때 오디오 파일을 재생하고, 스위치 위젯을 OFF했을 때 재생을 중지하려면 다음과 같이 작성합니다.

```
val switchPlay1: Switch = findViewById(R.id.switchPlay1)
 switchPlay1.setOnCheckedChangeListener(
                      new CompoundButton.OnCheckedChangeListener() {
      @Override
      public void onCheckedChanged(CompoundButton compoundButton,
                                   boolean b) {

          if(b) mediaPlayer1.start();
          else mediaPlayer1.stop();
      }
});
```

SoundPool로 재생하기

SoundPool 클래스를 이용한 오디오 재생은 다음과 같이 구현합니다.

1. MSoundPool 클래스의 인스턴스를 생성합니다. SoundPool 클래스의 생성자 또는 Builder 클래스의 생성자를 호출해 인스턴스를 만듭니다.
2. 생성한 인스턴스 변수로 load() 메서드를 호출해 오디오 파일을 불러옵니다.
3. 오디오 재생 메서드를 호출합니다.

SoundPool 클래스로 오디오 파일을 재생할 때 오디오 파일이 메모리에 미리 디코딩되지 않으면 재생할 수 없습니다. 재생하기 전에 오디오 파일을 메모리로 가져왔는지 setOnLoadCompleteListener{}로 확인합니다.

그림 11-3 SoundPool을 이용한 오디오 재생 구현 과정

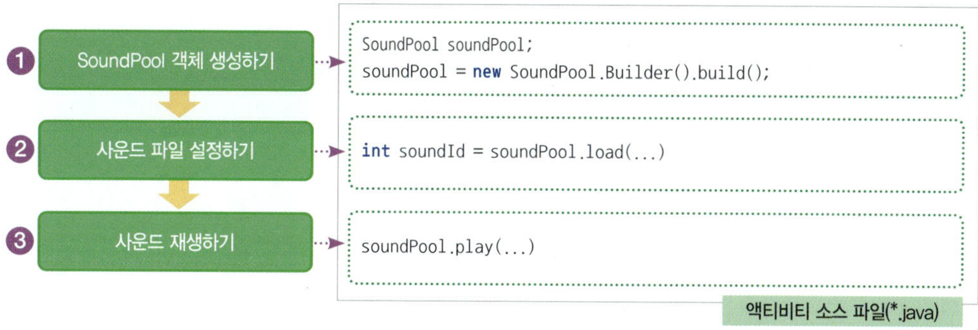

SoundPool 클래스를 사용하여 오디오를 재생하는 방법을 알아보겠습니다. 로컬 원시 리소스 폴더, 내부 저장소(또는 외부 저장소), HTTP 스트리밍에서 오디오 파일을 불러와 재생할 수 있습니다. 스위치가 ON일 때 오디오 파일을 가져와 재생하고, 스위치가 OFF일 때는 재생을 멈춥니다.

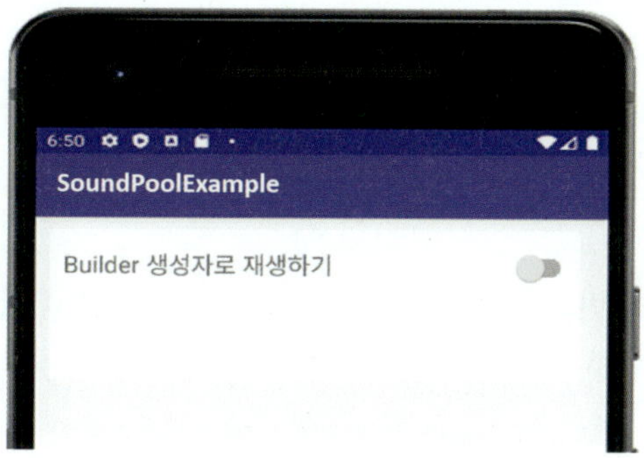

SoundPool 클래스로 오디오 파일을 제어하려면 SoundPool 클래스의 생성자나 Builder 클래스의 생성자를 사용해 만듭니다. 기본 구문은 다음과 같습니다.

```
SoundPool.Builder().build()
```

스위치 위젯을 ON했을 때 오디오 파일을 가져오려면 다음과 같이 SoundPool 클래스의 인스턴스 변수를 생성합니다.

```
// Builder 생성자로 객체 생성
SoundPool soundPool = new SoundPool.Builder().build()
```

SoundPool 클래스의 인스턴스를 생성하고 나면 load() 메서드를 호출해 재생할 오디오 파일을 설정합니다. load() 메서드의 형식과 매개 변수는 다음과 같습니다.

```
int load(Context context, int resId, int priority)
int load(String path, int priority)
int load(AssetFileDescriptor afd, int priority)
int load(FileDescriptor fd, long offset, long length, int priority)
```

표 11-3 load() 메서드의 매개 변수

매개 변수	설명
context	애플리케이션 컨텍스트입니다.
resId	리소스 ID입니다.
priority	사운드의 우선순위로, 현재 효과가 없습니다. 향후 호환성을 위해 값으로 1을 사용합니다.
path	오디오 파일의 경로입니다.
afd	에셋 파일(Asset File) 설명자입니다.
fd	FileDescriptor 객체입니다.
offset	오디오 파일의 시작으로 오프셋합니다.
length	오디오 파일의 길이입니다.

SoundPool 클래스의 인스턴스를 생성해 오디오 파일을 가져오고 나면 다음 메서드로 오디오 재생, 정지 등의 제어 기능을 구현합니다.

표 11-4 SoundPool의 주요 메서드

메서드	설명
final int play(int soundID, float leftVolume, float rightVolume, int priority, int loop, float rate)	사운드 ID에서 오디오 파일을 재생합니다.
final void release()	SoundPool 리소스를 해제합니다.
final void resume(int streamID)	재생 스트림을 재개합니다.
final void stop(int streamID)	재생 스트림을 중지합니다.

TIP SoundPool 클래스의 메서드에 관한 좀 더 자세한 내용은 https://developer.android.com/reference/android/media/SoundPool을 참고하세요.

예를 들어, 다음과 같이 작성하면 로컬 원시 리소스(res\raw) 폴더에 있는 오디오 파일을 불러와서 스위치 위젯을 ON했을 때 메모리에 오디오 파일이 디코딩되었는지를 확인한 후 오디오 파일을 재생하고, 스위치를 OFF했을 때 재생을 중지합니다.

```
Switch switchPlay1 = findViewById(R.id.switchPlay1);

switchPlay1.setOnCheckedChangeListener(
                new CompoundButton.OnCheckedChangeListener() {
        @Override
  public void onCheckedChanged(CompoundButton compoundButton, boolean b) {

      if (android.os.Build.VERSION.SDK_INT >=
                  android.os.Build.VERSION_CODES.LOLLIPOP) {

          SoundPool soundPool = new SoundPool.Builder().build(); ❶
          int soundId = soundPool.load(getApplicationContext(), R.raw.effect1, 1); ❷

        if( b) {
              soundPool.setOnLoadCompleteListener(
                          new SoundPool.OnLoadCompleteListener() {
              @Override
              public void onLoadComplete(SoundPool soundPool, int i, int i1) {
                      soundPool.play(soundId, 1.0f, 1.0f, 0, 0, 1.0f); ❸
                  }
             });
          }else {
                soundPool.stop(soundId); ❸
          }
      }
});
```

오디오 녹음

MediaRecorder 클래스를 이용하면 오디오 녹음이 가능합니다. 녹음하려면 MediaRecorder 클래스의 인스턴스를 생성하고, 오디오 소스, 인코딩 형식, 출력 파일 형식 등을 설정해야 합니다. 그 다음 prepare(), start(), stop() 등의 메서드를 호출하여 녹음 작업을 수행할 수 있습니다.

그림 11-4 MediaRecorder을 이용한 오디오 녹음 구현 과정

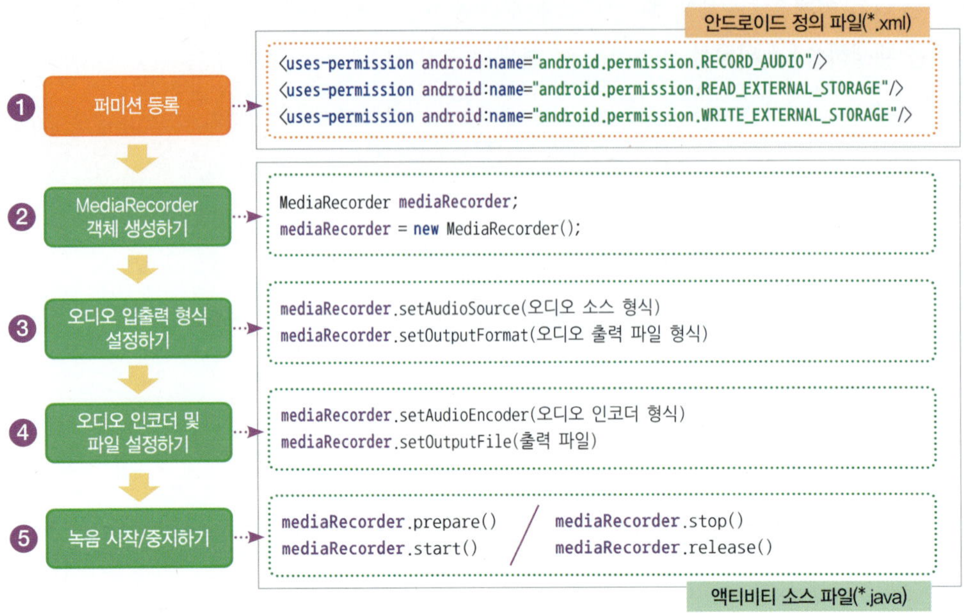

MediaRecorder 클래스로 어떻게 오디오를 녹음하는지 알아봅시다. 〈녹음 시작하기〉 버튼을 클릭하면 마이크를 통해 녹음하고, 〈녹음 멈추기〉 버튼을 클릭하면 녹음을 중지합니다.

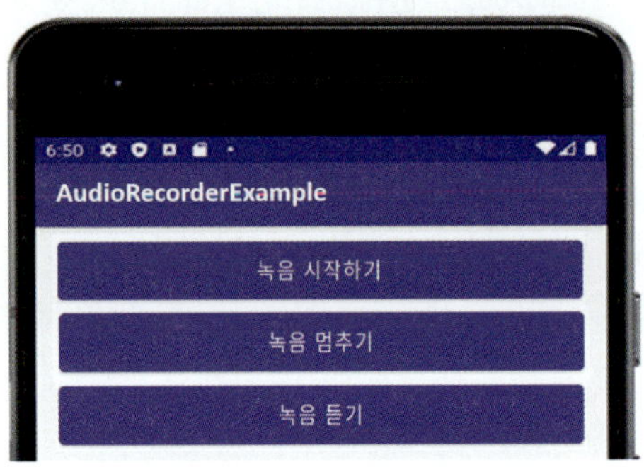

● 녹음 권한 등록하기

사용자가 앱을 사용하여 오디오를 녹음하고 저장하려면 앱이 기기의 오디오 입력 장치와 저장소에 접근할 수 있는 권한이 필요합니다. 이를 위해 AndroidManifest.xml 파일에서 RECORD_AUDIO, READ_EXTERNAL_STORAGE 및 WRITE_EXTERNAL_STORAGE과 같은 권한을 설정해야 합니다.

```
<manifest ...>
<uses-permission android:name="android.permission.RECORD_AUDIO" />
<uses-permission android:name="android.permission.READ_EXTERNAL_STORAGE"/>
<uses-permission android:name="android.permission.WRITE_EXTERNAL_STORAGE"/>
...
</manifest>
```
❶

• MediaRecorder 클래스

오디오 녹음, 중지 등의 제어 기능은 MediaRecorder 클래스의 다음 메서드로 구현합니다.

표 11-5 MediaRecorder 클래스의 주요 메서드

메서드	설명
void setAudioSource(int audioSource)	녹음에 사용할 오디오 소스를 설정합니다. 오디오 소스 유형은 다음과 같습니다. MediaRecorder.AudioSource.DEFAULT, MediaRecorder.AudioSource.MIC, MediaRecorder.AudioSource.VOICE_UPLINK 등
void setOutputFormat(int output_format)	녹음 중에 생성되는 출력 파일의 형식을 설정합니다. 사용할 수 있는 출력 파일의 형식은 다음과 같습니다. MediaRecorder.OutputFormat.DEFAULT, MediaRecorder.OutputFormat.THREE_GPP, MediaRecorder.OutputFormat.MPEG_4, MediaRecorder.OutputFormat.OGG 등
void setAudioEncoder(int audio_encoder)	녹음에 사용할 오디오 인코더를 설정합니다. 인코더 유형은 다음과 같습니다. MediaRecorder.AudioEncoder.DEFAULT, MediaRecorder.AudioEncoder.AMR_NB, MediaRecorder.AudioEncoder.AMR_WB, MediaRecorder.AudioEncoder.AAC 등
void setOutputFile(String path) void setOutputFile(File file)	생성할 출력 파일의 경로나 파일 객체를 설정합니다.
void stop()	녹음을 중지합니다.
void start()	setOutputFile()로 지정된 파일에 대한 데이터 캡처 및 인코딩을 시작합니다.
void prepare()	데이터 캡처 및 인코딩을 시작하기 위해 녹음 장치를 준비합니다.
void pause()	녹음을 일시 중지합니다.
void release()	MediaRecorder 개체와 연결된 리소스를 해제합니다.

TIP MediaRecorder의 메서드에 관한 좀 더 자세한 내용은 https://developer.android.com/reference/android/media/MediaRecorder를 참고하세요.

예를 들어, 기기의 마이크로 오디오를 녹음하고 저장하려면 다음과 같이 작성합니다.

```
MediaRecorder mediaRecorder;
// 녹음 시작
Button  btnStart = findViewById(R.id.btnStart);
btnStart.setOnClickListener(new View.OnClickListener() {
      @Override
      public void onClick(View view) {
         String audiofile =
               Environment.getExternalStorageDirectory().getAbsoluteFile() +
                     "/Download/recording.mp3";
          mediaRecorder = new MediaRecorder(); ❷
          mediaRecorder.setAudioSource(MediaRecorder.AudioSource.MIC);      ─┐
mediaRecorder.setOutputFormat(MediaRecorder.OutputFormat.MPEG_4);           ─┴❸
          mediaRecorder.setAudioEncoder(MediaRecorder.AudioEncoder.AAC);    ─┐
          mediaRecorder.setOutputFile(audiofile);                           ─┴❹

          try {
               mediaRecorder.prepare();  ─┐
               mediaRecorder.start();    ─┴❺
           } catch (IOException e) {
                   e.printStackTrace();
          }
     }
});
// 녹음 중지
Button  btnStop = findViewById(R.id.btnStop);
btnStop .setOnClickListener(new View.OnClickListener() {
    @Override
    public void onClick(View view) {
       mediaRecorder.stop()      ─┐
       mediaRecorder.release()   ─┴❺
    }
});
```

기타 오디오 설정

안드로이드에서는 AudioManager 클래스를 제공하여 벨소리 크기와 모드(무음, 진동, 크게 등)를 제어할 수 있습니다. AudioManager 클래스를 사용하기 위해서는 먼저 getSystem

Service() 메서드를 호출하여 Context.AUDIO_SERVICE 인수로 전달해서 Audio Manager 클래스의 인스턴스를 생성해야 합니다. AudioManager 클래스의 인스턴스를 생성한 후 set RingerMode() 메서드를 사용하여 기기의 벨소리 크기나 모드를 설정할 수 있습니다. 모드별 setRingerMode() 메서드의 인수는 다음과 같습니다.

표 11-6 벨소리 모드별 setRingerMode() 메서드의 인수

인수	모드
RINGER_MODE_NORMAL	벨소리 모드
RINGER_MODE_SILENT	무음 모드
RINGER_MODE_VIBRATE	진동 모드

예를 들어 벨소리 모드를 무음으로 설정하고 싶다면 다음과 같이 작성합니다.

```
AudioManager audioManager: AudioManager = getSystemService(Context.AUDIO_SERVICE) ;
audioManager.setRingerMode(AudioManager.RINGER_MODE_SILENT);
```

실습 예제 11-1 오디오 플레이어 만들기

| 구현 내용 |

MediaPlayer로 오디오 파일 재생, 일시 중지, 앞으로, 뒤로의 여러 재생 옵션이 있는 오디오 플레이어를 만듭니다.

| 구현 방법 |

❶ Empty Activity 템플릿으로 프로젝트를 생성합니다. 프로젝트명은 'AudioProject', 패키지명은 'com.androidbook.audioproject'로 입력합니다. 나머지 설정값은 기존과 같습니다.

❷ res 폴더에 raw 폴더를 생성하고 재생할 오디오 파일을 추가합니다. 안드로이드 스튜디오에서 [File]-[New]-[Android Resource Directory] 메뉴를 선택합니다. 또는 프로젝트 탐색기에서 res 폴더를 선택한 후 마우스 오른쪽 버튼을 클릭하고 [New]-[Android Resource Directory] 메뉴를 선택합니다. New Resource Directory 창이 열리면 Resource type은 'raw'로 선택하고, Directory name은 'raw'를 입력합니다. Source set은 기본값으로 두고 〈OK〉 버튼을 클릭합니다.

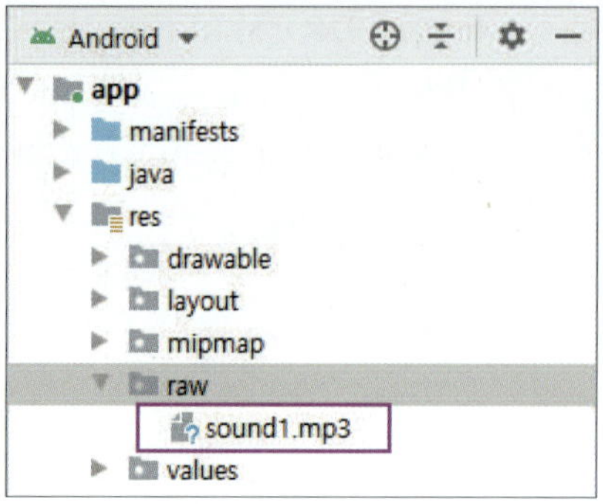

❸ activity_main.xml 파일을 열고 다음과 같이 기본 화면 레이아웃을 작성합니다.

res\layout\activity_main.xml

```
<?xml version="1.0" encoding="utf-8"?>
<LinearLayout ...>

    <LinearLayout
        android:layout_width="match_parent"
        android:layout_height="wrap_content"
        android:orientation="horizontal">

        <TextView
            android:id="@+id/txtVw1"
            android:layout_width="wrap_content"
            android:layout_height="wrap_content"
            android:text="오디오 파일 : "
            android:textAppearance="?android:attr/textAppearanceMedium" />
        <TextView
            android:id="@+id/txtSname"
            android:layout_width="wrap_content"
            android:layout_height="wrap_content"
            android:text="TextView" />
    </LinearLayout>
    <LinearLayout
        android:layout_width="match_parent"
        android:layout_height="wrap_content"
        android:layout_marginTop="20dp"
        android:orientation="horizontal">
        <TextView
            android:id="@+id/tv_pass"
            android:layout_width="wrap_content"
```

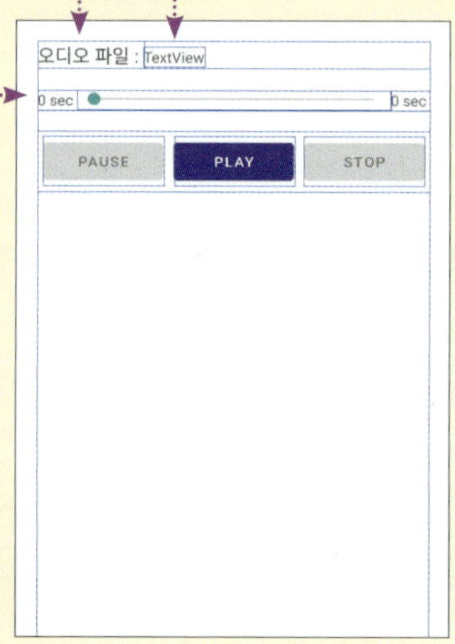

```
            android:layout_height="wrap_content"
            android:text="0 sec " />
        <SeekBar
            android:id="@+id/seek_bar"
            android:layout_width="wrap_content"
            android:layout_height="wrap_content"
            android:layout_weight="1" />
        <TextView
            android:id="@+id/tv_due"
            android:layout_width="wrap_content"
            android:layout_height="wrap_content"
            android:text="0 sec " />
    </LinearLayout>
    <LinearLayout
        android:layout_width="match_parent"
        android:layout_height="wrap_content"
        android:layout_marginTop="20dp"
        android:orientation="horizontal">
        <Button
            android:id="@+id/pauseBtn"
            android:layout_width="wrap_content"
            android:layout_height="wrap_content"
            android:layout_margin="5dp"
            android:layout_weight="1"
            android:enabled="false"
            android:text="Pause" />
        <Button
            android:id="@+id/playBtn"
            android:layout_width="wrap_content"
            android:layout_height="wrap_content"
            android:layout_margin="5dp"
            android:layout_weight="1"
            android:text="Play" />
        <Button
            android:id="@+id/stopBtn"
            android:layout_width="wrap_content"
            android:layout_height="wrap_content"
            android:layout_margin="5dp"
            android:layout_weight="1"
            android:enabled="false"
            android:text="Stop" />
    </LinearLayout>
</LinearLayout>
```

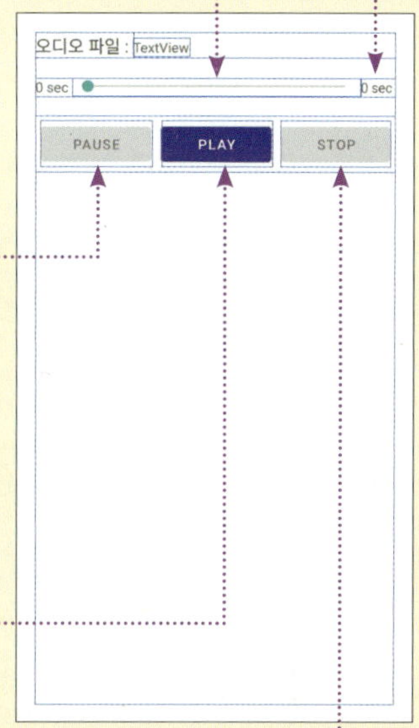

❹ MainActivity.java 파일을 열고 다음과 같이 작성합니다.

java\com\androidbook\audioproject\MainActivity.java

```
package com.androidbook.audioproject;
...
public class MainActivity extends AppCompatActivity {
    private MediaPlayer mediaPlayer;
    private Runnable runnable;
    Handler handler = new Handler();

    private Boolean pause = false;

    Button playBtn;
    Button pauseBtn;
    Button stopBtn;
    SeekBar seek_bar;
    TextView tv_pass;
    TextView tv_due;
    TextView txtSname;

    @Override
    protected void onCreate(Bundle savedInstanceState) {
        super.onCreate(savedInstanceState);
        setContentView(R.layout.activity_main);

        txtSname = findViewById(R.id.txtSname);
        txtSname.setText("sound1.mp3");
        playBtn = findViewById(R.id.playBtn);

        pauseBtn = findViewById(R.id.pauseBtn);
        stopBtn = findViewById(R.id.stopBtn);
        seek_bar = findViewById(R.id.seek_bar);

        tv_pass = findViewById(R.id.tv_pass);
        tv_due = findViewById(R.id.tv_due);

        playBtn.setOnClickListener(new View.OnClickListener() { // PLAY 버튼의 클릭 이벤트 리스너
            @Override
            public void onClick(View view) {
                if(pause){
                    mediaPlayer.seekTo(mediaPlayer.getCurrentPosition());
                    mediaPlayer.start();
                    pause = false;
```

```
                    Toast.makeText(getApplicationContext(), "재생중 ", Toast.LENGTH_SHORT).
show();
                }else{
                    mediaPlayer = new MediaPlayer().create(getApplicationContext(),R.raw.
sound1);
                    mediaPlayer.start();
                    Toast.makeText(getApplicationContext(), "재생중", Toast.LENGTH_SHORT).
show();

                }
                initializeSeekBar();
                playBtn.setEnabled(false);
                pauseBtn.setEnabled(true);
                stopBtn.setEnabled(true);
                mediaPlayer.setOnCompletionListener(new MediaPlayer.
OnCompletionListener() { // 오디오 파일 재생 완료 확인 리스너
                    @Override
                    public void onCompletion(android.media.MediaPlayer mediaPlayer) {
                        playBtn.setEnabled(true);
                        pauseBtn.setEnabled(false);
                        stopBtn.setEnabled(false);
                        Toast.makeText(getApplicationContext(), "재생 완료", Toast.LENGTH_
SHORT).show();
                    }
                });

            }
        });
        pauseBtn.setOnClickListener(new View.OnClickListener() { // PAUSE 버튼의 클릭 이벤트 리스너
            @Override
            public void onClick(View view) {
                if(mediaPlayer.isPlaying()){
                    mediaPlayer.pause();
                    pause = true;
                    playBtn.setEnabled(true);
                    pauseBtn.setEnabled(false);
                    stopBtn.setEnabled(true);
                    Toast.makeText(getApplicationContext(), "재생 중지", Toast.LENGTH_
SHORT).show();
                }
            }
        });
        stopBtn.setOnClickListener(new View.OnClickListener() {
        // STOP 버튼의 클릭 이벤트 리스너
```

```
            @Override
            public void onClick(View view) {
                if(mediaPlayer.isPlaying() || pause.equals(true)){
                    pause = false;
                    seek_bar.setProgress(0);
                    mediaPlayer.stop();
                    mediaPlayer.reset();
                    mediaPlayer.release();
                    handler.removeCallbacks(runnable);

                    playBtn.setEnabled(true);
                    pauseBtn.setEnabled(false);
                    stopBtn.setEnabled(false);
                    tv_pass.setText("");
                    tv_due.setText("");
                    Toast.makeText(getApplicationContext(), "재생 멈춤", Toast.LENGTH_
SHORT).show();
                }
            }
        });
        // 탐색 바 변경 리스너
        seek_bar.setOnSeekBarChangeListener(new SeekBar.OnSeekBarChangeListener() {
            @Override
            public void onProgressChanged(SeekBar seekBar, int i, boolean b) {
                if (b) {
                    mediaPlayer.seekTo(i * 1000);
                }
            }

            @Override
            public void onStartTrackingTouch(SeekBar seekBar) {

            }

            @Override
            public void onStopTrackingTouch(SeekBar seekBar) {

            }
        });

    }
    private void initializeSeekBar() { // 탐색 바와 오디오 상태 초기화
        seek_bar.setMax(mediaPlayer.getDuration()/1000);
```

```
        runnable = new Runnable() {
            @Override
            public void run() {
                seek_bar.setProgress(mediaPlayer.getCurrentPosition()/1000);

                tv_pass.setText(mediaPlayer.getCurrentPosition()/1000+" sec");
                int diff = mediaPlayer.getDuration()/1000 - mediaPlayer.
getCurrentPosition()/1000;
                tv_due.setText(diff +" sec");
                handler.post(runnable);
            }

        };
        handler.post(runnable);
    }
}
```

❺ 프로젝트를 실행해 결과를 확인합니다.

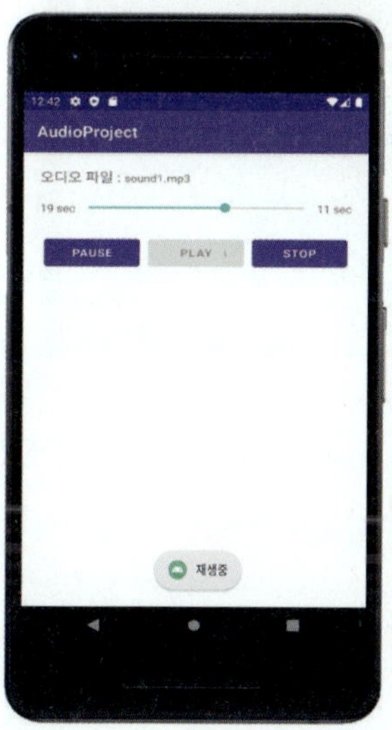

재생 중

재생 일시 중지 시

재생 멈춤 시

11.2

ANDROID

비디오 설정하기

안드로이드에서는 MediaPlayer 클래스를 활용하여 비디오 파일을 재생할 수 있습니다. 그러나 비디오 뷰(VideoView)를 사용하면 MediaPlayer 클래스를 직접 구현하는 것보다 더욱 간단하게 비디오 파일을 재생할 수 있습니다. 비디오 뷰는 다양한 소스에서 비디오 파일을 불러올 수 있는 동영상 재생 위젯입니다.

그림 11-5 비디오 뷰의 화면 표시

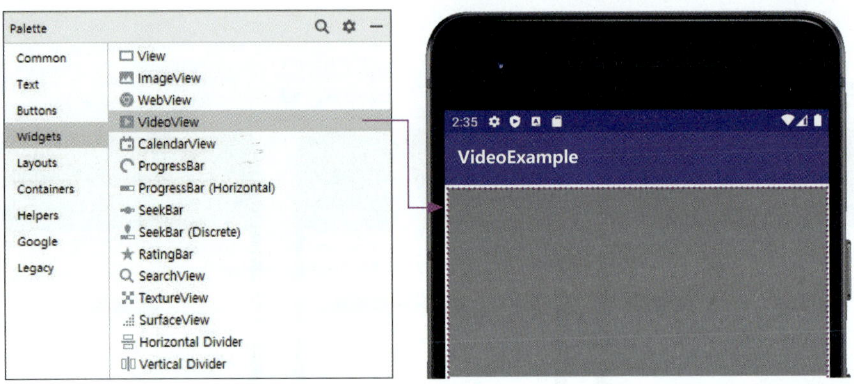

VideoView는 SurfaceView 클래스의 하위 클래스로, View와 SurfaceView 클래스의 모든 속성을 상속받습니다. VideoView를 사용하려면 android.widget.VideoView를 임포트해야 합니다.

```
└, android.view.View
    └, android.view.SurfaceView
        └, android.widget.VideoView
```

비디오를 재생하는 데 사용하는 VideoView 클래스의 메서드는 다음과 같습니다.

표 11-7 VideoView 클래스의 주요 메서드

메서드	설명
void setMediaController(MediaController controller)	비디오 재생을 제어하기 위한 컨트롤러를 설정합니다.
void setVideoURI(Uri uri, Map<String, String> headers) void setVideoURI(Uri uri)	특정 헤더를 사용하여 비디오 URI를 설정합니다. 비디오 파일의 URI를 설정합니다.
void setVideoPath(String path)	비디오 파일의 경로를 설정합니다.
void pause()	비디오 재생을 일시 중지합니다.
void stopPlayback()	비디오 재생을 중지합니다.
void seekTo(int msec)	밀리초(Milliseconds.) 단위로 비디오를 특정 위치로 이동합니다.
void resume()	비디오 재생을 재시작합니다.
void start()	비디오 재생을 시작합니다.

> TIP VideoView 클래스의 메서드에 관한 좀 더 자세한 내용은 https://developer.android.com/reference/android/widget/VideoView를 참고하세요.

VideoView 클래스에 MediaController 클래스를 함께 사용하면 다음과 같이 기본으로 재생/중지, 되감기, 빨리 감기와 진행 바 등의 제어 기능을 포함할 수 있습니다.

그림 11-6 MediaController 클래스의 제어 기능 UI 예

표 11-8 MediaController 클래스의 주요 메서드

메서드	설명
void hide()	화면에서 컨트롤러를 제거합니다.
void show()	화면에 컨트롤러를 표시합니다. 3초 동안 활동이 없으면 자동으로 사라집니다.
void show(int timeout)	화면에 컨트롤러를 표시합니다. 지정한 timeout 밀리 초 동안 비활성 상태가 되면 자동으로 사라집니다.
void setAnchorView(View view)	미디어 제어기를 설정합니다.
void setEnabled(boolean enabled)	미디어 제어기의 활성화를 설정합니다. 지정한 enabled가 true이면 활성화합니다.

> TIP MediaController 클래스의 메서드에 관한 좀 더 자세한 내용은 https://developer.android.com/reference/android/widget/MediaController를 참고하세요.

그림 11-7 비디오 뷰를 이용한 비디오 재생 구현 과정

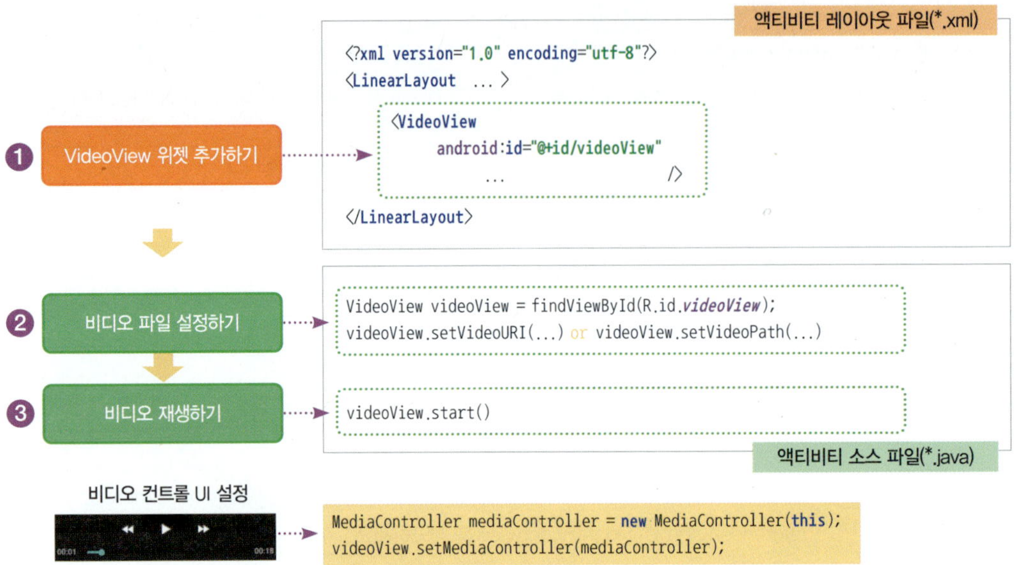

다음은 앞의 과정에 따라 VideoView와 MediaController 클래스로 원시 리소스 디렉터리(res\raw)에 있는 비디오 파일을 재생할 수 있게 구현한 예입니다.

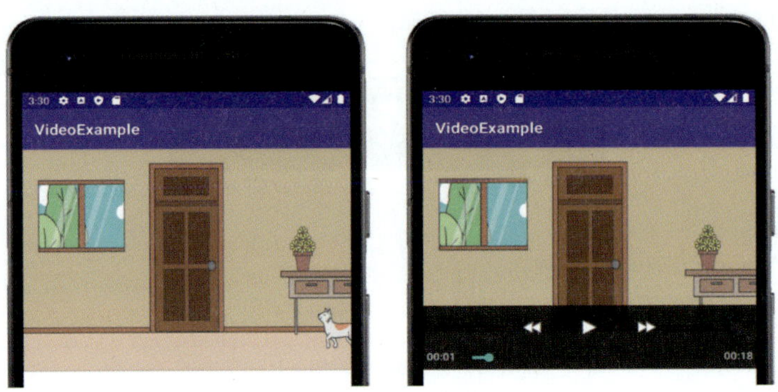

비디오 뷰의 레이아웃은 다음과 같이 작성합니다.

```
<?xml version="1.0" encoding="utf-8"?>
<LinearLayout ...>
    <VideoView ❶
        android:id="@+id/videoView"
        android:layout_width="wrap_content"
        android:layout_height="308dp"
        android:layout_marginStart="0dp"
```

```
        android:layout_marginEnd="0dp"
        android:layout_marginBottom="0dp" />
</LinearLayout>
```

VideoView와 MediaController 클래스로 비디오 파일의 소스와 파일 재생을 설정합니다.

```
VideoView videoView = findViewById(R.id.videoView);
Uri uri = Uri.parse("android.resource://" + getPackageName() + "/" + R.raw.kitty); ❷
videoView.setVideoURI(uri); ❷
videoView.start(); ❸

// MediaController 생성
MediaController mediaController = new MediaController(this);
videoView.setMediaController(mediaController);
```

실습 예제 11-2 비디오 플레이어 만들기

| 구현 내용 |

MediaController와 VideoView를 사용하여 재생, 일시 중지, 앞으로, 뒤로 등의 제어 옵션이 있는 비디오 플레이어를 만듭니다.

| 구현 방법 |

❶ Empty Activity 템플릿으로 프로젝트를 생성합니다. 프로젝트명은 'VideoProject', 패키지명은 'com.androidbook.videoproject'로 입력합니다. 나머지 설정값은 기존과 같습니다.

❷ res 폴더에 raw 폴더를 생성하고 재생할 비디오 파일을 추가합니다.

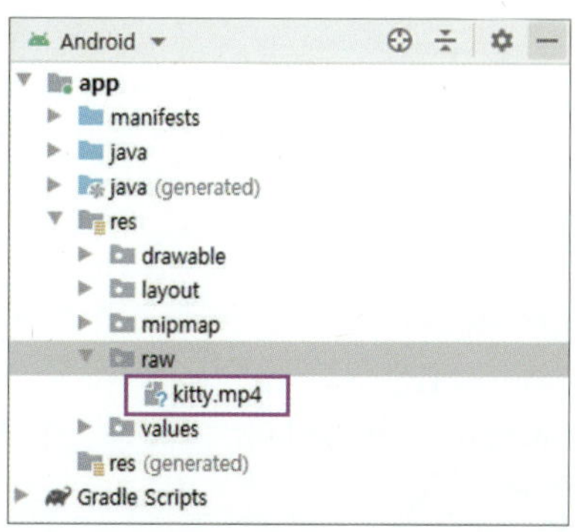

❸ activity_main.xml 파일을 열고 다음과 같이 기본 화면 레이아웃을 작성합니다.

res\layout\activity_main.xml

```
<?xml version="1.0" encoding="utf-8"?>
<LinearLayout ...>

    <LinearLayout
        android:layout_width="match_parent"
        android:layout_height="wrap_content"
        android:orientation="horizontal">
        <VideoView
            android:id="@+id/videoView"
            android:layout_width="match_parent"
            android:layout_height="308dp" />
    </LinearLayout>
    <LinearLayout
        android:layout_width="match_parent"
        android:layout_height="wrap_content"
        android:orientation="horizontal">
        <TextView
            android:id="@+id/txtVw1"
            android:layout_width="wrap_content"
            android:layout_height="wrap_content"
            android:text="비디오 파일 : "
            android:textAppearance="?android:attr/textAppearanceMedium" />
        <TextView
            android:id="@+id/txtSname"
            android:layout_width="wrap_content"
            android:layout_height="wrap_content"
            android:text="TextView" />
    </LinearLayout>
    <LinearLayout
        android:layout_width="match_parent"
        android:layout_height="wrap_content"
        android:layout_marginTop="20dp"
        android:orientation="horizontal">
        <TextView
            android:id="@+id/tv_pass"
            android:layout_width="wrap_content"
            android:layout_height="wrap_content"
            android:text="0 sec " />
        <SeekBar
            android:id="@+id/seek_bar"
```

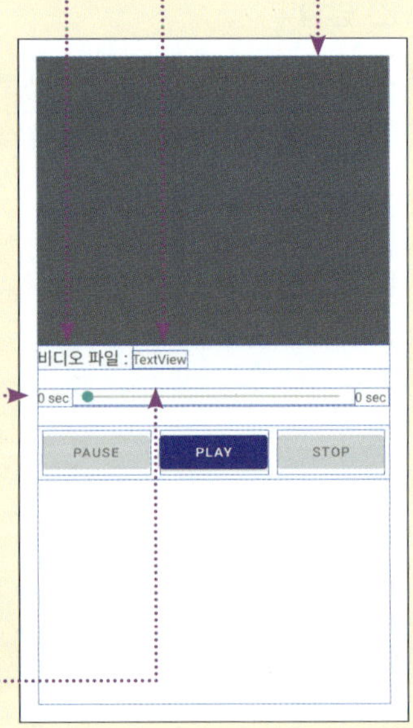

```
        android:layout_width="wrap_content"
        android:layout_height="wrap_content"
        android:layout_weight="1" />
    <TextView
        android:id="@+id/tv_due"
        android:layout_width="wrap_content"
        android:layout_height="wrap_content"
        android:text="0 sec " />
</LinearLayout>
<LinearLayout
    android:layout_width="match_parent"
    android:layout_height="wrap_content"
    android:layout_marginTop="20dp"
    android:orientation="horizontal">
    <Button
        android:id="@+id/pauseBtn"
        android:layout_width="wrap_content"
        android:layout_height="wrap_content"
        android:layout_margin="5dp"
        android:layout_weight="1"
        android:enabled="false"
        android:text="Pause" />
    <Button
        android:id="@+id/playBtn"
        android:layout_width="wrap_content"
        android:layout_height="wrap_content"
        android:layout_margin="5dp"
        android:layout_weight="1"
        android:text="Play" />
    <Button
        android:id="@+id/stopBtn"
        android:layout_width="wrap_content"
        android:layout_height="wrap_content"
        android:layout_margin="5dp"
        android:layout_weight="1"
        android:enabled="false"
        android:text="Stop" />
</LinearLayout>
</LinearLayout>
```

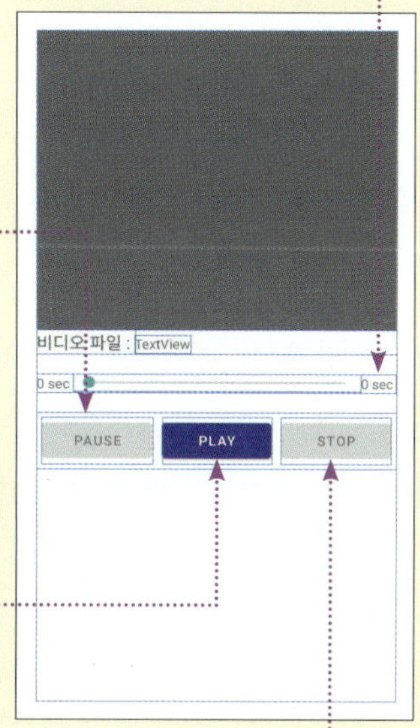

❹ MainActivity.java 파일을 열고 다음과 같이 재생할 비디오 파일을 설정한 후 제어 기능을 추가합니다.

java\com\androidbook\videoproject\MainActivity.java

```
package com.androidbook.videoproject;
...
public class MainActivity extends AppCompatActivity {
    private Runnable runnable;
    private Handler handler= new Handler();
    private Boolean pause = false;
    Button playBtn;
    Button pauseBtn;
    Button stopBtn;
    SeekBar seek_bar;
    TextView tv_pass;
    TextView tv_due;
    TextView txtSname;

    VideoView videoView;
    MediaController mediaController;

    @Override
    protected void onCreate(Bundle savedInstanceState) {
        super.onCreate(savedInstanceState);
        setContentView(R.layout.activity_main);

        txtSname = findViewById(R.id.txtSname);
        txtSname.setText("kitty.mp4");
        playBtn = findViewById(R.id.playBtn);

        pauseBtn = findViewById(R.id.pauseBtn);
        stopBtn = findViewById(R.id.stopBtn);
        seek_bar = findViewById(R.id.seek_bar);

        tv_pass = findViewById(R.id.tv_pass);
        tv_due = findViewById(R.id.tv_due);
        videoView = findViewById(R.id.videoView);

        Uri uri = Uri.parse("android.resource://" + getPackageName() + "/" + R.raw.kitty);
        // 비디오 파일 위치 지정
        videoView.setVideoURI(uri);
        playBtn.setOnClickListener(new View.OnClickListener() { // PLAY 버튼 클릭 이벤트 리스너
```

```
            @Override
            public void onClick(View view) {
                if(pause){
                    videoView.seekTo(videoView.getCurrentPosition()/1000);
                    videoView.start();
                    pause = false;
                    Toast.makeText(getApplicationContext(), "재생중 ", Toast.LENGTH_
SHORT).show();
                }else{

                    videoView.start();
                    Toast.makeText(getApplicationContext(), "재생중", Toast.LENGTH_SHORT).
show();

                }

                initializeSeekBar();
                playBtn.setEnabled(false);
                pauseBtn.setEnabled(true);
                stopBtn.setEnabled(true);

                videoView.setOnCompletionListener(new MediaPlayer.OnCompletionListener() {
                // 비디오 재생 완료
                    @Override
                    public void onCompletion(MediaPlayer mediaPlayer) {
                        playBtn.setEnabled(true);
                        pauseBtn.setEnabled(false);
                        stopBtn.setEnabled(false);
                        Toast.makeText(getApplicationContext(), "재생 완료", Toast.LENGTH_
SHORT).show();
                    }
                });

            }
        });

        pauseBtn.setOnClickListener(new View.OnClickListener() {
        // PAUSE 버튼 클릭 이벤트 리스너
            @Override
            public void onClick(View view) {
                if(videoView.isPlaying()) {
                    videoView.pause();
```

```
                pause = true;
                playBtn.setEnabled(true);
                pauseBtn.setEnabled(false);
                stopBtn.setEnabled(true);
                Toast.makeText(getApplicationContext(), "재생 중지", Toast.LENGTH_
SHORT).show();
            }
        }
    });
    stopBtn.setOnClickListener(new View.OnClickListener() { // STOP 버튼 클릭 이벤트 리스너
        @Override
        public void onClick(View view) {
            if(videoView.isPlaying() || pause.equals(true)) {
                pause = false;
                seek_bar.setProgress(0);

                videoView.stopPlayback();
                handler.removeCallbacks(runnable);

                playBtn.setEnabled(true);
                pauseBtn.setEnabled(false);
                stopBtn.setEnabled(false);

                tv_pass.setText("");
                tv_due.setText("");
                Toast.makeText(getApplicationContext(), "재생 멈춤", Toast.LENGTH_
SHORT).show();
            }
        }
    });

    seek_bar.setOnSeekBarChangeListener(new SeekBar.OnSeekBarChangeListener() {
    // 시크 바 드래그 시
        @Override
        public void onProgressChanged(SeekBar seekBar, int i, boolean b) {
            if (b) {
                videoView.seekTo(i * 1000);
            }
        }

        @Override
        public void onStartTrackingTouch(SeekBar seekBar) {
```

```
            }

            @Override
            public void onStopTrackingTouch(SeekBar seekBar) {

            }
        });
    }

    private void initializeSeekBar() { // 비디오 플레이의 현재 시각, 남은 시각, 시크 바 초기화
        seek_bar.setMax(videoView.getDuration()/1000);

        runnable = new Runnable() {
            @Override
            public void run() {
                seek_bar.setProgress(videoView.getCurrentPosition()/1000);

                tv_pass.setText(videoView.getCurrentPosition()/1000+" sec");
                int diff = videoView.getDuration()/1000 - videoView.
getCurrentPosition()/1000;
                tv_due.setText(diff +" sec");
                handler.post(runnable);
            }

        };
        handler.post(runnable);
    }

}
```

❺ 프로젝트를 실행해 결과를 확인합니다.

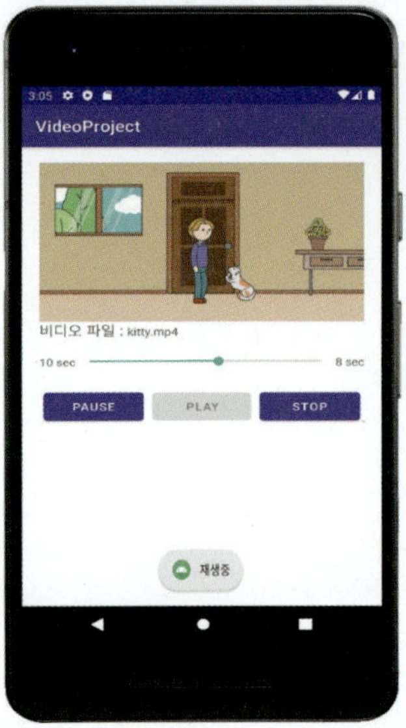

재생 중

재생 일시 중지 시

재생 멈춤 시

11.3 카메라 설정하기

안드로이드에서는 앱에서 사진이나 비디오를 찍을 때 android.hardware.camera2 API와 카메라 인텐트라는 두 가지 방법을 제공합니다. API를 사용하면 요구 사항에 따라 카메라 기능을 제어할 수 있습니다. 그러나 인텐트를 사용하면 추가 코드를 많이 작성하지 않고 기존 안드로이드 카메라 앱을 호출해 사진이나 비디오를 촬영할 수 있기 때문에 더욱 간편합니다.

표 11-9 안드로이드의 카메라 촬영 구현 방법

방법	설명
android.hardware.camera2API	장치 카메라를 제어하기 위한 기본 API로, 카메라 앱을 사용하여 사진이나 비디오를 미리 보기 및 촬영할 수 있으며, 카메라 개발자에게 많은 옵션 기능을 제공합니다.
인텐트	Camera 객체를 직접 사용하지 않고도 MediaStore.ACTION_IMAGE_CAPTURE 또는 MediaStore.ACTION_VIDEO_CAPTURE로 사진과 비디오를 촬영할 수 있습니다.

사진 촬영

대부분의 안드로이드 기기에는 한 개 이상의 카메라 앱이 설치되어 있습니다. 기본 카메라 앱을 사용하여 사진을 찍는 가장 좋은 방법은 인텐트를 이용하는 것입니다. MediaStore.ACTION_IMAGE_CAPTURE을 인텐트의 매개 변수로 사용하고 ActivityResultLauncher〈Intent〉 클래스의 launch() 메서드를 호출하면 카메라 앱이 실행되어 사진 촬영이 가능합니다.

인텐트를 이용하여 사진을 촬영하는 앱을 호출하려면 다음과 같이 구현합니다.

❶ 촬영한 사진을 저장소에 저장할 수 있게 안드로이드 정의 파일에 쓰기 권한을 추가합니다.

❷ 앱끼리 데이터를 주고받기 위한 프로바이더 컴포넌트를 작성합니다. 촬영한 사진을 저장하기 위한 경로로 res 폴더에 xml 폴더를 추가하고 이 폴더에 XML 파일을 생성합니다. 생성한 XML 파일을 안드로이드 정의 파일에서 〈meta-data〉 요소의 resource 속성에 "@xml/파일명" 형식으로 지정합니다.

❸ MdiaStore.ACTION_IMAGE_CAPTURE로 이미지를 요청하는 인텐트를 만듭니다.

❹ registerForActivityResult( ) 메서드를 호출하여 ActivityResultLauncher 객체를 초기화하고 launch( ) 메서드를 통해 카메라 인텐트를 실행합니다. 인텐트를 시작하면 기기 화면에 카메라 앱의 인터페이스가 나타나고 사용자는 사진이나 동영상을 찍을 수 있습니다.

❺ 카메라 인텐트에서 콜백과 데이터를 수신하도록 registerForActivityResult( ) 메서드 내에 ActivityResultCallback의 onActivityResult( ) 메서드를 설정합니다. 사용자가 사진 촬영을 끝내면(또는 작업을 취소하면) onActivityResult() 메서드가 호출됩니다.

그림 11-8 카메라 인텐트를 사용한 사진 촬영 구현 과정

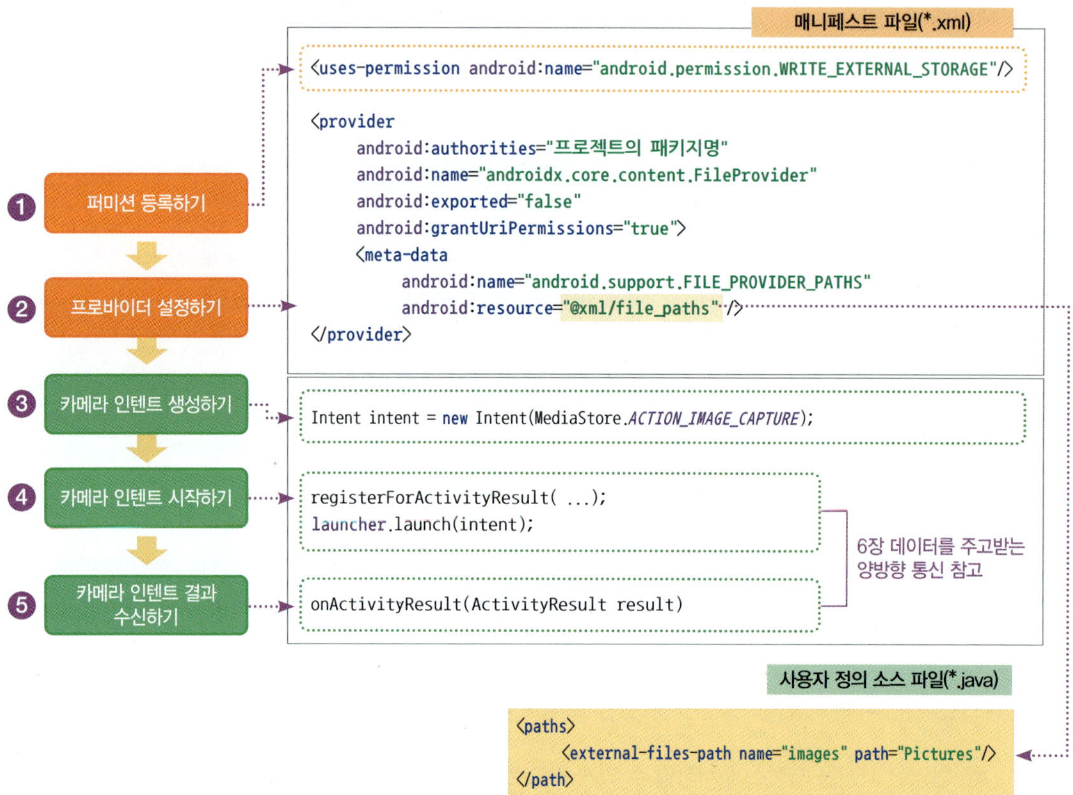

다음은 카메라 인텐트를 이용하여 사진 촬영 기능을 구현한 예입니다. 사용자가 버튼을 클릭하면 액티비티는 기기에 설치된 기본 카메라 앱을 호출하고, 사용자가 촬영을 완료하면 촬영된 사진을 가져와서 화면에 출력합니다.

초기 화면

카메라 앱 실행

촬영한 사진 화면 출력

먼저 res\xml 폴더를 만들어 촬영된 사진을 저장할 경로를 설정하는 파일 file_paths.xml을 생성합니다. 이 파일에 설정된 경로는 getExternalFilesDir() 메서드에 Environment.DIRECTORY_PICTURES를 인수로 호출합니다.

```
<?xml version="1.0" encoding="utf-8"?>
<paths>
    <external-files-path name="images" path="Pictures"/>
</paths>
```

AndroidMenifest.xml 파일에서 프로바이더의 <meta-data> 요소에 촬영한 사진을 저장할 경로를 설정한 파일 file_paths.xml을 @xml/file_paths 형식으로 작성합니다.

```
<?xml version="1.0" encoding="utf-8"?>
<manifest ...>

    <uses-permission android:name="android.permission.WRITE_EXTERNAL_STORAGE" /> ❶
    <application
        ...
        <provider
            android:authorities="com.cookandroid.cameraexample.fileprovider"
            android:name="androidx.core.content.FileProvider"                ❷
            android:exported="false"
            android:grantUriPermissions="true">
```

```
            <meta-data
                android:name="android.support.FILE_PROVIDER_PATHS"
                android:resource="@xml/file_paths" />
        </provider>
    </application>
</manifest>
```

카메라로 사진을 촬영하기 위해서 액티비티에 MdiaStore.ACTION_IMAGE_CAPTURE로 인텐트를 생성하여 실행하고 촬영 사진을 출력합니다.

```
public class MainActivity extends AppCompatActivity {

    Button btnPhoto;
    ImageView ivPhoto;
    File m_imageFile;
    ActivityResultLauncher<Intent> launcherPhoto;

    @Override
    protected void onCreate(Bundle savedInstanceState) {
        super.onCreate(savedInstanceState);
        setContentView(R.layout.activity_main);

        btnPhoto = findViewById(R.id.btn_photo);
        ivPhoto = findViewById(R.id.iv_photo);

        btnPhoto.setOnClickListener(new View.OnClickListener() {
            @Override
            public void onClick(View view) {
                Intent intent = new Intent(MediaStore.ACTION_IMAGE_CAPTURE); ❸
                File photoFile = null;
                try {
                    photoFile = createImageFile();
                } catch (IOException e) {
                    e.printStackTrace();
                }
                if (photoFile != null) {
                    String packageName = "com.androidbook.cameraexample.fileprovider";
                    Uri photoURI = FileProvider.getUriForFile(getApplicationContext(),
packageName, photoFile);
                    intent.putExtra(MediaStore.EXTRA_OUTPUT, photoURI);
                    launcherPhoto.launch(intent); ❹
```

```
                m_imageFile = photoFile;
            }
        });
        launcherPhoto = registerForActivityResult(new ActivityResultContracts.
StartActivityForResult(),                                                        ❹
        new ActivityResultCallback<ActivityResult>() {
            @Override
            public void onActivityResult(ActivityResult result) {                ❺
                if (result.getResultCode() == RESULT_OK) {
                    Bitmap bitmap = BitmapFactory.decodeFile(m_imageFile.getAbsolutePath());
                    ivPhoto.setImageBitmap(bitmap);
                }
            }
        });
    }

    private File createImageFile() throws IOException {
        String timeStamp = new SimpleDateFormat("yyyyMMdd_HHmmss").format(new Date());

        File storageDir = getExternalFilesDir(Environment.DIRECTORY_PICTURES);
        File imageFile = File.createTempFile(
                "JPEG_"+ timeStamp, //_ /* prefix */
                ".jpg", /* suffix */
                storageDir /* directory */);

        return imageFile;
    }
}
```

갤러리에서 사진 호출

인텐트의 매개 변수로 Intent.ACTION_PICK와 ActivityResultLauncher〈Intent〉 클래스의 launch() 메서드를 사용하면 갤러리에 저장된 사진을 화면에 출력할 수 있습니다.

카메라 인텐트를 호출해 갤러리에서 사진을 가져오는 과정은 다음과 같습니다.

❶ Intent.ACTION_PICK을 사용해 이미지를 가져오는 인텐트를 만듭니다.

❷ registerForActivityResult() 메서드를 호출하여 ActivityResultLauncher 객체를 초기화하고 launch() 메서드를 통해 카메라 인텐트를 실행합니다.

❸ 카메라 인텐트에서 콜백과 데이터를 수신하도록 registerForActivityResult() 메서드 내에 ActivityResultCallback의 onActivityResult() 메서드를 설정합니다.

앞의 과정을 구현하면 다음과 같습니다.

```
public class MainActivity extends AppCompatActivity {

    File m_imageFile;
    Button btnGallery;
    ImageView ivPhoto;

    ActivityResultLauncher<Intent> launcherGallery;

    @Override
    protected void onCreate(Bundle savedInstanceState) {
        super.onCreate(savedInstanceState);
        setContentView(R.layout.activity_main);

        ivPhoto = findViewById(R.id.iv_photo);
        btnGallery = findViewById(R.id.btn_gallery);

        btnGallery.setOnClickListener(new View.OnClickListener() {
            @Override
            public void onClick(View view) {
                Intent intent = new Intent(Intent.ACTION_PICK);   ❶
                intent.setAction(Intent.ACTION_GET_CONTENT);
                intent.setType("image/*");
                launcherGallery.launch(intent);   ❸
            }
        });
        launcherGallery = registerForActivityResult(new ActivityResultContracts.
StartActivityForResult(),                                                         ❷
          new ActivityResultCallback<ActivityResult>() {
            @Override
             public void onActivityResult(ActivityResult result) {                ❸
                if (result.getResultCode() == RESULT_OK) {
                    Bitmap bitmap = BitmapFactory.decodeFile(m_imageFile.getAbsolutePath());
                    ivPhoto.setImageBitmap(bitmap);
                }
            }
        });
    }
}
```

실습 예제 11-3 촬영한 사진을 갤러리에 저장하기

| 구현 내용 |

인텐트를 이용해서 사진 촬영 앱을 호출하여 사진을 촬영하고 촬영된 사진을 갤러리에 저장합니다.

| 구현 방법 |

❶ Empty Activity 템플릿으로 프로젝트를 생성합니다. 프로젝트명은 'CameraProject', 패키지명은 'com.androidbook.cameraproject'로 입력합니다. 나머지 설정값은 기존과 같습니다.

❷ AndroidManifest.xml에 쓰기 권한과 프로바이더를 작성합니다.

manifests\AndroidManifest.xml

```
<?xml version="1.0" encoding="utf-8"?>
<manifest ...>
    <uses-permission android:name="android.permission.WRITE_EXTERNAL_STORAGE" />
    <application ...>
      ...
        <provider
            android:authorities="com.cookandroid.cameraproject.fileprovider"
            android:name="androidx.core.content.FileProvider"
            android:exported="false"
            android:grantUriPermissions="true">
            <meta-data
                android:name="android.support.FILE_PROVIDER_PATHS"
                android:resource="@xml/file_paths" />
        </provider>
    </application>
</manifest>
```

❸ res 폴더에 xml 폴더를 추가합니다.

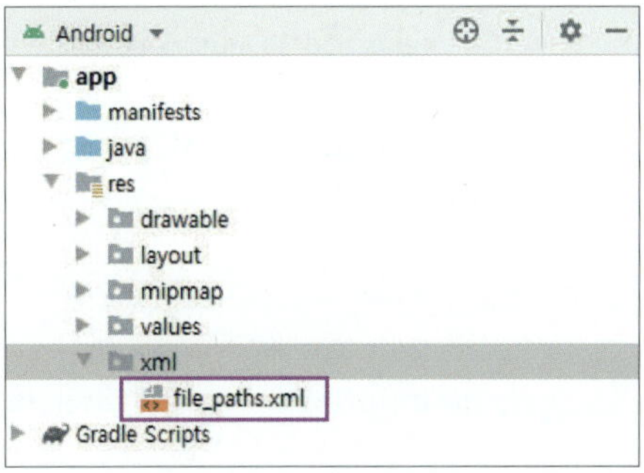

❹ xml 폴더에 file_paths.xml 파일을 생성하고 다음과 같이 'Pictires\' 경로를 작성합니다.

res\xml\file_paths.xml

```
<?xml version="1.0" encoding="utf-8"?>
<paths>
    <external-files-path  name="images"  path="Pictures"/>
</paths>
```

❺ activity_main.xml 파일을 열고 다음과 같이 기본 화면 레이아웃을 작성합니다.

res\layout\activity_main.xml

```
<?xml version="1.0" encoding="utf-8"?>
<LinearLayout ...>

    <LinearLayout
        android:layout_width="match_parent"
        android:layout_height="wrap_content"
        android:gravity="center"
        android:orientation="horizontal">

        <Button
            android:id="@+id/btn_photo"
            android:layout_width="wrap_content"
            android:layout_height="wrap_content"
            android:layout_gravity="center"
            android:layout_marginEnd="5dp"
            android:layout_marginRight="5dp"
            android:text="사진 촬영하기" />

        <Button
            android:id="@+id/btn_save"
            android:layout_width="wrap_content"
            android:layout_height="wrap_content"
            android:layout_marginStart="5dp"
            android:layout_marginLeft="5dp"
            android:text="사진 저장하기" />
    </LinearLayout>

    <ImageView
        android:id="@+id/iv_photo"
        android:layout_width="match_parent"
```

```
        android:layout_height="match_parent"
        app:srcCompat="@mipmap/ic_launcher_round" />

</LinearLayout>
```

❻ MainActivity.java 파일을 열고 다음과 같이 작성합니다.

java\com\androidbook\cameraproject\MainActivity.java

```
package com.androidbook.cameraproject;
...
public class MainActivity extends AppCompatActivity {
    Button btnPhoto;
    Button btnSave;
    ImageView ivPhoto;
    File m_imageFile;
    ActivityResultLauncher<Intent> launcher;

    private String mCurrentPhotoPath;
    @Override
    protected void onCreate(Bundle savedInstanceState) {
        super.onCreate(savedInstanceState);
        setContentView(R.layout.activity_main);

        btnPhoto = findViewById(R.id.btn_photo);
        btnSave = findViewById(R.id.btn_save);
        ivPhoto = findViewById(R.id.iv_photo);

        btnPhoto.setOnClickListener(new View.OnClickListener() {
            @Override
            public void onClick(View view) {
                Intent intent = new Intent(MediaStore.ACTION_IMAGE_CAPTURE);

                File photoFile = null;//getPhotoFile(FILE_NAME) //createImageFile()
                try {
                    photoFile = createImageFile();
                } catch (IOException e) {
                    e.printStackTrace();
                }
                if (photoFile != null) {
                    String packageName = "com.androidbook.cameraproject.fileprovider";
                    Uri photoURI = FileProvider.getUriForFile(getApplicationContext(),
packageName, photoFile);
```

```
                intent.putExtra(MediaStore.EXTRA_OUTPUT, photoURI);
                launcher.launch(intent);

                m_imageFile = photoFile;
            }
        }
    });
    launcher = registerForActivityResult(new ActivityResultContracts.
StartActivityForResult(),
    new ActivityResultCallback<ActivityResult>() {
        @Override
        public void onActivityResult(ActivityResult result) {
            if (result.getResultCode() == RESULT_OK) {
                Bitmap bitmap = BitmapFactory.decodeFile(m_imageFile.getAbsolutePath());
                ivPhoto.setImageBitmap(bitmap);
            }
        }
    });

    btnSave.setOnClickListener(new View.OnClickListener() {
        @Override
        public void onClick(View view) {
            try {

                BitmapDrawable drawable = (BitmapDrawable) ivPhoto.getDrawable();
                Bitmap bitmap = drawable.getBitmap();

                // 찍은 사진이 없으면
                if (bitmap == null) {
                    Toast.makeText(getApplicationContext(), "저장할 사진이 없습니다.",
Toast.LENGTH_SHORT).show();
                } else {
                    // 저장
                    saveImg();
                    mCurrentPhotoPath = ""; //initialize
                }

            } catch (Exception e) {
            }

        }
    });
}
```

```
private File createImageFile() throws IOException {
    String timeStamp = new SimpleDateFormat("yyyyMMdd_HHmmss").format(new Date());

    File storageDir = getExternalFilesDir(Environment.DIRECTORY_PICTURES);
    File imageFile = File.createTempFile(
            "JPEG_"+ timeStamp, //_ /* prefix */
            ".jpg", /* suffix */
            storageDir /* directory */);
    mCurrentPhotoPath = imageFile.getAbsolutePath();
    return imageFile;
}
private void saveImg() {
    String timeStamp = new SimpleDateFormat("yyyyMMdd_HHmmss").format(new Date());
    try {
        // 저장할 파일 경로
        File storageDir = new File(getFilesDir() + "/capture");
        if (!storageDir.exists()) // 폴더가 없으면 생성
            storageDir.mkdirs();

        String filename = timeStamp + ".jpg";

        // 기존에 있다면 삭제
        File file = new File(storageDir, filename);
        boolean deleted = file.delete();

        FileOutputStream output = null;

        try {
            output = new FileOutputStream(file);
            BitmapDrawable drawable = (BitmapDrawable) ivPhoto.getDrawable();
            Bitmap bitmap = drawable.getBitmap();
            bitmap.compress(Bitmap.CompressFormat.JPEG, 70, output);
            // 해상도에 맞추어 Compress
        } catch (FileNotFoundException e) {
            e.printStackTrace();
        } finally {
            try {
                assert output != null;
                output.close();
            } catch (IOException e) {
                e.printStackTrace();
            }
        }
```

```
            Toast.makeText(getApplicationContext(), "Capture Saved ", Toast.LENGTH_
SHORT).show();
        } catch (Exception e) {

            Toast.makeText(getApplicationContext(), "Save failed", Toast.LENGTH_SHORT).
show();

        }
    }
}
```

❼ 프로젝트를 실행해 결과를 확인합니다.

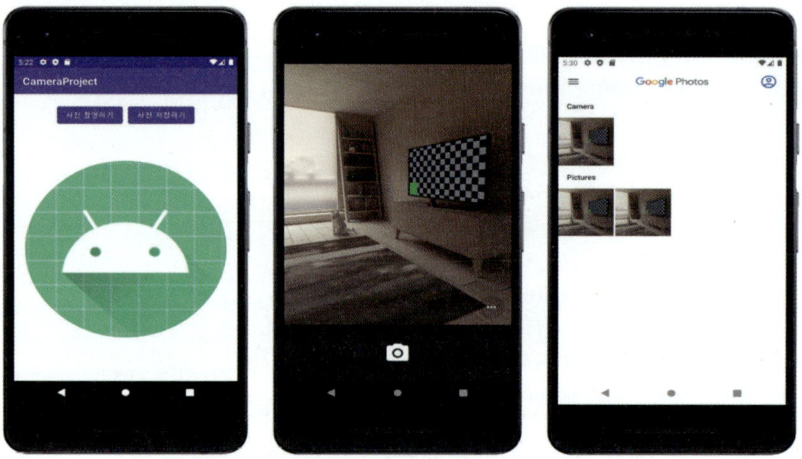

PROJECT 11

[도서 쇼핑몰] 동영상 강좌와 프로필 설정 만들기

쇼핑몰에 멀티미디어 기능을 적용해 동영상 강좌 화면을 만들고, 마이 페이지에 프로필 사진을 넣어 봅니다.

길벗 홈페이지 자료실에서 제공하는 PDF의 95쪽을 참고하세요!

- 1장 프로젝트 생성하기
- 3장 시작 화면 만들기
- 4장 도서 목록 화면 만들기
- 5장 도서 상품 이벤트 처리하기
- 6장 도서 상품 상세 정보 표시하기
- 8장 장바구니 등록 대화상자 만들기
- 9장 • 장바구니 만들기 • 주문 처리하기

- 11장 동영상 강좌 화면 만들기

- 10장 마이 페이지 화면 만들기
- 10장 • 메모장 만들기 • 메모장에서 검색어 찾기
- 11장 카메라로 프로필 설정하기
- 12장 낙서장 만들기

- 13장 고객센터 화면 만들기
- 13장 도서 마켓 위치 안내 표시하기
- 14장 고객문의 게시판 만들기

- 7장 • 메뉴 만들기 • 액션 바 바꾸기 • 내비게이션 바 만들기
- 8장 로그인 대화상자 만들기
- 14장 • 회원가입 메뉴 만들기 • 로그인과 로그아웃 기능 만들기

- 6장 스플래시 화면 만들기
- 12장 스플래시 화면 꾸미기

동영상 강좌 화면 만들기 결과 화면

쇼핑몰 시작 화면에서 동영상 강좌를 누르면 동영상 강좌 화면으로 이동합니다. 동영상 강좌 화면에서 동영상 하나를 누르면 원하는 화면 크기로 동영상을 재생할 수 있습니다.

카메라로 프로필 설정하기 결과 화면

마이 페이지에서 프로필 사진을 누르면 카메라로 촬영한 사진 또는 갤러리에서 고른 사진을 프로필 사진으로 설정할 수 있습니다. 또한, 앱을 종료하고 다시 시작해도 설정된 프로필 사진은 그대로 유지됩니다.

12 장

그래픽과 애니메이션 사용하기

학 습 목 표

- 그래픽 유형에 대해 이해한다.
- 그래픽을 그리는 처리 과정에 대해 익힌다.
- 애니메이션 유형에 대해 이해한다.
- 애니메이션을 만드는 처리 과정에 대해 익힌다.

ANDROID

12.1 그래픽 다루기

안드로이드에서는 2D 그래픽과 이미지를 화면에 구현하기 위해 원형, 사각형 등의 사용자가 정의한 도형과 텍스트를 표시하는 클래스를 제공합니다. 어떤 클래스를 사용할지는 그래픽 유형과 앱 요구 사항에 따라 다릅니다.

표 12-1 그래픽을 구현할 때 사용하는 주요 클래스

종류	설명
Canvas	뷰 표면에 도형, 텍스트를 그리거나 이미지를 표시하는 클래스로, 그래픽을 그리거나 이미지를 출력하는 메서드를 제공합니다.
Paint	그래픽을 그리는 데 필요한 색상, 선, 글자 등의 속성을 표현하는 클래스입니다.
Bitmap	픽셀로 구성된 이미지를 그리는 클래스로, 이미지를 메모리에 그리는 데 사용합니다.
Drawable	사각형, 이미지 등의 그래픽 요소를 정의할 수 있는 클래스입니다.

그래픽의 주요 클래스를 이용해 그래픽이나 이미지를 그리는 과정은 다음과 같습니다.

1. 사용자 정의 뷰 클래스(또는 그 하위 클래스)를 생성합니다.
2. onDraw() 메서드를 재정의합니다.
3. onDraw() 메서드에 Paint 객체로 그리기 속성을 설정하거나 Canvas 객체, Bitmap 객체, Drawable 객체를 생성해 그래픽을 그립니다.
4. 생성한 사용자 정의 뷰 클래스를 액티비티에 등록합니다.

그림 12-1 그래픽 클래스를 이용한 그리기 과정

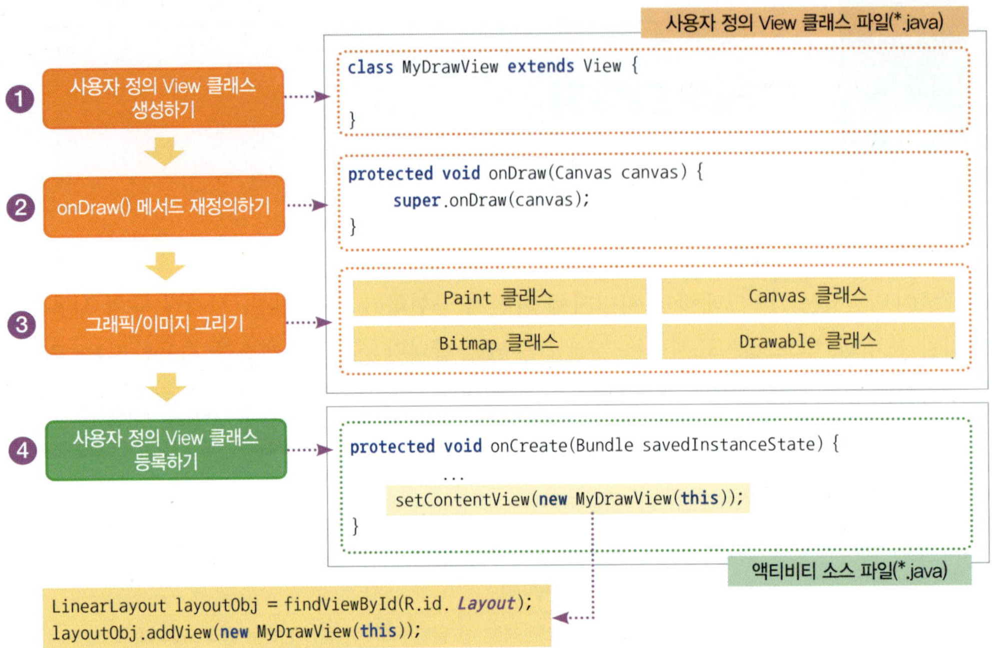

Canvas와 Paint 클래스

Canvas(캔버스)는 그래픽을 그리는 클래스로, 그래픽을 그릴 화면에 해당합니다. 또한 그리려는 그래픽의 스타일을 정할 때는 Paint 클래스의 Paint 객체를 사용합니다. 따라서 Canvas는 그릴 도형을 표현하는 종이와 같은 역할을 하며, Paint는 그 도형의 스타일을 결정하는 브러시라고 볼 수 있습니다. 예를 들어, 다음과 같이 빨간색으로 채워진 사각형을 그리기 위해서는 다음과 같은 코드를 사용할 수 있습니다.

그림 12-2 Canvas 클래스와 Paint 클래스로 그래픽 그리기 결과

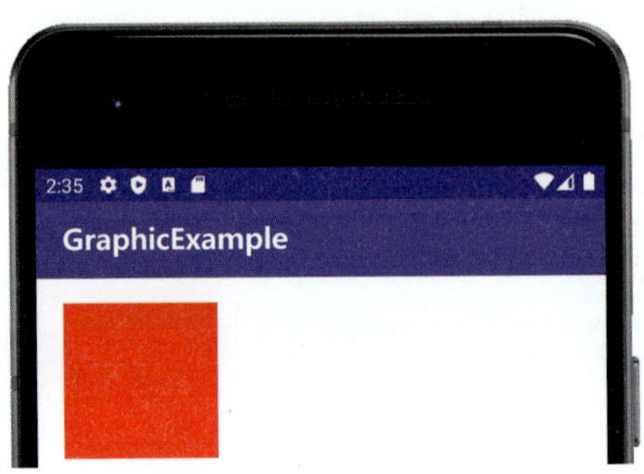

Canvas 클래스와 Paint 클래스로 다음과 같이 코드를 작성합니다.

```
public class MainActivity extends AppCompatActivity {

    @Override
    protected void onCreate(Bundle savedInstanceState) {
        super.onCreate(savedInstanceState);
        setContentView(new MyDrawView(this)); ❹
    }
}

class MyDrawView extends View {                                   ─┐
    int startX =-1, startY =-1, stopX=-1, stopY=-1;                 │
                                                                    │
    public MyDrawView(Context context) {                            │
        super(context);                                             │
    }                                                               │
                                                                    ├❶
    @Override                                                       │
    protected void onDraw(Canvas canvas) {              ─┐          │
        super.onDraw(canvas);                            │          │
        Paint paint = new Paint();          ─┐           │          │
        paint.setColor(Color.RED);           ├❸          ├❷         │
        canvas.drawRect(100,100,500,500, paint);─┘       │          │
    }                                                   ─┘          │
}                                                                  ─┘
```

Canvas 클래스로 그래픽 유형 설정하기

Canvas 클래스는 다음과 같은 다양한 메서드를 제공합니다. 그래픽을 그리려면 onDraw() 메서드 안에서 표에 나온 메서드 중 유형에 맞는 메서드를 호출합니다. 이때 항상 Paint 객체를 마지막 매개 변수로 호출해야 합니다.

표 12-2 Canvas 클래스의 주요 그리기 메서드

유형	메서드	설명
도형	void drawPoint(float x, float y, Paint paint) void drawPoints(float[] pts, Paint paint) void drawPoints(float[] pts, int offset, int count, Paint paint)	지정된 Paint 객체로 지정된 좌표(x, y) 또는 일련의 점들(pts)에 점을 그립니다.
	void drawLine(float startX, float startY, float stopX, float stopY, Paint paint) void drawLines(float[] pts, int offset, int count, Paint paint)	지정된 Paint 객체로 시작점(x, y)과 끝점(x, y) 또는 일련의 점들(pts)로 이뤄진 선을 그립니다.

유형	메서드	설명
도형	void drawCircle(float cx, float cy, float radius, Paint paint)	지정된 Paint 객체로 주어진 두 좌표(cx, cy)를 중심으로 반지름(radius)만큼 원을 그립니다.
	void drawRect(float left, float top, float right, float bottom, Paint paint) void drawRect(Rect r, Paint paint) void drawRect(RectF rect, Paint paint)	지정된 Paint 객체로 좌우, 상하 위치에 딱 맞는 사각형을 그립니다.
	void drawRoundRect(RectF rect, float rx, float ry, Paint paint) void drawRoundRect(float left, float top, float right, float bot-tom, float rx, float ry, Paint paint)	지정된 Paint 객체로 모서리가 둥근 사각형(rect)을 그립니다. rx와 ry는 모서리가 둥근 정도를 나타냅니다.
	void drawOval(float left, float top, float right, float bottom, Paint paint) void drawOval(RectF oval, Paint paint)	지정된 Paint 객체로 사각형 안 크기에 맞는 원(oval)을 그립니다.
	void drawArc(float left, float top, float right, float bottom, float startAngle, float sweepAngle, boolean useCenter, Paint paint) void drawArc(RectF oval, float startAngle, float sweepAngle, boolean useCenter, Paint paint)	지정된 Paint 객체로 사각형(oval) 안에서 두 각(startAngle, sweepAngle) 사이에 호를 그립니다.
	void drawPath(Path path, Paint paint)	지정된 Paint 객체로 주어진 경로(path)대로 선을 그립니다.
배경	void drawArc(float left, float top, float right, float bottom, float startAngle, float sweepAngle, boolean useCenter, Paint paint) void drawArc(RectF oval, float startAngle, float sweepAngle, boolean useCenter, Paint paint)	지정된 Paint 객체로 투명도와 RGB 색상값에 맞게 배경을 칠합니다.
	void drawRect(Rect r, Paint paint)	지정된 Paint 객체로 RGB 색상값에 맞게 배경에 색을 칠합니다.
	void drawColor(int color)	16진수(0xFFAA76) 색상값에 맞게 배경에 색을 칠합니다.
	void drawPaint(Paint paint)	지정된 Paint 객체로 배경을 칠합니다.
텍스트	void drawText(CharSequence text, int start, int end, float x, float y, Paint paint) void drawText(String text, float x, float y, Paint paint) drawText(char[] text, int index, int count, float x, float y, Paint paint) void drawText(String text, int start, int end, float x, float y, Paint paint)	지정된 Paint 객체로 주어진 좌표(x, y)에 글자(text)를 그립니다.

TIP Canvas 클래스의 메서드를 더 자세히 알고 싶다면 https://developer.android.com/reference/android/graphics/Canvas 페이지를 참고하세요.

● Paint 클래스로 그리기 속성 설정하기

Paint 클래스는 그래픽 속성을 설정하는 클래스로 색상, 선, 글자 스타일 등을 설정하는 다양한 메서드를 제공합니다. 이 Paint 객체는 OnDraw() 메서드에서 Canvas 객체로 그리는 그래픽 속성을 설정하는 데 사용됩니다.

표 12-3 Paint 클래스의 주요 메서드

속성	메서드	설명
색상	void set(Paint src)	지정한 src를 페인트로 설정합니다.
	void setARGB(int a, int r, int g, int b)	투명도와 색상값을 0~255 범위로 설정합니다.
	void setAlpha(int a)	색상은 변경하지 않고 투명도만 설정합니다.
	void setColor(long color)	그래픽 색상을 설정합니다.
	void ColorFilter setColorFilter(ColorFilter filter)	RGB를 이용해 색상 필터를 설정합니다.
	void setShader(Shader shader)	솔리드, 그러데이션에 색상을 설정합니다.
선	void setAntiAlias(boolean aa)	테두리를 부드럽게 처리할지를 설정합니다.
	void setStrokeCap(Paint.Cap cap)	선이 끝나는 지점에 어떤 장식을 할지 설정합니다. • BUTT : 정해진 지점의 끝을 장식합니다. • ROUND : 둥근 모양으로 끝을 장식합니다. • SQUARE : 사각형 모양으로 끝을 장식합니다.
	void setStrokeWidth(float width)	선의 굵기를 설정합니다.
	void setStyle(Paint.Style style)	선의 스타일을 설정합니다. • FILL : 색상만 채워집니다. • FILL_AND_STROKE : 채우기와 테두리가 모두 그려집니다. • STROKE : 테두리만 그려집니다.
글자	void setTextAlign(Paint.Align align)	글자의 정렬 방식을 설정합니다.
	void setTextScaleX(float scaleX)	글자의 수평 크기를 설정합니다.
	void setTextSize(float textSize)	글자 크기를 설정합니다.
	void setTextSkewX(float skewX)	글자가 수평으로 기울어진 정도를 설정합니다.
	void setTypeface(Typeface typeface)	글꼴을 설정합니다.
	void setUnderlineText(boolean underlineText)	글자에 밑줄을 설정합니다.

TIP Paint 클래스의 메서드를 좀 더 자세히 알고 싶다면 https://developer.android.com/reference/android/graphics/Paint 페이지를 참고하세요.

실습 예제 12-1 마름모 그래픽 그리기

| 구현 내용 |

마름모를 그리기 위해 4개의 점을 설정합니다. 도형 내부는 노란색으로 채우고, 도형 외곽선은 빨간색으로 그립니다. 글씨는 파란색으로 출력합니다.

| 구현 방법 |

❶ Empty Activity 템플릿으로 프로젝트를 생성합니다. 프로젝트명은 'GraphicProject', 패키지명은 'com.androidbook.graphicproject'로 입력합니다. 나머지 설정값은 기존과 같습니다.

❷ activity_main.xml 파일을 열고 다음과 같이 작성합니다.

res\layout\activity_main.xml

```
<?xml version="1.0" encoding="utf-8"?>
<LinearLayout ...
    android:id="@+id/CanvasLayout"
    android:layout_width="match_parent"
    android:layout_height="200dp" />
```

❸ 그래픽을 그리기 위한 사용자 정의 뷰 클래스인 MyDrawView.java 파일을 생성하고 다음과 같이 코드를 작성합니다.

java\com\androidbook\graphicproject\MyDrawView.java

```
package com.androidbook.graphicproject;
...
public class MyDrawView extends View {

    public MyDrawView(Context context) {
        super(context);
    }

    @Override
    protected void onDraw(Canvas canvas) {
        super.onDraw(canvas);

        Paint paintFill = new Paint();
        paintFill.setAntiAlias(true);
```

```
        paintFill.setColor(Color.parseColor("#FFFF00"));
        paintFill.setStyle(Paint.Style.FILL);

        int margin = 100;
        Path path = new Path();
        path.setFillType(Path.FillType.EVEN_ODD);
        Point topPoint = new Point(canvas.getWidth()/2, margin); // 위쪽 중앙 위치
        path.moveTo(topPoint.x, topPoint.y);

        Point leftPoint = new Point(margin,canvas.getHeight()/2); // 왼쪽 중앙 위치
        path.lineTo(leftPoint.x, leftPoint.y);

        Point bottomPoint = new Point(canvas.getWidth()/2, canvas.getHeight() - margin);
        // 아래쪽 중앙 위치
        path.lineTo(bottomPoint.x, bottomPoint.y);

        Point rightPoint = new Point(canvas.getWidth() - margin, canvas.getHeight()/2);
        // 오른쪽 중앙 위치
        path.lineTo(rightPoint.x, rightPoint.y);
        path.lineTo(topPoint.x, topPoint.y);

        canvas.drawPath(path, paintFill); // path 그리기

        Paint paintStroke = new Paint(); // Paint 객체로 path 그리기 속성 설정
        paintStroke.setAntiAlias(true);
        paintStroke.setColor(Color.parseColor("#FF0000"));
        paintStroke.setStrokeWidth(20F);
        paintStroke.setStyle(Paint.Style.STROKE);
        paintStroke.setStrokeCap(Paint.Cap.ROUND);

        canvas.drawPath(path, paintStroke); // Canvas에 path 그리기

        Paint paintText = new Paint(); // Paint 객체로 글자 그리기 속성 설정
        paintText.setColor(Color.parseColor("#0000FF"));
        paintText.setTypeface(Typeface.create(Typeface.DEFAULT, Typeface.BOLD));
        paintText.setTextSize(40.0f);
        canvas.drawText("Canvas와 Paint로 그리기", 10.0f,  100.0f, paintText);
        // 캔버스에 글자 그리기
    }
}
```

❹ MainActivity.java 파일을 다음과 같이 작성합니다.

java\com\androidbook\graphicproject\MainActivity.java

```
package com.androidbook.graphicproject;
...
public class MainActivity extends AppCompatActivity {

    @Override
    protected void onCreate(Bundle savedInstanceState) {
        super.onCreate(savedInstanceState);
        setContentView(R.layout.activity_main);
        LinearLayout layoutObj = findViewById(R.id.layout);
        layoutObj.addView(new MyDrawView(this)); // 레이아웃에 그리기

    }
}
```

❺ 프로젝트를 실행해 결과를 확인합니다.

비트맵 이미지

비트맵(Bitmap)은 픽셀로 구성된 비트맵 이미지를 그리는 데 사용하는 클래스로, 이미지를 메모리에 그리기 위해 사용됩니다. 메모리에 그려지는 모든 이미지는 Bitmap 객체로 관리되며, 메모리에 로딩된 Bitmap 객체를 통해 원하는 대로 조작할 수 있습니다.

Bitmap 클래스를 사용하여 이미지를 그리기 위해서는 우선 BitmapFactory 클래스의 메서드를 사용하여 이미지를 비트맵으로 만들어야 합니다. 그 후 Canvas 객체를 통해 비트맵 이미지를 화면에 표시할 수 있습니다.

이미지를 비트맵 이미지로 만드는 BitmapFactory 클래스의 메서드는 다음과 같습니다.

```
static Bitmap decodeResource(Resources res, int id)
static Bitmap decodeByteArray(byte[] data, int offset, int length)
static Bitmap decodeFileDescriptor(FileDescriptor fd)
static Bitmap decodeFile(String pathName)
static Bitmap decodeStream(InputStream is)
```

각 메서드에서 매개 변수는 다음과 같습니다.

표 12-4 BitmapFactory 클래스 메서드의 매개 변수

매개 변수	설명
res	이미지 데이터를 포함하는 리소스 객체입니다.
id	이미지 데이터의 리소스 아이디입니다.
data	압축된 이미지 데이터의 바이트 배열입니다.
offset	디코더가 구문 분석을 시작해야 하는 위치에 대한 imageData의 오프셋입니다.
length	오프셋에서 시작해 구문을 분석할 바이트 수입니다.
fd	디코딩할 비트맵 데이터를 포함하는 파일 설명자입니다.
pathName	디코딩할 파일의 전체 경로 이름입니다.
is	비트맵으로 디코딩할 때 원 데이터를 보유하는 입력 스트림으로, 이 값은 null일 수 있습니다.

TIP BitmapFactory 클래스의 메서드에 관해 더 자세히 알고 싶다면 https://developer.android.com/reference/android/graphics/BitmapFactory 페이지를 참고하세요.

Bitmap 클래스로 다음과 같은 비트맵 이미지를 화면에 어떻게 그리는지 알아봅시다.

그림 12-3 Bitmap 클래스로 이미지 그리기 결과

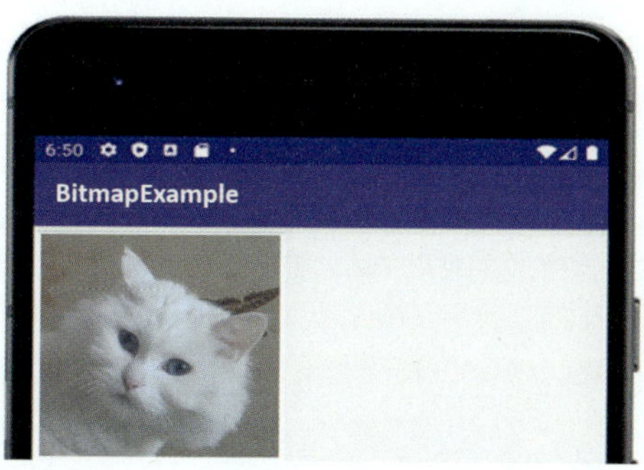

먼저 BitmapFactory 클래스의 decodeResource() 메서드로 비트맵 이미지를 만듭니다. 그다음 생성한 비트맵 이미지를 Canvas 클래스의 drawBitmap() 메서드로 Canvas 객체에 그려 화면에 표시합니다.

```
class MyDrawView extends View {
    public MyDrawView(Context context) {
        super(context);
    }
    @Override
    protected void onDraw(Canvas canvas) {
        super.onDraw(canvas);

        Bitmap bm = BitmapFactory.decodeResource(getResources(), R.drawable.cat);

        canvas.drawBitmap(bm, 10f, 10f, null);
    }
}
```

❶ ❷ ❸

```
void drawBitmap(Bitmap bitmap, float left, float top, Paint paint)
void drawBitmap(Bitmap bitmap, Rect src, Rect dst, Paint paint)
void drawBitmap(Bitmap bitmap, Rect src, RectF dst, Paint paint)
void drawBitmap(Bitmap bitmap, Matrix matrix, Paint paint)
```

표 12-5 drawBitmap() 메서드의 매개 변수

매개 변수	설명
bitmap	그려지는 비트맵 이미지로, 이 값은 null일 수 없습니다.
left	그려지는 비트맵 이미지의 왼쪽 위치입니다.
top	그려지는 비트맵 이미지의 위쪽 위치입니다.
paint	비트맵 이미지를 그리는 데 사용되는 Paint 객체로, 이 값은 null일 수 있습니다.
src	비트맵 이미지의 하위 집합으로, 이 값은 null일 수 있습니다.
dst	비트맵 이미지의 크기에 맞게 조정/변환될 사각형으로, 이 값은 null일 수 없습니다.
matrix	비트맵을 그릴 때 변환하는 데 사용되는 행렬으로, 이 값은 null일 수 없습니다.

Drawable 클래스

Drawable(드로어블)은 drawable 리소스 폴더에 있는 이미지 파일을 비트맵 이미지로 그리거나 모양, 색상, 테두리, 그러데이션 등의 스타일을 설정할 수 있는 클래스입니다. 또한 XML 파일을 통해 그래픽 그리기를 정의할 수도 있습니다. Drawable 클래스를 상속하는 다양한 서브 클래스들을 사용하여 그래픽이나 이미지를 그릴 수 있습니다.

표 12-6 Drawable의 주요 클래스

종류	설명
ShapeDrawable	2D 그래픽을 그리는 클래스로, 그리기 모양과 스타일도 설정할 수 있습니다.
BitmapDrawable	비트맵 이미지를 그리는 클래스입니다.

Drawable 클래스로 그래픽이나 이미지를 그리려면 setBound() 메서드로 그려지는 영역을 지정해야 합니다.

ShapeDrawable로 그래픽 그리기

ShapeDrawable 클래스는 2D 그래픽을 동적으로 그릴 때 사용하는 클래스입니다. 이 클래스는 자체적으로 그리기 모양을 설정할 수 있으며 필요한 경우 스타일도 적용할 수 있습니다. 그래픽을 그리기 위해서는 먼저 ShapeDrawable 객체를 생성하고 그리기 모양과 속성을 설정한 후 setBound() 메서드를 사용하여 그려지는 영역을 지정합니다. 마지막으로 Canvas 객체를 사용하여 그래픽을 그립니다. ShapeDrawable 클래스의 생성자 형식은 다음과 같습니다.

```
ShapeDrawable()
ShapeDrawable(Shape s)
```

생성자의 매개 변수 s는 기본 모양을 설정합니다. 값으로는 PathShape(다각형), RectShape(사각형), ArcShape(호), OvalShape(원형), RoundRectShape(둥근 사각형) 등을 설정할 수 있습니다. ShapeDrawable 클래스가 제공하는 메서드는 다음과 같습니다.

표 12-7 ShapeDrawable 클래스의 메서드

종류	설명
Paint getPaint()	모양을 그리는 데 사용된 Paint 객체를 반환합니다.
void setColorFilter(ColorFilter colorFilter)	적용할 색상 필터를 설정합니다.
void setAlpha(int alpha)	그래픽의 투명도를 설정합니다.
void setShape(Shape s)	그래픽 모양을 설정합니다.
void draw(Canvas canvas)	Canvas에 그리기를 설정합니다.

> **TIP** ShapeDrawable 클래스의 메서드에 관해 더 자세히 알고 싶다면 https://developer.android.com/reference/android/graphics/drawable/ShapeDrawable 페이지를 참고하세요.

ShapeDrawable 클래스로 그래픽을 어떻게 그리는지 알아봅시다. 화면에 빨간색으로 채워진 사각형을 그려 봅니다.

그림 12-4 ShapeDrawable 클래스로 그래픽을 그린 결과

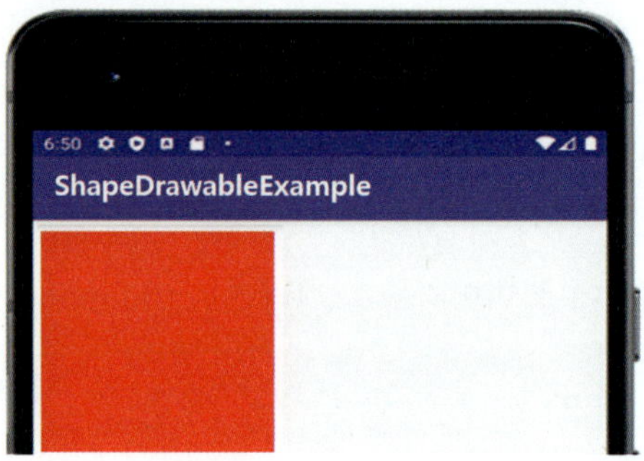


```
class MyDrawView extends View {                                   ❶

    public MyDrawView(Context context) {
        super(context);
    }
    @Override
    protected void onDraw(Canvas canvas) {                        ❷
        super.onDraw(canvas);

        ShapeDrawable drawable = new ShapeDrawable();             ❸
        drawable.setShape(new RectShape()); // 모양 설정
        drawable.getPaint().setColor(Color.RED); // 색상 설정

        drawable.setBounds(10, 10, 400, 300); // 그리기 영역 설정
        drawable.draw(canvas);
    }
}
```

❸ ShapeDrawable 객체 캔버스에 그리기

● BitmapDrawable 클래스로 이미지 그리기

BitmapDrawable 클래스는 이미지를 비트맵으로 변환하고, 크기를 조정하거나 그리드 형태로 배열하거나 정렬하는 등의 기능을 제공합니다. 비트맵 이미지를 얻은 후에는 setBound() 메서드를 사용하여 그려지는 영역을 설정하고, 마지막으로 Canvas 객체를 사용하여 그래픽을 그립니다. 예를 들어, 다음과 같은 비트맵 이미지를 그리려면 BitmapDrawable 클래스를 활용할 수 있습니다.

그림 12-5 BitmapDrawable 클래스로 이미지 그리기 결과

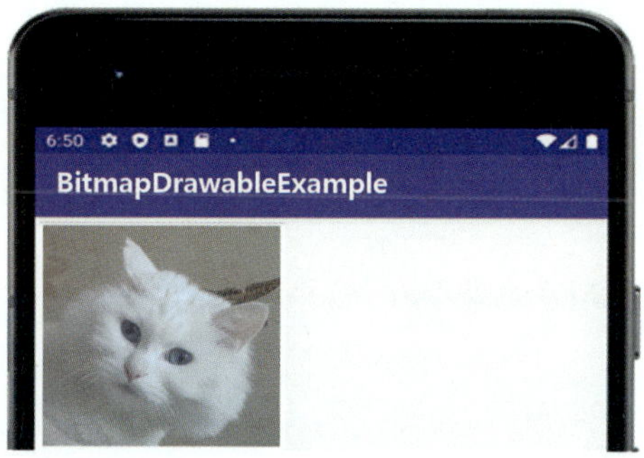

BitmapDrawable 클래스로 다음과 같이 코드를 작성합니다.

```
class MyDrawView extends View {

    public MyDrawView(Context context) {
        super(context);
    }

    @Override
    protected void onDraw(Canvas canvas) {
        super.onDraw(canvas);

        BitmapDrawable drawable = (BitmapDrawable) getResources().getDrawable(R.
drawable.cat);
        drawable.setBounds(10, 10, 400, 300 );
        drawable.draw(canvas);
    }
}
```

NOTE **Drawable 클래스로 이미지를 그리는 다른 방법**

코드를 다음과 같이 작성해도 됩니다.

```
Drawable drawable = (Drawable) ResourcesCompat.
getDrawable(getResources(), R.drawable.cat, null);
drawable.setBounds(10, 10, 400, 300);
drawable.draw(canvas);
```

```
Drawable drawable = (Drawable) getResources().getDrawable(R.
drawable.cat);
drawable.setBounds(10, 10, 400, 300);
drawable.draw(canvas);
```

실습 예제 12-2 이미지에 효과 주기

| 구현 내용 |

회전, 이동, 확대, 축소, 왜곡 등의 버튼을 만들고, 각 버튼을 클릭하면 이미지를 불러와 효과를 적용합니다.

| 구현 방법 |

❶ Empty Activity 템플릿으로 프로젝트를 생성합니다. 프로젝트명은 'BitmapProject', 패키지명은 'com.androidbook.bitmapproject'로 입력합니다. 나머지 설정값은 기존과 같습니다.

❷ res\drawable 폴더에 다음 이미지를 추가합니다.

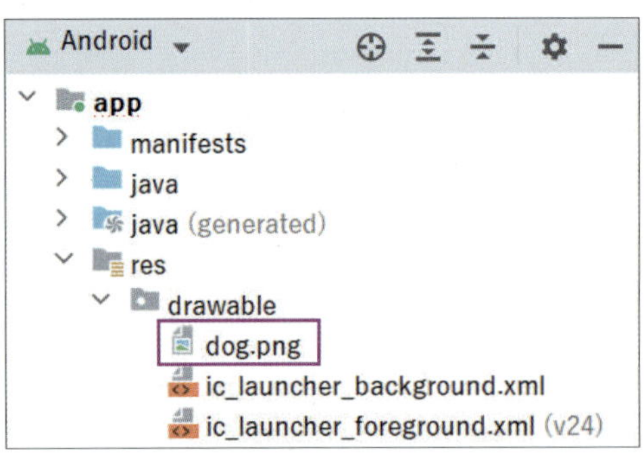

❸ activity_main.xml 파일을 열고 다음과 같이 작성합니다.

res\layout\activity_main.xml

```
<?xml version="1.0" encoding="utf-8"?>
<LinearLayout ...>

    <TextView
        ...
        android:text="이미지 효과주기"
        android:textColor="#009688"
        android:textSize="24sp"
        android:textStyle="bold" />
    <LinearLayout
        android:layout_width="match_parent"
        android:layout_height="wrap_content"
        android:orientation="horizontal">
        <Button
            android:id="@+id/button1"
            android:layout_width="wrap_content"
            android:layout_height="wrap_content"
            android:layout_weight="1"
            android:backgroundTint="#2196F3"
            android:text="회전" />
        <Button
            android:id="@+id/button2"
            android:layout_width="wrap_content"
            android:layout_height="wrap_content"
            android:layout_weight="1"
            android:backgroundTint="#2196F3"
            android:text="이동" />
        <Button
            android:id="@+id/button3"
            android:layout_width="wrap_content"
            android:layout_height="wrap_content"
            android:layout_weight="1"
            android:backgroundTint="#2196F3"
            android:text="확대" />
        <Button
            android:id="@+id/button4"
            android:layout_width="wrap_content"
            android:layout_height="wrap_content"
            android:layout_weight="1"
            android:backgroundTint="#2196F3"
            android:text="축소" />
```

```
        <Button
            android:id="@+id/button5"
            android:layout_width="wrap_content"
            android:layout_height="wrap_content"
            android:layout_weight="1"
            android:backgroundTint="#2196F3"
            android:text="왜곡" />
    </LinearLayout>
    <LinearLayout
        android:id="@+id/layout"
        android:layout_width="match_parent"
        android:layout_height="match_parent"
        android:orientation="horizontal" />
</LinearLayout>
```

❹ 그래픽 그리기를 위한 사용자 정의 뷰 클래스인 MyDrawView.java 파일을 생성하고 다음과 같이 코드를 작성합니다.

java\com\androidbook\bitmapproject\MyDrawView.java

```java
package com.androidbook.bitmapproject;
...
public class MyDrawView extends View {

    int isSelect = 0;
    Bitmap bm;

    public MyDrawView(Context context) {
        super(context);
    }

    @Override
    protected void onDraw(Canvas canvas) {
        super.onDraw(canvas);

        bm = BitmapFactory.decodeResource(getResources(), R.drawable.dog);
        float cenX = canvas.getWidth()/2.0f;
        float cenY = canvas.getHeight()/2.0f;

        float picX = (canvas.getWidth() - bm.getWidth()) / 2.0f;
        float picY = (canvas.getHeight() - bm.getHeight()) / 2.0f;
```

```
        switch (isSelect) {
            case 1 : canvas.rotate(45f, cenX, cenY); break;
            case 2 : canvas.translate(-150f, 200f);  break;
            case 3 : canvas.scale(2f, 2f, cenX, cenY);  break;
            case 4 : canvas.scale(0.5f, 0.5f, cenX, cenY);  break;
            case 5 : canvas.skew (0.3f, 0.3f);  break;

        }
        canvas.drawBitmap(bm, picX, picY, null);  // 비트맵 이미지 그리기
    }
}
```

❺ MainActivity.java 파일을 다음과 같이 작성합니다.

java\com\androidbook\bitmapproject\MainActivity.java

```
package com.androidbook.bitmapproject;
...
public class MainActivity extends AppCompatActivity {
    MyDrawView  myDrawView;

    @Override
    protected void onCreate(Bundle savedInstanceState) {
        super.onCreate(savedInstanceState);
        setContentView(R.layout.activity_main);

        Button rotateBtn = findViewById(R.id.button1);
        Button translateBtn = findViewById(R.id.button2);
        Button expandBtn = findViewById(R.id.button3);
        Button reduceBtn = findViewById(R.id.button4);
        Button skewBtn = findViewById(R.id.button5);

        myDrawView = new MyDrawView(this);

        LinearLayout layoutObj = findViewById(R.id.layout);
        layoutObj.addView(myDrawView); // 사용자 정의 클래스를 레이아웃으로 설정

        rotateBtn.setOnClickListener(new View.OnClickListener() {
        // 회전 버튼의 이벤트 처리 리스너
            @Override
            public void onClick(View view) {
                myDrawView.isSelect = 1;
```

```
            myDrawView.invalidate(); // MyDrawView의 OnDraw() 메서드를 호출해 다시 그리기
        }
    });

    translateBtn.setOnClickListener(new View.OnClickListener() {
    // 이동 버튼의 이벤트 처리 리스너
        @Override
        public void onClick(View view) {
            myDrawView.isSelect = 2;
            myDrawView.invalidate();
        }
    });

    expandBtn.setOnClickListener(new View.OnClickListener() {  // 확대 버튼의 이벤트 처리 리스너
        @Override
        public void onClick(View view) {
            myDrawView.isSelect = 3;
            myDrawView.invalidate();
        }
    });

    reduceBtn.setOnClickListener(new View.OnClickListener() { // 축소 버튼의 이벤트 처리 리스너
        @Override
        public void onClick(View view) {
            myDrawView.isSelect = 4;
            myDrawView.invalidate();
        }
    });

    skewBtn.setOnClickListener(new View.OnClickListener() { // 왜곡 버튼의 이벤트 처리 리스너
        @Override
        public void onClick(View view) {
            myDrawView.isSelect = 5;
            myDrawView.invalidate();
        }
    });
  }
}
```

❻ 프로젝트를 실행해 결과를 확인합니다.

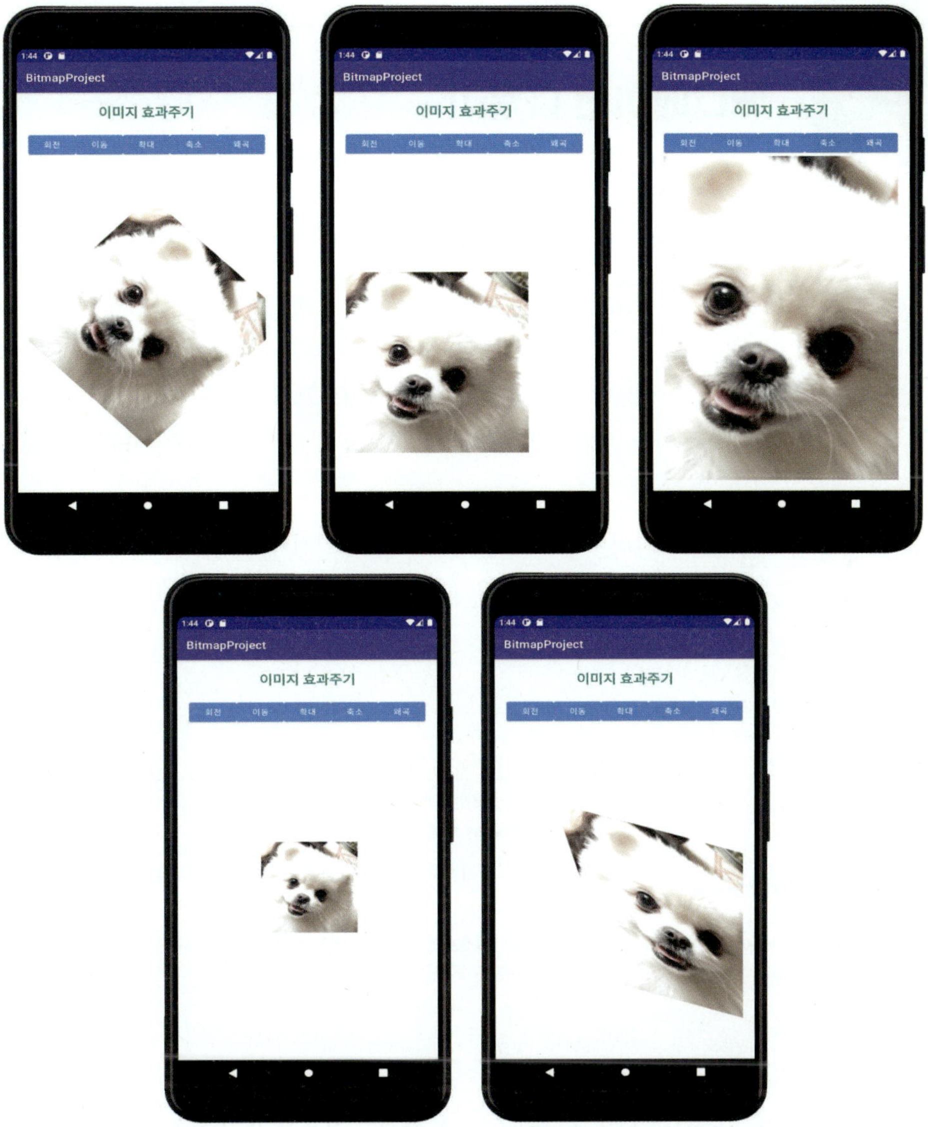

12.2 애니메이션 다루기

애니메이션은 이미지들을 일련으로 연속적으로 보여주어 움직이는 것처럼 만드는 기술입니다. 이때 각각의 이미지들을 프레임이라 하며, 프레임이 화면에 표시되는 속도를 프레임 속도라고 합니다. 이상적인 경우에는 프레임 속도가 화면의 새로고침 빈도와 거의 일치하는 것이 좋습니다. 다행히도 안드로이드 시스템에서 프레임 속도를 관리하기 때문에 사용자가 별다른 조작을 할 필요는 거의 없습니다.

안드로이드는 다양한 애니메이션 API를 제공하여 사용자 인터페이스에서 여러 가지 모양과 느낌을 구현할 수 있습니다. 특히 UI가 새로운 콘텐츠를 로드하거나 새로운 작업을 수행하는 등 상태를 변경할 때 유용합니다.

표 12-8 애니메이션 유형

종류	설명
뷰 애니메이션(View Animation)	뷰에만 적용하는 애니메이션입니다. 설정이 비교적 쉽고 많은 앱의 요구 사항을 충족해서 충분한 기능을 제공합니다.
속성 애니메이션(Property Animation)	Animator 클래스로 설정된 시간 동안 객체의 속성값을 수정해 애니메이션을 만듭니다.
드로어블 애니메이션(Drawable Animation)	drawable 리소스를 차례대로 빠르게 연속으로 표시하는 애니메이션입니다.

뷰 애니메이션

뷰 애니메이션(View Animation)은 뷰 객체에만 제한되어 적용할 수 있는 애니메이션으로, 뷰 객체의 위치, 크기, 투명도를 조정하거나 회전할 수 있습니다. 하지만 실제 뷰 객체 자체가 아닌 뷰가 그려지는 위치만 수정할 수 있기 때문에 애니메이션을 적용해도 뷰 객체의 클릭 가능한 위치는 변경되지 않습니다. 따라서 뷰 객체의 위치를 고려해 구현해야 합니다.

뷰 애니메이션을 만들기 위해서는 XML 또는 안드로이드 코드로 애니메이션 명령을 정의할 수 있습니다. XML 파일을 사용하는 것이 더 읽기 쉽고 재사용 및 교체가 가능하므로, 코딩하는 것보다 권장됩니다. 뷰 애니메이션은 UI가 상태를 변경할 때 특히 유용하며, 안드로이드는 다양한 뷰 애니메이션 API를 제공하여 풍부한 모양과 느낌을 구현할 수 있도록 도와줍니다.

XML 파일로 애니메이션을 구현하는 방법은 다음과 같습니다.

① res 폴더에 anim 폴더를 생성해 애니메이션 리소스 파일을 만듭니다.

② 애니메이션 리소스 파일에 다양한 애니메이션 효과를 설정합니다.

③ AnimationUtils 클래스의 loadAnimation() 메서드를 호출해 애니메이션 리소스 파일을 불러와 Animation 객체를 생성합니다.

④ 뷰 객체의 startAnimation() 메서드를 통해 애니메이션을 재생합니다.

⑤ 애니메이션을 재생할 때 효과 변경이 필요한 경우에는 생성한 Animation 객체의 set AnimationListener() 메서드를 호출해 애니메이션 리스너를 만들어 등록합니다.

그림 12-6 XML 파일을 이용한 애니메이션 만들기 과정

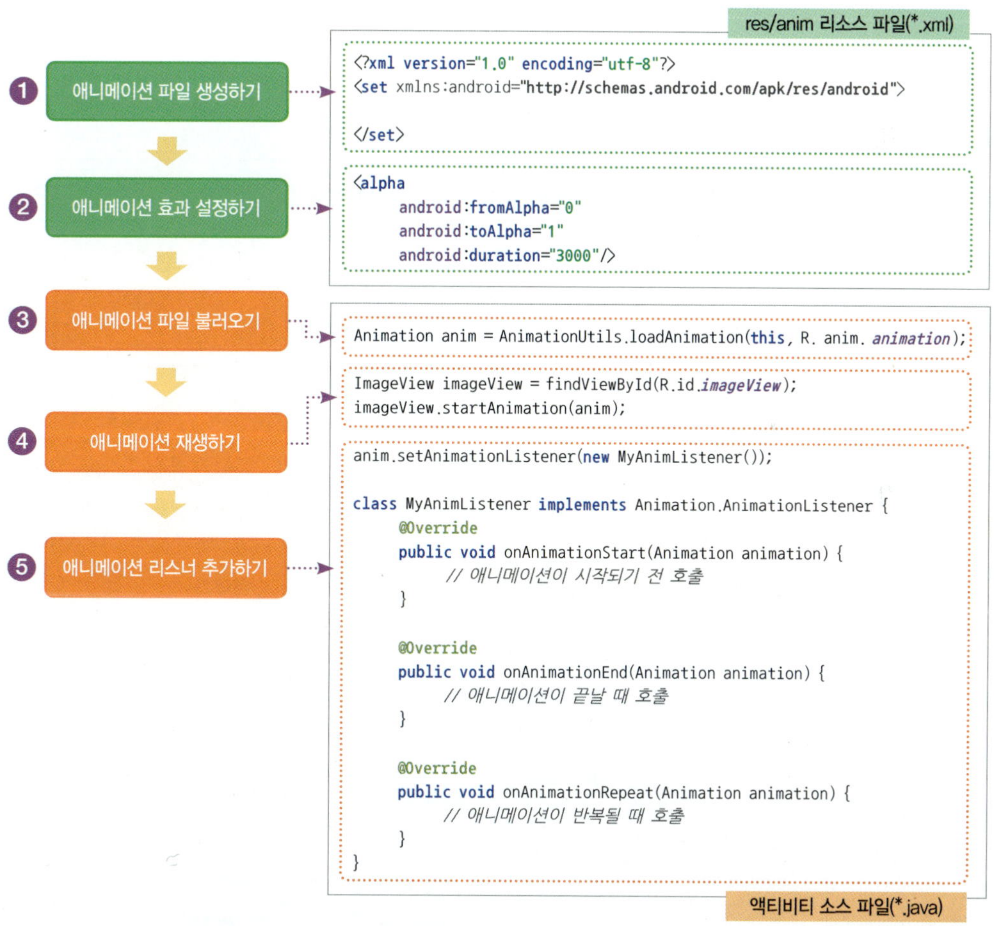

구현 방법대로 애니메이션 파일을 만들고 여기에 점점 불투명해지는 효과를 주겠습니다.

그림 12-7 애니메이션 생성 결과

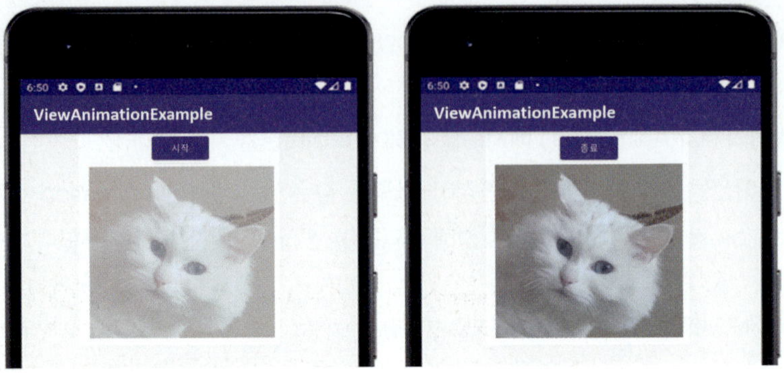

res\anim\animation.xml

```
<?xml version="1.0" encoding="utf-8"?>
<set xmlns:android="http://schemas.android.com/apk/res/android">
    <alpha
        android:fromAlpha = "0"
        android:toAlpha = "1"
        android:duration = "3000"/>
</set>
```

XML 파일에 애니메이션 효과를 설정하는 요소는 다음과 같습니다.

표 12-9 애니메이션 효과 설정 요소

요소	클래스	설명	속성	
<alpha>	AlphaAnimation	투명 효과	fromAlpha	불투명 시작
			toAlpha	불투명 종료
<rotate>	RotateAnimation	회전 효과	fromDegrees	시작 각도
			toDegrees	종료 각도
			pivotX	회전 중심의 X
			pivotY	회전 중심의 y
<translate>	TranslateAnimation	이동 효과	fromXDeltaX	오프셋 시작
			toXDeltaX	오프셋 종료
			fromYDeltaY	오프셋 시작
			toYDeltaY	오프셋 종료

요소	클래스	설명	속성	
<scale>	ScaleAnimation	확대/축소 효과	fromXScale	X 크기 오프셋 시작
			toXScaleX	크기 오프셋 종료
			fromYScaleY	크기 오프셋 시작
			toYScaleY	크기 오프셋 종료
			pivotX	고정된 X 좌표
			pivotY	고정된 Y 좌표

이는 애니메이션 XML 파일을 대신하여 클래스를 통해서 각 속성을 메서드로 호출해 코드로 구현할 수도 있습니다.

```
public class MainActivity extends AppCompatActivity {
    Button button;
    @Override
    protected void onCreate(Bundle savedInstanceState) {
        super.onCreate(savedInstanceState);
        setContentView(R.layout.activity_main);

        Animation anim = AnimationUtils.loadAnimation(this, R.anim.animation); ❸
        ImageView imageView = findViewById(R.id.imageView);
        button = findViewById(R.id.button);
        button.setOnClickListener(new View.OnClickListener() {
            @Override
            public void onClick(View view) {
                imageView.startAnimation(anim); ❹ 재생 시작
            }
        });
        anim.setAnimationListener(new MyAnimListener()); ❺

    }
    class MyAnimListener implements Animation.AnimationListener {   ─┐
        @Override                                                     │
        public void onAnimationStart(Animation animation) {           │
            button.setText("시작");                                   │
        }                                                             ├❺
        @Override                                                     │
        public void onAnimationEnd(Animation animation) {             │
            button.setText("종료");                                   │
        }                                                             │
        @Override                                                     ┘
```

12 그래픽과 애니메이션 사용하기

```
        public void onAnimationRepeat(Animation animation) {
        }
    }
}
```

애니메이션 XML을 대신해 코드로 클래스 객체를 생성해서 애니메이션 효과 메서드를 호출해 애니메이션을 만들 수 있습니다. 앞에서 만든 투명도 효과를 주는 예제를 코드로 변경하면 다음과 같습니다.

```
public class MainActivity extends AppCompatActivity {
    Button button;
    @Override
    protected void onCreate(Bundle savedInstanceState) {
        super.onCreate(savedInstanceState);
        setContentView(R.layout.activity_main);

        Animation anim = new AlphaAnimation(0f, 1f); // 투명도 효과
        anim.setDuration(3000);
                                        코드를 이용한 효과 설정 (1, 2, 3번 설정 필요 없음)

        ImageView imageView = findViewById(R.id.imageView);
        button = findViewById(R.id.button);
        button.setOnClickListener(new View.OnClickListener() {
            @Override
            public void onClick(View view) {
                imageView.startAnimation(anim);  ❹ 재생 시작
            }
        });
        anim.setAnimationListener(new MyAnimListener());  ❺

    }
    class MyAnimListener implements Animation.AnimationListener {  ❺
        @Override
        public void onAnimationStart(Animation animation) {
            button.setText("시작");
        }
        @Override
        public void onAnimationEnd(Animation animation) {
            button.setText("종료");
        }
        @Override
```

```
            public void onAnimationRepeat(Animation animation) {
            }
        }
}
```

NOTE 애니메이션 파일(*.xml) 생성 방법

1. res 폴더에서 마우스 오른쪽 버튼을 클릭하고 [New]–[Android Resource Directory(새 폴더 옵션)] 메뉴를 선택합니다. New Resource Directory 대화상자에서 폴더 이름(anim)을 입력한 후 Enter를 누릅니다.

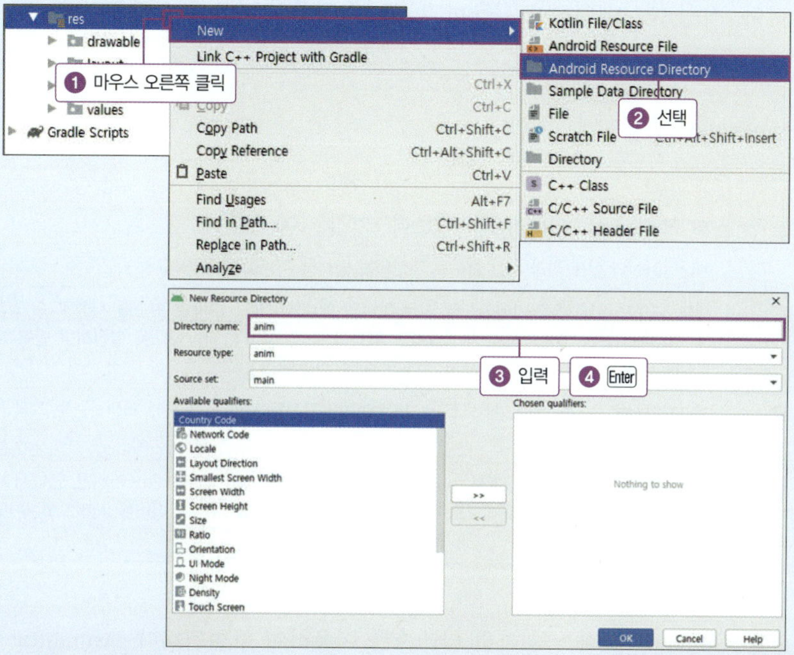

2. 생성한 애니메이션 폴더(anim)에서 마우스 오른쪽 버튼을 클릭하고 [Android XML 파일] 메뉴를 선택합니다. 대화상자가 열린 후 파일 이름을 입력하고 Enter를 누르면 프로젝트의 anim 폴더 안에 파일이 생성됩니다.

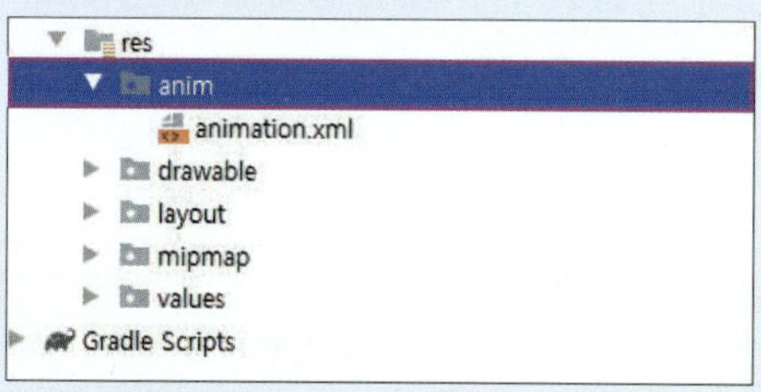

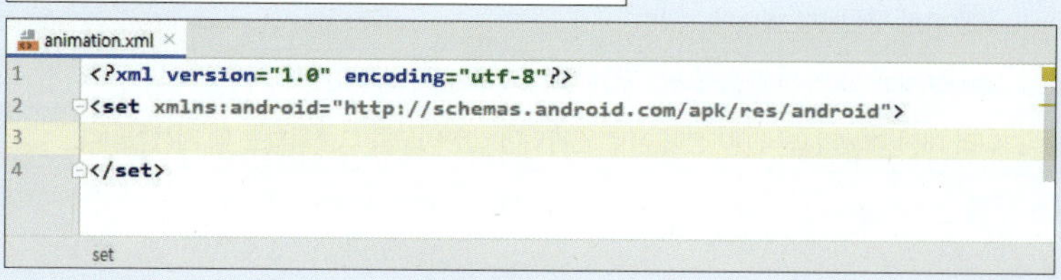

속성 애니메이션

속성 애니메이션(Property Animation)은 뷰 애니메이션보다 더 많은 사용자 정의가 가능한 애니메이션 방법입니다. 화면에 그리기 여부와 관계없이 시간이 흐르면서 개체의 속성을 변경할 수 있도록 애니메이션을 정의할 수 있습니다. 예를 들어, 시간에 따라 반지름을 증가시켜 원을 더 크게 만들 수 있습니다. 이를 위해 속성(객체의 필드)값을 지정된 시간 동안 변경합니다.

애니메이션을 적용하려면 애니메이션 효과를 줄 객체의 화면 위치, 기간, 값 등과 같은 속성을 지정해야 합니다. 속성 애니메이션을 사용하면 애니메이션의 다양한 속성을 정의할 수 있습니다.

표 12-10 속성 애니메이션의 속성 유형

속성	설명
재생 시간	애니메이션 재생 시간을 지정할 수 있는데, 기본값은 300ms입니다.
시간 보간	애니메이션의 현재 경과 시간 함수로 계산되는 방식을 지정할 수 있습니다.
반복 횟수와 동작	재생 시간이 끝날 때 애니메이션의 반복 여부와 애니메이션을 반복할 횟수를 지정할 수 있습니다. 애니메이션을 역방향으로 재생할지도 지정할 수 있습니다. 역방향으로 설정하면 반복 재생 횟수에 도달할 때까지 애니메이션이 앞뒤로 반복 재생됩니다.
애니메이터 세트	애니메이션을 동시에 또는 순차적으로 재생하거나 지정된 지연 시간 후에 재생하는 논리적 세트로 그룹화할 수 있습니다.
프레임 새로 고침 지연	애니메이션 프레임의 새로 고침 빈도를 지정할 수 있습니다. 기본값은 10ms이지만, 앱에서 새로 고침 빈도는 시스템이 전체적으로 얼마나 바쁜지와 시스템이 기본 타이머를 서비스할 수 있는 속도에 따라 달라집니다.

속성 애니메이션은 Animator 클래스의 하위 클래스를 이용하여 구현됩니다. Animator 클래스는 애니메이션을 만들기 위한 기본 구조와 애니메이션값을 완전히 지원하기 위해 확장해야 하는 최소한의 기능만 제공하기 때문에 직접 사용하지 않습니다. 대신 다음과 같은 Animator 클래스의 하위 클래스를 사용하여 구현합니다.

표 12-11 Animator 클래스의 하위 클래스

클래스	설명
ValueAnimator	속성 애니메이션의 주요 타이밍 엔진으로, 애니메이션 속성값을 계산만 하고 객체와 연동하는 것은 따로 구현해야 합니다.
ObjectAnimator	ValueAnimator의 하위 클래스로 객체 및 객체 속성을 설정하는 데 사용합니다.
AnimatorSet	여러 대상 개체의 애니메이션이 서로 연관되어 실행하도록 그룹화하는 데 사용합니다.

속성 애니메이션에는 속성값을 계산하는 방법을 알려주는 클래스가 제공됩니다. 이 클래스는 Animator 클래스에서 제공하는 타이밍 데이터와 애니메이션의 시작 및 종료 값을 가져와서 이 데이터를 기반으로 속성 애니메이션의 값을 계산합니다.

표 12-12 속성값의 계산법을 알려주는 클래스

클래스	설명
IntEvaluator	int 속성값을 계산합니다.
FloatEvaluator	float 속성값을 계산합니다.
ArgbEvaluator	16진수로 표시되는 색상 속성값을 계산합니다.
TypeEvaluator	사용자 정의 클래스를 만들 수 있는 인터페이스입니다. int, float 또는 color 외의 객체 속성에 애니메이션을 적용할 때 애니메이션 속성값을 계산하는 데 사용합니다.

속성 애니메이션에서 재생 시간 동안 애니메이션의 특정 값이 시간에 따라 변하도록 정의할 수 있는 보간 방법은 다음과 같습니다.

표 12-13 애니메이션 속도 변경 클래스

클래스	리소스 아이디	설명
AccelerateDecelerateInterpolator	@android:anim/accelerate_decelerate_interpolator	변경 속도는 천천히 시작했다가 중간에서 빨라지고 끝에서 천천히 진행됩니다.
AccelerateInterpolator	@android:anim/accelerate_interpolator	변경 속도가 느리게 시작했다가 빨라집니다.
AnticipateInterpolator	@android:anim/anticipate_interpolator	변경이 역방향으로 시작된 다음 신속하게 정방향으로 진행됩니다.
AnticipateOvershootInterpolator	@android:anim/anticipate_overshoot_interpolator	변경이 역방향으로 시작한 다음 신속하게 정방향으로 진행되어 타깃값을 넘어간 후 최종값에 안착됩니다.
BounceInterpolator	@android:anim/bounce_interpolator	변경이 끝에서 앞뒤로 왔다 갔다 합니다.
CycleInterpolator	@android:anim/cycle_interpolator	지정된 주기 수만큼 애니메이션을 반복합니다. 변경 속도는 정현파 패턴을 따릅니다.
DecelerateInterpolator	@android:anim/decelerate_interpolator	변경 속도가 빠르게 시작된 다음 줄어듭니다.
LinearInterpolator	@android:anim/linear_interpolator	변경 속도가 일정합니다.
OvershootInterpolator	@android:anim/overshoot_interpolator	변경이 정방향으로 신속하게 이동하여 마지막 값을 넘어선 다음 되돌아옵니다.

속성 애니메이션으로 애니메이션을 구현하는 방법은 다음과 같습니다.

❶ ValueAnimator 또는 ObjectAnimator 클래스를 사용해 Animator 객체를 생성합니다.

❷ 다양한 애니메이션 효과를 설정합니다.

❸ Animator 객체의 start() 메서드를 호출해 애니메이션을 재생합니다.

❹ 애니메이션을 재생할 때 효과 변경이 필요한 경우에는 생성한 Animator 객체의 addListener() 메서드를 호출해 리스너를 만들어 등록합니다.

그림 12-8 속성 애니메이션 만들기 과정

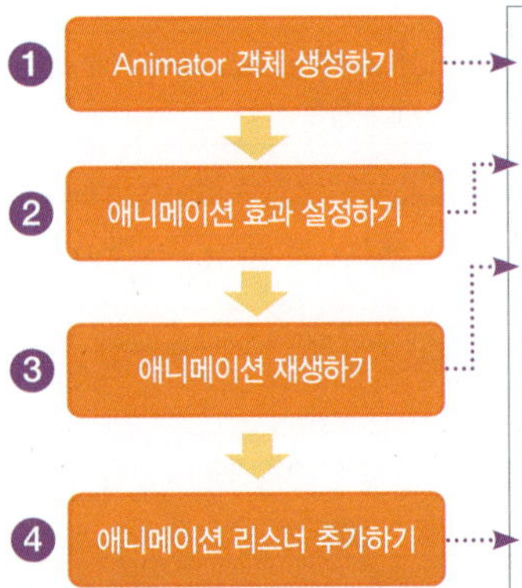

액티비티 소스 파일(*.java)

```
Animator 클래스 animator = Animator 클래스.ofFloat(1f, 0.2f);

animator.setInterpolator(new AccelerateInterpolator());
animator.setDuration(4000);

animator.start()

animator.addListener(new Animator.AnimatorListener() {
    @Override
    public void onAnimationStart(@NonNull Animator animator) {
        //애니메이션이 시작될 때 실행
    @Override
    public void onAnimationEnd(@NonNull Animator animator) {
        // 애니메이션이 끝날 때 실행
    }
    @Override
    public void onAnimationCancel(@NonNull Animator animator) {
        // 애니메이션이 취소될 때 실행
    }
    @Override
    public void onAnimationRepeat (@NonNull Animator animator) {
        //애니메이션이 반복될 때 실행
    }
});
```

Animator 하위 클래스의 유형에 따라 애니메이션이 어떻게 재생되는지 알아봅시다.

● ValueAnimator 클래스로 애니메이션 적용하기

ValueAnimator 클래스는 속성 애니메이션의 타이밍 엔진으로, 애니메이션 속성값을 계산하고 애니메이션을 실행합니다. ValueAnimator 클래스는 속성값 계산, 각 애니메이션의 타이밍 정보, 애니메이션 반복 여부, 업데이트 이벤트를 수신하는 리스너와 사용자 정의 TypeEvaluator 클래스를 설정하는 기능 등을 포함하고 있습니다.

다음은 ValueAnimator를 사용한 예로, start() 메서드가 실행되면 4000ms 동안 1에서 0.2 사이의 애니메이션값을 계산하여 투명화합니다.

그림 12-9 ValueAnimator를 사용한 투명화 애니메이션

```
public class MainActivity extends AppCompatActivity {
    Button button;
    @Override
    protected void onCreate(Bundle savedInstanceState) {
        super.onCreate(savedInstanceState);
        setContentView(R.layout.activity_main);

        ImageView imageView = findViewById(R.id.imageView);
        ValueAnimator animator = ValueAnimator.ofFloat(1f, 0.2f);  ❶ 객체 생성
        animator.setInterpolator(new AccelerateInterpolator());  ┐
        animator.setDuration(4000);  ───────────────────────────┘ ❷ 애니메이션 효과 설정
        button = findViewById(R.id.button);
        button.setOnClickListener(new View.OnClickListener() {
            @Override
            public void onClick(View view) {
                animator.start();  ❸ 애니메이션 재생
            }
        });
        animator.addUpdateListener(new ValueAnimator.AnimatorUpdateListener() {

            @Override
            public void onAnimationUpdate(@NonNull ValueAnimator valueAnimator) {
                float value = (float) valueAnimator.getAnimatedValue();
                imageView.setAlpha(value);  ❷ 애니메이션 효과 설정
                button.setText("진행");                              ❹ 애니메이션 리스너
            }
        });
        animator.addListener(new Animator.AnimatorListener() {
            @Override
            public void onAnimationStart(@NonNull Animator animator) {
                // 애니메이션이 시작될 때 실행
```

```
                button.setText("시작");
            }
            @Override
            public void onAnimationEnd(@NonNull Animator animator) {
                // 애니메이션이 끝날 때 실행
                button.setText( "종료");
            }
            @Override
            public void onAnimationCancel(@NonNull Animator animator) {
                // 애니메이션이 취소될 때 실행

            }
            @Override
            public void onAnimationRepeat(@NonNull Animator animator) {
                // 애니메이션이 반복될 때 실행
            }
        });
    }
}
```

ValueAnimator 클래스를 사용하면 int, float 또는 color 값 세트에 애니메이션을 적용해 애니메이션 재생 시간 동안 값의 변화를 볼 수 있습니다. 이를 위해 ofInt(), ofFloat(), ofObject() 메서드 중 하나를 호출하여 해당 자료형 값에 애니메이션을 적용하는 ValueAnimator 객체를 생성합니다.

표 12-14 자료형 값에 애니메이션 적용 메서드

메서드	설명
ofInt(int... values)	Int 값 사이에 애니메이션을 수행하는 ValueAnimator 객체를 생성하고 반환합니다.
ofObject(TypeEvaluator evaluator, Object... values)	Float 값 사이에 애니메이션을 수행하는 ValueAnimator 객체를 생성하고 반환합니다.
ofArgb(int... values)	색상 값 사이에 애니메이션을 수행하는 ValueAnimator 객체를 생성하고 반환합니다.
ofPropertyValuesHolder(PropertyValuesHolder... values)	Object PropertyValuesHolder 객체에 지정한 값 사이에 애니메이션을 수행하는 ValueAnimator 객체를 생성하고 반환합니다.

애니메이션 효과를 줄 수 있는 주요 메서드는 다음과 같습니다.

표 12-15 애니메이션 효과 적용 메서드

메서드	설명
ValueAnimator setDuration(long duration)	애니메이션의 길이를 설정합니다.
void setInterpolator(TimeInterpolator value)	애니메이션 속도 변경 클래스[표 12-13]를 설정합니다.
void setRepeatCount(int value)	애니메이션의 반복 횟수를 설정합니다.
void setRepeatMode(int value)	애니메이션의 끝에 도달할 때 수행해야 하는 작업을 정의합니다.
void setStartDelay(long startDelay)	start() 메서드가 호출된 후 애니메이션 시작을 지연하는 시간(밀리 초)을 설정합니다.

TIP ValueAnimator 클래스의 메서드에 관한 좀 더 자세한 내용은 https://developer.android.com/reference/android/animation/ValueAnimator를 참고하세요.

ObjectAnimator로 애니메이션 적용하기

ObjectAnimator는 ValueAnimator의 하위 클래스로, 애니메이션을 적용할 대상 객체와 속성을 설정하는 데 사용됩니다. 이 클래스는 애니메이션이 진행될 때마다 속성 값을 적절하게 갱신하여 새로운 애니메이션 값을 계산합니다.

다음은 ObjectAnimator를 사용한 예로, start() 메서드가 실행될 때 4000ms 동안 1에서 0.2 사이의 애니메이션 값을 계산하기 시작하고 점점 투명하게 변경합니다.

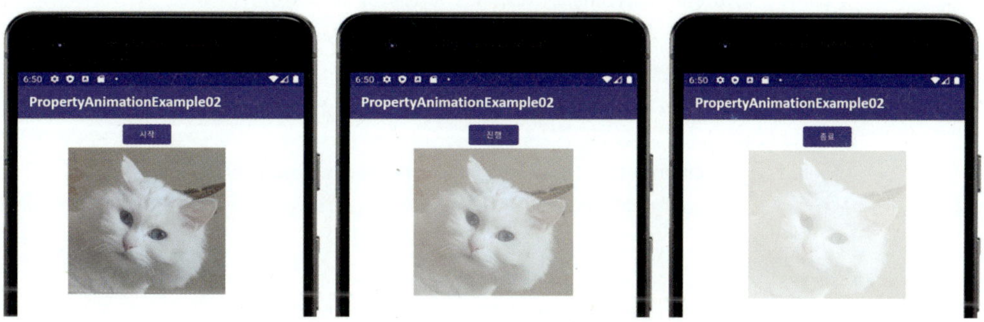


```
public class MainActivity extends AppCompatActivity {
    Button button;
    @Override
    protected void onCreate(Bundle savedInstanceState) {
        super.onCreate(savedInstanceState);
        setContentView(R.layout.activity_main);
        button = findViewById(R.id.button);
        ImageView imageView = findViewById(R.id.imageView);
        ObjectAnimator animator = ObjectAnimator.ofFloat(imageView, "alpha", 0.2f);
```
❶ 객체 생성

```
        animator.setInterpolator(new AccelerateInterpolator());   ❷ 애니메이션 효과 설정
        animator.setDuration(4000);
        button.setOnClickListener(new View.OnClickListener() {
            @Override
            public void onClick(View view) {
                animator.start();  ❸ 애니메이션 재생
            }
        });
        animator.addUpdateListener(new ValueAnimator.AnimatorUpdateListener() {

            @Override
            public void onAnimationUpdate(@NonNull ValueAnimator valueAnimator) {
                button.setText("진행");
            }                                                    ❹ 애니메이션 리스너
        });
        animator.addListener(new Animator.AnimatorListener() {
            @Override
            public void onAnimationStart(@NonNull Animator animator) {
                // 애니메이션이 시작될 때 실행
                button.setText("시작");
            }
            @Override
            public void onAnimationEnd(@NonNull Animator animator) {
                // 애니메이션이 끝날 때 실행
                button.setText( "종료");
            }                                                    ❹ 애니메이션 리스너
            @Override
            public void onAnimationCancel(@NonNull Animator animator) {
                // 애니메이션이 취소될 때 실행
            }
            @Override
            public void onAnimationRepeat(@NonNull Animator animator) {
                // 애니메이션이 반복될 때 실행
            }
        });
    }
}
```

ObjectAnimator 클래스를 사용하면 int, float, color 값 세트를 지정하여 특정 유형의 값에 애니메이션을 적용할 수 있습니다. 이를 위해서는 ofInt(), ofFloat(), ofObject() 메서드 중 하나를 호출하여 ObjectAnimator 객체를 생성해야 합니다. 이 클래스를 사용하여 애니메이션으로 보여줄 대상 개체와 속성을 설정하고, 적절한 속성 값을 갱신하여 애니메이션을 만들 수 있습니다. 형식은 다음과 같습니다.

표 12-16 자료형 값에 애니메이션 적용 메서드

메서드	설명
ofInt(Object target, String propertyName, int... values) ofInt(Object target, String xPropertyName, String yPropertyName, Path path)	Int 값 사이에 애니메이션을 효과를 주고 수행하는 ObjectAnimator를 생성하고 반환합니다.
ofFloat(Object target, String xPropertyName, String yPropertyName, Path path) ofFloat(Object target, String propertyName, float... values)	Float 값 사이에 애니메이션 효과를 주고 수행하는 ObjectAnimator를 생성하고 반환합니다.
ofObject(Object target, String propertyName, TypeConverter<PointF, ?> converter, Path path) ofObject(Object target, String propertyName, TypeEvaluator evaluator, Object... values)	Object 값 사이에 애니메이션을 효과를 주고 수행하는 ObjectAnimator를 생성하고 반환합니다.
ofArgb(Object target, String propertyName, int... values)	색상 값 사이에 애니메이션 효과를 주고 수행하는 ValueAnimator ObjectAnimator를 생성하고 반환합니다.
ofObject(Object target, String propertyName, TypeEvaluator evaluator, Object... values) ofPropertyValuesHolder(Object target, PropertyValuesHolder... values)	PropertyValueHolder 객체에 지정된 값 집합 간에 애니메이션을 효과를 주고 수행하는 ObjectAnimator를 생성하고 반환합니다.

ObjectAnimator는 ValueAnimator 클래스의 하위 클래스로, ValueAnimator 클래스에서 제공하는 메서드를 사용해 애니메이션 효과를 나타낼 수 있습니다.

TIP

ObjectAnimator의 메서드에 관한 좀 더 자세한 내용은 https://developer.android.com/reference/android/animation/ObjectAnimator를 참고하세요.

NOTE

ValueAnimator와 ObjectAnimator의 차이점

ValueAnimator는 애니메이션 효과를 수행하는 시간만 설정하는 반면, ObjectAnimator는 애니메이션 효과를 수행하는 시간과 함께 속성도 설정할 수 있습니다. ObjectAnimator와는 달리 ValueAnimator에서는 애니메이션 효과의 변경을 위해 addUpdateListener(...) 메서드를 사용해야 합니다.

● AnimatorSet 클래스로 애니메이션 적용하기

AnimatorSet 클래스를 사용하면 여러 대상 개체에 애니메이션을 적용할 때 애니메이션을 시작하거나 종료하는 시점을 다르게 설정할 수 있습니다. 애니메이션을 함께 시작할지, 순차적으로 시작할지, 또는 지정된 지연 시간 후에 시작할지를 지정할 수 있습니다. 또한 AnimatorSet 객체를 서로 중첩하여 사용할 수도 있습니다.

다음은 ObjectAnimator로 0에서 1 사이의 크기와 투명도 값을 계산해 점점 크기를 확대하고 불투명하게 변경하는 두 가지 속성을 묶어 애니메이션으로 표현합니다.

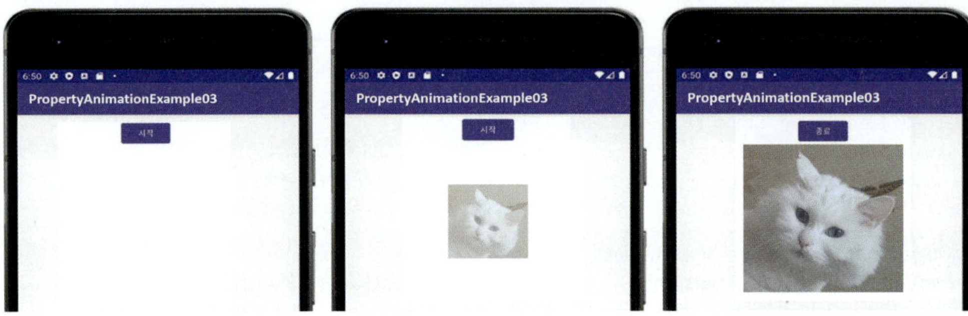


```
public class MainActivity extends AppCompatActivity {
    Button button;
    @Override
    protected void onCreate(Bundle savedInstanceState) {
        super.onCreate(savedInstanceState);
        setContentView(R.layout.activity_main);

        ImageView imageView = findViewById(R.id.imageView);
        ArrayList<Animator> animators = new ArrayList();
        animators.add(ObjectAnimator.ofFloat(imageView, "scaleX", 0.0f, 1.0f)); ─┐
        animators.add(ObjectAnimator.ofFloat(imageView, "scaleY", 0.0f, 1.0f));  ├ ❷
        animators.add(ObjectAnimator.ofFloat(imageView, "alpha", 0.0f, 1.0f));   │
        animators.add(ObjectAnimator.ofFloat(imageView, "alpha", 0.0f, 1.0f)); ─┘
        AnimatorSet animator = new AnimatorSet();  ❶ 객체 생성
        animator.playTogether(animators);
        animator.setInterpolator(new AccelerateInterpolator()); ─┐
        animator.setDuration(4000); ─────────────────────────────┴ ❷
        animator.setTarget(imageView);
        button = findViewById(R.id.button);
        button.setOnClickListener(new View.OnClickListener() {
            @Override
            public void onClick(View view) {
```

```
            animator.start();  ❸ 애니메이션 재생
        }
    });
    animator.addListener(new Animator.AnimatorListener() {
        @Override
        public void onAnimationStart(@NonNull Animator animator) {
            // 애니메이션이 시작될 때 실행
            button.setText("시작");
        }
        @Override
        public void onAnimationEnd(@NonNull Animator animator) {
            // 애니메이션이 끝날 때 실행
            button.setText( "종료");                    ❹ 애니메이션 리스너
        }
        @Override
        public void onAnimationCancel(@NonNull Animator animator) {
            // 애니메이션이 취소될 때 실행
        }
        @Override
        public void onAnimationRepeat(@NonNull Animator animator) {
            // 애니메이션이 반복될 때 실행
        }
    });
  }
}
```

애니메이션 효과를 줄 수 있는 주요 메서드는 다음과 같습니다.

표 12-17 애니메이션 효과 적용 메서드

메서드	설명
AnimatorSet ObjectAnimator setDuration(long duration)	애니메이션의 길이를 설정합니다.
void setInterpolator(TimeInterpolator interpolator)	애니메이션 속도 변경 클래스[표 12-13]를 설정합니다.
void setCurrentPlayTime(long playTime)	애니메이션이 시작되는 위치를 설정합니다.
void reverse()	AnimatorSet를 반대로 재생합니다.
void setStartDelay(long startDelay)	start()가 호출된 후 애니메이션 시작을 지연하는 시간(밀리 초)입니다.
void setTarget(Object target)	대상(ObjectAnimator와 AnimatorSet)을 사용하는 이 AnimatorSet의 모든 현재 자식 애니메이션에 대한 대상 개체를 설정합니다.

TIP AnimatorSet 클래스의 메서드에 관한 좀 더 자세한 내용은 https://developer.android.com/reference/android/animation/AnimatorSet를 참고하세요.

드로어블 애니메이션

드로어블 애니메이션은 연속된 이미지를 매우 빠르게 반복하여 만드는 프레임 애니메이션입니다. 이렇게 단일 이미지를 빠르게 반복하여 사람 눈에는 연속된 움직임으로 보입니다.

드로어블 애니메이션을 만드는 첫 번째 단계는 움직임을 표현하는 연속된 이미지 목록을 만드는 것입니다. 이때 XML 드로어블(예 : 모양 드로어블) 또는 실제 연속된 이미지 파일을 사용할 수 있습니다.

드로어블 애니메이션을 구현하는 방법은 다음과 같습니다.

1. res\drawable 폴더에 연속된 이미지들을 등록합니다.
2. res\drawable 폴더에 애니메이션 목록 파일을 생성하고 여기에 연속된 이미지 목록을 설정합니다.
3. 레이아웃 리소스 파일에 구성된 위젯을 가져와 앞에서 생성한 애니메이션 목록 파일을 위젯의 배경으로 설정합니다.
4. AnimationDrawable 클래스의 start() 메서드로 위젯의 배경을 가져와 애니메이션을 재생합니다.

그림 12-10 드로어블 애니메이션 만들기 과정

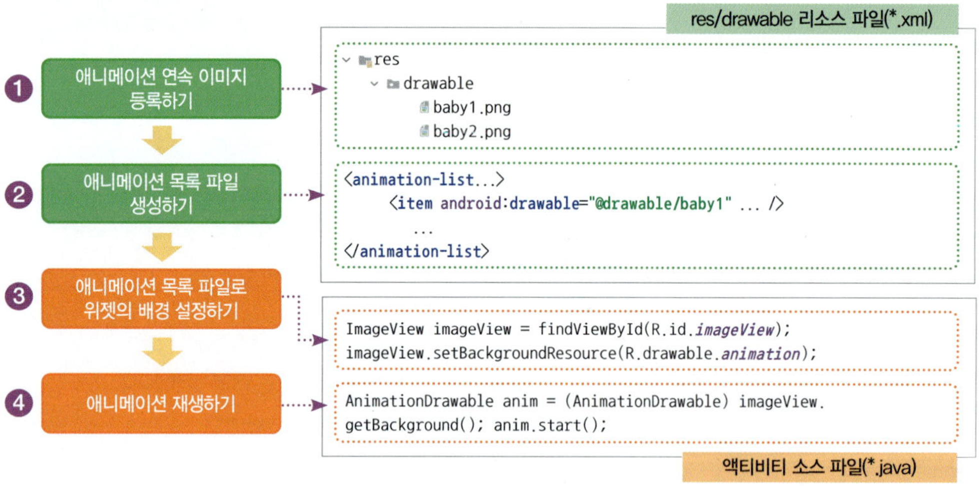

드로어블 애니메이션은 어떻게 만드는지 알아봅시다. 애니메이션 파일을 만들고 여기에 점점 불투명해지는 효과를 주겠습니다.

그림 12-11 그래픽 그리기 드로어블 애니메이션 생성 결과

먼저 ❶ 사용할 이미지를 res\drawable 폴더에 등록합니다.

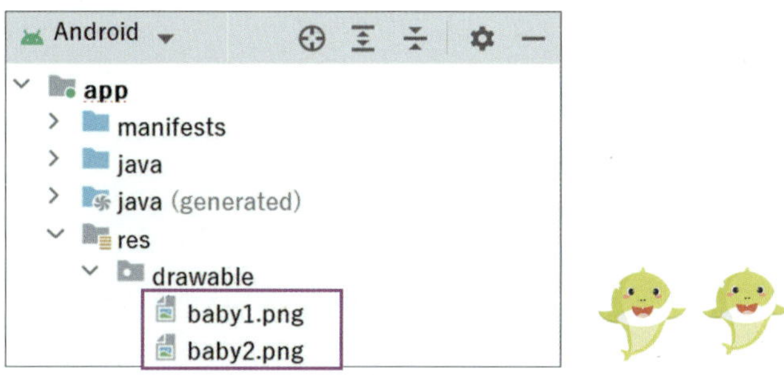

❷ res\drawable 폴더에 애니메이션 목록 파일(animation.xml)을 생성해 다음과 같이 작성합니다.

```
<?xml version="1.0" encoding="utf-8"?>
<animation-list xmlns:android="http://schemas.android.com/apk/res/android"
    android:oneshot="false">
    <item android:drawable="@drawable/baby1" android:duration="200" />
    <item android:drawable="@drawable/baby2" android:duration="200" />
    <item android:drawable="@drawable/baby1" android:duration="200" />
    <item android:drawable="@drawable/baby2" android:duration="200" />
</animation-list>
```

❸ animation.xml 파일을 위젯의 배경으로 설정하고, ❹ start() 메서드로 위젯의 배경을 가져와 애니메이션을 재생합니다.

```
public class MainActivity extends AppCompatActivity {
    @Override
    protected void onCreate(Bundle savedInstanceState) {
        super.onCreate(savedInstanceState);
        setContentView(R.layout.activity_main);
        ImageView imageView = findViewById(R.id.imageView);                              ❸
        imageView.setBackgroundResource(R.drawable.animation);                           ❸
        AnimationDrawable anim = (AnimationDrawable) imageView.getBackground();          ❹
        anim.start();                                                                    ❹
    }
}
```

애니메이션 목록 파일은 드로어블 애니메이션에서 이미지를 순서대로 표시하는 XML 파일로, 형식은 다음과 같습니다.

```
<?xml version="1.0" encoding="utf-8"?>
<animation-list xmlns:android="http://schemas.android.com/apk/res/android"
android:oneshot=["true" | "false"] >
    <item android:drawable="@[package:]drawable/drawable_resource_name"
android:duration="integer"/>
</animation-list>
```

<animation-list>는 필수적인 루트 요소입니다. 이 요소는 하나 이상의 <item> 요소를 포함합니다. <item> 요소는 단일 프레임의 애니메이션을 설정하며, <animation-list> 요소의 자식 요소로 존재해야 합니다.

표 12-18 <animation-list> 요소와 <item> 요소

요소	속성	설명
<animation-list>	oneshot	애니메이션을 한 번 수행하려면 true, 반복하려면 false로 설정합니다.
<item>	drawable	drawable 폴더에 있는 프레임에 사용할 이미지입니다.
	duration	프레임을 표시하는 기간(밀리 초)입니다.

실습 예제 12-3 뷰 애니메이션 만들기

| 구현 내용 |

회전, 이동, 확대, 축소, 왜곡 등의 버튼을 만들고, 각 버튼을 클릭하면 이미지를 불러와 해당 애니메이션 효과를 적용해 출력합니다.

| 구현 방법 |

❶ Empty Activity 템플릿으로 프로젝트를 생성합니다. 프로젝트명은 'ViewAnimation Project', 패키지명은 'com.androidbook.viewanimationproject'로 입력합니다. 나머지 설정값은 기존과 같습니다.

❷ res\drawable 폴더에 이미지를 추가합니다.

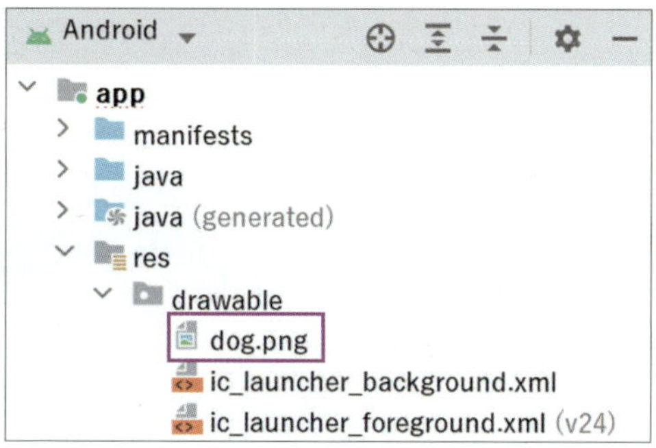

❸ activity_main.xml 파일을 열고 다음과 같이 작성합니다.

res\layout\activity_main.xml

```
<?xml version="1.0" encoding="utf-8"?>
<LinearLayout ...>

    <TextView
        android:layout_width="wrap_content"
        android:layout_height="wrap_content"
        android:layout_gravity="center_horizontal"
        android:layout_marginBottom="20dp"
        android:text="애니메이션 효과주기"
        android:textColor="#009688"
        android:textSize="24sp"
        android:textStyle="bold" />
    <LinearLayout
        android:layout_width="match_parent"
        android:layout_height="wrap_content"
        android:orientation="horizontal">
```

```
    <Button // ZOOM 버튼
        android:id="@+id/button1"
        android:layout_width="wrap_content"
        android:layout_height="wrap_content"
        android:layout_weight="1"
        android:backgroundTint="#2196F3"
        android:text="Zoom" />
    <Button // ROTATE 버튼
        android:id="@+id/button2"
        android:layout_width="wrap_content"
        android:layout_height="wrap_content"
        android:layout_weight="1"
        android:backgroundTint="#2196F3"
        android:text="rotate" />
    <Button // FADE 버튼
        android:id="@+id/button3"
        android:layout_width="wrap_content"
        android:layout_height="wrap_content"
        android:layout_weight="1"
        android:backgroundTint="#2196F3"
        android:text="fade" />
</LinearLayout>
<LinearLayout
    android:layout_width="match_parent"
    android:layout_height="wrap_content"
    android:orientation="horizontal">
    <Button // BLINK 버튼
        android:id="@+id/button4"
        android:layout_width="wrap_content"
        android:layout_height="wrap_content"
        android:layout_weight="1"
        android:backgroundTint="#2196F3"
        android:text="blink" />
    <Button // MOVE 버튼
        android:id="@+id/button5"
        android:layout_width="wrap_content"
        android:layout_height="wrap_content"
        android:layout_weight="1"
        android:backgroundTint="#2196F3"
        android:text="move" />
    <Button // SLIDE 버튼
        android:id="@+id/button6"
        android:layout_width="wrap_content"
```

```
            android:layout_height="wrap_content"
            android:layout_weight="1"
            android:backgroundTint="#2196F3"
            android:text="slide" />
    </LinearLayout>
    <LinearLayout
        android:layout_width="match_parent"
        android:layout_height="match_parent"
        android:layout_weight="1"
        android:orientation="horizontal">
        <ImageView
            android:id="@+id/imageView"
            android:layout_width="wrap_content"
            android:layout_height="wrap_content"
            android:layout_weight="1"
            app:srcCompat="@drawable/dog" />
    </LinearLayout>
</LinearLayout>
```

❹ res 폴더에 anim 폴더를 생성하고 각 애니메이션의 XML 파일을 만들어 다음과 같이 작성합니다.

res\anim\Zoom.xml

```
<?xml version="1.0" encoding="utf-8"?>
<set xmlns:android="http://schemas.android.com/apk/res/android">
    <scale xmlns:android="http://schemas.android.com/apk/res/android"
        android:fromXScale="0.5"
        android:toXScale="3.0"
        android:fromYScale="0.5"
        android:toYScale="3.0"
        android:duration="6000"
        android:pivotX="50%"
        android:pivotY="50%" >
    </scale>
    <scale xmlns:android="http://schemas.android.com/apk/res/android"
        android:startOffset="6000"
        android:fromXScale="3.0"
        android:toXScale="0.5"
        android:fromYScale="3.0"
        android:toYScale="0.5"
        android:duration="6000"
```

```
        android:pivotX="50%"
        android:pivotY="50%" >
    </scale>
</set>
```

res\anim\Rotate.xml

```
<?xml version="1.0" encoding="utf-8"?>
<set xmlns:android="http://schemas.android.com/apk/res/android">
    <rotate xmlns:android="http://schemas.android.com/apk/res/android"
        android:fromDegrees="0"
        android:toDegrees="360"
        android:pivotX="50%"
        android:pivotY="50%"
        android:duration="2000" >
    </rotate>
    <rotate xmlns:android="http://schemas.android.com/apk/res/android"
        android:startOffset="5000"
        android:fromDegrees="360"
        android:toDegrees="0"
        android:pivotX="50%"
        android:pivotY="50%"
        android:duration="2000" >
    </rotate>
</set>
```

res\anim\fade.xml

```
<?xml version="1.0" encoding="utf-8"?>
<set xmlns:android="http://schemas.android.com/apk/res/android">
    <rotate xmlns:android="http://schemas.android.com/apk/res/android"
        android:fromDegrees="0"
        android:toDegrees="360"
        android:pivotX="50%"
        android:pivotY="50%"
        android:duration="2000" >
    </rotate>
    <rotate xmlns:android="http://schemas.android.com/apk/res/android"
        android:startOffset="5000"
        android:fromDegrees="360"
        android:toDegrees="0"
        android:pivotX="50%"
```

```
        android:pivotY="50%"
        android:duration="2000" >
    </rotate>
</set>
```

res\anim\blink.xml

```
<?xml version="1.0" encoding="utf-8"?>
<set xmlns:android="http://schemas.android.com/apk/res/android">
    <alpha android:fromAlpha="0.0"
        android:toAlpha="1.0"
        android:interpolator="@android:anim/accelerate_interpolator"
        android:duration="600"
        android:repeatMode="reverse"
        android:repeatCount="infinite"/>
</set>
```

res\anim\Move.xml

```
<?xml version="1.0" encoding="utf-8"?>
<set
    xmlns:android="http://schemas.android.com/apk/res/android"
    android:interpolator="@android:anim/linear_interpolator"
    android:fillAfter="true">
    <translate
        android:fromXDelta="0%p"
        android:toXDelta="75%p"
        android:duration="2000" />
</set>
```

res\anim\slide.xml

```
<?xml version="1.0" encoding="utf-8"?>
<set xmlns:android="http://schemas.android.com/apk/res/android"
    android:fillAfter="true" >
    <scale
        android:duration="800"
        android:fromXScale="1.0"
        android:fromYScale="1.0"
        android:interpolator="@android:anim/linear_interpolator"
        android:toXScale="1.0"
        android:toYScale="0.0" />
</set>
```

❺ MainActivity.java 파일을 다음과 같이 작성합니다.

java\com\androidbook\viewanimationproject\MainActivity.java

```
package com.androidbook.viewanimationproject;
...
public class MainActivity extends AppCompatActivity {
    ImageView image;
    @Override
    protected void onCreate(Bundle savedInstanceState) {
        super.onCreate(savedInstanceState);
        setContentView(R.layout.activity_main);
        Button zoomBtn = findViewById(R.id.button1);
        Button rotateBtn = findViewById(R.id.button2);
        Button fadeBtn = findViewById(R.id.button3);
        Button blinkBtn = findViewById(R.id.button4);
        Button moveBtn = findViewById(R.id.button5);
        Button slideBtn = findViewById(R.id.button6);
        image = findViewById(R.id.imageView);
        zoomBtn.setOnClickListener(new View.OnClickListener() { // Zoom 버튼 클릭 이벤트 리스너
            @Override
            public void onClick(View view) {
                Animation animation = AnimationUtils.loadAnimation(getApplicationContext
(),R.anim.zoom);
                image.startAnimation(animation);
            }
        });
        rotateBtn.setOnClickListener(new View.OnClickListener() { // Rotate 버튼 클릭 이벤트 리스너
            @Override
            public void onClick(View view) {
                setAnimation(R.anim.rotate);
            }
        });
        fadeBtn.setOnClickListener(new View.OnClickListener() { // Fade 버튼 클릭 이벤트 리스너
            @Override
            public void onClick(View view) {
                setAnimation(R.anim.fade);
            }
        });
        blinkBtn.setOnClickListener(new View.OnClickListener() { // Blink 버튼 클릭 이벤트 리스너
            @Override
            public void onClick(View view) {
                setAnimation(R.anim.blink);
```

```
                }
            });
            moveBtn.setOnClickListener(new View.OnClickListener() { // Move 버튼 클릭 이벤트 리스너
                @Override
                public void onClick(View view) {
                    setAnimation(R.anim.move);
                }
            });
            slideBtn.setOnClickListener(new View.OnClickListener() { // Slide 버튼 클릭 이벤트 리스너
                @Override
                public void onClick(View view) {
                    setAnimation(R.anim.slide);
                }
            });
        }
        void setAnimation(int id){
            Animation animation = AnimationUtils.loadAnimation(getApplicationContext(),id);
            image.startAnimation(animation);
        }
    }
```

❻ 프로젝트를 실행해 결과를 확인합니다.

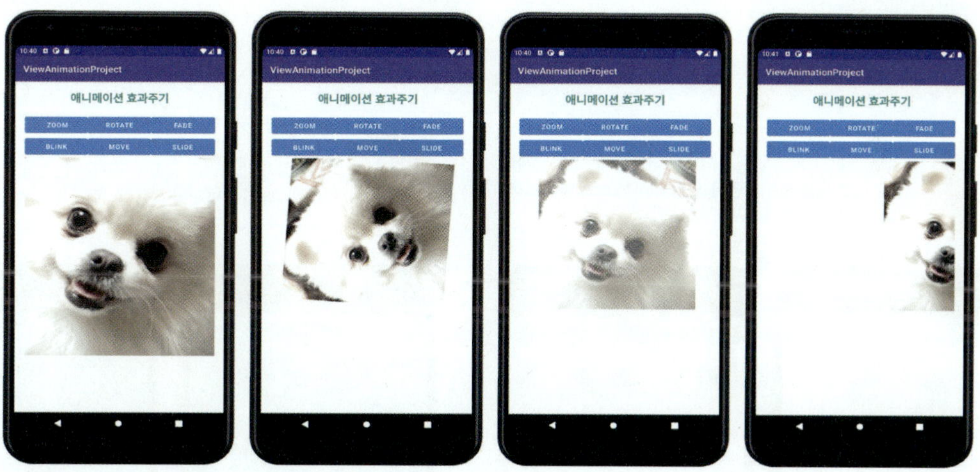

PROJECT 12

[도서 쇼핑몰] 마이 페이지의 낙서장 만들기

도서 쇼핑몰의 마이 페이지에 낙서장을 만들고, 스플래시 화면의 로고에 애니메이션 효과를 적용해 꾸며 봅니다.

길벗 홈페이지 자료실에서 제공하는 PDF의 108쪽을 참고하세요!

- 1장 프로젝트 생성하기
- ▼ 3장 시작 화면 만들기
- ▼ 4장 도서 목록 화면 만들기
- ▼ 5장 도서 상품 이벤트 처리하기
- ▼ 6장 도서 상품 상세 정보 표시하기
- ▼ 8장 장바구니 등록 대화상자 만들기
- ▼ 9장 • 장바구니 만들기 • 주문 처리하기

- 11장 동영상 강좌 화면 만들기

- 10장 마이 페이지 화면 만들기
- ▼ 10장 • 메모장 만들기 • 메모장에서 검색어 찾기
- ▼ 11장 카메라로 프로필 설정하기
- ▼ **12장 낙서장 만들기**

- 13장 고객센터 화면 만들기
- ▼ 13장 도서 마켓 위치 안내 표시하기
- ▼ 14장 고객문의 게시판 만들기

- 6장 스플래시 화면 만들기
- ▼ **12장 스플래시 화면 꾸미기**

- 7장 • 메뉴 만들기 • 액션 바 바꾸기 • 내비게이션 바 만들기
- ▼ 8장 로그인 대화상자 만들기
- ▼ 14장 • 회원가입 메뉴 만들기 • 로그인과 로그아웃 기능 만들기

낙서장 만들기 결과 화면 마이 페이지 화면에서 〈낙서장〉 버튼을 누르면 낙서장 화면으로 이동하여 화면에 도형이나 텍스트 등의 그래픽을 그릴 수 있도록 구현합니다.

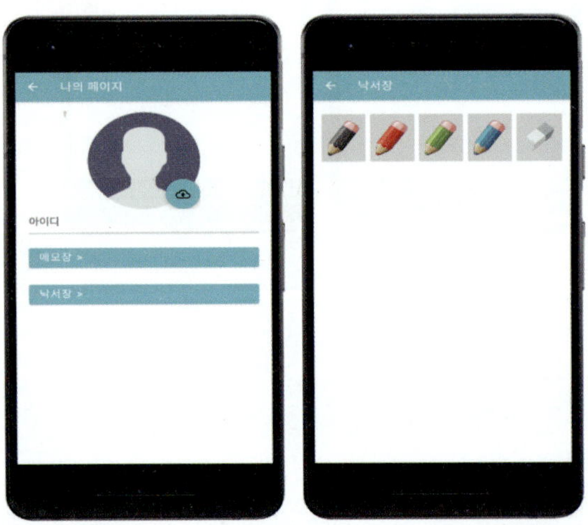

스플래시 화면의 애니메이션 꾸미기 결과 화면 스플래시 화면에 로고 이미지가 연속적으로 출력되도록 애니메이션 효과를 적용합니다.

13 장

위치 기반 구글 지도 사용하기

학습목표

- 구글 지도에 대해 이해한다.
- 구글 지도를 만드는 과정에 대해 익힌다.
- 구글 지도의 위치 데이터 사용에 대해 이해한다.
- 구글 지도 유형을 이해하고 변경에 대해 익힌다.

ANDROID

13.1 구글 지도 개발 환경 설정하기

안드로이드에서는 구글 지도를 사용하기 위해 안드로이드용 구글 지도 API(Google Maps API)를 제공합니다. 이 API를 사용하면 앱에서 구글 지도에 위치를 표시하거나 경로를 표시하고, 지도에서 방향을 탐색하거나 위치를 검색할 수 있습니다. 또한 사용자의 요구사항에 따라 구글 지도를 사용자 정의할 수도 있습니다.

구글 지도 API는 구글 플레이 서비스(Google Play Services) SDK의 일부입니다. 그러므로 안드로이드 앱에서 구글 지도를 사용하기 위해서는 구글 플레이 서비스 SDK를 설치해야 합니다. 또한, 앱을 구글 개발자 콘솔(Google Play Console)에 등록한 후 구글 지도 API 키를 활성화해야 합니다.

다음은 안드로이드 앱에 구글 지도를 사용하는 데 필요한 기본 개발 환경으로, 하나씩 살펴보겠습니다.

표 13-1 구글 지도 사용을 위한 기본 개발 환경

개발 환경	내용
구글 플레이 서비스 SDK 설치하기	안드로이드 스튜디오에 설치합니다.
구글 지도 API 키 생성하기	구글 클라우드 콘솔에서 API 키를 생성하고 안드로이드 앱 프로젝트에 설정합니다.
구글 플레이 서비스 라이브러리 추가하기	안드로이드 앱 프로젝트에 라이브러리를 추가합니다.

NOTE 구글 지도 API는 안드로이드 OS에서 실행되어 지도 기능을 제공하는데, 이를 위해 구글 플레이 서비스 SDK의 백그라운드 서비스와 상호작용합니다. 일반적으로 안드로이드 기기에는 구글 플레이 서비스 SDK가 함께 제공되며, 구글에서 SDK를 변경하면 구글 플레이를 통해 자동으로 업데이트됩니다. 따라서 앱에서는 사용자 기기가 해당 기능을 지원하는지를 고려하지 않고도 최신 지도 API를 사용할 수 있습니다.

구글 플레이 서비스 SDK 설치

안드로이드 앱에서 구글 지도를 사용하려면 구글 플레이 서비스 SDK가 필요합니다. 이를 위해 먼저 안드로이드 스튜디오에 구글 플레이 서비스 SDK가 설치되어 있는지 확인해야 합니다.

❶ 안드로이드 스튜디오에서 [Tools]–[SDK Manager] 메뉴를 선택합니다.

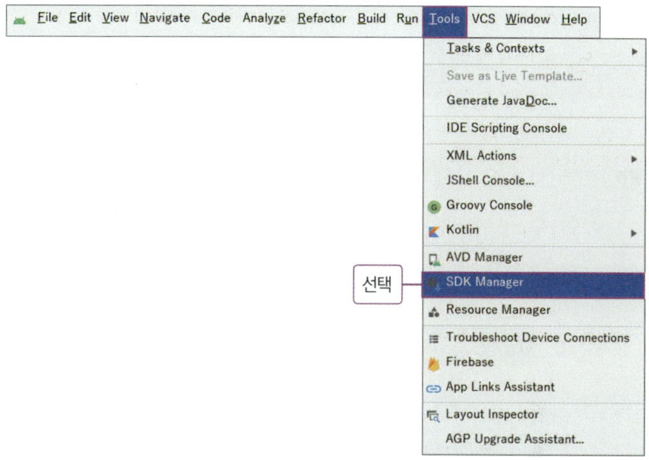

❷ SDK Manager 창이 열리면 왼쪽에서 ❶ 'Android SDK' 항목을 선택합니다. 오른쪽에 Android SDK 화면이 보이면 가운데 ❷ 〔SDK Tools〕 탭을 선택합니다. ❸ 하단 목록에서 Google Play services가 설치된 상태인지 확인합니다. 설치되지 않았으면 'Google Play services'를 선택하고 ❹ 〈OK〉 버튼을 클릭합니다.

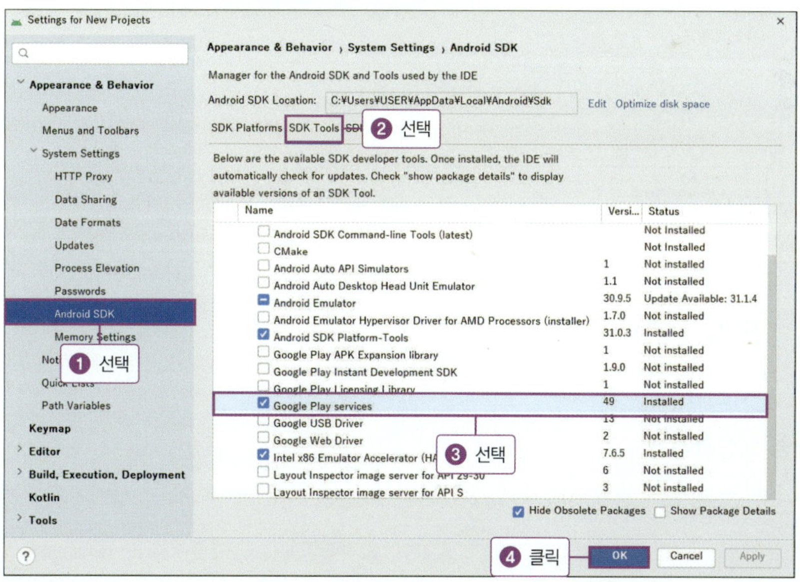

구글 지도 API 키

SDK 설치가 완료되면 안드로이드 앱에서 구글 지도를 사용할 수 있도록 구글 지도 API 키를 프로젝트에 등록해야 합니다. 구글 지도 API 키는 구글 클라우드 콘솔(Google Cloud Console)에서 프로젝트를 생성하여 생성합니다.

구글 클라우드 프로젝트 만들기

구글 지도 API 키를 생성하려면 관리할 프로젝트가 있어야 합니다.

❶ 크롬 브라우저에서 구글 클라우드 콘솔(https://console.cloud.google.com) 페이지로 이동한 후 구글 계정으로 로그인합니다. 추가로 결제 정보를 입력해야 할 수도 있습니다.

❷ 구글 클라우드 콘솔 페이지에서 '프로젝트 만들기'를 클릭합니다.

❸ ① 프로젝트 이름에 원하는 프로젝트명을 입력합니다. 여기서는 'Google Maps API Project'를 입력했습니다. ② 〈만들기〉 버튼을 클릭해 프로젝트를 생성합니다.

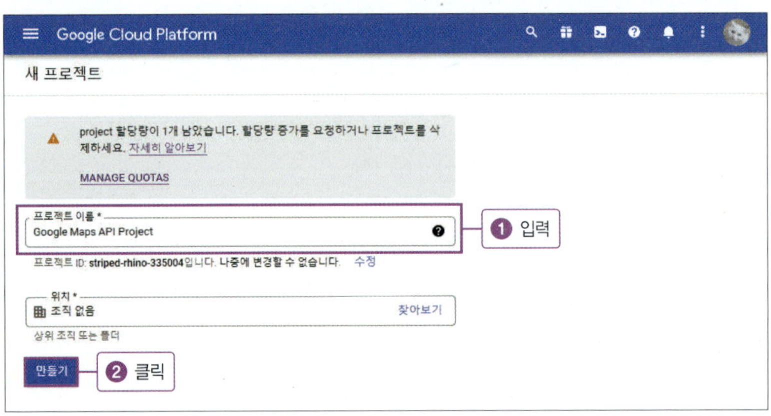

API 사용 설정하기

다음으로 프로젝트에 사용할 API를 설정합니다.

❶ 프로젝트를 생성하면 프로젝트의 전체 대시보드가 나타납니다. 이 중에서 가운데 'API 개요로 이동'을 클릭합니다. 또는 왼쪽 상단의 탐색 메뉴에서 [API 및 서비스]-[대시보드] 메뉴를 선택해도 됩니다.

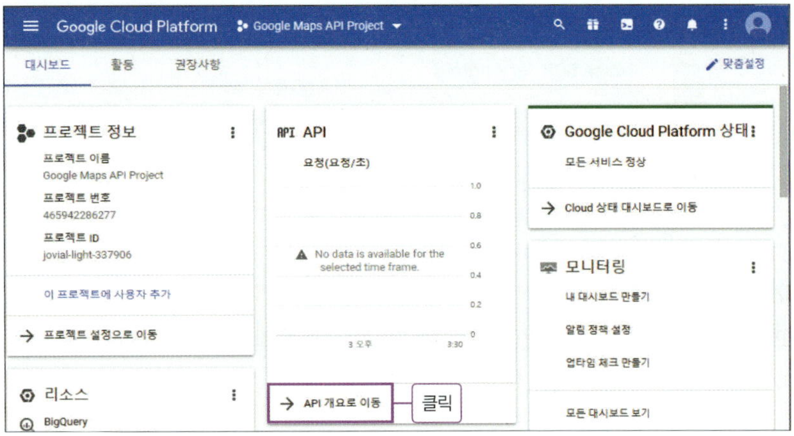

❷ API 및 서비스 페이지에서 'API 및 서비스 사용 설정'을 클릭합니다. 이때 상단에 생성한 프로젝트명이 선택되어 있어야 합니다.

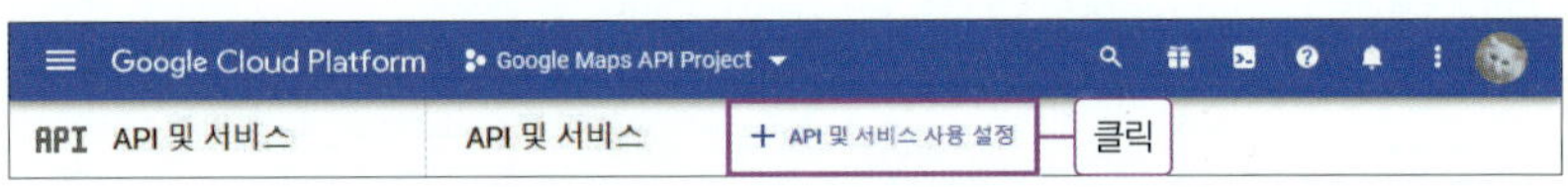

❸ API 라이브러리 페이지에서 'Maps SDK for Android'를 클릭합니다.

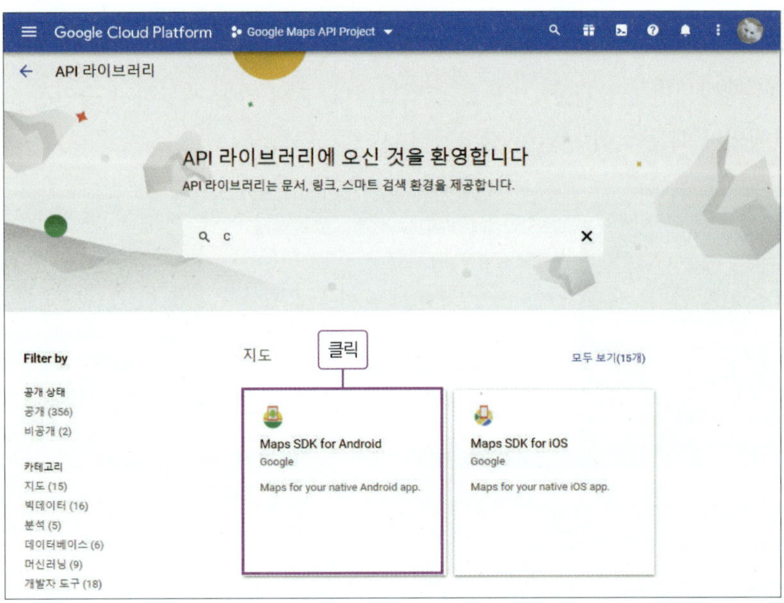

❹ Maps SDK for Android 페이지에서 〈사용〉 버튼을 클릭해 API를 사용할 수 있도록 활성화합니다.

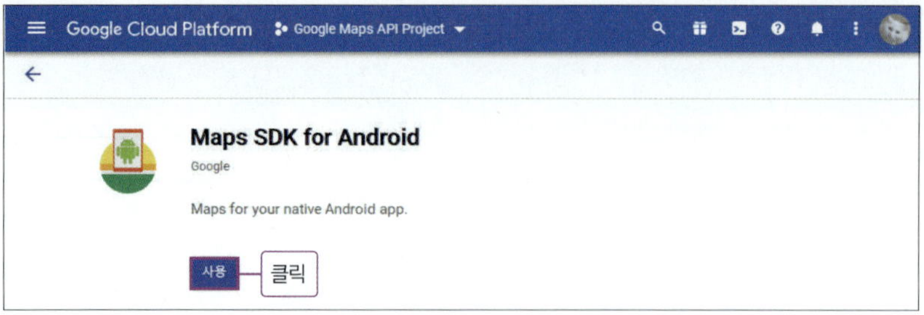

● API 키 생성하고 제한하기

API 키는 프로젝트와 관련된 요청을 인증하는 고유 식별자입니다. API 키를 생성해 봅니다.

❶ 다시 API 라이브러리 페이지에서 ❶ 왼쪽 메뉴의 '사용자 인증 정보'를 클릭합니다. 또는 [탐색]–[API 및 서비스]–[사용자 인증 정보]를 선택합니다. ❷ 사용자 인증 정보 페이지 상단의 '사용자 인증 정보 만들기'를 클릭한 다음 ❸ 'API 키'를 클릭합니다.

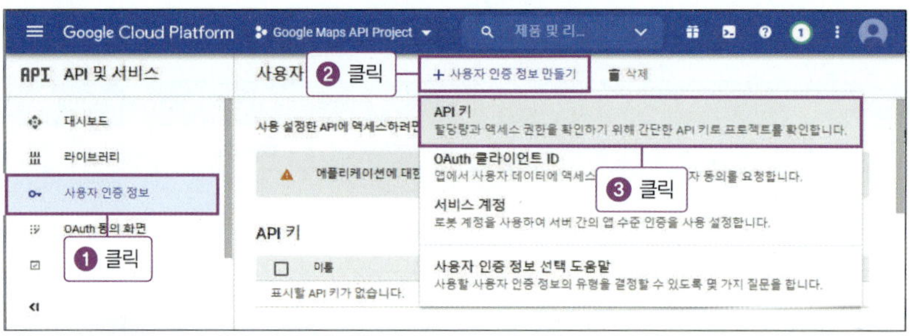

❷ API 키가 생성되면 〈키 제한〉 버튼을 클릭합니다. API 키를 제한하면 승인된 요청만 API 키로 실행되기 때문에 앱 보안이 강화됩니다.

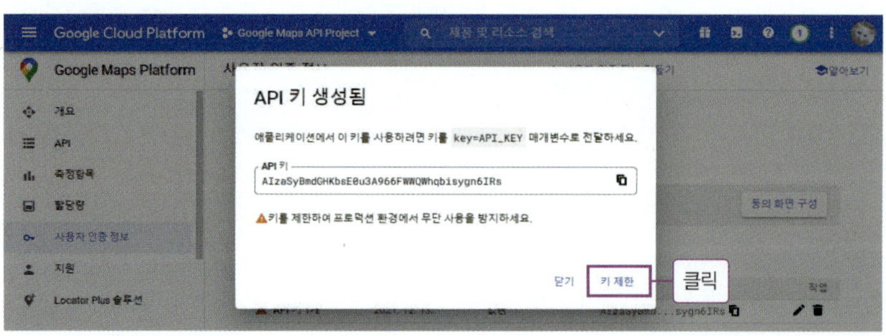

❸ API 키 제한 및 이름 변경 페이지의 ❶ 애플리케이션 제한사항 항목에서 'Android 앱'을 선택합니다. 하단에 Android 앱의 사용량 제한 항목이 나타나면 ❷ 〈항목 추가〉 버튼을 클릭합니다.

❹ Android 앱의 사용량 제한에 새 항목이 열리면 ❶ 패키지 이름과 SHA-1 인증서 디지털 지문을 입력하고 ❷ 〈완료〉 버튼을 클릭합니다. 이때 패키지 이름에는 안드로이드 스튜디오에서 생성한 앱 프로젝트의 패키지명을 입력합니다. SHA-1 인증서 디지털 지문은 오른쪽의 SHA-1 인증서 디지털 지문을 가져오는 명령어로 생성합니다. 구글 지도를 사용하는 다른 안드로이드 프로젝트를 만든다면 하단의 〈항목 추가〉 버튼을 클릭해 새로운 프로젝트의 패키지 이름과 SHA-1 인증서 디지털 지문을 지정합니다.

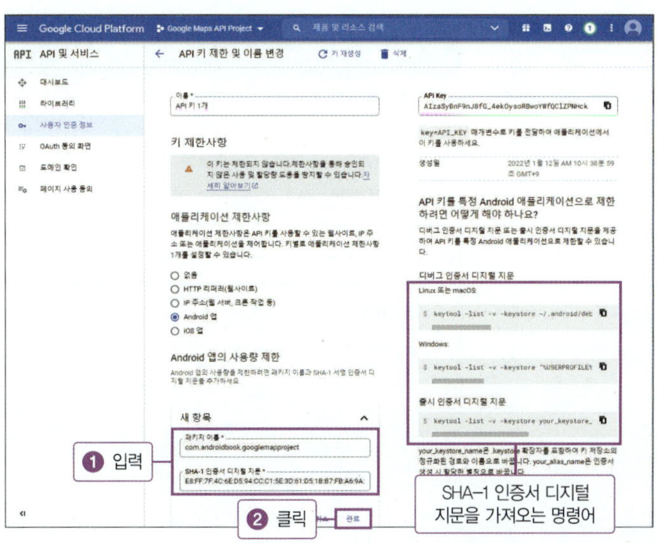

NOTE

SHA-1 인증서 디지털 지문을 가져오는 방법

애플리케이션 제한사항 항목에서 'Android 앱'을 선택하면 화면 오른쪽에 디버그 인증서 디지털 지문 명령어가 나타납니다. 이 중에서 운영체제에 맞는 명령어를 골라 입력하면 됩니다. 윈도우라면 화면 아래 윈도우 검색창(또는 Win+R을 눌러 나오는 창)에 'cmd'를 입력합니다. 명령 프롬프트 창이 열리면 다음의 명령을 입력합니다. 키 저장소 비밀번호 입력이 나타나면 'android'를 입력합니다.

```
> cd C:\Program Files\Android\Android Studio\jre\bin\
> keytool -list -v -keystore "%USERPROFILE%\.android\debug.keystore"
```

출력되는 내용에서 'SHA1' 옆 문자열을 복사하여 SHA-1 인증서 디지털 지문 부분에 넣으면 됩니다.

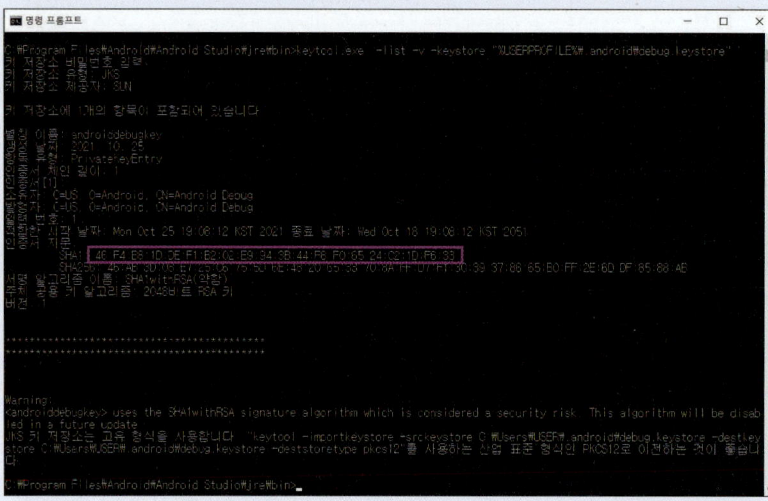

❺ Android 앱의 사용량 제한에 항목을 추가한 후 하단의 API 제한사항 항목에서 '키 제한'을 선택합니다.

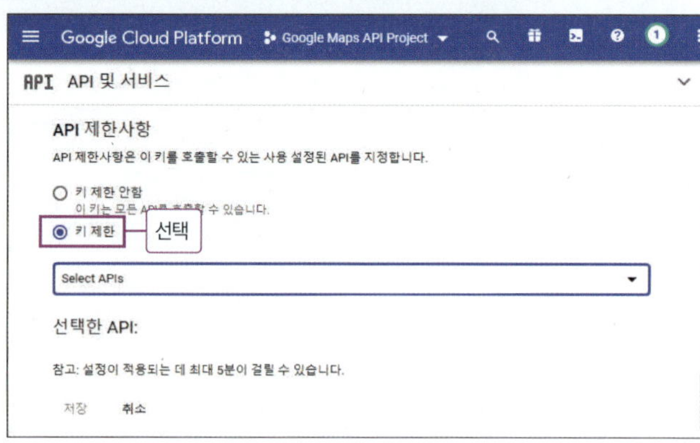

❻ API 선택 메뉴(Select APIs)에서 ❶ 'Maps SDK for Android'를 체크 표시하고 ❷ 〈확인〉 버튼을 클릭합니다.

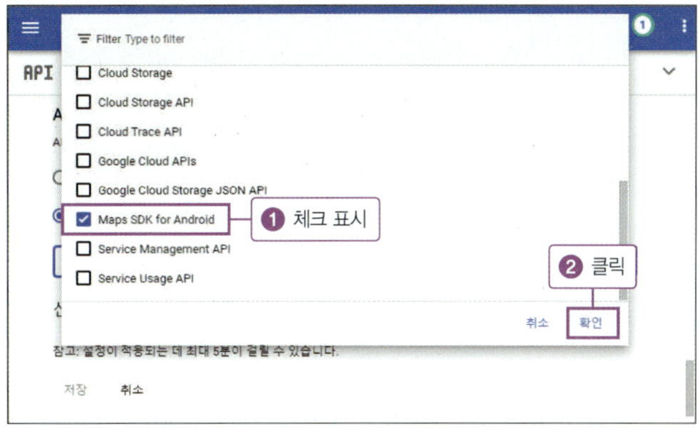

❼ 선택한 API 항목에 Maps SDK For Android가 표시되면 〈저장〉 버튼을 클릭합니다.

● 앱에 API 키 추가하기

❶ 애플리케이션 제한사항에서 'Android 앱'을 선택하면 위쪽 또는 오른쪽에 나타나는 API 키를 복사합니다. API 키는 [탐색]–[API 및 서비스]–[사용자 인증 정보] 메뉴를 선택하여 확인할 수 있습니다.

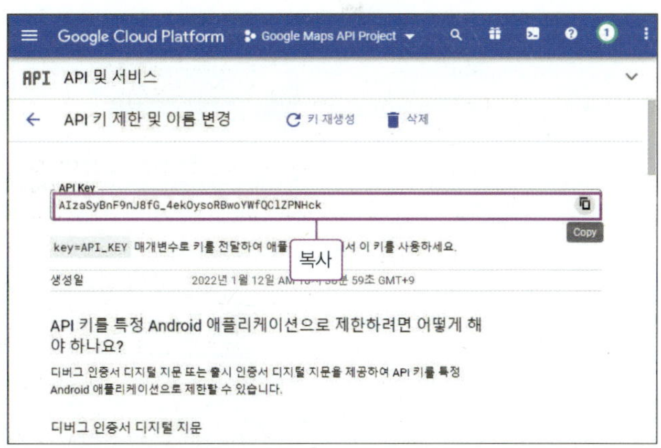

❷ 구글 지도를 사용할 앱 프로젝트의 'AndroidManifest.xml' 파일을 엽니다. 〈application〉 요소의 하위 요소로 〈meta-data〉 요소를 사용하여 name 속성값은 사용자 정의 이름으로 value 속성값은 복사한 API 키를 붙여 넣습니다.

```
<meta-data
    android:name="사용자 정의 이름"
    android:value="${MAPS_API_KEY}" />
```

구글 플레이 서비스 라이브러리 추가

안드로이드 앱에 Google Play Service APISDK를 사용하려면 구글 플레이 서비스 라이브러리가 필요합니다. 개발 환경 설정 마지막 단계로 프로젝트에 구글 플레이 서비스 라이브러리를 추가해 보겠습니다.

❶ 안드로이드 스튜디오에서 [File]–[Project Structure] 메뉴를 선택합니다.

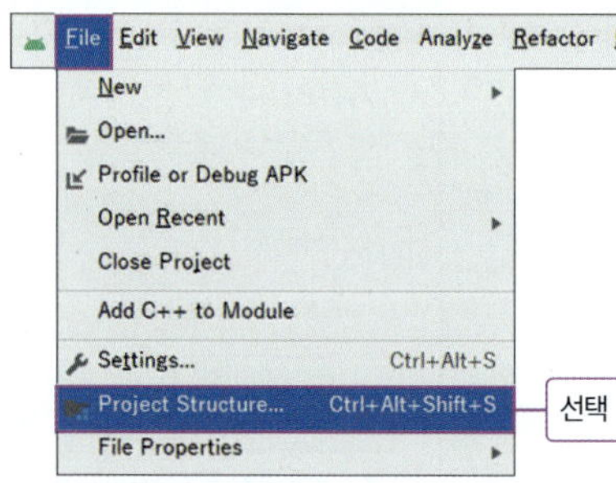

❷ Project Stucture 화면 왼쪽 항목에서 ❶ 'Dependencies'를 선택합니다. All Dependencies 창이 열리면 오른쪽 상단의 ❷ '+' 아이콘을 클릭하고 ❸ [Library Dependency] 메뉴를 선택합니다.

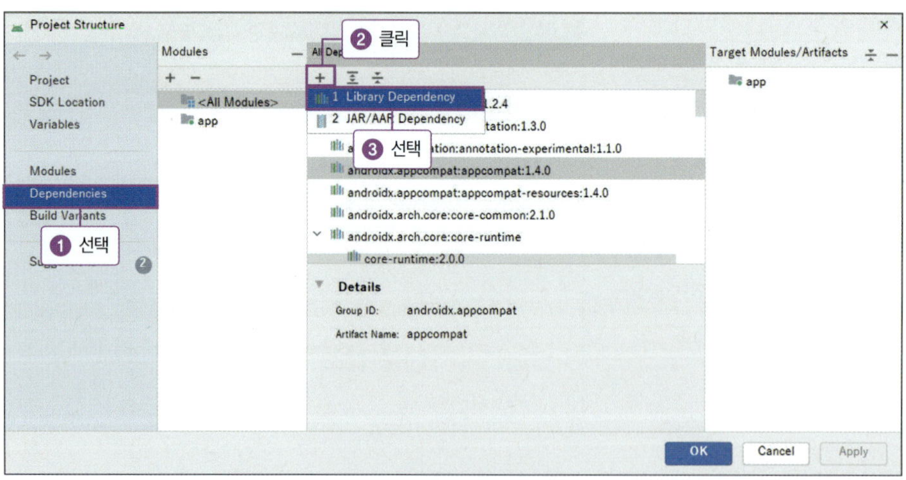

❸ Add Library Dependency 창이 열리면 ❶ 'com.google.android.gms'를 입력하고 ❷ 〈Search〉 버튼을 클릭하여 검색합니다. 검색 결과로 나온 ❸ 'com.google.android.gms'를 선택하고 ❹ 〈OK〉 버튼을 클릭합니다.

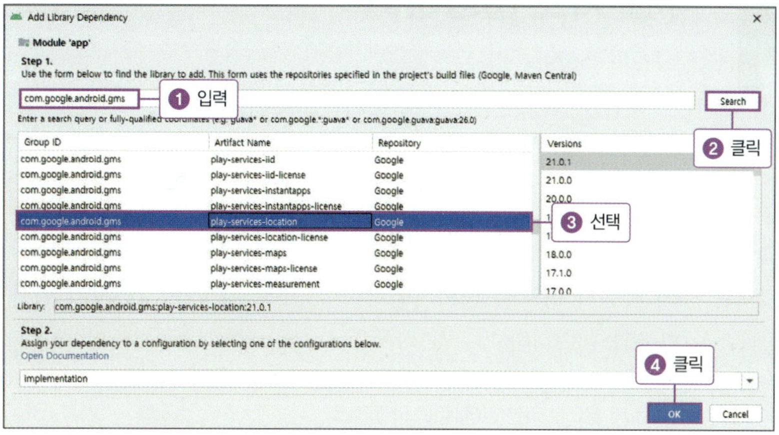

❹ 라이브러리 목록 중 ❶ 'com.google.android.gms:play-services:12.0.1'을 선택한 상태로 〈Apply〉 버튼을 클릭한 후 적용되면 ❷ 〈OK〉 버튼을 클릭합니다.

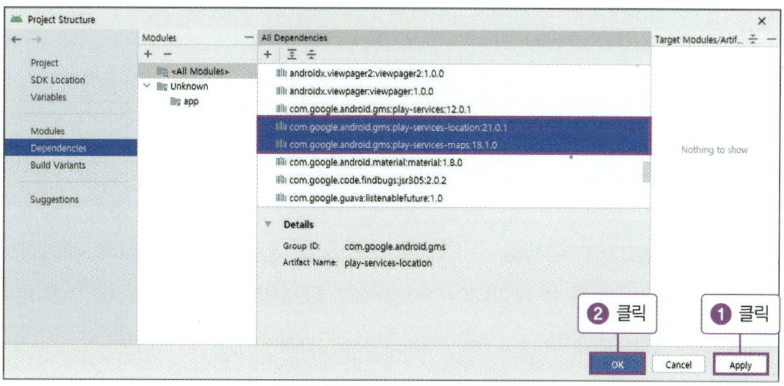

❺ 안드로이드 프로젝트의 gradle 파일(프로젝트명\app\build.gradle 파일)을 열면 다음과 같이 라이브러리가 추가된 것을 확인할 수 있습니다. 구글 맵 서비스 라이브러리를 직접 입력할 수도 있습니다.

```
dependencies {
    ...
    implementation 'com.google.android.gms:play-services-maps:18.1.0'
    implementation 'com.google.android.gms:play-services-location:21.0.1'
}
```

ANDROID

13.2 구글 지도 설정하기

구글 지도 API는 앱에서 지도의 수명 주기와 기능, 데이터를 관리하는 데 사용할 수 있는 다양한 클래스를 제공합니다. 이러한 클래스는 지도의 초기 상태를 설정하고 런타임 때 사용자 입력에 응답하는 등의 사용자 상호작용을 지원합니다. 구글 지도를 처리하기 위한 기본 인터페이스와 클래스는 다음과 같습니다.

표 13–2 구글 지도를 사용하는 데 필요한 기본 인터페이스와 클래스

인터페이스/클래스	설명
GoogleMap	기본 지도 기능과 데이터를 관리하는 기본 클래스입니다. 앱은 SupportMapFragment 또는 MapView 객체에서 검색된 후에만 GoogleMap 객체에 접근할 수 있습니다.
SupportMapFragment	GoogleMap 객체의 수명 주기를 관리하기 위한 프래그먼트입니다.
MapView	GoogleMap 객체의 수명 주기를 관리하는 뷰입니다.
OnMapReadyCallback	GoogleMap 객체에 대한 이벤트와 사용자 상호작용을 처리하는 콜백 인터페이스입니다.

앱에 구글 지도를 설정하려면 다음과 같은 작업이 필요합니다.

1. SupportMapFragment 객체를 추가합니다. 지도를 처리할 액티비티의 레이아웃 XML 파일에 fragment 요소를 추가합니다. fragment 요소의 id 속성은 map, name 속성은 com.google.android.gms.maps.SupportMapFragment로 설정합니다.
2. OnMapReadyCallback 인터페이스를 구현합니다.
3. 레이아웃 파일에 있는 프래그먼트의 리소스 아이디를 전달합니다. FragmentManager.findFragmentById() 메서드를 호출해 프래그먼트에 대한 리소스 아이디를 가져오고, getMapAsync() 메서드를 호출해 프래그먼트에 대한 콜백을 설정합니다.
4. onMapReady() 콜백 메서드의 GoogleMap 객체 메서드로 구글 지도를 표현합니다.

그림 13-1 앱에 구글 지도를 추가하는 과정

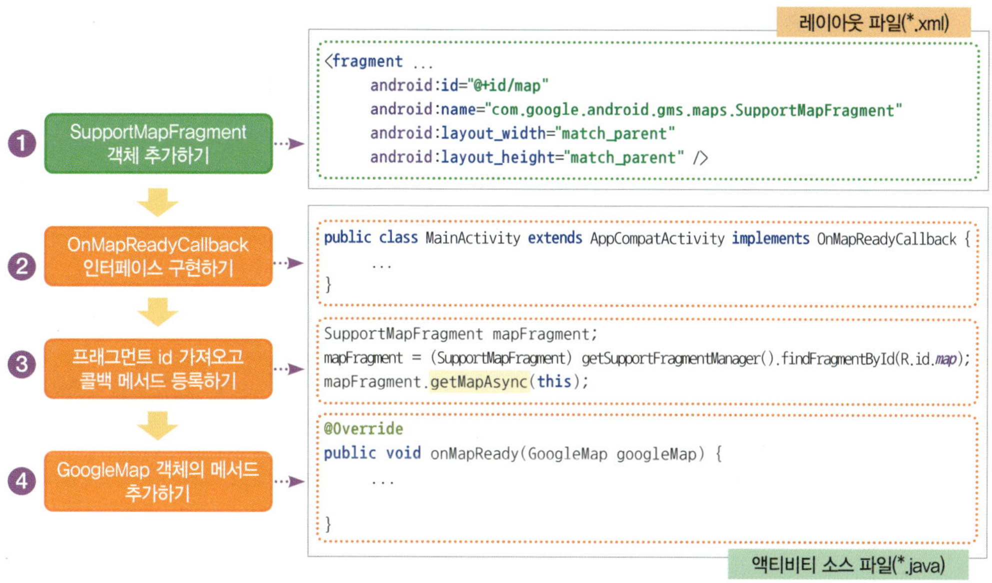

구글 지도 생성

구글 지도 API를 사용해 지도를 어떻게 표시하는지 살펴봅시다.

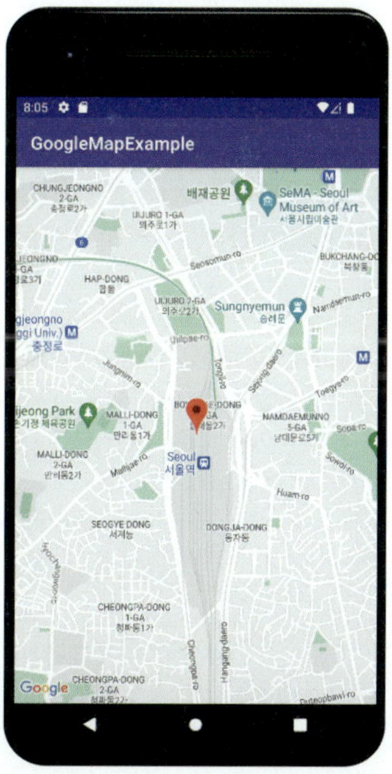

AndroidManifest.xml 파일에 접근 권한을 설정하고 구글 클라우드 콘솔에서 생성한 API 키를 프로젝트에 설정합니다.

```
<?xml version="1.0" encoding="utf-8"?>
<manifest ...>
    <uses-permission android:name="android.permission.ACCESS_FINE_LOCATION" /> // 권한 설정
    <application ...>
        <meta-data android:name="com.google.android.geo.API_KEY"
                android:value="AizaSyBmdG..."/> // API 키 설정
        ...
    </application>
</manifest>
```

activity_main.xml에 fragment를 추가합니다.

```
<?xml version="1.0" encoding="utf-8"?>
<LinearLayout ...>
  <fragment
    android:id="@+id/map"
    android:name="com.google.android.gms.maps.SupportMapFragment"    ❶
    android:layout_width="match_parent"
    android:layout_height="match_parent"
    />
</LinearLayout>
```

MainActivity.java 파일에 지도 객체를 작성합니다. 기본 마커가 서울역에 표시되고 지도에서 화면을 이동할 수도 있습니다.

```
public class MainActivity extends AppCompatActivity implements OnMapReadyCallback { ❷

    @Override
    protected void onCreate(Bundle savedInstanceState) {
        super.onCreate(savedInstanceState);
        setContentView(R.layout.activity_main);

        SupportMapFragment mapFragment = (SupportMapFragment)
getSupportFragmentManager().findFragmentById(R.id.map); ❸
        mapFragment.getMapAsync(this); ❸
    }
```

```
    @Override
    public void onMapReady(GoogleMap googleMap) {
        LatLng latLng = new LatLng(37.555744, 126.970431);

        MarkerOptions markerOptions = new MarkerOptions();
        markerOptions.position(latLng);
        googleMap.addMarker(markerOptions);

        googleMap.moveCamera(CameraUpdateFactory.newLatLngZoom(latLng,15));
    }
}
```

④

지도에 마커로 위치 표시

마커는 지도 상 위치를 아이콘으로 나타내는 역할을 합니다. 기본 마커는 구글 지도의 표준 아이콘을 사용합니다. 그러나 구글 지도 API를 사용하여 마커의 색상, 이미지, 앵커 포인트 등을 변경할 수 있습니다. 마커는 Marker 유형의 객체로, GoogleMap.addMarker MarkerOptions 객체 메서드를 사용하여 지도에 추가됩니다. 마커는 다음과 같은 속성을 가지고 있습니다.

표 13-3 마커의 속성

속성	설명
alpha	마커의 불투명도를 설정하며, 기본값은 1.0입니다.
anchor	마커의 LatLng(위도/경도) 위치에 배치되는 이미지를 나타내는 지점입니다. 기본으로 이미지 중앙 하단에 배치됩니다.
position	지도에서 마커 위치의 위도/경도 값입니다. Marker 객체의 유일한 필수 속성입니다.
title	사용자가 마커를 탭할 때 정보 창에 표시되는 문자열입니다.
snippet	제목 아래에 표시되는 추가 텍스트입니다.
icon	기본 마커 대신 표시되는 비트맵 이미지입니다.
drag status	사용자가 마커를 이동할 수 있도록 허용하려면 true로 설정합니다. 기본값은 false입니다.
vsibility	마커를 표시하지 않으려면 false로 설정합니다. 기본값은 true입니다.
flat or billboard	기본 마커는 화면 방향을 향하며, 카메라와 함께 회전하거나 기울어지지 않습니다. 반면 평면 마커는 지표면 방향을 향하며, 카메라와 함께 회전하고 기울어집니다. 두 마커 모두 확대/축소에 따라 크기가 변경되지 않습니다. 만약 크기 변경 효과를 원한다면 GroundOverlays를 사용해야 합니다.
rotation	마커의 방향은 시계 방향으로 각도를 지정하며, 만약 평면 마커라면 기본 위치가 변경됩니다. 평면 마커의 기본 위치는 북쪽으로 정렬됩니다. 평면 마커가 아닌 경우에는 기본 위치가 위쪽을 가리키며 마커는 항상 카메라를 향하도록 회전합니다.

TIP Maker에 관한 좀 더 자세한 내용은 https://developers.google.com/maps/documentation/android-sdk/marker 또는 https://developers.google.com/android/reference/com/google/android/gms/maps/model/Marker를 참고하세요.

다음은 서울역에 마커를 표시하는 예입니다. 기본 마커 대신 이미지 마커를 생성하고, 마커를 클릭하면 정보 창에 위도 경도 문자열도 표시합니다.

```
@Override
    public void onMapReady(GoogleMap googleMap) {
        LatLng latLng = new LatLng(37.555744, 126.970431);

        MarkerOptions markerOptions = new MarkerOptions();
        markerOptions.position(latLng);
        markerOptions.title("서울역");
        markerOptions.snippet("위도:37.555744 경도:126.970431");
        googleMap.addMarker(markerOptions);

        googleMap.moveCamera(CameraUpdateFactory.newLatLngZoom(latLng,15));

    }
}
```

지도 화면 이동

Google 지도 API를 사용하면 지도에 표시되는 위치를 변경할 수 있습니다. 지도를 이동하는 대신에 카메라 위치를 변경하는 것으로 가능합니다. 카메라 위치를 변경하기 위해서는 CameraUpdate 클래스를 사용하여 카메라가 이동할 위치를 지정해야 합니다. 이때 CameraUpdateFactory 클래스의 여러 메서드를 사용하여 다양한 유형의 CameraUpdate 객체를 만들 수 있습니다.

표 13-4 CameraUpdateFactory 클래스의 메서드 유형

구분	메서드	설명
확대/축소 수준 설정	zoomIn()	다른 모든 속성을 동일하게 유지하면서 확대/축소 수준을 1.0씩 변경하는 CameraUpdate 클래스를 제공합니다.
	zoomOut()	다른 모든 속성을 동일하게 유지하면서 확대/축소 수준을 특정 값으로 변경하는 CameraUpdate 클래스를 제공합니다.
	zoomBy(float) zoomBy(float, Point)	확대/축소 수준을 특정 값만큼 증가시키고 값이 음수면 반대로 감소시키는 CameraUpdate 클래스를 제공합니다. 두 번째 메서드는 화면의 특정 지점이 동일한 위치(위도/경도)에 유지되도록 고정하는데, 고정을 위해 카메라 위치를 변경할 수도 있습니다.
카메라 변경	newLatLng(LatLng)	다른 모든 속성은 유지하면서 카메라의 위도/경도를 변경하는 CameraUpdate 클래스를 제공합니다.
	newLatLngZoom(LatLng, float)	다른 모든 속성을 유지하면서 카메라의 위도/경도, 확대/축소를 변경하는 CameraUpdate 클래스를 제공합니다.
패닝 (스크롤링)	scrollBy(float, float)	지도가 특정 픽셀 수만큼 이동하도록 카메라의 위도와 경도를 변경하는 CameraUpdate 클래스를 제공합니다.

TIP 카메라 뷰에 관한 좀 더 자세한 내용은 https://developers.google.com/android/reference/com/google/android/gms/maps/GoogleMap.html를 참고하세요.

다음 예는 지도에 서울역을 기본 마커로 표시하고 CameraUpdateFactory.newLatLng Zoom() 메서드로 카메라 위치를 변경해 지도를 확대/축소할 수 있게 합니다.

```
@Override
    public void onMapReady(GoogleMap googleMap) {
        LatLng latLng = new LatLng(37.555744, 126.970431);

        MarkerOptions markerOptions = new MarkerOptions();
        markerOptions.position(latLng);
        markerOptions.title("서울역");
        markerOptions.snippet("위도:37.555744 경도:126.970431");
```

```
        googleMap.addMarker(markerOptions);

        googleMap.moveCamera(CameraUpdateFactory.newLatLngZoom(latLng,15));

    }
}
```

앞의 예제를 다음과 같이 setMinZoomPreference() 메서드를 호출하는 방식으로 작성해도 실행 결과는 같습니다.

```
@Override
    public void onMapReady(GoogleMap googleMap) {
        LatLng latLng = new LatLng(37.555744, 126.970431);

        MarkerOptions markerOptions = new MarkerOptions();
        markerOptions.position(latLng);
        markerOptions.title("서울역");
        markerOptions.snippet("위도:37.555744 경도:126.970431");
        googleMap.addMarker(markerOptions);

        googleMap.moveCamera(CameraUpdateFactory.newLatLng(latLng));
        googleMap.setMinZoomPreference(15f);

    }
}
```

확대 수준 : 5.0f

확대 수준 : 15.0f

확대 수준 : 20.0f

지도 컨트롤 UI 설정

구글 지도 API에서는 지도의 오른쪽 아래에 표시되는 확대/축소 컨트롤 UI를 제공합니다. 컨트롤은 기본으로 사용 중지 상태이지만, UiSettings.setZoomControlsEnabled() 메서드를 호출해 활성화할 수 있습니다.

```
googleMap.getUiSettings().setZoomGesturesEnabled(boolean)
```

다음과 같이 작성하면 지도 오른쪽 하단에 확대/축소 컨트롤 UI를 표시할 수 있습니다.

```
@Override
    public void onMapReady(GoogleMap googleMap) {
        LatLng latLng = new LatLng(37.555744, 126.970431);

        MarkerOptions markerOptions = new MarkerOptions();
        markerOptions.position(latLng);
        markerOptions.title("서울역");
        markerOptions.snippet("위도:37.555744 경도:126.970431");
        googleMap.addMarker(markerOptions);

        googleMap.moveCamera(CameraUpdateFactory.newLatLngZoom(latLng,15));
        googleMap.getUiSettings().setZoomControlsEnabled(true);

    }
}
```

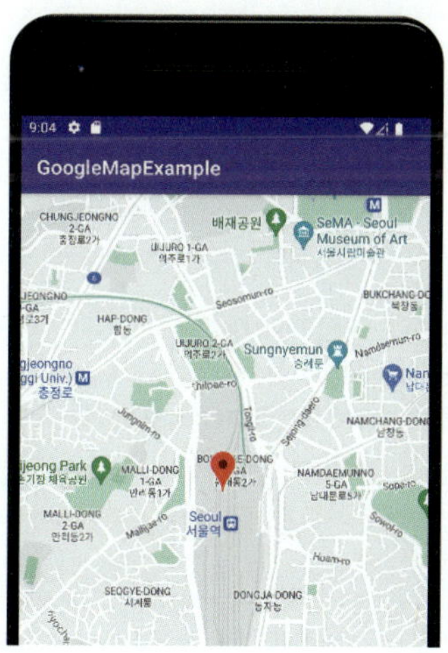

실습 예제 13-1 지도에 마커와 컨트롤 UI 표시하기

| 구현 내용 |

지도에 서울역을 기본 마커 대신 등록된 마커 이미지로 기본 표시하고 특정 위치를 클릭하면 등록된 마커 이미지를 표시합니다. 오른쪽 아래에 확대/축소 컨트롤도 표시합니다.

| 구현 방법 |

❶ Empty Activity 템플릿으로 프로젝트를 생성합니다. 프로젝트명은 'GoogleMapProject', 패키지명은 'com.androidbook.googlemapproject'로 입력합니다. 나머지 설정값은 기존과 같습니다.

❷ build.gradle 파일에 구글 플레이 서비스 라이브러리를 추가합니다.

Gradle Scripts\build.gradle

```
...
dependencies {
...
    implementation 'com.google.android.gms:play-services-location:21.0.1'
    implementation 'com.google.android.gms:play-services-maps:18.1.0'
}
```

❸ AndroidManifest.xml 파일에 접근 권한을 설정하고 API 키를 등록합니다.

manifests\AndroidManifest.xml

```
<?xml version="1.0" encoding="utf-8"?>
<manifest ...>
    <uses-permission android:name="android.permission.ACCESS_FINE_LOCATION"
        tools:ignore="CoarseFineLocation" />

    <application ...>
        ...
        <meta-data android:name="com.google.android.geo.API_KEY"
         android:value="키 실제값"/>
        <uses-library android:name="org.apache.http.legacy" android:required="false"/>
    </application>
</manifest>
```

❹ res\drawable 폴더에 마커 이미지를 추가합니다.

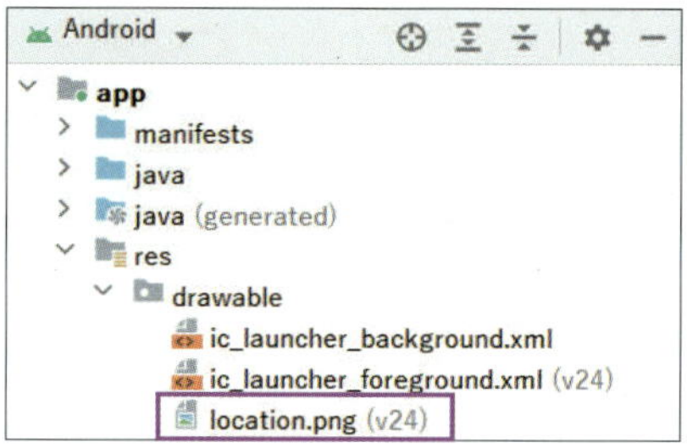

❺ activity_main.xml 파일을 열고 다음과 같이 fragment 요소를 추가합니다.

res\layout\activity_main.xml

```
<?xml version="1.0" encoding="utf-8"?>
<LinearLayout ...>

    <fragment
        android:id="@+id/map"
        android:name="com.google.android.gms.maps.SupportMapFragment"
        android:layout_width="match_parent"
        android:layout_height="match_parent" />

</LinearLayout>
```

❻ MainActivity.java 파일을 다음과 같이 작성합니다. 지도에 기본 마커를 표시하고 특정 위치를 클릭했을 때 마커가 표시되도록 설정합니다. 지도 컨트롤 UI도 활성화합니다.

java\com\androidbook\googlemapproject\MainActivity.java

```
package com.androidbook.googlemapproject;
...
public class MainActivity extends AppCompatActivity implements OnMapReadyCallback {

    @Override
    protected void onCreate(Bundle savedInstanceState) {
        super.onCreate(savedInstanceState);
        setContentView(R.layout.activity_main);

        SupportMapFragment mapFragment;
        mapFragment = (SupportMapFragment) getSupportFragmentManager().
findFragmentById(R.id.map);
        mapFragment.getMapAsync(this);
    }
```

```
    @Override
    public void onMapReady(GoogleMap googleMap) {
        LatLng latLng = new LatLng(37.555744, 126.970431);

        MarkerOptions markerOptions = new MarkerOptions();
        markerOptions.position(latLng);
        markerOptions.title("서울역");

markerOptions.icon(BitmapDescriptorFactory.fromResource(R.drawable.location));
        googleMap.addMarker(markerOptions);


googleMap.moveCamera(CameraUpdateFactory.newLatLngZoom(latLng,15f));
        googleMap.getUiSettings().setZoomControlsEnabled(true);

        googleMap.setOnMapClickListener(new GoogleMap.OnMapClickListener() {
            @Override
            public void onMapClick(@NonNull LatLng latLng) {
                markerOptions.position(latLng);

markerOptions.icon(BitmapDescriptorFactory.fromResource(R.drawable.location));
                googleMap.addMarker(markerOptions);

            }
        });
    }
}
```

❼ 프로젝트를 실행해 결과를 확인합니다.

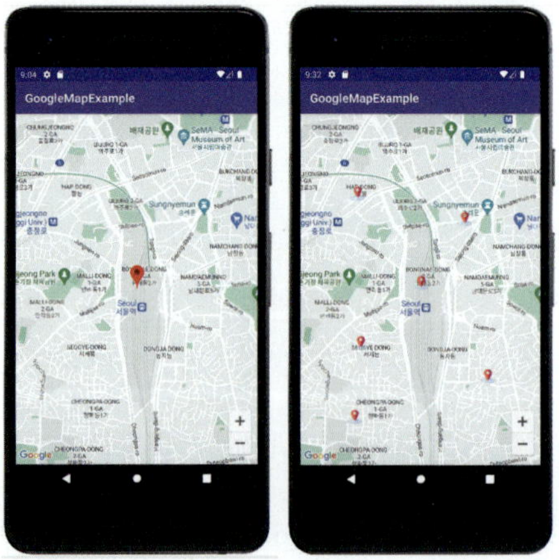

13.3 위치 데이터 사용하기

모바일 앱의 독특한 기능 중 하나는 위치 인식입니다. 이는 모바일 사용자들이 기기를 이용해서 이동하는 것을 고려하여, 앱이 사용자에게 맞춤형 경험을 제공하는 데 도움이 됩니다. 사용자 위치에 접근해야 하는 경우 앱에서 위치 정보에 접근하는 권한을 추가로 요청해야 합니다.

표 13-5 위치 정보 접근 권한

유형	설명
ACCESS_COARSE_LOCATION	WiFi 또는 모바일 데이터(또는 둘 다)를 바탕으로 기기의 위치를 파악할 수 있습니다. API는 도시 블록 하나 정도의 오차 수준으로 위치를 반환합니다.
ACCESS_FINE_LOCATION	위성 위치 확인 시스템(GPS), WiFi, 모바일 데이터 등의 이용 가능한 위치 데이터를 바탕으로 최대한 정확하게 위치를 파악할 수 있습니다.

GoogleMap.setMyLocationEnabled() 메서드를 호출하여 지도에 사용자의 현재 위치를 표시하는 것은 간단한 방법입니다. 이렇게 하면 지도 오른쪽 위에 내 위치 버튼이 표시됩니다. 사용자가 해당 버튼을 클릭하면 카메라가 기기의 현재 위치를 지도 중앙에 배치합니다.

```
void onMapReady(GoogleMap googleMap)
    ...
    googleMap.setMyLocationEnabled(true);
}
```

지도에 나타나는 내 위치 버튼과 내 위치 레이어에 대해 응답할 수 있는 이벤트는 다음과 같습니다.

표 13-6 이벤트 리스너 유형

유형	설명
OnMyLocationButtonClickListener	사용자가 내 위치 버튼을 클릭할 때입니다.
OnMyLocationClickListener	사용자가 내 위치의 파란색 점을 클릭할 때입니다.

지도에서 사용자의 현재 위치를 표시하는 방법은 지도 오른쪽 위에 위치한 내 위치 버튼을 터치하거나 지도 중앙에 표시된 파란색 점을 클릭하면 됩니다. 이를 통해 지도에 사용자의 현재 위치가 표시되며, 상세한 위치 정보를 확인할 수 있습니다.

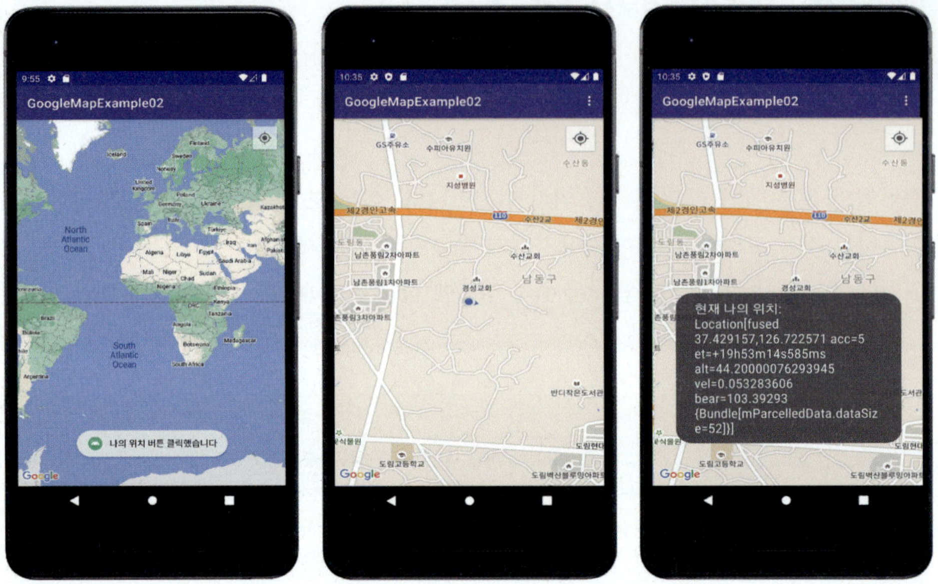

AndroidManifest.xml에 위치 접근 권한을 설정합니다.

```
<?xml version="1.0" encoding="utf-8"?>
<manifest ...>
    <uses-permission android:name="android.permission.ACCESS_COARSE_LOCATION"/>
    <uses-permission android:name="android.permission.ACCESS_FINE_LOCATION"/>
    <application ...>
   ...
</manifest>
```

MainActivity.javat에 위치 접근 권한을 요청하도록 설정합니다. 그리고 내 위치 버튼과 보라색 점을 클릭했을 때 일어나는 이벤트를 작성합니다.

```
package com.androidbook.googlemapexample02;
...
public class MainActivity extends AppCompatActivity implements OnMapReadyCallback {

    @Override
```

```
    protected void onCreate(Bundle savedInstanceState) {
        super.onCreate(savedInstanceState);
        setContentView(R.layout.activity_main);

        SupportMapFragment mapFragment;
        mapFragment = (SupportMapFragment) getSupportFragmentManager().
findFragmentById(R.id.map);
        mapFragment.getMapAsync(this);
    }

    @Override
    public void onMapReady(GoogleMap googleMap) {
        if (ActivityCompat.checkSelfPermission(this, android.Manifest.permission.
ACCESS_FINE_LOCATION) != PackageManager.PERMISSION_GRANTED && ActivityCompat.
checkSelfPermission(this, android.Manifest.permission.ACCESS_COARSE_LOCATION) !=
PackageManager.PERMISSION_GRANTED) { // 접근 권한 요청 설정
            ActivityCompat.requestPermissions(
                    this,
                    new String[]{
                            android.Manifest.permission.ACCESS_FINE_LOCATION,
                            android.Manifest.permission.ACCESS_COARSE_LOCATION
                    }
                    1000
            );
            return;
        }
        googleMap.setMyLocationEnabled(true); // 내 위치 레이어 호출

        googleMap.setOnMyLocationClickListener(new GoogleMap.
OnMyLocationClickListener() {
            @Override
            public void onMyLocationClick(@NonNull Location location) {
                Toast.makeText(getApplicationContext(), "현재 나의 위치:\n$p0", Toast.
LENGTH_LONG).show();

            }
        });

        googleMap.setOnMyLocationButtonClickListener(new GoogleMap.OnMyLocationButtonC
lickListener() {
            @Override
            public boolean onMyLocationButtonClick() {
                Toast.makeText(getApplicationContext(), "나의 위치 버튼 클릭했습니다",
Toast.LENGTH_SHORT).show();
```

```
                return false;
            }
        });
    }
}
```

실습 예제 13-2 지도에 마커로 내 위치 표시하기

| 구현 내용 |

내 위치에 기본 마커 대신 등록된 마커 이미지를 지도에 표시합니다.

| 구현 방법 |

❶ Empty Activity 템플릿으로 프로젝트를 생성합니다. 프로젝트명은 'MyLocationProject', 패키지명은 'com.androidbook.mylocationproject'로 입력합니다. 나머지 설정값은 기존과 같습니다.

❷ build.gradle 파일에 구글 플레이 서비스 라이브러리를 등록합니다.

Gradle Scripts\build.gradle

```
dependencies {
    ...
    implementation 'com.google.android.gms:play-services-location:21.0.1'
    implementation 'com.google.android.gms:play-services-maps:18.1.0'
}
```

❸ AndroidManifest.xml 파일에 위치 접근 권한을 설정하고 API 키를 등록합니다.

manifests\AndroidManifest.xml

```
<?xml version="1.0" encoding="utf-8"?>
<manifest ...>
    <uses-permission android:name="android.permission.ACCESS_COARSE_LOCATION"/>
    <uses-permission android:name="android.permission.ACCESS_FINE_LOCATION"/>
    <application ...>
        ...
        <meta-data android:name="com.google.android.maps.v2.API_KEY"
                android:value="키 실제값"/>
        <uses-library android:name="org.apache.http.legacy" android:required="false"/>
```

```
    </application>
</manifest>
```

❹ res\drawable 폴더에 마커 이미지를 추가합니다.

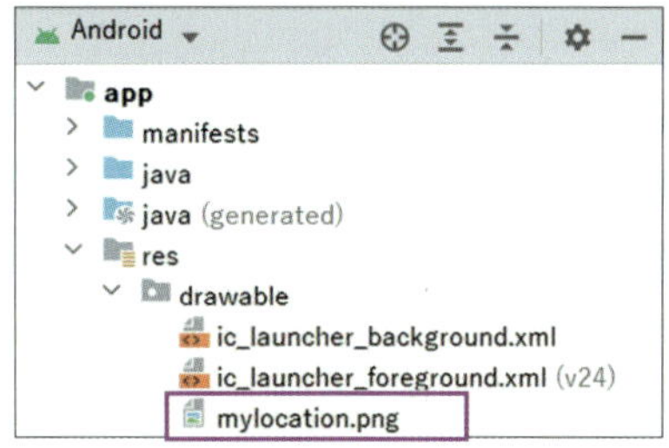

❺ activity_main.xml 파일에 fragment를 추가합니다.

res\layout\activity_main.xml

```
<?xml version="1.0" encoding="utf-8"?>
<fragment xmlns:android="http://schemas.android.com/apk/res/android"
    xmlns:map="http://schemas.android.com/apk/res-auto"
    android:id="@+id/map"
    android:name="com.google.android.gms.maps.SupportMapFragment"
    android:layout_width="match_parent"
    android:layout_height="match_parent" />
```

❻ MainActivity.java 파일을 다음과 같이 작성합니다. 구글 지도를 설정하고 위치 데이터를 사용해 내 위치를 마커로 표시합니다.

java\com\androidbook\mylocationproject\MainActivity.java

```
package com.androidbook.mylocationproject;
...
public class MainActivity extends AppCompatActivity implements OnMapReadyCallback {

    GoogleMap gMapObj;
    FusedLocationProviderClient fusedLocationProviderClient;
    Marker myMarker;
    Location myLocation;

    @Override
    protected void onCreate(Bundle savedInstanceState) {
        super.onCreate(savedInstanceState);
```

```
        setContentView(R.layout.activity_main);

        fusedLocationProviderClient = LocationServices.getFusedLocationProviderClient(
this);
        fetchCurrentLocation();
    }

    @Override
    public void onMapReady(@NonNull GoogleMap googleMap) {
        gMapObj = googleMap;
        LatLng latLong = new LatLng(myLocation.getLatitude(), myLocation.getLongitude());
        MarkerOptions marker = new MarkerOptions();
        marker.position(latLong).title("Location");
        try {
            marker.snippet(getAddress(myLocation.getLatitude(), myLocation.
getLongitude()));
        } catch (IOException e) {
            e.printStackTrace();
        }
        marker.icon(BitmapDescriptorFactory.fromResource(R.drawable.mylocation));
        gMapObj.animateCamera(CameraUpdateFactory.newLatLng(latLong));
        gMapObj.animateCamera(CameraUpdateFactory.newLatLngZoom(latLong, 15f));
        myMarker = gMapObj.addMarker(marker);
        myMarker.showInfoWindow();
    }

    private String getAddress(double latitude, double longitude) throws IOException {
        Geocoder geoCoder = new Geocoder(this, Locale.getDefault());
        List<Address> addressList = geoCoder.getFromLocation(latitude, longitude, 1);
        return addressList.get(0).getAddressLine(0).toString();
    }
    private void fetchCurrentLocation() {
        if (ActivityCompat.checkSelfPermission(
                this,
                Manifest.permission.ACCESS_FINE_LOCATION
        )
                != PackageManager.PERMISSION_GRANTED &&
                ActivityCompat.checkSelfPermission(
                        this,
                        Manifest.permission.ACCESS_COARSE_LOCATION
                )
                        != PackageManager.PERMISSION_GRANTED
        ) {
```

```
            ActivityCompat.requestPermissions(
                    this,
                    new String[]{
                Manifest.permission.ACCESS_FINE_LOCATION,
                        Manifest.permission.ACCESS_COARSE_LOCATION
            },
                    1000
            );
            return;
        }
        Task<Location> task = fusedLocationProviderClient.getLastLocation();
        task.addOnSuccessListener(new OnSuccessListener<Location>() {
            @Override
            public void onSuccess(Location location) {
                if (location != null) {
                    myLocation = location;
                    SupportMapFragment mapFragment;
                    mapFragment = (SupportMapFragment) getSupportFragmentManager().
findFragmentById(R.id.map);
                    mapFragment.getMapAsync(MainActivity.this);
                }
            }
        });
    }
}
```

❼ 프로젝트를 실행해 결과를 확인합니다.

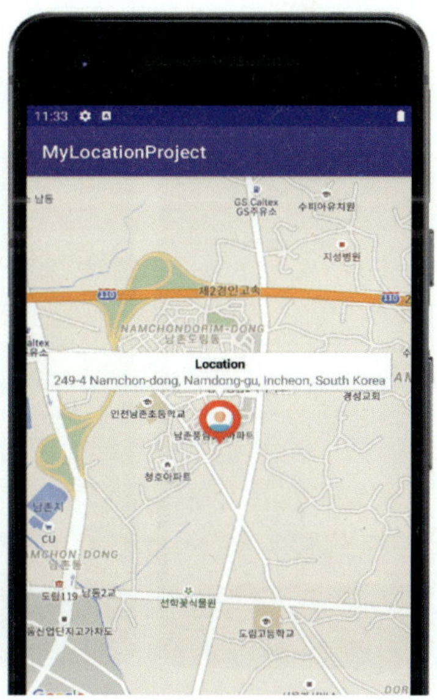

ANDROID

13.4 구글 지도 유형 변경하기

구글 지도 API는 일반, 위성, 지형 등 다양한 유형의 지도를 제공합니다. 지도 유형을 변경하는 방법은 다음과 같습니다.

```
googleMap.setMapType(GoogleMap.유형);
```

표 13-7 구글 지도의 유형

유형	설명
MAP_TYPE_NORMAL	전형적인 로드맵으로 도로, 인간이 만든 지형지물, 강과 같은 중요한 자연 지형지물을 보여줍니다. 도로와 지형지물 레이블도 표시됩니다.
MAP_TYPE_HYBRID	도로 지도가 포함된 위성 사진 데이터가 추가됩니다. 도로와 지형지물 레이블도 표시됩니다.
MAP_TYPE_NORMAL SATELLITE	위성 사진 데이터로, 도로와 지형지물 레이블이 표시되지 않습니다.
MAP_TYPE_TERRIAN	지형 데이터로 지도에는 색상, 등고선과 레이블, 원근감 음영이 포함됩니다. 일부 도로와 레이블도 표시됩니다.
MAP_TYPE_NONE	격자선 없이 보여줍니다.

그림 13-2 구글 지도 유형

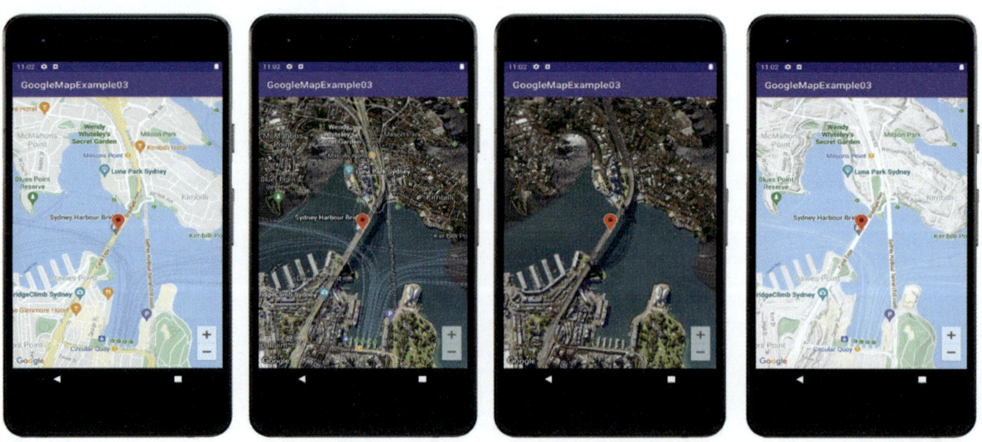

MAP_TYPE_NORMAL MAP_TYPE_HYBRID MAP_TYPE_SATELLITE MAP_TYPE_TERRAIN

실습 예제 13-3 구글 지도의 유형 표시하기

| 구현 내용 |

서울역 위치를 중심으로 지도에 표시하고 네 가지 유형의 [구글 지도를 메뉴로만] 메뉴를 선택하면 해당 유형의 지도로 변경합니다.

| 구현 방법 |

❶ Empty Activity 템플릿으로 프로젝트를 생성합니다. 프로젝트명은 'GooleMapProject 03', 패키지명은 'com.androidbook.GooleMapProject03'으로 입력합니다. 나머지 설정 값은 기존과 같습니다.

❷ build.gradle 파일에 구글 플레이 서비스 라이브러리를 등록합니다.

Gradle Scripts\build.gradle

```
dependencies {
    ...
      implementation 'com.google.android.gms:play-services-location:21.0.1'
      implementation 'com.google.android.gms:play-services-maps:18.1.0'
}
```

❸ AndroidManifest.xml 파일에 접근 권한을 설정하고 API 키를 등록합니다.

manifests\AndroidManifest.xml

```
<?xml version="1.0" encoding="utf-8"?>
<manifest ...>
     ...
    <uses-permission android:name="android.permission.ACCESS_FINE_LOCATION"/>
    <application ...>
        ...
        <meta-data android:name="com.google.android.geo.API_KEY"
            android:value="키 실제값"/>
        <uses-library android:name="org.apache.http.legacy" android:required="false"/>
    </application>
</manifest>
```

❹ res 폴더에 menu 폴더를 생성하고 여기에 menu_map.xml 파일을 생성하여 다음 코드를 작성합니다.

res\menu\menu_map.xml

```
<?xml version="1.0" encoding="utf-8"?>
<menu xmlns:android="http://schemas.android.com/apk/res/android">
    <item
        android:id="@+id/itemNone"
        android:title="None" />
    <item
        android:id="@+id/itemNormal"
        android:title="일반지도" />
    <item
        android:id="@+id/itemHybrid"
        android:title="위성지도" />
    <item
        android:id="@+id/itemSatellite"
        android:title="위성지도2" />
    <item
        android:id="@+id/itemTerrain"
        android:title="지형지도" />
</menu>
```

❺ activity_main.xml 파일에 fragment를 추가합니다.

res\layout\activity_main.xml

```
<?xml version="1.0" encoding="utf-8"?>
<LinearLayout ...
    android:orientation="vertical">

    <fragment
        android:id="@+id/map"
        android:layout_width="match_parent"
        android:layout_height="match_parent"
        android:name="com.google.android.gms.maps.SupportMapFragment" />

</LinearLayout>
```

❻ MainActivity.java 파일을 다음과 같이 작성합니다.

java\com\androidbook\GooleMapProject03\MainActivity.java

```
package com.androidbook.GooleMapProject03;
...
public class MainActivity extends AppCompatActivity implements OnMapReadyCallback {
    GoogleMap gMapObj;
    @Override
    protected void onCreate(Bundle savedInstanceState) {
        super.onCreate(savedInstanceState);
        setContentView(R.layout.activity_main);
        SupportMapFragment mapFragment;
        mapFragment = (SupportMapFragment) getSupportFragmentManager().
findFragmentById(R.id.map);
        mapFragment.getMapAsync(this);
    }
    @Override
    public void onMapReady(GoogleMap googleMap) {
        gMapObj = googleMap;
        LatLng latLng = new LatLng(37.555744, 126.970431);
        MarkerOptions markerOptions = new MarkerOptions();
        markerOptions.position(latLng);
        markerOptions.title("서울역");
        googleMap.addMarker(markerOptions);
        googleMap.moveCamera(CameraUpdateFactory.newLatLngZoom(latLng, 15f));
        googleMap.getUiSettings().setZoomControlsEnabled(true);
    }
    @Override
    public boolean onCreateOptionsMenu(Menu menu) {
        MenuInflater inflater = getMenuInflater();
        inflater.inflate(R.menu.menu_map, menu);
        return super.onCreateOptionsMenu(menu);
    }
    @Override
    public boolean onOptionsItemSelected(@NonNull MenuItem item) {
        switch (item.getItemId()) {
            case R.id.itemNone :
                gMapObj.setMapType(GoogleMap.MAP_TYPE_NONE);        // 지도 유형: NONE
                break;
            case R.id.itemNormal:
                    gMapObj.setMapType(GoogleMap.MAP_TYPE_NORMAL); // 지도 유형: NORMAL
                break;
            case R.id.itemHybrid :
```

```
            gMapObj.setMapType(GoogleMap.MAP_TYPE_HYBRID);          // 지도 유형: HYBRID
                break;
            case R.id.itemSatellite :
                gMapObj.setMapType(GoogleMap.MAP_TYPE_SATELLITE); // 지도 유형 : SATELLITE
                break;
            case R.id.itemTerrain :
                gMapObj.setMapType(GoogleMap.MAP_TYPE_TERRAIN);   // 지도 유형 : TERRAIN
                break;
        }
        return super.onOptionsItemSelected(item);
    }
}
```

❼ 프로젝트를 실행해 결과를 확인합니다.

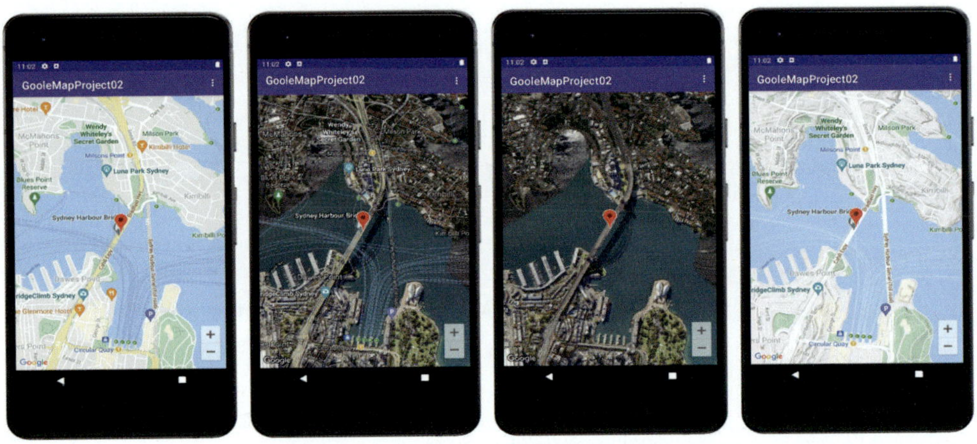

PROJECT 13

[도서 쇼핑몰] 고객센터와 지도 내 마켓 위치 표시 만들기

도서 쇼핑몰에 고객센터와 도서 마켓 안내 화면을 만들고, 도서 마켓 안내에서 구글 지도에 도서 마켓의 위치를 마커로 표시합니다.

길벗 홈페이지 자료실에서 제공하는 PDF의 117쪽을 참고하세요!

- 1장 프로젝트 생성하기
- ▼
- 3장 시작 화면 만들기
- ▼
- 4장 도서 목록 화면 만들기
- ▼
- 5장 도서 상품 이벤트 처리하기
- ▼
- 6장 도서 상품 상세 정보 표시하기
- ▼
- 8장 장바구니 등록 대화상자 만들기
- ▼
- 9장
  - 장바구니 만들기
  - 주문 처리하기

- 6장 스플래시 화면 만들기
- ▼
- 12장 스플래시 화면 꾸미기

- 11장 동영상 강좌 화면 만들기

- 7장
  - 메뉴 만들기
  - 액션 바 바꾸기
  - 내비게이션 바 만들기
- ▼
- 8장 로그인 대화상자 만들기
- ▼
- 14장
  - 회원가입 메뉴 만들기
  - 로그인과 로그아웃 기능 만들기

- 10장 마이 페이지 화면 만들기
- ▼
- 10장
  - 메모장 만들기
  - 메모장에서 검색어 찾기
- ▼
- 11장 카메라로 프로필 설정하기
- ▼
- 12장 낙서장 만들기

- **13장 고객센터 화면 만들기**
- ▼
- **13장 도서 마켓 위치 안내 표시하기**
- ▼
- 14장 고객문의 게시판 만들기

고객센터 화면 만들기 결과 화면

도서 쇼핑몰 시작 화면에서 고객센터를 선택하면 고객센터 화면으로 이동하고, 고객센터 화면에서 〈도서 마켓 안내〉 버튼을 누르면 도서 마켓 안내 화면으로 이동합니다.

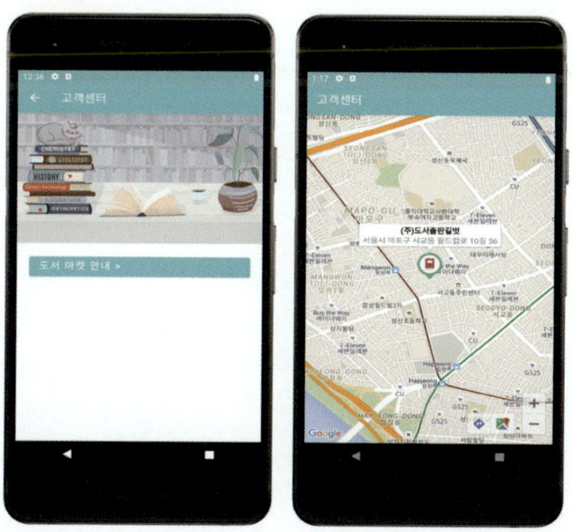

도서 마켓 위치 안내 표시하기 결과 화면

고객센터 화면에서 〈도서 마켓 안내〉 버튼을 누르면 해당 화면으로 이동합니다. 도서 마켓 안내 화면에서는 구글 지도에 도서 마켓의 위치를 마커로 표시하고 클릭하면 안내 상자를 표시합니다.

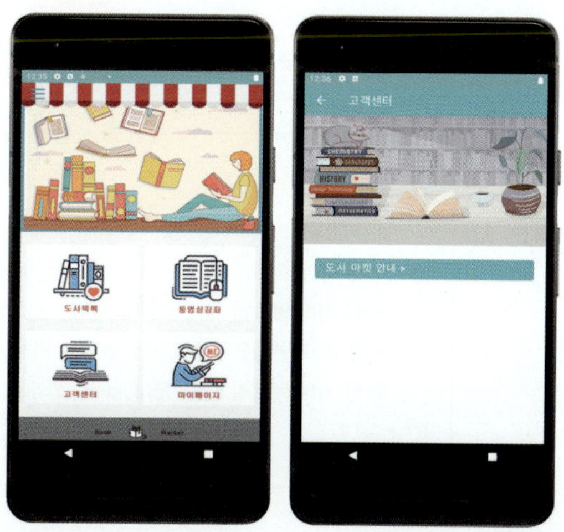

14 장

웹 기반 콘텐츠 다루기

학 습 목 표

- 웹 뷰에 대해 이해한다.
- 웹 서버 연동에 대해 익힌다.
- 웹 서버 연동을 위한 PHP/MYSQL 사용에 대해 이해한다.
- 웹 서버 네트워크를 위한 OkHttp 클래스 사용에 대해 이해한다.

14.1 웹 뷰 다루기

앱 안에서 웹 페이지를 표시하고자 할 때는 웹 뷰(WebView)를 사용합니다. 웹 뷰를 이용하면 웹 페이지를 액티비티 레이아웃에 일부분으로 삽입할 수 있습니다. 그러나 웹 뷰는 해당 웹 페이지에 내장된 탐색 컨트롤이나 주소 표시줄과 같은 기능을 제공하지 않습니다. 웹 뷰의 주요 기능은 단순히 웹 페이지를 표시하는 것입니다.

그림 14-1 웹 뷰의 화면 예

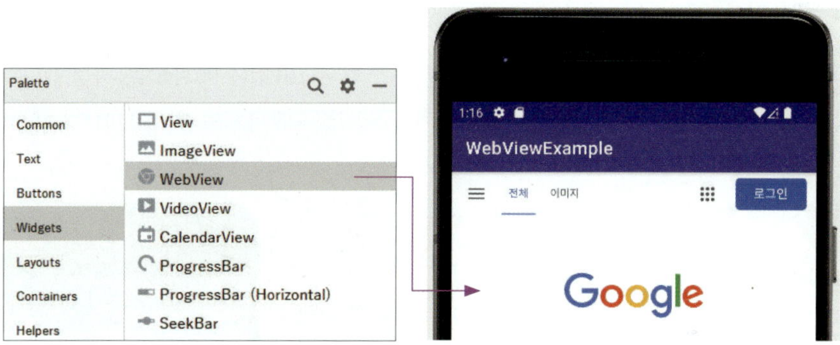

웹 뷰는 액티비티 레이아웃 XML 파일에 다음과 같이 선언합니다.

```
<WebView
    android:id="@+id/webview"
    android:layout_width="match_parent"
    android:layout_height="match_parent" />
```

웹 뷰에서 웹 페이지를 불러올 수 있도록 Androidmanifest.xml 파일에 다음과 같이 인터넷 접속 권한을 설정해야 합니다.

```
<manifest ...>
    <uses-permission android:name="android.permission.INTERNET"/>
    ...
</manifest>
```

> **NOTE** **코드로 웹 뷰 설정하기**
>
> 레이아웃 XML 파일에 웹 뷰 위젯을 추가하는 대신 onCreate()에서 전체 액티비티 화면에 웹 뷰를 설정할 수도 있습니다.
>
> ```
> WebView myWebView = new WebView(MainActivity.this);
> setContentView(myWebView);
> ```

외부 웹 페이지 연동

웹 뷰에 웹 페이지를 불러올 때는 WebView 클래스의 loadUrl() 메서드를 사용합니다. 예를 들어, 외부 웹 사이트를 불러오려면 다음과 같이 loadUrl() 메서드로 외부 URL을 설정합니다.

```
public class MainActivity extends AppCompatActivity {

    @Override
    protected void onCreate(Bundle savedInstanceState) {
        super.onCreate(savedInstanceState);
        setContentView(R.layout.activity_main);

        WebView wView = (WebView)findViewById(R.id.webview);
        wView.loadUrl("https://www.google.com");
        wView.setWebViewClient(new WebViewClient());
    }
}
```

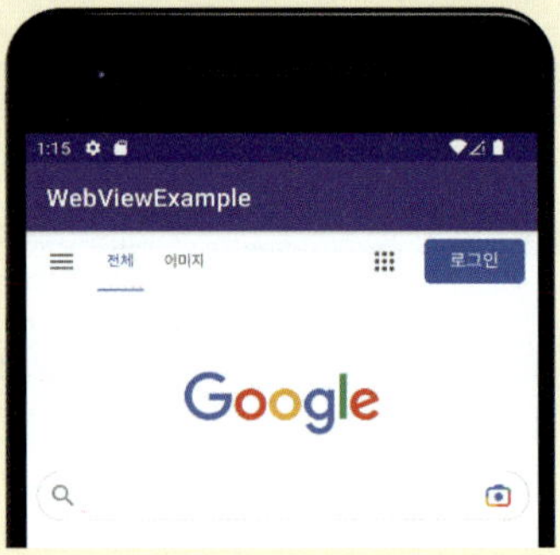

View 클래스의 하위 클래스인 WebView 클래스에 정의된 메서드들을 사용하면 웹 뷰를 더 다양하게 제어할 수 있습니다. WebView 클래스의 주요 메서드는 다음과 같습니다.

표 14-1 WebView 클래스의 메서드

메서드	설명
void addJavascriptInterface(Object object, String name)	웹 뷰에 지정된 자바 객체를 삽입합니다.
void canGoBack()	웹 뷰에 이전 기록 항목이 있는지를 가져옵니다.
void canGoForward()	웹 뷰에 전달 기록 항목이 있는지를 가져옵니다.
void clearHistory()	웹 뷰에서 앞 또는 뒤로 목록을 지웁니다.
void destroy()	웹 뷰의 내부 상태를 파괴합니다.
void findAllAsync(String find)	웹 페이지에 설정된 문자열의 모든 인스턴스를 찾아 강조 표시합니다.
void getProgress()	현재 웹 페이지의 진행 상황을 가져옵니다.
void getTitle()	현재 웹 페이지의 제목을 가져옵니다.
void getUrl()	현재 웹 페이지의 URL을 가져옵니다.
void loadUrl(String url)	주어진 URL을 불러옵니다.
void loadData(String data, String mimeType, String encoding)	웹 뷰에 설정된 HTML 문자열을 로드합니다.

> TIP WebView 클래스에 관해 좀 더 자세히 알고 싶다면 https://developer.android.com/reference/android/webkit/WebView를 참고하세요.

예를 들어, 웹 뷰에서 URL 대신 HTML 문자열을 전달받아 웹 페이지로 표시할 수도 있습니다. 다음과 같이 loadData() 메서드로 HTML 문자열을 설정합니다.

```
public class MainActivity extends AppCompatActivity {

    @Override
    protected void onCreate(Bundle savedInstanceState) {
        super.onCreate(savedInstanceState);
        setContentView(R.layout.activity_main);

        WebView wView = (WebView)findViewById(R.id.webview);
        String htmlText = "<html><body><h3>Hello WebView</h3>" + "<p>웹 뷰 위젯을 사용하는 
예입니다</p></body></html>";
        wView.loadData(htmlText, "text/html", null);

    }
}
```

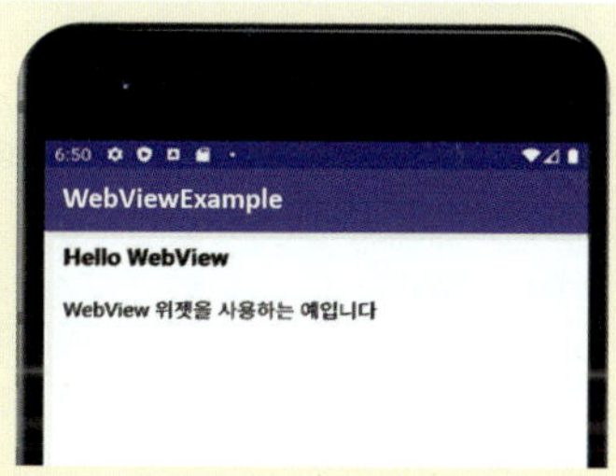

웹 페이지에서 확대/축소 컨트롤 기능을 활성화하려면 WebView의 설정을 제어하는 데 사용되는 WebSettings 객체를 가져오는 getSettings() 메서드를 이용하여 다음과 같이 WebSettings 클래스의 속성 설정 메서드를 호출합니다.

```
public class MainActivity extends AppCompatActivity {

    @Override
    protected void onCreate(Bundle savedInstanceState) {
        super.onCreate(savedInstanceState);
        setContentView(R.layout.activity_main);

        WebView wView = (WebView)findViewById(R.id.webview);
        wView.loadUrl("https://www.google.com");
        wView.setWebViewClient(new WebViewClient());
        wView.getSettings().setSupportZoom(true);
        wView.getSettings().setBuiltInZoomControls(true);

    }
}
```

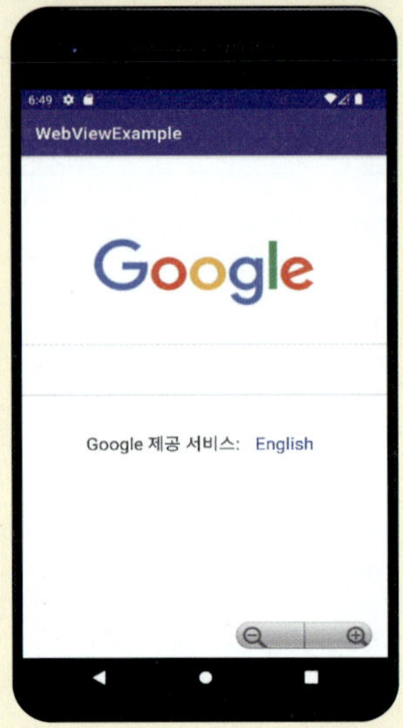

WebView의 설정 상태를 관리하는 WebSettings 클래스는 다음과 같이 다양한 메서드를 제공합니다.

표 14-2 WebSettings 클래스의 메서드

메서드	설명
void setJavaScriptEnabled(boolean flag)	웹 뷰에 자바스크립트 실행을 활성화합니다.
void setJavaScriptCanOpenWindowsAutomatically(boolean flag)	자바스크립트에서 자동으로 팝업 창을 엽니다.
void setBuiltInZoomControls(boolean enabled)	웹 뷰가 기본 제공하는 확대/축소 기능을 사용하는지를 설정합니다.
void setDisplayZoomControls(boolean enabled)	웹 뷰에서 화면 확대/축소 컨트롤을 표시해야 하는지를 설정합니다.
void setSupportMultipleWindows(boolean support)	웹 뷰가 다중 창을 지원하는지를 설정합니다.
void setLoadsImagesAutomatically(boolean flag)	웹 뷰에 이미지 리소스를 불러와야 하는지를 설정합니다.
void setSupportZoom(boolean support)	웹 뷰가 화면 확대/축소 컨트롤과 제스처를 사용해 확대/축소를 지원해야 하는지를 설정합니다.
void setTextZoom(int textZoom)	웹 페이지의 텍스트 확대/축소를 백분율로 설정합니다.

> **TIP** WebSettings 클래스에 관해 좀 더 자세히 알고 싶다면 https://developer.android.com/reference/android/webkit/WebSettings를 참고하세요.

내부 웹 페이지 연동

안드로이드 앱에서 웹 뷰를 사용하여 저장된 웹 페이지를 불러올 수도 있습니다. 이때 불러올 웹 페이지를 안드로이드 프로젝트의 assets 또는 raw 폴더에 저장합니다. 이 폴더에 html, css, js 확장자 파일을 넣고, loadUrl() 메서드를 사용하여 로컬에 저장된 웹 페이지 파일을 다음과 같은 형식으로 불러올 수 있습니다.

```
WebView.loadUrl("file:///웹 페이지 파일 경로와 파일명")
```

예를 들어, 다음과 res\raw 폴더에 저장된 hello.html 파일을 불러오고 싶다고 합시다.

그림 14-2 내부 저장 웹 페이지 파일

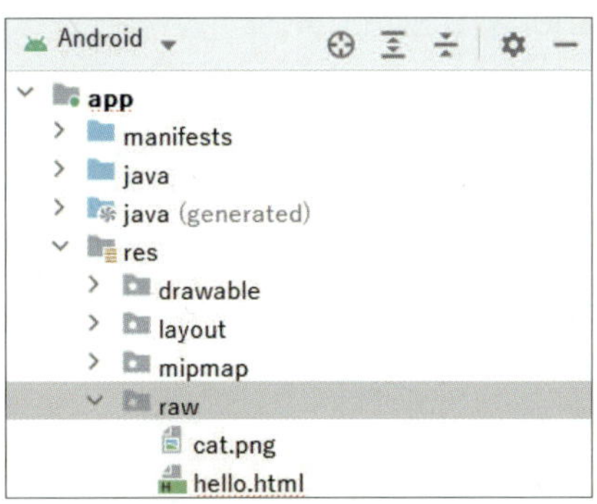


```
<html>
    <body><h3>Hello WebView</h3>
        <p>웹 뷰 위젯을 사용하는 예입니다</p>
        <img width="100" height="100" src="cat.png"/>
    </body>
</html>
```

loadUrl() 메서드에 file:///android_res/raw/hello.html을 설정합니다. 만약 assets 폴더 아래 hello.hml을 저장했다면 file:///android_asset/hello.html, 외장 저장 장치에 저장했다면 file///sdcard/hello.html로 표시합니다.

```
public class MainActivity extends AppCompatActivity {

    @Override
    protected void onCreate(Bundle savedInstanceState) {
        super.onCreate(savedInstanceState);
        setContentView(R.layout.activity_main);

        WebView wView = (WebView)findViewById(R.id.webview);
        wView.getSettings().setJavaScriptEnabled(true);
        wView.loadUrl("file:///android_res/raw/hello.html");

    }
}
```

실습 예제 14-1 웹 페이지 불러오기

| 구현 내용 |

URL을 입력하고 〈확인〉 버튼을 클릭하면 입력한 URL의 웹 페이지를 불러옵니다.

| 구현 방법 |

❶ Empty Activity 템플릿으로 프로젝트를 생성합니다. 프로젝트명은 'WebViewProject', 패키지명은 'com.androidbook.webviewproject'로 입력합니다. 나머지 설정값은 기존과 같습니다.

❷ AndroidManifest.xml 파일에 인터넷 접근 권한을 설정합니다.

manifests\AndroidManifest.xml

```
<?xml version="1.0" encoding="utf-8"?>
<manifest ...>

    <uses-permission android:name="android.permission.INTERNET" />
  ...
</manifest>
```

❸ activity_main.xml 파일을 열고 다음과 같이 기본 레이아웃을 작성합니다.

res\layout\activity_main.xml

```
<?xml version="1.0" encoding="utf-8"?>
<LinearLayout ...>
    <LinearLayout
        android:layout_width="match_parent"
        android:layout_height="wrap_content"
        android:orientation="horizontal">
        <EditText
            android:id="@+id/editText"
            android:layout_width="300dp"
            android:layout_height="wrap_content"
            android:focusable="true"
            android:hint="URL을 입력해 주세요"
            android:textColorHighlight="#ff7eff15"
            android:textColorHint="#ffff25e6" />
        <Button
            android:id="@+id/button"
            android:layout_width="wrap_content"
            android:layout_height="wrap_content"
            android:text="확인" />
    </LinearLayout>
    <WebView
        android:id="@+id/webView"
        android:layout_width="match_parent"
        android:layout_height="match_parent" />
</LinearLayout>
```

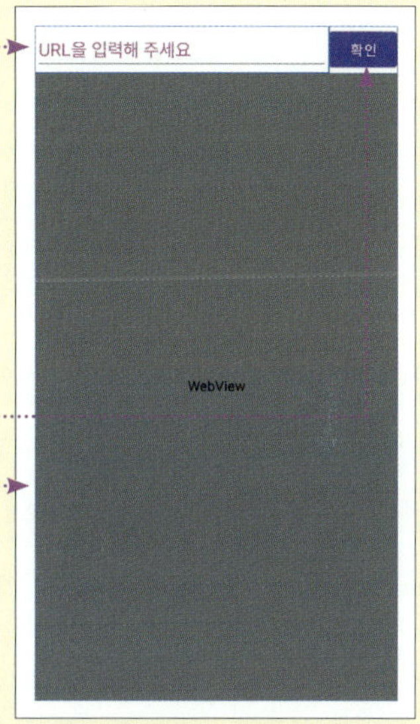

❹ MainActivity.java 파일을 열고 다음과 같이 작성합니다.

java\com\androidbook\webviewproject\MainActivity.java

```
package com.androidbook.webviewproject;
...
public class MainActivity extends AppCompatActivity {
    Button btObj;
    EditText edtObj;
    WebView wvObj;
    @Override
    protected void onCreate(Bundle savedInstanceState) {
```

```
        super.onCreate(savedInstanceState);
        setContentView(R.layout.activity_main);

        btObj = findViewById(R.id.button);
        edtObj = findViewById(R.id.editText);
        wvObj = findViewById(R.id.webView);

        btObj.setOnClickListener(new View.OnClickListener() {
            @Override
            public void onClick(View view) {
                String url = edtObj.getText().toString();
                WebSettings webSettings = wvObj.getSettings();
                webSettings.setLoadsImagesAutomatically(true);
                webSettings.setJavaScriptEnabled(true);
                wvObj.setScrollBarStyle(View.SCROLLBARS_INSIDE_OVERLAY);
                wvObj.loadUrl(url);
                wvObj.setWebViewClient(new WebViewClient());
            }
        });
    }
}
```

❺ 프로젝트를 실행해 결과를 확인합니다.

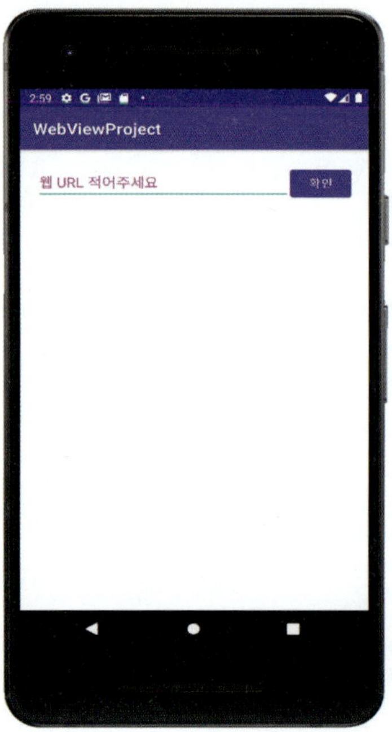

14.2 웹 서버 연동하기

안드로이드 앱에서 웹 서버의 데이터에 접근하려면 웹 서버 데이터베이스와 연동해야 합니다. 하지만 안드로이드는 웹 서버 데이터베이스에 직접적으로 연결할 수 없기 때문에 스크립트 언어를 이용해 데이터를 특정 문자열 형태로 가져옵니다. 예를 들어, MySQL 데이터베이스를 사용하는 웹 서버에 접근하려면 안드로이드는 MySQL에 직접적으로 연결할 수 없어서 서버 스크립트 언어인 PHP를 사용하여 데이터를 JSON(또는 문자열) 형태로 가져옵니다.

PHP는 서버에서 실행되는 스크립트 언어로 데이터베이스에 작업을 요청할 수 있습니다. PHP로 작성된 코드를 실행하면 데이터베이스에 연결하여 데이터를 가져올 수 있습니다. MySQL은 데이터를 모아놓은 데이터베이스를 관리하는 관계형 데이터베이스 시스템(RDBMS, Relational Database Management System)의 한 종류입니다. PHP와 MySQL을 자세히 알아보려면 각각 책 한 권 이상의 내용을 살펴보아야 하므로 여기서는 필요한 부분만 간단히 알아봅니다. 좀 더 자세한 내용을 알고 싶다면 관련 서적을 참고해 주세요.

그림 14-3 안드로이드와 웹 서버 연동

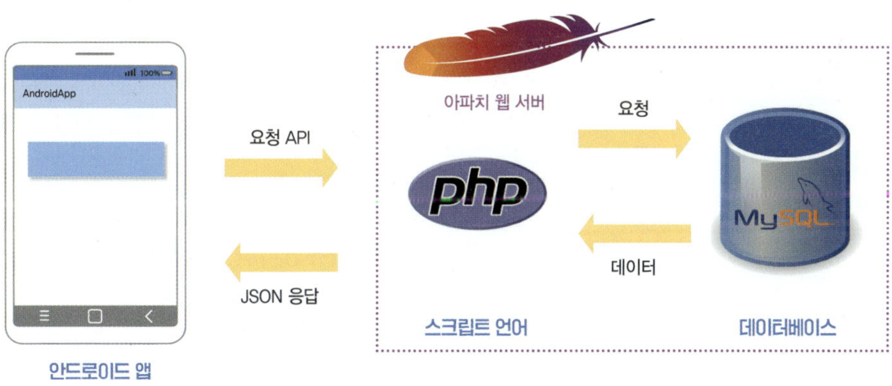

PHP와 MySQL 기본 명령어

안드로이드 앱과 웹 서버를 연동하는 데 필요한 PHP와 MySQL 명령어 사용법을 간단히 살펴보겠습니다.

● 데이터베이스 생성하기

데이터를 저장하고 관리하는 데 필요한 데이터베이스를 만듭니다. 예를 들어, app_DB라는 데이터베이스를 생성하려면 PHP로 다음과 같이 작성합니다.

```
<?php
    $con=mysqli_connect("서버 호스트명","계정명","계정비밀번호"); // 서버 연결
    $sql="CREATE DATABASE app_DB"; // 데이터베이스 생성 구문
    if (mysqli_query($con,$sql)) { // SQL 구문 실행 후 결과 반환
        echo "성공적으로 데이터베이스 app_DB를 생성했습니다";
    }
?>
```

여기서 사용한 CREATE DATABASE 문은 데이터베이스를 생성하는 SQL 구문으로 형식은 다음과 같습니다.

```
CREATE DATABASE 데이터베이스명
```

SQL은 데이터베이스에서 사용하는 언어로, 이전 예제처럼 SQL 구문을 PHP 함수에 전달하여 데이터베이스를 생성할 수 있습니다. SQL도 매우 다양하고 복잡한 내용을 다루므로 필요한 구문만 간략하게 살펴보겠습니다.

● 테이블 생성하기

데이터베이스가 생성되면 데이터베이스에 실제 데이터가 담길 테이블을 생성해야 합니다. 테이블을 생성할 때는 다음과 같이 CREATE TABLE 문을 사용합니다.

```
CREATE TABLE 테이블명(필드명1 자료형, 필드명2 자료형, ...)
```

데이터베이스의 테이블은 표처럼 행(컬럼)과 열(로우)로 구성됩니다. 행은 1개 데이터를 의미하며 레코드(Reocord)라고 합니다. 열은 데이터 속성을 의미하며 필드라고 합니다.

예를 들어, 앞에서 생성한 app_DB 데이터베이스에 3개의 필드를 가진 appTable이라는 테이블을 생성하려면 PHP로 다음과 같이 작성합니다.

```
<?php
    $con=mysqli_connect("서버 호스트명", "계정명", "계정비밀번호", "데이터베이스명");
    $sql="CREATE TABLE appTable(Username CHAR(30), Password CHAR(30), Age INT)";
    // 테이블 생성 구문
    if (mysqli_query($con,$sql)) {
        echo "성공적으로 테이블 appTable을 생성했습니다";
    }
?>
```


테이블에 데이터 삽입/조회/갱신/삭제하기

데이터베이스와 테이블이 생성되면 테이블에 데이터를 삽입(Create), 조회(Read), 갱신(Update), 삭제(Delete)할 수 있습니다. 형식은 다음과 같습니다.

```
INSERT INTO 테이블명(필드명1, 필드명2, ...) VALUES ('값1', '값2', ...)
SELECT 필드명1, 필드명2, ..., FROM 테이블명
UPDATE 테이블명 SET 필드명 = 수정값, ... where 필드명 = 값
DELETE FROM 테이블명 WHERE 필드명 = 값
```

예를 들어, 앞에서 생성한 appTable의 3개 필드(UserName, Password, Age)에 각각 값을 삽입하려면 다음과 같이 작성합니다.

```
<?php
   $con=mysqli_connect("호스트명","계정명","계정비밀번호", "데이터베이스명");
   $sql="INSERT INTO appTable (UserName, Password, Age) VALUES ('admin', 'admin1234',
20)"; // 데이터 삽입 구문
   if (mysqli_query($con,$sql)) {
      echo "성공적으로 데이터를 삽입했습니다";
   }
?>
```

PHP로 데이터 전달하고 가져오기

PHP를 사용하여 데이터베이스에 저장된 데이터(레코드)를 가져올 수 있습니다. 데이터를 가져오려면 가져올 데이터에 대한 정보를 전달해야 합니다. 정보를 전달하는 방법으로는 GET 방식과 POST 방식이 있으며, GET 방식은 $_GET 명령어를 사용하고, POST 방식은 $_POST 명령어를 사용합니다.

예를 들어, GET 방식으로 이름과 비밀번호를 전달하여 데이터베이스에서 값을 조회하고 가져오기 위해서는 다음과 같이 작성할 수 있습니다. 만약 POST 방식을 사용하려면 $_GET 부분을 $_POST로 변경합니다.

```php
<?php
  $con=mysqli_connect("호스트명","계정명 " ,"비밀번호","데이터베이스명");
  if (mysqli_connect_errno($con)) {
    echo "MySQL 연결을 실패했습니다" .mysqli_connect_error();
  }
  $username = $_GET['username'];
  $password = $_GET['password'];
  $result = mysqli_query($con,"SELECT * FROM appTable WHERE Username='$username'
    and Password='$password'");
  $row = mysqli_fetch_array($result);
  $data = $row[0];
  if($data){
    echo $data;
  }
  mysqli_close($con); // 서버 연결 종료
?>
```

OkHttp로 웹 서버와 통신

안드로이드 앱에서는 REST 웹 서비스를 통해 인증과 권한 부여, 데이터 가져오기, 게시 등을 수행합니다. 이를 위해서는 HTTP 클라이언트가 필요하며, 안드로이드 앱에서 가장 일반적으로 사용되는 HTTP 클라이언트 라이브러리는 OkHttp 클래스입니다. OkHttp 클래스는 오픈소스 라이브러리로 HTTP 요청과 응답을 쉽게 처리할 수 있도록 도와줍니다. 또한 동기와 비동기 방식을 모두 지원하므로 개발자가 필요에 따라 선택할 수 있습니다.

> **NOTE** **REST**
>
> REST(Representational State Transfer)는 HTTP URI(Uniform Resource Identifier)를 사용하여 자원(Resource)을 명시하고, HTTP Method(POST, GET, PUT, DELETE)를 사용하여 해당 자원에 대한 CRUD(Create, Read, Update, Delete) 처리를 수행하는 아키텍처 스타일입니다. 즉, 자원 기반(Resource Oriented Architecture) 구조를 가지며, HTTP 메서드를 사용하여 자원을 처리합니다. REST는 모든 자원(이미지, 텍스트, DB 내용 등)에 대해 고유한 HTTP URI를 부여합니다.

• 프로젝트에 라이브러리 추가하기

프로젝트의 build.gradle 파일에 OkHttp 클래스를 추가합니다.

❶ [File]–[Project Structure] 메뉴를 선택합니다.

❷ 나타나는 창에서 'Dependencies' 항목을 선택하고 '+' 아이콘을 클릭합니다.

❸ 'OkHttp'을 검색합니다.

❹ 검색된 목록 중에서 ❶ 'com.squareup.okhttp3'을 선택하고 ❷ 〈OK〉 버튼을 클릭합니다.

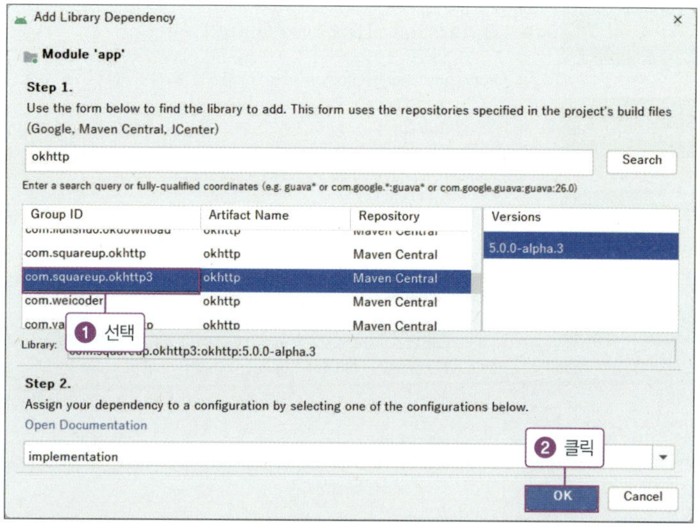

❺ build.gradle 파일에 OkHttp 라이브러리가 추가됐는지 확인합니다.

```
dependencies {
    ...
    implementation 'com.squareup.okhttp3:okhttp:5.0.0-alpha.3'
}
```

• AndroidManifest.xml 파일에 권한 추가하기

웹 서버의 REST 서비스에 접근할 수 있게 AndroidManifest.xml 파일에 인터넷 접근 권한을 설정합니다.

```
<manifest ...>
    <uses-permission android:name="android.permission.INTERNET"/>
    ...
</manifest>
```

● OkHttp 비동기 호출하기

웹 서비스를 호출한 후 UI를 업데이트해야 하는 경우 전체 프로세스는 AsyncTask를 사용하여 백그라운드에서 처리됩니다. AsyncTask를 사용하지 않고 비동기적으로 HTTP 호출만 수행하려는 경우 Call 객체의 enqueue() 메서드에 콜백(Callback)을 전달합니다. 이렇게 함으로써 비동기적으로 서버와 통신하고, 응답을 처리하고, 결과를 UI에 업데이트할 수 있습니다.

그림 14-4 OkHttp 라이브러리의 비동기 호출 과정

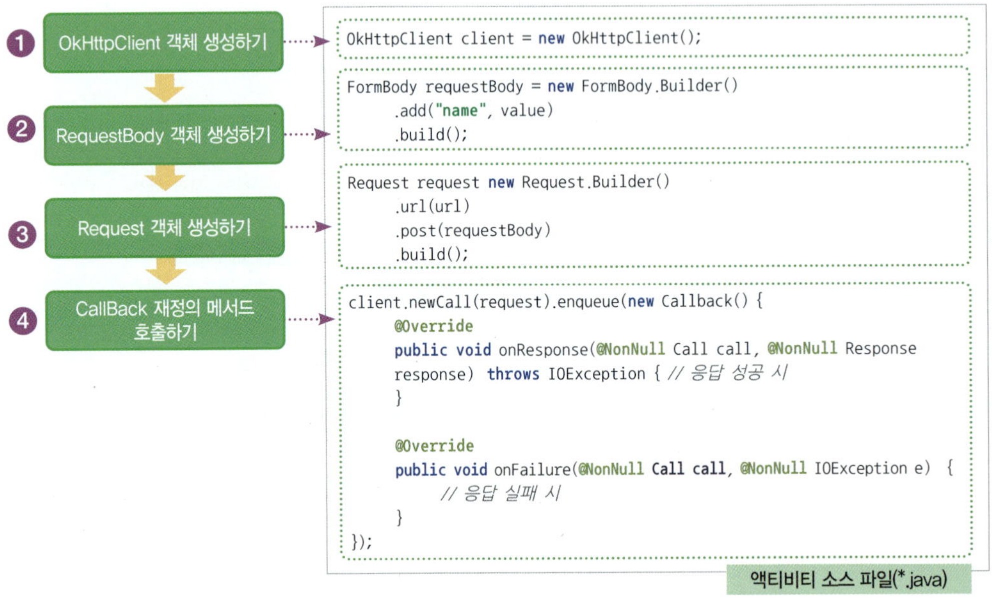

OkHttp 클래스를 사용하여 데이터를 전송하는 방법을 살펴보겠습니다. 액티비티에서는 이름, 비밀번호, 나이를 EditText로 입력받아 서버에 전달합니다. 서버에서는 받은 데이터를 appTable 테이블의 UserName, Password, Age 필드에 각각 저장합니다.

그림 14-5 구현 결과

데이터를 전달하는 부분은 다음과 같이 구현합니다.

```
public class MainActivity extends AppCompatActivity {
    EditText edtName;
    EditText edtPasswd ;
    EditText edtAge;
    Button button;
    @Override
    protected void onCreate(Bundle savedInstanceState) {
        super.onCreate(savedInstanceState);
        setContentView(R.layout.activity_main);

        edtName = findViewById(R.id.editText1);
        edtPasswd = findViewById(R.id.editText2);
        edtAge = findViewById(R.id.editText3);
        button = findViewById(R.id.button);
        button.setOnClickListener(new View.OnClickListener() {
            @Override
            public void onClick(View view) {
                InsertTable();
            }
        });
    }

    void InsertTable() {
        String url = "http://androidbook.dothome.co.kr/insertApp.php";
        OkHttpClient client = new OkHttpClient(); ❶

        FormBody requestBody = new FormBody.Builder()          ─┐
                .add("name",edtName.getText().toString())        │
                .add("passwd",edtPasswd.getText().toString())    ├❷
                .add("age",edtAge.getText().toString())          │
                .build();                                       ─┘

        Request request = new Request.Builder()                ─┐
                .url(url)                                        ├❸
                .post(requestBody)                               │
                .build();                                       ─┘
```

```
        client.newCall(request).enqueue(new Callback() {
            @Override
            public void onFailure(Call call, IOException e) {
                e.printStackTrace();
            }

            @Override
            public void onResponse(Call call, final Response response) throws IOException {
                if (!response.isSuccessful()) {
                    // 응답 실패
                    // Log.i("tag", "응답 실패");
                } else {
                    // 응답 성공
                    // Log.i("tag", "응답 성공");
                    final String body = response.body().string();
                    // 서브 스레드 Ui 변경할 경우 에러
                    // 메인 스레드 Ui 설정
                    runOnUiThread(new Runnable() {
                        @Override
                        public void run() {
                            try {

                                if (!response.isSuccessful()) Toast.makeText(getApplication
Context(), "네트워크 문제 발생", Toast.LENGTH_SHORT).show();
                                else if (body.equals("0")) Toast.makeText(getApplicationCon
text(), "삽입 실패", Toast.LENGTH_SHORT).show();
                                else Toast.makeText(getApplicationContext(), "삽입 성공" ,
Toast.LENGTH_SHORT).show();
                            } catch (Exception e) {
                                e.printStackTrace();
                            }
                        }
                    });
                }
            }
        });

    }
}
```
4

전달받은 데이터를 데이터베이스에 저장하는 부분은 다음과 같이 작성합니다.

```
<?php
    $con = mysqli_connect('localhost', 'androidbook', 'smy!913171', 'androidbook');
    $name = $_POST['name'];      // name으로 전달되는 값 받아 저장하기
    $passwd = $_POST['passwd']; // passwd로 전달되는 값 받아 저장하기
    $age = (int)$_POST['age'];  // age로 전달되는 값 받아 저장하기
    $sql = "INSERT INTO appTable (UserName, Password, Age) VALUES
    ('$name', '$passwd', $age )";
    $result = mysqli_query($con, $sql);
    if($result) $msg = 1;
    else $msg = 0;
    echo $msg;
?>
```

- **JSON 형식으로 데이터 가져오기**

JSON(JavaScript Object Notation)은 데이터 교환과 저장에 사용되는 형식으로 XML보다 간단하고 파싱하기 쉬운 방식이기 때문에 안드로이드 앱에서 장치와 서버 간에 데이터를 교환하는 데 널리 사용됩니다.

JSON 요소는 중괄호({ })로 정의되며, 콜론으로 구분된 이름과 값 쌍으로 구성됩니다. 두 개 이상의 요소가 있을 경우에는 쉼표로 구분합니다. 또한, 요소에 둘 이상의 값(배열)이 포함되어 있으면 값을 대괄호([ ])로 정의합니다.

JSON 요소의 객체 형식

JSON 객체는 키-값 쌍으로 구성되며, 키는 반드시 문자열이어야 하고 값은 JSON 요소로 표현됩니다. 키-값 쌍은 쉼표로 구분되며, 객체는 중괄호({})로 표현됩니다.

```
{
    "employee": {
        "name":"sachin",
        "salary":56000,
        "married":true
    }
}
```

JSON 요소의 배열 형식

JSON 배열은 다음의 예처럼 대괄호로 나타냅니다.

```
["Sunday", "Monday", "Tuesday", "Wednesday", "Thursday", "Friday", "Saturday"]
```

다음과 같은 형태의 예도 JSON 배열입니다.

```
{ "Employee" :
    [
     {"id":"101", "name":"Sonoo Jaiswal", "salary":"50000"},
     {"id":"102", "name":"Vimal Jaiswal", "salary":"60000"}
    ]
}
```

안드로이드에는 JSON 요소들의 문자열을 구문 분석하고 생성할 수 있는 org.json 라이브러리가 포함되어 있습니다. 이 라이브러리는 JSONArray, JSONObject, JSONStringer, JSONTokener 클래스를 제공합니다. JSONObject는 구문 분석할 JSON 문자열을 전달해 인스턴스화할 수 있는 기본 클래스로 기본 형식은 다음과 같습니다.

```
JSONObject()
JSONObject(readFrom: JSONTokener)
JSONObject(json: String)
```

JSONObject 클래스의 매개 변수가 의미하는 것은 다음과 같습니다.

표 14-3 JSONObject 클래스의 매개 변수

매개 변수	설명
readFrom	JSONTokener 클래스의 nextValue() 메서드가 반환하는 JSONObject를 생성하는 토큰입니다.
json	객체를 포함하는 JSON 인코딩 문자열입니다.

JSONObject 클래스는 다음과 같은 메서드를 제공하며 다양한 유형의 데이터를 가져옵니다.

표 14-4 JSONObject 클래스의 메서드

매개 변수	설명
String getString(String name)	지정된 name의 데이터값을 문자열로 가져옵니다.
int getInt(String name)	지정된 name의 데이터값을 정수로 가져옵니다.
JSONArray getJSONArray(String name)	지정된 name의 데이터값을 배열로 가져옵니다.
JSONObject getJSONObject(String name)	지정된 name의 데이터값을 객체로 가져옵니다.
int length()	객체의 이름/값에 매핑되는 개수를 반환합니다.

TIP JSONObject 클래스를 좀 더 자세히 살펴보고 싶다면 https://developer.android.com/reference/org/json/JSONObject를 참고하세요.

예를 들어, 이름과 비밀번호를 에디트 텍스트에서 입력받아 서버에 전달합니다. 전달한 데이터와 일치하는 데이터를 appTable 테이블에서 찾아 각 필드(UserName, Password, Age) 값을 JSON 형식으로 가져와 출력합니다.

```
public class MainActivity extends AppCompatActivity {
    EditText edtName;
    EditText edtPasswd ;
    EditText edtAge;
    TextView tvData;
    Button button;
    @Override
    protected void onCreate(Bundle savedInstanceState) {
        super.onCreate(savedInstanceState);
        setContentView(R.layout.activity_main);

        edtName = findViewById(R.id.editText1);
        edtPasswd = findViewById(R.id.editText2);
```

```
        tvData= findViewById(R.id.textViewData);
        button = findViewById(R.id.button);
        button.setOnClickListener(new View.OnClickListener() {
            @Override
            public void onClick(View view) {
                SelectTable();
            }
        });
    }

    void SelectTable() {
        String url = "http://androidbook.dothome.co.kr/selectAppJson.php";
        OkHttpClient client = new OkHttpClient(); ❶

        FormBody requestBody = new FormBody.Builder()
                .add("name",edtName.getText().toString())
                .add("passwd",edtPasswd.getText().toString())       ❷
                .build();

        Request request = new Request.Builder()
                .url(url)
                .post(requestBody)                                  ❸
                .build();

        client.newCall(request).enqueue(new Callback() {
            @Override
            public void onFailure(@NonNull Call call, @NonNull IOException e) {

                e.printStackTrace();
            }

            @Override
            public void onResponse(@NonNull Call call, @NonNull Response response) throws
IOException {
                                                                          ❹
                if (!response.isSuccessful()) {
                    // 응답 실패
                    // Log.i("tag", "응답실패");
                } else {
                    // 응답 성공
                    // Log.i("tag", "응답 성공");
```

```
                    final String body = response.body().string();
                    // 서브 스레드 Ui 변경할 경우 에러
                    // 메인 스레드 Ui 설정
                    runOnUiThread(new Runnable() {
                        @Override
                        public void run() {
                            try {

                                if (!response.isSuccessful()) Toast.makeText(getApplication
Context(), "네트워크 문제 발생", Toast.LENGTH_SHORT).show();
                                else if (body.equals("0")) Toast.makeText(getApplicationCon
text(), "검색 실패", Toast.LENGTH_SHORT).show();
                                else Toast.makeText(getApplicationContext(), "검색 성공" ,
Toast.LENGTH_SHORT).show();

                                tvData.setText(body);
                                JSONObject jsonObject = new JSONObject(body);
                                JSONArray jsonArray = jsonObject.getJSONArray("result");
                                String str=" 이름      ¦      비밀번호       ¦      나이 \n";
                                for (int i=0; i<jsonArray.length() - 1;i++) {
                                    JSONObject iObject = jsonArray.getJSONObject(i);
                                    String Username = iObject.getString("Username");
                                    String Password = iObject.getString("Password");
                                    int Age = iObject.getInt("Age");
                                    str +=(Username + "        " +  Password + "        "+ Age
+"\n");

                                    tvData.setText(str);
                                };

                                } catch (Exception e) {
                                e.printStackTrace();
                            }
                        }
                    });
                }
            }
        });

    }
}
```

selectAppJson.php

```
<?php
    $con = mysqli_connect('localhost', 'androidbook', 'smy!913171', 'androidbook');
    $name = $_POST['name'];
    $passwd = $_POST['passwd'];
    $sql = "SELECT * FROM appTable WHERE Username='$name' and Password='$passwd'";
    $result = mysqli_query( $con, $sql);
    while ($row = mysqli_fetch_array($result)) {
        $res['Username'] = $row["Username"];
        $res['Password'] = $row["Password"];
        $res['Age'] = $row["Age"];
        $arr["result"][] = $res;
    }
    $json = json_encode ($arr); // JSON 문자열 형식으로 변환하는 메서드
    echo $json;
    mysqli_close($con);
?>
```

웹 브라우저의 주소창에 'http://androidbook.dothome.co.kr/selectAppJson.php'을 입력하면 다음과 같은 결과가 나옵니다.


```
{"result":[{"Username":"","Password":"","Age":"20"},{"Username":"","Password":"","Age":"0"}
,{"Username":"","Password":"","Age":"0"},{"Username":"","Password":"","Age":"0"}]}
```


NOTE **XML보다 JSON이 나은 이유**

1. JSON은 XML보다 용량이 줄어들어 속도가 빠르고 최소한의 정보만을 가지고 있어 분석이 매우 쉽습니다.
2. XML보다 읽고 쓰기가 더 짧고 빠릅니다.
3. 배열을 사용합니다.

실습 예제 14-2 웹 서버에서 데이터 가져오기

| 구현 내용 |

에디트 텍스트에 이름과 비밀번호를 입력하고 검색 버튼을 클릭하면 웹 서버에 저장된 데이터를 가져와 출력합니다. 여기서는 《14-2장 - 웹 서버 연동하기 – PHP와 MySQL 기본 명령어》에서 생성한 app_DB 데이터베이스의 appTable 테이블에 저장된 데이터를 가져옵니다.

| 구현 방법 |

❶ Empty Activity 템플릿으로 프로젝트를 생성합니다. 프로젝트명은 'WebServerProject', 패키지명은 'com.androidbook.webserverproject'로 입력합니다. 나머지 설정값은 기존과 같습니다.

❷ AndroidManifest.xml 파일에 인터넷 접근 권한을 설정합니다.

manifests\AndroidManifest.xml

```
<?xml version="1.0" encoding="utf-8"?>
<manifest ...>
    ...
    <uses-permission android:name="android.permission.INTERNET"/>
    <application
        ...
        android:usesCleartextTraffic="true">
</manifest>
```

❸ activity_main.xml 파일에 다음과 같이 기본 화면 레이아웃을 작성합니다.

res\layout\activity_main.xml

```
<?xml version="1.0" encoding="utf-8"?>
<LinearLayout ...>

    <LinearLayout
        android:layout_width="match_parent"
        android:layout_height="wrap_content"
        android:orientation="horizontal">
        <TextView
            android:id="@+id/textView"
            android:layout_width="100dp"
            android:layout_height="wrap_content"
            android:text="이름" />
        <EditText
            android:id="@+id/editText1"
            android:layout_width="match_parent"
            android:layout_height="wrap_content"
            android:ems="10"
            android:inputType="textPersonName" />
    </LinearLayout>
    <LinearLayout
        android:layout_width="match_parent"
```

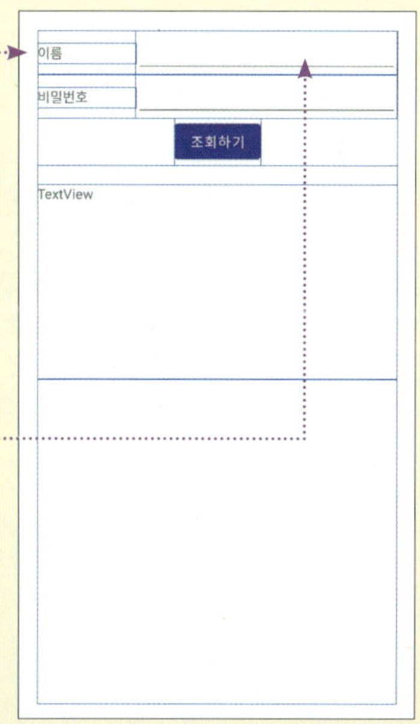

```
            android:layout_height="wrap_content"
            android:orientation="horizontal">
            <TextView
                android:id="@+id/textView2"
                android:layout_width="100dp"
                android:layout_height="wrap_content"
                android:text="비밀번호" />
            <EditText
                android:id="@+id/editText2"
                android:layout_width="match_parent"
                android:layout_height="wrap_content"
                android:ems="10"
                android:inputType="textPersonName" />
        </LinearLayout>
        <LinearLayout
            android:layout_width="match_parent"
            android:layout_height="wrap_content"
            android:gravity="center"
            android:orientation="horizontal">
            <Button
                android:id="@+id/button"
                android:layout_width="wrap_content"
                android:layout_height="wrap_content"
                android:text="조회하기" />
        </LinearLayout>
        <LinearLayout
            android:layout_width="match_parent"
            android:layout_height="wrap_content"
            android:orientation="vertical">
            <TextView
                android:id="@+id/textViewData"
                android:layout_width="match_parent"
                android:layout_height="200dp"
                android:layout_marginTop="20dp"
                android:maxLines="4"
                android:singleLine="false"
                android:text="TextView" />
        </LinearLayout>
    </LinearLayout>
```

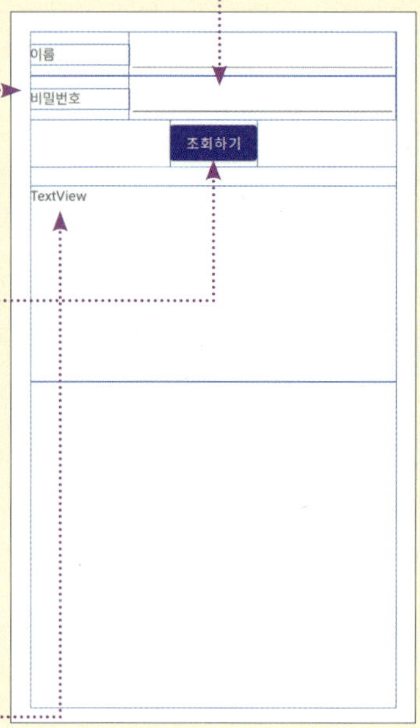

❹ MainActivity.java 파일을 다음과 같이 작성합니다.

java\com\androidbook\webserverproject\MainActivity.java

```
package com.androidbook.webserverproject;
...
public class MainActivity extends AppCompatActivity {
    EditText edtName;
    EditText edtPasswd;
    TextView tvData;
    Button button;

    @Override
    protected void onCreate(Bundle savedInstanceState) {
        super.onCreate(savedInstanceState);
        setContentView(R.layout.activity_main);

        edtName = findViewById(R.id.editText1);
        edtPasswd = findViewById(R.id.editText2);
        tvData = findViewById(R.id.textViewData);
        button = findViewById(R.id.button);

        button.setOnClickListener(new View.OnClickListener() {
            @Override
            public void onClick(View view) {
                SelectTable();
            }
        });
    }

    void SelectTable() {
        String url = "http://androidbook.dothome.co.kr/selectApp.php";

        FormBody requestBody = new FormBody.Builder()
                .add("name", edtName.getText().toString())
                .add("passwd", edtPasswd.getText().toString())
                .build();

        Request request = new Request.Builder()
                .url(url)
                .post(requestBody)
                .build();
```

```
        OkHttpClient client = new OkHttpClient();
        client.newCall(request).enqueue(new Callback() {

            @Override
            public void onFailure(@NonNull Call call, @NonNull IOException e) {
                e.printStackTrace();
            }

            @Override
            public void onResponse(@NonNull Call call, @NonNull Response response) throws
IOException {
                if (!response.isSuccessful()) {
                    // 응답 실패
                    // Log.i("tag", "응답실패");
                } else {
                    // 응답 성공
                    // Log.i("tag", "응답 성공");
                    final String body = response.body().string();
                    // 서브 스레드 Ui 변경할 경우 에러
                    // 메인 스레드 Ui 설정
                    runOnUiThread(new Runnable() {
                        @Override
                        public void run() {
                            try {

                                if (!response.isSuccessful())
                                    Toast.makeText(getApplicationContext(), "네트워크 문제 발
생", Toast.LENGTH_SHORT).show();
                                else if (body.equals("0"))
                                    Toast.makeText(getApplicationContext(), "검색 실패",
Toast.LENGTH_SHORT).show();
                                else
                                    Toast.makeText(getApplicationContext(), "검색 성공",
Toast.LENGTH_SHORT).show();

                                tvData.setText(body);
                                JSONObject jsonObject = new JSONObject(body);
                                JSONArray jsonArray = jsonObject.getJSONArray("result");
                                String str = " 이름      ¦      비밀번호       ¦      나이 \n";
                                for (int i = 0; i < jsonArray.length() - 1; i++) {
                                    JSONObject iObject = jsonArray.getJSONObject(i);
                                    String Username = iObject.getString("Username");
```

```
                    String Password = iObject.getString("Password");
                    int Age = iObject.getInt("Age");
                    str += (Username + "        " + Password + "         " + Age +
"\n");
                    tvData.setText(str);
                }
            } catch (Exception e) {
                e.printStackTrace();
            }
        }
    });
    }
  }
  });
 }
}
```


❺ 웹 서버에서 실행할 selectApp.php 파일을 생성하고 다음과 같이 작성합니다. 이 파일은 입력된 이름과 비밀번호를 데이터베이스에서 검색하여 일치된 개수를 반환합니다.

selectApp.php

```php
<?php
    $con = mysqli_connect('localhost', 'androidbook', 'smy!913171', 'androidbook');
    $name = $_POST['name'];
    $passwd = $_POST['passwd'];
    $sql = "SELECT * FROM appTable WHERE Username='$name' and Password='$passwd'";
    $result = mysqli_query( $con, $sql);
    $member = mysqli_fetch_array($result);
    if($member==0){
        echo 0;
    }else{
        print_r($member);
    }
    mysqli_close($con);
?>
```

❻ 프로젝트를 실행해 결과를 확인합니다.

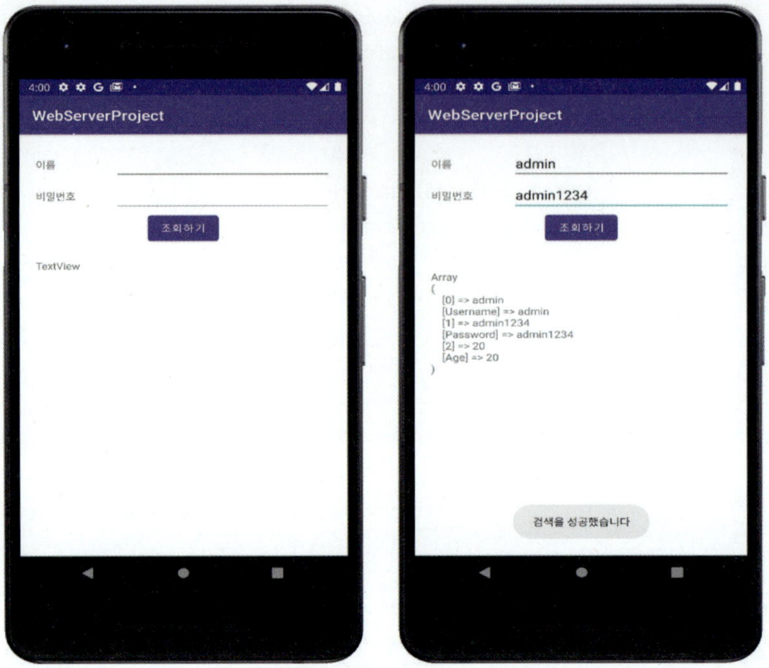

PROJECT 14

[도서 쇼핑몰] 회원가입과 게시판 만들기

회원가입 메뉴와 고객문의 게시판을 만들어 봅니다.

길벗 홈페이지 자료실에서 제공하는 PDF의 123쪽을 참고하세요!

- 1장 프로젝트 생성하기
- ▼
- 3장 시작 화면 만들기
- ▼
- 4장 도서 목록 화면 만들기
- ▼
- 5장 도서 상품 이벤트 처리하기
- ▼
- 6장 도서 상품 상세 정보 표시하기
- ▼
- 8장 장바구니 등록 대화상자 만들기
- ▼
- 9장 • 장바구니 만들기 • 주문 처리하기

- 6장 스플래시 화면 만들기
- ▼
- 12장 스플래시 화면 꾸미기

- 11장 동영상 강좌 화면 만들기

- 7장 • 메뉴 만들기 • 액션 바 바꾸기 • 내비게이션 바 만들기
- ▼
- 8장 로그인 대화상자 만들기
- ▼
- **14장 • 회원가입 메뉴 만들기 • 로그인과 로그아웃 기능 만들기**

- 10장 마이 페이지 화면 만들기
- ▼
- 10장 • 메모장 만들기 • 메모장에서 검색어 찾기
- ▼
- 11장 카메라로 프로필 설정하기
- ▼
- 12장 낙서장 만들기

- 13장 고객센터 화면 만들기
- ▼
- 13장 도서 마켓 위치 안내 표시하기
- ▼
- **14장 고객문의 게시판 만들기**

고객문의 게시판 만들기 결과 화면

고객문의 게시판을 만들고 게시판에 게시글 목록 출력 기능과 글쓰기 기능을 추가합니다.

회원가입 메뉴 만들기 만들기

내비게이션 메뉴에 회원가입 메뉴를 만듭니다. 해당 메뉴를 선택하면 회원가입 대화상자를 출력합니다. 대화상자에 회원 정보를 입력하고 〈회원가입〉 버튼을 누르면 정보를 웹 서버에 저장합니다.

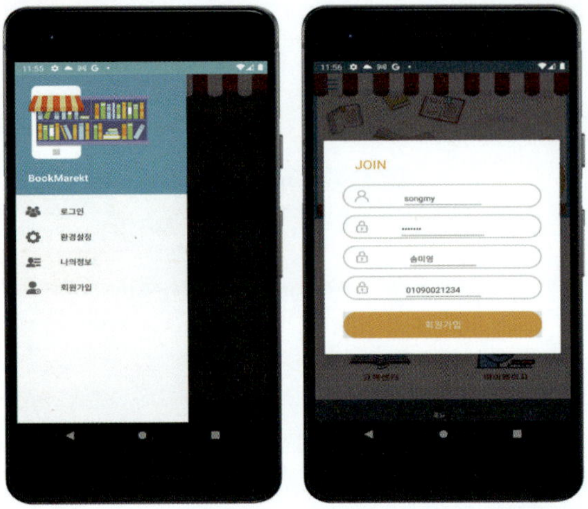

로그인과 로그아웃 기능 만들기 결과 화면

내비게이션 메뉴에서 로그인 메뉴를 선택하면 로그인 대화상자를 출력합니다. '로그인 정보 기억하기' 체크박스를 체크 표시하면 앱을 삭제하기 전까지 로그인 정보를 계속 유지합니다.

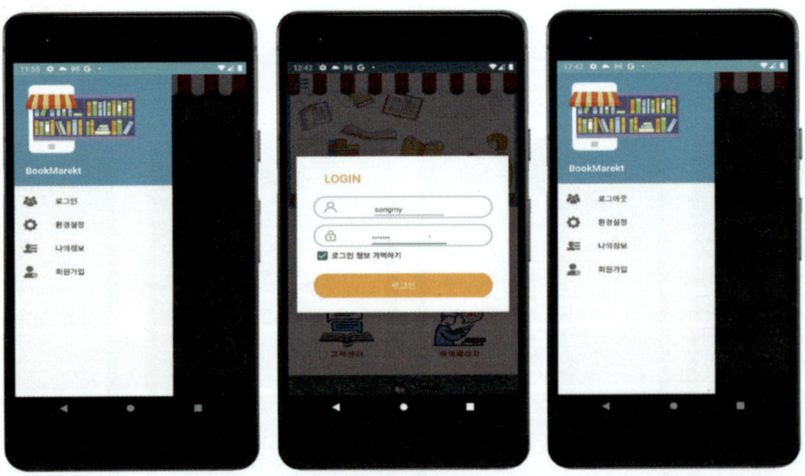

LEARN IT

길벗 캠퍼스의 교육교재 시리즈를 소개합니다.

길벗 캠퍼스는 교수님과 학생 여러분의 소중한 1초를 아껴주는
IT전문 분야의 교양 및 전공 도서를 Learn IT라는 브랜드로 출간합니다.

안드로이드 프로그래밍
송미영 지음 | 672쪽 | 36,000원
2023년 6월 출간

파이썬의 정석
조용주, 임좌상 지음 | 548쪽 | 29,800원
2023년 1월 출간

기초수학 with 파이썬
박민서 지음 | 352쪽 | 27,000원
2023년 1월 출간

파이썬 워크북
이경숙 지음 | 408쪽 | 26,000원
2023년 5월 출간

데이터 분석을 위한 전처리와 시각화 with 파이썬
오경선, 양숙희, 장은실 지음 | 536쪽
29,000원 | 2023년 5월 출간

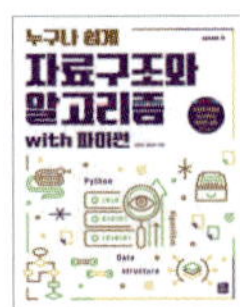

자료구조와 알고리즘 with 파이썬
김현정, 황숙희 지음 | 416쪽 | 28,000원
2023년 1월 출간

메타버스 교과서
김영일, 임상국 지음 | 472쪽 | 29,000원
2023년 1월 출간

팅커캐드&아두이노
최훈 지음 | 548쪽 | 29,800원
2022년 11월 출간

컴퓨팅 사고 with 파이썬
김현정, 황숙희 지음 | 412쪽 | 25,000원
2022년 6월 출간

출간 예정 도서

4차산업 혁명과 미래 사회 교양
자바스크립트&Node.js 전공
SQL+AI 교양
인공지능 개론 및 실습 with 파이썬 교양
인공지능 아트 교양
챗GPT와 AI Art로 개발하는 게임 프로토타입 전공